I

한국의 자생 풍수

I

최창조

민음사

책머리에

　필자가 풍수를 처음 접한 것은 1966년이다. 그로부터 12년 만인 1978년에 대한지리학회에서 풍수 논문을 정식으로 발표했으니까 나름대로의 풍수관을 공식적으로 드러내 보기는 그때가 처음이었다. 그리고 20년이 지났다. 이제 그 동안에 필자의 풍수에 관한 생각은 크게 바뀌었으며 그 변화를 담아 이 책을 내게 되었다.
　필자는 풍수란 명당을 찾는 지리 지혜라는 견해를 가지고 있었다. 물론 그 명당은 세상에 흔히 알려진 것처럼 좋은 땅 골라 내 부모 잘 모시어 음덕을 보자는 의미는 아니었다. 그것은 사람과 땅이 조화를 이루는 곳, 사람과 사람이 대동의 공동체를 이루어 사는 곳이란 정의를 내려 두고 있었다. 따라서 필자는 좋은 땅이란 표현 대신 맞는 땅이란 말을 일부러 고집해 왔다. 좋은 땅, 나쁜 땅이 따로 있는 것이 아니라 누군가가 어떤 용도로 그 땅에 의지하는 것이 맞느냐 맞지 않느냐를 밝혀 내는 우리 민족 고유의 지리 지혜란 의미로 명당이란 말을 사용해 왔다는 뜻이다.
　그 정의는 지금도 변함없이 유효하다고 믿고 있다. 그런데 몇 가지 문헌 자료와 그 동안의 수많은 답사에서 커다란 의문을 가질 수밖에 없는 일이 벌어졌다. 그것은 다름아니라 우리 자생 풍수, 특히 도선 풍수에서는 좋은 땅, 맞는 땅을 찾는 것이 아니라 오히려 나쁜 땅, 문제 많은 땅을 찾아 놓은 경우가 너무나 많더라는 것이다.

　이상한 일이 아닌가? 세속적인 명당이나 길지를 찾는 지리학이 풍수가 아닐 수도 있다니? 반대로 재앙을 불러올지도 모르는 땅을 찾는 일이 바로 우리식 풍수의 요체라니?

　우리 민족에게는 우리 고유의 지리 사상이 있다고 생각한다. 그것을 필자는 자생 풍수라고 이름 붙였다. 필자는 그 자생 풍수를 신라 말 도선국사가 정리하고 거기에 중국으로부터 유입된 이론 풍수를 우리 풍토에 적합하게 조합하여 이루어 놓은 것을 도선 풍수라고 명명했다. 이 도선 풍수가 바로 우리의 풍수가 되는 셈이다. 엄밀히 말하자면 자생 풍수는 도선 풍수와 동일한 것은 아니다. 하지만 자생 풍수의 본질과 핵심적 내용은 도선 풍수에 충분히 녹아 들어가 있다고 본다. 따라서 자생 풍수와 도선 풍수를 혼용하여 지칭하는 것은 큰 오류라 생각지 않는다.

　국토 곳곳에 흩어져 있는 도선 풍수의 현장을 보면서 필자는 마음속으로 도선국사의 국토 사랑을 느낄 수 있었다. 구체적인 예는 본문 중에 여러 사례를 통해 제시했으므로 여기서 중언부언은 삼가기로 한다. 하지만 도선국사는 이 땅을 어머니로 보아, 편찮으시거나 병드신 어머니의 몸을 고쳐 드리는 방편으로 풍수를 사용했다는 명백한 증거들을 수도 없이 찾아낼 수 있었다.

　부끄러운 얘기지만 필자도 최근 5년 사이에야 그 사실을 알 수 있었다. 왜 도선국사가 터를 잡은 절들은 대부분 폐찰이 되고 말았을까? 좋다는 땅은 도선국사가 아니라도 얼마든지 의지할 사람들이 있었을 것이다. 그러나 침수의 피해가 염려되고, 사태 우려가 있는 위험한 땅, 그런 병드신 어머니를 모시고자 하는 사람은 많지 않았을 것이다. 도선국사는 그런 어머니에게 침과 뜸을 놓아 드리듯 그런 땅에 절과 탑을 지어 고쳐 보고자 했던 것이다. 참으로 지고지순한 국토 사랑이라 아니할 수 없는 자비심의 발로이다.

  이 책은 크게 네 부분으로 나누어 꾸며졌다. 처음은 서울대학교를 사직하고 나와서의 필자의 일상 생활을 조금 감상적으로 늘어놓은 글을 실었다. 이 글은 1994년 ≪세계의 문학≫ 가을호에 실렸던 글이다. 글이 좀 진부하고 애상적이라 발표하기에 부끄러운 것이기는 하지만 풍수에서 땅을 본다는 것은 결국 그 사람을 통해서일 수밖에는 없는 것이고 따라서 필자의 성격을 드러내는 것이 필자의 풍수관을 이해하는 데 도움이 될 수도 있다는 생각에서 다시 옮겨 실은 것이다.

  두번째 글은 정식 논문이다. 1996년 7월에 이달의 문화 인물로 도선국사가 선정되었을 때 제12회 <국제불교학술회의> 논문집에 <한국 풍수 지리설의 구조와 원리>란 제목으로 발표했던 것인데 이 책의 주제가 함축적으로 담겨 있는 내용에 해당된다. 그것은 한마디로 땅에 대한 사랑이 바로 도선 풍수라는 것이다. 논문이란 글의 체제상 좀 지루하고 어려운 점은 있을 것이다. 그래도 여기에 도선국사의 풍수 사상을 정리한 만큼 만약 이 책을 읽고자 한다면 빼놓을 수 없는 부분이 될 것이다.

  세번째는 현장 기행문이다. 꼭 도선 풍수의 현장만 가려 뽑은 것은 아니지만 그런 시각에서 땅을 바라보고자 노력한 것은 사실이다. 대부분은 ≪경향신문≫과 ≪중앙일보≫, ≪한겨레신문≫, ≪주간조선≫ 그리고 몇몇 잡지에 실었던 글들을 조금씩 고쳐 실은 것이다.

  이 책의 마지막 부분은 근래 제기되었던 풍수 공박에 대한 필자의 반론을 정리한 것인데 ≪녹색평론≫ 1994년 5-6호에 발표했던 것을 뒷부분만 손질하여 재수록한 것이다. 이제 와서 다시 읽어 보니 치기만만하고 좌충우돌식의 교만을 부린 듯하여 풍수 비평자들에게 개인적으로 죄스러운 마음이 들지 않는 것은 아니지만 필자의 반론 자체는 아직도 바뀐 것이 없기에 이 책에 실은 것이다. 깊은 아량으로 받아들여 주길 바란다.

필자는 풍수가 전문가들의 전유물이 되어서는 안 된다는 지론을 가지고 있다. 세상 누구도 땅으로부터 자유스러운 사람은 없다. 그것을 몇몇 사람들의 사고의 틀에 꿰어 맞추어 이해한다는 것은 무리라고 생각하기 때문이다. 게다가 풍수 이론이란 것이 너무 어렵고 코에 걸면 코걸이 귀에 걸면 귀걸이식이라 사이비 신비주의자와 사기꾼이 개입할 소지가 많다는 것도 풍수가 지나치게 전문화되어서는 안 된다는 생각을 갖게 한 이유이다.

본문 중에도 일반인들이 어렵지 않게 터를 선정할 수 있는 풍수적 방법을 소개했지만 무엇보다 중요한 것은 각 마을별, 개개 고을별로 땅을 어떻게 보는가 하는, 말하자면 현장 풍수에 대한 이해가 선결되어야만 그런 문제점으로부터 벗어날 수 있다는 점이다. 그래서 우리나라 각 지방별로 풍수 자료를 망라하여 책을 달리해서 정리했다는 것에 필자 스스로는 그나마 얻은 작은 수확이라 생각하며 위로를 얻고 있다.

특히 우리나라 촌락지리학 분야에서 마을들이 지니고 있는 풍수적 공간 체계와 상징성을 이해하지 못하고는 도저히 마을의 지리를 알 수 없게 되어 있다는 점을 인정한다면 이번에 같이 출간하는 지역별 명당 자료집의 가치는 충분히 인정되리라 본다. 다만 전체 지역을 제 스스로 현장 답사하지 못하고 많은 부분을 문헌 자료에 의존한 것이 이 자료집의 한계임을 인정한다. 그 모든 현장을 제 발로 찾아가 확인하는 작업은 그래서 앞으로 필생의 일이 될 것이다.

오랜 가뭄 끝에 내리는 봄비를 바라보며 이 글을 쓴다. 시원하게 내리는 저 빗방울처럼 필자의 마음도 환해졌으면 얼마나 좋을까 생각해 본다. 갈라진 땅에 쏟아지는 저 물줄기는 자연의 사랑이겠지.

사랑은 우리 풍수의 모든 것이다. 그러므로 가뭄 속의 봄비는 풍수의 사랑이다. 관악산의 초록으로 둘러싸인 봉천동 집 마루에서 찬장 위에 쌓인 묵은 먼지를 털어 내는 처를 바라보며 문득 목이 멘다. 슬픔도 사랑인 까닭이겠지.

1997. 6.
최창조

차례

책머리에 • 5

대학을 떠나 다시 바람과 물의 길에 들어서서 • 13

제1장 한국 풍수 지리설의 구조와 원리 • 39

제2장 몇 가지 주제를 가지고 떠난 풍수 기행 • 187

제3장 최근의 풍수 공박에 대한 나의 견해 • 473

대학을 떠나 다시 바람과 물의 길에 들어서서

봉천사거리에서 남쪽 큰길을 따라 조금 올라가다 보면 관악구청이 나온다. 여기서부터 서울대 정문에 이르는 길은 서울에서는 보기 드물게 한적하고 아름다운 곳이다. 올림픽이 열리던 1988년 8월, 나는 8년 동안 살던 전주를 떠나 서울로 이사를 왔다. 전북대에서 서울대로 자리를 옮겼기 때문에 서울로 이사를 와야 했고, 워낙 차 타기를 싫어했던지라 선택의 여지없이 서울대에서 가까운 봉천동에 자리를 잡은 것이다. 봉천동이란 곳이 다른 데에 비해서 땅값이 비교적 헐한 편이라 아버님이 남겨 주신 유산으로 비교적 뜰이 넓은 집을 구할 수 있었다.

대문에서 집 현관까지는 길다란 골목처럼 생긴 앞뜰이었는데 그 양쪽에는 주목, 물푸레나무, 은행나무, 등나무 등 온갖 나무들이 주위를 가득 메우고 있어서 마당으로 들어서면 마치 어디 공원에나 온 것 같은 느낌이 들었다. 개도 두 마리 기르고, 마당에는 지렁이가 우글거리고 아침 저녁으로 새들이 날아와 지저귀고 하니 마치 전원에 살고 있다는 착각을 갖게 해주는 집이었다. 마당에 주저앉아 막걸리라도 마실라치면 이건 뭐 소풍 나온 것이나 진배없었다.

 진돗개인 커다란 녀석은 좀 모자란 듯한 구석이 있었지만 순진하기 이를 데 없는 놈이었다. 삽살개 잡종인 작은 놈은 새를 잘 잡았다. 새들은 수십 마리씩 떼를 지어 날아와 개밥 그릇에 묻어 있는 밥알들을 쪼아먹느라고 정신이 없었다. 개는 그런 새를 공격하는 것이다. 그런데 유심히 보니 새를 잡는 개만 똑똑한 것이 아니었다. 새들은 새들대로 약자의 생존 지혜를 가지고 있었다. 그것이 새들끼리 의견의 일치를 본 행동인지는 모르지만 꼭 새 중에는 희생을 자청한 놈이 끼어 있었다. 이 새가 개를 유인하는 중에 다른 새들이 밥알을 물고 가는 식이다. 그래서 우리 집은 축소된 자연 같았다.

 게다가 마침 출근길이 산을 넘는 봉천동 고개를 지나는 곳이었으므로 어느 정도는 서울의 혼잡을 벗어난 듯하여 상당히 마음이 놓였다. 며칠은 걸어 다니다가 전주에서 하던 버릇대로 자전거를 한 대 샀다. 그것도 그런대로 괜찮았다. 하지만 석 달을 버티지 못하고 자전거는 제자에게 물려주고 말았다. 뭔가 교수라는 직업을 가진 사람이 자전거 통근을 하는 일이 분위기에 맞지 않다는 느낌을 받았던 까닭이다.

 그 전에 있던 청주사대에서도 그랬고 전북대에서도 그랬고, 나는 늘 자전거를 통근 수단으로 삼았다. 뒤에 책가방과 도시락을 싣고 청주 무심천이나 전주의 남천(전주천) 천변로를 따라 학교와 집을 오가는 것은 그것대로가 하나의 즐거움이었다. 퇴근 후에는 운전 걱정 없이 술도 먹을 수 있었으니 자전거란 참 좋은 통근 수단이었음에 틀림없다.

 요즈음은 청주나 전주도 달라졌겠지만 그즈음에는 나뿐만이 아니라 대부분의 교수들이 그런 식으로 학교를 다녔다. 하지만 서울에 오니 그게 아니었다. 자전거를 타고 다니는 교수는 거의 없는 듯했고,

그러다 보니 내가 자전거를 타고 다닌다는 사실 자체가 눈치 보이는 일이 아닐 수 없었다. 자전거를 없애고 자동차를 산 것으로 나의 서울 편입은 본격화된 셈이다.

지금까지 삶의 대부분을 도시에 얹혀 지내 놓고도 나는 도시를, 도시 생활을 혐오하는 이중적인 태도를 유지해 왔다. 농촌이나 전원생활을 동경하면서도 차마 그리 하지는 못하는 비겁함을 깨닫고 있었지만 나는 도시를 떠나지 못했다. 그런 어정쩡한 이중성이 도시 생활에서도 그 터잡이를 반드시 시골 냄새가 나는 어떤 곳으로 이끌었을 것이다. 봉천동에서 판을 벌린 서울살이는 그렇게 시작되었다.

예상했던 대로 서울의 삶은 외로웠다. 전북대에서처럼 퇴근 뒤 버드나무 밑에 평상을 놓고 막걸리랑 멸치 따위를 파는 교문 밖 구멍가게가 서울대 주변에는 없었다. 가게 주인과 친해지면 간단한 두부찌개 정도는 얼굴에 별 주름 잡지 않고 마련해 주던 인정도 찾지를 못했다. 외로움은 또 그런 식으로 찾아 들었다.

대부분의 교수들도 연구와 사회 활동 등에 매우 바쁜 것처럼 보여서 술 한잔 하자는 얘기가 나오지를 않았다. 더구나 거의가 다 자동차를 갖고 출퇴근을 하는지라 일과를 마친 뒤에는 같이 걸어 나갈 기회조차도 쉽게 오지 않았다. 그래서 한동안 나는 자동차를 원망하였다. 하지만 나도 그 원한의 자동차를 사게 되었고, 사실 쓸 데도 별로 없었던 내 구형 포니 엑셀 승용차는 답사 때 며칠을 제외하고는 언제나 봉천동 골목길에서 먼지를 뒤집어쓰고 있는 형편일 수밖에 없었다.

다행히 얼마쯤 지나서 내게 맞는 술집을 하나 찾을 수 있었다. 낙성대 부근에 있는 전주집이란 곳인데 순대 끓이는 냄새와 전주라는 상호에 이끌려 들어간 곳에서 나는 다시 막걸리를 찾은 것이다. 전북대 후문에서 말을 나누지 않아도 뜻이 통하던 친구와 막걸리를 나누던 그런 분위기를 그곳에서 맡을 수 있다는 것이 다행으로 여겨졌다.

그러나 어디에도 그런 친구는 없었다. 그로부터 또 얼마쯤 지난 뒤에 친구는 아니지만 그와 비슷한 제자들을 만나게 된 것 역시 서울살이의 한 붙박이 과정이었다고 생각한다.

처음 혼자 전주집에서 술을 마실 때면 자주 전주를 떠올렸다. 서울에서 내가 찾은 것은 무엇이고, 찾고자 했던 것은 무엇이었나! 아무리 생각해도 그것은 전도된 명예욕과 지적 허영심에 대한 이끌림 이외에는 아무것도 아니란 결론이었다. 서울살이에 대한 후회는 또 그런 식으로 찾아 들었다.

그것은 교수직에 대한 원천적인 회의이기도 했다. 나아가서는 학문에 대한 회의이기도 했다. 대학원 진학에서 시작해서 서울대에 조교수라는 교수직을 얻고 지금 전주집에 앉아 막걸리를 마시는 이 자리까지 단 한번도 자원하여 진로를 결정하지 않았다는 과장된 감정의 굴곡을 느끼지 않을 수 없었던 것은 대부분 나의 성격 탓이었을 것이다.

전북대에 재직하던 팔 년 동안 내가 겪었던 가장 큰 경험들은 죽음 직전까지 이른 일신의 질병으로 인한 극도의 불안감과, 권력에 대한 사람들의 비겁함 또는 무력함에 관한 것이었다.

청주사대에 재직하고 있던 1981년 여름, 나는 지금은 이화여대에 있는 어떤 교수에게서 전북대로 올 의향이 없느냐는 제의를 받았다. 이화여대로 자리를 옮기는 자신의 후임으로 나를 생각했던 모양이다. 그때나 지금이나 대학 교수직을 주겠다는 제의는 대단히 고마운 일이다. 그러나 나는 청주를 떠나기가 싫었다. 우선은 온 지 채 3년도 다 되지 않았고 또 그 당시의 사회 통념대로 소위 더 좋다는 대학으로 옮겨 간다는 것이 왠지 청주사대 학생들에게 배신을 하는 일인 것 같아 썩 내키지는 않았던 때문이다.

이런 인사에 관한 제의는 당사자만 알고 비밀히 일을 추진하는 것이 관례였지만 나는 제안자인 그 교수의 양해를 얻어 같이 재직하고 있던 청주사대 지리교육과 교수들과 그 문제를 솔직하게 털어놓고 의논을 하였다. 결론은 비교적 간단히 내려졌다. 그때 전북대는 서울사대 출신인 분들이 지리교육과 교수직을 모두 갖고 있었고 청주사대는 서울 문리대 출신들이 역시 모두 지리교육과 교수를 맡고 있었다. 결론에 이르기까지의 과정은 철저히 그런 구도 속에서 검토되었다. 청주의 동료 교수들과의 의논은 대략 이런 식으로 이루어졌다. 즉 어떤 이유인지는 알 수 없으나 서울 사대 출신이 맡고 있는 자리를 문리대 출신에게 권한다는 것은 바람직한 일이다. 당신이 청주를 떠나면 그 후임은 문리대 후배에게 물려줄 수 있다. 그러니 우리의 맺어진 인연과 정은 아쉽지만 전주로 떠나는 것이 좋겠다는 내용이었다. 그때 나와 함께 청주사대에 계시던 지리교육과 교수들은 지금 한 분도 남아 있지 않다. 그리고 나는 청주를 떠났다.

하지만 그 해 가을 학기 강의는 두 군데 모두를 맡아야 했다. 한 주일의 반은 전주에서, 반은 청주에서 하는 식의 생활이 시작된 것이다. 나중에는 당일로 청주와 전주를 오가는 식으로 바뀌고 말았지만 그 와중에 건강을 크게 버리고 말았다. 전주에서 돌아오면 청주에서 기다리고 있는 것은 동료와 제자들의 술판이었다. 아직까지는 제주도와 충북만이 야간 통행 금지가 없던 시절인지라 청주에서의 술자리는 시간을 아까워하지 않는 식으로 밤을 세우다시피 할 때가 많았다.

그 해 김장할 무렵 나는 학기를 모두 마치고 솔가하여 전주로 이사를 왔다. 그리고 청주에서 베푸는 마지막 환송회를 마치고 전주로 돌아오다가 드디어 그간의 방탕에 대한 엄중한 처벌을 받고 말았으니 그것이 바로 죽음의 언저리를 구경했던 차 속에서의 경험이었다.

청주에서 전주로 가자면 우선 대전으로 나와야 한다. 일은 바로 대전 가는 시외 버스 속에서 벌어졌다. 도무지 숨을 쉴 수가 없는 것이다. 호흡 곤란 정도가 아니라 누가 목을 조르는 것처럼 숨이 막히는데 나중에는 이러느니 차라리 죽는 게 낫겠다는 생각까지 들 정도의 고통이었다. 차 속에서의 40여 분에 걸친 그 고통은 이후의 내 생활을 거의 완전히라고 할 정도로 변화시켜 버리고 말았다. 도무지 사람이 많은 곳이라든가 도시의 잡답 속으로는 들어갈 엄두가 나지 않았고, 억지로 그렇게 하면 틀림없이 그 증세가 찾아 들었다. 일단 그 증세가 오면 제일 먼저 하는 것은 사람이 보이지 않는 곳으로 숨는 일이었다. 어떤 때는 신축 공사장의 물이 홍건하게 고인 지하에 뛰어 들어 한나절을 보낸 적도 있었다. 상황은 점점 더 나빠졌다. 나중에는 한밤중에 집에서도 그런 증세가 나타나기도 했다. 온 방안을 엎드려 기면서 고통을 감내하는 과정은 지금 되살려 보는 것만으로도 숨이 막힌다. 그런 중에도 아이들에게 아버지의 그런 모습을 보여서는 안 된다는 생각이 들었으니, 이건 또 무슨 오기인 것인지.

　아직 학령 이전인 두 아이들에게 혹시 내가 죽게 되면 죽음이란 저런 고통의 과정이란 것을 보이게 될까 봐 그것을 걱정했던 모양이다. 다행히 아이들에게 그런 모습을 들키지도 않았고 나는 죽지도 않았다.

　어릴 때 이후 처음으로 병원을 찾아 종합 검진이란 것을 받아 봤지만 이상이 없다는 것이다. 나중 얘기지만 전북대 부속 병원 정신과 전문의의 진단을 받아 보기도 했다. 그러나 별 효과가 없었다. 어떤 치료도 없이 그저 조금씩조금씩 그 증세와 친해지는 수밖에는 다른 도리가 없었다. 고등학교 2학년 때 술을 시작한 이래 처음으로 한 일 년 술을 끊기도 했다. 역시 효과는 없었.

　처음 그 증세가 찾아 들던 날, 나는 대전에서 택시를 전세 내어 간신히 전주로 돌아왔다. 새로 이사 온 집터에 문제가 있다는 생각이 들었다. 전주역에 가까운 인후 아파트란 곳이었는데, 남의 집에 세를 든 곳이기는 했지만 우리 가족이 처음 입주한 새로 지은 아파트였다. 본디 공동 묘지였다는 얘기를 다음날 들을 수가 있었다. 그러나 그런 문제에는 별로 신경이 쓰이지 않았다. 죽음을 딛고 삶이 이루어지는 것이 이 세상에 다반사로 있는 일인데 그게 뭐 어떠랴 하는 생각 때문이었다.

그래도 터에 대한 거부감이 사라진 것은 아니어서 신경은 계속 쓰이던 참에 바로 다음날 이상한 예감이 스쳐 지나갔다. 아궁이에 무언가 있을지도 모른다는. 연탄을 때는 아파트라 아궁이에 공기 구멍이 있었다. 그 속을 뒤져 보니 녹이 벌겋게 슨 식칼이 나왔다. 바로 이것이었구나. 아무도 살지 않은 새 아파트 아궁이에 식칼이 들어 있을 까닭이 없는데, 여하튼 어떤 이유로든 이런 것이 들어가 있으니 그런 증세가 생긴 것이 아니겠는가. 하지만 아니었다. 그 칼을 꺼내 버리고도 증세는 여전했다. 다행히 학교 통근을 도보 아니면 자전거로 했기 때문에 강의를 계속할 수는 있었다. 차만 타지 않으면 어느 정도는 버틸 수가 있었으니까. 간혹 그것도 어려울 때는 조교가 나를 데리고 다니는 식으로 출퇴근을 했다.

묘하게도 그 증세는 도시 밖에서는 나타나지 않았다. 그래서 답사는 다닐 수 있었다. 다니는 정도가 아니라 오히려 야외에서야말로 건강을 되찾는 꼴이어서 강의만 없으면 나다니는 식이었다. 훗날 영문과의 어떤 교수가 지적한 대로 그것은 나의 대인 공포증 또는 대사회 공포증의 다른 표현이었는지도 모른다.

증세가 어느 정도 견딜 만해졌을 때 만난 것은 소위 제5공화국 말기의 교수 서명이라는 정치적 상황이었다. 직선제 개헌 주장을 골자로 하는 교수들의 서명 운동은 한신대, 고려대, 전남대 등을 시발로 하여 10여 개 대학으로 늘어나고 있었다. 세태가 암담하기는 했지만 전북대에서 그것을 주도하겠다는 생각까지 하지는 않았다. 그러나 1980년 광주에 진 빚을 잊을 정도로 파렴치한 수준까지 이르지는 않았다. 그런 중에 영문과 최준석 교수의 연락이 있었다. 우리가 서명 문안을 만들고 서명을 받고 그것을 발표해야 한다는 것이었다.

전주 변두리 남천 가에 있는 절에서 다섯이 모였다. 나와 영문과 최준석, 국민윤리과 김기현, 국문과 김홍수, 장성수 교수. 문안은 마련되었고 며칠 뒤 서명에 나섰다. 그 과정 중에 많은 사람들의 복잡한 심리들을 만날 기회를 가진 것은 좋은 경험만은 아니었다. 문안의 내용은 정치학이나 법학의 교과서 수준도 안 되는 지극히 당연한 민주주의의 몇 가지 원칙을 실천하자는 것이 전부였다. 서명을 부탁하는 우리들에 대한 교수들의 태도는 각양각색이었다. 용기와 비겁, 소심과 양심, 허세와 행동의 괴리, 여하튼 볼 수 있는 인간의 심리 상태는 다 보았다는 느낌이 들 정도의 경험인 것만은 분명했다. 남의 속을 들여다본다는 일이 결코 유쾌한 것이 못 된다는 것을 그때 실감하였다. 교수직에 대한 강한 회의도 들었다.

물론 나 자신도 몹시 두려웠다는 것을 고백하지 않을 수 없다. 언제 어디로 끌려가서 두들겨 맞을지 모른다는. 그런 조짐이 없는 것도 아니었다. 밤중에 도망가라는 전화를 받은 적도 있었으니까. 다행히 6·29라는 어정쩡한 타협안이 나왔고, 그것으로 나는 정치의 소용돌이에서 어느 정도 벗어날 수 있었다. 그러고도 완전히 그 일에서 벗어나지 못한 것은 민주가 회복되어서가 아니라 오직 내 성격 탓이었다. 나는 어쩔 수 없이 서명 주동 교수가 되었고, 그의 부분적 성공은 나를 가만 내버려두지를 않았다. 하지만 한사코 그 일에서 빠져나와 또 다시 나 자신 속으로 침잠하는 일에 성공할 수 있었다. 또 연이어 벌어진 상황 속에서 변질돼 가는 운동판에는 나같이 별 사회과학적 이론도 없이 오직 양심만으로 운동에 뛰어든 사람이 헤쳐 나갈 자리는 없었다. 상당한 이념의 무장을 갖춘 교수들이 속속 나타났고, 그런 이념의 실력자들이 그처럼 많이 있다는 것을 안 것은 하나의 경이였다. 그들이 그때까지 어디 있는지도 모르게 감추어져 있었다는 것도 또 다른 놀라움이었다. 이후 교수 사회에서의 그런 일들은 자연스럽게 그들에게로 주도권이 넘어갔다. 나로서는 참으로 반가운동지들의 출현이라고 여기지 않을 수 없는 일이었다.

어쨌거나 나는 다시 말없이 뜻이 통하는 친구 김기현 선생과 함께 전북대 후문 구멍가게에서 막걸리를 마실 수 있는 처지로 돌아가고 있었다. 그런 중에 나온 것이 서울대로 오지 않겠느냐는 제안이었다. 솔직히 그런 제안을 해준 서울대의 은사 및 선배 교수들이 반갑고 고마웠다. 그렇다고 선뜻 응낙할 성격의 일도 아니었다. 물론 그 제안 자체가 워낙 느닷없이 찾아온 것이라 처음 제안한 선배 교수에게는 〈불감청이언정 고소원이올시다〉라는 첫 답을 내놓기는 했지만 꼭 가겠다는 뜻은 아니었다.

서울은 최대의 잡답 지대였고 잡답은 내가 가장 두려워하던 증세를 불러일으키는 원인이었다. 내가 전공으로 하는 풍수와 전통 지리사상은 최신 자료를 수시로 참고해야 하는 것이 아니기 때문에 서울대가 전북대보다 나을 것이 없다는 것도 한 이유가 되었다. 서울대에는 연로하신 몇 분의 대가말고는 박사 학위 미소지자가 없다는 것도 학위가 없는 나로서는 미진한 구석이었다. 은연중 나의 마음은 가지 않겠다는 쪽으로 기울고 있었다.

김기현 선생이나 최준석 선생을 빼고는 대부분의 선배와 동료 교수들은 서울로 가기를 권했다. 김기현 선생은 내가 서울로 가서 얼마나 견딜 수 있을지를 걱정했다. 내가 서울 생활에 맞지 않는 사람이기 때문이란 것이다. 그리고 그의 예측은 지금 결과적으로 옳았다. 하지만 그때까지도 나는 적극적으로 가지 않겠다는 의사 표시를 하지 않았고 또 서울대에서도 구체적인 진척을 알려 주지 않았기 때문에, 나는 서울대에서 교수회의와 인사위원회를 통과했다는 연락을 받을 때까지 그 문제에 별 신경을 쓰지 않고 지냈다.

사실상 인사가 결정되었다는 연락을 받은 다음에야 부랴부랴 속달 내용 증명으로 가지 않겠다는 편지를 과 교수 전원에게 보내고 그날 나는 오랫만에 김기현 선생과 통음을 하였다. 전주 조경단 가는 숲길을 걸으며 전원의 좋음을 마음속으로 찬양하기도 하였다. 그러나 그런 나의 마음 굳힘은 하루도 버티지 못하고 말았다. 서울대 지리학과의 선배 교수 한 분이 다음날로 전주를 왔다. 서울 사시는 어머님과 형님으로부터도 전화가 왔다. 결국 설득을 당했고 나의 서울대행은 결정이 되었다. 결과에 관계없이 그때 그 선배들의 배려와 우정은 깊은 고마움으로 내 마음속에 남아 있다. 후일 서울대를 떠나면서 이런 우정은 나에게 상당히 심한 갈등을 겪게 해주는 것이지만, 또한 이상한 과내 세력 관계를 들먹이며 그 순수성에 의심을 표하는 사람들이 없었던 것은 아니지만, 고마운 것은 변함없이 고마운 것이다.

서울로 못 가겠다고 했을 때 전주까지 와서 나를 설득한 그 선배는 내가 대학원 진학을 결심하는 데도 상당한 영향을 미쳤다. 나는 학문이란 것이 좋은 것이기도 하고 나도 하고 싶기는 하지만, 세파에 부대끼며 살아가는 듯이 세상을 살아가고자 하는 사람들에게는 일종의 사치로 받아들이고 있었다. 그렇기 때문에 대학원은 썩 가고 싶은 나의 진로는 아니라고 생각했다.

이미 학부 재학중에 월남에 가고 싶어 해병대를 자원했다가 몇 번 떨어지기도 했고 대학을 졸업하던 해에는 공군 장교 시험에도 떨어진 판이라 어떤 면에서는 별 깊은 고려 없이 대학원 시험을 쳤는지도 모르겠다. 일이란 밀려서 되는 경우도 많은 모양이다. 대학원 진학하던 그 학기에 나는 과의 조교가 되었다. 그것은 말하자면 우연이었다. 조교를 할 만한 선배들은 모두 입대중이었고 동료 중 남학생은 나 혼자였던지라 당시의 관례로는 나 이외의 다른 선택의 여지도 없었던 것 같다. 그것이 교단과의 첫번째 인연이 된 셈이다.

대학원을 마치고 군대를 갔다 와서 다시 선택의 기로를 맞았다. 계속 공부를 할 것인가 아니면 달리 생활의 방도를 찾을 것인가. 1978년 6월 제대 직전에 나가던 경북대 지리학과 강사와 제대 뒤 새로이 나가기 시작한 전남대 지리학과 강사 생활을 한 학기 하고 나니 더 이상 대학에서 버텨야 할 이유를 찾을 수가 없었다. 선배들은 참고 견디면 곧 대학에 전임 자리가 날 것이라며 강사 생활을 계속 할 것을 권했지만 별로 심각하게 받아들이지는 않았다. 누군가 박사 과정에 입학하면 전임이 되기 쉽다고 권하여 이듬해 대학원 박사 과정에 합격을 해놓고는 있었지만 역시 꼭 다닌다는 생각은 없었다.

그런 중에 국토개발연구원이 개원되고 첫 연구원 모집이 있어 응시하여 합격이 되었다. 자연스럽게 강사 생활은 끝이 났고 따라서 당시의 일반적인 관례로는 대학 교수와의 인연도 그것으로 끝난 것처럼 보였다. 연구원은 내가 생각한 그런 식은 아니었다. 연구는 배당된 국책 연구 위주로 수행되었기 때문에, 내가 공부하고 싶었던 풍수를 얘기할 계제는 전연 아니었다. 게다가 맡은 일이 주임연구원으로서 신설의 와중에 어수선하기 짝이 없는 원장 부속실 책임자였으니 성격상으로도 적임은 아니었을 것이다. 자연 연구원에 들어온 것을 후회 비슷하게 하고 있을 때 청주사대로부터 그리 오지 않겠느냐는 제안이 들어왔다.

그때 원장은 서울대 교수를 일시 휴직하고 연구원 창립을 맡아 일을 하다가 그대로 초대 원장이 되었던 분으로 나에 대한 배려는 송구스러울 지경이었다. 맡긴 일은 내게 맞지 않았으나 그것은 내 성격 탓이고, 그런 일은 사실 상당한 신임이 아니면 맡길 수 없는 일이었을 것이다. 개인적인 술자리도 많이 마련해 주셨고 아직 학위가 없는 나를 위하여 유학을 제의해주신 적도 몇 번 있었다. 하지만 어쩌겠는가. 나는 도무지 서양식 더 좁히자면 미국식 땅을 보는 사고 방식이나 방법에는 전연 관심이 없었으니. 아니, 그것은 관심이 있고 없고의 문제가 아니라 가치관의 문제였다고 할 수 있다.

연구원과의 계약 기간이 문제였지만 원장의 배려로 나는 무난히 그곳을 떠나 청주로 갈 수가 있었다. 이것이 내가 교수가 된 길이다. 교수가 되려고 애를 쓴 것이 아니라 하다 보니 우연히 교수가 되어 버린 것이다.

연구원을 떠날 때도 주위 사람들은 썩 잘하지 못한 결정이란 투로 나를 바라보았다. 왜 희망이 가득 찬 신설 연구원을 떠나, 그것도 원장의 배려를 받는 입장을 떠나 당시로서는 조그만 지방 대학으로 가려고 하는지 이해를 못하겠다는 반응들이 꽤나 많았다는 얘기다. 지금 서원대학교가 된 청주사대는 그때는 정말 교수 수가 60명에도 미치지 못하는 조그만 대학임이 사실이었다. 그러나 나는 생각이 달랐다. 우선 연구원을 떠나고 싶었고 대학 교수를 원한 것은 아니지만 하고 싶은 공부를 하기 위해서는 대학에 자리를 잡는 것이 가장 좋다는 것을 알게 되었음은 물론, 대학 교수면 다 같은 대학 교수이지 서울대 교수와 청주사대 교수가 다를 게 뭐 있냐는 생각을 철저히 갖고 있었기 때문에 그런 충고들이 오히려 짐스러울 뿐이었다.

서울대 박사 과정은 한 학기로 끝을 냈다. 내가 원하는 공부는 내가 할 수밖에 없다는 것을 분명히 알게 되었기 때문이다. 대학 지리학과에서는 누구도 풍수를 아는 사람이 없었다. 그런데도 계속 다닌다는 것은 명색을 위한 위선일 뿐이라는 생각도 들었고 사실 청주로 이사를 하고 나니 서울에 다녀온다는 것도 쉽지가 않아서였다.

이제 그런 모교로 온 것이다. 배우기 위해서가 아니라 주로 가르치기 위해서. 그러나 앞서 지적했던 대로 서울살이는 외로움과 후회로 시작되었을 뿐, 무슨 큰 희망이 보이지는 않았다. 분명히 느낄 수 있는 것은 사람들 모두가 몹시 바쁘다는 것과 그렇기 때문에 예전과 같은 인간적 유대를 갖기가 매우 힘들어졌다는 사실이었다. 그 점은 선생들뿐만이 아니라 학생들도 그런 것 같았다. 그 와중에서도 나는 끊임없이 시간 나는 학생들과 전주집을 드나들었고 전주집은 나의 사랑방처럼 되어 갔다.

어떤 때는 오전 강의를 마치고 점심으로 전주집에서 막걸리를 마시고 오후 강의에 들어간 적도 있었다. 이것이 선생으로서 온당한 일일 수는 없으나 전주집과 막걸리가 아니었다면 보다 빨리 대학을 떠날 수밖에 없었을지도 모른다. 그 점에선 막걸리와 전주집은 구원이었다.

봄이 되면 전주집에서 낙성대를 지나 서울대 후문으로 가는 골목길에는 개나리가 샛노랗게 피어났다. 거기서 조금만 몸을 틀면 관악산으로 들어갈 수 있었고 그런 기회는 자주 마련되었다. 막걸리를 사서 봉지에 싸 들고 계곡으로 가서 마신다. 저 아래 보이는 서울대 건물들이 나와는 아무 상관도 없는 것으로 비쳐진다. 해괴한 일이지만 마치 다른 산에 등산 와서 다른 도시를 바라보는 듯한 느낌을 주더라는 것이다.

무엇보다 답답한 일은 산이 입을 다물었다는 점이었다. 산의 성격을 알 수가 없었다. 산과 얘기가 되지를 않았다. 산은 그냥 거기에 있고 나는 산에 안겨 있으나 대화가 통하지를 않는다. 산의 기쁨, 아픔, 괴로움, 답답함, 외로움, 이런 것들이 나에게 전해지지를 않는 것이다. 밤 산도 두려움으로만 다가왔다. 마침 동네를 벗어나면 바로 관악산 줄기들이라 밤에 산을 오르는 것은 가게에 막걸리 사러 가는 일처럼 쉬웠다. 그래서 밤에 산을 가 보지만 산은 엄격히 입을 다물고 어두움의 공포만을 전해 줄 뿐이더라는 것이다.

나뭇가지를 흔드는 바람 소리도 속삭임이 아니라 단지 스산한 부스럭 소리로밖에는 들리지를 않았다. 산이 나를 거부하고 있는 것이다. 그것은 나로부터 말미암은 일이다. 나는 산의 고향인 전원을 떠나 산의 으뜸가는 원수인 서울로 오고 말았다. 산의 거부는 당연한 것이다. 더 정확히 말하자면 내가 산을 버렸고 산은 그에 침묵의 응답을 해준 것이다.

사람과 마찬가지로 산도 여러 가지 말을 해준다. 그것을 들을 수 있어야 풍수를 할 수 있다. 너무 많은 짐을 지고 있는 봉천동 산 동네의 산들은 그 괴로움을 다소곳이 토로하고 있다. 고층 건물을 허리가 부러지게 지고 있는 남산은 거의 사경이 되어 신음 소리조차 잘 들리지 않는다. 깊은 애처러움을 지니고 산을 바라보면 그런 것을 다 들을 수 있다. 그저 지나치는 관심 정도로는 산이 전하고자 하는 뜻을 제대로 헤아릴 수 없다. 측은지심(惻隱之心)은 사람뿐만이 아니라 산에 대하여서도 심성의 단초가 된다. 진정한 사랑만이 산과의 대화를 가능케 한다. 그런데 서울 생활은 그런 심성의 단초까지를 마비케 해 버린 것이다.

 마음을 주고받는 친구는 서울에도 몇몇 있었다. 하지만 산의 소리를 들을 수 있는 김기현 선생 같은 친구는 서울에 없었다. 외로움은 그런 식으로 더욱 마음을 괴롭혔다. 〈나는 산과 친구를 떠났다〉는 자책이 떠나지를 않았다. 서울대 교수라는 세속의 조그만 명예와 지적 허영을 만족시키기 위하여 그들을 떠났으니 누구를 원망할 것인가?

 서울은 사람을 내버려두지도 않았다. 끊임없이 무언가를 물어 오고 무언가를 발표해야 하고 무언가를 공격해야 하고 그러니 당연하게도 무언가를 방어해야 하는 그런 생활의 연속이었다. 산과의 대화가 끝났을 뿐 아니라 남들이 산과의 대화를 기록해 놓은 글들을 읽기에도 허겁지겁인 상황이 벌어지고 있었다. 나의 전공으로 볼 때 서울은 어떻다든가, 통일 뒤에 수도는 어디이면 좋겠다는 따위의, 나로서는 사소하다고 볼 수밖에 없는 발표문들이 신문과 방송에서 다루어지고, 서울대 교수가 연구하므로 풍수는 과학적 근거가 있다는 오도된 여론도 상당 수준 일어나는 것으로 짐작이 되었다. 그에 대한 공격 또한 만만치 않았다. 사람들은 나의 발표문 전체를 챙겨 읽기보다는 신문 기사 몇 줄만 읽고는 공격에 가담하는 모양이었다. 당연히 공격 속에는 오해로 비롯된 것들이 많았다.

 오해를 풀기 위하여 더 많은 글을 쓰고 더 많은 발표에 참여할 수밖에는 없는 상황이 되었다. 역시 같은 과정을 거쳐 오해가 오해를 낳는 악순환이 반복되었다. 대학에 익숙지 않은 많은 일반인들에게 지리학은 풍수뿐이라는 과장된 인식을 심어 주었다는 분외의 혐의까지 받는 지경에 이르고 보니 회의는 극에 달할 수밖에 없었고, 드디어 대학을 떠날 수도 있겠다는 가능성을 나 자신이 마음 한구석에 가질 단계에까지 이르고 말았다.

그 과정은 대학을 떠나던 마지막 한 학기 사이에 봇물이 터지듯 다가왔다. 여러 우여곡절들이 마치 유성이 떨어지듯 지나갔고 나는 대학을 떠나기로 결심했다. 그것은 산과의 대화를 잇기 위한 시도이기도 했지만, 인간의 냄새가 배인 지리학을 구축하겠다던 나의 생각과 그것을 위하여 내게서 무엇인가를 배워보려던 제자들에게는 명백한 배신 행위였다. 지리학과의 은사와 선배 교수들의 만류의 조언을 뒤로 하고 1991년 학기 말 나는 사표를 제출하였다.

나는 본래부터 학문에 큰 뜻을 두고 학교에 몸담았던 것은 아니다. 그러나 세월이 지나고 보다 깊이 풍수를 알게 된 다음에는 나름대로의 학문관이라는 것이 생겼다. 보다 세월이 흐른 뒤 학교를 떠나게 된 직접적인 원인이 무엇이었는지를 얘기할 수 있을지는 모르겠다. 그러나 지금 하지 못할 말을 시간이 지난다고 할 수 있을 것 같지도 않다. 또 그것이 무어가 중요하랴. 나는 서울대에 제출한 사표를 풍수를 위한 출사표라 자위하며 떠났다. 연말에 제출한 사표는 학교와 과의 몇 가지 나를 위한 배려 때문에 다음해 3월 9일 정식으로 수리되었다. 이제 나는 잘 다듬어진 대학 교정을 떠나 삶의 현장이란 들판으로 뛰쳐나온 셈이다. 잘 가꾸어 놓은 잔디밭과 들풀이 뒤엉킨 들판, 그것은 천양지판이었다.

나에게 들판은 낯익고 익숙한 곳이다. 고등학교를 졸업하고 재수를 하던 때 우리 집은 반월에서 복숭아 과수원을 하고 있었다. 그곳은 구릉 지대였기 때문에 언제나 바람이 그치지 않고 불었다. 아랫동네로 내려오면 수원 근교의 넓은 들판이 펼쳐져 있었고 시간만 나면 그곳을 헤매 다녔다. 무슨 뚜렷한 목적이 있는 것은 아니었다. 그냥 땅을 밟고 다니는 것이 좋아서 그리 해본 것일 뿐이다.

　대학 입시에 떨어지고 나서 나는 대학을 가지 않겠다는 생각을 심각하게 한 적이 있다. 본래 중학교를 졸업했을 때도 당시 5년제였던 공업 전문학교를 가려고 했으나 형님의 만류로 그렇게 하지는 못했다. 기계를 만지는 일을 재미있어 했고 커서 자동차 서비스 공장이나 했으면 좋겠다는 생각을 가지고 있던 때였다. 이제 대학을 떨어지고 나니 그때 기억도 되살아나고 하여 꼭 다시 대학 입시를 치러야겠다는 생각이 들지를 않는 것이다. 그래도 명분은 재수한다고 해놓고 책과 이부자리를 리어카에 싣고 청량리 본가에서 아버님이 농사를 짓고 계시던 반월을 향하여 떠났다. 꼭 열두 시간만에 과수원에 도착했는데, 아버님은 아랫동네 들판 끝까지 나와서 기다리고 계셨다. 3월 초순이라 들판의 밤바람은 매우 차가웠다. 그런 바람까지가 시원했던 기억이 생생하다.

　다음해 대학에 진학하고 나서 얼마 지나지 않아 반월 밭을 팔고 태안으로 옮겼다. 나중에 알고 보니 그곳에 공업 단지가 들어선다는 것을 먼저 안 투기꾼들에게 아버님이 사기 비슷하게 당하신 것이었다. 어쨌거나 아버님은 다른 밭을 알아보기 위하여 화성 일대를 뒤지기 시작하셨다. 당시 큰형님은 강릉상고에서 교편을 잡고 계셨고 둘째 형님은 해병 제1여단에 사병으로 복무하던 중 행방 불명 상태였기 때문에 아버님은 늘 내가 동행하기를 바라셨다.

　성품이 매우 급하셨음에도 불구하고 아버님은 시골 길을 걸을 때는 지나치다싶게 걸음을 늦추고 다니셨다. 게다가 교통 사고로 다리를 다쳐 한쪽이 편치 못한 상태였기 때문에 걸음은 더욱 느릴 수밖에 없었다. 그러니 아버님과의 동행은 그야말로 들판을 어루만지며 다니는 식이 되지 않을 수가 없었다. 입춘이 막 지난 늦은 겨울의 들길을 아버님은 하염없이 걸어 다니셨다. 차를 타는 법은 좀체 없었다. 그 뒤를 또는 그 옆을 나도 하염없이 따를 수밖에 없었고, 그런 시간들은 내게 들판과 무언의 대화를 나누는 방법을 가르치는 기회가 되어 주었다. 들리는 것은 오직 바람 소리뿐. 지금도 나는 궁금하다. 큰자식은 외지에 보내고 가운데 자식은 생사를 알 수 없는 지경인데, 막내아들을 데리고 찬바람이 옷자락을 들춰 대는 들판 길을 걸으면서 아버님은 도대체 무슨 생각을 하셨던 것인지.

아직도 소식을 알 수 없는 작은형은 기이하다고밖에 표현할 수 없는 사람이었다. 아주 어릴 때부터 일체 고기를 먹지 않았다. 생선도 입에 대지를 않았고 심지어는 젓갈도 거부하여 김장을 할 때는 새우젓이나 멸치젓을 넣지 않은 작은형 전용의 김치를 따로 만들어 주어야 할 정도였다. 그리고 그림을 잘 그렸다. 달리 그림 공부를 시킬 형편도 아니었거니와 아버님은 작은형이 그림 그리는 것을 싫어하셨기 때문에 오히려 몰래 숨어서 그림을 그려야 할 지경이었으니, 형의 그림 솜씨는 타고난 것이었던 모양이다. 고등학교 때는 여러 번 외부에서 개최하는 미술 대회의 상장을 들고 들어왔다.

나는 바로 위인 그 형과는 몹시 싸웠다. 내가 중학교 2학년 때 홍익대 미대에 진학한 형은 바로 그해 5월에 해병대에 자원 입대를 하였다. 역시 그때까지도 고기는 입에 대지도 않았다. 어머님과 형님은 기초 훈련을 받던 진해로 면회를 다녀 오셨다. 갑자기 그렇게도 모질게 싸웠던 그 형이 못 견디게 그리워졌다. 어머님을 졸라 나도 형 면회를 나섰다. 그때는 기초 훈련이 끝나고 보병 훈련을 받으러 지금은 창원시가 된 상남에 형이 있을 때였다. 밤 기차를 타고 새벽에 삼랑진에 내려 다시 버스를 갈아타고 하면서 훈련소에 도착했을 때는 캄캄한 밤중이었다.

이미 여러 차례 혼자 이곳저곳을 떠돌아본 경험은 있었지만 이렇게 멀리 혼자 나와 보기는 그때가 처음이었다. 훈련소 부근 농가에 방을 하나 얻고 그곳에서 밥도 얻어 먹으며 하룻밤을 지낸 뒤 면회를 신청하였다. 아침에 신청한 면회는 한낮이 기웃해서야 이루어졌다.

나는 그 자리에서 생전 처음으로 형이라 불렀다. 그 전까지는 형이라고도 하지 않고 그대로 이름을 불렀었다. 참으로 못된 동생이었다.

그 형이 행방불명된 것은 내가 고등학교 다닐 때였다. 나는 형이 어딘가 산속에서 수도를 하고 있을 것이란 확신을 가지고 있었다. 그 형을 찾아 다니는 일이 내게는 또 하나의 답사가 된 셈이다. 그러니까 내가 산을 가는 이유는 형의 소식을 듣기 위한 목적이 하나 더 보태졌다고 할 수 있다. 지금도 절에 가면 여기저기를 기웃거리는 버릇이 있다. 형이 어디 없나 해서. 소식 끊긴 지 꼭 30년이 되었다.

어느 곳에도 매인 데가 없다는 것은 사전적으로 말하자면 자유이다. 그러나 자유가 생활을 얽매고 있다면 그것은 또 무슨 자유인가? 학교를 떠난 후 가장 마음을 괴롭힌 것은 생활에 대한 어떠한 보장도 없다는 것이었다. 나는 지금도 버리지 않고 가지고 있는 생각이 있다. 그것은 살아가는 것이 학문에 우선한다는 생각이다. 살아간다는 것은 아무곳에나 머리를 숙이며 비굴하게 살아간다는 것은 아니다. 살 판에 몸을 굴리며 부대낀다는 뜻이다.

학교를 나오기 전까지 시장은 나에게는 구경감이었다. 그러나 나오고 보니 그것이 구경판만이 아니라는 것을 실감할 수 있었다. 재미있게 그것을 즐기고 거기서 무언가 우리의 전공에 필요한 바를 얻고 그것으로 일은 끝이 났고, 그러므로 이제 우리는 또 다른 경험을 향한다는 생각 자체가 도련님들의 허수아비 노름에 지나지 않는다는 것을 단 한 달도 안 되어 알 수가 있었다.

저기에서는 무슨 장사가 될까, 또는 여기에서는 무엇이 돈벌이가 될까, 그것이 주된 관심사가 되어 며칠을 시장을 돌아다녔지만 결과를 얻을 수는 없었다. 대학 교수였던 나는 삶의 구체적 장소를 떠난 지 오래였던 것이다. 배웠다는 우리는 삶에서는 한참 멀어진 있지도 않은 진리와 점잖음에 대부분의 세월을 보내고 있었다는 생각이 들었다. 이것은 아무것도 아니었다. 본격적인 세상 살이판은 그런 모든 대학에서의 가르침에 반대되는 방향으로 나가고 있음을 아주 짧은 순간에 파악할 수 있었으니까.

그러나 배운 게 탈인가. 겨울이 지나지 않았을 때 나는 이미 시장을 떠나 지방을 떠돌고 있었다. 주로 강원도 산골이었는데, 그때의 경험은 아주 먼 훗날까지도 좋은 영향을 내게 줄 것이라 믿는다. 이것 역시 먹물들의 자위겠지만 지금은 가급적 마음속의 생각들만을 얘기하기로 했으니 그냥 계속하기로 한다. 우리는, 우리 먹물을 먹은 사람들은 어떤 이유로든 숨길 것은 숨기고 내놓을 것은 내놓는 사람들이 아니던가.

막혔던 산과의 대화는 곧 트여졌다. 그러나 그 내용이 전과 같지 않다는 것도 알 수 있었다. 주로 다니던 강원도 영월과 정선의 산천에서, 나는 반성과 함께 울분 혹은 분노를 키웠다. 우리의 땅은 우리 식의 지리학이 아니면 얘기가 안 된다는 생각은 울분이었을 것이다. 나 자신의 책임은 생각지 않고 우리 지리학이 서양 지리학에 지고 있다는 판단은 단순한 분노였을 것이다. 하지만 위안이 없지 않았다. 영월은 나를 깊이 안정케 했다. 그 얼마 뒤 가서 술로 한 열흘 잘 보낸 계룡산도 역시 나를 깊이 안정케 했다. 계룡산 입구 박정자 삼거리에서는 오랫만에 박희선 선생을 만났다. 그분은 마치 기다리고 있었다는 듯이 나를 맞아 주어 또 한번 그분의 예지를 알게 해주었다.

불교학자이자 문학가인 선생을 처음 만난 것은 1986년 초가을 전주 인근의 모악산에서였다. 동료 교수들과 아무 목적 없이 시적시적 걸어 나온 것이 모악산 중턱이었는데 그곳에 귀신사라는 절이 있다. 절 뒤에서 술을 먹다가 무엇에 이끌렸는지 나는 혼자서 절 곁에 허름하게 서 있는 요사채로 발길을 돌렸다. 그곳에서 선생은 시자와 함께 차를 끓이고 있었는데 역시 마치 나를 기다리고 있었다는 듯 맞아 주신 것이다. 나를 알고 있었다. 그것이 선생과의 첫 만남이었고, 그리고 이제 계룡산에서 다시 만나게 된 것이다.

내가 올 것 같아서 어제 여행길에서 이곳으로 돌아와 기다리고 있었다는 말씀이었는데, 내 전공에도 신비한 부분이 없지 않지만 그분의 그런 말씀을 듣다 보면 새삼 신비 혹은 사람 사이의 인연에 대해서 생각지 않을 수 없다. 내 제자 중 한 명은 바로 박희선 선생이 보낸 것이나 마찬가지다. 그 제자는 운동권에 몸담고 있다가 군에 입대를 했다. 거기서 선생의 아들을 만났고 그 인연으로 선생의 말씀을 들을 기회를 가졌던 모양이다. 제대하고 정치학과 대학원 진학을 생각하고 있던 제자에게 박선생은 지리학과에 가서 최창조 선생이 하는 공부를 배워 보라 하셨고 제자는 그 말을 따랐다.

나는 지금도 박희선 선생이 왜 그런 일을 하셨는지를 모르고 있다. 마당 건너로 계룡산이 바라보이는 툇마루에 앉아 선생은 이런저런 말씀을 해주셨다. 우리 것, 우리 땅, 우리 강산. 그것은 모시고 받들어야 할 대상이라는 요지였다. 참으로 우울한 기분에 빠져 있던 그때의 나로서는 깊은 위로의 말씀일 수밖에 없었다. 인사를 드리고 떠나는 내게 선생은 두 가지 당부를 하신 것으로 기억된다. 하나는 우리 산들을 정성들여 받드는 일을 게을리하지 말라는 것이었고, 다른 하나는 내게 적이 많을 것이니 앞으로 한 3년 동안은 밖에 드러내지 말고 자중자애하라는 말씀이었다.

두 가지 다 제대로 지켜 드리지 못하여 죄스럽다. 산은 주로 나의 전공 대상으로 바라보았을 뿐이고, 밖으로 드러내지 않기는커녕 수많은 말과 글들을 쏟아 내고 말았다. 당연하게도 여러 곳에서 상당한 비난들이 있었다. 그 비난에 대해서 역시 자중자애하여 조용히 지켜보지 못하고 격하게 반응하여 버린 것도 박선생의 뜻과는 달랐을 것이다.

우리 것이랄 수 있는 분야들이 푸대접을 받거나 혹 어느 정도 관심을 보여 준다 하더라도 그저 구색 갖추기 정도밖에 안 되는 상황을 울분 없이 지나칠 수는 없었던 까닭에 학교를 떠난 나의 심정은 항상 울적한 그것일 수밖에 없었다는 뜻이다. 무엇이 나의 삶을 지탱해 주고 있는 것인지를 알 수 없었던 짧았지만 괴로웠던 시간들이었다.

각지를 떠돌며, 그 땅의 바람과 물을 보고 들으며, 외로움과 괴로움은 서서히 식어 가기는 했다. 눈을 맞으며 산을 오르고 비를 맞으며 강을 건너던 시간들이 지금은 기억 저편으로 사라져 버렸지만 당시로서는 비분강개의 그 무엇이 가슴 밑바닥에서 없어지지를 않았다.

집으로 돌아오면 거기에는 실직한 가장의 자리가 기다리고 있었다. 처와 아이들은 학교를 떠나는 나의 마음을 잘 헤아려 주었다. 하지만 가장의 의무는 생활 방편의 확보였다. 수시로 시장을 나가 보았다. 학교에 있을 때는 시장 구경이 그야말로 구경이면 족했다. 그것은 그대로 재미였다. 지금 내가 저곳 어디엔가 자리를 잡아야 한다는 생각으로 돌아보는 시장은 구경일 수가 없었고 당연히 재미도 없었다. 우선은 서글픔이었고 다음은 후회였다. 나는 지금까지 치열한 삶의 현장을 구경꾼으로서만 스쳐 지나며 살아왔구나 하는 회한 말이다. 상점에 진열된 물건들 값도 알아보고 가게 세도 알아보고, 그러나 도저히 내가 장사를 해낼 것 같지가 않았다. 절망적인 생각이 들었다. 하다 하다 생각해 낸 것이 망할 생각이라더니 결국 집을 팔고 줄여서 그 나머지 돈으로 은행에서 이자를 받아 생활을 하면 어떻게 버틸 수도 있겠다는 데까지 생각이 이르렀다. 하필이면 그 무렵 집값은 내릴 대로 내려 버려 그것조차도 크게 기대할 수 있는 형편은 아니었다. 그래도 집은 내놓았다.

학교를 그만두던 그해 여름이 다가올 무렵 몇 군데에서 도움을 주겠다는 제의가 들어왔다. 선경그룹에서는 전통 사상을 창달한다는 명분을 세워 주며 연구비를 제공하기 시작했다. 그것으로 생활은 완전히 안정을 찾았다. 그 연구비는 상당 기간 계속되었다. 그 사이 몇 권의 책을 내어 선경의 도움에 보답을 하고자 했지만 별로 마음에 드는 연구 업적이 아니다.

비슷한 시기에 ≪경향신문≫으로부터 연재를 하자는 제의도 있었다. 그것도 나와 제자들의 생활에는 큰 도움이 되어 주었다. 이 연재는 2년 가까이 계속하였다. 민음사를 운영하는 박맹호 선생은 충북 보은 비룡소마을에 있는 고향 본가를 우리의 공부방으로 써 보라는 제안을 해 왔고, 그해 가을 우리는 보은으로 내려갔다. 마침 그 무렵 결혼을 했고 지금은 부산외국어대 강사로 나가는 성동환 군이 붙박이로 거기에 살면서 살림을 하고, 지금은 주택은행에 근무하는 총각인 한동환 군이 역시 그곳에서 침식을 같이하기로 하였다. 나머지 한 제자는 마침 그때 결혼을 하여 나와 함께 서울에서 내려가 합류하는 식으로 공부를 하기로 하였다. 생활비는 ≪경향신문≫에서 나오는 원고료로 충당했으나 제자들은 항상 쪼들릴 수밖에 없었을 것이다. 선경에서 나오는 연구비는 책도 사고 답사도 다니고, 미안한 얘기지만 우리 집 생활비에도 보태고, 그리고 나머지를 저축하며 다음에 있을지도 모르는 시골에서의 공부방 마련에 대비하기로 하였다.

하지만 보은 생활은 1년을 채우지 못하고 문을 닫고 말았다. 집도 좋고 터도 좋고 마을 사람도 좋고 집 주인인 박맹호 선생의 배려도 훌륭한 것이었지만, 나는 3명 제자들의 앞날이 걱정되었다. 언제까지 이런 생활을 지속할 수 있을 것인가. 제자들이 모두 혼인을 하고 자식을 갖게 되면 그때부터는 누가 이들의 생계를 책임질 것인가. 이들은 대학으로 돌아갈 수 있는 아무런 조건도 배경도 갖추고 있지를 못하다. 훗날 생계가 막연해졌을 때 만에 하나라도 이들이 학벌 좋은 타락한 지관으로 변해 버린다면 그 죄를 어찌 다 감당할 수 있을까.

나는 적극적으로 제자들을 설득하기 시작했다. 어디라도 좋으니 취직을 하라고. 하지만 이미 늦은 감이 있었다. 제자 중 둘은 일반 기업에 취직하기에는 나이가 너무 많이 들어 버렸다. 또 제자들은 우리가 먹고 살기 위하여 이 공부를 시작한 것이 아니니 선생님은 그런 걱정 하지 마시고 계속 공부나 해 나가자는 주장을 꺾지 않았다.

고마웠다. 그러나 나도 내 고집을 버리지 않았다. 지금도 그렇지만 나는 생활을 도외시한 학문은 그것이 아무리 훌륭한 것이라 하더라도 사람이 할 짓이 아니라는 생각을 가지고 있다.

결국 두 제자는 아무런 보장도 없이 보은을 떠났다. 한 제자만 은행에 취직이 되어 서울로 갔다. 가끔 만나 얘기도 나누고 그간의 연구 업적이 쌓이면 같이 책도 내기로 했지만, 그리고 사실 두 권의 책이 제자들로부터 나오기는 했지만, 지금으로서 우리의 모임은 사실상 와해 상태에 들어갔다. 그 그림같이 아름다웠던 보은 비룡소마을 우리가 공부하던 집. 스스럼없이 정을 나누어 주던 마을 사람들. 언제고 제자들이 생활의 방편을 찾으면 다시 돌아가고픈 곳이다.

그때 그곳을 가면 나는 공부할 생각은 덮어두고 그저 술만 마셨다. 술을 좋아하지 않던 제자들은 그런 나를 망연자실 쳐다만 볼 뿐이었고. 그러면서도 제자들은 참 열심히 공부를 해주었다. 사랑하는 세 명의 제자들이여, 이 무능한 스승의 죄를 용서하라. 비룡소에서의 몇 밤 그리고 며칠 낮, 모두 합하여 몇 시간 되지는 않지만 우리는 열심히 공부를 한 적이 있었다. 거기서 우리는 풍수의 가능성을 보았다고 믿는다. 그러나 거기서 나는 삶을 보지는 못하였다. 그래서 떠난 것이라고 이해해 달라, 제자들이여.

계룡산 동월에 있는 단군을 모시는 할머니 댁에서는 보름을 술로만 보낸 적도 있었다. 알코올 중독인 실업자, 바로 그 모습이었을 것이다. 낮에는 칡을 캐러 가는 제자를 쫓아가 또 술을 마시고 남의 무덤을 베고 낮잠을 잔다. 깨면 마시고 취하면 잠들고. 취하면 신선이 되고, 잠이 들면 주검이 되며, 새벽녘 잠깐 취기가 가실 때는 참을 수 없는 외로움과 허탈과 고통이 찾아 든다. 그래도 다행은 산이 내게 말을 시작했다는 점이다. 산은 나를 감싸기 시작했다. 그런 자포자기 상태의 폭음 속에서 죽지 않은 것은 산의 보살핌 덕이었다고 믿는다.

모든 산들이 하나같이 내게 품을 열어 준 것은 아니다. 등을 돌리는 엄격한 산도 있었다. 엄격함은 그것대로 가르침이었다. 품을 열어 주던 산들로 둘러싸인 영월 싸리골 김씨 댁에 묵던 날 밤, 제자들과 함께 김삿갓의 무덤을 방문했다. 계곡의 물소리가 천지를 진동하는데 잔돌이 깔린 산길을 걸으며 바람과 물의 길, 그러니까 風水之道를 다시 떠올리게 되는 것은 전공자의 당연한 마음가짐이었을 것이다. 그 길은 무엇일까. 그것은 한마디로 자연의 안온함이다. 더 무슨 말을 여기에 덧붙이겠나.
　자연은 끊임없이 나를 불러냈다. 어릴 때 우리 집은 청량리와 성동역에서 가까운 곳에 있었다. 성동역은 지금의 청량리 미도파가 있는 자리다. 그곳에서는 경춘선 열차가 떠났다. 돈이 조금 모이면 돈만큼의 표를 사서 기차를 탔다. 역에 내리면 그 부근의 들판과 산길을 걷다가 다시 차 시간이 되면 돌아오곤 했다. 어린아이가 왜 그런 이상한 취미를 갖고 있었는지 지금도 모르겠다. 그냥 좋았다. 시골의 흙, 논밭, 산길, 나무, 들풀, 새소리, 물소리, 가끔 눈에 뜨이는 들꽃들, 초가집, 밭둑에서 둥그런 눈을 뜨고 바라보는 소, 푸드덕거리며 길을 내주는 닭과 병아리. 자연은 부름에 응하면 그런 것을 보여 주었다. 그것이 바로 풍수의 도라 생각한다. 자연의 안온함이다.
　학교에는 안온함이 없었다. 서로의 감정적인 대립도 학문적 논쟁이란 좋은 말로 표현을 하고, 치열한 순위 경쟁도 새로운 면학 분위기 조성이란 말로 둘러대는 식이다. 때로는 야비하기까지 한 공박도 순수한 탐구심의 발로라는 표현으로 미화하고 있는 곳. 결코 패배해서는 안 되는 투사를 길러 내는 투쟁장. 거기에 안온함이 있을 까닭이 없다.
　학교를 그런 식으로 바라보는 사람이 거기에 그 정도나마 붙어 있었다는 것이 기적처럼 여겨진다. 이제는 대학을 떠난 것이 당연히 나와야 할 사람이 나온 것으로 생각된다. 투쟁은 풍수의 도가 아니다.

그것은 조화가 될 수 없기 때문이다. 지는 것으로부터 바람의 길, 물의 길은 시작된다. 아직도 질 수 없다는 생각을 버리지 못하는 나는 풍수의 도에서도 한참을 멀리 떨어져 있다.

제주도 동쪽 끝 우도에서 나는 허무를 보았다. 허무는 자유였다. 그 자유는 바로 안온함과 통하고 있었다. 우도 등대 부근 산소를 베고 누워 들려 오는 바람 소리 파도 소리를 들으며, 파랗다 못해 현묘하기까지 한 하늘을 쳐다 보며, 나는 비로소 내가 바람과 물의 길에 온전히 들어섰다는 것을 깨달았다. 대학을 떠난 3년 만에야 나는 자유와 자연을 몸으로 받아들이게 된 것이다. 다듬어진 교정이 아닌 들판에서 배운 것은 자유와 자연이었고 답사는 그것을 체화시켜 준 셈이다. 이제 진정으로 저 바람 소리, 물소리의 자유와 자연 속으로 들어가리라.[1]

---

1) ≪세계의 문학≫ 1994년 여름호(민음사)에 수록.

제1장 한국 풍수 지리설의 구조와 원리
도선 풍수를 중심으로

1 하고자 하는 말

〈신라 말기의 승려 도선은 당시 중국에서 유행하던 풍수 지리설을 받아들였다.〉 이것은 현행 고등학교 국정 국사 교과서의 내용이다. 한국 풍수가 중국으로부터 수입되었다는 것이 학계의 통설임을 웅변하는 대목이다. 필자는 우리나라에 자생 풍수가 있었고 뒤에 중국 풍수가 유입되어 혼합되었다는 얘기를 하고 싶다.

자생 풍수의 원류가 어디인지는 알 수 없지만 자생 풍수의 흔적과 중국 풍수의 다른 특성들을 찾아낼 수 있다고 본다. 특히 지금까지도 문제가 되는 陰宅發福을 위한 術法風水는 중국 풍수의 영향이란 혐의가 짙음을 밝히고자 한다. 술법 풍수의 폐단은 다른 말이 필요 없을 정도로 명백하기도 하거니와 수많은 사람들이 그 점을 지적하고 공박하는데도 끈질기게 지속되는 이유는 어디 있는지에 관한 문제도 관심의 대상이다.

풍수는 地氣感應을 근본으로 삼는다. 그렇다면 땅에 대한 이런 사고 방식은 우리만의 것인가, 혹은 우리와 중국 같은 동아시아만의 독특한 지리학인가. 그렇지만은 않으며 서양에도 그와 유사한 지리 인식이 있었음을 말하고자 한다.[1]

자생 풍수, 즉 한국 풍수가 있다면 그 특징은 무엇이고 어떤 체계를 갖고 있으며 그것이 우리 풍토와 오늘의 우리 지리학에 주는 영향이나 기여는 무엇인지도 알아볼 것이다.

이를 위하여 크게 두 가지 시도를 해보고자 한다. 우선 도선국사(이하 도선으로 통일함)와 관련된 實地의 구체적 사례들을 찾아 귀납적으로 실체에 접근해 보고, 이어서 도선의 생애를 재구성하여 왜 땅에 관한 그런 인식이 성립되었는지를 가늠해 보겠다. 이 점은 비단 제1장에서뿐만이 아니라 제2장과 제2권에서도 다루게 된다.

사실 도선 풍수의 구체적 사례는 찾기가 쉽지 않다. 많은 사찰들이 도선에 의지하여 그 창건 연기설을 지니고 있지만 그 신빙성을 의심받을 만한 구석이 많으며, 도선 자체가 신비화되어서 어디까지가 받아들일 수 있는 자료인지를 판단하기가 어렵기 때문이다. 그런데도 이 작업을 하는 까닭은 그것이 사실이 아니라 하더라도 그 사례들 속에 도선이 끼여 들었다는 자체가 어떤 식으로든 도선 풍수의 영향력을 감지할 수 있는 대목이기에 억측이 될 공산이 크지만 시도해 보는 것이다. 필요한 경우, 구체적 사례나 도선 유적에 대해서는 현지 조사도 실시하기로 한다.

도선 풍수의 특징을 밝히기 위해서는 그의 풍수 경지가 어느 정도인지를 가늠해야 할 필요를 느낀다. 대부분의 자료들이 그를 신격화하는 것과 달리 구전 설화 속에서는 밭 가는 농부 또는 길에서 놀

---

1) 서양의 地靈觀念에 대해서는 최창조 편역, 「西洋地靈史」, 『서양인의 생활풍수』(민음사, 1992), 211-225쪽을 참조.

던 어린아이로부터 풍수 실력을 조롱받는 멍청한 도선이 등장하는 것도 사실이다. 왜 그럴까 하는 점도 관심의 대상이다. 이를 위해서는 도선 관련 설화도 살펴볼 필요가 있다.

도선 풍수의 가장 큰 특징으로 꼽히고 있는 裨補寺塔說의 내용은 무엇이고 그것은 어떤 의미와 상징성을 갖고 있는지도 살펴보아야 한다. 이 점에 대해서는 비보설이 밀교의 法用이라는 주장에 관심을 가져야 한다고 보지만 필자 자신이 밀교에 대한 지식이 없다 보니 자신의 견해를 밝힐 수는 없어 소개만 하려고 한다. 그리고 당시의 시대적 배경도 살펴보면 비보사탑설을 이해하는 데 도움이 되리라 본다. 특히 고려 시대에 이르러 이것이 더욱 풍미한 까닭이 중앙 집권적 왕권 체제를 확립하기 위해 이용되거나 원용된 것은 아닌지도 확인할 필요가 있다. 후삼국 통일 당시 지방 호족들의 지원을 크게 받은 왕건과 그 후손들인 고려 왕들 처지에서는 호족과의 정치적, 경제적 연결성이 큰 사찰들에 대한 견제가 필요했을 것이고 힘으로보다는 어떤 신앙 체계와 유사한 이데올로기로 그를 관철하는 것이 유리했을 것이다. 그 이데올로기가 바로 도선 풍수의 비보사탑설이 아니겠느냐는 가정이다.

도선 풍수는 그 논리 체계가 지역에 따라 사뭇 다르다. 한마디로 우리 풍수는 지방에 따라 그 체계가 서로 배타적이기까지 하다. 왜 그럴까도 살펴볼 필요가 있다. 그 이유를 알아내면 도선 풍수가 중국으로부터 수입된 이론 풍수와 왜 다른가 하는 차이점을 알아낼 수 있다고 본다. 중국 풍수는 이론이 체계화되어 수입된 것이기 때문에 그 논리만 잘 받아들이면 현장 적용에 별 어려움이 없다는 장점이 있다. 하지만 중국 풍수는 풍토가 다른 곳에서 만들어진 땅의 이치(地理)인데다가 그것마저도 음양론, 오행론, 주역적 사고 등에 꿰어 맞춰 놓은 것이라 풍토가 다양한 우리 땅에는 맞지 않는 것이 당연하다.

반면 우리 자생 풍수는 마을마다 또는 지방마다 그 풍토에 맞게 지리적 경험과 지혜를 축적하다 보니 풍토 적응성이 양호하다는 장점이 있는 반면에 이론화나 체계화를 할 수 없다는 결정적 단점이 있다. 게다가 조선 시대 양반들이 주로 술법 위주의 중국 풍수를 들여와 유포시키는 바람에 자생 풍수는 거의 자취를 감추게 된 것이 아닐까 하는 가정 아래 얘기를 풀어 보고 싶다. 그러나 이 문제는 조선조 班村에 대한 언급이 자세히 선행되어야 하는 일인 만큼 이 글에서 다룰 수는 없고 다음의 과제로 미루기로 한다.

도선의 일생에 대한 정리는 이미 알려진 史實을 기반으로 하되 그 양이 너무 미미하고 도선이란 사람을 알기에는 신비화된 부분이 있어 여기서는 단지 수집 가능한 모든 자료를 동원하여 복원시켜 볼 생각이다. 따라서 이 부분은 심한 경우 억측 정도가 아니라 허구적 소설에 가까울 수도 있다는 점을 먼저 고백해 두고 시작하기로 한다.

끝으로 도선 풍수의 사상성을 조명해 볼 생각이다. 그의 지리 사상이 과연 主客不二, 物我一如, 人天混同, 天人無間, 心物一境의 무차별성을 강조하는 환경과 인간의 일원론인지, 과연 그러하다면 그의 사상이 오늘의 환경 문제에 긍정적 영향을 끼칠 수 있는지, 더 나아가 환경 운동의 사상적 기반으로 작용할 수 있는지 아니면 그것이 되물릴 수 없는 과거 회상에 빠져 자기 만족을 일삼는 구태의연하고 소박한, 어떻게 보자면 한심하기까지 한 신선 사상 정도에 지나지 않는지도 따져 보아야 할 일이다.

위에 언급한 내용들은 사실 지금 시점에서 제대로 얘기할 수 있는 것들이 아니다. 도선 풍수를 말하는 것은, 그의 역사적 위치와 역할을 제외한다면, 다시 말해서 사학 쪽의 관심을 논외로 한다면, 사실상 한국 전통 지리학의 뼈대를 구축하고 그 정체성을 확립하는 방대한 작업이 될 것이기 때문에 한 사람의 능력으로 될 일이 아니다. 필자는 그저 지리학계에서 그의 지리 사상에 관심을 보이는 단초를 제공하는 것만으로 만족할 생각이다.

2 도선의 출생과 그 시대적 배경

(1) 출생지

도선은 신라 흥덕왕 2년(827)에 태어났다. 이에 대해서는 어떤 이의도 없는 것으로 보아 분명한 사실인 듯하다. 그러나 출생지에 대해서는 약간의 문제가 있다. 대체로 오늘날의 전남 영암군 군서면 동구림리 성짓골(聖基洞)이 그의 출생지로 굳어져 있기는 하지만 이곳은 일본 최고의 박사로 일본에 『논어』와 『천자문』을 전했다는 백제 사람 왕인의 출생지로도 알려져 있어 좀 혼란스럽다. 왕인은 백제 근초고왕 28년(373)에 태어난 사람이다. 그러니까 도선과는 약 450년의 시차가 있는 인물인 셈이다. 더구나 왕인에 관한 우리측 기록은 거의 없다시피 하며, 있는 것도 韓致奫이 비교적 자세한 기록이 남아 있는 일본의 『古事記』와 『日本書記』에서 그의 『海東繹史』에 옮겨 적은 정도에 지나지 않는다. 그러므로 왕인의 출생지가 이곳이라는 것도 분명한 사실이라고 보기는 어렵다. 아마도 이 부근 상대포에서 배를 타고 일본으로 건너갔기 때문에 도선의 출생지와 혼동을 일으킨 것이 아닌가 추측된다.

지금 성기동에는 잘 꾸며진 왕인 박사 유적지가 있다. 짐작기에 일본인 관광객들을 겨냥한 시설물이 아닐까라는 추측만 해볼 뿐이다. 그러나 도선에 대해서는 어떤 지정 유적지도 없다. 그 이유는 이 글 다른 부분에서 언급할 예정이나, 어쨌든 넓게 보아 九林里 일대를 도선의 출생지로 보는 데는 어떤 이견도 없으리라 믿는다. 특히 성기동에서 불과 오리도 떨어지지 않은 가까운 거리에 있는 道岬寺 道詵國師碑(전라남도 지정 유형 문화재 38호)는 비록 그것이 조선 시대에 만들어진 것이고 도선이 진덕여왕 7년(653)에 탄생했다는 그릇된 부분이 있어 신빙성에 의심이 가기는 하지만 그가〈聖起僻村〉에서 났다는 기록이 있어 그곳이 바로 도선의 고향임을 짐작게 해주고

제1장 한국 풍수 지리설의 구조와 원리 43

있다.[2]

(2) 성기동이 있는 구림리의 地理

구림리는 월출산녘이므로 약 1억 4천만 년에서 7천만 년 전인 중생대 백악기에 만들어진 땅이다. 이때 형성된 화성암 중 불국사 화강암이 저반을 이루고 있으며 여기에 신생대에 이르러 지금까지도 쌓이고 있는 충적층이 함께 분포하고 있다. 마을 남녘 주지봉 능선 곳곳에는 화강암의 풍화와 침식 작용으로 생긴 여러 가지 기묘한 풍광들이 펼쳐져 있는데 불붙는 것처럼 보이는 월출산의 주능선이 그런 예에 속한다고 할 수 있다.

구림은 고대 중국과 일본을 교통하던 무역항이다. 목포에서 영산지중해(육지에 깊숙이 만입된 좁은 바닷물길)를 타고 들어온 이곳은 전략적으로 요충지였다. 1944년에 만든 학파 방조제로 갯골이 차단되기 전까지는 上臺浦까지 뱃길이 열려 있었다. 村老들의 얘기에 따르면 서호정 간죽정자 앞굽이까지 물 나들이가 가능했다고 한다. 30년 전까지 서호면 성재리에는 목포와 해창 사이를 오가는 배가 있었으나 10여 년 전 영산강 하구언 준공과 함께 뱃길은 끊기게 되었다.

특히 문제가 되는 것은 인근 해안선이 현재와 같지 않았다는 점이다. 즉 구림리 일대가 바로 해안선이었고 은적산을 중심으로 한 서호면 일대는 섬이었던 것이 1천5백 년 전의 지형도를 복원한 연구 결과에 의하여 밝혀졌다. 예컨대 곧 소개되겠지만 구림의 雙龍으로 읽혀지는 구릉 지대는 당시는 곶(小半島)이었음이 확실시된다. 정리하자면 이 일대의 상당 부분이 과거 바다였으나 토사 퇴적과 인공 제방의 축조 등으로 해안선의 극심한 변화를 겪게 되었다는 것이다. 따

---

2) 聖基洞은 현재 행정명이고 聖起洞은 성인이 탄생한 곳이란 뜻으로 쓰였을 것이다. 고려 때 도선이 국가적으로 추앙받은 인물인 것을 감안하면 聖起洞이 맞는 지명일 것이다. 본래 주민들은 성짓골이라 해 왔다.

라서 당시로서는 영암 주변에 사람이 살 만한 땅은 별로 없었고 월출산 기슭에서 그나마 사람이 발 붙이고 살 수 있는 곳은 군서면 일대밖에 없었던 셈이며 그것조차도 북서풍이 강하게 몰아치는 관계로 지세의 방비가 있던 구림마을 정도가 그런대로 살 만한 입지였던 셈이다.[3] 그러나 이것이 경제적 빈곤을 뜻하는 것은 아니다. 이것은 바다로부터 얻는 것들과 무역으로 얻는 재화가 농사보다 월등 많았을 것이라는 점을 염두에 두고 한 말이다.

한 가지 특기할 사항은 이곳이 장흥 사자산에서 광주 무등산, 그리고 정읍 내장산으로 이어지는 湖南正脈에 의하여 차단된 서쪽의 광활한 평야 지대이면서도 유독 도선의 출생지만은 훗날 『정감록』에 나타나는 勝地들이 지니고 있는 지세적 특징, 말하자면 잘 감추어진 秘藏의 터와 유사한 특징을 갖고 있다는 점이다. 다시 말해서, 나주 평야에 속해 있기는 하지만 구림리와 도갑리 일대는 동쪽과 남쪽은 월출산 및 그 줄기에 의하여 잘 가려져 있고 북쪽과 서쪽은 바다에 의하여 다른 지방과 격절되어 있다는 것이다. 이는 우리 자생 풍수의 특징을 이해하는 데 중요한 요소로서 작용하게 된다.

그러나 여기서 말하고자 하는 지리는 풍수 지리를 뜻한다. 따라서 객관적이거나 절대적인 설명이 있을 수는 없다. 풍수에서는 보는 이에 따라 혹은 보이는 위치에 따라 여러 가지 形局名이 부여되는 것이 일반적이기 때문이다.

먼저 도선의 고향 사람이 쓴 기록부터 보기로 한다. 그림에서 보는 바와 같이 구림촌의 主山은 주지봉이다(그림 1). 마을은 여기서 좌우로 내려선 용마루, 즉 쌍룡에 안겨 있다. 주지봉은 붓끝처럼 뾰족하고 쭈뼛해서 文筆峯이라는 별명을 갖고 있다. 모양이 그러하니 당연히 火星[4]이다. 화성의 용은 물로 대치해야 화를 피할 수 있는 법

---

3) 사단법인 향토문화진흥원, 『왕인과 도선의 마을, 鳩林』(1992), 61-68쪽.

그림 1 구림마을 산세 개념도. 1. 월출산 천왕봉 2. 구정봉 3. 주지봉 4. 도갑사 5. 성기동 6. 황산 7. 상대까끔 8. 국사암 9. 도갑천 10. 구림마을

인데 그런 대비가 없었던 모양이다. 6·25 때 집단 학살당한 아픔을 그런 형국에 빗대어 달래기도 한다고 기록은 전한다. 양쪽으로 기어 간 용은 머리를 潮江에 내밀고 있다.

서구림리에서 양장리 신기동까지 5킬로미터에 걸쳐 흐르는 左靑龍 은 담수를 염수에 토해 냈다. 지남 들녘을 지나면 도갑리 신등에서 동호리 동변까지 4킬로미터에 걸쳐 右白虎격인 낮은 구릉이 좌청룡 과 나란히 누워 있다. 서호정에서 상대까끔으로 이어지는 긴 언덕이 북쪽을 가려 주고 매봉에서 지와목을 지나 구림고등학교 뒷산인 射

---

4) 풍수에서 산을 칭하는 용어는 여러 가지다. 龍이나 砂를 가장 흔히 쓰지만 하늘의 별자리가 땅에 내려와 산을 만들었다는 의미에서 星 또는 曜라 부르 기도 한다.

山(활메)을 건너 돌정고개와 불뭇등 구릉에 이어지는 능선이 남쪽에 있어 마파람을 막아 주니 案山이 아닐 수 없다. 그 안의 마을은 포근한 둥지와 같다.

마을 가운데 상중하에 큰 바위가 정연하게 누웠으니 국사암, 당산, 황산이다. 사람들은 이를 三卵이라 하고 쌍으로 되어 있는 上中下臺를 六翼이라 하여 쌍룡이 삼란을 품었다고 풀이한다. 사방 동산에는 송림이 울창하고 마을에 수림이 짙어서 6백여 호나 되는 大村이 외부에서는 알아볼 수 없게 되어 있는 천연의 승지이다.[5]

이 마을을 모란이 꽃 그늘을 드리우고 있다는 牡丹花陰形이라 읽은 사람도 있다. 이런 형국은 주변의 지세가 좋아서 나무가 울창해지고 곡식이 잘되며 마을에 인물이 끊이지 않는다는 陽宅의 적격지라는 풀이가 덧붙여져 있다.[6]

꽃은 같은 꽃이지만 모란이 아니라 배꽃으로 본 사람이 있다. 구림은 월출산 골격에서 아래로 떨어져 있는 한 폭의 꽃송이처럼 펼쳐져 있다. 여기서 떨어졌다는 것은 풍수에서 落地라 부른다. 그 꽃을 배꽃이라 보면 당연히 형국은 梨花落地形이 될 수밖에 없다. 이와 유사한 것으로 梅花落地形이 있는데, 그렇다면 구림은 왜 매화가 아니라 이화인가? 매화는 엄동설한에도 기백이 출중하게 서린 꽃이다. 지리산 자락의 山淸 같은 곳이 그에 해당된다. 그러나 이화는 〈이화에 月白하고 銀漢은 삼경인제〉 하는 시조에서 잘 드러나듯이 달과 관련된다. 실제 월출산 자락에 자리 잡은 구림마을 주변에는 월평, 월악, 월송, 매월, 상월, 송월, 월하, 월남이라는 달무리 지명들이 감싸고 있다.[7] 그러니 이화일 수밖에 없지 않으냐는 주장이다.

마을을 지칭한 것은 아니지만 구림마을 崔氏 집터에 대해서는 이

---

5) 같은 책, 47-53쪽.
6) 백형모, 『호남의 풍수』(동학사, 1995), 142쪽.
7) 장영훈, 「풍수의 현장」, ≪국제신문≫, 1996. 1. 10. 26회분.

런 주장이 있다. 월출산 기슭 가운데 최씨 집터(875평)가 제일 너른 까닭에 옛부터 金盤之處라 일렀다. 이 터에서 위대한 인물이 태어나리라 기대하는 최씨네는 안채의 작은 방에서 며느리가 몸을 풀도록 하였다. 이 방의 밑 땅에서 가는 모래(細沙)가 나왔는데 이것은 血食君子之處에 해당하기 때문이다. 최씨는 아들들이 집을 함부로 처분하는 것을 막으려고 집과 터를 그의 여섯 아들의 이름으로 미리 상속시켜 놓았다고 한다.[8]

성기동을 꽃이 아니라 짐승에 비유한 경우도 없지는 않다. 성기동을 감싸고 있는 월출산의 끝 부리가 호랑이가 앞발을 들고 포효하는 猛虎出林形이라 본 것이다. 혹은 구림마을의 다른 이름이 飛鵞인데, 아니나다를까 수리봉(매봉)과 高山 동쪽 가마멧골 위에 비아목고개가 있으니 飛鴉形 명당 때문이라는 얘기도 있다.

구림마을 못지않게 중요한 곳이 도갑사가 있는 도갑리이다. 앞에서도 밝힌 바와 같이 도갑사는 구림에서 오리 미만의 가까운 거리인데다가 도선국사비가 있기도 하다. 이곳이 臥牛形 길지라는 설이 있는가 하면, 이 일대의 산세와 수맥이 淫亂水가 흐르는 형국이기 때문에 얼마 전까지만 해도 요사채는 따로 썼지만 비구와 비구니 스님이 함께 수양을 했다는 얘기도 있다. 그리고 절 입구는 鶴 명당이란 것이다. 하지만 아직 鶴穴의 진수는 누구도 찾지 못했으며 아마도 그 자리는 학의 모이 주머니에 해당하는 곳일 것이라는 주장도 있다.[9]

이외에도 도갑리 신등 선인정은 仙人舞袖形이고 들몰 복판에 있는 행주머리마을은 行舟形이며 가마멧골 위에 있는 비아목은 飛鵝形이다. 좀 떨어져 있기는 하지만 마산리 낙안마을은 平沙落雁形이라 한다.

---

8) 김광언, 『풍수지리』(대원사, 1993), 89쪽.
9) 백형모, 앞의 책, 140-141쪽.

그러니까 도선의 출생지인 구림과 도갑리 일대는 한마디로 풍수 전시장이라 해도 과언이 아닐 정도로 遺蹟을 간직하고 있는 땅인 셈이다. 게다가 그 지세 자체가 정감록적 승지 개념에 잘 들어맞음으로써 훗날 도선을 시발로 하는 자생 풍수의 터잡기 특성에 큰 의미를 부여하게 된다는 점을 우선 지적해 두고 싶다.

그러나 앞서도 잠깐 언급한 바이지만 이곳이 소위 말하는 명당, 길지임을 확언하는 것은 아니다. 오히려 삶의 터전으로서 썩 좋은 곳은 못 된다는 것이 현장에서의 필자의 판단이었다. 이는 도선 풍수가 항간에 알려진 것처럼 명당 찾아 내 식구 내 일가 잘먹고 잘살자는 이기적 잡술이 아니라, 오히려 문제가 있는 땅을 고쳐 국토 전체를 명당화하자는 상당히 적극적인 사회성을 담고 있는 지리 지혜라는 필자의 주장에 부합한다. 이에 대해서는 후에 상술할 것이다.

(3) 출생

관심이 가는 것은 그가 어떤 집안, 어떤 환경에서 태어났는가이다. 그가 신라 태종무열왕의 庶系子孫이라는 기록이 도선 연구의 가장 핵심적 자료라 할 수 있는 崔惟淸의 〈白鷄山玉龍寺贈諡先覺國師道詵碑銘〉(이후 道詵本碑라 부르기로 함)에 나와 있으나 학계의 대체적인 의견은 믿을 수 없다는 쪽이다.[10] 같은 기록에는 그가 金氏이며 어머니는 姜氏인 것으로 나와 있다. 태종의 서손이니 당연히 김씨일 수밖에 없을 것이다. 그러나 『세종실록지리지』와 月出山道岬寺道詵國師守眉大師碑銘幷序(이후 道岬寺碑라 부르기로 함)에는 어머니의 성이 崔氏로 나와 있어 혼란스럽다.

그러나 풍수 전공자인 필자의 입장에서는 성이 무엇이냐는 중요한

---

10) 이용범, 「道詵의 地理說과 唐僧 一行禪師」, 『先覺國師 道詵의 新硏究』(영암군, 1988), 33쪽.

게 아니다. 그가 사생아일 수도 있다는 점에만 주목하고자 한다. 도선본비에는 강씨가 꿈에 구슬을 삼키고 도선을 잉태한 것으로 되어 있으나 대부분의 기록이나 구전 설화에는 뜰 혹은 빨래터에서 외(오이)를 따먹고 아기를 배었다고 나와 있다. 이윽고 출산을 하니 부모가 人道에 어긋난 아이를 낳았다며 대숲에다 버렸는데 7일이 지나가 보니 비둘기가 와서 날개로 덮어 보호하고 있더라는 것이다. 아기를 갖다 버렸다는 국사암이 지금도 있고 비둘기의 보호를 받았다는 데서 鳩林이란 지명이 유래되기도 했다는 지명 설화도 남아 있다. 내용은 약간씩 차이가 있으나 하고자 하는 얘기의 대강은 비슷하다. 흔히 오이나 가지를 따먹고 임신을 했다는 얘기는 혼외 정사를 암시하는 예로 많이 쓰인다.

 난세에 태어났다는 것이 앞으로 그의 풍수 사상을 유추해 나가는 데 도움을 줄지도 모른다. 훗날 묘청, 무학, 홍경래, 전봉준 등이 모두 풍수를 했고 어려운 삶을 경험했던 사람으로 개벽 혁명의 와중에 휩쓸렸다는 사실을 눈여겨 볼 일이다. 하지만 그의 어린 시절에 대한 얘기가 설화로도 남아 있지 않다는 것은 조금 이상한 일이다. 성장하면서 보통 아이들과는 매우 다른 데가 있었다는 정도가 고작이니, 도선이 열다섯에 출가하기까지는 그의 어린 시절이 장막에 가려 있는 셈이다.[11]

(4) 시대적 배경

 도선이 태어난 당시는 신라 말기로 불교의 교종에 반발하는 선종이 이 땅에 움트는 시기였다. 교종이 특정 지식이 없이는 접근할 수 없는 데 비해서 선종은 그 건설자인 달마에 의하면 문자 언어를 숭상하지 않고 바로 사람의 마음을 가리켜서 성품을 보아 부처를 이루

---

11) 김지견, 「沙門 道詵像 素描」, 같은 책, 17쪽.

자는 것(不立文字 直旨人心 見性成佛)이므로 글을 배우지 못한 일반인들이 접근하기 용이한 측면이 있었다.

이런 경향은 풍수 지리에도 그대로 적용될 수 있는 내용으로, 중국으로부터 수입된 이론 풍수가 교종에 비유된다면 도선의 자생 풍수는 선종에 비추어 얘기할 수 있는 부분이 확실히 있다. 이에 대해서는 다음의 내용이 주장의 근거가 될 수 있다고 본다.

즉 敎를 주장하는 사람은 華嚴의 깨달아 들어가는 문에 대해 물으면 事事無碍를 觀하지 않으면 佛果圓德을 상실한다고 대답한다. 그러나 마음이 일마다 觀한다면 자기 마음을 요란하게 할 뿐 언제 마음의 완성을 기대할 것인가 의심이 가지 않을 수 없다. 근본은 도리어 내면의 관리에 있을 수도 있다. 자기 마음의 근본을 알지 못하고 밖으로만 찾는다면 모든 정진도 한갓 허사가 되고 만다. 교종도 물론 이론적 이해를 넘어선 세계를 설하고 있으나 결국은 논리적 이해의 자취가 남을 수밖에 없다.

선은 그것마저 놓아둔 채 궁극의 경지에 잘 들어가고자 한다. 예컨대 敎는 달을 가리키는 손가락이지만 禪은 바로 달 그 자체에 충실케 하는 것과도 같다.[12]

앞서 지적한 바와 같이 중국 풍수가 이론에 충실하여 그의 현장 적용은 쉬울 수 있으나 각 장소에서의 적응성이 떨어질 수밖에 없는 반면에, 자생 풍수는 풍토 그 자체에 순응코자 하는 것이 주목적이므로 이론의 체계화는 어려울 수 있으나 풍토 적응성은 뛰어날 수밖에 없다. 풍수의 궁극적인 목표가 무엇인가. 그것은 중국 풍수건 자생 풍수건 땅과 사람의 조화이다. 조화는 풍토 적응성의 다른 말이다. 그러니까 중요한 것은 이론 체계가 아니라 그 풍토에 순응코자 하는

---

12) 송천은, 「지눌 ─ 불교 에큐메니칼 운동의 기수」, 『한국인의 원형을 찾아서』 (一念, 1987), 252-253쪽.

사람들의 땅에 관한 지혜일 것이며, 바로 그것이 도선의 자생 풍수의 특징이다.

이러한 새로운 기풍이 일 수 있었던 것은 당시가 신라 말기의 혼란기였기 때문에 가능했다. 이미 지방에는 여러 호족들이 흥기하기 시작하였고 그들 중 일부는 새로운 시대의 도래를 꿈꾸는 자들도 없지 않았을 것이다. 도선은 신라의 헌강왕을 만난 것에서도 알 수 있는 것처럼 정치에도 관심이 있었던 사람이다.[13] 그리고 뒤에 살펴보겠지만 그런 정치적 관점 혹은 애국, 애족적 관점에서 여러 해에 걸쳐 수차례 국토를 돌아다닌 경험이 있던 사람이었다.

당의 선진 문화를 받아들이며, 쇠퇴의 길을 걷던 당시의 신라인으로서 도선은 전 국토의 답사와 선종의 교지에 힘입어, 중요한 것은 풍토 자체의 성격이 그 위에 삶을 얹고 사는 사람들과 어떻게 조화를 이룰 수 있느냐 하는 본질적인 문제이지 이론이 아니며, 성불의 길도 한문으로 된 경전 속에서 찾을 것이 아니라 直旨人心함으로써 見性成佛할 수 있다는 생각을 갖게 되었을 것으로 판단된다.

게다가 선종과 풍수는 선종 초기부터 밀접한 관련을 맺어 왔다. 중국 선종의 사실상 성립자인 六祖慧能이 曹溪山에서 南宗禪門을 개창할 때 陳亞仙이라는 사람의 풍수 지리설을 좇아 寶林寺 터를 선정하고 있었고,[14] 혜능의 四世法孫이며 西堂智藏과 사형제간인 百丈懷海도 司馬頭陀라는 풍수 지리사와 所住處인 위산에 대하여 논의하고 있었던 것이 그 대표적인 예가 될 수 있다.[15]

자각을 중시하는 선종이 심성 도야를 통한 안정을 내세우는 데 반하여 풍수 지리설은 가시적인 자연 지리적 지세의 위치 조건을 미래

---

13) 추만호,「羅末麗初의 桐裏山門」,『先覺國師 道詵의 新硏究』, 282쪽.
14)『朝鮮佛敎通史』(下), 252-253쪽.
15) 최병헌,「道詵의 生涯와 風水地理說」,『先覺國師 道詵의 新硏究』, 117-118쪽.

의 길흉화복으로 연결시키려 하므로 서로 체계가 판이하다고 받아들이는 것이 일반적인 경향이지만 이는 겉만 보고 내린 속단에 지나지 않는다. 선종과 풍수는 그 믿음의 형태면에서도 밀접하게 관련되어 있다. 사회적 전환기였던 나말여초의 불안한 세태에 처한 당시인들은 과거와 미래를 오늘의 시점으로 끌어 오는 선종에서의 心性이나, 가시적인 지세 속에서 地氣라는 무형적인 것으로 미래와 他界를 지배하려는 풍수에서의 심성은 비논리적인 방법을 통하여 모든 미래적인 것과 타계적인 것 또는 초월적인 것을 이 지상의 현세적인 것으로 집약시키려는 의도가 있는 것으로 받아들였을 수도 있었을 것이다. 따라서 당시의 선승들에게 이 양자는 아무 모순 없이 받아들여졌고 나아가 양자 모두 혼란한 사회에 대하여 은둔적이거나 소극적이 아닌 적극적인 자세를 취하게 되었던 것으로 본다.[16]

또한 양자 모두 인식 방법이 분석적이 아니라 직관적이라는 공통점이 있다. 더욱이 흥미 있는 것은 그 수행 방법에서도 비슷한 과정을 거치고 있다는 점이다. 선승들은 처음 수년간 화엄경을 비롯한 불경을 공부한 다음 선종으로 개종, 선종의 선 지식을 찾아 다시 수련을 쌓고 거기서 인가를 받게 된다. 그후 전국 각처의 명승대찰을 찾아 고행과 선문답을 통하여 깨달음을 더욱 견고히 하는 과정을 거친다.[17] 즉 먼저 이론을 배우고 그 다음 어떤 단계를 초월하여 인가를 얻는 식이다.

풍수의 단계에도 세 가지가 있으니 우선 凡眼 혹은 俗眼이라고도 하는 것으로 山水의 형세를 매우 상식적으로 이해하는 단계이다. 그다음 法眼이란 풍수 이론에 밝은 풍수사를 지칭한다. 그리고 최종단계인 道眼이란 말하자면 開眼으로, 이론적인 正法에만 의존하는

---

16) 같은 책, 119쪽.
17) 같은 책, 120쪽.

게 아니라 얼핏 山峯을 보면 대세를 짐작하고, 대세를 보면 眞龍을 발견하며, 龍身을 보면 氣留止處를 占하고, 기류지처에 이르면 穴形이 완연히 눈앞에 들어오며 따라서 전후좌우 사세팔방의 기운이 종합 통일적으로 그 龍身穴形과 배합 비교될 것이며, 砂水得破의 호불호가 일목요연하게 드러나는 경지이다. 그런 것들을 정법에 대조해 볼 때 조금도 이론에 위배됨이 없는 상태가 바로 도안이다.[18] 법안에서 도안에 이르기 위해서는 풍수사들이 흔히 쓰는 표현을 빌리자면 문지방을 넘어야 한다. 이론으로만 볼 때는 다 아는 것 같으나 실제에서 달라진 것이 없다면 이처럼 답답한 노릇이 있을 수 없다. 풍수를 알았으면 어제까지 돌과 흙이라는 물질의 덩어리로만 보이던 산이 살아 꿈틀거리는 용으로 바뀌어 눈에 들어와야 하는데 이론으로는 그렇다는 것을 인정하면서도 실제로는 그렇지 못하다면 얼마나 답답한 일이겠는가. 바로 이 문지방을 넘는다는 일이 선에서의 깨달음으로 들어가는 과정과 유사하다고 보는 것이다.

(5) 도선의 일생

지금까지의 연구로 추적된 그의 일생은 대체로 다음과 같이 정리가 가능할 듯하다. 문성왕 8년(841) 15세에 月遊山 華嚴寺로 출가했다는 것은, 그곳이 어디냐 하는 문제는 남아 있지만, 분명한 듯하다. 그에 관한 기록은 도선에 관하여 가장 신뢰성 있게 받아들여지고 있는 도선본비(옥룡사비, 1150)에 그렇게 되어 있기 때문에 별 이론의 여지가 없다.

물론 여기에 대해서 이론이 전연 없는 것은 아니다. 도갑사비(1653)에는 月南寺라고 되어 있으며 『도선국사실록』(1743)에는 月岩寺로 되

---

18) 배종호, 「風水地理略說」, ≪人文科學≫ 제22집(연세대 인문과학연구소, 1969), 147-148쪽.

어 있다. 즉 후대로 내려올수록 도선의 고향 가까이로 옮겨지고 있다는 특징이 있다.[19] 한 가지 분명한 것은 월유산 화엄사가 현재의 구례 지리산 화엄사는 아닐 것이라는 점이다. 그 이유는 크게 두 가지를 들 수 있는데 하나는 옥룡사에 있던 도선본비에서 지리산에 있는 화엄사를 지칭한 점이며 다른 하나는 도선이 옥룡사에 오기 전에 지리산 구령이라는 표현을 쓴 것으로, 이를 보면 구태여 오늘의 지리산을 월유산이라고 기록할 필요가 없었을 것 같기에 해본 소리다.

결국 월유산 화엄사란 월출산에 있는 화엄경을 종통으로 삼던 교종 계열의 어떤 사찰일 것으로 추측된다. 월출산은 순 우리말로 달내산이라고도 불렀다. 놀 유 자인 遊는 나가 놀다라는 말에서 짐작할 수 있는 바와 같이 나 혹은 내로 발음이 가능하며 그래서 월출산 또는 월유산으로 한자화되어 기록에 남았을 가능성이 있다고 보는 것이다.[20]

도선은 이곳에서 1년도 못 되어 大義에 통달함으로써 신동이란 칭송을 듣는다. 이곳에 있던 기간은 5년에서 6년 정도인데 이때 그는 신라 불교의 교학 체계를 파악하였을 것이다. 그러나 화엄종의 한계를 인식하고 慧徹에게 가서 선종으로 개종하게 된다. 그때가 그의 나이 20세 때이다.

禪門에 들어온 지 3년 후, 그러니까 도선의 나이 23세 때〈말 없는 말, 법 없는 법(無說之說 無法之法)〉의 선의 구경을 체달함으로써 혜철의 인정을 받고 具足戒를 받았다. 문성왕 11년(849) 도선본비의 東文選本에는 穿道寺에서, 行蹟本에는 혜철선사에게 수계한 것으로 기록되어 있다. 즉 천도사에서 혜철을 수계사로 하여 득도한 것으로 정리할 수 있는데 천도사의 위치는 알려져 있지 않지만 혜철이 桐裏

---

19) 성춘경,「道詵國師와 관련한 遺物, 遺蹟 —— 全南地方을 중심으로」,『先覺國師 道詵의 新硏究』, 389-395쪽.
20) 양은용,「道詵國師 碑補寺塔說의 硏究」, 같은 책, 202쪽.

山派의 開祖로 大安寺(현재의 태안사)에 주석하고 있었으므로 대안사와 관련이 있는 절로 추정된다.[21]

이후 37세까지 운봉산 아래서 굴을 파고 수련을 하거나 태백산 바위 앞에서 띠집을 짓고 좌선을 하는 등 頭陀行을 하였는데 이때 각종 신기한 일이 있었다고 한다. 이처럼 인가를 받고 방랑 수련하는 것은 당시 선승들의 통례였다고 하는데 결국 이 경험이 踏山에 이어져 도선 풍수를 완성하는 기반이 되었을 것으로 여겨진다.

23세에서 37세에 이르는 이 運水行脚期에 도선은 명백히 기록에 남아 있는 자생 풍수 습득의 기회를 갖는다. 도선본비(옥룡사비문)에 전하는 그에 관한 기록 전문은 다음과 같다. 〈처음 도선이 옥룡사에 주석하기 전 지리산 구령에서 암자를 짓고 있었는데 한 異人(기인)이 와서 뵙고 말하기를 '제(弟子)가 세상 밖에서 숨어 산 지가 수백 년이 됩니다. 어떤 인연으로 작은 술법(小技)을 갖게 되었는데 이것을 대사님께 바치려 하니 천한 술법이라고 더럽게 여기지 않으신다면(不以賤術見鄙) 훗날 남해의 물가에서(南海汀邊) 전해 드리겠습니다. 이것 역시 대보살이 세상을 구제하고 인간을 제도하는 法입니다' 하고는 홀연 사라져 버렸다. 도선이 기이하게 생각하고 남해의 물가를 찾아갔더니 과연 그런 사람이 있었는데 모래를 쌓아 산천 순역의 형세를 보여 주었다(聚沙爲山川順逆之勢示之). 돌아보니 이미 그 사람은 사라지고 없었다. 그 땅은 지금 求禮縣의 경계인데 그곳 사람들이 沙圖村(현재의 구례군 마산면 사도리)이라고 일컫는다. 도선이 이로부터 환하게 깨달아 음양 오행의 술법을 더욱 연구하여 비록 金壇(신선이 사는 곳)과 옥급(도교의 秘書를 감춘 상자)이라도 모두 가슴 속에 새겨 두었다.〉

그리하여 29세 되던 문성왕 18년(856), 異人과 만났던 지리산 구령

---

21) 같은 책, 203쪽.

에 미우사를 건립하는 한편 그로부터 2년 후에는 이인으로부터 술법을 전수받은 곳에 三國寺를 개창하였다. 이곳은 섬진강의 북쪽, 즉 지리산 쪽이며 도선은 강의 남쪽에 있는 鰲山에서 天下地理術數를 통달했다고 한다. 그렇다고 이 기간에 도선이 선 수행을 떠났다고 할 수는 없을 것이다. 앞서도 지적한 바와 같이 선의 수행과 풍수 공부가 서로 대척되지 않기 때문에 그 양자는 도선에게 별 모순 없이 받아들여졌을 것이다.

37세 되던 경문왕 4년(864) 曦陽縣(현재의 광양군) 白鷄山에 옥룡이라는 古寺를 중수하고 이후 35년간 그곳에 상주하며 宴坐忘言하니 학도들이 사방에서 구름처럼 모여들었다고 한다. 한때 헌강왕의 궁중에서 玄言妙道로 왕을 계발키도 하였으나 궁중 생활이 싫어 곧 옥룡사로 돌아왔다.

당시 도선은 오랜 국토 편력을 통해서 역사의 무대가 경주 중앙 중심에서 지방으로, 역사의 주인공이 중앙 귀족에서 지방 호족으로 바뀌고 있음을 충분히 실감했을 것이다. 그 일환으로 도선은 장차 천명을 받아 특출한 자가 나올 것을 미리 알고 松岳郡에 가서 놀았다고 하며 이때 왕건의 아버지인 龍建의 집터를 잡아 주며 왕건의 출생과 고려의 건국을 예언하였다는 내용이 도선본비에 자세히 기록되어 있다.

게다가 고려 태조 왕건이 17세 되던 해에는 도선이 직접 송악에 가서 出師置陣, 地利天時의 법과 望秩山川 및 感通保佑하는 이치를 말하여 주었다고도 한다. 그리고 효공왕 원년(898) 72세로 입적하니 이것이 대강 훑어본 도선의 일생이다.

그러나 입적으로 끝난 것은 아니다. 그의 죽음을 상징하는 구림 백암마을 앞 들 가운데 위치한 〈도선이바위〉는 검은색이면 그가 죽은 것이고 흰색이면 그가 아직 살아 있다는 설화가 남아 있는데 지금도 흰색을 띠고 있다고 한다. 그가 죽지 않고 살아 있으리라는 민중들의 기대가 그를 영웅 혹은 신으로 떠받들게 한 것인지도 모른다. 도선의 죽음을 설화적인 삶으로 바꾸어 다시 나타날 것이라고 믿는 것은 혼란한 시대에 좌절을 겪어 본 사람들이 바라는 새로운 세계에 대한 염원과도 통한다.[22]

뒤에 정리하겠지만 도선 풍수의 최대 목적인 근심, 걱정 없이 살아갈 수 있는 어머니의 품안 같은 삶터로서의 명당과 그런 세상에 대한 기대가 그와 같은 설화로 변질된 것이며 그것은 결국 미륵 신앙이라든가 동학, 『정감록』, 민족적 신흥 종교에서의 개벽 사상과도 일맥상통하는 흐름일 것이다.

지금 가장 믿을 만하다는 옥룡사의 도선본비는 없어지고 신빙성이 많이 떨어지는 도갑사비만 남아 있다. 도선본비가 正史라면 도갑사비는 野史이다. 정사는 사라지고 야사만 남은 도선, 마치 땅에 관한 옛 선인들의 건전한 地理智慧는 사라지고 잡술만 남아 버린 오늘의 풍수를 대하는 듯하여 그의 행적을 한눈에 짐작게 하는 대목이다.

3 도선의 풍수 원리와 경지

풍수와 관련하여 도선을 평가한 가장 적절한 표현은 도선본비에 나타난 〈그가 전한 음양설 數篇이 세상에 널리 퍼져 있으며 후세 사람으로서 지리를 말하는 자 모두 그를 祖宗으로 삼았다〉는 부분일 것이다. 또한 그의 음양 지리의 경지는 깊이에 있어 佛祖와 같다는 표현도 서슴지 않았다. 그는 우리나라 지리 풍수의 할아버지임에 틀림없다. 그런데도 현대 지리학에서 그를 다룬 연구 논문이 거의 없다시피 한 것은 도대체 무슨 까닭일까? 그 까닭을 말하기 전에 필자도

---

22) 이준곤, 「道詵傳說의 變異와 形成」, 같은 책, 308-310쪽.

명색이 지리학하는 사람으로 慙愧의 마음이 앞설 뿐이다. 아마도 가장 중요한 것은 도선 풍수의 긍정적인 사상성은 퇴색되거나 사라져 버리고 못된 發福, 發蔭의 음택 풍수가 판을 치게 된 것이 가장 중요한 이유가 아니었을까 싶다. 거기에 우리 것에 대한 몰이해와 무시, 서양 지리학에 대한 지나친 경도 또한 우리 지리학의 시조가 이런 대접을 받게 만든 이유였을 것이다.

그의 풍수 지리가 중국의 도참이나 음양 오행술과 다른 것이라는 점은 그가 지리산의 한 異人으로부터 그것을 배웠다는 점에서도 분명히 드러난다. 또한 이러한 도선의 사상과 그 法用에 대하여 조선 시대 淸虛스님도 그것은 도참이나 음양 오행과 같은 맹랑한 학설이 아니라고 보았다.[23]

말하자면 그의 풍수 사상은 자생적이라는 큰 테두리 안에서 접근을 시작하는 것이 옳다는 얘기다. 이 점은 풍수뿐만이 아니라 그의 선 수득과 수행에서도 잘 드러나고 있다. 도선은 臨濟宗風의 禪法을 장기간 당에서 머물렀던 혜철로부터 전수받았다. 그러나 도선 자신은 국내에만 머물렀지 당나라에 유학을 간 적은 없다. 密傳心印한 다음 그 원형을 충실히 지켜 나간 入唐僧에 비하면, 자국 내에서 相承한 승려에게는 禪旨의 覺得, 즉 자기 체험을 중시하는 경향이 있다. 입당하지 않고 자국 내에서 불교의 흐름뿐만 아니라 급변하는 시대 사조를 조망한 도선에게는 스스로의 체험이 더 중요했을 것이다. 그 때문에 그의 생애에는 긴 雲水期間이 필요했던 것이라 여겨진다.[24]

다음에 생각해 볼 수 있는 것은 도선 풍수에 경험적으로 합리적 평가가 가능한 부분이 매우 많다는 점이다. 예컨대 국토 전반에 대한 거시적 시각을 보유하고 있었고 수도의 중앙적 위치의 중요성에 대

---

23) 서윤길, 「도선국사의 생애와 사상」, 같은 책, 77-78쪽.
24) 같은 책, 206쪽.

한 정치 지리학적 식견을 가지고 있었던 것으로 여겨진다.[25] 이 문제에 관해서는 이미 그가 당시 사회상에 대한 투철한 인식에서 國土再計劃案的 성격의 풍수 지리설을 내놓을 수 있었다는 최병헌의 탁견이 제시된 바 있다.[26]

도선의 풍수 원리에서 가장 중시되어야 할 부분은 그가 땅을 살아 있는 것으로 인식했다는 점이다. 마치 사람의 몸을 대하듯 땅을 바라보았다는 평가가 더 적실한 말인 것 같다. 그러기에 그 땅에 順逆이 있고 강약이 있으며 심지어 생사까지 운위할 수 있었을 것이다.『高麗國師道詵傳』에 나타나는 천지의 혈맥이라든가 산수의 병과 같은 표현은 그런 사고 방식을 잘 나타내 주고 있다. 도선은 더 나아가 땅에 문제가 있으면 고칠 수 있다는 사고에까지 이른다.

사람의 침뜸술의 기본 원리는 기가 과한 곳은 瀉해 주고 허한 곳은 補해 준다는 것이다. 소위 補瀉의 원리이다. 도선은 이 원리를 그대로 땅에 적용하여 우리 풍수의 큰 특징을 하나 만들어 내었으니 그것이 바로 비보사탑설이다. 땅은 살아 있고 거기에 문제가 있으면 고쳐서 쓴다는 이 사고는 매우 중요한 자생 풍수의 특징을 낳는다. 왜냐하면 땅이 살아 있다는 인식이 유독 우리 풍수에만 있는 것도 아니니 비보사탑설까지 포괄되어야만 우리의 자생적인 도선 풍수의 특징이 살아나는 것이기에 지적한 말이다.

중국 풍수서에도 땅이 사람과 같다는 표현은 헤아릴 수 없을 정도로 많이 나온다. 가장 난숙한 표현은 宋代 蔡元定이 撰한『發微論』의 다음과 같은 부분일 것이다.〈소강절이 말하기를 물은 지극한 부드러움이요, 불은 지극한 강함이요, 흙은 부드러움이요, 돌은 강함이라, 이를 기본으로 하여 땅이 이루어지는데 네 가지 변화의 기본 형

---

25) 최창조,「道詵國師의 風水地理思想解釋」, 같은 책, 182쪽.
26) 같은 책, 123-124쪽.

상이라 하였다. 물은 곧 사람 몸의 혈이므로 지극한 부드러움이라 하고, 불은 곧 사람 몸의 기이므로 지극한 강함이라 한다. 흙은 곧 사람 몸의 살이므로 부드러움이라 하고, 돌은 곧 사람 몸의 뼈이므로 강함이라 한다. 물, 불, 흙, 돌을 합하면 땅이 되는데 이것은 혈, 기, 살, 뼈를 합하면 사람이 되는 것과 같은 이치로서 가까이는 몸에서 얻고 멀리는 사물에서 얻는다는 말이 서로 다른 두 가지 이치가 아님을 보여 준다(邵氏以水爲太柔 火爲太剛 土爲少柔 石爲少剛 所謂 地之四象也. 水則人身之血故爲太柔 火則人身之氣故爲太剛 土則人身 之肉故爲少柔 石則人身之骨故爲少剛. 合水火土石而爲地 猶合血氣骨 肉而爲人 近取諸身遠取諸物 無二理也).〉

　이러한 사고는 조선 후기 실학자들까지 이어져 내려온다. 旅菴 申景濬이 그러하고 고산자 김정호 역시 山脊水脈을 지면의 筋骨血脈이라 표현하는 식이다. 그러니까 땅이 살아 있다는 인식이 자생 풍수만의 독창성이라고 할 것까지는 없다. 중요한 것은 裨補觀念이다.

　중국 풍수에 거의 나타나지 않는 비보 관념이 우리 풍수에 자주 나타나는 가장 큰 이유는 두 가지로 요약할 수 있다. 하나는 중국 풍수의 원류랄 수 있는 화북 지방이 연평균 강수량 700밀리미터 정도의 반건조 지역이므로 그들은 땅을 고쳐서 쓴다는 생각을 하기가 현실적으로 불가능했을 것이고 또 국토가 우리보다는 상대적으로 훨씬 넓기 때문에 고쳐 쓴다기보다는 다른 곳에서 다시 찾는다는 생각이 앞섰을 것이다. 그러니 비보 관념이 발달할 수 없었을 것이라는 게 필자의 짐작이다.

　비보사탑설은 산천 지리에는 생기가 있어서 순역, 길흉이나 盛處, 衰處가 생기고 그것이 陰陽相生, 相剋, 相補의 원리에 의하여 변화하며 그 地相이 왕조의 흥망성쇠나 인간 장래의 길흉화복의 근원이 된다고 하는 地理衰旺說로 확장되기도 한다. 왕업과 관계되는 地德은 쇠처나 逆處에 사원을 건립함으로써 생기를 보하지만 맞지 않으면 지덕이 오히려 훼손된다. 따라서 도선은 쇠처, 역처 등을 보아 사원 건립지를 占定하고 그 이외에는 일체의 창건을 막았다.[27] 우리는 여기서도 도선 풍수가 발복의 명당을 찾아 다닌 것이 아니라 병든 땅을 고치려 했다는 사실을 짐작할 수 있다.

그러나 이런 비보사탑설에는 정치적 책략이 있을 수 있음을 간과해서는 안 된다. 즉 당시 사찰들은 대체로 自寺保護를 위한 자위적 무장 활동을 하였던 것으로 추정한 연구 예가 있고,[28] 지방 호족들이 사원을 거점으로 하여 인근에서 활동한 것이 사실인 만큼 각종 사찰들은 고려 개국자의 입장에서는 경계의 대상이 아닐 수 없었을 것이다. 그것을 순리적으로 제한하고 규제할 수 있던 방안이 비보사탑설일 수도 있다는 뜻이다.

또 하나 생각해 볼 수 있는 도선 풍수의 특징은 그것이 매우 포괄적이며 다른 사상의 접수가 광범위하다는 것이다. 우선 그는 불교와 재래의 민간 신앙을 조화시키기 위한 방안으로 山川順逆의 神補法에 음양 오행술을 더 연구하게 되었을 것이라는 지적이 있다.[29]

또 비보사탑설을 풍수, 도참으로만 볼 것이 아니라 밀교의 법용으로서 국토를 하나의 만다라로 보고 擇地하여 사탑을 세움으로써 복리를 얻는다고 보았다는 연구도 있다. 하나의 사찰을 세우는 데 있어서도 그 원칙은 마찬가지며 전 국토를 대상으로 할 때 국토 지리에 대한 지식이 필수적이었을 것[30]이므로 도선 풍수에는 당연히 당시의 지리학도 합쳐져 있다고 보아야 할 것이다. 밀교가 지닌 모든 사상을 융합할 수 있는 장점을 이용해 밀교의 地靈思想을 조화시켜 신라 말기 사회 실정에 알맞는 신앙 사상으로 승화시켜 제시한 것이 도선의

---

27) 같은 책, 219쪽.
28) 추만호, 「高麗僧軍考」, 『藍史鄭在覺古稀記念 東洋學論叢』(1984), 99-102쪽.
29) 서윤길, 앞의 책, 78쪽.
30) 같은 책, 81쪽.

비보 사상이라 보기도 한다.[31]

거기에 선종과 풍수 지리는 아무 모순 없이 함께 받아들여졌으며, 또한 도교와 신선 사상도 받아들인 것으로 보고되고 있다.[32] 이에 대해서는 〈구령의 異人은 지리산 山神〉[33]이라는 표현도 있고, 서거정의 『筆苑雜記』에 〈도선이 출가하여 입산 수련하는데 어떤 天仙이 하강하여 천문, 지리, 음양의 술법을 전수하였다(道詵出家 入山修練 有天仙下降 授天文地理陰陽之術)〉는 대목도 있다. 그리하여 심지어는 도선에게 풍수를 가르친 이인을 古神道(神仙道, 風流道)라 단정한 예까지 있는 실정이다.[34]

풍수 연구로 우리나라 대학 지리학과에서는 최초로 박사 학위를 취득한 이몽일도 풍수는 애니미즘, 샤머니즘, 불교, 유교 등 어느 사상과도 상충하지 않았다고 확언하고 있다.[35]

그렇다면 도선의 자생 풍수는 왜 그렇게 많은 주변 사상을 포섭하였을까? 그것은 도선 풍수의 목적이 땅의 이치를 이해하고 그럼으로써 땅과 그 땅에 의지하여 살고자 하는 사람 사이의 관계를 획정짓고자 하는 데 있었기 때문이다. 즉 어떤 논리 체계를 만들고 거기에 땅을 투영하여 適不나 眞否를 판별하려는 것이 아니라 철저히 땅과 인간 사이의 상생, 조화 관계, 다시 말해서 풍토 적응성에 초점을 맞추고 있는 까닭에 그의 풍수에 어떤 사상이 끼여 들었느냐 하는 것은 그에게 중요한 일이 아니다.

한 가지 재미있는 사실이 있다. 1987년 3월 20일 연세대 국학연구원에서 김두진은 「羅末麗初 桐裏山門의 성립과 그 사상 —— 풍수 지

---

31) 같은 책, 92쪽.
32) 최병헌, 앞의 책, 119-121쪽.
33) 이능화의 『朝鮮佛敎通史』에 인용된 박전지의 『龍岩寺重創記』에 나옴.
34) 최원석, 「도선 풍수의 본질에 관한 몇 가지 論究」, 『應用地理』(성신여대 한국지리연구소, 1994), 69-70쪽.
35) 이몽일, 『한국풍수사상사연구』(日馹社, 1991), 32쪽.

리 사상에 대한 재검토」라는 글의 요지문에서 풍수 지리설은 서로 배타적이어서 고려 초 왕건이나 왕실에 의해 정리되는 과정에서 더 이상 사상적 발전을 하지 못했다고 지적했다. 여기서 풍수 지리설이란 당연히 도선의 자생 풍수를 지칭한 것으로 받아들여야 할 것이다. 왜냐하면 이때는 이미 중국 풍수는 그 이론 체계를 확립하고 있었으므로 서로 배타적일 까닭도 없었고 우리나라에서 그것을 정리할 수준도 아니었거니와 그럴 필요도 없었기 때문이다.

이 역시 자생 풍수의 강한 풍토 적응성이 그런 배타적 결과를 빚은 것으로 필자는 판단한다. 즉 우리나라의 풍수는 〈百里不同風〉이란 말에서도 알 수 있는 것처럼 그 풍토와 풍속이 백 리만 떨어져도 크게 다르다. 그렇기 때문에 풍토 해석이란 면에서 풍수를 이해한다면 풍수 논리가 지방마다 다를 수밖에 없다는 것을 인정하지 않을 수 없다. 실제로 필자가 각 지방 답사에서 보고 느낀 것, 특히 자생 풍수의 흔적이 많이 남아 있을 것으로 예상되는 서남해안 도서 지방과 산간 오지에서는 그 정의에서부터 차이가 있다는 것을 여러 차례 확인할 수 있었다(본문 제2장 참조).

하지만 여기서 도선 풍수의 독창성이나 자생성을 지나치게 강조하는 것은 적절치 못하다는 점도 지적해 두고자 한다. 도선이 풍수를 지리산 異人이라는 자생 풍수학인으로부터 배운 것은 사실이지만 그의 禪風은 혜철로부터 전해 받은 것임을 잊어서는 안 되기 때문이다. 앞서도 지적한 바와 같이 도선은 혜철의 문하에 들어온 지 3년 만에 無說之說 無法之法의 선의 구경을 체달함으로써 혜철의 인정을 받고 구족계를 받았다.

혜철도 풍수를 익혔음은 그가 주석한 동리산 태안사의 지세를 살핀 혜철비문의 내용으로 짐작할 수 있다. 즉 동리산에 대안사라는 절이 있는데 많은 봉우리가 둘러 있어 한 줄기 물만이 흘러 나갈 뿐이다. 길은 멀고 막혔으나 많은 승려가 이를 수 있고 절경이라서 승도들이 청정함에 안주할 수 있는 곳이다. 용과 신이 상서로움과 기이함을 드러내고 벌레와 뱀이 그 毒形을 숨기며 소나무가 그림자를 드리우고 구름이 깊이 숨은 곳이며 여름은 서늘하고 겨울은 따뜻한 곳이니 그곳이 바로 三韓의 승지라는 것이다. 선사가 지팡이를 짚고 와서 노닐다가 상주할 뜻을 가졌다고 한다.

따라서 도선의 스승인 혜철이 당에 유학 갔을 때 당 一行 계통의 풍수법을 배웠을 개연성이 높고 당연히 도선은 혜철로부터 자생 풍수와 함께 그것을 같이 배웠을 개연성 또한 매우 높다고 하겠다. 일행의 풍수법은 동양 고대 과학의 한 특성인 신비적인 요소만을 제거하면 천문학이나 인문지리학 등 훌륭한 과학으로 볼 수 있는 만큼, 만일 이러한 학문의 계통을 습득한 사람이 도선이었다고 한다면 도선의 풍수 지리설은 당시 신라 국토의 자연 환경에 대한 과학적인 인식을 기반으로 했던 것이라 볼 수도 있다.[36]

4 도선 풍수의 몇 가지 사례

(1) 國域裨補

산천이 병들었다는 것은 무슨 뜻인가? 강희 45년(1706)에 작성된 『백운산 내원사 사적』에 이르기를 〈뭇 산들은 경쟁하듯 험하고 뭇 물들은 다투듯 흘러 내리며 마치 용호상투인 듯, 금수가 달아나는 듯, 지나쳐 멀리 가 버려 붙잡기 어려운 듯, 끊어지고 희미하여 이르지 못하는 듯하니, 이러한 형상을 구체적으로 말하기는 어렵다. 동쪽 고을에 이로우면 서쪽 마을에 해가 되고 남쪽 고을에 길하면 북쪽 마을에 흉한 수도 있다. 峻峙하게 솟은 산은 轉輪이 불가하고 奔放

---

36) 최병헌, 앞의 책, 115쪽.

한 물길은 막기가 어려우니 이를 비유컨대 병이 많은 사람과 같은 것〉이라 하였다.

이렇게 병이 많은 산천은 어떻게 되는가? 『사적』은 말한다. 〈人物의 생겨남은 산천의 기에 感通하는 것이니 인심과 산천지세는 서로 닮지 않음이 없다. 그런데 인심이 不合하니 지역마다 나뉘어서 혹은 九韓을 만들기도 하고 혹은 三韓을 만들기도 한다. 그리하여 서로가 침략하는 전쟁이 끊임이 없고 도적이 횡행하여 그것을 막지 못하게 되는 일이 스스로 만들어지게 되는 것〉이라는 논리다. 즉 지역의 분열과 도적의 들끓음이 산천의 병으로부터 나온 결과라는 얘기다. 이를 고치기 위하여 절과 탑으로 비보를 하여야 한다는 것이다.

이르되, 〈부처의 도(佛氏之道)를 약쑥으로 삼아 병든 산천을 치료하도록 한다. 산천에 결함이 있는 곳은 절을 지어 보하고, 산천의 기세가 지나친 곳은 불상으로 억제하며, 산천의 기운이 달아나는 곳은 탑을 세워 멈추게 하고, 背逆의 산천 기운은 당간을 세워 불러들일 것이니, 해치려 드는 것은 방지하고, 다투려는 것은 금지시키며, 좋은 것은 북돋아 키우고, 길한 것은 선양케 하니, 비로소 천지가 태평하고 法輪이 自轉케 되는 것이다. 왕이 듣고 말하기를 '과연 스님의 말씀답소. 그 무엇이 어려울 게 있겠소' 하며 모든 州縣에 칙령을 내려 叢林과 禪院을 건설하고 불상과 불탑을 조성하니 그 수가 3,500여 개소(기록에 따라서는 3,800여 개소)에 달하였다. 이리하여 산천의 병은 모두 가라앉았고 민심은 화순하였으며 도적은 사라지고 나쁜 일은 없어져 三韓의 내부는 통일되어 一家를 이루었다〉고 하였다.

위의 내용으로 미루어 볼 때 도선 풍수는 국토 전체를 望診하여 그 병세를 고치는 방법을 불도에 의존하고는 있으나 그 근본이 풍수적임은 누구도 부인할 수 없다. 사람에게 병이 있을 때 의사는 망진하고 觸診하고 問診하여 진찰하고 치료한다. 풍수가 땅을 고치는 방법 또한 그와 다를 바가 없다. 그것이 조그만 범위가 아니라 국역 전체에 亘하는 것이라 하더라도 하등 차이가 없다. 도선 풍수는 국토의 치료법인 것이다.

(2) 桐裏山 太安寺

도선의 스승인 혜철(785-861)은 해동 화엄의 총본산인 부석사에서 화엄학을 연구한 승려로서, 육조 혜능(638-713)의 南宗禪이 임제(?-867)에게 이어지고 다시 臨濟禪風이 西堂地藏에게 전수되고 서당을 통해서 혜철에게 相傳된 禪脈을 이룬 사문으로 알려져 있다.[37] 그는 헌덕왕 6년(814)에 당에 들어갔다가 신무왕 원년(839)에 귀국한다. 처음에는 雙峯蘭若에 있다가 드디어 谷城 동리산 太安寺(현재는 泰安寺로 표기함)에 주석하여 동리산문을 개창한 것이 문성왕 4년(842)이다. 도선이 혜철을 찾아간 것은 그 4년 뒤인 문성왕 8년(846)으로 만 3년 동안 그곳에 머문 셈이다. 그렇기 때문에 도선 풍수의 실체나 방법론에 관한 기록이 남아 있지 않은 상황에서 태안사 입지는 그의 풍수 방법론을 유추해 볼 수 있는 좋은 예가 될 수 있다. 그러나 도선이 태안사 풍수에 관하여 남겨 놓은 기록은 아무것도 없다. 부득이 현장에서 조그만 실마리라도 끄집어내는 수밖에 없기 때문에 아래에 태안사 답사에서의 심회를 두서없이 제시해 보기로 한다.

사찰 입지 경향을 풍수의 전개선상에 놓고 볼 때, 대체로 세 단계의 구분이 가능하다. 그 첫번째는 佛跡이 출현하거나 불교와 인연이 있는 소위 신령스러운 터에 입지하는 경우이고, 두번째는 簡子(대나무 조각)로 점을 쳐서 입지를 정하는 경향의 출현이다. 두 가지 모두 인위적인 입지가 아니라는 데서 공통점을 지니지만 간자로 택지하는 경우는 신과 인간이 간자라는 중간 매개물을 통한다는 점에서 인문적으로 한 단계 발전된 형태로 본다.

---

37) 김지견, 앞의 책, 18쪽.

이후 차츰 땅에 대한 경험과 지혜가 축적되어 자생적 풍수 사상이 정리됨과 동시에, 마침 중국으로부터 이론 풍수가 유입되어 實地에 적용되기 시작함으로써 세번째 단계인 풍수적 사찰 입지가 이루어진다. 이 단계에서는 이전에 입지한 사찰에도 풍수적 상징성이나 의미를 부여하게 된다. 일종의 입지성에 대한 변용 또는 가치 부가인 셈이다. 이제부터 살펴보고자 하는 태안사는 세번째 단계에 해당하는 절로, 우리나라 초기 풍수사에서 주목되는 사찰 중의 하나이다.

　서울역에서 전라선을 타고 구례구역에 내려 섬진강 상류를 거슬러 올라가다가 석곡 쪽으로 돌아들면 새로 포장된 태안사 진입로가 나온다. 봉황의 머리 산이라는 이름의 봉두산(753m) 계곡의 초입에 들어서서 좁은 계곡을 한 반 리쯤 들어가다 보면 문득 하늘과 땅이 열리는 곳이 나타난다. 바로 그곳에 태안사가 자리 잡고 있다. 전남 곡성군 죽곡면 원달리에 위치한 봉두산은 태안사의 主山인 어머니산, 즉 엄뫼에 해당된다. 엄밀히 말하면 鎭山이지만 일단 주산으로 보아도 큰 무리는 없다.

　하지만 기록을 위하여 사실은 남겨 두도록 하자. 태안사의 진산은 명백히 봉두산이다. 이 산이 태안사 인근에서 가장 높은 산이다. 태안사는 봉두산에서 봉황의 기세가 날아드는 곳에 자리 잡고 있으며, 날개를 막 접고 있는 그 품속 바로 위에 동리산이 있고 그것이 주산에 해당된다. 즉 봉황의 머리가 봉두산이고 진산이라면 그 둥지에 해당하는 동리산이 주산이 된다는 얘기다(그림 2). 이렇게 되면 그 형국은 당연히 飛鳳歸巢形이 아닐 수 없다(사진 1).

　태안사의 풍수적 사실을 푸는 문제의 실마리는 혜철이 남달리 풍수에 인연이 있던 사람이었다는 데서 출발한다. 혜철의 자는 體空이고 성은 박씨로 신라 원성왕 1년(785년) 경주에서 태어났다. 814년 중국에 유학하여 西堂地藏으로부터 선종의 법맥을 전수받고 55세 되던 839년에야 귀국하는데, 그는 26년의 유학 과정에서 강서 지역에

그림 2 동리산 태안사의 형세. 1. 鳳頭山 2. 桐裏山 3. 泰安寺 4. 연못 5. 卵丘
6. 봉황의 오른쪽 날개 7. 왼쪽 날개

사진 1 태안사와 그 주변 山勢

유포되고 있던 楊筠松의 풍수법을 접하게 되었던 것으로 보인다.

또 우리나라 풍수의 시조로 일컫는 그의 제자인 도선(도선이 당에 유학하였다는 것은 史實이 아니다. 다만 그가 스승인 혜철을 통하여 江西法 계열의 풍수를 익힌 것은 사실인 듯하다)은 그의 나이 스무 살인 846년에 혜철을 찾아가 제자가 되고, 이후 풍수 지리와 음양 오행설을 연구한 다음 서른일곱 살 되던 해 태안사의 말사인 옥룡사(현재 광양시 옥룡면 추산리 백계산 소재)에 주석하였다.

중국에서 귀국한 혜철은 아마도 머물러 교화할 절을 물색했을 것이다. 당연히 풍수적 안목은 그가 사찰 입지를 결정하는 데 중요한 기준이 되었으리라 여겨진다. 태안사 경내에 있는 大安寺寂忍國師照輪淸淨塔碑文에 있는 내용이 바로 그의 풍수 안목을 살필 수 있는 좋은 자료가 되는데 그것은 이미 앞에서 밝힌 바 있다.

먼저 생각해 보아야 할 점은 태안사가 깃들어 있는 봉두산 혹은 동리산이라는 산 이름이다. 엄밀히 말하면 동리산(271m)은 봉두산(753m)이 태안사 쪽으로 뻗어 내려온 支脈이다. 즉 봉두산이 태안사의 진산이라면 동리산은 태안사를 품에 안은 주산이다. 그러나 절에서는 봉두산을 동리산이라고도 부르니, 그 두 이름은 혼용되어 쓰이는 듯하다. 개인적인 견해이지만 두 산 이름은 개창조인 혜철이 풍수적 안목으로 지은 것이 계속 남아 있거나 비슷한 시기에 풍수가 널리 알려진 영향을 받아 새로이 개명된 것이 아니었을까 하는 추측이 간다.

전자의 경우로 본다면 풍수적 지식을 배웠던 혜철은 태안사가 자리한 진산은 봉황의 머리 모양으로 보았고 절이 자리할 터는 봉황이 깃들어 있는 형국으로 보았을 것이라 판단하는 것이다. 그러면 그는 왜 봉두산을 한편으로는 동리산이라는 이름으로 불렀을까? 동리산은 글자 그대로 오동나무의 안이라는 뜻이다. 오동나무는 중국 전설에 신령스런 나무(靈木), 군락을 지어 서식하는 상서롭고 아름다운 나무

(群瑞嘉木)로 등장하며, 봉황은 오동나무가 아니면 머물지 않는다는 얘기가 있다. 그래서 봉황을 오동나무 안의 품에 머물게 하려고 그런 이름을 지었던 것이 아니었을까 하고 생각해 본다.

그러나 여기에는 단순히 의식적인 고려뿐만이 아니라 혜철의 사려 깊은 地勢 해석이 반영되어 있었음을 현장에서 느낄 수 있었으니 그 사실은 이러하다. 즉 태안사 명당은 형국으로 볼 때, 봉황이 하늘에서 내려와 날개를 안으로 휘감아 바람을 막고 지금 막 땅에 발을 딛는 순간의 기운으로, 飛鳳歸巢形이다. 절은 봉황의 둥지에 해당되는 곳에 입지했다. 그런데 氣勢로 볼 때 봉황이 하강하는 관성에 의하여 약간 앞으로 쏠리는 기운이 있다. 좀 전문적이기는 하지만 이것은 鳳凰抱卵形 혹은 鳳巢抱卵形과는 그 기운에 차이가 난다. 다시 말하자면 鳳凰抱卵形이나 鳳巢抱卵形의 땅은 봉황이 알을 품듯이 편안하고 온화한 기를 띠나 기세가 약하고, 반면 태안사와 같은 飛鳳歸巢形의 땅은 힘과 생동성이 있긴 하나 상대적으로 안정감이 부족하다.

개창조 혜철은 당연히 이러한 기운을 감지한 듯하다. 그래서 그는 봉두산을 동리산이라 불러 봉두산의 기세를 오동나무의 안으로 오롯이 담으려 한 것으로 추측한다. 이른바 땅의 기운을 안정시키기 위한 지명 비보인 셈이다. 이름만 붙인 게 아니라 태안사 스님의 말씀으로는 실제 절터의 곳곳에 오동나무가 많았다고 하니, 오동나무로써 흘러 내리려는 땅 기운을 붙들어 머물게 하려고 의도한 것이 아니었나 하는 생각도 든다.

오동나무와 관련하여 飛鳳歸巢形에 관한 민속 풍수에는 이런 속설이 있어 첨언하여 둔다. 즉 명당의 사방에는 일정하게 갖춰야 할 것이 있는데, 동쪽으로는 흐르는 물이, 남쪽에는 연못이, 서쪽에는 큰길이, 그리고 북쪽에는 높은 산이 있어야 명당이 된다는 것이다. 그런데 만약 동쪽에 흐르는 물이 없으면 버드나무 아홉 그루를 심고, 남쪽에 연못이 없으면 오동나무 일곱 그루를 심는다. 그러면 봉황이

와서 살게 되기 때문에 재난이 없고 행복이 온다는 것이다.

　게다가 절 이름인 泰安(大安 : 크게 편안함)이라는 뜻도 지세를 감안하여 봉황이 아주 편안하게 깃드는 절이라는 풍수적인 사고가 담겨 있는 듯하다. 근래(1941)에 작성된 『태안사 사적』에서는 절 이름의 유래에 관해 〈절의 위치가 길에서 멀리 떨어져 속인 및 승려가 드물게 이르고 골짜기가 깊고 그윽하여 승려들이 고요하게 머무는 까닭〉이라고, 다분히 앞서 인용한 비문에 근거한 해석을 하고 있다.

　봉황에 관련하여 지리적 특징을 하나 더 한다면, 봉황은 대나무 열매가 아니면 먹지 않는다고 한다. 그래서 봉두산을 중심으로 하는 주변의 마을에 지명 비보를 한 흔적이 보인다. 즉 면의 이름은 竹谷面이고 절의 동남쪽으로 竹來里가 있다. 태안사 주위에 자생 대나무(山竹)가 유독 많이 보이는 까닭도 이 이치와 무관하지 않을 것이다. 그 외에도 절 동쪽의 승주군 황전면 鳳德里, 그리고 서북쪽의 桐溪里 같은 지명도 지명 비보의 일환으로 보인다.

　앞으로 쏠리는 기운을 막는 또 하나의 흔적은 절 입구의 양편, 그러니까 수구막이처럼 조성되어 있는 돌무더기(造山 또는 造塔이라 부름)와 앞뜰의 연못이었다. 시기적으로는 돌무더기가 먼저 조성되고 연못은 근래에 조성된 듯하다. 돌무더기로는 빠지려는 기운을 누르고 연못으로는 기를 머물게 하려는 의도가 아니었을지. 『錦囊經』에 이르기를 〈氣는 바람을 타면 흩어져 버리고 물을 만나면 머문다(氣乘風則散 界水則止)〉고 하였으니 그 이치의 마땅함이 있다. 혹은 돌무더기는 봉황의 알로 卵丘요, 연못은 그 위에 놓인 물 대접이란 해석도 가능하다.

　게다가 연못 위에 탑까지 조성하여 佛力을 빌려 前方의 虛缺한 지세를 보완하고자 하였는데 의도는 좋았으나 조경에 좀 어색한 느낌이 들었다. 끝으로 명당 안마당에 든든하게 쳐진 울타리 역시 땅 기운을 가두어 모으는 의도로 해석이 가능하리라.

신라 말에서 고려 초까지 태안사는 송광사, 화엄사 등 전라남도 대부분의 사찰을 이 절의 末寺로 둘 정도로 번성했으나, 고려 중기에 이르러 송광사가 修禪의 본사로 독립됨에 따라 사세가 축소되었다. 조선 시대에는 배불 정책에 밀려 더욱 쇠퇴하다가, 6·25 당시에는 격전지가 되어 대웅전을 비롯한 열다섯 채의 건물이 불타 버리는 시련을 겪고, 단지 조촐한 선 수행 사찰로 오늘에 이른다. 얼마 전까지만 해도 교통이 불편하여 찾는 이가 드물고 한적했으나 근래에 도로가 포장되어 사람들의 발걸음도 잦아지게 되었다. 그러나 그것이 꼭 좋은 일인지는 알 수가 없다.

　태안사 봉황문을 나서며 이런 상념을 떠올려 본다. 〈아득한 옛날 태고의 신비에 젖어 꿈꾸는 듯한 처녀의 몸이었던 태안사 터여! 그대가 비로소 혜철을 만나 불법을 잉태한 성스러운 어머니가 되었구나. 그리고 드디어 우리 풍수의 개창조 도선국사를 출생시켰구나. 어언 천수백여 년. 고해에 신음하는 중생을 가슴에 안고 대자비의 菩薩道를 온몸으로 행하였으니 그 어머니는 다름아닌 관음보살이며 지장보살이었구나. 오! 관음이여, 지장이여, 어머니인 땅이여!〉

　그런데 한 가지 신기한 것은 태안사 아래에 있는 성기암이다. 도선의 출생지인 영암군 군서면 구림리에도 성기동이 있지 않았던가. 어떤 연관이 있는 것인지 아니면 우연인지 알 수는 없으나 양자 사이의 인연 고리 역할을 하고 있다는 생각은 떨칠 수가 없었다.

(3) 영암 구림 일대

　도선의 풍수를 이해하기 위해서는 그의 고향을 볼 필요가 있다. 그의 고향 풍토는 그 무엇보다 도선 풍수에 큰 영향을 미쳤을 것이기 때문이다. 그러나 이 역시 기록이 거의 없는 상황인지라 대부분 필자의 현장 답사 경험에 비추어 추론을 해보는 수밖에는 없다.

사진 2 군서면 쪽에서 바라본 월출산의 서쪽 가지

광주에서 강진 가는 국도를 따라가다 보면 기이한 산세가 앞을 막아선다. 너무나도 유명한 국립 공원 月出山(사진 2)이다. 산체가 크다고 할 수는 없다. 그러나 모습에서는 거인의 체취를 풍긴다. 그러면서도 이름은 미인의 그것이니 얼핏 생각하기에는 모순되게 보인다. 미인인 거인, 이것이 월출산을 처음 보았던 1970년의 내 느낌이었다.

『동국여지승람』에 의하면 월출산이 있는 영암군의 옛 이름이 月奈郡이었다고 한다. 〈월나〉, 달을 낳는다는 뜻인가. 실제로 고려 때 산 이름은 月生山이었다. 물론 영암군에서 발행한 『마을 由來誌』에는 월나와 영암이 반드시 동일 지역 범위는 아니었다고 지적하고 있기는 하지만 행정 지명으로서는 옳은 기록이라 여겨진다. 내가 이 점을 지적하는 것은 산 이름에도, 땅 이름에도 〈달〉이 들어 있다는 것을 강조하기 위해서이다. 달이 주는 정서를 바로 미인이자 거인의 그것으로 받아들일 수 있다고 생각한다면 지나친 주관일까.

달을 미인의 은유 대상으로 삼는 것은 동서고금에 두루 쓰이던 일이라 〈달, 즉 미인〉의 구도는 구태여 설명할 필요도 없다. 그러면서 달은 어디서나 보이고 온 누리를 비춘다. 그것은 거인의 풍모가 아닐런지. 물론 달을 따(땅)의 어근으로 보는 사람도 있으나 이는 너무나 건조한 느낌이 들어 썩 가슴에 와 닿지 않는다. 오히려 월출산을 우리나라 곳곳에 있는 달래산이라 이해한 박갑천 씨의 주장이 더 그럴 듯해 보인다.

영암 기행은 도선을 찾기 위해 시작되었다. 그리고 이 답사에서 나는 도선을 만났다. 적어도 마음속에서는 그분을 뵌 것이다. 풍수를 말하는 사람치고 도선을 마음속에 품고 있지 않은 사람은 없다. 그는 우리 풍수의 시조이다. 나아가서는 우리 지리학의 비조라 불러도 손색이 없다.

『신증동국여지승람』「영암군편 고적조」에는 崔氏園을 다음과 같이 설명하고 있다. 〈崔氏園은 군 서쪽 시오리쯤에 있다. 세상에 전해지기를 신라 사람 최씨집 뜰(崔氏園)에 오이가 열매를 맺었는데 길이가 한 자 남짓 되어 식구들이 그것을 매우 이상하게 생각했다. 마침 이 집 딸이 그 오이를 따먹었더니 괴이하게도 임신이 되어 달이 차 아들을 낳았다. 그녀의 부모는 이 아이가 아비도 없이 태어난 것을 미워하여 대숲(竹林)에 버리고 말았다. 여러 날 지난 뒤 그녀가 가서 보니, 비둘기와 독수리가 와서 아기를 날개로 덮어 지켜 주고 있는 것이 아닌가. 집으로 돌아와 그 얘기를 하니 부모도 이상히 여겨 데려다 기르게 되었다. 이 아이가 자라 머리를 깎고 스님이 되니, 이름이 도선이다. 그는 당나라에 들어가 일행 선사의 지리에 관한 이치를 배우고 돌아와, 산천을 돌아다니며 관찰함에(踏山觀水) 神驗을 내 보였다고 한다. 훗날 그곳을 구림 또는 飛鷲라 했다고 한다. 崔惟淸이 지은 광양에 있는 옥룡사비(도선본비)를 상고하건대 도선의 어머니는 강씨라 하였는데, 여기에는 최씨라 하였으니 누가 옳은지 모르겠다.〉 이 지명은 지금도 남아 있으니 영암군 군서면 구림리가 바로 그곳이다.

영암문화원에서 발간한 『영암의 전설집』에는 이 얘기가 조금 다르게 소개되어 있다. 크게 보아 줄거리는 유사하지만 예컨대 오이를 집에서 따먹은 것이 아니라 성기동(성짓골)에 빨래하러 갔다가 떠내려오는 오이를 건져 먹은 것으로 되어 있는 식이다. 처녀가 오이같이 길쭉한 과일이나 채소를 먹고 아이를 가졌다는 설화는 여러 곳에서 발견된다. 이것은 대체로 처녀가 혼전 정사를 했던 것이 전이되어 내려오는 얘기일 가능성이 높다. 말하자면 도선은 사생아였을지 모른다는 말이 되지만, 그것이 무슨 상관이란 말인가. 우리가 잘 몰라서 그렇지 옛날에 소위 첩의 자식, 사생아들 중에 수많은 인물들이 배출되었음을 상기할 일이다.

문제는 그 다음이다. 이 설화에서는 도선이 아비 없는 자식으로 놀림감이 되자 초수동 월암사[38]라는 절로 입산하였다가 당대 중국 최고의 고승이었던 一行禪師의 부름을 받아 당나라로 유학을 떠난 것으로 되어 있다. 또 일행이 도선을 중국으로 불러들인 것은 이 국토와 도선이란 기인이 중국에 해가 될 것을 두려워해서인 것으로 설명한다. 중국은 이 나라의 山脈을 끊기 위하여 여러 가지 술책을 쓰지만, 도선은 백두산에 쇠방아를 놓아 그를 방지했다는 것이 전설의 개요이다.

이 전설은 물론 사실이 아니다. 일행선사의 생몰 연대가 서기 683년에서 727년인데 비하여 도선국사는 신라 흥덕왕 2년(827)에 나서 효공왕 원년(898)에 입적한 것으로 되어 있다. 그러므로 도선이 중국에 건너가 一行 문하에서 배웠다는 것은 말이 되지 않는다.

그런데도 필자는 이 전설의 내용을 중시한다. 여기서 소위 우리의 자생 풍수 냄새를 강하게 맡을 수 있기 때문이다. 중국에 대한 자존 의식도 그러하고 그의 출생 배경이 당시 최고의 지식층이나 접할 수 있던 중국 유학을 할 형편이 아니라는 점 때문에도 그러하다. 그러나 보다 중요한 것은 정식 기록에서조차 도선의 풍수가 중국으로부터 수입된 풍수가 아

---

38) 최유청이 지은 「白鷄山玉龍寺贈諡先覺國師碑銘幷序」에 의하면 月遊山 華嚴寺라고도 함.

닌 자생적인 풍수라는 짐작을 가게 하는 대목이 있다는 점이다.

지금 학계에서 도선국사비문에 나오는 내용을 근거로 풍수의 중국 수입설을 주장하는 대목은 오히려 반대로 풍수 자생설의 증거로도 채택할 수 있다고 본다. 도선이 지리산 언저리에 암자를 짓고 수도를 할 때 한 異人이 나타나 풍수를 전수해 주는 장면은 우선 풍수를 선종에 비하여 작은 기예니 천한 술법이니 하여 낮추는 대목에서도 짐작할 수 있는 것처럼 우리 전래의 것을 낮추어 기록하는 예로 볼 수 있다. 그러나 하필이면 지리산 이인이 풍수를 가르친다는 것은 자생 풍수가 있었음을 증거하는 예라고도 생각할 수 있다.

도선이 태어난 곳이나 오래 머문 광양 일대가 나주로부터 가까운 곳이므로 풍수 사상이 중국에서 곧바로 이리로 전해졌을 것이라는 가설도 있으나, 이곳은 지금도 오지에 속하는 곳이다. 중국 문화가 유입되어 王城보다 먼저 이런 오지로 들어오게 되었다는 것은 좀 지나친 억측이 아닐까 생각된다.

모래를 쌓아 산천순역의 형세를 보여 주었다는 것이 바로 풍수의 신비성을 실감나게 표현하고 있는 증거라고 생각하는 사람도 있는 모양이나, 당시의 사정을 이해하고 실제 답사를 통하여 풍수를 배워 본 적이 있는 사람이라면 오히려 다음과 같은 결론을 얻는 것이 더 상식에 가깝다. 즉 중국으로부터 유입된 수입 풍수라면 구태여 땅바닥에 모래를 쌓고 줄을 그어 설명하느니 직접 문서를 놓고 가르쳤을 것이며, 지금도 산에서 산세를 설명할 때에는 흔히 흙이나 모래를 쌓거나 땅바닥에 그림을 그려 가르치는 방식을 취하는 것이 통례인 점을 알아야 한다. 현장 경험 없이 책상 위에서 추단할 수만은 없는 요소들이 많다는 점을 이해한다면 모래와 흙으로 지세 설명을 한다는 표현이 신비화하기 위한 것이 아니라는 사실을 이해할 수 있게 될 것이다.

풍수가 우리 자생의 것이 아니라 중국으로부터 수입된 것이라는 주장을 하는 학자 중에는 도선이 풍수를 배운 지리산 이인은 바로 그의 스승인 혜철이며 혜철은 중국 유학승 출신이므로 결국 우리나라 풍수의 시조로 알려진 도선의 풍수는 중국 것일 수밖에 없다는 논거를 대기도 한다. 그러나 그것은 조금만 깊이 생각하면 정반대의 해석이 나올 수도 있다. 왜냐하면 혜철은 禪門九山의 하나인 桐裏山派의 개조쯤 되는 당대 고승이며 당시로서는 당당한 지식인인 중국 유학승 출신이다. 도선이 그런 혜철에게서 풍수를 배웠다면 무엇이 부끄러워서 풍수 스승의 이름을 밝히지 않고 이인이라 표현했겠는가. 이인은 혜철이 아니라 지리산 언저리에서 풍수를 공부한 이름 없는 한 자생 풍수학인이었을 것이다.

그 이인은 도선이 중국 유학승 출신이자 당대 고승인 혜철의 제자라는 것을 알고 자기가 알고 있는 자생 풍수를 작은 기예(小技)니 천한 술법(賤術)이니 하며 낮추었던 것이라고 짐작하는 것은 어떻겠는가. 물론 도선이 혜철로부터 중국 풍수까지 익혔을 가능성은 있다. 그리고 자생 풍수와 중국 풍수를 함께 익힌 도선에 의하여 자생 풍수가 결국 그 근본에서는 중국 풍수와 다르지 않다는 것이 확인되고 또 양자가 결부되어 그후에 체계화된 우리식 풍수, 즉 고려 풍수와 조선 풍수의 출발이 된 것이 아니겠느냐 하는 것이 나의 생각이다.

도선에 의하여 제대로 자리를 잡은 우리 풍수는 몇 가지 점에서 중국 풍수와는 다른 특징을 지닌다. 그중 가장 중요한 것이 아마도 비보 관념일 것이다. 이에 대해서는 이미 앞에서 설명한 적이 있기 때문에 중언부언은 필요 없을 것이라 생각한다. 여기서는 다만 비보 관념을 밀교적 법용으로 이해하여〈밀교가 지닌 모든 사상을 융합할 수 있는 가능성의 장점과 밀교의 地靈 사상을 조화시켜 신라 말기 사회 실정에 알맞는 신앙 사상으로 승화시켜 제시한 것이 도선의 비보 사상이었다〉고 주장한 동국대 서윤길 교수의 논거에 상당한 타당성이 있을 수 있다는 점을 첨부하여 두기로 한다. 나는 밀교를 잘 알지 못한다. 하지만 이 문제는 다음에 반드시 천착해 보아야겠다는 생각이다. 당시의 밀교가 善無畏, 일행, 혜철, 도선으로 이어지는 胎藏界의 계통이라고 불교학계에서 정리된 이상, 그 문제는 반드시 비보 사상 연구에 고려해야 할 사상으로 여겨지기 때문이다.

 월출산을 보려면 북쪽에서 들어오는 것이 좋고 도선을 만나려면 해남 쪽에서 들어가는 것이 좋다. 월출의 북사면이 거인이자 미인인 그의 모습을 제대로 드러내고 있다면, 해남에서 영암군 학산면을 지나 직접 구림리 指南平野로 들어가는 길가 모습은 우리 강토의 전형을 드러내 주고 있기 때문이다. 멀리 병풍을 둘러친 듯한 월출산이 웅장하게 서 있고, 가까이에는 올망졸망한 둔덕들이 논밭에 두엄더미처럼 웅크리고 있으며, 그 사이를 비집고 들어앉은 마을들은 마치 잔치 마당에 모여 있는 아낙들 품에 안긴 아기들처럼 안온하게 자리 잡고 있다. 이 길은 해남에서 나주로 가는 13번 국도를 타고 가다가 영암 읍내에 들어가기 전 강진군 성전면 영풍에서 왼쪽으로 꺾어 들어가면 된다.

 이곳은 도선의 유적지뿐만이 아니라 일본에 『논어』와 『천자문』을 전하고 일본 飛鳥文化의 초석이 되었다고 알려진 왕인 박사의 출생지이기도 하다. 그러나 워낙 탁월한 인물이 배출된데다가 그 시대가 오래고 기록으로 남아 있는 것이 별로 없어, 현지에서의 두 사람에 관한 설화는 상당 부분 중복되고 있는 것이 사실이다. 이에 대해서는 광주에 있는 향토문화진흥원에서 마을시리즈 1권으로 낸『왕인과 도선의 마을, 鳩林』이란 책에 상세히 기록되어 있다. 이와 같은 향토의 문화와 역사에 관한 책들은 그 고장 사람들뿐만이 아니라 외지인에게도 커다란 도움을 주거니와, 특히 영암에 관한 이 책은 일독하는 것으로도 정성을 들여 만든 책이란 것을 충분히 짐작할 수 있을 정도로 좋은 책이다. 불행히도 나는 영암의 구체적인 땅에 관한 논쟁에 끼여 들 수 있는 바탕이 갖추어지지 않았기 때문에 이번 기행은 그 기록에 의지하는 수밖에는 없었다.

 어쨌거나 구림마을 조금 못 미처 성기동에는 왕인 박사 유적지가 깨끗하게 단장되어 있다. 입구인 백제문을 바라보며 오른쪽으로 돌아 조금만 오르면 작은 계류와 聖泉이 나온다. 월출산 지맥인 朱芝峰에서 흐르는 聖川이 이곳에서 편편한 반석과 샘을 이룬 것으로, 이곳에서도 역시 설화는 왕인과 도선을 뒤섞어 놓고 있다.

　이 성천의 물은 바로 밑에 있는 구시바우(구유바위)에 받아 두고 마셨다고 하는데 음력 삼월 삼짇날 이 물을 마시고 이 물로 목욕을 하면 왕인과 같은 성인을 낳는다는 전설이 전한다. 그런데 바로 그 구유처럼 생긴 구시바우 밑에는 계류가 沼를 이루어 놓았기 때문에 좋은 목욕장 구실을 했다고 한다. 신라 말 도선의 어머니가 처녀 때 여기서 빨래를 하다가 물에 떠내려 오는 푸른 오이를 먹고 임신이 되어 도선을 낳았다는 전설도 같이 전하고 있으니, 땅은 성현을 모두어 보내는 법인가. 지금도 샘은 물이 고여 길손의 목을 축일 수 있도록 되어 있다. 같이 간 제자들에게 이 물 마시고 좋은 후손 보라고 농담을 해보지만 그저 담담하게 웃을 뿐이다. 물맛은 참 좋다.

　앞서 소개한 구림이란 책은 구림의 풍수 형국을 이렇게 설명한다. 즉 월출산 정상인 천황봉은 구정봉을 거쳐 주지봉에서 품을 열며 구림의 주산이 된다. 서구림리에서 양장리 신기동에 이르는 청룡과 도갑리 신등에서 동호리 동변까지 내려오는 백호는 마치 쌍룡처럼 마을을 보듬고 있다(앞절 그림 1 참조). 돌정고개와 불뭇등 둔덕이 마파람을 막아 주는 안산 구실을 함으로써 풍수 형세를 갖추었다는 해석인데, 그럴 듯하다고 보았다. 다만 주산으로 삼은 주지봉이 너무나 첨예하여 소위 五星 중 火星에 속하기 때문에 문제가 없는 것은 아니다. 화성은 주산이 될 수 없다는 것이 원칙이다.

　짐작건대 천황봉-구정봉-향로봉-주지봉으로 이어지는 월출산 주맥을 이어받아야 마을의 주산으로서 위엄이 있지 않겠느냐는 생각에서 그런 것 같은데, 그것보다는 오히려 월출산 주맥에서 약간 오른쪽으로 가지를 뻗은, 도갑 저수지 북쪽 산줄기를 주산으로 삼는 것이 더 순리가 아니겠느냐는 생각이 들었다. 물론 굳이 풍수 논리를 따지자면 그렇다는 것이고 중요한 문제라고 여기는 것은 아니다.

　이곳에 오면 으레 들르는 도갑사로 들어오니 이미 날이 저물었다. 전례가 없던 일이지만 도갑사의 바람 소리, 물소리를 듣기 위하여 절 바로 아래 있는 호텔에 묵기로 한다. 평일이라 그런지 무척 조용하다. 적막하다고 해도 과장이 아닐 정도로 사람들이 보이지 않는다. 그 앞에 있는 식당에 갔더니 밥을 해놓지 않아 팔 수가 없다는 말을 들을 정도로 산과 절은 휴식을 취하고 있었다.

  도선의 고향에 와서 그를 생각하고 그가 정리했다고 보는 우리의 자생 풍수를 곰곰 따져 보는 일은 분명 유익했다고 믿는다. 도선으로부터 모습을 분명히 드러내어 이후 우리 역사에서 난세에는 개벽과 평등의 이념으로, 평시에는 타락한 터잡기 잡술로 부침을 거듭한 우리 풍수를 되돌아보는 일이 유익한데 왜 쓸쓸한 마음이 드는 것일까. 지금 풍수는 분명 타락해 있다. 사람들은 대부분 타락한 터잡기 잡술을 풍수라고 오해하면서, 되살릴 수 있는 그의 사상성에 대해서는 거부감이나 비난을 사양하지 않는다. 아마도 그런 저간의 사정이 마음을 쓸쓸하게 몰아간 것이겠지.

  아침, 도갑사의 아침은 평안함과 안온함 속에서 밝아 온다. 산세는 살기를 벗었고 산이 늘상 그렇다시피 사람을 압도하는 듯한 공격적인 느낌은 전혀 들지 않는다. 게다가 간선 도로로부터 벗어나 숨어 있는 것처럼 보이지만, 실은 그 물리적 거리나 심리적 격절감에서 볼때 결코 깊이 은둔한 것도 아니다. 말하자면 절묘한 입지라고나 해야 할 터전이다.

  대숲을 지나는 돌층계를 오르면 국보 제50호인 도갑사 해탈문이 나온다. 이 문을 지나면 절 경내가 된다. 발길을 그리로 옮겨 놓는다. 나는 해탈하고 있는가. 전혀 그렇지 못하다는 현실이 오히려 마음을 놓게 한다.

이 글은 현지 답사에서 적은 것이기 때문에 앞 부분과 중복되는 곳이 여럿 있다. 그것을 제외할 생각도 해보았으나 현장 기록이라는 글의 성격상 논리 전개에 문제가 생겨 부득이 그대로 두기로 한다. 양해 바란다.

(4) 도갑사

이 역시 현장에서의 필자의 느낌을 전달하는 것으로 지세 설명을 대신코자 한다.

우리나라의 풍수는 언제 어떻게 시작되었을까? 통설은 이렇다. 신라 말 중국으로부터 유입되었으며 그것을 정착시킨 사람은 선승인 도선이라고. 과연 그럴까. 그에 대한 대답을 하기 위해서는 우선 풍수의 정의가 필요하다. 땅을 보는 안목은 크게 두 가지이다. 하나는 눈에 보이고 감촉할 수 있는 지표 현상을 대상으로 삼는 것이고, 다른 하나는 눈에 보이지도 않고 합리적인 설명도 불가능하지만 경험상 그 존재를 인정하지 않을 수 없는 땅 기운(地氣)을 대상으로 삼는 것이다. 전자가 지리학이고 후자가 풍수설이다.

중국으로부터 그들의 풍수가 수입되기 이전부터 우리 민족에게도 地氣 관념이 있었으리라는 점은 의심의 여지가 없다. 따라서 풍수적 지리학이 있었던 셈이다. 다만 그것을 풍수라는 용어로 부르지는 않았을 것이므로 우리에게도 풍수가 있었다는 주장은 언어 논리로는 맞지 않는다. 그러나 지기를 알고 느낀다는 것은 풍수에서 가장 중요한 것이기 때문에 비록 풍수라는 용어를 쓰지는 않았다 해서 풍수가 없었다고 말하는 것도 맞는 주장은 아니다.

나는 이미 그와 같은 자생의 풍수적 관념이 있었고 신라 말 중국으로부터 그들의 체계화된 풍수가 들어와 결합함으로써 우리 풍수의 기초가 확립되었으며 그 최초 최고의 기여자가 도선이란 주장을 편 적이 있다. 여기서 그것을 재언하지는 않겠다. 어찌되었거나 도선이 우리 풍수의 시조가 된다는 점에서는 異論이 없다.

그의 속성은 김씨이고 지금의 영암에서 태어났으며 그가 남긴 음양설은 여러 편이 있는데 세상에 흔히 있어〈후세에 지리를 말하는 자들은 모두 그를 근본으로 삼는다(師所傳陰陽說數篇世多有 後之言地理者皆宗

焉))는 기록이 그의 비명에 남아 있으니 그가 우리나라 지리학과 풍수설의 祖宗임은 그로써 분명한 셈이다. 그래서 영암 땅은 우리 전통 지리학의 성지로 추앙받아 마땅한 곳이다.

더구나 이 일대 서호와 장천에는 선사 주거지가 있고 시종면 일대에는 고분들이 즐비하며 일본 문화의 뿌리 중 한 분인 왕인 박사 유적지까지 인근에 위치하여 가히 역사 지리의 寶庫 같은 곳이기도 하다. 도선이 지리산 언저리에서 기인으로부터 풍수법을 전수받은 것은 서른여덟 살 때였다. 그러니까 체계적인 것은 못 되지만 당시 영암과 인근에서 쓰이던 지리학에 접했을 가능성은 충분히 있어 보인다. 그 지리학의 내용이 우리나라 자생 풍수의 한 특징을 밝혀 낼 수 있는 좋은 증거가 될 수 있다는 것이 나의 판단인데, 그것이 자못 흥미롭다. 물론 이것이 도선국사와는 다른 후대에 만들어졌을 가능성도 있다. 그러나 전통 시대에 땅에 대한 생각이란 것이 쉽게 변할 수 있는 것은 아니기 때문에 설혹 같은 시대의 얘기가 아니라 하더라도 크게 문제가 되지는 않는다고 생각한다. 그 내용인즉 다음과 같다.

『영암 문화재 도록』에 보면 이 지방의 민속 신앙 내용이 수록되어 있는데 거기에는 공알바우, 보지바우, 씹바우, 보지골, 자지바우, 좆바우 등의 용어가 별 이상한 감흥을 주지도 않으면서 실려 있는 것을 볼 수 있다. 물론 이런 말들이 지금은 모두 욕설이다. 또 함부로 어디 가서 얘기할 내용도 못 된다. 하지만 남녀 사이의 성이란 옛사람에게 있어서 무에서 유를 창조할 수 있는 유일한 방법으로, 말하자면 생산력의 원천이 되는 정기 중에서 최고의 것이라 여겼을 수 있다. 농사란 것도 씨앗을 뿌려야 되는 것인데 남녀간에는 혼인하여 며칠 밤만 자고 나면 사람이 생겨나니 이 어찌 신비로운 기운이 아니겠는가.

도갑사(사진 3) 입구 사하촌 오른편으로는 식당과 기념품 가게들이 즐비하다. 그 가겟집 뒤로 돌아가면 야트막한 둔덕을 넘어가는 오솔길이 나타난다. 그 길 너머 오른쪽에 이상한 기운을 풍기는 두 산이 버티고 있는

사진 3 도갑사 대웅전. 옆에 水槽가 보인다.

데 그 이름이 또한 자지골과 보지골이다. 생긴 모양이 남성과 여성의 성기를 조각한 듯 닮았기 때문에 그 부근에 가면 쉽사리 찾을 수는 있다. 하지만 누구에게 함부로 자지골, 보지골이 어디냐고 묻기는 어렵다.

　보지골에서는 작은 샘물이 솟고 그 물이 도갑천의 원천이 되며 바로 그 아래 본래의 도갑리 마을이 있었으나 지금은 廢洞된 상태이다. 답사에 동행했던 친구의 질문이 걸작이다. 〈생기 발랄하고 정기 왕성한 땅 기운을 받았을 原도갑리마을이 어째 폐동이 되었나.〉 나의 대답 또한 걸작이 아닐 수 없다. 〈자지가 보지에 닿았더라면 그럴 까닭이 없었겠으나 보다시피 닿을랑 말랑 한 배치이니 기운만 쓰다 제풀에 지친 꼴이 되어 폐동된 것이겠지.〉

　아무래도 내가 산도깨비에 홀려 헛소리를 하는 것이지 싶다.

도갑사 인근의 지세에 대해서는 이미 도선의 출생지를 설명하는 글에서 충분히 다루었다고 생각한다. 간단히 말해서 이곳의 땅 읽기는 상식을 벗어나지 않으며 지금의 시점에서는 듣기 거북한 얘기일지는 모르지만 아주 이해하기 편하게 되어 있다는 점은 분명하다. 도선 풍수의 한 특징이랄 수 있는 상식성이 잘 드러난 예이다. 무릇 상식을 벗어나면 술법에 빠질 수 있고 술법에 들어가면 사이비 신비 속으로 들어가 헤매기 십상이니, 그런 잡술의 길을 가지 않은 도선 풍수는 그래서 건전하다고 평가할 수 있다.

(5) 옥룡사

이 역시 필자의 현장 답사 감상을 제시하는 것으로 대신하고자 한다.

도선의 자취를 찾는 것은 우리 지리학의 연원을 찾는 길이다. 그런 점을 처음 지적한 사람은, 지리학 전공자로서는 안타깝게도, 서울대 국사학과 한영우 교수이다. 1987년 4월 대한지리학회가 주최한 〈국학으로서의 지리학〉이란 심포지엄 중 그는 〈고려 시대에도 조선 시대에도 지리학을 얘기할 때는 학문의 시조 혹은 비조를 으레히 듭니다. 그래서 떠오르는 사람이 도선 아닙니까. 신라 말에 살았던 도선이라는 승려는 우리나라 지리학의 비조로서 고려는 물론 조선 시대 실학자들도 그에 대한 관심이 대단했습니다. 우리나라 지리학은 도선부터 시작되었다 할 수 있습니다. 말하자면 학문의 계통을 따질 때 중국에 연결시키지 않고 우리 지리학이 도선으로부터 시작되었다고 인식해 온 사실이 이미 우리 지리학이 가지고 있는 민족 지리학으로서의 전통을 말해 주는 것이랄 수 있습니다. 이런 생각에서 제가 개인적으로 농담삼아 지리학 하시는 분들이 먼저 하셔야 할 일이 '道詵碑'를 세우는 것이라고 말한 적이 있습니다〉라는 얘기를 제1주제 토론에서 발언하였다.

참으로 고맙고도 적절한 지적이지만 누구도 그 말에 관심을 기울인 흔적은 없다. 지리학이란 학문 자체가 그 땅을 떠나서는 성립될 수 없는 것이기에, 사실 우리 고유의 혹은 우리 자생의 전통이 가장 강한 학문 분야를 꼽아 보라면 별 어려움 없이 지리학을 꼽을 수 있다고 생각한다. 그런데 도선국사는 지금 어디 가서 무엇을 하고 계신가. 이기적인 잡술 풍수지관들 사이에서 또는 여관 골목 점술가들 사이에서 수모를 당하고 계신 것은 아닌지 모르겠다.

도선의 출생지인 영암을 떠난 발길은 자연스럽게 그가 만년을 보내고 열반에 든 광양 백계산 옥룡사를 찾아 들게 되었다. 그가 玉龍子란 도호로 불리는 것도 결코 우연이 아니다. 현재의 광양시 옥룡면 추산리 외산 마을에 옥룡사라는 암자가 있으나 이는 근래에 지어진 것이고 순천대 박물관 지표 조사팀의 보고서에 의하면 본래의 사지는 이 부근 일대였을 것으로 추정된다고 했다.

옥룡면, 서울서는 먼길이다. 벌써 날이 저문다. 어떤 인연이 있어 오늘 밤은 백운산 중턱에서 자기로 한다. 해안에서 멀지 않은데도 해발 천이백미터가 넘으니 대단한 산이다. 눈발이 흩날리면서도 하늘 군데군데로 별이 돋는다. 눈도 보고 별도 보는 희한한 산길이다. 하지만 눈은 더 내릴 생각이 없나 보다. 이내 구름 한 점 없는 현묘한 하늘에 별만 새파랗다.

산속에서 보는 별들은 참 이상하다. 꼭 아기 주먹만한 크기에 빈틈없이 빽빽하게 하늘을 채우고 있다. 알다시피 지금 서울에서는 별 구경하기도 어렵다. 나 어릴 때만 해도 서울 주택가에서 선명한 그림자를 만들어 주는 깨끗한 보름달과 초롱초롱한 별을 볼 수가 있었다. 달 그림자와 간혹 나타나는 전깃불에 비치는 그림자로 한 사람에게 두 개의 그림자가 생기면 귀신이라고 놀리기도 했는데, 그게 대체 몇 년 전 일이라고 이렇게 아득하게만 생각되나. 왜 이 지경으로 변했을까. 그래도 이를 일컬어 발전이라고 한다. 도무지 모를 일이다.

달과 별 그리고 밤은 사람들에게 꿈과 상상력을 심어 준다. 지금은 그

사진 4 옥룡사의 옛터. 뒷산이 백계산 줄기이며 보이는 한옥은 퇴락한 청주한씨 재실이다.

런 것들이 없어진 세상이다. 달도 별도 심지어는 밤까지도 빼앗아 가 버린 것이 오늘날 도시적 삶터의 실상 아닌가. 백운산에서 맞는 겨울밤의 달빛은 그 꿈의 원형으로의 회귀를 인도하는 길이며 나뭇잎을 스치는 스산한 바람 소리는 삶의 신산스러움과 덧없음을 알려 주는 가르침의 소리처럼 들린다.

광양을 잘 아는 시인 민후립의 안내로 근 이십 년 만에 옥룡사를 다시 찾게 되니 옛길이 떠오르련만 별로 기억이 없다. 그저 아늑하고 편안하기만 한데 좀 좁아졌다는 느낌이 든다. 주위에 나무들이 자랐고 나이가 더 먹어서 그렇게 느껴지는 것일 게다. 하지만 절터의 堂局이 좁은 것은 사실이다. 옥룡사 寺域이 비좁아 몰려드는 승려들을 수용할 수 없게 되자 가까운 곳에 운암사를 창건하게 되었을 것이라는 순천대 조사팀의 추정은 그래서 근거가 있다(사진 4).

절을 올라가는 길가 풍경은 그대로가 우리 농촌 마을의 전형이다. 위로는 둥드름한 산들이 올망졸망 어깨를 겯고 있고 아래로는 고만고만한 논밭이 골골마다 평평하게 자리를 잡았다. 『黃帝內經』에 나오는 〈하늘이 둥그니 인간의 머리가 둥글고 땅이 평평하니 인간의 발이 평평하다〉는 말마따나 어찌 그리도 땅 모습이 사람을 닮았는지, 아니 사람이 땅을 닮은 것인지. 하기야 도선국사와 관련된 사찰 입지는 하나같이 평범하다는 특징을 지니고 있다. 도갑사가 그렇고 화순 운주사가 그러하며 곡성 태안사 역시 마찬가지이다. 중국 풍수의 영향을 받은 신라 말 이후의 큰 가람처럼 웅장하면서 주위를 압도하는 거대한 산자락에 터를 잡는 식이 아니다. 그저 큰집 가는 길처럼, 고향 가는 길처럼 둔덕 같은 산들과 여기저기 박혀 있는 들판을 따라 걷다 보면 수줍은 듯 들어앉아 있는 절이 바로 도선의 절들이다. 어디서나 대할 수 있는 우리 땅의 전형이다.

옥룡사지를 감싸고 있는 중간의 산이 백계산(506m)이고 거기서 가장 멀리 있는 산이 白雲山(1,218m)이다. 여기서 백계산은 金鷄抱卵形이고 백운산은 金花心形이다(그림 3). 이것이 항간에 알려진 옥룡사지의 形局名이다. 그러나 여기서 중요한 것은 그것이 아니다.

지리산 벽송사의 종화스님은 이곳을 청학동에 대비시켜 백학동(白鶴洞)이라 하였다는데, 이 역시 道家의 냄새가 물씬 풍기는 청학보다는 훨씬 더 우리 정서에 가까운 듯하여 감탄을 자아내게 한다. 절터 아래 빼곡이 들어서 있는 지방 문화재 백계산 동백나무숲도 결코 우람하여 좌중을 짓누르는 나무가 아니다. 그냥 사람 키만 하게 자라난 친근한 수종이다. 거기에 세월의 풍상이 덧씌워져 주름이 잡혔으니 우리 할머니, 할아버지 같은 분위기를 풍긴다. 그렇기 때문에 이곳에 옥룡사를 복원하는 경우가 있다 하더라도 결코 산을 잘라 내고 우람한 사찰을 세우는 일은 없어야 할 것이다.

이런 얘기가 전한다. 우리 국토가 호랑이인데 이곳은 바로 그 호랑이의 엉덩짝 중에서도 똥구멍에 해당하는 곳이라는. 고려대 박물관에 소장

그림 3 백계산 옥룡사지 산세 개념도. 1. 백운산 2. 백계산 3. 옥룡사지

되어 있는 〈槿域江山猛虎氣像圖〉를 보면 우리 국토를 마치 대륙을 향하여 웅크리고 있는 호랑이처럼 그려 놓았다. 한데 이 호랑이가 아직은 그저 네 발을 구부리고 웅크리고 있을 뿐 어떤 움직임의 조짐은 보이지 않고 있다. 옥룡사는 바로 그 호랑이의 똥구멍을 침으로 찔러 대륙으로 웅비하라는 위치의 절터라는 생각이 스친다. 아니 그것은 당위인지도 모른다(민족의 웅비에 대해서는 제2권 인천 신국제공항 참조).

(6) 實相寺

실상사가 도선과 직접 연관된 흔적은 없다. 그런데도 실상사를 애기하는 까닭은 이곳이 도선의 스승인 혜철과 같이 서당지장 문하에서 선법을 전수받은 洪陟에 의해 개창된 사찰이기에 그러하며, 특히 이곳은 민족주의적 풍수 설화를 많이 지니고 있어 중요하다. 왜 그럴까? 홍척은 화엄을 위시한 교학 이외에도 지신, 산신, 수신 등 諸神 思想을 일단 인정해 주고 원리적인 입장에서 여러 다른 사상과의 조화와 융합을 시도한 분이라는 것이 이유가 될 수 있다. 홍척의 이런 노력은 혜철에게 오면 그 도를 더하게 되며 도선은 바로 그런 인맥과 학맥 속에서 자라 온 인물이다.[39] 역시 답사에서의 심회를 드러내는 것으로 실상사 풍수를 대신코자 한다.

지리산 들어가는 길은 언제나 즐겁다. 간혹 너무 좋아하다가 산 아래서 올라가지도 못하고 술에 취하여 몸을 못 가누는 탈은 있지만, 그래도 좋은 곳이 지리산이다. 우리나라의 대표적인 五大土山, 德山, 肉山인 지리산. 북으로부터 백두산, 묘향산, 오대산, 덕유산, 그리고 지리산을 지칭하는 말들이지만, 지리산은 말 그대로 너무나 후덕한 산이다. 아니 산이라기보다는 거대한 땅덩어리다. 속세의 취객이 무어라 말할 수 있는 산이 아니기에 옛사람의 글을 인용하기로 한다.

虛白堂 成俔이 金宗直의 『頭流錄』 끝에 붙여 쓴 시인데 너무 길기 때문에 부분적으로 소개할 수밖에 없다. 〈危峨롭고 높도다. 산이 둥글고 넓게 퍼져 있음이여. 아래로 땅을 누르고 위로 하늘에 닿았네. 뿌리가 몇 천백 리나 서리었는지 내 모르거니와 우뚝하게 하늘 동남쪽에 重鎭이로구나. 원기가 發泄되고 天機가 토했다 머금었다 하도다. 푸른 이끼가 길에 가득하니 속인의 발자취 없어지고 그윽한 바위 끊어진 벼랑에 붙여 龕室 열렸네. 고아한 절을 우러러보니 찬란한 金碧이 눈부셔라. 幢幡은 아득하게 비치고 종과 북소리 은은하게 들린다. 이 속에 마땅히 隱君子 있어 검푸른 눈동자, 푸른 머리털의 彭祖 老聃 많으리라. …… 세상 사람은 무엇 때문에 부귀만 생각하고 술에 빠지는가. 그대는 거기에 돌아가 누웠으니 雲林은 본성이 달게 여기던 바이네. 내 지금 속세의 그물에 떨어졌

---

39) 서윤길, 앞의 책, 74-77쪽.

으니 허덕거림이 어찌 부끄럽지 않으랴. 마음으로는 그대와 함께 소원대로 좋은 땅 卜地하여 茅庵 얽고 싶었네.〉

仙界의 絶評이 아닐 수 없다. 그러나 이보다 더한 柳方善의 시구가 하나 있으니, 〈아마도 그 옛날 은자 살던 곳, 사람은 신선되고 산은 비었는가(疑是昔時隱者居 人或羽化山仍空)〉라는 대목이다. 무엇을 덧붙이랴. 그러나 안타까울 뿐이다. 근대화는 反풍수를 부르고 반풍수는 신선을 불러내어 저잣거리의 사주쟁이 도사를 만들어 버렸으며, 산은 악취와 쓰레기로 가득 차 버리고 말았으니. 그저께는 맑게 갠 하늘 아래 강원도 영월에서 보내고 어제는 억수같이 쏟아 붓는 빗속에 전라도 김제의 들판을 헤맨 뒤 진안 마이산 밑에서 자고 지리산 아래 실상사 경내에서 노스님의 말씀을 듣고 있는 지금, 이만하면 부러움 없는 삶이라 할 수 있는 것인지. 이슬 신선이야 어림없는 소리지만 석유 도사는 된 셈인가. 자동차로 동에 번쩍 서에 번쩍하는 자신에 쓴웃음이 지어진다.

남원에서 산내면 입석리의 실상사를 들어가는 길은 아직은 옛 풍모가 남아 있다. 그러나 휴일이나 휴가철에는 이 정도의 바람 냄새도 어려울 것이라는 짐작이 든다. 평일에 나다닐 수 있는 落日居士가 유일하게 보람을 느끼는 때이기도 하다. 멀리 보이는 지리산에 취하여 잡설이 너무나 분분하였음을 사과드린다.

실상사는 신라 흥덕왕 3년(828) 證覺(기록에 따라서는 角이라고도 되어 있음)大師가 개창한 절이다. 증각대사는 흔히 홍척선사로 알려져 있는데 당나라 지장으로부터 법을 이어받고 귀국하여 이 절을 세웠다고 한다. 그리하여 2대 수철화상을 거쳐 3대 편운대사에 이르러 크게 절을 중창하고 더욱 선풍을 떨치게 되었다. 그러나 세조 14년(1468) 화재를 입은 뒤로 근 200년 동안이나 폐사나 다름없이 근근이 사세를 이어 오다가 숙종 연간에 이르러서야 30여 동의 대가람을 이룰 수 있었다고 한다. 다시 고종 20년(1883) 대화재가 발생하여 50동이 소진되는 바람에 지금은 조그만 절이 되고 말았다. 지금의 주지인 慧光스님에 의하면 이 불은 인근 유

사진 5 중앙 숲속에 실상사가 들어앉아 있다.

생들과의 분쟁으로 인한 방화였다고 한다.

　문제는 여기서부터인데, 혜광스님은 이 절에 불이 나면 나라에 큰일이 일어난다고 주장한다. 더욱이 방심하여 들을 수 없는 사실은 이 절이 잘 되면 우리나라는 번창하고 일본이 쇠망하며, 이 절이 퇴락하면 일본이 잘 되고 우리나라가 쇠한다는 것이다.

　사실 실상사는 민족주의적 풍수 사고와 풍수 설화가 이미 오래전부터 잘 알려져 온 사찰이다(사진 5). 그것을 오늘 주지 스님으로부터 직접 듣게 된 셈이다. 그 구체적인 내용은 대략 다음과 같은 사실들이다.

　첫째, 藥師殿에 봉안되어 있는 철조여래조상(보물 제41호)이다. 이 불상은 수철화상이 4천 근이나 되는 철을 들여 주조한 높이 2.7미터의 신라시대 걸작품으로 평가된다. 여러 번의 화재를 겪었는데도 훼손되지 않고 살아 남은 까닭은 이것이 청동 제품이 아니라 철제이기 때문이란다. 육중

한 규모의 이 무쇠로 만든 철불은 밑을 받치는 좌대가 없다. 그냥 맨땅에 그대로 세워져 있는 것이다. 그 이유가 일본을 겨냥한 풍수 때문이다.

이 무쇠 철불은 그 시선을 지리산의 정상 주봉인 천왕봉으로 두고 있다. 거기서 그대로 그 시선을 직선으로 연장시키면 일본인들이 그들 민족의 聖山으로 받드는 富士山에 연결이 된다. 즉 실상사 철불-지리산 천왕봉-일본의 후지산이 일직선으로 이어지는 셈이다. 대륙의 地靈元氣는 崑崙山에서 발원하여 3개의 가지를 뻗으며 동진한다. 그중 북쪽의 北龍이 그 地氣가 가장 좋은 것으로 평가받고 있으며, 이 기맥이 흘러 와 마루(宗山)를 만든 것이 바로 백두산이다. 그러니까 백두산의 자손인 한반도는 대륙 최고의 명당이 되는 것이다. 이 훌륭한 땅 기운이 백두대간을 관류하며 남으로 남으로 내려와 그 최후의 힘을 뭉친 節脈處가 바로 지리산이다. 여기서 바다를 건너 대륙의 기맥이 일본으로 건너간다고 본 것이다.

이제 그것을 막기 위하여 땅에 거대한 쇠침을 박았으니 그것이 바로 이 철불이다. 철불이 쇠침 역할을 하기 위해서는 그대로 맨땅에 박혀야 한다. 그래서 좌대를 놓지 않은 것이다. 이것은 민족 이기적인 풍수 책략은 아니다. 유사 이래 우리는 일본 땅을 넘본 적이 없다. 고려 때의 東征은 원나라의 강압에 의한 것이지 자의가 아니었다. 그러나 일본은 다르다. 국력이 좀 펴지기만 하면 우리 땅에 욕심을 낸다. 그러니 우리 입장에서는 그들의 국력 신장은 생존을 위협받는 일이 된다. 그래서 실상사 무쇠 철불과 같은 풍수 비방을 하게 된 것이다.

한 가지 재미있는 사실은 이와 유사한 설화들이 정읍, 남원 일대에도 더 있다는 점이다. 필자의 실지 조사가 이루어지지 않아 확언할 수는 없으나 이 일대 답사에서 수집한 얘기들에 의하면 지리산을 통하여 일본으로 들어가는 地氣를 막기 위하여 숯 가마를 설치한다거나 옹기 가마를 설치한다는 식의 설화들이다. 지기의 일본행 통로인 氣脈을 불로 지짐으로써 땅 기운 전달을 차단해 보겠다는 생각이다. 참으로 눈물겨운 민족 풍수이다.

둘째, 대웅전에 해당되는 普光殿에는 별로 크지 않은 범종이 하나 설치되어 있다. 이 종 표면에 일본 지도를 그려 놓고 그들의 중심부라 할 수 있는 관동 지방 부분을 매일 두들긴다. 이것 역시 일본으로 흘러 가는 地氣를 교란시키고 일본인들을 흔들어 놓겠다는 의도이다. 지금은 너무나 두들겨 그저 희미한 흔적밖에는 남아 있지 않다. 역시 눈물겨운 배려가 아닐 수 없다. 몇 년 전만 하더라도 꽤 잘 알아볼 수 있었는데 이번에 가 보니 찾아 보기가 쉽지 않았다. 스님들이 이즈음 들어 일본에 대한 경계심을 더욱 북돋우고 있다는 뜻인지도 모를 일이다.

셋째, 실상사가 잘되어야 일본이 크지를 못하기 때문에 경내의 地氣를 잘 간수할 필요가 있다. 사실 실상사는 우리나라 대부분의 대찰들과는 달리 山麓에 입지한 것이 아니라 산간 분지에 자리 잡고 있다. 그래서 산골인데도 불구하고 매우 평탄한 들판이라는 느낌을 갖게 한다. 그러니 땅 기운이 빠져 나간다는 생각을 할 수 있으리라. 그래서 그 기운을 잡아 두기 위하여 조성한 것이 보물 제37호로 지정되어 있는 보광전 앞뜰의 삼층석탑 2기이다. 이를 중심으로 기의 의지처를 마련하여 줌으로써 기의 放射를 막자는 의도이다.

넷째, 실상사 전면으로는 커다란 내(川)가 허전한 분위기를 풍기며 흘러 나간다. 이 역시 기를 빼앗아 가는 역할을 하는 것으로 이해하여 방비를 했다는 것이다. 그것이 주지 스님이 말하는 두무소(沼)인데 찾을 수가 없었다. 다만 그 내를 따라 구시소, 배소, 서가소, 서당소, 아래서당소, 웃서당소 들이 있는 것으로 보아 그중 하나가 인공으로 조성한 비보의 소임을 짐작할 수 있을 뿐이었다.

원래 실상사를 포함한 절 앞뜰 일대는 지리산과 덕유산의 거대 산계가 만나 장대한 기의 소용돌이를 일으키는 지점이다. 또한 그 두 산계의 만남을 거시적으로 살펴 梅花落地形의 길지라는 평도 자자하다. 그 대표적인 표현체가 극락전이다. 이곳은 옛날부터 워낙 좋은 음택지로 소문이 났던 터인지라 사람들의 暗葬이 끊이지 않았다. 지금 주지를 맡고 있는 혜광스님이 이곳에 온 지 10년쯤 되는데 직접 그 암장한 유골들을 목격하였다고 한다. 어찌나 암장이 심했는지 극락전 밑에 콘크리트 바닥을 두껍게 하여 원천적으로 암장을 방지하는 시설을 할 정도였다.

세상 사람들의 명당에 대한 욕심이 이 지경에 이르렀던 것이다. 그러니 풍수가 타락을 아니할 수가 없었을 것이라는 짐작이 든다. 그러나 주의할 일이다. 이곳 극락전의 地氣는 물론 지극히 좋은 최상이기는 하지만 일 개인이 감당할 수 있는 지기가 아니다. 공연한 욕심을 내어 만에 하나라도 이곳을 쓴다면 그 땅의 기운 때문에 남은 후손들은 견딜 수 없는 고통을 겪게 될 것이니 말이다. 일종의 奇穴 개념인데, 이런 자리는 소위 天藏地秘處라 하늘이 내려 주는 사람만이 쓸 수 있는 터이다. 게다가 이제는 만천하에 공개된 장소가 아닌가. 천장지비는커녕 삼척동자도 아는 터이다. 땅에 대한 과도한 욕심은 그것이 풍수적이든 소유욕 때문이든 반드시 그 땅의 되돌려 줌을 받는 법이다.

(7) 경주 감은사지

중국 풍수가 본격적으로 유입되기 이전의 우리에게는 어떤 자생 풍수가 있었을까? 그리 많지는 않지만 몇 가지는 있었다고 본다. 그러나 자생 풍수의 존재를 주장하기 위하여 억지를 쓴 경우가 있다 보니 지금부터의 주장은 단지 주관적 의견 개진에 지나지 않음을 미리 밝히고 시작해야만 하겠다.

예컨대 박용숙은 『삼국유사』 단군신화에 나오는 환인이 三危太伯을 보았다는 말을 한울을 건설하기 위해 풍수 지리를 보았다는 뜻으로 해석한다. 그리고 삼위태백은 三山, 즉 주산과 좌청룡, 우백호를 의미하는 바, 그것은 乾, 離, 坎을 말하는 것이며 태백산 또한 주산, 즉 乾山을 의미하는 것이라고 주장한다.[40]

---

40) 박용숙, 『신화체계로 본 한국미술론』(一志社, 1975), 13쪽.

김득황은 고구려 유리왕이 尉那城으로 천도하고 또 백제 시조 온조왕이 漢山에 국도를 정할 때의 토지 선택 기록을 예로 들면서 상고 시대의 한민족도 다른 민족과 마찬가지로 지상에서의 생활상의 요구로부터 적당한 토지의 선택을 생각지 않을 수 없었기 때문에 당나라에서 풍수설이 수입되기 이전에 이미 풍수설이 존재하였다[41]고 말한다.

박시익은 우리의 풍수 사상이 산악 지대라는 지리적 환경 조건과 산악 숭배 사상, 地母 사상, 영혼 불멸 사상, 三神五帝 사상 등에 의하여 자연적으로 발생하였으며 단군의 神市 선정, 왕검의 符都 건설, 支石墓의 위치 선정 및 신라 탈해왕의 半月城 선정 등은 고대 우리 풍수 사상이 직접적으로 건축에 적용된 실례라고 하였다.[42]

좀 특이한 경우로 묘지에 관한 다음과 같은 자생 풍수 존재 주장도 있다. 예컨대 고분 속에서 발견된 男根誇張의 토우와 묘 앞의 좌우 망두석, 풍수에 의한 묫자리 등 이들 3자는 모두 性力에 의한 死者의 내세 재생이나 死者後孫의 번성을 기원하는 신앙심에서 이루어진 것이다. 더욱이 풍수설에 의한 묫자리에서 좌청룡 우백호의 지형 자체도 인간의 兩脚下體局部의 형태이며, 산줄기의 落脈凸部의 묘지를 명당으로 인식하는 것과 묘 앞의 문필봉을 吉像으로 알고 있는 것이 모두 성기 내지는 성교의 형태를 상징한다는 것이다. 때문에 묘지 풍수 신앙은 결국 고대의 성기 신앙으로부터 분화 발전되어 온 것으로 보이고 택지 풍수는 후기 연장적 발전형으로 보인다[43]는 것이다.

그 외 이차돈의 순교 후 勝地를 卜했다는 『삼국유사』의 기록이나 선덕여왕이 개구리의 상을 보고 女根谷을 음양 술법적으로 점쳐 백

---

41) 김득황, 『한국사상사』(大地文化社, 1978), 196쪽.
42) 박시익, 「풍수지리설 발생배경에 관한 분석연구」(고려대 건축공학박사학위논문, 1987), 254쪽.
43) 김태곤, 「性器信仰硏究」, ≪韓國宗敎≫ 제1집(원광대 종교문제연구소, 1971), 45-47쪽.

제 군사를 물리쳤다는 기록[44]들도 그 자체가 풍수냐 하는 데 대해서는 논란의 여지가 있겠으나 풍수적 관념의 발로인 것은 사실이라 하겠다. 여기서는 감은사지의 경우를 보아 신라 지리학, 즉 영남 지방의 자생 풍수의 흔적을 쫓는 답사를 해보기로 한다.

필자는 흔히 우리 민족 고유의 풍수와 중국 풍수가 다르다는 것을 자주 강조하여 왔다. 그것이 사실이라면 과연 무엇이 어떻게 다른가? 이에 관한 연구는 주장에 비해서는 별로 진척된 것이 없어 그야말로 심정적인 수준을 넘지 못하고 있다. 이제 그 한 부분을 들여다볼 수 있는 적절한 자료가 있어 여기에 제시해 보기로 한다. 1991년 중국 廣西省에서 출간된『신비적 풍수』의 저자 王玉德은 풍수의 특징을 이렇게 정리하고 있다. 어찌 보자면 이것이 바로 중국 풍수의 특징이랄 수도 있다.

첫째로, 보편성인데, 역사적으로 풍수적 관념은 선진 시대부터 시작하여 지금까지 연면히 이어지고 있으니 물경 2천 년을 버텨 온 셈이다. 지역적으로도 중국 전역으로 퍼졌고, 민족적으로도 한족을 비롯하여 거의 대부분의 소수 민족에게로 전파되어 있으니 보편적이라 할 수 있다는 것이다.

둘째로, 풍수술은 위로는 천문을 보고 아래로는 지리를 살피는 것으로 심오한 태극, 음양, 四象, 팔괘, 오행, 星象 등의 학설을 빌려 와 대단히 복잡한 이론 체계를 갖추게 된다. 또 龍脈, 명당, 生氣, 穴位 등의 술어를 갖다 붙이고 指南 원리를 이용하여 풍수 나침반을 만들어 사용함으로써 우매한 백성들에게 매우 기이한 것으로 받아들여지게 되었다. 즉 풍수의 신비성을 말한 것이다. 게다가 기묘 황당한 이야기들이 풍수를 빙자하여 역사적 사건이나 인물들에 윤색됨으로써 그 신비감은 한층 더해 왔다.

셋째로, 그 이론과 실천에서의 복잡성이다. 〈3년 相地에 10년 占穴〉이

---

44)『삼국유사』卷第一「善德王 知幾三事條」.

라는 풍수 속담에서도 알 수 있는 바와 같이 13년이 되어야 비로소 자리 하나 잡을 수 있게 되는 것이니 그 술법이 얼마나 복잡한지를 쉽게 짐작할 수 있다. 풍수를 밥벌이 수단으로 삼는 지관들이 만약 가슴에 손을 얹고 반성한다면, 자신은 도대체 풍수가 무엇을 하는 것인지 알지도 못하고, 각종 術語와 각종 금기가 복잡하게 뒤얽혀 있어 아무리 정리해도 여전히 어려운 것임을 고백하지 않을 수 없으리라. 그들에게는 계통적인 이론이나 엄격한 사유가 없고 표준적인 술어나 규칙적인 틀, 그리고 일정한 도구가 없으며 고정적인 의식이나 엄중한 경전도 없으며 학술 단체나 권위를 갖는 인물도 없다. 그러니 스스로 파를 만들어 마음대로 지껄이고, 자기 모순에 빠져 있으면서도 각자가 표방한 것을 제멋대로 퍼뜨린다. 그러니 어찌 복잡해지지 않을 수 있으랴.

넷째로, 풍수는 윤리와 효도를 앞세우며 사람에게 관심을 두는 척 자선을 베푸는 듯 가장하지만 민심을 흩뜨려 놓기 일쑤다. 그들은 다른 사람들을 위해 상지를 할 때, 줄곧 말은 재빠르고 융통성 있게 하지만 발복하는 날짜는 아득하다고 말하며 수없이 많은 금기를 늘어놓는다. 한 가족이 부귀를 얻지 못하고 오히려 재난을 맞게 되면 그들은 갖가지 핑계를 댄다. 세 치도 안 되는 혓바닥으로 사람들의 마음을 움직여 큰돈을 벌어들이는 자들이 없지 않다. 이것은 풍수의 사기성이다.

다섯째로, 풍수는 많은 학자들 및 사상가들, 특히 유물주의자들에 의하여 격심한 비난을 들어 왔지만 여전히 수많은 사람들의 마음속 깊은 곳에 자리 잡고 있다는 사실을 부정할 수는 없는 형편이다. 즉 풍수의 완고성이다. 지금까지 중국 공산당과 정부는 미풍양속과 〈厚養薄葬〉을 권장해 왔다. 노인을 살아 계실 때 극진히 모시고 돌아가셨을 때 장례를 간소하게 치른다는 정책이다. 그러나 실제 사람들은 살아 계실 때는 모시기를 태만히 하고 심지어는 학대까지 하면서, 세상을 떠나게 되면 거창하게 장례를 치르고 하염없이 눈물을 흘리며 거대한 토목 공사를 일으켜 미신적인 산소 치장을 거침없이 해치운다. 참으로 우매하다고 할 수밖에 없는 완고함이다.

여섯째로, 풍수사들은 상당히 보수적이다. 그들은 각자가 〈家傳〉을 움켜쥐고 스스로 〈천기를 누설할 수 없다〉고 말한다. 〈單傳〉의 방식으로 제자들을 모아 가르치며 상호간에 보수적인 입장을 취한다. 게다가 그들은 극단적인 보수성에 입각하여 수많은 금기를 만들어 왔기 때문에 그러한 금기를 다 지키며 살려면 아예 이 세상을 살아갈 수가 없는 지경이다.

끝으로 그들은 풍수 술법을 사용함으로써 생업을 삼기 때문에 실용성[45]에 기대지 않을 수 없다. 땅을 봐주고 보수를 받는다는 뜻이다. 돈을 많이 받을수록 상지는 더욱 훌륭해진다고 믿는데 이것을 〈보수에 따른 상지〉라 일컬으며 더럽고 추악한 수작을 부린다. 이러한 나쁜 의미의 실용성에 의지하여 풍수는 아직까지도 살아 남아 있다.[46]

매우 명쾌하면서도 신랄한 풍수 비판적 특성 정리이다. 이것이 어찌 중국의 경우에만 해당하는 일이겠는가. 오늘의 타락한 우리나라의 터잡기 잡술 풍수도 이와 조금도 다를 바가 없이 되고 말았다. 참으로 비통한 일이다. 땅을 어머니로 여기어 그에 기대어 삶을 영위코자 하는 사람들에게 자연과의 조화로운 관계를 유지하도록 가르치는 전통의 아름다운 풍수가 이 지경에 이르렀으니 어찌 통분치 않으랴.

오늘 필자는 그 아름답던 우리 고유의 전통 풍수 한 가지를 소개하여 난감한 마음을 가라앉히고자 한다. 그것이 바로 경북 경주시 양북면 용당리에 있는 감은사터 얘기다. 아마 일반인들에게는 감은사지로서보다는 바로 인근 봉길리에 있는 문무왕 수중릉 때문에 잘 알려진 곳일 게다.

감은사지에는 두 개의 삼층석탑이 동서로 마주하여 나란히 서 있다(사진 6). 나는 탑에 대해서 아는 것이 없으나 그저 상식의 눈으로 보아도 보통이 아니라는 것을 쉽게 알 수 있는 정도로 대단한 탑들이다. 얼핏 보아 투박하다는 느낌을 주는데, 古拙하면서도 장중하다는 표현밖에 달리

---

45) 우리 말 실용성과는 다름. 여기서는 아주 세속적인 물신 숭배 관념을 칭함.
46) 왕옥덕, 『신비적 풍수』(廣西人民出版社, 1991), 16-22쪽.

사진 6 감은사지 삼층석탑 2기. 용의 송곳니 裨補에 해당된다. 뒤에 보이는 산이 용의 잇몸.

생각나는 어휘가 없다. 크게 반했다는 감상은 지금도 변함이 없으니 대단한 인식을 내 가슴속에 남긴 것이 아닐까 한다.

 그 안내판에는 이런 글이 실려 있다. 문무왕이 삼국을 통일한 뒤 부처님의 힘을 입어 왜구의 침입을 막고자 이곳에 절을 세우다가 완성하지 못하고 세상을 떠났다. 이에 그 아들 신문왕이 부왕의 뜻을 이어 받아 즉위 2년(682)에 완성을 시켰다고 하나, 지금은 탑 2기 이외에는 아무것도 남아 있는 것이 없다. 문무왕은 죽어 바다의 용이 되어 나라를 지키고자 화장을 유언하였고 그에 따라 바로 근처 바다 암초 위에 수중릉을 조성하였다. 그리고 부왕의 恩惠에 感謝하고자 절 이름을 感恩寺라 하였다.

 金堂 지하에는 용이 된 문무왕의 휴식을 위한 상징적인 공간 마련을 위해 특수 구조와 통로를 축조하였다는 얘기가 있는데, 1979년 발굴 조사

에서 사실임이 확인되었다고 한다.

문무왕 수중릉은 해변에서 200미터 떨어진 바위 위에 조성되어 있는데 그 가운데 동서남북의 十字水路가 나 있다. 그 바위 안에 조그만 수중 못이 있고 그 안에 길이 3.6, 폭 2.85, 두께 0.9미터 크기의 거북 모양 화강암이 놓여 있어 그 속에 화장한 유골을 봉안하지 않았겠느냐는 추측을 하고 있다. 물론 화장한 대왕의 유골을 뿌린 散骨處라는 이설도 있으나 수중릉이 그의 호국 정신의 결실이라는 데는 이의가 없는 듯하다. 그러나 그런 역사적 의미가 자연에게 무슨 의미가 있겠는가. 지금은 무심한 물새들의 삶터 구실을 톡톡히 해내고 있을 뿐이다.

나는 이 감은사 삼층석탑을 보며 이상한 감흥을 얻은 위에, 혹시 이곳의 사찰 입지가 우리 풍수 사상의 원형을 찾아낼 수 있는 단초가 될지도 모른다는 생각 때문에 몹시 흥분한 기억이 있다. 그 까닭은 이러하다. 내 생각에 백제의 고분이나 사찰 그리고 왕궁 등은 분명히 풍수적 관점에 의하여 그 터가 잡혔다고 판단된다. 고구려의 것들에 대해서는 현장 경험이 없어 단정하기는 어려우나 여러 가지 사진 및 문헌 자료에 의하여 추측해 볼 때, 역시 풍수적 입지 관념을 충실히 지키고 있을 것으로 여겨진다. 또한 김수로왕릉에서 알 수 있는 바와 같이 가야도 풍수에 따라 터를 골랐다는 심증을 가질 수 있었다. 그런데 유독 신라의 초기 고분에서는 고구려, 백제, 가야의 유적에서 느낄 수 있는 풍수적 자취가 전혀 느껴지지 않더라는 것이다. 더 분명히 얘기하자면 신라의 왕릉에서만 유독 풍수가 말하는 地氣를 감지할 수 없었다는 뜻이다.

그렇다면 신라인들만이 풍수를 모르고 있었다는 뜻일까. 신라인들만이 터를 고름(相地)에 있어서 별다른 안목도 없이 대충 입지 선정을 하였다는 것인가. 당연히 그렇지는 않을 것이다. 그들이 비록 고구려, 백제식의 풍수를 가지고 있지는 않았다 하더라도 분명히 나름대로의 땅을 보는 안목, 그러니까 신라식 지리학을 가지고 있지 않았다고 볼 수는 없다. 그들은 명백히 신라식 땅 보기에 관한 안목을 가지고 있었을 것이다.

제1장 한국 풍수 지리설의 구조와 원리 101

여기서 나는 상당히 중요한 가설을 하나 세워 보았다. 고구려, 백제, 가야의 풍수 지리는 이미 당시의 중국 풍수의 영향을 받아 일정 정도 변질된 상태이고, 대륙으로부터의 각종 문화 유입 속도가 가장 느리던 신라만은 아직 우리 고유의 풍수를 유지하고 있었기 때문에 그런 결과가 빚어진 것이 아닐까 하는. 만약 그렇다면 신라의 고분들과 이곳 감은사지의 사찰 입지는 우리 고유 풍수의 원형을 찾아볼 수 있는 매우 희귀하고도 의미 있는 터가 되는 셈이다.

나는 주변 지세를 곰곰이 살피다가 이런 추측을 해보았다. 문무대왕릉이 있는 경주시 양북면 봉길리에는 大錦川이라는 비교적 큰 하천이 동해로 유입되고 있다. 그리고 이곳에서 대금천 유로를 따라 북서진하다가 추령을 넘어 서쪽으로 가면 바로 신라의 중핵지인 경주에 닿게 된다. 말하자면 왜구들이 상륙하여 경주로 가기 위한 최단 거리의 통로가 이곳에 마련되어 있다. 그들은 정규군이 아닌 도적떼들이므로 기습을 선호했을 것이다. 그러기 때문에 길이 좀 험하더라도 가장 가까운 길을 침투로로 사용하는 것이 병법의 기초가 아니었을까.

문무왕이 삼국을 통일한 막강한 국력을 가지고도 왜구를 걱정하고, 심지어는 자신의 사후에까지 용이 되어 그들을 막겠다고 이곳에 몸을 묻은 까닭도 결국 이곳이 왜구들의 침입 경로였기 때문이 아니겠느냐는 것이다. 게다가 대금천이 지금은 토사 유입으로 河床이 매우 높아졌으나 당시는 魚日里까지 조그만 배가 들어갈 수 있었을 것으로 판단된다. 그렇다면 왜구들 입장에서는 이곳보다 더 좋은 상륙 지점이 따로이 있을 것 같지 않다. 그래서 여기에 집중적으로 신라식 풍수, 그러니까 우리 민족 고유의 풍수 원형적 사고에 입각한 대비를 마련한 것이 바로 감은사 터라고 보는 것이다.

문무왕릉이 있는 대금천 하구에서 육지 쪽을 바라보면 마치 용이 바다를 향하여 입을 벌리고 있는 듯한 형상으로 보인다. 그 입을 통하여 왜구들이 들락거린다. 만약 그 용이 입을 다물어 버린다면 왜구들을 씹어 버

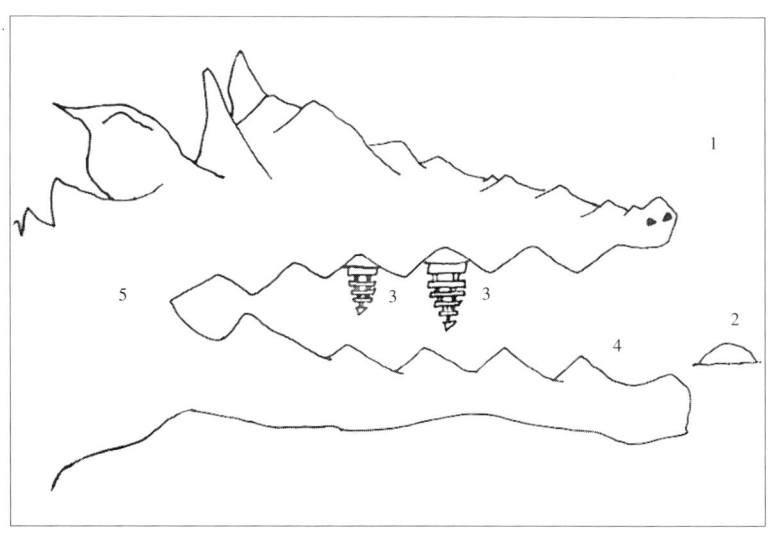

그림 4 감은사지 석탑의 용의 송곳니 裨補. 1. 동해 2. 문무왕 수중릉 3. 감은사지 삼층석탑 2기 4. 대종천. 5 경주 방향.

리는 결과가 된다. 왜구의 배들과 도적떼를 감은사지의 용이 씹어 삼킨다면 만사는 평안해진다. 이때 대금천 兩岸의 용당리, 봉길리 일대 산들이 용의 이빨에 해당이 된다. 그렇다면 감은사 삼층석탑 2기는 무엇인가? 그것은 바로 용의 이빨을 더욱 날카롭게 만들기 위한 어금니 또는 송곳니에 해당하지 않겠는가(그림 4). 이것이 바로 우리식 풍수의 원형이랄 수 있는 신라인의 풍수 비보책이라고 필자는 보는 것이다.

이렇게 풍수적 해석을 가해 놓고 보면 왜 문무왕이 죽어 용이 되겠다고 했는지, 이 부근에 왜 용자 돌림의 지명이 많은지, 감은사에는 왜 바다와 통하는 특수 구조를 장치했는지, 그리고 두 개의 삼층석탑은 왜 그 자리에 있어야 되는지가 확연하게 밝혀지는 셈이다. 우리의 풍수란 요컨대 이런 것이다.

(8) 북제주군 애월읍 곽지리의 자생 풍수 흔적

도선과 직접 관련되지 않은 자생 풍수 사례는 제주도 곽지리의 경우 한 가지만 제시하기로 한다. 도선과 직접 관련되지 않았다는 것은 전해지는 현지의 기록이나 설화 속에 도선이 직접 등장하지 않는다는 뜻이지 도선 풍수와 무관하다는 것은 아니다. 필자는 자생 풍수를 종합 정리하고 그 위에 중국의 이론 풍수를 혼합한 것이, 도선이 만든 우리나라 풍수라고 보고 있는 만큼, 제주도의 자생 풍수는 도선과 직접 관련되어 있지 않다 하더라도 매우 중요한 의미를 지닐 수밖에 없다.

지금 우리나라에서 풍수의 교과서처럼 취급되고 있는 책은 4세기 중국 동진 시대 郭璞이 저술한 것으로 알려진 『葬書』이다. 『錦囊經』혹은 『葬經』으로 부르기도 하지만 엄밀히 말하자면 풍수 最古書인 『靑烏經』을 『장경』으로 『금낭경』을 『장서』로 부르는 것이 일반적인 중국의 관례이다. 어찌되었거나 풍수의 정의는 곽박의 『금낭경』을 따르는 것이 가장 흔한 일인데 그에 이르기를, 〈기는 바람을 타면 흩어지고 물에 닿으면 머문다. 그래서 옛사람은 기를 모아 흩어지지 않게 하고 기가 돌아다니다가 멈추게 하고자 하였으니 그래서 풍수라 하게 되었다(經曰, 氣는 乘風則散이요 界水則止니 古人은 聚之使不散하고 行之使有止하나니 故로 謂之風水라)〉는 것이다. 물과 바람은 풍수에서 가장 중요한 요소가 되는 셈이다. 하지만 이는 중국 풍수의 정의이다. 우리의 자생 풍수도 마찬가지일까? 그렇지 않을 수도 있다.

1994년 10월 21일 북제주군 애월읍 곽지리에서 만난 현지 정시(제주에서는 지관을 정시라 함) 朴仁善 옹(당시 86세)은 전혀 다른 풍수의 정의를 갖고 있었다. 1996년 4월 다시 제주도에 들어갔을 때 곽지마을을 또 들렀으나 그분을 만날 수는 없었다. 그러나 그분의 풍수 정의는 한국 자생 풍수의 특성을 드러내고 있는 듯하여 매우 귀중한 증언이 될 듯싶어

그림 5 제주 곽지리의 오도롱꼬망. 1. 한라산 2. 오동롱꼬망 3. 거욱대 4. 곽지마을 5. 제주 앞바다.

여기 다시 한번 정리를 해 둔다. 그러기 위해서는 먼저 곽지리에 대한 지리적 개념이 필요하리라(그림 5).

곽지는 전체적으로 북서쪽으로 바다를 향하고 있는 마을이라 바람이 세다. 또 동쪽은 과오름에 의하여 중산간 지대와 어느 정도 격절되어 있기는 하지만 그 정도가 미약한 편이다. 마을 뒤쪽으로는 너분밭이라는 들이 펼쳐져 있는데 폭이 좁은 편이다. 그런데 그 들을 둘러싸고 있는 둔덕에 구멍(현지에서는 오도롱꼬망, 궤 또는 구먹이라고도 하며 일종의 반동굴 형태임)이 있는 것이 문제다(사진 7).

박인선 옹의 얘기는 이렇다. 〈꼬망(동굴)은 한라산에 큰비가 내렸을 때 홍수가 중산간 지대를 지나 이곳을 지나가면서 뚫렸다. 그러고는 그대로 마을을 덮쳐 폐허를 만든 것이다. 그 뒤에 그 꼬망으로 물도 지나가고 바람도 따라와서 불었다. 물과 바람(풍수)이 휩쓸고 지나간 땅에는 곡식도 되지를 않고 봄철에 눈도 잘 녹지 않았다. 그 땅은 죽은 땅이다.〉 그러면

제 1 장 한국 풍수 지리설의 구조와 원리 105

사진 7 나무 밑에 나 있는 동공이 동굴의 입구. 뒤편이 제주의 중산간 지대이고 앞쪽에 곽지마을이 자리 잡고 있다.

서 예의 그 자생 풍수 정의가 나왔는데, 이르기를 〈물과 바람은 땅을 죽인다. 따라서 그 물과 바람은 피해야 할 어떤 것이다. 풍수란 바로 그 물과 바람을 피하는 조상들의 지혜〉라는 얘기였다.

너무나 당연한 얘기지만 그리고 일반인들에게는 이 정의가 왜 그렇게 중요한 것인지 잘 이해가 되지 않겠지만 이 분야 전공자인 내게는 청천벽력과 같은 타격을 주는 내용이었다. 왜냐하면 당시 나는 자생 풍수의 흔적들을 찾기 위하여 제주도와 서남해안 및 섬 지방 그리고 산골 오지 마을을 답사하고 있던 중이었으니까. 이미 소개한 바 있는 영암 도갑리의 자지골, 보지골도 그렇고 삼척 골말의 좆대바위(이 마을에 대해서는 제2장에서 상세히 다룰 것임)도 그때 자생 풍수의 한 흔적으로서 조사된 것이었다.

이 세상에는 모 양반 마을(班村)의 풍수가 대단한 것처럼 알려져 있지만 기실 그 지세를 면밀히 검토해 보고 그 마을 사람들의 삶에 대해 소문을 들어 보면 결코 그런 곳들이 우리 풍토에 잘 맞는 터잡기가 아님을 알 수 있다. 이 지면이 학문의 장이 아니기에 길게 설명할 수는 없으나 나는 중국 풍수가 자생 풍수를 궤멸시키고 이 땅을 석권한 것은 대체로 조선 성종 이후부터라고 본다. 반촌들은 모두 그 이후에 생긴 것들이다. 따라서 그 마을 입지는 자생 풍수가 아니라 중국의 이론 풍수에 입각하여 이루어진 것이므로 제대로 자리를 잡기는 어려웠을 것이다.

중국 풍수는 이론이 체계화되어 수입된 것이기 때문에 그 논리만 잘 받아들이면 현장 적용에 별 어려움이 없다는 장점이 있다. 하지만 풍토가 다른 곳에서 만들어진 땅의 이치(地理)인데다가 그것마저도 음양론, 오행론, 주역적 사고 등에 꿰여 맞춰 놓은 것이라 다양한 풍토를 가진 우리 땅에는 맞지 않는 게 당연하다. 반면 우리 자생 풍수는 마을마다 또는 지방마다 그 풍토에 맞게 지리적 경험과 지혜를 축적하다 보니 양호한 풍토 적응성이라는 장점이 있는 반면에 이론화나 체계화를 할 수 없다는 결정적 단점이 있다. 게다가 조선 시대 양반들이 주로 술법 위주의 중국 풍수를 들여와 유포시키는 바람에 자생 풍수는 거의 자취를 감추게 되었고, 그러다 보니 박인선 옹과 같은 자생 풍수사의 얘기가 마른 하늘의 날벼락같이 들릴 수밖에 없었던 것이다.

우리 자생 풍수의 특성상 곽지마을의 바람과 물의 피해, 즉 풍수해를 裨補하지 않았을 까닭이 없다. 당연히 곽지리에도 비보가 있다. 아니 있었다. 얘기가 좀 달라지는데, 이 마을에 언청이가 많아서 한 스님이 오도롱꼬망이 死角을 비추는 동굴이니 補虛하라고 지시를 했다 한다. 주민들은 꼬망 옆 도도록한 바위 위에 거욱대를 세웠다. 요사스런 기운을 막자는 일종의 防邪塔으로 비자나무나 참나무와 같은 단단한 나무로 만들었다고 하는데 새마을 운동 덕분에 없어져 버렸고 그것을 기억하고 있는 마을 사람도 드물었다. 다만 거욱대를 세웠던 터의 기단부만 잡초에 가려져 있을 뿐이다(사진 8).

그리고 동굴 앞에는 수령 2백 년쯤 된 소나무 한 그루가 심어져 있다.

사진 8 동굴 앞에 거욱대를 세웠던 돌무더기의 흔적

이 또한 비보 기능을 수행하는 나무다. 거욱대는 제주의 거센 바람과 물을 주의하라는 깃발의 역할을 했고 소나무는 그 옆에 거느리고 있는 몇 그루 잡목들과 함께 갑자기 쏟아져 내리는 빗물을 잠시라도 막아 주는 역할을 했을 것이다.

박인선 옹은 이런 얘기도 했다. 북쪽 子方 바닷가에는 王石이라는 삼층석탑이 있는데 모양이 문필봉이라 제주도에서는 곽지밖에는 학자가 나오지 않는다는. 이는 물론 과장이다. 이곳에는 추사 김정희가 유배 생활을 했던 터가 있다. 아마 그것을 회상하는 말씀이 아니었을까 하는 생각이 들었다. 하지만 금년 답사에서도 그 왕석을 찾아내지는 못했다.

왕석을 찾아 헤매던 곽지 바닷가, 가까이서 보면 비췻빛의 티없이 맑은 물. 멀리서 보면 심연처럼 두려움을 주는 검푸른 해수. 분가루처럼 고운 모래밭에 털썩 주저앉아 담배를 문다. 왈칵 이유를 알 수 없는 그리움이 서러움처럼 가슴을 메운다. 그리움은 서러움이다.

(9) 기타 사례들

雲巖寺는 옥룡사와 더불어 광양 백계산에 있던 사찰로서 경문왕 9년(865)에 도선이 창건한 것으로 고려 당시 전해져 내려왔고 또 대대로 그의 법손들이 주지를 맡고 있던 곳이었다. 하지만 현재 위치는 미상이다.[47]

이외 도선본비에 수록되어 있는 도선이 창건한 사찰은 운암사와 옥룡사 외에 세 곳이 더 있으니 하나가 구례현 지리산 구령에 있던 미우사요, 둘이 구례현에 있던 도선사요, 셋이 구례현 사도촌에 있던 삼국사라, 모두 합해 다섯 군데였다.[48] 그러나 훗날 도선에 가탁하여 사찰의 연기 설화를 만들어 가진 곳은 수를 헤아리기 힘들 정도로 많은 것이 사실이다.[49]

이런 사찰 중 특이한 곳이 전남 화순군 도암면에 있는 雲住寺이다. 도선은 우리 국토를 行舟形으로 보아 그 균형을 바로잡기 위하여 이곳에 千佛千塔을 세웠다. 이곳에 있는 臥佛이 뱃사공이므로 그가 벌떡 일어나 사공 역할을 제대로 하면 국운이 크게 흥기할 것이라는 설화도 이 부근에는 떠돈다(제2권 참조).

『도선국사실록』에 전하는 운주사 비보의 내용은 다음과 같다.

우리나라는 지형이 배 떠나가는 형국이다. 태백산, 금강산이 그 뱃머리이고 월출산, 영주산이 배 꼬리이며 부안의 변산이 키이다. 영남의 지리산은 배의 노이며 능주의 운주산이 船腹이다. 배가 물에 뜨는 것은 물건이 있어 배의 머리와 꼬리, 등과 배를 눌러 주기 때문이며, 키와 노가 있

---

47) 최병헌, 앞의 책, 99쪽.
48) 양은용, 앞의 책, 204쪽.
49) 같은 책, 219-227쪽.

어 그 가는 것을 다스린 후에야 표류하여 가라앉는 것을 면하고 돌아올 수 있다. 이에 사탑을 세워 누르고 불상으로 진압해야 한다. 특히 운주산 밑은 지세가 꿈틀거리듯 일어나는 곳이므로 천불천탑을 따로 세워 그 등과 배를 실하게 해야 한다.

필자는 현장에서 와불을 보고 이런 느낌을 강하게 받았다. 도선이 관련된 사찰들은 이곳뿐만이 아니라 어디라도 소위 명산이나 영산이라 할 만한 곳은 아니었다. 오히려 평범하기 이를 데 없는 아주 수더분한 인상의 산 속에 자리 잡고 있는 것이 특징인 것처럼 보였다. 마치 고향 땅 어디에서나 마주칠 수 있는 마을 뒷산 같은 산자락, 어디서나 놀라지 않고 만날 수 있는 우리 어머니, 할머니, 아주머니같이 생긴 산들, 이것이 대체적인 느낌이었다. 이곳 또한 다르지 않아서 운주사는 둥드름한 둔덕에 잔솔밭이 깔린 높지 않은 산자락 아래 터를 잡고 있었다. 와불은 마치 그런 둥드름한 곡선을 결코 위압하지 않겠다는 듯이 누워 있는 것처럼 보이더라는 것이다. 그것은 주위 산세와 풍토에 순응 조화하려는 의도적인 인공이 아니었을지 모르겠다. 마치 명산에 명당 없다는 우리 풍수의 원칙을 잘 지켜 나가는 것과도 같다(사진 9).

또 한 곳 도선의 풍수 마음을 읽을 수 있는 곳이 그가 異人으로부터 풍수를 배웠다는 구례 沙圖村이다. 옥룡사 터에서도 볼 수 있는 일이었지만 도선이 잡은 터들은 그것이 결코 좋다고 말할 수 없는, 다시 말해서 소위 명당 길지라고 말할 수 없는 곳이라는 특징을 가지고 있다. 그래서 옥룡사를 지을 때도 습지를 제거하기 위하여 마을 사람들로부터 숯가루를 얻어내지 않았던가. 사도촌도 별반 다르지 않다.

사도촌은 섬진강 본류와 서시천이 합류하는 합수머리 앞쪽에 해당된다. 합수머리란 두 물길이 합치는 안쪽에 해당되므로 지형학상 포

사진 9 운주사 석탑. 주위에 온화유순한 산들이 보임.

인트바 point-bar 면에 속한다. 이런 곳은 홍수에도 침수 위험이 별로 없다. 지금은 여기에 구례읍이 자리 잡고 있다. 하지만 사도촌은 그 앞쪽, 즉 물길의 攻擊斜面에 속하기 때문에 조그만 물에도 침수의 위험이 높다. 결코 좋은 땅이라 볼 수 없다(그림 6).

이것은 도선 풍수 이해에 매우 중요한 시사를 던져 준다. 도선쯤 되는 도안의 풍수사가 그 정도 침수의 위험 여부를 몰랐을 까닭이 없다. 그는 일부러 문제가 있는 터를 잡은 것이 아닐까. 말하자면 피곤한 어머니, 병든 어머니의 품을 찾아 그분을 고쳐 드리고 달래 드린 것이 결국 그의 비보 풍수론이 아니었겠는가 하는 생각이 들어서 해본 소리다.

명당은 그냥 두어도 명당이다. 좋은 어머니는 그냥 있어도 좋은 어머니일 수밖에 없다. 그러나 모두가 다 좋은 어머니, 좋은 터일 수는 없다. 도선은 그런 문제스런 어머니, 명당 아닌 터를 골라 침을

그림 6 하천 공격사면의 위험 속에 자리한 사도촌. 1. 노고단 2. 반야봉 3. 사도촌 4. 서시천 5. 구례읍 6. 섬진강 7. 오미리 8. 오산

놓고 뜸을 떠서 고쳐 놓고자 했던 것은 아니었을까. 그것이 바로 그의 禪旨는 아니었을까. 만약 그렇다면 그의 풍수는 중생 제도라는 그의 불교 신앙과 조금도 괴리가 생기지 않는다.

일명 도선암이라고도 알려진 영암군 서호면 청룡리 玉龍庵址도 40-50미터 되는 높은 암벽 꼭대기에 자리 잡고 있다. 이미 17세기 초에 폐사되었다고 하는데 이 역시 그 위치가 길지라기보다는 흉지에 가까우며 명당이라기보다는 暗堂이라 해야 맞을 자리다.

그런데 이런 사례가 비일비재하다는 데 주장의 요체가 있다. 실은 도갑사도 일대의 산세와 수맥이 淫亂水라는 얘기가 있으며, 지하 물줄기의 흐름을 입증하듯 도갑사 대웅전 앞뜰에는 지금도 비만 오면 지하에서 물이 솟아난다고 한다. 그래서 앞뜰을 돋우고 잔디를 입혔지만 물줄기를 막을 수는 없더라는 것이 사찰 관계자의 말이다.[50]

남원시 왕정동의 萬福寺址도 기록에 따라서는 도선이 창건하였다고 되어 있다.[51] 정유재란 때 소실되기 전까지는 상당히 큰 규모의 사찰이었다고 하는데 이 역시 폐사되고 말았다. 그 입지가 또한 문제로서, 좌우에는 토성이 있는 낮은 구릉과 하천이 자리 잡고 있다. 寺址 뒤편에 있는 기린산 남쪽 사면에는 크게 볼 때 2개의 계곡이 있어 각각 사지의 동과 서로 이어져 내린다. 이 때문에 사지 전체의 배수가 시원치 못했음이 발굴단에 의해 밝혀질 정도로 터에 문제가 있다.

이제 문제는 오히려 간단해진다. 도선과 관련된 대표적 입지처인 도갑사, 옥룡사, 사도촌이 모두 명당이랄 수 없는 터이며 간접적 관련을 갖고 있는 옥룡암지, 도선암지, 만복사지 등도 길지 개념의 터는 아니다. 앞서도 지적한 바와 같이 이 사례들은 바로 도선 풍수의 큰 특징인 무정하고 불편한 어머니의 품으로서의 명당을 고치고 달래서 안기고자 하는 적극성을 보여 주는 사례이기에 이 경우들은 매우 중요하다.

마치 도탄에 빠진 민중을 구하듯 풍수로서 병든 三國 땅의 독성을 제거하고자 했던 노력의 결실처럼 보인다. 도선의 비보 사찰들은 소위 명산 대찰들이 아니다. 뭇 생명들의 自行利他의 診脈點 위에 세워졌다는 특징들이 있다. 고름 잡힌 터에 살신성인의 터잡기를 이루었으니 그것이 바로 도선 풍수의 큰 특징이 아닐런지. 그래서인지 지금 도선 관련 사찰들은 거의 대부분 폐찰 상태에 놓여 있다.

이것과는 별개로 신기한 일이 있다. 훗날 당대 최고의 길지라는 곳을 차지한 사람들의 이름이 도선 관련 사찰에 남아 있는 경우가 있다는 점이다. 예컨대 태안사 입구 오른편에는 신숭겸 장군의 기적

---

50) 백형모, 앞의 책, 140-141쪽.
51) 「萬福寺 發掘調査報告書」(전라북도, 1986), 7쪽에는 고려 문종 때 창건되었을 것으로 추정하고 있다. 그러나 창사 동기에 대해서는 풍수 지리적 이유가 있었을 것으로 보고 있다.

비가 서 있다. 신숭겸은 고려의 건국 공신이자 태조의 생명의 은인이다. 태조 왕건은 자신이 묻힐 자리를 도선에게 부탁했다. 도선이 한강을 거슬러 올라가 지금 춘천의 의암댐 근처에 이르러 명당이 있을 만하여 비둘기를 날려 보내니 지금의 춘천시 서면 방동리에 내려앉았는데 알고 보니 君王可葬之地였다. 태조는 이 터를 신숭겸에게 내렸다. 이곳이 바로 조선팔대명당 중 하나라는 신숭겸의 묘소이다.[52]

그런 예는 도갑사 비문에서도 발견된다. 碑後面陰記의 시주자 명단 밑으로 改刊하여 淸陰 金尙憲과 愼獨齋 金集이 추가되어 있다. 신독재의 무덤은 논산군 벌곡면 양산리에 있는데 조산은 신선이 무리 지어 있는 모습이라는 群仙作隊요, 전체 형국은 仙人放鶴形이다. 그야말로 道士가 묻힐 자리로 운명지어진 터라 할 것이다.

무등산 동남쪽 장불재 너머 화순군 이서면 영평리에 위치한 圭峰寺는 도선이 이 좌대에 앉아 송광산세를 본 다음 절을 창건했다고 하는 곳이다. 여기서 石佛庵으로 가는 중간 지점에 도선이 참선을 했다는 굴이 하나 있다.[53] 지금 이곳에는 무당이 수도를 하고 있다고 한다. 무당과 자생 풍수, 화랑도와 신선도, 이와 같은 우리 고유의 산악숭배 관련 신앙들은 상호 밀접한 관련을 갖고 있다는 느낌도 든다. 하기야 지금도 산마다 기도처가 있는 것이 우리들의 정서 아닌가.

5 도선 풍수의 방법론

도선국사로부터 비롯되는 우리 풍수는 어떤 식으로 땅을 보는가. 정확히 말하자면 〈알 수 없다〉가 옳은 말이다. 기록이 남아 있지 않

---

52) 최영주, 『新韓國風水』(동학사, 1992), 249-250쪽.
53) 성춘경, 앞의 책, 416-418쪽.

기 때문이다. 『玉龍子遊世秘錄』이라든가 『道詵踏山歌』와 같이 도선의 이름을 빙자한 저술이 지금 전혀 없는 것은 아니다. 그러나 그것이 僞書라는 것은 누가 보아도 알 수 있는 일이다. 그러니 이 작업은 전적으로 현지 답사에 의지하는 수밖에는 없다. 따라서 자칫 잘못하면 도선 풍수가 아니라 필자식의 풍수에 지나지 않을 가능성도 농후하다. 게다가 도선 풍수는 완전히 순수한 자생 풍수가 아니라 처음부터 중국 풍수의 영향을 받았기 때문에 그 체제나 논리 구조가 중국 풍수와 크게 다르지 않을 것이라는 추측도 이 글을 쓰는 데 주저케 하는 요소가 된다. 그런 위험을 무릅쓰고 도선 풍수의 터잡기 방법을 정리해 본다.

우선 도선 풍수는 철저히 〈어머니인 땅〉이라는 개념을 가장 주된 출발점으로 삼는다. 그것으로 모든 것이 해결될 수 있기 때문이다. 어떤 터가 있을 때 그 터가 있게 되는 所以然은 우리나라의 경우 당연히 산으로부터 비롯된다. 그 주된 산, 즉 주산이 바로 어머니이다. 이 어머니인 산, 엄뫼까지 이어지는 脈勢(來龍)의 眞假, 순역, 安否, 생사 등을 살피는 일로 터잡기는 시작된다. 소위 看龍法에 해당되는 부분이다. 말하자면 어머님의 가계를 살피는 일인데 溫和柔順하고 調和安靜을 이루고 있으면서도 변화와 생기를 아울러 갖춘 맥세를 좋은 것으로 삼는다.

그 어머니가 품을 벌리게 된다. 어머니의 품안이 有情하고 온순하며 생기 어린 곳인지를 판단하는 일이 다음에 이루어지는데, 중국 풍수로 하자면 左靑龍, 右白虎, 南朱雀, 北玄武를 가리어 밝혀 내는 藏風法이 바로 여기에 해당된다. 어머니의 품안이라고 모두 명당이 되는 것은 아니다. 아무리 어머니라 하더라도 피곤하실 때도 있고 짜증이 나실 때도 있다. 그런 품안은 무정하고 곤고하기 때문에 그 모양새는 어머니의 품안처럼 생겼다 하더라도 명당이라고 하지는 않는다. 정신이 바르지 못한 어머니라면 그 품안에 살기가 돌 수도 있다.

당연히 그 품안은 우선 피해야 한다.

한 가지 재미있는 것은 우리 풍수에서는 그런 무정한 어머니를 달래거나 고쳐 드리고 나서 안기는 소위 비보의 방법이 개발되어 있다는 점이다. 이에 대해서는 이미 앞에서 사례를 소개한 바 있다.

어머니의 품안이 그 생김새뿐 아니라 실질로도 어머니다운 유정함으로 가득 찼다면 그곳은 명당이다. 이제 그 품안에서 어머니의 젖을 찾는 일이 중요하다. 젖을 빨아야 직접 생기를 취할 수 있기 때문이다. 소위 定穴 또는 占穴法에 해당되는 부분이다. 젖무덤은 穴場, 젖꼭지를 穴處라 한다. 사실 명당을 찾기는 그리 어려운 일이 아니지만 정혈을 찾기는 쉽지 않다. 어머니의 품안에서 젖꼭지를 찾는 일이 바로 구체적인 터잡기가 되는 셈이다.

다음은 어머니 품안에서의 물과 바람의 흐름을 살핀다. 이 부분은 우리 풍수가 크게 관심을 두는 분야는 아니다. 그러나 중국 풍수에서는 소위 得水法과 坐向論이라 하여 대단히 어려운 術法으로 체계가 잡혀 있는 부분이기도 하다. 반건조 지역인 중국에서 물은 실질적인 소용에도 닿지만 부의 과시 수단이 될 수도 있기 때문에 술법화되는 것이고, 그들 풍토의 상대적 악조건 때문에 미세한 방위의 차이도 큰 영향을 미칠 수 있으므로 좌향에 큰 신경을 쓰는 것이다. 하지만 우리의 풍토는 그렇지가 않아서 심지어는 北向도 풍토에 따라서는 마다할 까닭이 없는 것이다.

그리고 나서 최종적으로 이 터가 무엇을 닮았는지를 판별하게 된다. 물론 어머니의 품안이라는 사실이 달라지는 것은 아니지만, 우리가 어머니를 보고 공작 같은 기품이니 순한 양과 같은 온순함이니 하고 얘기하는 것처럼 땅, 즉 품에 안긴 터에 대해서도 그 형국을 말할 수 있다. 이것은 터를 잡은 당사자와 그 후손들에게 환경 심리적 확신을 심어 주기 위해서도 필요한 작업이다. 내가 살고 있는 땅이 좋은 곳이라 여기며 살아가는 것과 그렇지 않은 경우는 큰 차이가 있을 수밖에 없다. 形局論은 그런 環境心理의 작용력을 응용한 것으로 이해하면 될 것이다.

여기서 좀더 현실적이고 구체적인 도선의 풍수 방법론을 정리해 보기로 하자. 우리 자생 풍수의 기본 자세는 땅을 살아 있는 생명체로 대하는 것을 그 출발점으로 하고 있다. 더 나아가서 땅을 곧 어머니로서 대한다는 것은 이미 여러 번 강조한 말이다. 땅이 살아 꿈틀거리는 용으로 혹은 어머님의 인자한 품으로 보이기 시작해야 풍수를 말할 수 있다. 흔히 이것을 道眼의 단계에 이른 풍수학인이라 일컫는데 땅과 사람에 대한 지극한 정성과 사랑이 있어야만 도안에 도달할 수 있다. 도안에 이르면 그 전까지 그저 단순한 돌과 흙무더기 정도의 물질로밖에 보이지 않던 산이 地氣를 품은 삶의 몸체로 보이기 시작한다. 이렇게만 되면 풍수의 모든 이론은 사실상 필요가 없다. 왜냐하면 그런 눈을 가진 그 사람 자체가 이미 풍수의 길에 들어섰기 때문이다.

설악산 한계령에서 점봉산, 가칠봉에 이르는 일대는 다양한 수종과 풍성한 식물 생육이 남한 최고인 곳으로 알려져 있다. 그러나 이곳의 자연 지세는 토양 조건, 경사도, 기반암, 국지 기후 등에서 열악하기 짝이 없다. 그런데도 어떻게 나무들은 이토록 잘 자랄 수 있을까.

이곳의 식생이 땅과 相生 조화를 이루었기 때문이라고 우리 풍수는 이해한다. 나무 대신에 사람을 대입시키면 바로 우리 풍수의 정의가 나올 수 있다. 결국 좋은 땅이란 것은 없는 셈이다. 있다면 땅과 사람, 양자 사이에 상생의 조화를 이루었느냐, 그렇지 못하냐의 문제만 남을 뿐이다. 좋은 땅, 나쁜 땅을 가리는 것이 풍수가 아니라 맞는 땅, 맞지 않는 땅을 가리는 우리 선조들의 땅에 관한 지혜가 바로 풍수이다.

결코 객관적 조건이 좋은 땅이라 할 수는 없으나 어떤 사람에게는 오히려 그런 곳이 알맞는 땅일 수 있고, 풍수는 그런 땅을 찾아 나선다. 땅과 생명체가 서로 조화를 이룰 수 있는 터를 구하고자 하는 경험이 오랜 세월을 거치며 지혜가 되어 풍수로 이루어졌다고 할 수 있다. 발복을 바라는 이기적 음택 풍수는 후대 사람들의 욕심이 만들어 놓은 잡술일 뿐이다.

풍수는 어떻게 시작되었나. 그것은 안온한 삶, 즉 근심, 걱정 없는 안정 희구에서 출발했다고 볼 수 있다. 터를 잘 잡는다는 것은 땅과 생명체가 서로의 기를 상통시킬 수 있는 자리를 잡는다는 것이다. 잘 잡힌 터에 뿌리를 내린 생명들은 보기에도 조화스러운 감정과 안정을 선사한다. 그런 곳에서 느끼는 평안한 심적 상태, 이것이 모든 사람들이 바라는 마음의 지향이다.

특히 현대 도시 생활의 비인간적인 잡답 속에서 사람들은 언제나 그런 평안을 추구한다. 바로 그런 곳. 산, 나무, 개울, 옛집, 돌, 사람까지도 서로가 제자리를 잡고 제구실을 하는 곳. 풍수는 그런 곳을 찾아 나선다. 그곳은 바로 어머니의 품안과 같은 땅이다. 어머니의 품안에서 우리는 모든 근심, 걱정을 잊고 평안을 찾게 된다. 이것이 자생 풍수에서 터잡기의 기초이다.

그래서 땅을 혹은 산을 마음으로 받아들일 수 있는 눈을 가진 사람은 어머님의 품안과 같은 명당을 찾아낼 수 있다. 구태여 풍수의 논리나 이론이 개입할 필요가 없다. 지금까지의 자생 풍수 연구가 드러내 준 우리 풍수의 방법론적 본질은 본능과 직관과 사랑, 바로 이 세 가지로 요약이 가능하다.

순수한 인간적 본능에 의지하여 땅을 바라본다. 거기에 어머님의 품속 같은 따뜻함을 추구하는 마음이 스며들어 있지 않을 수가 없다. 그를 좇으면 된다. 성적 본능에 의한 터잡기도 자생 풍수는 마다하지 않는다. 본래 성적 본능이란 것 자체가 종족 보존의 본능이 발휘된 현상이 아닌가. 거기에 음탕과 지배의 욕망이 끼여 든 것은 본능이 아니라 부자연의 발로일 뿐이다. 그래서 자생 풍수의 명당 지명 중에는 좆대봉이니 자지골이니 보지골 같은 것들이 심심찮게 끼여 있을 수 있다.

직관은 순수함을 좇는 일이다. 이성과 지식과 따짐과 헤아림 따위는 직관의 순수함을 마비시키는데 지금 우리들은 오히려 그런 것들을 따르고 있다. 직관은 그저 문학적 상상력이나 시적 이미지의 범주에서나 찾으려 한다. 하지만 풍수에서 땅을 보는 눈은 다르다. 결코 이성에 의지해서는 안 된다. 본능의 부름에 따라 직관의 판단을 좇는 것이 절대로 필요하다. 하지만 여기에는 물론 전제가 있다. 이 직관은 결코 무엇엔가 물들지 않은 직관이어야만 한다는 점이다.

그리고 사랑이 있어야 한다. 이는 땅뿐만이 아니라 그에 의지해서 살아가야 할 사람들에 대한 것까지 포함한다. 도선국사가 찾아 나섰던 땅들이 모두 병든 터였다는 점을 상기할 일이다. 괴로운 어머니에 대한 효성이 참된 사랑이 될 수 있는 것처럼 땅도 좋은 것을 찾을 일이 아니다. 그저 어머니이기만 하면 된다. 특히 이제 늙어 병들고 기운 없어 자식에게는 줄 것이 하나도 남아 있지 않은 어머니 품을 찾는 풍수라는 뜻이다. 어른이 된 뒤에도 어머니를 떠올리면 고향 같은 포근함이 뭉게구름 일 듯 일어나는 것은 그 어머니가 무언가를 우리에게 주어서가 아니다. 그냥 어머니이기 때문이다. 대가를 바라지 않는 절대의 내줌이다. 그래서 사랑이라 표현한 것이다.

하지만 병들어 힘들어 하는 어머니를 그냥 방치해도 된다는 뜻은 아니다. 우리 풍수에서는 그런 어머니를 고쳐 드리고 달래 드리기 위한 비보책이 있다. 우리나라 어느 마을을 가나 만날 수 있는 조산 또는 조탑이라 불리는 돌무더기는 그런 비보책의 대표적인 예이다. 마치 병든 이에게 침이나 뜸을 시술하는 것과 마찬가지 이치를 땅에 적용한 것이 자생 풍수의 비보책이다.

풍수가 땅에 대해서 가지는 의미는 마치 의사와도 같다. 땅의 건강을 살피고 건강이 좋지 않으면 그 이유를 찾고 이유를 알았으면 치료를 한다. 그것을 救地法 혹은 醫地法이라 한다.

예컨대 전북 진안군 안천면 노성리에 있는 노채마을의 경우, 이 마을의 엄뫼(母山)인 來龍의 왼쪽 가지(左脇)가 엄뫼의 왼쪽 옆구리를 찌르는 식으로 달려든다. 그래서 바로 그 좌협 머리에 탑과 같은 석물을 배치하여 그를 비보하는 방책을 취하고 있다. 특히 이처럼 지나친 것을 누르는 비보책을 厭勝 또는 壓勝이라 한다.

실제로도 그 자리에는 본래 돌탑이 서 있었는데 15여 년 전 새마을 운동 때 미신이라 하여 철거하고 말았다. 그후 마을 젊은이들이 죽거나 다치는 사고가 빈발하였다는 얘기를 마을 노인들은 서슴없이 하고 있었다. 이때 그 탑은 구체적으로 마을에 어떤 기능을 수행하는가.

전문적인 풍수 용어로는 비보 또는 壓勝이 되지만 합리적인 환경 심리학적 설명이 불가능한 것도 아니다. 좌협의 내룡 옆구리에 탑을 세움으로써 마을 사람들로 하여금 무슨 일을 할 때에 일이 되어 가는 중간에 방해를 받더라도 그를 이겨 나가라는 상징 조작물의 역할을 할 수도 있다는 것이다.

아무리 풍수가 땅에 대한 사랑의 지혜라는 전통적인 가르침을 전달한다 하더라도 현대인들의 관심은 음택, 즉 산소 자리 잡기에 일차적으로 주어지고 있는 것이 현실이다. 현실을 무시할 수는 없다. 필자 자신도 한때 상당히 오랜 기간 술법 풍수에 깊이 빠진 적이 있었지만 그 폐해의 심각성 때문에 지금은 가급적 공식적으로는 음택을 말하지 않는 형편이다. 하지만 실제 사람들이 親喪을 당하는 경우, 풍수에서 완전히 자유로울 수 있는 사람은 그리 많지 않다. 여기서는 참고로 상을 당했을 때 구체적으로 어떻게 풍수적 대처를 하는 것이 현명한 일인지 소개하는 것으로 글 막음을 하고자 한다.

앞에서도 강조한 바 있지만 풍수에서는 그 터를 쓸 사람을 몰라서는 터잡기를 할 수가 없다. 왜냐하면 터와 그 터에 의지할 사람 사이의 관계를 살펴야 하는 것이 풍수이기 때문이다. 따라서 누구라는 대상도 없이 천하의 명당이니, 뭐가 나올 대지니 하는 말들은 정통 풍수의 입장에서 보자면 사기에 지나지 않는다. 당연히 먼저 그 사람을 알아야만 한다.

따라서 상을 당한 사람은 부모님의 음택 자리를 스스로 결정하는 수밖에 없다. 간혹 고인과 아주 가까웠던 사람 중에 믿음직한 지관이 있다면 별문제이지만 그런 경우를 바라기는 참으로 어려운 일이다. 그러니 자기 자신이 부모님 모실 자리를 결정할 수밖에 없다.

먼저 부모님을 모시고자 예정하는 자리의 맨흙 위에 엉덩이를 붙이고 오로지 돌아가신 그분만을 생각하며 한 시간만 앉아 있으라. 그것이 권하고자 하는 모든 것이다. 그분과 이 자리가 맞는 자리일지에 대한 판단이 반드시 선다. 그분이 이 자리에 永眠의 터를 잡아 편안하실지 아닐지에 대한 판단이 본능과 직관을 통하여 전달될 것이라는 말이다. 표현을 달리하면 땅이 그의 효성에 감응하여 돌아가신 분을 받아들일 것인지 아닌지에 대한 의사 표명을 해 올 것이라는 뜻이다.

좌향의 결정 방법도 위와 마찬가지이다. 고인이 좋아하실 방향을 골라 그것으로 좌향을 삼으면 된다. 바라보니 바로 이 방향의 경관이 고인이 가장 좋아하실 곳이라는 판단이 설 것이고 그것이 좌향이 된다는 뜻이다.

이것이 정통의 풍수가 가르치는 음택 선정의 최선의 방법이다. 하지만 다음과 같은 세 가지 경우는 피해야 한다. 그 첫째가 지하 수맥 위는 안 된다는 점이다. 지하수는 살아 있는 생수이기 때문에 그 물은 생물의 법칙을 따르게 된다. 즉 자신의 생명과 존재를 유지하기 위하여 지하수는 끊임없이 地表水의 공급을 원하게 된다. 그를 위해서는 지하수 위쪽에 균열을 내어 물을 공급받는 수밖에는 없다. 그렇기 때문에 지하 수맥 위는 언제나 밑으로부터 파괴력의 영향 아래 놓일 수밖에 없다. 그러니 그런 땅은 산 사람에게도 죽은 사람에게도 맞을 수 없는 터가 된다.

　그렇다면 어떻게 지하 수맥을 찾을 수 있을까. 우리 풍수에도 지하 수맥을 찾는 방법이 없는 것은 아니지만 익히기가 매우 어려운 단점이 있다. 오히려 서양식 방법이 편리한데, 서양식에도 두 가지가 있다. 그 하나는 앵글로색슨족들이 주로 사용하는 占막대기 방법 dowsing rod method이고 또 하나는 프랑스인들이 즐겨 사용하는 추를 이용하는 라디에스테지법radiesthesie이다. 점막대기 방법은 1960년대 중반, 진해, 마산교구의 이종창 신부에 의하여 국내에 소개된 바 있지만 널리 퍼지지는 못했다. 당시의 생활 여건이 지하 수맥 같은 것에까지 신경 쓸 처지가 못 되어서라는 것도 한 이유였겠지만 방법이 좀 어렵고 훈련이 필요하기 때문일 것이다.

　가장 쉬운 방법이 1980년대 중반 서울 노량진 성당의 임응승 신부에 의하여 소개된 프랑스식 추를 사용하는 방법일 것인데 비교적 간단하다. 사람이 그 동물적 본능에 의지하여 지하수가 내뿜는 일종의 특이한 방사자력을 감응하는 식으로 찾는 것인데 임 신부의 책을 소개하는 것으로 대신키로 한다. 그 책은 샛별출판사의 『수맥과 풍수』인데 다만 그 책에서 규정하고 있는 격식에 너무 구애될 필요가 없다는 점만 추가하기로 한다.

　동네에 있는 약수터에 사람이 아무도 없을 새벽 2, 3시경에 나가 약수가 나오는 바로 위쪽에 추를 드리우고 서서 오직 지하 수맥에 감응하겠다는 일념으로 있다 보면 추가 크게 흔들리고 있다는 것을 느낄 수 있다. 그렇게 한번만 경험을 하면 다른 곳에서도 그런 반응으로 지하 수맥을 찾을 수 있다.

　둘째는 땅 기운이 소용돌이 치고 있는 곳(地氣渦流之處)은 피해야 한다는 것이다. 이것은 설명하기가 매우 어려운 현상인데 알고 보면 느끼기는 쉬운 일이다. 즉 음산한 기운이 도는 터가 그에 해당되는데 그런 땅에 대한 경험이 가장 중요하다. 예컨대 남양주시 금곡동에 가면 고종과 순종의 홍릉과 유릉이 있고 그 뒤에 영왕과 그 부인 방자 여사의 단봉 합장묘인 英墓가 있다. 바로 그 자리가 그런 예에 속한다. 또 단종이 유배 살던 영월 청령포도 그와 유사한 느낌을 경험하기에 적절한 땅이다. 그런 곳은 가서 직접 서 보기만 하면 왜 써서는 아니 될 땅인지를 스스로 알 수가 있다. 하지만 그런 곳도 나쁜 땅이라 할 수는 없다. 다만 음택이나 양택의 터로 맞지 않다는 뜻일 뿐이다. 예컨대 그런 땅도 정신 병원 터나 기 수련장 터로는 맞을 수도 있기 때문에 땅에는 결코 좋은 땅 나쁜 땅이 있는 것이 아니라 누구에게, 무슨 용도에 맞는 땅이냐 아니냐의 문제일 뿐이라는 처음의 전제가 여기서도 틀리지 않는다.

셋째는 땅속에 움직임이 있는 곳, 풍수에서 말하는 시신이 없어지는 자리(逃屍穴)는 피해야 한다는 점이다. 이는 현대 지형학에서 크게는 매스 웨이스팅mass wasting 현상이라 하는 것이고 세분하면 그중에서 土壤匍行 soil creep이라 부르는 현상이다. 토양포행은 중력에 의해서 토양 또는 岩屑이 매우 천천히 사면 아래로 이동하는 것을 말한다. 이동 속도가 너무나 느리기 때문에 직접 관찰할 수는 없으나 그 결과는 토양으로 덮인 사면에서 널리 관찰할 수 있다. 풍화층의 단면상에서 볼 때 이동의 속도는 지표면이 가장 크며 밑으로 내려갈수록 적어진다. 전주나 수목 따위가 사면 아래로 기울어져 있는 현상, 頁岩層이나 粘板岩層의 윗부분이 굽어 있는 현상, 岩塊가 母岩의 露頭에서 아래로 옮겨져 있는 현상 등은 이러한 토양포행의 증거가 된다.

토양이 얼었다 녹을 때 그리고 물에 젖었다 마를 때에는 팽창과 수축이 반복된다. 토양이 팽창할 때에는 입자가 사면에 대해 직각 방향으로 들린다. 그러나 수축할 때에는 입자가 원래의 위치로 돌아가지 않고 중력이 작용하는 방향 즉 수직 방향으로 내려앉는다. 따라서 토양은 팽창과 수축을 반복할 때마다 사면 밑으로 약간씩 이동하게 된다.

이때 사면의 경사는 매우 중요하다. 토양포행이 효율적으로 일어날 수 있는 최소한의 경사는 5도라고 하며 경사가 증가할수록 토양층은 불안정해진다. 식생은 토양포행률을 저하시킨다. 같은 경사의 사면에서도 토양포행은 식생 피복이 양호한 습윤 지역보다 그것이 불량한 반건조 지역에서 더 활발하다는 것이 실측을 통해서 밝혀졌다.[54] 이것은 무덤 위의 잔디가 잘 자라지 않으면 무척 불안해 하는 우리나라 사람들의 습성이 근거가 있음을 보여 주는 사실이기도 하다.

이런 토양포행이 일어나는 장소에 壙中을 파고 시신을 모시는 경우 여러 가지 해괴한 일들이 벌어질 수 있다. 예컨대 시신이 없어진다거나 혹은 시신이 엎어져 버린다거나 또는 시신이 방향을 틀어 버리는 따위의 일들이 일어날 수 있다. 못된 지관들이 이런 현상을 악용하여 이것이 마치 귀신의 장난인 양, 집안 재앙의 원인인 양 떠드는 것은 無道한 사기 행위에 지나지 않는다. 누구나 약간의 현지 훈련만 받으면 토양포행이 일어나는 장소는 피할 수 있다. 더구나 시신이 엎어지고 돌아눕고 뒤집어지는 일이 자연에서는 흔히 일어날 수 있는 일이라는 것을 사람들이 안다면 풍수 사기꾼들의 행패는 많이 줄어들 수 있을 것이다.

6 도선 풍수에서 이론 풍수로의 전환 —— 『조선왕조실록』에 나타난 서울 전도 과정에서의 사례

(1) 서언

필자는 자생 풍수가 완전히 괴멸 상태에 이른 것이 조선 성종 때

---

54) 권혁재, 『地形學原論』(法文社, 1974), 29-32쪽.

부터라고 생각한다. 이에 대해서는 훗날 다른 연구 논문에서 상세히 기술할 계획이지만, 아무튼 그 괴멸의 조짐은 고려 후기에 나타나기 시작한다. 특히 조선이 개국하여 그 수도를 새로운 터에 찾는 과정에서는 자생 풍수에서 중국 수입 풍수로의 이행이 모식적으로 나타난다고 할 수 있다. 그 과정을 구체적으로 살펴보자는 것이 이 절의 의도이다. 이 글은 1993년에 발표한 글을 다시 정리하여 재수록한 것임을 먼저 밝혀 둔다. 이유는 두 가지인데, 그 하나는 한양 전도 과정에서 자생 풍수와 중국 풍수의 대립을 살펴볼 수 있는 자료들이 상당수 나타나기 때문이란 것이고, 또 다른 하나는 1994년 서울대 국사학과 이태진 교수가 한양 천도가 풍수설에 의한 것이 아니라 풍수설을 부정하는 유학 사상에 입각하여 이루어진 것이며 만약 그 당시 지관들의 풍수 지리설에 따랐다면 도읍은 한양이 아니라 모악이나 개경이 되었을 것이라는 주장[55]에 충격을 받았기 때문이다. 정사인 『실록』의 기록만 보더라도 한양 전도는 명백히 풍수설에 의한 것이었음을 충분히 알 수 있다.

조선 태조 이성계가 나라를 세우고 한양을 서울로 정하여 옮겨 온 것이 즉위 2년(1394) 10월 25일이었으니까 이제 6백 년의 세월이 넘었다. 정부와 서울시 그리고 관련 민간 단체들은 소위 정도 6백 년을 기념한다고 하여 많은 사업과 행사들을 한 바 있다. 확실히 서울로 정해진 지 6백 년이 지났다는 사실은 여러 가지 의미가 있다. 우리식으로 말하자면 정도 십갑자가 되는 셈이다. 열 번의 환갑을 보냈으니 사람으로 치자면 十生의 삶이라, 실로 장구한 세월이라 아니 할 수 없다. 다른 나라의 예에서도 이만한 연륜을 가진 수도는 많지 않으리라 생각한다.

---

55) 이태진, 「한양 천도와 풍수설의 패퇴」, 《한국사 시민강좌》 제14집(1994), 44-69쪽.

그렇다면 왜 서울이 수도로 결정되었고 그 과정은 어떠했는지. 물론 이에 관계되는 연구물들은 상당량 나와 있는 것이 사실이다. 필자 자신도 그런 연구 성과물들의 말석 일부를 더럽혀 놓고 있는 실정이다. 그런데도 다시 이 문제를 거론하는 이유는 서울 정도에 관한 논의를 철저히 정사 중심으로만 살펴보자는 것이다. 당시 의사 결정자였던 태조의 생각과 근신들의 영향을 그들이 말한 그대로의 관점에서만 살펴본다면 서울이 서울로 결정되게 된 가장 중요한 이유를 밝혀 낼 수 있지 않겠느냐는 생각이 들어서이다.

그런 이유에서 자료는 철저히 『실록』의 기록 내용에만 전적으로 의지할 것이다. 다른 관련 자료가 있는 경우라 하더라도 참고 이외의 것으로는 삼지 않을 생각이다. 다만 그 논의 과정에서 왕이나 신하들이 왜 그런 발언을 하게 되었는가 하는 해석상의 문제에서는 필자의 주관이 개입될 소지가 있다. 또한 풍수적 논의에서의 전문적인 문제에 관한 것은 설명도 부연될 것이다. 그러나 그런 것들이 정사의 기록들을 무시하거나 비약하여 이루어지지는 않도록 조심해 나갈 예정이다.

이런 논의 과정 추적에서 문제가 되는 것은 기록의 공백 부분이다. 서울 정도 논의 과정에서도 그런 공백 부분이 여러 곳 눈에 띄는 것이 사실이다. 예컨대 왜 갑자기 계룡산 新都內 도읍 예정지가 돌연 포기되었는지, 왜 한양으로의 갑작스러운 이전이 추진되었는지에 대해서는 기록만으로는 의아한 부분들이 있다. 마치 의도적으로 그 부분들을 감추려 하는 듯한 의심이 들 정도이다.

물론 왕조 초창기의 불비된 행정 체계가 기록의 부실을 초래했을 가능성도 있다. 또는 어떤 의도적인 목적으로 인위적으로 놓쳐 버렸을 가능성도 있다. 후자라면 그 의도 자체가 우리의 관심을 끄는 부분이기도 하다.

이 글은 서울 정도를 철저히 『실록』에 의존하여 그 논의 과정을 추적함으로써 정통적인 〈서울되기〉의 이유를 알아보고자 하는 데 목적을 두었다. 자료는 국사편찬위원회에서 발행하고 탐구당에서 影印縮刷版(보급본)으로 반포한 『조선왕조실록』을 저본으로 하였으며 國譯本의 도움을 수시로 얻었다. 본문에서 『실록』에 실린 글을 그대로 인용할 때는 인용문 처리를 하였다.

(2) 초기의 상황

『태조실록』卷第一 원년 8월 壬戌(13일) : 都評議使司에 한양으로 移都할 것을 교시하다

같은 해 같은 달 甲子(15일) : 三司 右僕射 李恬을 보내어 漢陽府의 宮室을 修葺하도록 하다.

태조가 즉위한 것이 7월 17일이므로 8월 壬戌日이면 8월 13일이다. 그러니까 즉위한 지 한 달도 못 되어 천도(정확히는 전도라는 표현을 씀)를 명한 것이다. 그 외에는 별다른 기록이 나오지 않기 때문에 그 배경을 알 수는 없다. 다만 짐작건대 전왕조를 무너뜨리고 새로운 왕조를 건설한 태조의 입장에서는 민심 수습이라든가 국정 쇄신이란 측면에서 천도를 생각해 볼 수는 있었을 것이다. 그러나 그런 이유 때문만이라면 그 시기가 너무나 촉박하다. 태조는 고려의 장군으로서 전국 곳곳을 직접 다녀본 사람이다. 어쩌면 그가 처음부터 고려 말부터 떠돌던, 한양에서 이씨의 기운이 살아난다는 도참에 깊이 빠져 있었을 가능성이 농후하다. 그래서 그는 즉위 직후의 그 혼란한 와중에도, 심지어는 나라 이름조차 정하지 못한 마당에 급히 한양 천도를 서둔 것이 아니었을까 하는 생각이 든다. 여하튼 이로써 세상에 흔히 알려진 것처럼 조선의 수도 후보지로 제일 먼저 꼽혔던 곳은 계룡산 신도안이 아니라는 사실만은 분명히 밝혀진 셈이다.

태조가 천도를 급히 서둔 이유를 이병도 박사[56]도 다음과 같이 짐작하고 있다. 〈그러면 태조가 무슨 까닭으로 천도를 급히 하려고 하였는가. 이를 단순히 왕조 경질에 따르는 천도, 즉 정치, 인심 기타 외관을 일신하려고 하는 천도로만 생각해서는 그 급히 서두는 진의가 어디에 있는지 잘 알 수 없다. 태조의 진의는 그러한 사정보다도 어떠한 신비적 사상, 다시 말하면 개경이라고 하는 地德衰敗의 地, 亡國의 基地를 하루라도 빨리 피하려고 하는 미신적 사상, 즉 음양지리(풍수)적 사상에 拘泥된 까닭이었다〉는 것이다. 태조가 풍수와 도참 사상에 상당히 깊이 빠져 있던 사람이었다는 사실은 『실록』을 일독하는 것만으로도 충분히 짐작할 수 있다.

『태조실록』卷第二 원년 9월 戊申(30일) : 임금이 書雲觀의 관리에게 종묘를 세울 터를 물으니, 관리가 계청하기를 성내에는 길지가 없고 전왕조(高麗朝)의 종묘가 있던 그 옛터보다 더 좋은 곳은 없다고 하였다. 이에 임금이 말하기를 〈망한 나라의 옛터를 어찌 다시 쓰겠는가〉 하니, 判中樞院事 南誾이 〈그 옛 궁궐을 헐어 버리고 그 옛 땅을 파내어 새로운 종묘를 다시 짓는다면 안 될 일이 무엇이 있겠습니까〉 하였다. 이에 임금이 〈그렇다면 전왕조의 종묘가 있는 마을의 소나무들을 베지 말라〉고 하교하였다.

서운관은 고려 시대에 천문, 曆數, 測候, 刻漏 등의 사무를 관장하던 관청으로 간혹 太卜監과 太史局으로 분리되기도 하였으나 풍수로는 역사가 오랜 곳이며 조선도 이 제도를 대체로 답습하였다. 서운관은 세조 12년(1466년) 관상감으로 개칭되면서 직제도 풍수학을 지리학으로, 음양학을 命課學으로 바꾸어 그대로 『경국대전』에 수록된다.

---

56) 『高麗時代의 硏究』(亞細亞文化社, 1980), 364쪽.

종묘라면 사직과 함께 왕조의 이대 지주로 중요한데 이것의 터를 잡는 일을 풍수를 다루는 관직인 서운관 관원들에게 의뢰했다는 것은 풍수에 대한 태조의 태도를 단적으로 알려 주는 예라 할 수 있다.
　태조는 망국의 옛터(舊基)를 쓸 수 없다는 자신의 견해를 강력하게 펴는데, 이것이 뒷날 수도를 옮겨야 한다는 생각의 심정적 단초가 되었을 것으로 짐작된다. 그런데 재미있는 것은 신하인 판중추원사 남은의 생각이다. 그는 망국의 옛터라 할지라도 그 위에 있던 건축물을 헐어 버리고 땅을 파낸 뒤 다시 종묘를 세우면 무슨 문제가 있겠느냐는 의견을 제시하고 있고, 또 태조는 일단 이 제안을 받아들이는 듯하다. 그러나 원래 풍수 원칙상 옛터는 금기시한다. 풍수 집대성의 문헌이랄 수 있는 明代 徐善述, 善繼 형제가 쓴『人子須知資孝地理學』이라는 책에서 저자는 풍수에서 반드시 지켜야 할 열 가지를 鎭言十條라 하여 중시하고 있는데, 그중의 하나가 이미 썼던 옛터를 다시 쓰지 말라는 것이다. 남은은 조정에서 있던 풍수 논의에 자주 등장하는 전문가인데 이런 풍수의 기본 원칙을 모르고 있었을 것 같지는 않다. 더구나 옛터의 땅을 깎아 내고 쓰면 된다는 그의 주장은 분명히 다른 의도가 있는 전문 풍수가의 강변이었을 가능성이 매우 높다. 다시 말해서 그의 주장은 풍수가의 입장에서는 말도 되지 않는 궤변에 지나지 않는다.
　그가 왜 이런 주장을 폈는지를『실록』은 물론 전해 주지 않는다. 그러나 다음의 논의에서 드러나는 것처럼 당시 중신들은 비단 남은뿐만이 아니라 대부분이 개경에서 다른 곳으로 수도를 이전하는 것을 결코 바라지 않았다. 아마도 그런 마음가짐 때문에 풍수 원리를 왜곡하면서까지 개경에 머물기를 바랐던 것이 아니었을까 하는 생각이 든다.
　그러나 태조도 풍수에 문외한은 아니었으니, 舊基를 다시 쓰지 못한다는 풍수의 이론적 원칙까지는 몰랐지만 명당의 나무를 베어 내서는 안 된다는 풍수적 상식은 잘 알고 있었던 모양이다. 그러니 전 왕조의 종묘가 있는 마을의 소나무를 벌채하지 말라는 명령을 내렸을 것이다.

『실록』의 이 부분은 『실록』 최초로 등장하는 풍수 관련 구절인데, 필자는 이 대목에서 수도를 옮기고자 하는 임금의 마음과 가지 않았으면 하는 신하들의 마음이 상징적으로 표출된 것이었다고 본다.

> 『태조실록』 卷第三 2년 春正月 戊申(초2일): 胎室을 살펴보러 갔던 신하(胎室證考使) 權仲和가 돌아와서 임금에게 아뢰기를 〈전라도 珍同縣에서 길지를 相占하여 찾았습니다〉 하면서, 아울러 山水形勢圖를 헌상하고, 겸하여 楊廣道 계룡산 도읍 지도를 바쳤다.

권중화는 고려의 유신으로 조선 건국에 적극적으로 참여한 인물이며 훗날 영의정을 지낸 사람이다. 특히 서울을 결정하는 문제와 결정 뒤 서울의 각종 시설물 배치에 주도적인 역할을 하였다. 그에 대해서는 『태종실록』 卷第十六 8년 丁卯條에 그의 죽음을 알리는 다음과 같은 글이 실려 있다.

> 영의정부사로 일해 온 권중화가 죽었다. 그는 안동 사람으로 고려 정승 漢功의 아들이다. 至正 癸巳年 乙科 第二人에 등과하였다. 공민왕을 섬겨 代言이 되었다가 知申事로 옮기고 銓選을 맡았는데, 謹愼하고 周密하여 친구에게 사사로운 감정을 두지 않으니 공민왕이 몹시 중하게 여겼다. 政堂文學으로 丁巳年에 동지공거가 되었는데 문하에는 명사들이 많았다. 마음이 고요하고 평안하며(恬靜) 스스로 언행을 조심하여 지키며 (自守) 권세부귀가에 아부하지 않으니 세상은 그를 무겁게 여겼다. 여러 벼슬을 거쳐 門下贊成事에 이르렀다. 태조가 즉위한 뒤 그의 경력과 오랜 덕을 기려 判門下府事를 제수하고 醴泉伯을 봉하여 本官으로 그대로

致仕케 하였다. 故事에 정통하였으므로 대개 상세히 살필 일이 있으면 그에게 나아가 물었다. 나이 비록 늙었으나 정력이 쇠퇴하지 않아 의약, 지리, 卜筮에 통하지 않은 것이 없었고, 더욱이 大篆과 八分(두 가지 다 漢字의 서체임)을 잘 썼다. 평소 먹고 사는 일은 제쳐놓고 사람들과 더불어 함께 앉아 이를 잡으며 이야기하였다(주위에 신경을 쓰지 않는 상태를 말함). 늙어서는 다만 말 한 필이 있었을 뿐이다. 나이 87세에 죽으니 조회를 사흘간 정지하고 中官을 명하여 弔祭하였다. 有司에 명하여 예장케 하고 文節이란 諡號를 내렸다. 中宮 또한 내시를 보내어 致祭케 하였다. 아들이 하나 있는데 이름이 邦緯이다.

여하튼 권중화가 전면에 나섰다는 것은 이제 조선 왕조가 그들의 기틀 마련에 본격적으로 풍수를 내세우기 시작했다는 증거가 된다. 그리고 이때 처음으로 계룡산 도읍이 등장하는데, 이것은 참으로 수수께끼 같은 사실이다. 원래 고려의 南京이었던 한양에 뜻을 두고 있던 태조가, 그것도 즉위 한 달도 안 되어 천도를 명했던 그가 무엇 때문에 반년 가까이나 아무 말이 없다가 느닷없이 권중화가 계룡산 도읍 지도를 헌상한 것을 계기로 계룡산에 관심을 갖게 되었겠느냐 는 것이다.

이에 대한 필자의 추측은 다음과 같다. 즉 그는 천도를 명하기는 하였으나 아직 때가 이르지 못했음을 알아차렸다. 그래서 다시 거론을 하지 않았던 것이다. 그러나 수도를 옮겨야 되겠다는 생각을 버린 것은 물론 아니었다. 그런 태조의 마음을 신하들이 모를 리는 없었다. 그렇지만 중신들의 입장에서는 수도를 옮긴다는 것이 보통 골치 아픈 일이 아니었을 것이다. 태조는 뜻을 세우고 그를 앞장 서 이끈 의지의 인물이지만 신하들은 단지 그를 추종했을 따름인 사람들이다. 그러니 시류를 잘 타서 개국에는 성공했다 하더라도 더 이상의 변화나 개혁을 바랄 사람들은 아니었을 것이다. 개경에 그냥 눌러 사는 것이 여러 가지로 편한 사람들일 터이므로 천도를 달가워하지는 않았을 것이다.

이때 등장한 것이 권중화이다. 그는 조선이 개국되는 데 큰 공을 세운 바가 없는 사람이다. 그가 태조에게 초미의 관심을 끌 수 있는 기회를 잡은 것이 바로 왕실의 安胎之地를 살펴보게 된 사건이었고, 그는 그 기회를 놓치지 않고 계룡산 도읍도를 바치게 된 것이 아닐까 추측해 본다. 하필이면 계룡산이냐 하는 문제는 계룡산 남쪽 일대가 저평한 곡창 지대로 일찍이 백제와 신라의 싸움터였음은 물론, 백제가 바로 그 들판에서 패망을 당하였고, 후삼국 시대에도 爭覇之地였던 만큼 그 명성은 이미 상당히 알려져 있었으리란 추측이 가능하다. 계룡산 신도안은 지세상 그 일대의 전략 요충이기 때문에 권중화가 도읍의 적지로 천거하기에 망설임이 별로 없었을 것이다. 게다가 그곳의 지세나 地貌, 지리적 배경 등이 개경과 매우 유사하다는 점도 권중화에게는 중요한 유인 요인으로 작용했을 것이다. 이에 대해서는 다음에 다시 살펴보기로 한다.

『태조실록』卷第三 2년 정월 癸丑(초7일) : 三司左僕射 권중화를 보내어 태실을 完山府 진동현에 안치케 하고 그 현을 珍州로 승격시켰다. 그리고 명령하기를 〈이달 18일에 계룡산으로 거둥할 것이니 臺省에서 각기 한 사람과 義興親軍이 시종하도록 하라〉고 하였다.

위에서 살펴본 바와 같이 권중화가 임금 마음을 사로잡기 위해 꾸민 책모는 일단 성공을 거두어, 태실은 그가 상지한 전라도 진동현으로 결정이 되고, 이어 봄이라고는 하지만 음력 정월의 찬바람 속에서 계룡산을 가 보겠다는 명령까지 내려진다. 즉위 초의 혼잡 속이라 태조는 스스로 천도 문제를 꺼내지는 못했지만 권중화의 상주를 빌미 삼아 그가 바라 마지않던 수도 바꾸기의 대장정에 오르기로 마음 먹은 것이라 여겨진다.

『태조실록』卷第三 2년 정월 乙丑(19일) : 임금이 계룡산의 지세를 친히 살피고 장차 도읍을 정하기 위하여 松京(개경)을 출발하려 함에 領三司事 安宗源, 右侍中 金士衡, 參贊門下府事 李之蘭, 판중추원사 남은 등이 따라갔다.

원래 예정보다는 하루 늦게 태조는 계룡산으로 출발하였다. 그러나 왕의 지방 행차가 열흘 남짓 만에 이루어진 것은 매우 서둔 결과이리라. 김사형은 후에 한양을 정식 수도로 천거한 사람이지만, 태종이 다시 개경으로 갔다가 한양으로 재환도하고자 했을 때에는 그 문제에 대하여 불분명한 태도를 취하기도 하였다. 이는 조선 초기의 중신들 대부분이 개경에 그냥 눌러 살기를 은연중 바라고 있었다는 또 하나의 증거가 된다.

『태조실록』卷第三 2년 정월 丁卯(21일) : 회암사를 지나면서 王師 自超(즉 무학대사를 말함)를 청하여 같이 갔다.

드디어 한양 천도에 관한 속설에서 가장 많이 등장하는 자초 무학대사가 나온다. 그러나 『실록』에서는 그의 영향에 관하여 언급한 대목이 거의 나타나지 않고 있다. 그 이유 또한 분명히는 알 수 없다. 짐작기에 무학은 태조의 사적인 자문역을 맡았기 때문에 정사에는 잘 드러나지 않은 것이 아닌가 여겨진다.

그는 고려 충숙왕 14년(1327년)에 경상도 합천에서 태어났다. 열여덟 살에 원나라에 유학했다고 하며 함경도 釋王寺에 주석하고 있을 때 이성계의 꿈을 해몽해 줌으로써 그와의 교유가 시작되었고, 이성계가 왕위에 등극하자 왕사로서 극진한 대접을 받았다. 비단 계룡산 동행뿐만이 아니라 한양 정도 논의 때에도 여러 중신과 풍수가들의 의견을 다 듣고 난 다음에 결론적으로 그의 의견을 물었다는 점으로 미루어 보면 그에 대한 태조의 신임은 지극한 바가 있었다고 할 수 있다. 학자에 따라서는 『실록』에 나타난 그의 언행이 풍수 이론에 밝지 못한 듯 비쳐져 있다고 하여 풍수 대가는 아니라고 평하는 경우도 있다. 그러나 언행에 대한 것은 그의 출신 성분이 비천했다는 사실만 상기한다면 쉽게 이해할 수 있는 부분이다. 그가 만약 풍수 대가가 아니었다면 태조만한 인물이 그에 惑信당할 염려가 없었을 것이고 무엇보다도 일반 백성들 사이에 그토록 많은 설화들을 남겨 놓지는 못했을 것 아닌가? 실제로 태종 5년(1405)에 그가 죽자 회암사 부도에 안장시켰지만 司諫院이 상소하기를 〈自超는 천한 노예 출신이고, 살아서 종교적 업적도 별로 없었으며, 죽어서도 아무 異蹟을 나타내지 못했기 때문에 왕사 칭호를 받을 만한 인물이 못 된다〉고 주장하며 그의 부도를 훼절시켜 버리자는 탄핵이 나올 정도였다. 필자 자신도 무학이 뛰어난 풍수가였다는 확신을 가지고 있는 것은 아니다.

> 같은 날: 吏曹에서 나라 안의 명산, 대천, 城隍, 海島의 신을 封하기를 청하다. 그리하여 송악의 서낭은 鎭國公이라 하고, 和寧, 安邊, 完山의 서낭은 啓國佰이라 하며, 지리산, 무등산, 錦城山, 계룡산, 紺嶽山, 삼각산(서울의 북한산을 말함), 白嶽山(서울의 북악산을 말함)의 여러 산과 晉州의 서낭은 護國伯이라 하고, 그 나머지는 護國之神이라 하였으니, 대개 大司成 劉敬의 진술에 따라서 禮曹에 명하여 詳定한 것이었다.

이것은 수도 선정 문제와는 별개지만 우리나라 고유 풍수의 한 특징인 산악 숭배의 사고 방식을 잘 표현한 예라 할 수 있다. 결국 이런 사고 방식이 해안의 저평한 평야 지대로 國都가 진출하는 것을 방지해 주었을 것이라 여겨진다.

『태조실록』卷第三 2년 2월 丙子朔(초1일): 이른 새벽 임금이 거둥하려고 수레를 준비하도록 명하니, 知中樞院事 鄭曜가 도평의사사의 啓本(임금에게 上奏하는 글월)을 가지고 경성(개성을 말함)으로부터 와서, 顯妃가 병환이 나서 안녕치 못하고, 平州와 鳳州 등지에 또 草賊이 나왔다고 아뢰자 임금이 기뻐하지 않으면서 말하기를〈초적은 邊將의 보고가 있었던가 아니면 누가 와서 알리던가〉하니 정요는 대답을 하지 못했다.

임금이 말하기를〈천도는 世家大族들이 모두 싫어하는 바이므로 이를 (현비가 병이 들고 초적이 나타난 사실) 빌미 삼아 도읍 옮기는 일을 중지시키려는 것이다. 재상들은 송경에 오랫동안 살아서 다른 곳으로 옮기기를 즐겨하지 않으니, 천도가 어찌 그들의 뜻이겠는가〉하니, 좌우에서 다들 대답할 말이 없었다.

남은이 아뢰기를〈臣 等이 공신에 참여하여 높은 지위에 오르는 은혜를 입었사오니 비록 새 도읍으로 옮기더라도 무엇이 부족한 점이 있겠사오며, 송경의 토지와 집은 어찌 아까울 것이 있겠습니까. 지금 이 행차는 이미 계룡산에 가까이 왔사오니 임금께서는 가서 도읍할 땅을 보시옵기를 원하옵나이다. 신 등은 남아서 초적을 치겠습니다〉하였다.

임금이 말하기를〈도읍을 옮기는 일은 경들도 역시 하고 싶지 않을 것이다. 자고로 왕조를 바꾸고 천명을 받은 군주(易姓受命之主)는 반드시 도읍을 옮기게 마련인데, 지금 내가 급히 계룡산을 보고자 하는 것은 내 자신 때에 친히 새 도읍을 정하고자 하기 때문이다. 후사될 적자가 비록 선대의 뜻을 계승하여 도읍을 옮기려고 하여도 대신들이 옳지 않다고 저지시킨다면 후사될 적자가 어찌 일을 할 수 있겠는가〉하고 이에 명하여 어가를 돌리게 하였다.

남은 등이 李敏道로 하여금 점을 치게 하니〈현비의 병환도 반드시 나을 것이요, 초적도 또한 염려할 것이 없습니다〉하므로 서로 모여서 의논하고, 가기를 청하였다.

　이에 임금이 〈그렇다면 반드시 정요를 처벌한 뒤에 가자〉고 말하니 남은이 아뢰기를 〈어찌 정요를 처벌할 필요가 있겠습니까〉 하였다. 임금이 마침내 길을 떠나 靑布院의 들에 이르러 유숙하였다.

　이로 미루어 보면 태조는 중신들이 도읍을 옮기는 일에 반대하고 있음을 잘 알고 있었음에 틀림없다. 또한 그들이 천도해 가기를 왜 싫어하고 있는지도 잘 알고 있었다. 뒤에 태조가 자신을 속이려 했던 정요를 처벌하려고 했을 때 남은이 감싸 준 것도 실은 그 계책이 정요 한 사람의 생각이 아니라 여러 사람들의 衆議를 모은 것이기 때문이었을 것이다.

　태조가 천도를 하겠다는 생각이 확고부동함을 알게 된 남은 등 중신들은 즉시 태도를 바꾸어 변명을 한다. 그러나 그 마음이 썩 적극적이 되지는 않았을 것이다. 그런 중신들의 태도가 서울 정도 과정에서 여러 가지로 좋지 않은 영향을 미치게 된다.

　태조는 자신이 새 도읍을 정하지 못한다면 자신의 후손들 역시 도읍 옮기기를 포기할 수밖에 없을 것이라는 현실적인 판단도 함께 내리고 있었다. 그러니 더욱 천도를 향한 다그침은 도를 더해 갈 수밖에 없었다.

　　『태조실록』卷第三 2년 2월 癸未(초8일) : 계룡산 밑에 도착했다.

　개경을 떠난 지 근 이십 일 만에 계룡산에 도착했으니 아무리 왕의 행차라고는 하지만 좀 오래 걸린 듯하다. 양주 회암사에 들러 무학대사를 동반했다든가 하는 부득이한 일도 있었겠지만 태조의 발걸음이 썩 가볍지는 않았던 모양이다. 혹은 무학과의 독대가 길어졌던 것인지도 모른다.

『태조실록』卷第三 2년 2월 甲申(초9일): 햇무리(暈冠)가 지더니 저물어서야 없어졌다. 임금이 여러 신하들을 거느리고 새 도읍의 산수 형세를 관찰하고서, 三司左僕射 成石璘, 商議門下府事 金湊, 政堂文學 이넘에게 명하여 漕運의 편리 여부, 途程의 險易 정도를 살피게 하고, 또 義安伯 李和와 남은에게 명하여 성곽을 축조할 지세를 살피게 하였다.

도착 다음날부터 도읍의 입지 타당성 조사에 들어갔으니 몹시 서둔 것은 사실이다. 그 입지 조건으로 가장 중시하여 꼽은 두 가지가 모두 교통과 운송에 관계된 것이 특징이다. 그러나 그것은 아마도 실무적인 작업 지시였을 것이고 중요한 판단은 자신이 직접 하고자 하였을 것이다.

『태조실록』卷第三 2년 2월 乙酉(10일): 삼사좌복야 領書雲觀事 권중화가 새 도읍의 종묘, 사직, 궁전, 朝市를 만들 地勢之圖를 바치니, 서운관 및 풍수학인 李陽達, 裵尙忠 등에게 명하여 面勢를 살펴보게 하고, 判內侍府事 金師行에게 명하여 먹줄(繩)로써 땅을 측량하게 하였다.

권중화는 자신이 천거한 땅이기 때문에 하루 만에 도시 계획도의 기본적인 것들을 진상할 수 있었을 것이다. 권중화는 자신이 천거한 이곳이 송나라 胡舜臣의 『地理新法』에 나오는 水破長生衰敗立至(내용은 후술하기로 한다. 매우 좋지 않은 땅에 해당함)라는 사실을 모르고 있다가 결국 河崙의 지적으로 이를 알고 자신의 잘못을 시인하게 된다. 이런 사실로도 수도를 옮겨야 되겠다는 태조의 바람은 거의 그 자신의 독단에 의하여 이루어진 일이란 것을 짐작할 수 있다.

여기 처음 등장하는 이양달은 아마도 조선 초기 풍수 논쟁에 가장 많이 끼여 들었던 사람일 것이다. 그의 정확한 생몰 연대는 대부분의 풍수학인들처럼 알려져 있지 않다. 대체로 공민왕 때 태어나 세종 때

죽은 것으로 추정된다.[57] 그는 그토록 길고 길었던 새 도읍 결정 과정에 거의 모두 참여하였을 뿐 아니라, 태조가 죽은 뒤 그의 幽宅 선정, 태종의 넷째 아들인 성녕대군의 葬日 선정, 황해도 永康鎭의 위치 선정 등 수많은 국책 풍수 사업에 관여했던 인물이다. 바로 그런 인물이 이제 서울 결정 문제에 나타난 것이다. 특히 그는 뒷날 당대의 풍수 라이벌이라고 할 수 있는 崔揚善과의 논쟁에서도 세종의 적극적인 지원을 받아 번번이 승리를 거둔 바 있다.

    『태조실록』卷第三 2년 2월 丙戌(11일) : 어가가 새 도읍 예정지의 중심인 높은 둔덕(高阜)에 올라가 지세를 두루 살피고 왕사 자초에게 물으니, 자초가 〈능히 알 수 없습니다(不能知)〉라고 대답하였다.

 계룡산 신도안 중심지의 높은 둔덕이라면 육군 본부가 들어서기 이전의 원불교 교당이 있던 자리임에 틀림없다. 그리고 그곳은 확실히 신도안 명당을 한눈에 볼 수 있던 자리이다. 태조는 바로 그 자리에 직접 올라 땅의 형세를 살핀 셈인데, 이상하게도 중신들과 어떤 의견 교환도 없이 『실록』은 끝이 나 있다. 이 또한 심히 기이한 일이다. 아마도 썩 마음에 들지도, 썩 마음에 거리끼지도 않았지 않겠느냐 하는 생각이 든다.

 무학에게만 의견을 물은 셈인데, 그의 대답 역시 모호하다. 문자의 뜻 그대로 한다면 모르겠다는 것이지만 꼭 그랬을 것 같지는 않다. 가능할 것 같지 않다는 뜻으로 불능지라고 했을 수도 있다. 태조는 다음날 그곳을 떠난다. 그렇다면 하룻동안 무학과 함께 얘기를 나눌 시간은 충분히 있었다고 보아야 할 것이다.

---

57) 이상태, 「조선 초기의 풍수 지리 사상」, 『史學硏究』(한국사학회, 1987), 227쪽.

『태조실록』卷第三 2년 2월 戊子(13일): 임금이 계룡산에서 길을 떠나면서 金湊와 同知中樞 朴永忠, 前密直 崔七夕을 그곳에 남겨 두고 새 도읍의 건설을 감독하게 하였다.

태조가 계룡산 신도 공사의 감독관으로 남겨 놓은 사람들은 한결같이 그의 신임이 깊지 못한 사람들이다. 이로써 미루어 짐작할 수 있는 것은 태조가 천도에 대한 생각은 확고했으나 계룡산을 크게 염두에 두고 있지는 않았다는 추론을 가능케 한다. 그렇다면 왜 공사를 지시하고 감독관까지 두었을까? 이는 아마도 중신들에게 자신의 천도 의지가 확고하다는 것을 알리기 위한 편법이 아니었겠느냐가 필자의 생각이다. 정 안 되면 계룡산 신도안으로라도 천도를 할 것이니 諸臣은 이제 더 이상 왈가왈부하지 말라는 쐐기를 박아 놓기 위하여 그런 명령을 내렸을 것이다. 그의 마음에는 아직까지도 신수도 적격지가 발견되지 않았던 모양이다.

따라서 항간에 알려진 것처럼 계룡산 신도내가 정말 서울이 될 수 있었던 터는 아니었다고 본다. 말하자면 진정한 국도 입지를 발견할 때까지의 중신들 말막음용으로 신도안이 이용되었을 것이라는 판단이다.

『태조실록』卷第三 2년 2월 己丑(14일): 임금이 돌아와서 청주에 이르렀다.

계룡산을 향할 때의 상황과는 달리 매우 빠른 이동 속도이다. 이것도 결국 계룡산에 별 미련이 없음을 보여 주는 증거라고 생각한다. 계룡산에서 하루 만에 청주에 닿았다는 것은 무척 서둔 행보에 해당되는데, 만약 계룡산을 진정으로 도읍지로 생각했다면 주변도 돌아보아야 했을 것이고 이런저런 생각이 많아 발길이 그토록 빠르지는 못했을 것이 아니겠는가. 계룡산을 떠나 개경에 당도한 것도 그 달

27일로, 갈 때에 비해서 닷새나 빨리 도착한 셈이다. 중간에 회암사에 들러 승려들을 공양하였는데도 그러하다. 이렇게 생각한다면 뒷날 순식간에 계룡산 신도 공사의 파기를 명령한 그의 태도가 쉽게 이해될 수 있을 것이다.

『태조실록』卷第三 2년 3월 癸丑(초8일): 새 도읍을 건설하는 백성들을 놓아 보냈다.

이것은 매우 중요한 시사를 던져 주는 대목인데 본문은 단지〈放營新都之民〉이라고만 나와 있다. 여기서 새 도읍이란 계룡산 신도안임에 틀림없다. 그렇다면 그곳에서 공사에 임하고 있던 백성들을 모두 돌려보냈다는 것인가? 명백한 사실이며 그렇다면 그것은 계룡산 도읍의 포기로밖에는 볼 수 없다. 그러나 공식적인 공사 중지 명령은 물론 아니다. 공식 중지는 그 해 섣달에 이루어진다. 그때까지『실록』에는 계룡산에 관한 특별한 기사가 나오지 않는다. 새로운 수도를 건설하는 그 중요한 토목 공사에 관하여 일체의 언급이 없다는 것은 사실상 공사가 중단되었다는 것을 강력히 시사한다.

이 대목을 보더라도 태조가 계룡산에 뜻을 두고 있지 않았다는 것을 잘 알 수 있다. 앞에서도 지적한 바와 같이 계룡산 공사를 시작한 것은 태조가 자신의 천도 의지가 굽힐 수 없는 것임을 보여 주기 위한 책모였던 것이 분명하다.

여기에는 혼동을 일으키는 대목이 전혀 없는 것은 아니다. 예컨대 그 해 9월 초4일에는 도평의사사에 명하여 慶尙, 全羅 安廉使에게 役徒를 내어 새 도읍으로 보내게 하였다는 기록이 나오기 때문이다. 이것은 아마도 태조가 실제로는 계룡산을 포기하였으나 여러 신하들에게 자신의 천도 의지가 변치 않았다는 것을 가끔씩 보여 주기 위해 내리던 下命을 혼동했을 것으로 짐작된다.

바로 다음 다음날 서운관은 도선의 松都五百年地氣說과 그 터가 이미 왕씨들의 祭祀가 끊어진 땅임을 들어 새로운 도읍이 조성되기 이전에 먼저 吉方으로 거처를 옮길 것을 上言하고 있다. 그리하여 태조는 이 문제를 도평의사사에서 논의할 것을 명령한다. 생각건대 서운관은 태조의 마음을 가까이서 읽을 수 있는 하위직 관리들로 구성된 기관이었을 것이다. 그들은 태조의 천도 결심을 다시 한번 중신들에게 확인시켜 두기 위하여 여하튼 개경을 떠나야 한다는 도선의 秘記까지 동원했을 것이다. 그것을 중신들의 논의 기구인 도평의사사에 논의하라고 지시한 것은 태조가 자신의 생각을 더욱 고히 해두고자 하는, 그야말로 고도의 정치적 술책이 아니었을까 생각된다.

    『태조실록』卷第四 2년 11월 庚午(29일) : 김주를 계룡신도에 파견하였다.

그로부터 10일 뒤 계룡 신도 공사는 공식적으로 파기되고 만다. 따라서 김주를 파견한 것은 그 전초 작업을 위한 것이 아니었을까 짐작된다. 김주에게 맡긴 임무가 무엇인지는 알 수 없으나, 아마도 태조와 김주 그리고 곧 등장할 하륜 사이에는 계룡산 신도를 포기하고 한양 또는 그 인근으로 수도를 정하고자 하는 일종의 묵계가 이루어져 있었을 것이라는 것이 필자의 추측이다.

(3) 계룡 신도 공사 停罷와 모악의 대두

    『태조실록』卷第四 2년 12월 壬午(11일) : 대장군 沈孝生을 계룡산에 보내어 새 도읍 공사를 중지하게 하였다. 京畿左右道都觀察使 하륜이 다음과 같은 상언을 하였다.
    〈도읍이란 의당 나라의 중앙(國中)에 위치해야 하는 것인데, 계룡산은 그 터가 (국토의) 남쪽에 치우쳐 있어 동, 서, 북면과는 서로 떨어져 있습니다. 또한 신이 일찍이 신의 아버지를 장사 지내면서 풍수 관련 여러 서적을 조금 열람한 바가 있사온데, 듣자하니 계룡산의 땅이란 것이 산은 乾方에서 오고 물은 巽方으로 흘러가는, 송나라의 호순신이 말한 소위 '수파장생 쇠패립지'에 해당되므로, 도읍을 건설하는 데는 적합치 아니합니다(不宜建都).〉

임금이 글을 올리게 하여 판문하부사 권중화, 判三司事 鄭道傳, 판중추원사 南在 등으로 하여금 하륜과 더불어 참고케 하고, 또 고려 왕조의 여러 산릉의 길흉을 다시 조사하여 아뢰게 하였다. 이에 奉常寺로 하여금 고려 모든 왕릉의 형국과 行止와 朝案과 산수의 來去를 살펴보게 하니 그 길흉이 모두 맞으므로, 심효생에게 명하여 새 도읍의 공사를 중지하게 하였다. 그러자 중앙과 지방(中外)이 모두 크게 기뻐하였다.

호순신의 글도 이로부터 비로소 頒行되게 되었다. 임금이 명하여 고려왕조의 서운관에 저장된 秘錄文書들을 전부 하륜에게 주어 考閱하게 하고, 천도할 땅을 다시 보아서 아뢰게 하였다.

이제 정식으로 계룡산 신도 공사 중지 명령이 내렸다. 앞에서 필자는 태조가 처음부터 계룡산에는 뜻이 없었던 것 같다는 분석을 한 바 있다. 그런데도 계룡산 신도 공사를 시작한 것은 자신의 천도 의지가 확고하다는 것을 보이기 위한 수단이었다는 의견도 제시한 바 있다. 이제 자신의 속뜻을 알고 있는 하륜에 의하여 계룡산을 포기할 수 있는 명분이 마련된 셈이다. 그 명분의 출처는 두 가지이다. 하나는 계룡의 위치가 지나치게 국토의 남쪽에 치우쳐 있어 道里의 均正을 얻지 못하고 있다는 점이고, 또 다른 한 가지는 호순신의 풍수설에 의하여 계룡이 수파장생이란 흉한 기운의 땅이 된다는 점이다.

계룡산 신도내는 개경과 같은 藏風局의 땅으로, 말하자면 깊은 산속에 위치한 일종의 盆地狀 지형의 땅이다. 소규모 지방 국가의 수도라면 모를까, 15세기를 맞는 한반도의 통일 국가 수도로는 상식적으로도 그 규모나 위치가 합당한 터가 못 된다. 태조는 이 점을 잘 알고 있었던 듯하다. 그는 일찍이 倭寇들과의 전투를 수차례 수행한 경험이 있고 대륙에서 元明이 교체되는 국제적 환경에 대해서도 충분한 지식을 가지고 있었다. 따라서 국가의 주변 정세에 대한 인식이 풍부했던 인물이라고 할 수 있다. 그런 그가 왕권 찬탈에 만족하여 계룡산 신도안 같은 내륙의 아늑한 분지에 도읍을 정하고 안주하려는 생각을 하지는 않았을 것이다. 당연히 처음부터 한반도 중부 지방에 눈독을 들이고 있었던 것이라 할 수 있다.

그러나 개경은 불가했다. 그곳은 前朝인 고려의 혼과 추억이 서린 곳이니 당연히 그의 마음에 강한 거부감을 일으켰을 것이다. 그래서 나온 것이 하륜에 의한 鷄龍山地偏於南이라는 명분이었을 것이다.

그렇다면 호순신의 풍수설은 어떤 것인가. 상세한 설명은 풍수 이론 중에서도 가장 어렵다는 득수법과 좌향론에 대한 이해가 있어야 가능한 것이므로 여기서 상술할 수는 없고 다만 그 대강만을 살펴보기로 한다.

득수법의 가장 큰 원칙은 〈명당에서 물이 들어오는 곳, 즉 水流의 來方인 得은 吉方, 물이 빠져 나가는 곳, 즉 去方인 破는 凶方이어야 한다(大率欲水各自其吉方來凶方去)〉[58]는 것이다.

得이란 혈장으로 들어오는 來水를 말하는 것이고 破란 흘러 나가는 去水를 말한다. 산을 생명체인 소우주로 볼 때, 입(口)이 있어 먹어야 하고 항문이 있어 배설해야 그 생명을 유지, 보존할 수 있다. 得은 용혈의 입이 되고 破는 항문으로서, 득에서 얻은 물과 바람의 정수(風水之精)를 용혈에서 흡수하고 찌꺼기를 破로 배설하는 것이다. 즉 좋은 것을 得으로부터 가지고 와서 찌꺼기를 破로 가지고 나간다는 뜻에서 得은 길방, 破는 흉방의 원칙을 세운 것이다.

---

58) 胡舜臣, 『地理新法』, 卷上, 第四 水論.

계룡산은 山自乾來로 乾은 金山이 되며 左旋局에서 辰, 巽, 巳方이 貪狼星으로 길방이 되고, 申, 庚, 酉方이 武曲星으로 역시 길방이 된다. 따라서 신도안의 명당수가 辰, 巽, 巳, 申, 庚, 酉方으로 흘러간다면 破가 길한 방위가 되어 호순신이 말한 소위 반드시 망하고 마는 땅(衰敗立至)이 되는 것이다. 다시 말하자면 계룡산 신도내의 경우, 산세의 판단에 따라 수류의 破 방위가 長生 방위, 즉 위의 여섯 방위 중 하나에 해당되면 衰敗立至之地가 된다.

우선 산이 건방으로부터 왔는가가 문제인데, 과거 육군본부가 들어오기 이전 신도내의 원불교당 부근을 혈처로 하여 계룡산 정상의 방위를 보면 亥方으로 많이 치우치기는 했지만 거의 건방(N45도E를 중심으로 좌우 각 7.5도 주변 방위)이라 할 수 있어 金山에 比定시킨 것은 오류가 없다고 하겠다. 또 거방, 즉 파 역시 혈처에서의 방위가 손 혹은 사 방위가 틀림없기 때문에 이곳은 누가 보아도 득수의 원리를 어기고 있는 곳이라 판정이 될 것이다.

특히 위에서 언급한 바와 같이, 태조가 하륜의 지적이 합당한지 여부를 증명하기 위해 고려조 諸 山陵의 산수래거 형세를 조사해 보니, 역시 길흉이 맞는 듯하여 계룡산은 새 도읍 후보지에서 탈락하고 만다. 현실적으로도 명당 주위 산들의 최고봉과 수구인 파방이 건방과 손방 식으로 180도의 정반대되는 국세를 취하는 경우, 명당 국면을 번쩍 들어 파방으로 쏟아 붓는 듯한 환경 지각적 양태를 띨 수 있다. 따라서 잠깐 보아서는 느낄 수 없지만 장기간 거주하면서 이미지를 인식하다 보면 지세적 불안감이 야기될 수도 있다.

부연하면 계룡산 정상인 천황봉을 정점으로 치개봉, 민목재 쪽의 청룡산세와 멘재, 향적산 쪽의 백호산세가 합하여, 즉 사신사 중 현무와 청룡과 백호세가 그 계곡의 물 모두를 명당을 휩쓸어 봉보 협곡 쪽으로 몰리게 하는 듯한 기분을 갖게 할 수도 있다는 것이다.

계룡산은 새 도읍지로서는 포기되었지만 그후 전왕조에 대한 회고, 연민의 정과 결부되어 새로운 도참적 사고로 이어졌을 가능성이 높다. 왜냐하면 그 뒤에 유행한 『정감록』류에서 이씨가 아닌 새로운 왕조의 도래를 이곳에 고대하고 있기 때문이다. 계룡산 신도내가 위에서 말한 지세적 불안감을 야기시킬 수 있는 곳인 까닭에 말세론적 정감록 신앙의 이곳으로의 집중을 돋우지 않았을까 하는 의심이 든다는 것이다. 환경상 불안감을 조성하는 풍토가 말세론과 결부될 수도 있기 때문이다.

그리하여 애초의 태조 의도대로 새로운 도읍지 물색을 공공연하게 지시하게 된다.

『태조실록』 卷第五 3년 2월 甲申(14일) : 영삼사사 권중화, 檢校門下侍中 李茂方, 판삼사사 정도전, 門下侍郎贊成事 성석린, 大學士 閔霽, 참찬문하부사 남은, 僉書中樞院事 鄭摠, 檢校大學士 權近, 中樞院學士 李稷, 대사헌 李懃 등 10인에게 명하여 좌우도도관찰사 하륜과 함께 東國 역대 여러 현인들의 비록을 두루 상고하여 요점을 추려서 바치게 하였다.

드디어 본격적인 신도 입지 탐색 작업이 벌어진 셈이다. 그 사상적 기반은 명백히 풍수에 두고 있음도 이로써 확실해졌다. 왜냐하면 역대 여러 현인들의 秘錄이란 것이 명백히 풍수, 도참 관련 서적을 지칭하기 때문이다. 또한 하륜이 이 문제에 대해서는 태조의 절대적 신임을 받으며 작업에 임했음을 알 수 있다.

같은 달 丙戌(16일) : 임금이 수창궁에 거둥하였다. 영삼사사 권중화 등이 『비록촬요』를 바치니 임금이 하륜과 이직으로 하여금 進講케 하였다.

14일에 지시된 내용이 이날 시행되고 있다. 그 내용을 역시 하륜에게 설명하도록 하고 있다.

같은 달 戊子(18일) : 좌시중 趙浚과 영삼사사 권중화 등 11인을 보내어 서운관 관원들을 거느리고『지리비록촬요』를 가지고 가서 천도할 땅을 모악(『실록』에는 毋岳 또는 母岳이라 기록하고 있으나 毋는 母를 필사할 때 생기기 쉬운 오기이기도 하고 또한 실제로 모악이 맞기 때문에 앞으로도 모악이라 표기하기로 함) 남쪽에서 살펴보게 하였다.

여기서 모악이 처음 등장하는데 기록만 가지고는 좀 느닷없다는 생각이 든다. 그러나 태조가 처음부터 서울과 그 인근 지역에 마음을 두고 있었다고 가정하면 이 기록은 충분히 나올 만한 것이다. 그러나 모악을 처음 거론한 사람이 누구인지는 전혀 기록이 없다. 아마도 태조 자신이 서울 부근에서 모악이 좋은 곳이라는 생각을 언젠가 근처를 지날 때 생각해 두었던 듯하다.

같은 달 癸巳(23일) : 영삼사사 권중화와 좌시중 조준 등이 모악으로부터 돌아와 啓奏하기를 모악의 남쪽 땅(母岳南地)은 좁아서 천도할 수 없다고 하였다. 오직 좌우도도관찰사 하륜만이 홀로 주장하기를 모악 명당이 얼마쯤 좁은 것같이 보이지만 개성의 康安殿이나 평양의 長樂宮에 비하면 다소 寬廣할 뿐 아니라 (풍수상의 조건이) 전조 비록이나 당시 유행하던 중국 지리법에 부합한다고 하였다. 이에 임금이 이르기를 내가 직접 살펴보고 결정할 것이라 하였다.

태조의 뜻을 잘 알고 있던 하륜을 제외하고는 대부분이 모악이 좁다고 반대를 한다. 그러나 실상 모악은 그리 명당 規局이 좁은 땅은 아니다. 요컨대 개성을 떠나기 싫다는 중신들의 속마음이 명분을 찾아냈을 뿐이다. 그리하여 태조는 또다시 무익한 논란이 이어지는 것을 방지하기 위하여 자신이 직접 땅을 살핀 뒤에 결정하겠다고 한 것이다.

또 한 가지 중요한 사실은 〈당시 유행하던 중국 지리법〉이란 대목이다. 그때까지는 자생 풍수가 지리학상 지배적 지위를 차지하고 있었는데 중국 풍수가 본격적으로 유입되면서 자생 풍수(필자는 이를 도선 풍수라고도 함)를 밀어내기 시작한 것으로 해석할 수 있는 대목이다.

『태조실록』卷第六 3년 6월 乙未(27일) : 임금이 도평의사사에 다음과 같이 하교하였다. 〈모악 신도의 땅은 앞서 10여 재상들에게 명하여 그곳을 보게 하였고 또 지금은 이미 결정하였는데 서운관원 劉旱雨와 이양달 등이 말하기를, '臣의 배운 바로 보아서는 도읍으로 정할 곳이 아닙니다' 하니, 나라의 큰일로 이보다 중한 것이 없는데, 혹은 좋다 하고 혹은 좋지 않다 하니, 전일 가 본 재상 및 서운관 관원과 더불어 그 옳고 그른 것을 논의해서 알리라〉 하였다.

영삼사사 권중화와 우시중 조준이 여러 재상들과 더불어 서운관의 말한 바를 기록하여 아뢰었다. 그 내용인즉 〈다 옳지 못하다 합니다〉였다.

임금이 말하였다.

〈이들로 하여금 다시 좋은 곳을 물색하게 하라.〉

태조의 표현 그대로 천도는 國之難事 중 난사였다. 그러니 어떤 입지처에 대해서도 반대가 없을 수는 없었다. 특히 중신들의 경우는 천도 자체에 대하여 반대하는 것 외에 태조의 의중을 제대로 파악하지 못했기 때문에 그 반대는 더욱 집요했을 수 있었을 것이다. 태조 역시 이제 막 나라를 세운 판이라 명분에 집착하지 않을 수 없었고 이런 일들이 결국 천도를 갈피 잡기 힘든 미로 속으로 몰아 넣었을 것이다. 특히 모악에 대한 찬성론과 반대론의 언설은 『실록』에 예외적일 정도로 자세히 나와 있기 때문에 그때 가서 다시 살펴보기로 한다.

이날 한 가지 특기할 사항은 조선 초기 각종 풍수 논쟁에서 중요한 역할을 담당하는 유한우가 처음 등장한다는 점이다. 필자는 이들 양인을 비롯한 서운관원들의 풍수 수준이 대단했다고 보지는 않는다. 개중에는 자신의 지론을 끝까지 고집하는 소신 있는 풍수학인이 없었던 것은 아니지만 대부분은 시류에 영합하여 적당히 자신의 주장을 뒤집는 자들이었다. 유한우와 이양달도 당시는 하급 관리로서 태조의 진의를 알 수 있는 처지가 아니었고, 다만 중신들의 부탁을 받아 모악 천도의 불가함에 대한 풍수적 이론 뒷받침을 담당했을 뿐이라는 것이 필자의 생각이다.

유한우는 주로 태종 때 활약한 풍수가로서 후에 檢校漢城府判事까지 오른 인물이다.『태종실록』의 기록에 의하면 그는 얼굴이 깊고 그윽하여 비술을 지닌 사람처럼 보였다고 한다. 그는 이때뿐만이 아니라 훗날 모악이 다시 거론되었을 때에도 지리서에서 지적하는 규국에 적합치 않다고 반대한 바 있다. 이양달은 이미 계룡산 새 도읍 논의 때 등장한 적이 있던 인물이다.

『태조실록』卷第六 3년 7월 己亥(초2일) : 서운관원이 와서 도읍이 될 만한 곳을 아뢰었다. 이르기를 〈佛日寺가 제일이고 선고개(鐥岾)가 다음은 됩니다〉라 하였다.

불일사는 개성 동쪽에 있는 불일사의 명당을 말한다. 선점이 오늘날 어디인지는 분명치 않다. 다만 당시의 국역으로 보나 고려의 전조인 신라의 위치로 보나, 혹은 善谷(榮州, 禮安, 安東), 善山, 善州, 鐥銀(尙州 化寧縣) 등의 지명이 모두 경북 내인 것으로 미루어 보아 낙동강 상류 유역 어느 곳의 넓은 분지 지역이었을 것으로 추측된다.

그러나 이런 곳들은 좁기도 하거니와 장소가 국토의 한쪽으로 편중된 곳이어서 당시의 정세에 전혀 어울리는 곳이 아니었다. 수도의 천도라는 대사는 서운관에서 작은 터나 잡아 보던 전문 풍수사가 관여할 일이 아니었던 것이다. 그들은 이론에는 밝았으나 그저 문자에만 매달려 있던 소심한 사람들로서 수도 선정과 같은 거시적인 풍수에는 적합치 못했다. 그들의 안목은 그야말로 터잡기 풍수에나 어울리는 정도였다. 국제적인 안목이나 장기적인 국가 경영 전략의 안목을 갖춘 인물이 아니었던 것이다. 그러니까 고작 개성 인근의 불일사니 경상도 내륙 지방의 분지 지역을 떠올릴 수 있었을 뿐이다. 불일사는 부호인 공경대부의 집터 정도였을 것이고 선점은 한 지방의 수령 부임지 정도였을 것으로 짐작된다.

그렇기 때문에 바로 다음 다음날인 초4일 도평의사사에서 선점에 가 터를 살펴보고 좋지 못하다는 결론을 내리고 만다. 게다가 터를 평가한 우복야 남은은 선점을 추천한 이양달을 이렇게 꾸짖었다. 〈너희들이 지리의 술법을 안다는 것으로써 여러 번 맞지 않는 곳을 도읍할 만하다고 하여 임금의 총명을 번거롭게 하니, 마땅히 호되게 징계하여 뒷날을 경계해야겠다.〉

다음날 도평의사사는 불일사에도 가서 땅을 살피고 그곳 역시 천도지로 부적합하다는 결론을 내린다. 결국 불일사와 선점에 대한 건은 하나의 해프닝으로 끝을 맺고 만다.

『태조실록』 卷第六 3년 7월 戊辰(11일) : 도평의사사에서 啓請하여 아뢰기를 〈지리라는 학문에 분명치 못한 곳이 있기 때문에(地理之學未明) 사람마다 각기 자기 의견을 내세워 서로 같기도 하고 다르기도 하니 어느 것이 참말이며 어느 것이 거짓인지를 분별하기가 어렵습니다. 고려조에서 전해져 오는 비록도 역시 같기도 하고 다르기도 하여 邪와 正을 정하기 어려우니 청하옵건대 陰陽刪定都監을 두어 일정하게 校訂하게 하소서〉 하였다.

임금이 그대로 따랐다.

풍수를 믿고 있던 태조의 입장에서는 중신이나 서운관 관원 양자가 모두 미덥지 못했을 것이다. 중신들의 풍수 수준은 상식을 벗어나지 못했고 서운관 하급 관리들의 풍수 수준은 문자에 얽매인 法眼으로 안목이 너무 좁아 나라 일에 쓰기에는 역부족이었기 때문이다. 그래서 제안된 것이 풍수 이론을 체계화시키고 풍수 전적을 정리하는 음양산정도감의 설치이다.

음양산정도감은 바로 다음날인 12일에 설치된다. 즉 영삼사사 권중화, 판삼사사 정도전, 문하시랑찬성사 성석린, 삼사우복야 남은, 정당문학 정총, 첨서중추원사 하륜, 중추원학사 이직, 대사헌 이근, 平原君 李舒로 하여금 서운관원과 함께 지리와 도참에 관한 여러 책을 모아서 참고하여 교정케 하였다.

『태조실록』卷第六 3년 7월 丙辰(19일) : 임금이 장차 모악의 터를 보고 도읍을 정하려 하는데, 門下府郞舍가 다음과 같은 상서를 하였다. 〈시기가 아직 덥고 장마 때가 되어 動駕하기가 불편하며 또 농민들도 여가가 없으니 8월 보름 때를 기다려 해도 늦지 않을 것입니다.〉
 (이에 임금이) 그대로 따랐다.

태조는 모악 천도를 기정 사실화하여 중신들의 공론에 부치지도 않은 채 도읍을 정하려는 의도를 가지고 있었던 듯하다. 그러나 중신들의 반발도 만만치 않아, 계절과 농사철을 이유로 하여 그 불가함을 아뢴다. 결국 태조도 고집을 부리지 못하고 그들의 의견을 좇게 된다는 내용이다.

사실 신하들의 입장에서는 기득권층인 자신들의 처지도 처지려니와 수도를 옮긴다는 일 자체가 실감이 되지 않을 정도로 큰일처럼 보였을 것이다. 그러니 그들이 천도에 관한 문제만큼은 사사건건 반대하는 것이 이해는 간다. 태조의 생각과 중신들의 생각에는 커다란 차이가 있었음에 틀림없다.

『태조실록』 卷第六 3년 8월 乙亥(초8일) : 임금이 친히 모악의 천도할 땅을 보려고 도평의사사와 臺省, 刑曹의 관원 각 한 사람씩과 親軍衛를 데려갔다.

신하들이 8월 보름까지 기다렸다가 가 보자고 했지만 태조는 몹시 초조했을 것이다. 그래서 8월 초8일에 부랴부랴 모악 상지를 감행하게 된다. 그의 천도 의지가 어떤 정도였는지를 다시 한번 짐작할 수 있는 대목이다.

(4) 모악의 포기와 한양의 등장

『태조실록』 卷第六 3년 8월 戊寅(11일) : 임금이 모악에 이르러 도읍을 정할 땅을 물색하는데, 判書雲觀事 尹莘達과 書雲副正 유한우 등이 임금 앞에 나와 말하기를, 〈지리의 법으로 볼 때 이곳은 도읍이 될 수 없는 곳입니다〉고 하였다.

이에 임금이 대답하기를, 〈너희들이 함부로 옳거니 그르거니 하는데, 여기가 만일 좋지 못한 점이 있다면 본래 문헌에 있던 것을 상고하여(考諸本文) 말해 보아라〉 하니 윤신달 등이 물러나와 서로 의논하거늘 임금이 유한우를 불러 〈이곳이 그렇게도 좋지 못하냐〉 하고 물었다. 유한우가 답해 올리되 〈신이 살펴본 바로는 진실로 좋지 못합니다〉라고 하였다.

임금이 〈여기가 좋지 않다면 어디가 좋다는 말이냐?〉 하고 물으니, 유한우는 〈신은 알지 못하겠습니다〉라고 답하였다. 이에 임금이 분노하여 말하였다. 〈네가 서운관의 관원인데도 모른다고 하니 누구를 속이려는 것이냐. 송도의 지기가 쇠했다는 말을 너는 듣지 못했단 말이냐〉 하였지만 유한우는 이렇게 대답하였다. 〈그것은 도참으로 말한 바이며 신은 단지 지리만 배워서 도참은 모릅니다.〉

임금이 말하였다. 〈옛사람의 도참도 역시 지리로 인해서 말한 것이지 어찌 터무니없이 근거 없는 말을 했겠느냐. 그러면 너의 마음에 쓸 만한 곳을 말해 보아라.〉

유한우가 이렇게 대답하였다. 〈고려 태조가 松山 명당에 터를 잡아 궁궐을 지었는데 중엽 이후에 오랫동안 명당을 폐지하고 임금들이 여러 번 離宮으로 옮겼습니다. 신의 생각으로는 명당의 지덕이 아직 쇠하지 않는 듯하니, 다시 궁궐을 지어서 그대로 송경에 도읍을 정하는 것이 좋을까 합니다.〉

임금이 말하기를 〈내가 장차 도읍을 옮기기로 결정했는데 만약 가까운 地境 안에 다시 길지가 없다면 삼국 시대의 도읍도 또한 길지가 됨직하니 합의해서 알리라〉 하고, 좌시중 조준, 우시중 김사형에게 이렇게 일렀다.

〈서운관이 전조 말기에 송도의 지덕이 이미 衰하였다고 여러 번 상소하여 한양으로 도읍을 옮기고자 하였다. 근래에는 계룡산이 도읍할 만한 땅이라고 하므로 백성들을 동원하여 공사를 일으키고 백성들을 괴롭혔는데, 이제 또 여기(母岳)가 도읍할 만한 곳이라 하여 와서 보니, 유한우 등의 말이 좋지 못하다 하고 도리어 송도 명당이 좋다고 하면서 서로 논쟁을 하여 국가를 속이니, 이것은 일찍이 징계하지 않은 까닭이다. 경 등이 서운관 관원으로 하여금 각각 도읍될 만한 곳을 말해서 알리게 하라.〉

이에 兼判書雲觀事 崔融과 윤신달, 유한우 등이 상서하기를, 〈우리나라 안에서는 扶蘇 명당이 첫째요, 南京이 다음입니다〉라고 하였다.

이날 저녁에 임금이 모악 밑에서 유숙하였다.

개성을 떠난 지 사흘 만에 태조는 모악 남쪽에 도착하였다. 그런데 앞서의 윤신달과 유한우가 풍수 원칙을 거론하며 이곳이 도읍지가 될 수 없음을 강변한다. 태조는 짜증을 낸다. 심지어는 그간 처벌을 하지 않아서 중구난방으로 떠들고 있는 것이라는 말까지 한다. 그러면서 그는 송도지기쇠패설을 상기시킨다. 태조는 왕씨 고려가 망한 것이 바로 천지의 뜻이라는 사실을 풍수를 통하여 확신시키려 했음에 틀림없다.

그러나 고루한 풍수 이론가들은 태조의 큰 뜻을 알 수가 없다. 그러니 사소하다고 할 수밖에 없는 풍수 논리를 동원하여 반대를 하고 있는 것이다. 태조의 본뜻이 어디에 있는 것인지를 파악하지 못한 채 송도의 지덕이 쇠했다는 소문에 대하여 그것은 풍수 지리가 아니라 도참이므로 자신들은 알지 못한다고 발뺌을 한다. 그러나 그들이 도참을 모를 리는 없다.

아마도 이들 서운관의 풍수 전문가들은 태조의 본뜻은 알지 못했지만 천도를 반대하고 있던 중신들의 생각은 잘 알고 있었던 모양이다. 그래서 그들은 더 나아가 나라 안에서 개성의 땅 기운이 가장 좋다는, 어떻게 보면 태조가 가장 듣기 싫어할 얘기까지 서슴지 않는다. 태조로서는 참으로 답답한 일이 아닐 수 없었을 것이다.

결국 태조는 삼국 시대의 도읍지 중에서라도 물색해 보라는 지시를 한다. 이는 아마도 한때 백제의 도읍지였다는 풍문이 있는 한양 부근을 염두에 둔 명령이었을 것이다. 요컨대 태조의 생각은 서울을 떠나지 않고 있는 셈이다. 그리고 서울을 고집하는 가장 중요한 이유가 바로 송도지기쇠패와 漢陽木子得國의 도참설이었을 것이다. 그것이 바로 易姓革命을 일으킨 자신의 정당성을 하늘로부터 부여받고자 했던 그의 본심이었을 것이다.

융통성이 없던 풍수 전문가들도 드디어 태조의 강압을 받아들여 개성이 가장 좋은 곳이기는 하지만 그 다음 좋은 땅이 바로 한양이라는 선까지 후퇴를 하게 된다. 드디어 한양이 풍수적 타당성을 획득한 셈이다. 그러면서 태조는 바로 한양을 지척에 둔 모악에서 밤을 묵게 된다.

같은 달 己卯(12일) : 임금이 왕사 자초를 장막 안으로 불러들여 밤을 대접하였다. 처음에 임금이 여기 와서 터를 잡으려고 할 때 먼저 사람을 보내서 맞아 온 것이다.

　임금이 여러 宰相들에게 분부하여 각기 도읍을 옮길 만한 터를 찾아 글월로 올리게 하니, 판삼사사 정도전이 말하였다.

　〈그 하나, 이곳(모악)이 나라의 중앙에 위치하여 조운이 통하는 것은 좋으나 다만 한이 되는 것은 한 골짜기 사이에 끼여 있어서(一洞之間) 안으로 宮寢과 밖으로 조시 종사를 세울 만한 자리가 없으니 왕자의 거처로서 편리한 곳이 아닙니다.

　그 하나, 신은 음양 술수의 학설을 배우지는 못하였습니다. 그런데 지금 여러 사람의 의논하는 바가 하나같이 음양 술수의 학설을 벗어난 것이 없으니, 신으로서는 실로 말씀드릴 바를 모르겠습니다. 맹자가 이르기를 '어릴 때 배우는 것은 어른이 되어서 행하기 위함이라(幼而學之壯而欲行之)' 하였습니다. 청컨대 평일에 배운 바로써 말씀드리겠습니다. 鄒나라 武王이 郟鄏에 도읍을 정하였는데 (이곳이) 곧 關中으로 30대 800년을 전하였습니다. 그 11대손인 平王 때에 이르러 周나라가 일어난 지 449년 만에 洛陽으로 천도하였고, 진나라 사람이 서주 옛 땅에 도읍을 정하였는데, 주나라는 30대 赧王에 이르러 망하고, 진나라 사람들이 이를 대신했습니다. 이로써 본다면 30대 800년이라는 주나라의 운수는 지리에 있었던 것이 아닙니다. 한의 고조가 항우와 함께 진나라를 칠 때 韓生이 항우에게 관중에 도읍할 것을 권했으나 항우가 궁궐이 다 타 버리고 사람이 많이 죽은 것을 보고 좋아하지 않으니 어느 사람이 술수로써 항우를 달래기를, '벽을 사이에 두고 방울을 흔들면 그 소리는 듣기 좋아도 그 모습은 보이지 않는 것이니 부귀해진 뒤에는 고향 산천으로 돌아가야 하는 것입니다'고 하였습니다. 항우가 그 말을 믿고 동쪽 彭城으로 돌아가고 한 고조는 劉敬의 말에 의하여 그날로 서쪽 관중에 도읍을 정하였는데, 항우는 멸망했으나 한나라의 덕은 하늘과 같았습니다. 그 뒤로도 宇文氏의 주나라와 楊堅의 隋나라가 서로 이어 가면서 관중에 도읍하고 당나라도 역시

(그곳에) 도읍하여 덕이 한나라와 같았으니, 이것으로 보더라도 (나라의) 잘 다스려짐과 어지러움은 사람에게 있는 것이지 지리의 성쇠에 있는 것이 아님을 알 수 있습니다.

그 하나, 중국에서 천자의 자리에 오른 사람이 많이 있으나 그들이 都邑을 정하는 곳은 서쪽은 관중으로 신이 말하는 바와 같고, 동쪽은 金陵으로 진, 송, 제, 양, 진나라가 차례로 도읍을 정하였으며, 중앙은 낙양으로 양, 당, 진, 한, 주나라가 계속하여 이곳에 도읍을 정하였고, 송나라도 이를 따라 도읍을 정하였는데 大宋의 덕이 한, 당에 못지 않았으며, 북쪽은 연경으로서 大遼, 大金, 大元이 모두 이곳에 도읍을 정하였습니다. (중국과 같은) 천하의 큰 나라로서도 역대의 도읍처가 네 곳에 지나지 않았습니다. (그들이라고) 한 나라가 일어날 때 어찌 술법에 밝은 사람이 없었겠습니까. 진실로 제왕이 도읍할 곳은 스스로 정해지는 것이지(自有定處) 술수로 헤아려서 얻어지는 것이 아닙니다.

그 하나, 우리나라에는 삼한 이래의 구도가 있었으니 동쪽에는 계림(慶州)이 있고 남쪽에는 완산(全州)이 있으며 북쪽에는 평양이 있고 중앙에는 송경(開城)이 있는데, 계림과 완산은 한쪽 구석에 있으니 어찌 왕업을 편벽된 곳에 둘 수 있겠습니까. 평양은 북방에 너무 가까우니 신은 도읍을 할 곳이 못 된다고 생각합니다.

그 하나, 전하께서 기강이 무너진 전조의 뒤를 이어 처음으로 즉위하여(殿下初卽位承前朝毀廢之餘) 백성들이 소생되지 못하고 나라의 터전이 아직 굳지 못하였으니, 마땅히 (모든 것을) 진정시키고 민력을 휴양하여, 위로 천시를 살피시고 아래로 인사를 보아 적당한 때를 기다려서 도읍터를 보는 것이 萬全한 계책이며, (그리하여야) 조선의 왕업이 무궁하고 신의 자손도 함께 영원할 것입니다.

그 하나, 지금 지기의 성쇠를 말하는 자들은 마음속으로 깨달은 것이 아니라 다 옛사람들의 말을 전해 듣고 하는 말이며, 신의 말한 바도 또한 옛사람들이 이미 징험한 말입니다. 어찌 술수자의 말만 믿을 수 있고 선비의 말은 믿을 수 없겠습니까.

엎드려 바라옵건대 전하께서는 깊이 생각하여 人事를 참고해 보시고, 인사가 다한 뒤에 占(卜筮)과 같은 것을 상고하여 불길하거든 행하지 마소서.〉

왕사 자초, 즉 무학대사는 태조의 마음속 스승이었다. 태조는 중요한 결정을 내릴 필요가 있을 때에는 항상 무학을 곁에 두는 버릇이 있었던 듯하다.

그러나 이 대목에서 돋보이는 것은 신흥 세력이라 할 수 있는 유학자 출신인 정도전의 합리적이고 논리적인 지적이다.

그는 우선 중국의 고사를 인용하여 그런 큰 나라에서도 역대의 수도가 네 군데를 넘지 않음을 지적하면서, 아울러 우리나라의 수도도 결국은 네 곳을 넘지 않음을 설파하고 있다. 그에 거론된 곳이 북의 평양, 남의 전주, 동의 경주 그리고 중앙의 개성이다. 전주와 경주는 국토에서의 배치가 너무 한쪽에 치우쳐 있고 평양은 또 국경에 너무 가까워 불가하다는 논거이다. 그야말로 적절하고 타당한 지적이다.

그는 결론적으로 아직은 나라를 세운 지 얼마 되지 않기 때문에 지기와 같은 음양 술수의 설에 미혹되지 말고 오직 국력을 키우고 백성들을 안심시키는 인사에 진력할 것을 강조하여 권하고 있다. 그러면서 결국 수도를 옮기지 말고 국토의 중앙인 현재의 개성을 그대로 도읍으로 쓰자는 주장을 편 셈이다. 어느 한 곳 빠짐이 없는 실로 완벽에 가까운 논거이다.

사실 정도전의 이 논리를 깨부술 수 있는 반대 논리를 찾기는 어렵다. 그는 모악이 도읍으로 부적당함을 논파한 것이 아니라 보다 근본적으로 천도 자체가 시기상조임을 말한 것이지만, 태조의 속마음을 제대로 읽지 못했으므로 설득력을 가질 수가 없었다.

이것은 훗날 왕권과 중신 사이의 파워 게임과도 관련되는 것이지만 일단 천도 문제에서는 그가 물러설 수밖에 없게 된다. 뿐만 아니라 뒤에는 결국 왕자에 의하여 목숨까지 잃고 만다.

같은 날 : 문하시랑찬성사 성석린이 말하였다. 〈이곳(모악)은 산과 물이 모여들고 조운이 통할 수 있어 길지라 할 수 있으나(山水之會漕運之通則可謂吉矣), 명당이 경사지고 좁으며(明堂傾窄) 뒷산(즉 주산)이 약하고 낮아서(後山低微) 규국이 왕자의 도읍에 맞지를 않습니다. 대저 천하의 큰 나라도 제왕의 도읍은 몇 곳에 불과한데 하물며 한 나라 안에서 어찌 흔하게 얻을 수 있겠습니까. 扶蘇(즉 開京)의 산수는 간혹 역처가 있으므로 선현들이 左蘇와 右蘇에 돌아가면서 거주하자는 말이 있으나, 그 근처에 터를 잡아서 巡住하는 곳을 삼고 부소 명당으로 본궁궐을 지으면 심히 다행일까 합니다. 어찌 부소 명당이 왕씨만을 위하여 생겼고 뒷임금의 도읍이 되지 못할 이치가 있겠습니까. 또 민력을 休養하여 두어 해 기다린 연후에 의논하는 것도 늦지 않을까 합니다.〉

성석린 역시 중신의 반열에 든 기득권층으로 천도를 기피한 인물이다. 그러나 태조의 뜻이 워낙 공고하므로 기발한 타협책을 제시한 것이다. 즉 개성의 약점을 솔직히 인정하고 오히려 그 바탕 위에 지기 虛缺處를 비보하여 사용함으로써 천도를 하지 말자는 발상이다. 또한 그 역시 백성들의 휴양을 빙자하는 버릇은 고치지 못하고 있다.

같은 날 : 정당문학 정총이 말하였다. 〈도읍을 정한다는 것은 예로부터 어려운 일입니다. 천하의 큰 나라(즉 중국)도 관중이니 卞梁이니 금릉이니 하는 몇 군데밖에 되지 않는데 어찌 우리 작은 나라로서 곳곳에 있겠습니까. 주나라가 관중에 도읍하였는데 진나라가 이어 나왔어도 역시 관중을 도읍으로 하였고 진나라가 망하고 한나라가 대신해도 또한 관중에 도읍하였으며, 변량은 오대가 도읍하고, 금릉은 육조가 도읍한 곳입니다.

도선이 말하기를 '만약 부소에 도읍한다면 세 나라 강토를 통일해 가질 수 있다(統有三土)'고 하였습니다. 전조는 시조 왕건 이전 삼국이 정립할 때부터 삼국을 통일한 이후에 이르기까지 단지 개성에 도읍할 뿐이었습니다. 왕씨(의 고려 왕조)가 5백 년에 끝난 것은 운수이며 지리에 관련시킬 것이 아닙니다. 만약에 주, 진, 한나라가 서로 계속해 가면서 한곳에 도읍한 것을 상고해 본다면 비록 개성이라 해도 해가 없을 듯합니다. 구태여 여기(개성)를 버리고 다른 곳을 구하려면 다시 널리 찾아보는 것이 좋겠습니다. 모악 터는 명당이 심히 좁고 뒷 주산이 낮으며 수구가 닫히지 않았으니(明堂甚狹 主山陷溺 水口無關鎖), 길지라면 어찌 옛사람이 쓰지 않았겠습니까.〉

정총의 주장은 바로 앞의 정도전, 성석린 등이 주장한 바와 논리적 맥을 같이 한다. 즉 중국 같은 큰 나라도 왕조가 바뀌어도 그 전 왕조의 도읍을 그대로 따라 쓴 전례가 있으니 우리도 그저 개성을 그대로 도읍으로 쓰자는 것이다. 그러면서 계속 地理之說이 근거 없는 것임을 은근히 부각시키고 있다. 즉 태조가 풍수에 빠져 있다는 사실을 모르고 있지는 않았던 것이다.

모악의 단점으로 지적하고 있는 것도 다들 비슷비슷하다. 크게 세 가지이니 그 하나가 명당이 한 나라의 수도로서는 너무 좁다는 점이고, 다음은 명당의 상징적 핵심이 되는 주산이 푹 꺼진 듯이 낮다는 점이며, 마지막으로 명당을 감싸 도는 물길이 닫혀 있지 않았다는 점이다. 이것은 한강이 모악(지금의 서강, 신촌 일대)을 빠져 나갈 때 김포반도 쪽으로 광활하게 개방적으로 뻗어 나간 것을 지적한 대목이다. 풍수에서는 명당의 물이 명당 밖으로 빠져 나갈 때 옷섶을 여미듯(關鎖) 닫아 주며 나가는 것을 좋다고 여기기 때문이다.

같은 날 : 첨서중추원사 하륜이 말하였다. 〈우리나라의 옛 도읍으로 나

라를 오래 보전한 곳은 계림(慶州)과 평양뿐입니다. 모악의 局勢가 비록 낮고 좁다 하더라도 계림과 평양에 비하여 궁궐의 터가 실로 넓을 뿐만이 아니라, 더구나 나라의 중앙에 있어 조운이 통하며, 안팎으로 둘러싸인 산과 물이 또한 증빙할 만하여 우리나라 옛 현인들의 秘記에 대부분 서로 부합되는 것입니다. 또 중국의 풍수 지리에 대한 여러 대가들이 말한 바 산과 물이 안으로 모여든다는 설(山水朝聚之說)과도 서로 가까우므로 전일 면대하여 물으실 때에 자세히 말씀드렸던 것입니다. 삼가 생각하옵건대 임금이 일어남에는 스스로 천명을 갖고 있는 것이나, 도읍을 정하는 일은 경솔하게 논의할 수 없는 것입니다. 만약 한때의 인심에 순응하여 민폐를 덜려면 송도에 그대로 있을 것이요, 前賢의 말씀에 의하여 만세의 터전을 세우려면 이보다 더 나은 곳은 없습니다.〉

하륜은 처음부터 태조의 뜻을 세워 주기로 한 인물이다. 게다가 그 자신이 모악을 천거했던 사람이다. 그러니 모악의 단점을 변명하고 장점을 내세우는 것은 당연한 일이었을 것이다. 그는 여러 중신들을 겨냥하여 일시 백성들의 인기를 끌 생각이라면 천도하지 말고 개성에 그대로 살 것이나 만약 장기적인 안목을 갖춘 인물이라면 모악을 취하라고 강변하고 있다.

하륜은 일찍이 고려 禑王 14연(1388년) 최영 장군의 요동 공격 계획을 반대하다가 유배까지 당했던 사람이다. 그러니까 태조와는 서로 마음을 터놓을 수 있는 사이가 되었을 것이다. 『태종실록』에 의하면 그는 사치를 싫어하고 독서를 좋아하여 음양, 의술, 星經, 지리에 정통하였으며 태종의 신임이 두터워 70세에 致仕한 이후에도 朔北肇基地의 산릉 審視를 자청하여 巡審하다가 도중에 定平에서 죽었다고 한다.

같은 날: 중추원학사 이직이 말하였다. 〈도읍을 옮기고 나라를 세울

제1장 한국 풍수 지리설의 구조와 원리 159

곳에 관한 지리 서적을 상고해 보니 대개 말하기를 '만 갈래의 물과 천 줄기의 산봉우리가 한곳으로 향한 큰 산과 큰 물이 있는 곳이 왕도와 宮闕을 정할 수 있는 땅이라(萬水千山俱朝一神 大山大水處爲王都宮闕之地)'고 하였습니다. 이것은 산기와 수맥이 모이는 곳이 조운을 통할 수 있는 땅이라는 얘기입니다. (지리서는) 또 이르기를 '方 千里로 임금이 된 사람은 사방 각 오백 리(안에서 도읍을 정하기)로 하고, 방 오백 리로 임금이 된 사람은 사방 각 오십 리로 한다'고 하였으니, 이것은 道里의 均正을 꾀하기 위한 것입니다. 우리나라 秘訣書에도 이르기를 '三角山 남쪽으로 하라(三角南面)' 했고, '한강에 임하라(臨漢江)' 했으며, 또 '母山이라' 했으니, 바로 이곳을 들어서 말한 것입니다.

대저 터를 잡아서 도읍을 옮기는 것은 지극히 중요한 일로서 한두 사람의 소견으로 정할 것이 아니며 반드시 천명에 순응하고 인심을 따른 뒤에 할 수 있는 것입니다. 그러므로 『서경』에 이르기를 '거북(龜, 즉 河圖)을 따르고 筮(周易의 占筮法)를 따르며, 공경과 사대부를 따르고 서민을 따르라' 했으니, 이와 같이 하지 않으면 결정할 수 없는 것입니다. 지금 도읍을 옮기고 안 옮기는 것은 때와 운수가 있는 것이니 신이 어찌 쉽게 의논하겠습니까. 전하께서 (천도하려는 것은) 천심에서 나오고 또 인심의 향하는 바를 살피어 하시는 것이니 곧 하늘에 순응하는 것입니다. 그러나 모악 명당은 신도 역시 좁다고 생각합니다.〉

이직은 좀 중도적인 입장을 취하고 있다. 천도를 해야 하는 것은 인정하나 아직 때가 이른 것 같다는 것과 모악은 역시 도읍으로는 좁다는 것이다. 그러나 그도 역시 행간의 숨은 뜻으로 미루어 보건대 천도를 하지 않았으면 하는 기색이 역력하다.

그리하여 『실록』도 이날의 마지막 기록을 이렇게 마무리짓고 있다. 즉〈임금이 여러 재상들이 제시한 의논이 대개 천도를 옳지 않다고 한 까닭에 언짢은 기색으로 '내가 개성으로 돌아가 昭格殿에서 의심을 해결하리라'고 말하고는 이어 남경으로 행차하였다〉는 것이다.

　태조는 중신들이 하나같이 천도를 반대하여도 조금도 굽힘이 없이 강행하려 한다. 그리하여 그들의 반대를 모악이라는 특정 장소에 대한 것으로 치부하고 연이어 남경(한양)으로 향하였다. 그가 얼마나 한양에 연연하고 있는지를 잘 알려 주는 대목이다.

　같은 달 庚辰(13일) : 임금이 (한양의) 옛 궁궐터에서 그 자리를 살펴보며 산세를 관망하다가 윤신달 등에게 〈여기가 어떠냐?〉고 물었다. 대답하기를 〈우리나라 域内에서는 송경이 가장 좋고 이곳이 그 다음 가지만, 다만 한 되는 바는 건방(北西쪽)이 낮아서 水泉이 고갈된다는 사실입니다〉고 하였다. 임금이 기뻐하면서 말하였다. 〈송경인들 어찌 부족한 점이 없겠는가. 이제 이곳의 형세를 보니 왕도가 될 만한 땅이다. 더욱이 조운하는 배가 통하고 도리도 균정하니 백성들에게도 편리할 것이다.〉

　또 임금이 왕사 자초에게 물었다. 〈어떻소?〉 자초가 대답하였다. 〈여기(한양)는 사면이 높고 수려하며 중앙이 평평하니(四面高秀 中央平衍) 성을 쌓아 도읍을 정할 만합니다. 그러나 여러 사람의 의견을 따라서 결정하소서.〉

　임금이 여러 재상들에게 분부하여 의논하게 하니 모두 말하기를 〈꼭 도읍을 옮기려면 이곳이 좋겠습니다(必欲遷都 此處爲可).〉

　이때 하륜이 홀로 말하였다. 〈산세는 비록 볼 만한 것 같으나 지리법으로 말하면 좋지 않습니다.〉

　임금이 여러 사람들의 의견을 들어 한양을 도읍으로 결정하였다. 그런데 前典書 楊元植이 나와서 이렇게 말하였다. 〈신이 가지고 있던 비결서는 앞서 이미 명령을 받아 제출하였거니와, 積城 廣實院 동쪽에 산이 있어 그곳 주민들에게 물으니 鷄足山이라 하는데, 그곳을 보니 비결에 씌어 있는 것과 근사합니다.〉

　이에 임금이 말하기를 〈조운할 배가 통할 수 없는데 어찌 도읍터가 되

겠는가.〉양원식이 대답하였다.〈임진강에서 장단까지는 물이 깊어서 배가 다닐 수 있습니다.〉

임금은 그만 輦을 타고 종묘 지을 터를 보고서 蘆原驛 들판에 이르러 유숙하였다.

이 무렵에는 신하들도 대부분 태조의 천도 뜻이 확고부동하다는 것을 짐작한 모양이다. 또 그런 태조의 뜻이 한양에서 이씨 성 가진 사람이 왕이 될 것이라는 讖謠에 기인된 것이라는 사실도 알게 된다. 그리하여 한양에 대한 의견 개진에 있어서는 특별한 반대를 펼치지 않는다. 다만 하륜만이 모악을 계속 고집하지만 그가 왜 한양이 지리법에 어긋난다고 했는지는 기록에 나와 있지 않다. 이미 그때는 한양 천도가 결정적이었던 모양이다.

여기서는 두 가지가 문제가 된다. 하나는 중신들이 왜 모악은 안 되고 한양은 된다고 했겠느냐 하는 것이고 다른 하나는 한양의 乾方이 낮다는 것이 무슨 결점이 되겠느냐 하는 점이다.

중신들은 개성의 지세에 익숙한 사람들이다. 개성은 사면이 높은 산지에 둘러싸인 전형적인 분지상의 藏風局인 땅이다. 그러나 모악은 서쪽으로 한강이 길게 꼬리를 끌며 빠져 나가는 상당한 臨河의 땅이다. 장풍의 땅에 익숙한 사람들에게는 임하의 땅이 대단히 허결하게 보일 것이다. 즉 어딘가 허전한 땅이라는 느낌을 준다는 뜻이다. 그러니 모악을 선호할 까닭이 없었을 것이라고 보는 것이다.

그렇다면 윤신달이 지적한 바 한양의 건방이 저하하다는 것은 무슨 의미를 갖고 있는가? 경복궁에서 보았을 때 오늘날의 북악산과 인왕산 사이인 청운동, 자하문, 평창동 쪽이 건방이 되며 그곳이 북악(342.4m)과 인왕(338.2m) 사이에 끼여 100미터 이하인 곳이기 때문에 한양의 건방이 낮다는 윤신달의 지적은 적절하다.

북악을 주산으로 壬坐丙向의 남향으로 경복궁 正寢, 즉 혈장의 좌향을 결정한 한양에서 건방의 함몰은 바로 黃泉煞이 되어 버리는 매우 忌하는 지세가 되는 결과를 빚는다. 혈장에 황천살이 끼는데도 누구 하나 이것을 지적하지 않고 넘어갔다는 것은 매우 기이한 일이다. 유독 윤신달만이 건방의 저하를 탓하고 있으나 그 역시 그래서 황천살이 됨을 지적한 것은 아니었다.

술가에서는 황천살이 들면 人亡財敗와 官訟刑獄과 精神疾惡者가 나오는 것으로 보기도 하고 살인, 退財의 凶厄이 일어나는 것으로 보기도 하며 諸惡 중 最凶으로 보기도 한다. 한양 혈처에 황천살이 들어 살인 재패가 됨은 俗信이니 알 바 아니지만, 우리나라 겨울철의 한랭한 북서 계절풍이 허결된 건방을 통하여 몰아치는 것은 사실이므로 이는 분명히 한양의 취약점이라 할 수 있을 것이다. 그러나 이러한 현상은 실제로 살아 보지 않으면 느낄 수 없는 것이기에 그대로 넘어갈 수 있었던 것이 아닐까 생각된다.

여기서 처음으로 잠깐 적성 광실원 동쪽에 있는 계족산 명당이 양원식에 의해서 제안되나 무시되고 마는 조그만 사건이 첨부된다. 양원식은 아마도 조그만 풍수 지식을 가지고 있던 인물로 國域風水라는 거시적 규모의 지리에는 견식이 없는 사람이었던 모양이다. 태조는 술법에 상당히 관심이 있었던 터인지라 사흘 뒤 그곳을 답사한다. 그러나 하나같이 모두 좋지 않다 하므로 나루에서 놀이배를 타고 놀다가 돌아왔을 뿐이다. 그 외에도 전조가 新京을 세우려고 했던 臨津縣 북쪽 땅과 都羅山 터도 살펴보았으나 광실원의 경우와 크게 다를 바 없었다.

『태조실록』 卷第六 3년 8월 辛卯(24일): 도평의사사에서 上申하였다. 〈좌정승 조준, 우정승 김사형 등은 생각건대 예로부터 임금이 천명을 받고 일어나면 도읍을 정하여 백성을 안주시키지 않음이 없었습니다. 그러므로 堯는 平陽에 도읍을 정하고, 夏는 安邑에, 商은 亳에, 周는 豊鎬에,

漢은 咸陽에, 唐은 長安에 도읍하였는데, 혹은 처음 일어난 땅에 정하기도 하고 혹은 지세의 편리한 곳을 골랐으나 모두 근본되는 곳을 소중히 여기고 사방을 진정하려는 것이 아님이 없었습니다. 우리나라는 단군 이래로 혹은 합하고 혹은 나누어져서 각각 도읍을 정했으나 전조 왕씨가 통일한 이후 송악에 도읍을 정하고 자손이 서로 계승해 온 지 5백 년에 천운이 끝이 나서 자연히 망하게 되었습니다. 삼가 생각하옵건대 전하께서는 큰 덕과 신성한 공으로 천명을 받아 의젓하게 한 나라를 두시고 또 제도를 고쳐서 만대의 國統을 세웠으니 마땅히 도읍을 정하여 萬世의 기초를 잡아야 할 것입니다. 그윽히 한양을 보건대 안팎 산수의 형세가 훌륭한 것은 옛날부터 이름 난 것이요, 사방으로 통하는 도로의 거리가 고르고 배와 수레도 통할 수 있으니, 여기에 영구히 도읍을 정하는 것이 하늘과 백성의 뜻에 맞을까 합니다.〉

임금이 분부하였다.〈上申한 대로 하라.〉

이리하여 1394년 음력 8월 24일에 한양이 공식적으로 상하의 합의 아래 수도로 결정이 되었다. 중신들의 최고 결정 기관이라 할 수 있는 도평의사사는 한양의 장점을 〈漢陽 表裏山河形勢之勝自古所稱 四方道里之均舟車所通〉이라 표현하고 있다.

사실『실록』의 기록을 보면 한양에 대해서는 별다른 논의가 없었다는 것을 알 수 있다. 모악에 대해서는 장시간의 논쟁이 벌어졌지만 한양은 그렇지가 않고 오히려 싱겁게 결정되는 모습을 보인다. 이것은 아마도 중신들이 계룡산과 모악의 천도 논의에서 태조의 뜻이 완강함을 인식하고 한양 천도 논의에서는 그 뜻을 거스르지 않기로 작정했기 때문이 아니었을까 판단된다.

같은 해 9월 戊戌(초1일): 新都宮闕造成都監을 설치하고 靑城伯 沈德符, 좌복야 김주, 전 정당문학 이념, 중추원학사 이직을 判事로 임명하였다.

새로운 도읍을 건설할 실무 기관을 설치한 것인데, 당시 실권자라 할 수 있는 중신들은 포함이 되지 않았다. 이는 이 기관이 철저히 실무만을 담당하는 곳이었기 때문일 것이다.

　같은 달 丙午(초9일) : 판문하부사 권중화, 판삼사사 정도전, 청성백 심덕부, 참찬문하부사 김주, 좌복야 남은, 중추원학사 이직 등을 한양에 보내어 종묘, 사직, 궁궐, 시장, 도로의 터를 정하게 하였다. 권중화 등은 전조 숙왕(고려 숙종) 시대에 경영했던 궁궐 옛터가 좁다 하고, 다시 그 남쪽에 亥方의 산을 주맥으로 한 임좌병향의 터가 평탄하고 넓으며 여러 산맥이 머리를 숙여 조이듯 들어오니 지세가 좋으므로 이곳을 궁궐터로 정하고, 또 그 동편 2리쯤 되는 곳에 坎方의 산을 주맥으로 한 임좌병향의 터에 종묘를 정하고 그 도면을 그려서 바쳤다.

　신도의 입지 선정 이후 그 공사 진도는 무척 빨랐다. 신도궁궐조성도감을 설치한 지 열흘도 되지 않았는데 벌써 성의 주요 시설물 배치를 끝내는 정도이다. 옛 고려의 남경 궁궐터가 있던 곳에서 남쪽으로 내려와 亥山爲主 임좌병향의 자리란 아마도 오늘의 북악산 밑 경복궁 터를 지칭하는 것일 터이고, 그 동쪽 2리에 있는 坎山爲主 임좌병향의 터란 바로 지금의 창덕궁과 종묘가 있는 곳 일대를 가리키고 있는 듯하다. 그러니까 사실상 이때 성내의 기본 구도가 잡힌 것이 아니냐는 생각을 할 수 있는 것이다.

　같은 달 己未(22일) : 도평의사사에 명령하여 각 관청의 관원을 모아서 도읍을 빨리 옮기느냐 늦추느냐에 대하여 의논하게 하니 모두 금년이 좋다고 말하였다.

　태조의 천도에 대한 조급증이 다시 한번 발휘된 예이다. 이제 신하 중에는 누구도 천도를 반대하는 사람은 없다. 그런데도 태조는 천도 시기를 앞당기도록 은근한 압력을 행사한 것이고, 신하들도 그 뜻을 짐작하여 금년 안으로 천도를 하자는 말씀을 드린다. 이제 한양 천도는 공사의 완급만 남은 셈이다.

『태조실록』卷第六 3년 10월 辛卯(25일) : 한양으로 서울을 옮겼다(遷都漢陽). 각 관청의 관원 2명씩은 송경에 머물러 있게 하고 門下侍郞贊成事 崔永沚와 商議門下府事 禹仁烈 등으로 分都評議使司를 삼았다.

이해 8월 24일, 공식적으로 결정된 한양 천도가 불과 두 달 만에 현실화된다. 상상하기도 어려운 쾌속의 일 진척이다. 마치 무엇에 쫓기는 사람처럼 개성을 떠난 것인데, 아마도 태조는 어떤 미신적인 요인에 크게 구애받고 있었던 것이 아닌가 하는 의심이 든다. 예컨대 전조의 왕들과 신왕조의 탄생에 반대했던 전조의 충신들의 원혼 같은 것을 겁내고 있었던 것은 아닌지. 그럴 가능성이 전혀 없는 것은 아니다. 호걸일수록 소심한 경우는 얼마든지 있을 수 있는 일이기 때문이다.

그러나 또다시 중신들의 반대에 부딪혀 천도가 실패로 돌아갈 것을 염려한 태조의 조급증이 불과 2개월 만에 천도를 성사시키는 기적을 이루어낸 것이라 보는 게 이 문제에 대한 합리적인 판단일 것이다.

이 문제는 합리적인 판단에 의한 행동이라고 생각하기보다는 태조가 품고 있던 풍수 지기감응 사상에 대한 惑信 또는 어떤 미신적 영향 따위를 떠올리는 것이 더 옳은 판단이 되지 않을까 하는 생각이 든다. 이날 결국 개성을 왕이 떠났으므로 공식적인 천도일은 음력 10월 25일로 보아야 한다.

같은 달 甲午(28일) : 새 서울에 이르러 옛 한양부의 객사를 이궁으로 삼았다(至新都 以舊漢陽府客舍爲離宮).

말하자면 가건물 상태인 곳에 도읍을 차리는 것으로 서울 시대를 개막한 것이다.
여하튼 1394년 음력 10월 28일부터 한양 서울 시대가 개막된다.

(5) 한양 천도, 개경 환도, 한양 재천도
『태조실록』 卷第六 3년 11월 戊戌(초2일) : 임금이 도평의사사와 서운관의 員吏들을 인솔하고 종묘와 사직의 터를 살피었다.

종묘와 사직은 왕실의 2대 지주이다. 제일 먼저 그 터를 살피는 것은 당연하다 할 것이다.

같은 달 己亥(초3일) : 도평의사사에서 다음과 같은 장계를 올려 상신하였다.
〈종묘는 조종을 봉안하여 효성과 공경을 높이는 것이요, 궁궐은 (국가의) 존엄을 보이고 政令을 내는 것이며, 성곽은 안팎을 엄하게 하고 나라를 굳게 지키는 것으로, 이 (세 가지)는 나라를 세운 사람들이 제일 먼저 해야 하는 일입니다. 삼가 생각하옵건대 전하께서는 천명을 받아 國通을 개시하고 여론에 따라 한양으로 서울을 정하였으니 만세에 한없는 왕업의 기초는 실로 이로부터 시작되는 것입니다. 그러나 아직 종묘를 세우지 못하고 궁궐을 짓지 못했으며 성곽도 쌓지 못했으니 이것은 서울을 존중하고 나라의 근본을 존중한 처사가 못 되는 일입니다. 전하께서 비록 백성들을 소중히 여기고 공사를 일으키려 하지 않으나 이 세 가지는 하지 않을 수 없는 일이니 담당한 관청에 명령하여 공사를 독촉, 종묘와 궁궐과 성곽을 수축하여 효성과 공경을 조종에게 바치고 신하와 백성들에게

존엄성을 보이며 또 국가의 세력을 굳건하도록 해야 한 나라의 규모가 짜여지고 만세에 길이 전할 계책이 서게 될 것입니다. 삼가 아뢰옵건대 전하께서는 이를 시행하도록 하소서.〉

왕이 그에 따랐다(王旨依申).

이제는 태조의 의도대로 되어갈 뿐이다. 오히려 태조의 의중을 간파한 중신들이 더욱 설치며 도읍의 꼴 갖추기에 적극성을 보이고 있다. 왕이 그에 따르지 않을 이유가 없다.

같은 달 辛酉(25일) : 도평의사사에 명령을 내려 백관을 모악에 모아서 다시 모악 천도를 의논하게 하니 여러 사람이 모두 좁다(狹隘) 하므로 그만두었다.

한양도 역시 고려의 남경으로 고려에 대한 기억이 완전히 사라진 곳은 아니다. 태조는 그 점을 염려하였던 듯하다. 그래서 모악에의 집념을 버리지 못한 것이 아닐까 생각한다. 모악도 白岳의 남쪽 한강에 임한 곳이기 때문에 태조의 생각으로는 한양과 다를 바 없다고 보았을 것이다. 그러니까 모악에 대한 미련을 버리지 못한 것이 아닌가 판단한 것이다.

같은 해 12월 戊辰(초3일) : 임금이 하룻밤을 齋戒하고 판삼사사 정도전에게 명하여 皇天后土의 신에게 제사를 올려 왕도 공사를 시작하는 사유를 고하게 하였는데 그 문장은 다음과 같다.

〈조선 국왕 臣(다음에 『실록』에는 上諱라 적혀 있다. 이는 임금의 이름을 쓸 수 없기 때문이다. 태조의 성명은 李旦임)은 문하좌정승 조준과 우정승 김사형 및 판삼사사 정도전 등을 거느리고서 한마음으로 목욕재계하고 감히 밝게 황천후토께 고하나이다. 엎드려 아뢰옵건대 하늘이 덮어 주고 땅이 실어 주어 만물이 생성하고 옛 것을 개혁하고 새것을 이루어서 사방의 都會를 만드는 것입니다. 그윽히 생각하니 신(諱)은 외람되게도 어리석고 못난 자질로써 음덕의 도움을 받아 고려가 장차 망하는 때를 당하여 조선 維新의 명을 받은 것입니다. 돌아보건대 너무나 무거운 짐을 지게 되어 항상 두려운 마음을 품고 편히 지내지 못하고, 영원히 아름다운 마무리를 하려고 하였으나 그 요령을 얻지 못했더니 日官이 고하기를 '송도의 지기는 오래되어 쇠해 가고 華山(북악산)의 남쪽은 지세가 좋고 모든 술법에 맞으니 이곳에 나가서 새 도읍을 정하라' 하므로 신이 여러 신하에 묻고 종묘에 고유하여 10월 25일에 한양에 천도한 것인데 有司가 또 고하기를 '종묘는 선왕의 신령을 봉안하는 곳이요, 궁궐은 신민의 정사를 듣는 곳이니 모두 안 지을 수 없는 것'이라 하므로 유사에게 분부하여 이달 초4일에 기공하게 하였습니다. 크나큰 역사를 일으킴에 이 백성의 괴로움이 많을 것이 염려되니 우러러 아뢰옵건대 황천께서는 신의 마음을 굽어 보살피사 비 오고 개는 날을 때맞추어 주시고 공사가 잘 되게 하여 큰 도읍을 만들고 편안히 살게 해서 위로 천명을 무궁하게 도우시고 아래로는 민생을 길이 보호해 주시면 신은 황천을 정성껏 받들어 제사를 더욱 경건히 올릴 것이요, 때와 기회를 경계하여 정사를 게을리하지 않고 신하와 백성과 더불어 함께 태평을 누리겠나이다.〉

또 참찬문하부사 金立堅을 보내어 산천의 신에게 고유하게 하였는데 그 문장은 다음과 같다.

〈왕은 이르노라. 그대 白岳과 木覓의 신령 및 여러 산신과 한강과 楊津의 신령 및 여러 수신들이여. 대저 예로부터 도읍을 정하는 자는 반드시 산을 봉하여 鎭이라 하고 물을 表하여 紀라 하였다. 그러므로 명산 대천으로 경내에 있는 것은 상시로 제사를 지내는 법전에 등록한 것이니 그것은 신령의 도움을 빌고 신령의 도움에 보답하기 위해서이다. 돌이켜보건대 변변치 못한 내가 신민의 추대에 밀리어 조선 국왕의 자리에 앉아 사업을 삼가면서 이 나라를 다스린 지 이미 3년이라. 이번에 일관의 말에 따라 한양에 도읍을 정하고 종묘와 궁궐을 영위하기 위하여 이미 날짜를 정했으나 크나 큰 공사를 일으키는데 백성들의 힘이나 상하지 않을까, 또는 비나 추위나 더위가 혹시나 그때를 잃어버려 공사에 방해가 있을까 염려하여 이제 문하좌정승 조준과 우정승 김사형과 판삼사사 정도전 등을 거느리고 한마음으로 재계하고 목욕하여 이달 초3일에 참찬문하부사 김입견을 보내서 幣帛과 奠物을 갖추어 여러 신령에게 고하노니 이번에 이 공사를 일으킨 것은 내 한 몸의 안일을 구하려는 것이 아니요, 이 제사를 지내서 백성들이 천명을 한없이 맞아들이자는 것이니 그대들 신령이 있거든 나의 지극한 회포를 알아주어 음양을 탈 없게 하고 병이 생기지 않게 하며 변고가 일지 않게 하여 큰 공사를 성취하고 큰 업적을 정하도록 하면 내 변변치 못한 사람이라도 감히 나 혼자만 편안히 지내지 않고 후세에 이르기까지 때를 따라서 제사를 지낼 것이니 신도 또한 영원히 먹을 것을 가지리라. 그러므로 이에 알리는 바이다.〉

극히 형식적이고 의례적인 글이다. 참고로 부기해 두는 바이다.

『태조실록』卷第八 4년 12월 戊午(29일): 吏曹에 명하여 백악을 鎭國伯으로 삼고 남산을 木覓大王으로 삼아 卿大夫와 士庶人은 제사를 올릴 수 없게 하였다.

전일 산천에 두고 했던 약속을 이행한 대목이다.
이후 태조는 본격적인 축성 공사에 들어가는 한편 자신의 壽陵(살아 있을 때 자신의 묫자리를 보는 일) 상지에 몰두하는 것을 『실록』의 기록에서 잘 알 수 있다. 이것도 그가 풍수 사상에 깊이 빠져 있었다는 증거가 되는 것이지만 이 글의 주제에서는 벗어나는 것이므로 여기서는 생략하기로 한다.
그후의 과정은 태조 當年을 넘어가는 것이므로 『실록』의 내용을 대폭 축소하여 간추려 보는 것으로 대신하기로 한다.

태조는 정종에게 왕위를 양위하고 정종은 여러 가지 인위적인 불상사와 天候의 이변을 빌미 삼아 개성으로 환도를 단행한다. 개성 환도에 대한 태조와 정종의 생각은 『실록』의 기록으로도 천양지판인 것을 알 수 있다. 즉 태조는 〈처음 한양으로 천도한 것이 오직 나만의 뜻이 아니라 나라 사람들의 의논에 의한 것이었는데(初移都漢陽 非獨吾志 與國人議之)〉 하며 감개무량의 눈물을 흘렸는데 반하여 정종은 〈개성 壽昌宮 北苑에 올라 좌우를 둘러보며 고려 태조가 이곳을 도읍지로 정한 것은 그의 지혜 때문이니 어찌 우연이라 할 수 있으랴〉 하였다. 그는 태조의 뜻을 알 수 없었던 것이다.

그런 중에도 하륜의 모악 천도 고집은 계속된다. 그러나 실행은 되지 않는다. 하륜은 태종 때까지 줄기차게 모악을 고집한다. 이는 아마도 그의 성격에 기인한 일인 듯하고 무슨 대단한 풍수적 이유가 개입되어 있었다고 보이지는 않는다.

태종은 태조의 한양 고집 이유를 잘 알고 있었던 모양이다. 『태종실록』卷第十 8월 「丙寅(초3일)條」에 태종이 한양으로 돌아가는 문제를 의정부에 논의케 하니 흉년이 들어 불가하다는 대답이 돌아왔다. 이에 태종은 다음과 같은 발언을 한다. 〈陰陽書에 이르기를 '왕씨 오백 년 뒤에 이씨가 일어나서 남경으로 옮긴다' 하였는데 지금 이씨가 흥한 것이 과연 그러하니 남경으로 옮긴다는 말도 믿지 않을 수 없다. 또 지난번에 궁궐터를 정할 때에도 말하는 자가 한결같지 못하여 결정되지 않으므로 내가 몸소 종묘에 나아가 점을 쳐서 이미 길하다는 괘를 얻었고 離宮이 이미 이루어졌으니 천도할 계획이 이루어졌다. 장차 10월에 한경으로 옮기겠으니 본궁에 거처하지 않겠다.〉

그 역시 일종의 풍수 도참을 믿었다는 증거가 되는 대목이다. 그리하여 선언한 대로 10월 초8일 개성을 출발 11일 서울에 도착함으로써 이후 서울 6백 년의 탄탄한 시작이 되는 셈이다.

(6) 결론

이 글에서는 다음과 같은 새로운 주장을 제시하였다.

첫째, 계룡산 천도설은 그곳이 무슨 대단한 길지이기 때문에 발탁된 것처럼 전해지고 있으나 사실은 태조가 천도를 기정 사실화하기 위한 방편으로 이용되었을 뿐이라는 점.

둘째, 태조는 처음부터 서울 혹은 그 인근 지역을 자신의 수도로 점찍어 두고 있었다는 점. 그는 서울과 그 인근 지역에 관하여 상세한 정보를 가지고 있었다.

셋째, 태조가 굳이 신하들 대부분의 반대를 무릅쓰고 천도를 고집한 것은 풍수 및 도참 사상에 빠져 있었기 때문이란 점. 특히 서울을 고집한 것은 당시 유행하던 비기들이 한결같이 이씨의 한양 개국설을 뒷받침하고 있었기 때문이다.

넷째, 중신들은 풍수적 이유 때문이 아니라 자신들의 편의만 생각하여 천도를 반대했다는 점. 그들은 계룡산에는 일치되어 반대했는데 태조도 이를 강력히 주장하지 않았기에 성공할 수 있었다. 하지만 한양을 떠올렸을 때에는 별다른 반대가 없이 태조의 뜻을 좇았다. 뚜렷한 반대의 명분이 있다기보다 자신들의 입장과 태조에 대한 눈치보기 사이에서 왔다갔다했음을 너무나 잘 알 수 있다. 그들이 내세운 풍수다운 풍수는 계룡산이 수파장생으로 쇠패립지의 땅이라는 정도의 이론뿐이다.

끝으로, 중신들이 줏대 없이 눈치나 살피는 것은 예나 지금이나 변함없는 일이지만, 임금의 경우도 그릇의 크기에 따라 천도를 찬반하고 있다는 점은 시사하는 바가 크다고 할 것이다. 진취적인 태조와 태종은 서울로의 이사를 강력히 추진하였고 허약한 정종은 감상에 젖어 옛 왕조의 회고를 개성에서 읊조리고 있던 형편이었다.

풍수 사상은 그런 사람들의 뜻을 펴기 위한 혹은 감추기 위한 방편으로 이용되었을 뿐이다. 중요한 것은 땅의 이치(地理)가 아니라 사람의 일(人事)이란 것이 한양 전도의 예에서도 잘 드러난 셈이다.

7 도선 풍수의 영향과 소멸

　도선 풍수가 당나라 일행의 강력한 영향 아래 있었다는 주장이 있다. 그러나 근본적인 차이점이 있으니 일행의 그것은 부국강병이라는 경제 지리적 목적 의식이 뚜렷한데 비하여 도선 풍수는 도탄에 빠진 민중을 구제한다는 자비심이 그 바탕을 이루고 있다는 점이다. 그는 어떤 형태로든 중부 지방인 송악의 호족 세력과 관련을 갖는다. 당시의 정치 지리적 조건이 송악에 독자 세력을 키우기에 좋았던 것은 물론이고 이미 시대의 흐름이 편벽된 위치의 경주 중심으로는 이끌어질 수 있는 분위기도 아니었다. 이러한 시대상을 전국적인 규모의 답사와 민심 정탐으로 국내외 정세와 국토 지식에 대하여 살아 있는 정보를 지녔던 선승 겸 풍수학인이 정리하여 이루어 낸 것이 도선 풍수라 부를 수 있는 내용일 것이다.

　도선 풍수가 가장 강한 힘을 발휘한 것은 말할 나위도 없이 고려 시대이다. 도선 입적 후 5년 뒤 효공왕 7년(903)부터 왕건은 궁예의 해군을 거느리고 나주 지방을 공략한다. 훗날이기는 하지만 결국 나주 오씨를 장화왕후로 취하고 이 지방 사람인 최지몽, 윤다, 경보 등을 포섭한 것을 보면 그는 분명 도선의 풍수 지리설에 접하였던 것이 확실하다. 〈태조의 訓要는 모두 도선의 밀기에 의한다〉는 李能和의 표현대로 도선설은 고려 왕업 경영 원리의 원천이 되었다. 게다가 고려조에 들어와서 그의 諡號가 大禪師에서 王師로 거기서 다시 國師가 되는 과정을 밟는 데서도 알 수 있는 것처럼 막강한 영향력을 끼쳤음에 틀림없다.

　특히 수도인 개경은 수도 입지 선정에서 도선 풍수가 축약되어 드러난 곳이라 할 만하다. 백두산의 맥을 이어 받은 五冠山의 지기가 개경의 주산이자 진산인 송악으로 이어져 개경의 陽基를 열게 되는 것으로 그 來龍의 맥세는 대단한 바가 있다. 또한 전형적인 장풍국의 형태를 갖추고 있음에 대해서도 필자가 이미 다른 글에서 상세히 밝힌 바 있다.[59]

특히 曲射火器가 없던 근대 이전의 전쟁에 있어서는 장풍지의 군사 지리적 유리점은 재언의 여지가 없을 것이다. 그러나 문제가 없는 것은 아니다. 손자의 〈知彼知己 勝乃不殆 知天知地 勝乃可全〉의 단계로 적과 아가 비슷한 병력으로 전술적 대치를 하는 상태라면 확실히 유리하지만 전략적인 측면에서는 재고의 여지가 있다. 분지상 지세에서는 기동성의 저하는 물론 손자가 말하는 圍地가 되어 버리기 때문에 적이 소수의 병력으로 게릴라적인 소모전을 획책하든가 혹은 대규모의 월등한 병력으로 침공하는 경우는 매우 위험할 수도 있기 때문이다. 결국 개경과 같은 장풍국의 땅은 전술적 유리점과 전략적 불리점을 공유하고 있는 지역이라 할 수 있다. 개경은 송악산을 현무, 즉 진산으로, 內城과 外城을 내외 청룡과 백호로, 朱雀峴과 龍峀山을 주작으로 한 완벽한 사신사를 갖춘 도읍이지만 국란에 임해서는 개경 사수를 할 수 없는 전략적 취약성을 드러냈던 곳이기도 하다.

또한 개경은 장풍국의 일반적인 지세에 따라 주변 산세가 너무나 조밀하고 국면이 寬廣치 못하며 또 북쪽 산 諸谷에서 흘러 나오는 계곡수는 모두 중앙에 모이기 때문에 하계 강우기에는 수세가 거칠고 奔流가 급격하여 순조롭지 못한 결점이 있다. 이 역시 도선 풍수의 특징인 명당 기피 현상의 결과인지는 모르지만 여하튼 여기에 대한 대비가 있다는 것이 또한 도선 풍수의 장점이기도 하다.

즉 위와 같은 역세의 수덕을 진압하고 지덕을 비보함에 있어서는

---

59) 최창조, 『한국의 풍수사상』(민음사, 1984), 197-213쪽.

도선의 山水順逆法 내지 비보사탑설을 응용하여, 廣明寺와 日月寺는 이상 諸水의 합류점에, 開國寺는 개경의 內水口 위치에 건설하여 이 사찰들로써 수세를 진압하고자 하였다.

이는 매우 합리적인 판단으로 하천의 범람이 우려되는 취약 지점과 합류점에 사원을 건설함으로써 인공 건조물에 의한 하천의 側方 浸蝕을 억제하게 하는 한편, 승려들로 하여금 평소 하천을 감시하게 하는 동시에 유사시 노동력으로 대처케 할 수 있는 좋은 방안이라 여겨진다. 도선 풍수의 비보사탑설은 잘 살펴보면 이런 합리성을 갖는 경우가 의외로 많다.

고려 풍수에 끼친 도선의 영향은 더 말할 것이 없을 정도다. 그것은 고려 풍수의 두 대가로 불리는 김위제와 묘청이 모두 도선 계통의 인물임을 자처했던 데서도 잘 드러나는 사실이다. 특히 묘청은 도선의 『太一玉帳步法』이라는 풍수 지리 술서를 읽고 주체 의식 발휘의 촉진제로 삼았다고 피력한 바 있거니와, 고려에서 국란이 일면 도선을 추앙케 되는 한 이유도 도선의 독자적 풍수 사상과 고려의 주체 의식이 연합한 까닭이었을 것이다. 즉 풍수는 절망에서의 구원을 위한 활력소였으며 끈질긴 생명력의 밑거름이 되었다. 그 대표적인 예가 바로 묘청의 난이다.[60]

남경 천도를 주장한 김위제도 도선의 풍수술을 배웠다고 하는 것을 보면 도선 풍수는 어떤 혁명적 기운을 내뿜는 위력이 있었던 모양이다. 물론 그것은 자칫 비술의 냄새를 풍기는 사이비 신비주의로 빠질 위험성이 농후하기는 하지만 우리나라의 역사에서 이성계를 도운 무학, 조선 후기의 홍경래, 동학의 전봉준, 김개남, 손화중 등이 한결같이 풍수와 관련된 것을 보면 혁명적 또는 개벽적 성격을 가지고 있었던 것은 분명하다고 할 것이다.

---

60) 이용범, 앞의 책, 56-61쪽.

좀 다른 얘기기는 하지만 요승 신돈도 그의 반대파들도 모두가 『도선밀기』 등 도선 풍수를 인용하고 있다는 점은 그가 고려 시대에 끼친 영향력을 잘 말해 주는 대목이 아닐까 싶다.

여기서 동학의 풍수 관련성을 살피기 위하여 참고로 다음의 기행문을 삽입해 둔다.

김개남 장군. 전봉준, 손화중과 함께 동학 삼걸 중 한 분. 그러나 의외로 그를 아는 사람은 드물다. 관군이 가장 두려워했던 동학 지도자였기에 후에 그를 사로잡은 전라관찰사 李道宰는 그의 명성과 용력에 겁을 집어먹고 전주에서 서울로 압송하는 데 위험을 느껴 재판도 없이 임의로 처형하여 그 수급만을 바쳤던 용장. 그분의 친손자 되는 金煥鈺 옹(75세)은 김개남 장군이 워낙 힘이 세어 전라감사가 판자 위에 장군을 올려놓고 손발에 대못을 박아 그를 구금했다고 회고한다. 장군의 부인, 즉 노인의 할머니로부터 들은 기억이 생생하다고 했다.

전봉준 장군의 후손은 흔적이 없고, 손화중 장군의 손자는 정읍단위농협에 근무하고 있다는 소문을 들은 바 있다. 김개남 장군의 손자 김환옥 노인, 그는 지금 전라북도 정읍시 산외면 동곡리 웃지금실마을에 살고 있다. 김개남 장군의 생가터는 현재 조씨 소유의 담배밭으로 쓰이고 있을 뿐 조그만 기념 팻말 하나 붙어 있지 않다. 지난(1993년) 2월 찾아보니 작년 가을에 심었던 옥수숫대가 아직도 을씨년스럽게 바람에 치대이고 있었다.

본디 정읍 일대는 풍수 도참과 민족 종교의 寶庫와 같은 곳이다. 두승산 시루바위 아래 증산교의 창시자 강증산 유적, 이평면 장내리 전봉준 고가, 같은 면 하송리 만석보 유적지, 덕천면 하학리 황토현 전적지, 고부면 신중리 동학혁명 모의탑, 입암면 대흥리 普天敎 天子 車京錫의 대궐터, 그리고 이곳 산외면 동곡리 승지 명당처들. 어떻게 이런 고유의 민족정신 유산들이 가깝게 모여 있을 수 있는 것인지 신비감마저 드는 땅이

176

다. 오죽하면 비결서들이 이곳은 모든 터의 조각조각들이 하나같이 금싸라기 같은 땅(片片金)이라고 했을까. 역시 비결파로 정량리 상용두마을에 사시는 한학자 宋亮 어른 말씀으로는 지금도 핵심 명당 마을에는 토박이들보다 찾아 들어온 외지인들이 더 많이 살고 있다고 한다.

산외면에 있는 명당 중 지금 기록에 남아 전하는 것만도 부지기수다. 동곡리 동북쪽에 있는 芙蓉山에 蓮花倒水形 명당, 동곡리 북쪽 지금실마을 앞산에 玉女織錦形 명당, 상두리 개치 참시내(眞溪) 북쪽 마을 뒷산에 仙狗吠月形 명당, 오공리의 으뜸 마을인 공동 동남쪽 신배마을 뒷산에 君臣奉朝形 명당, 평사리 윗제실 남쪽에 있는 갈마봉에 渴馬飮水形 명당, 평사리 비노모텡이 平沙落雁形 명당 등 처처이 勝景이요, 곳곳이 길지이다. 한 가지 특징적인 현상은 일문일족의 부귀영화를 바라는 것이 아닌, 모두가 잘살고, 병고, 兵禍, 흉년의 삼재가 없는 개벽의 신천지를 추구한 인걸들이 하나같이 찾아나선 이 일대 풍수 형국의 땅들이 평사낙안형이란 점이다. 평사낙안의 터는 비교적 넓은 들판 가운데로 지기 융성한 조그만 산이 우뚝하고 그에 기대어 마을이 자리 잡은 위에 주위는 험준한 산세로 가려져 있는, 산간 대분지 형상을 하고 있다.

平沙落雁의 명당 터는 따라서 외부와의 단절을 고집한다. 분지 지형 특유의 주변 산세가 공간적 고립성을 확보해 주는 것이다. 공간의 고립은 시간으로부터의 고립도 보장해 준다. 이미 개벽에 의한 새로운 이상 세계가 건설된 만큼 그들에게는 역사란 필요가 없어지기 때문이다. 역사는 시간의 흐름에 의지해야만 존속이 가능하다. 또한 역사는 그에 따른 변화를 주목한다. 이상의 달성은 변화의 필요를 거부한다. 이미 완벽함을 갖추었는데, 여기서 더 변화를 바란다면 그것은 不備함으로의 회귀이다. 그러니 이상 세계에서는 역사가 필요 없어지는 것이다. 그러니 시간으로부터 단절될 수밖에 없다.

풍수 명당은 전후의 현무, 주작사와 좌우의 청룡, 백호세에 의하여 지세적 고립감의 확보를 이룩함으로써 외부와의 단절로 인한 개인의 심리적 안정감을 확보함은 물론, 시간과의 단절을 담보받음으로써 더 이상 억압과 굴욕의 역사를 필요로 하지 않는 이상 세계를 건설했다고 믿는 것이다. 그런 면에서 살펴보자면 완벽 지향의 혁명가들이 제대로 된 풍수학인인지도 모른다. 이상향 건설에 어찌 믿음이 구애받겠는가. 이곳에는 비단 풍수와 도참꾼들만이 아니라 천주교 신자들도 들어와 마을을 일구고 살고 있다. 산외면 종산리 원바실마을은 천주교 公所가 있는데, 필자의 예감으로는 그들 역시 이 땅이 끄는 바에 따라 이곳으로 들어오지 않았겠느냐는 짐작이 간다. 천주교도들이 원바실 공소를 세운 것도 동학도들이 이곳을 찾은 시기와 거의 비슷하다. 공소가 세워진 것이 19세기 후반 병인박해 때로 추정되고 있으니 말이다.

한학자 송양 어른께서는 지금도 지금실 바로 이웃인 정량리 상용두마을에서 농사를 지으며 사신다. 그분 말씀으로는 평사낙안이 어느 곳인지는 서로의 주장이 달라 확정지을 수 없다고 하신다. 문제는 평사낙안의 혈처가 구체적으로 어디냐 하는 것이 아니다. 그것은 다분히 자기 집안만을 생각하는 일이기 때문에 가치가 없다. 필자가 보기에는 동곡리와 그 주변 분지 일대 전역이 평화로운 강가 모래밭에 날개를 접고 내려앉는 기러기로 보인다. 이제 영원의 휴식이 기다리고 있는 터, 평사낙안의 땅은 누구 한 사람의 터가 아니라 우리 모두의 명당이어야 하니까.

김개남 장군의 본명은 永疇이다. 그는 철종 4년(1853) 바로 이곳 정읍군 산외면 동곡리 지금실(知琴谷)에서 태어났다. 『일지 선사 유산록』에 나와 있는 것처럼 이곳은 호남의 雄基다. 전봉준 장군도 이곳에서 태어났다는 설이 있으나 그것은 믿기 어렵고 그가 이 땅을 사모하여 이곳으로 이사하였고, 그의 딸까지 이곳으로 시집 보냈다는 것은 사실이다. 송양 어른 말씀으로는 전봉준이 소실을 데리고 아랫지금실에서 살았다는 소문이 있다고 하였다.

19세기 말의 상황에서 그들이 믿은 것이 동학이든 서학이든 그들은 뭉뚱그려 道꾼들이라고 불렀다. 도의 전문가들이라는 얘기일텐데, 그들이 믿은 도란 도대체 무엇인가? 그것은 모든 사람들이 아래위 없이 모두 근심 걱정하지 않고 배곯지 않으며 정답게 사는 방법을 모색하는 일이었다. 따라서 그들은 이미 봉건적 위계 질서를 떠날, 아니 파괴할 수 있는 충분한 사상 기반을 확보하고 있었던 셈이다. 풍수가 주장하는 바, 사람은 그 뼈다귀, 즉 가문이 중요한 것이 아니라 그가 얼마나 땅의 생기를 받았느냐에 따라 달라질 수 있다는 것과 그런 땅을 찾는 것은 전적으로 사람들이 선택하기에 달렸다는 점 그리고 그 선택의 성공 여부는 오로지 그의 積德과 적선 여부에 있다는 점을 생각한다면 왜 동학 삼걸이 모두 풍수사상가들일 수밖에 없었는지를 이해할 수 있을 것이다.

전봉준은 지관 일을 한 적이 있고 그 자신 平沙落雁과 金鷄抱卵의 명당을 찾아 다닌 사람이니 말할 것도 없고, 손화중은 정읍군 과교리 출신으로 일찍이 한문을 수업하고 시국에 관심을 가져오다가 처남 柳龍洙를 따라 20대의 젊은 나이로 이른바 十勝地를 찾아 지리산 청학동으로 들어갔다가 마침 영남을 휩쓴 동학에 입문한 사람이니 역시 더 말할 것도 없으며, 김개남은 그 집안 자체가 避難保身의 땅을 찾아 지금실로 솔가해 들어간 경우이니 역시 더 말해 무엇하랴. 철저히 풍수학인들인 셈이다. 풍수와 동학과 개벽에의 꿈은 전쟁을 통한 혁명으로 융합되었고, 그 결과는 외세의 개입으로 인한 참담한 凋落으로 끝장을 냈다. 그 외세의 대표가 일본이었는데, 이제 우리는 풍수를 부자들의 썩은 욕심 발산처로 만든 반면, 그들은 새로운 연구 대상으로 바라보고 있으니 이 역시 운명의 장난인가 역사의 장난인가? 1993년 2월 초 오사카시립대(大阪市立大)에서 한국어를 가르치고 있다는 노자키라는 사람으로부터 편지를 받았다. 〈朝鮮 風水地理思想의 實地硏究〉라는 프로젝트를 오사카시로부터 받아 방한할 예정이니 도움을 바란다는 내용이었다.[61] 일제가 획책한 단발령은

---

61) 그의 연구 성과는 1994년 『韓國の風水師たち』라는 제목으로 일본의 人文書院에서 출간되었음.

명색이야 근대화요, 위생을 위한 것이라 하였지만 본심은 우리 민족으로 하여금 모멸감과 좌절감을 안겨 주려던 것이 아니었던가? 명산에 쇠기둥을 박아 정기를 빼앗으려던 것도 결국은 일제 사설 단체들이 같은 목적으로 저지른 풍수 만행이었다.

망국의 왕자 義(親)王은 무슨 까닭에 이곳을 다녀갔는지는 알 수 없으나 錦沙亭八景이란 것을 마련하였다. 거기에도 平沙落雁이 있고 상두산 봉우리를 휘돌아드는 구름이 있으며 평사리 북쪽 春臺에 피리 부는 초동이 있다. 동학에 나라를 내주었다면 그것은 알을 깨는 아픔을 넘는 천지 개벽이었을 것이나, 왜적에게 나라를 빼앗김은 얼굴을 갈아 대는 屈辱이요, 천추의 한이었을 것이다. 그가 그런 심회를 갖고 있었는지는 모르지만 그렇기 때문에 이곳을 찾은 것이라면 동학 삼걸의 혼령에게는 그나마 조그만 위로가 되었으련만.

인근에는 동네마다 개를 기르는 집이 많았다. 그저 집집이 한두 마리씩 키우는 검둥이, 바둑이가 아니라 우리에 갇힌 식용 개들이었다. 낯선 필자를 보고 미친 듯이 짖어 대는 개들을 바라보며 회한을 감출 길 없다. 대도시의 풍수는 이기심 가득한 욕심쟁이들의 산소 터잡기 잡술이 되어 버렸고, 기개가 하늘을 찌를 듯하던 동곡 지금실 동학 삼걸의 풍수 사상은 먹거리 똥개들의 화풀이 대상으로 전락하고 만 것인가.

물론 결코 그렇지는 않다. 전북의 뜻 있는 사람들이 지금 김개남 장군 추모 사업을 위한 일을 시작하였다. 생가 터를 사들여 石碑나 세우는 것으로 할 일 다했다고 손 털 사람들은 아니라고 믿는다. 그들의 노력이 잡술을 묻어 버리고 개새끼들을 잠재우는 힘의 원천이 될 날이 오리라고 확신한다. 나도 물론 일조하리라.

또 하나 빼놓을 수 없는 사람이 조선의 개국과 전도에 깊이 간여한 무학대사이다. 그러나 그에 대한 기록 역시 남아 있는 것이 거의 없어 실증적인 평가가 어렵다. 이 점 역시 그가 맥을 이었다고 보여지는 도선과 닮은 점이다. 예컨대『실록』에 나오는 그에 관한 기록이란 것이 임금의 하문 내용이 중대한 사안임에도 불구하고 고작 〈잘 알 수 없다〉는 것이거나 혹은 〈衆議에 좇아서 결정하소서〉 하는 따위의 하나마나한 대답이라서 여간 답답한 것이 아니다. 오죽하면 〈法文에도 서툴렀다〉는 기록까지 남겼겠는가. 그렇다면 그는 정말 줏대 없는 멍청이에 지나지 않았을까. 아니면 이성계 배후에서 의사 결정을 좌지우지한 그의 그림자였을까? 증거는 없다. 그러나 필자는 이성계와 무학이 사랑한 땅의 답사에서 그렇지 않다는 확신을 가질 수 있었다. 이에 대해서는 제2장 양주 회암사를 다루는 부분에서 상세히 언급할 것이다.

조선 초기까지만 하더라도 풍수는 군사 전략이나 고을 또는 마을의 입지 선정, 하다 못해 주택의 기지 선택에 관계되는 陽基 및 陽宅風水 위주였다. 그러나 조선 중기 이후에 오면 도참 지리설에 대한 제재와 유학의 합리적인 사고 방식으로 인하여 풍수 지리설도 음택 풍수로 변질되고 만다. 당연히 당시는 중국의 수입 풍수가 광범위하게 퍼져 있었을 때이다. 그러므로 도선의 합리적이고 긍정적이었던 자생 풍수는 수입된 중국의 술법 풍수에 밀려 그 자리를 음택 발복의 이기적 속신에 떠넘기지 않을 수 없었던 때였다고 보인다.

성종 16년(1485) 정월에 황해도에 퍼진 전염병을 없애기 위해서 兵曹參知 崔灝元으로 하여금 가서 제사를 지내게 하였다. 최호원은 문과 출신이었으나 천문 지리, 의학, 복서 등의 잡술에 관심이 많고 풍수 지리에도 조예가 깊었던 인물이다. 그는 전염병의 원인을 산천 형세에서 찾으며 철폐된 도선의 비보 사찰을 복원하여야 한다고 주청했다. 그러나 사간원, 사헌부 등의 논척을 받고 그는 마침내 파직을 당한다. 다음은 그가 파직되고 나서 올린 상소문이다.

개국초 정승 하륜은 유학의 宗匠으로 나라의 공신이 되어 술수의 학에도 함께 통했습니다. 여러 학문을 관장하고 높고 낮은 산천을 오르내려 마침내 한양에 도읍을 정했습니다. 숭례문 밖에 못을 파고 숭인문 안에 산을 만들었음은 모두 도선의 비보술을 쓴 것이었습니다. 당시에는 괴이하게 생각하지 않았고 후세에도 다른 말이 없었습니다. 술수의 설을 대대로 괴이하게 생각지 않았으나 이제 와서 괴이하게 여기고 술수의 선비가 대대로 모두 배척을 받지 않았는데 지금 와서 논박을 당하는 것은 어찌 된 일입니까.

결국 시대 착오적인 억지로 취급되고 말지만 그의 사건은 이 시기부터 도참적 성격의 풍수 또는 풍토 적응성이 뛰어난 도선식 풍수가 배척당하기 시작하는 징표로 나타나는 것처럼 보인다.[62]

그가 시대 착오적인 주장을 폈다는 것은 분명하다. 그러나 뒤집어 보면 이때부터 자생 풍수가 궤멸 단계에 접어든 것도 부인할 수 없는 사실이다. 풍토에 적응하여 마치 어머니의 품에서처럼 근심 걱정 없이 살아갈 수 있는 터를 찾아보자는 자생 풍수의 사상성은 체계가 잡힌 확립된 왕권 아래서는 이단일 수밖에 없는 것이다. 터는 찾는 것이 아니라 주어진 대로 살아가야 하는 것이 되어 버리기 때문이다.

게다가 후대로 오면 올수록 풍수는 효 사상과 결합, 개인의 복을 비는 관념과 결부되어 조상의 묫자리를 잡기 위한 음택 풍수로 고착화되고 만다. 그러니 그 폐단은 점점 더 심각해질 수밖에 없고 결국 조선 후기 실학자들은 풍수로 인하여 나라가 망할 것이라는 극언을 서슴지 않게 되는 것이다.[63]

그런데 그런 걱정이 단지 걱정에 그치는 것만은 아닌 듯하니 그것이

---

62) 『성종실록』, 성종 16년 정월조 및 이준곤, 앞의 책, 323-324쪽에서 재인용.
63) 이 문제에 대해서는 필자가 다른 논문에서 정리한 바 있기 때문에 그것을 소개하는 것으로 대신코자 한다. 최창조, 「조선 후기 실학자들의 풍수 사상」, 『韓國文化』 제11집(서울대 한국문화연구소, 1990), 469-504쪽.

더욱 걱정이다. 〈근자에 모 야당 총재가 풍수가로부터 '후손 중에 대통령이 난다'는 코치를 듣고 가족 묘를 용인으로 옮겨 화제가 되었다고 하며, 전직 대통령도 그 부인의 조상 묘를 '여왕이 나는 자리'로 이장했던 덕택에 대권을 잡았다는 등 요상한 얘기가 담긴 풍수책이 베스트셀러의 반열에 올랐던 것도 얼마 전의 일〉이라는 기사를 읽었다.[64]

이것이 사실이 아니기를 간절히 바라지만 만약 사실이라면 실학자들의 걱정이 오늘날에도 유효함을 그대로 보여 주는 사례가 된다. 도무지 부모님 살아 생전에 받은 은혜만으로도 몸둘 바를 몰라야 하는 것이 자식된 도리인데 이제 이승을 떠나 백골만 남은 부모님에게까지 음덕을 바란데서야 그게 어디 사람이 할 짓인가. 게다가 대통령이라는 최고의 지도자를 원한다는 혹은 했다는 사람이 오늘의 심각한 사회 문제가 된 매장 묘지 문제를 덮어두고 납골당이라든가 화장 같은 본보기적 장례 문화 쪽으로 솔선수범하기는커녕 그런 구태를 보였다면 정말 큰일이다. 다시 한번 그것이 와전이기를 바라면서, 그런 것은 결코 도선 풍수가 될 수 없음을 자신 있게 말할 수 있는 도선 풍수 연구자로서의 자신의 처지가 모처럼 밝게 느껴진다.

8 정리하는 글

필자가 풍수를 시작한 것이 도선으로부터 비롯된 것은 아니다. 또 공부한 내용이 도선 풍수인 것도 아니다. 그저 남들이 흔히 말하는 풍수를 좀 남다른 이유 때문에 시작하기는 했지만 부끄럽게도 우리 풍수의 시조가 도선이란 것도 모르고 지냈다. 『청오경』, 『금낭경』,

---

64) 정순태, 「르포, 禪風과 풍수의 현장을 찾아서」, ≪시사월간 윈≫, 1996년 7월호, 281쪽.

『人子須知』 따위의 책들을 풍수의 모든 것인 줄 알고 풍수학인입네 하며 지내 온 사람이다.

  그러다가 도선을 알게 되었고 그를 알고부터 술법 풍수로부터 빠져 나올 수 있는 계기를 가질 수 있었다. 특히 대학을 사직하고 홀가분한 처지가 되고 나서부터는 도선을 마음으로 받아들였달까, 여하튼 풍수에 대한 지금까지의 생각들이 큰 변화를 겪게 되었다. 그렇다고 해서 중국 풍수서에 나오는 이론들까지 단지 허망한 말장난으로 보아 무시하겠다는 것은 아니지만, 중요한 것은 글보다 깨달음이란 것을 알게 되었다는 정도이다.

  그렇다면 도선 풍수란 무엇인가. 그것은 한마디로 땅에 대한 사랑이다. 사랑은 홀로 되는 것이 아니다. 거기에는 상대가 필요하다. 땅의 상대는 사람이다. 사람과 땅의 관계 속에서만 사랑이 생겨날 수 있다. 그러므로 도선 풍수에서는 땅 못지않게 사람이 중요하다. 사람을 모르고 땅을 볼 수는 없는 까닭이 거기에 있는 것이다.

  또한 사랑은 훌륭한 것, 좋은 것만을 상대하는 일이 아니다. 훌륭하고 좋은 것이라면 나 아니라도 사랑해 줄 사람은 얼마든지 있을 것이다. 오히려 지고지선한 사랑이란 다른 것에 비해서 떨어지는 것, 문제가 있는 것, 좋지 않은 것을 향할 때 의미가 있다. 도선 풍수에서의 땅 사랑은 그런 근본적인 인식 속에서 출발한다. 명당이니 승지니 발복의 길지니 하는 것은 도선 풍수의 본질에서는 너무나 멀리 떨어진 개념들이다.

  결함이 있는 땅에 대한 사랑이 바로 도선 풍수가 가고자 하는 목표이다. 그것이 바로 비보 풍수이기도 하다. 도선 풍수는 땅을 어머니와 일치시킨다. 어머니인 땅이다. 그 어머니의 품안이 우리의 삶터가 된다. 만약 어머니의 품안이 유정하며 전혀 문제가 없는 자모의 표본 같은 경우라면 어느 자식이 효도를 마다할 것인가. 그것은 효도도 아니고 당연한 되갚음의 의미밖에는 안 될지도 모른다.

좋은 어머니는 그 자체로서 완벽 지향적이고 따라서 이상형이다. 현실에 완벽이라든가 이상은 존재하지 않는다. 어떤 어머니라도 얼마만큼의 문제는 지니고 있는 법이다. 피곤하실 수도 있고 병에 걸리셨을 수도 있으며 화가 나 계실 수도 있다. 우리는 그런 어머니의 품 안도 생각해야 한다. 도선 풍수는 바로 그런 완벽하지 못한 어머니, 우리 국토를 사랑하자는 땅에 관한 지혜이다.

어머니의 피곤을 풀어 드리고 병을 고쳐 드리고 기분을 온화하게 할 수 있는 방편을 찾아야 어머니에 대한 참된 사랑이 될 수 있을 것이다. 좋은 어머니에게야 누가 좋게 대하지 못할 일이 있으랴. 바로 그 고쳐 드리고 풀어 드리는 일이 도선 풍수의 비보책이다.

도선과 관련된 절을 답사하며 절실히 깨달은 것은 도선은 정말 어머니인 국토를 사랑했다는 것이었다. 바로 곁에 좋은 땅을 두고도 도선은 그 터를 차지하지 않았다. 문제 있는 땅을 선택하여 거기에 절을 세웠던 것이다. 그 정도의 道眼이 몰라서 그랬다는 것은 말이 안 된다. 그는 사랑을 실천했던 것이다. 이 국토의 온갖 병통을 그의 풍수로써 고치고자 했다는 것을 현장은 여실히 보여 주고 있었다. 그 사찰들은 결코 명당들이 아니었다. 오죽하면 도선과 緣起된 사찰들의 거의 다가 폐찰이 되었겠는가.

오늘의 이기적 풍수는 엄밀히 말하자면 풍수가 아니다. 돌아가신 부모님의 백골에서까지 무엇인가를 얻어내겠다는 마음가짐이 어찌 사랑일 수 있는가. 그것은 이미 백수십 년 전에 실학자들이 표현한 바 그대로 나라와 겨레 망칠 地占術에 지나지 않는 것이다.

도선 풍수의 본질은 땅과 사람에 대한 사랑이며 그 방법론은 사랑하는 대상에 대한 고침(治療)의 추구이다.

제 2 장   몇 가지 주제를 가지고 떠난 풍수 기행

1 균형 잡힌 마을들

(1) 어머님 자궁 속으로의 회귀 염원, 삼척 대이리 골말

지금 사람들은 몹시 불안해 한다. 그가 사는 곳이 시골이든 도회지든 편안한 삶을 이루지 못한다는 점에서는 마찬가지이다. 분명 경제적으로는 잘살게 되었다고 하는데 생활에 대한 만족도는 오히려 떨어진 듯한 느낌을 받으며 살아가고 있는 것이다. 하루하루를 살아가는 일이 피곤하고 고달프기 짝이 없다.

공기는 공기가 아니고 물은 물이 아니다. 길은 막히고 사람들은 짜증을 낸다. 언제 무슨 사고가 날지 알 수가 없다. 다리를 건너며, 터널을 지나며, 고속 도로를 달리며 잠시도 안심해서는 안 된다. 안심은 방심이 되고 그것은 결국 생명을 건 도박이 되기 때문이다. 반대편 길을 달려 오고 있는 운전자들의 얼굴을 살핀다. 모두들 지쳐 있고 화가 나 있으며 불안한 조급증을 표정에 드러내고 있다. 왜 삶이 이 지경이 되었을까. 차창을 열면 달려드는 매연과 기분 나쁜 훈기, 좋은 공기는 바랄 수도 없고 그저 그냥 웬만한 공기만이라도 그리울 뿐이다. 시골의 개울물 역시 더럽기는 매한가지다.

얼마 전까지만 해도 상쾌한 바람과 맑은 물은 우리들이 당연히 누려야 하는 어떤 것으로만 여겼다. 그러나 지금은 아니다. 유엔 사무총장이 환경을 고려치 않는 개발은 자멸 행위라는 메시지를 보내 오는 지경이다. 바람과 물의 길, 그것은 풍수의 도이다. 풍수는 바로 그 당연한 것을 되찾자는 취지에서 현대적 의미가 있다. 그 좋았던 바람과 물을 되찾아 불안 없는 터전에서 살아 보자는 것이 풍수가의 꿈이다. 나는 이제 바람과 물의 길을 따라 아무런 근심 걱정 없는 안정 희구의 삶터를 찾아 나서고자 한다.

지금까지 나는 먼저 풍수의 이론을 앞세우고 그것이 현장에서 어떻게 적용되고 있는지를 살피는 매우 고답적인 답사에 치중해 왔다. 그런데 무척 중요한 사실을 알게 되었으니, 그것은 바로 풍수의 이론은 주로 중국으로부터 유입된 것이고 그 현장은 우리 풍토에 맞는 풍수가 펼쳐진 곳이기 때문에, 보다 더 중요한 것은 현장이란 점이다. 이론을 중시하고 이루어진 조선조 중후기 양반촌의 터잡기가 썩 좋은 것이 못 된다는 사실이 바로 현장의 중요성을 웅변하는 대목이다.

풍수가 찾고자 하는 터는 어떤 곳일까. 한마디로 불안이 없는 땅이다. 그런 땅은 어디인가. 바로 어머님의 품속 같은 곳이다. 안온하고 안정되어 있으며 근심 걱정이 없는 터. 바로 어머님 품안같이 생긴 땅에서 사람들은 편안하게 살았다. 풍수는 그렇게 생긴 터를 좋아한다. 그래서 좌우의 청룡과 백호는 어머님의 양팔이 되고 主山인 玄武砂는 어머님의 몸이 되는 것이다. 그 가운데가 바로 명당이니 명당은 바로 어머님의 품속이 아니고 무엇인가. 그곳은 아무런 걱정 없이 태초의 평안 속에서 오직 만족만을 느끼며 살았던 품이다. 그 품을 떠나면서 근심과 불안은 시작되었다. 마치 오늘의 우리들이 고향이라는 명당을 떠나 도시의 잡답 속에서 불안을 떠안고 살아가는 것과 마찬가지이다.

그러나 품안에 안긴 것만으로는 아직 안심이 되지 않는 사람들도 있다. 그들은 더욱 진전하여 아예 어머님의 자궁 속으로 회귀하고자 하는 염원을 드러내기도 한다. 그곳이야말로 우주 태생(胎生)의 평화가 깃든 곳이라 믿는 것이다. 삼척 신기면 대이리의 골말이 바로 그런 곳이다. 환선굴이라는 석회 동굴로 외지에 제법 알려진 곳이지만 지금 그 굴은 폐쇄되어 있다. 본래 20여 호의 화전민들이 살던 이 마을에는 지금 두어 집밖에 남아 있지 않다. 그들은 필경 『정감록』 신봉자였음이 분명하다. 하지만 처음 만난 골말의 할아버지는 그 점을 강하게 부인했다. 아마도 『정감록』이 지니고 있는 이미지가 미신과 통하기 때문에 그랬던 모양이다. 얼마 후 외지인에 대한 본능적인 반감을 지운 뒤에 보여 준 『정감록』 필사본 일부는 이곳이 분명 정감록촌이었음을 말해 주고 있었다.

태백산 연맥이랄 수 있는 덕메기산(德項山)을 비롯하여 같은 줄기인 양태메기, 지각봉, 물미산이 사방을 둘러싸고 있으니, 그곳을 일러 어머님의 뱃속이라 표현한들 조금도 이상할 것이 없는 지세이다. 그런데도 병자호란 이후 인조 때 경기도 포천에서 이곳으로 들어온 마을 入鄕祖 이시두는 이곳이 어머님의 자궁 속이라는 보다 확실한 증거를 원했던 모양이다. 그것이 바로 분지 가운데 우뚝 솟아 있는 촛대배이(촛대봉 또는 촛대병바위)이다. 이 거대한 석물은 태백의 터줏대감인 사진 작가 이석필 씨 말마따나 위에 콩알을 떼어 낸 촛대봉(촛대배이)이 바른 이름일 것이다. 그리하여 어머님의 자궁 속에서 원초적 생산을 행하기 위해 삽입된 아버님의 발기한 陽物일 게 분명한 이 촛대봉으로 말미암아 골말은 한 점 의심의 여지없이 자궁 속이 되는 것이고, 따라서 티끌만한 불안도 있을 수 없는 터전이 될 수 있었던 것이다(사진 10).

사진 10 골말의 풍경. 중앙의 뾰족한 봉우리가 촛대봉임.

　병자호란 이래 11대째 이곳에 살고 있다는 이종옥 할아버지(74세)의 집은 소나무 널판으로 지붕을 덮은 너와집인데 지난 겨울 이곳을 찾았을 때도 낮술에 취해 계시더니 이번 초가을에도 역시 낮술에 젖어 계신다. 극단의 평온을 갈구하는 마음이 그를 이곳에서마저 취몽의 세계로 이끌었음인가. 환선굴에서 시작되었다는 마을 곁을 흐르는 환선천은 슬프도록 푸르고 맑아 바라보기에도 가슴이 시리다. 그러나 그 슬프도록 시린 계곡 물도 멀지 않아 더럽혀지려니 싶어 마음이 개운치를 않다. 아닌게아니라 대이리 계곡 입구는 벌써 오염의 시작이랄 수 있는 공장이 들어서고 있다.
　너와집에는 아직도 고콜(혹은 코쿨. 일종의 벽난로 겸 조명 시설)과 까치궁기(까치 구멍으로 집안의 연기를 뽑아 내는 환기통)가 실용 상태로 쓰이고 있었는데 방을 따뜻하게 덥혀 줌은 물론이고 그 밝기도 책을 읽을 수 있는 정도였다. 이 집과 마주하고 있는 밥집 변소 밑에는 구더기가 득실거린다. 밥을 시켜 놓고 들어간 변소에서 본 구더기들이지만 전혀 입맛을 떨구지는 않는다. 글쎄, 그것이 어릴 때 익숙했던 장면이라서인가! 정겹기까지 한 것은 무슨 까닭인지. 서울대 인류학과 전경수 교수의 표현대로 〈똥이 자원〉이라면 이처럼 살아 있는 똥이 진짜 자원일 것이라는 쓸데없는 생각이 떠오르는 것도 큰 망발은 아니지 싶다.

(2) 모름지기 땅은 태백시 철암동 시루봉 모시듯해야 하는데

한밝달, 태백산은 악의가 없다. 그래서 살기도 없다. 등성이는 온통 여자의 허리와 엉덩이 같은 선으로 둘러 있으니 태곳적 우리의 할머니 모습이 바로 그런 것이 아니었을까 모르겠다. 말하자면 여성적인 陰山이란 얘긴데, 그러면서도 드러내는 기운은 밝으니 음양 조화를 이루었다고 말해도 괜찮은 산이다(사진 11).

백두대간의 중추요 한강, 낙동강, 오십천 등 三水의 발원처. 따라서 기호, 관동, 영남 지방의 젖줄의 근원이다. 실제로 태백산 문수봉은 여자의 풍만한 젖가슴 모양이기 때문에 젖봉이라고도 부른다. 한편 백두대간은 이곳에서 방향을 틀어 소백, 덕유, 지리산을 지나 한라산에서 맥을 닫으니, 또한 호남, 호서, 제주의 등뼈 구실도 한다. 무릇 사람이건 산이건 그 모양이 빼어나면 장엄하기가 미치지를 못하고, 그 기세가 장쾌하면 아름다움이 떨어지는 법인데 이 산은 지리산과 마찬가지로 수려하면서도 장엄(亦秀亦壯)하다.

나만 잘났다고 남을 배척하는 못난 산이 아니라 모두를 아우르는 산, 품는 산, 생명의 산, 어머니인 산이다. 흔히 말하는 名山이 아닌 靈山이니, 우리 고유의 사상이 살아 남아 있는 곳으로, 이상하게도 이 산에는 큰 절이 없다. 우리나라의 어떤 고을이나 마을도 그 주민들이 의지하고 존숭하는 특정의 산이 없는 곳은 없다. 이곳 태백산도

사진 11 태백산 문수봉에서 본 천제단과 정상인 장군봉

주변 고을과 마을에서 그러한 대접을 받고 있다는 점에서는 차이가 없다. 그런데도 이 산이 다른 산과 판이한 특징을 갖는 까닭은 민족적 자존심의 마지막 보루 중 하나로서의 기능을 충실히 하고 있는 까닭이다.

우리나라의 三靈山이란 백두산, 태백산, 한라산이다. 그렇기 때문에 요즘 구호처럼 흔히 쓰이는 〈백두에서 한라까지〉라는 표현은 〈백두에서 태백을 거쳐 한라까지〉라는 구호가 정확한 표현이 되는 것이라고 태백의 터주는 말한다. 영산과 명산은 구분되어야 한다. 영산에는 외세가 개입하지 못한다. 그래서 백두산, 태백산, 한라산에는 가장 민족적 종교에 근접했다고 할 수 있는 불교의 사원까지도 대찰이랄 수 있는 것은 없다. 우리 민족에게는 三神三敎가 중요한데 백두와 한라에 태백이 만나야 삼신이 어울리는 것이 아니냐는 논리다. 특히 태백은 밝음으로 오르는 사다리, 밝은 자리(배꼽), 밝음의 우두머리로 삼신의 으뜸이니 이를 받들어 대접함은 우리들의 의무이기도 하다는 것이다.

받들어 모심에 있어서는 홀로 외로이 조화를 부릴 수는 없는 것(孤陽不生 孤陰不成)이니 그를 위하여 태백산은 어머니가 되고 함백산은 아버지가 되었다. 무릇 조화는 새 생명을 창조함에 그 목적이 있는 것으로 그러자면 샘굿(자궁)이 있어야 하는데 황지가 있으므로 태백산이 어머니가 된다는 주장이다. 桃源池가 자궁이므로 함백산이 어머니라는 주장도 있다. 젖 먹이는 어머니를 아버지인 태백산이 기웃이 내려다보는 모습이란다. 어쨌거나 태백산에서 보면 연화봉이 연꽃봉오리처럼 보인다. 청옥산-백병산-태백·함백산-백병산-청옥산의 이중 보호 구조요, 게다가 거느린 가족은 쌍으로 많다. 요컨대 태백, 소백산은 한몸체, 한가족이라는 시각을 가져야 한다는 뜻이리라.

산 아래 태백시는 심한 몸살을 앓고 있다. 폐광촌을 관광지나 오락 시설 유치로 되살려 보자는 움직임이 있는데, 많은 관광지가 돈 처들여 쓰레기장 만든 꼴이 되었음을 상기할 필요가 있다. 폐광촌의 문제는 〈떠날 사람 떠나고, 너와집, 굴피집 따위의 옛 건물을 복원하고, 이곳을 외부로부터 차단시켜 외지에서 들어오는 관광객이 이곳에서 소비하는 물건은 모두 이곳 토종을 쓰라〉는 원칙에 입각하여 우리식 관광 단지를 조성하면 어떨지 하는 주민 의견이 있던데 깊이 생각해 볼 문제인 듯하다.

풍수가 찾는 땅이 안온하고 안정되어 불안이 없는 삶을 이어갈 수 있는 곳이라는 것은 현장 답사에서 무수히 확인할 수 있는 사실이다. 중국에서 유입된 이론 풍수에 의하여 상당 부분 왜곡된 외래 풍수는 풍수의 목적을 못자리나 집터 잘 잡아 내 식구 내 가족 잘먹고 잘살자는 이기적 잡술로 만들고 말았지만, 아직도 현장에 남아 있는 우리 자생의 고유 풍수는 삶터의 바람직한 터잡기와 그 상징성 부여에 큰 가치를 두고 있더라는 얘기다.

그러나 그런 터가 그저 잘 고른다고 제 차례가 오는 것은 아니다. 땅은 부모님이니 그에 합당한 대접을 올려야 불안 없는 삶터를 꾸릴 수 있는 것이다. 오늘의 우리가 부모님인 땅을 어떻게 인식하고 다루어 왔는지를 되돌아본다면 어찌 감히 근심 걱정 없는 명당 길지를 바랄 수 있으랴. 그저 소유하고 이용하기에만 급급해 오지 않았는가. 부모의 살을 도려내고 뼈를 깎아 내는 패덕을 수도 없이 해놓고 아직도 철없이 무엇을 더 달라고 조르는 악행을 서슴지 않는 것이 오늘의 우리가 아닌가.

이제 부모님인 땅은 한마디로 사경을 헤매는 처지에 빠졌다. 회생 가능성이 희박한 중환자인 하늘과 땅(天地), 공기와 물(風水)에게 우리는 지금 무슨 치료를 해주고 있나. 오히려 좀더 유산을 내놓으라고 조르고 있는 꼴은 아닌지. 휴일만 되면 무리 지어 산을 오르는 사람들을 보면, 마치 모든 것을 희생하여 자식을 키워 놓고 이제 그 뒷감당에 목숨이 경각에 달하여 중환자실에 입원하고 있는 부모님에게 찾아온 자식이 남은 유산 더 내놓으라고 패악을 떠는 패륜아를 보는 느낌이다. 도시 건설, 도로 개설, 국토 개발, 공단 유치 게다가 좀더 잘 놀아 보겠다고 골프장까지, 온갖 부모님의 유산을 제 마음대로 들쑤셔 놓고도, 쉬는 날이면 보다 깨끗한 물과 맑은 공기를 달라고 어머니인 산에 개미떼처럼 달라붙어 괴롭히고 있으니 어찌 그를 보고 패륜이라 하지 않을 수 있겠는가. 꼭 필요하다면 우선 부모님의 병환부터 고쳐 놓고 볼 일이다.

철없는 어린애들은 의식 없이 부모님을 괴롭히는 수가 있다. 그를 보고 크게 나무라지도 않는 것이 인지상정이다. 젖을 더 달라고 떼를 쓰고, 밥을 먹이는데 옷을 더럽히고, 일부러 진흙탕에 들어가 옷을 버리는 일을 서슴없이 한다. 이것이 바로 공해이고 오염이다. 하지만 다 큰 자식이 이런 짓을 하면 누가 가만두겠는가. 응석을 받아 주는 것도 한계가 있다. 한계를 넘으면 응징을 하여 버릇을 고치는 수밖에 없다. 나는 요즈음 두렵다. 아무리 하해와 같은 마음씨를 가진 부모님일지라도 지금 같은 상황이라면 언제 벽력 같은 꾸지람이 내릴지 알 수 없기 때문이다.

  태백시 철암동 상철암에서 나는 모름지기 사람들이 자신의 부모님인 산, 풍수에서는 산이 곧 땅이므로, 즉 땅을 어떤 식으로 받들어 모셔야 하는지를 가르치고 있는 좋은 예를 만날 수가 있었다. 그것은 곧 시루봉이었다. 떡시루처럼 생겨서 시루봉이란 이름이 붙은 이 산에는 밑에 인공이 가미된 조그만 동굴이 파여져 있다. 동굴 안에는 서낭당이 들어섰는데, 이 당집은 인근 마을 주민들의 공경의 대상이다. 시루에는 불을 지펴야 떡이 쩌지는 법이고 이 동굴과 당집은 바로 이 시루봉에 불을 지피는 아궁이의 역할을 한다는 것이 주민들의 생각인 것이다. 그래서 그들은 동굴 당집에 촛불을 밝힘으로써 아궁이에 불을 땐다는 상징을 삼는다.

  사경의 부모님에게 유산을 조르는 패륜아들로서는 별천지의 얘기가 아닐 수 없다. 산을 대접함이 이 정도는 되어야 좋은 물과 공기(風水)를 기대할 수 있는 일이 아니겠는가. 게다가 시루봉은 풍수가 이기적 잡술 나부랭이가 아님까지 가르치고 있으니, 이 산 날망(등성이)에 다른 곳은 모두 석회암인데 유독 그곳만 황토로 되어 있는 소위 시루형국의 명당이 있다. 이곳에 묘를 쓰면 후손에게 좋다는 바람에 누군가가 산소를 썼는데 밤만 되면 인근 새터 마을의 개들이 그곳을 보고 짖는 바람에 결국 파묘하고 말았다는 소문이 있다. 풍수는 저 하나 잘되자고 못자리 잡는 怪術이 아니다. 이런 현상에 신비를 덧붙일 필요는 없다. 산골 개들이 갑자기 산소 꾸미기(治墓)를 한다고 산꼭대기에서 중장비들이 부르릉거리는 소리를 듣고 놀라서 그곳을 보고 짖어 댔다고 보는 것이 합리적인 판단일 것이다. 하지만 합리 속에 든 의도야 물론 우리가 짐작하는 바, 산 사랑이다.

산을 대접하여 근심 없는 삶터를 가꾸어 보자는 것이 우리의 자생 풍수이다. 시루봉이 바로 그 점을 가르치고 있는 것이다.

(3) 내 사는 터가 명당인 줄 알면 된다, 공주 명당골

공주 사곡면 화월리에는 명당골이란 마을이 있다. 드러내 놓고 풍수를 지명에 사용한 희귀한 예이다. 본래 명당이란 임금이 신하들의 조회를 받는 정전의 앞뜰을 가리키는 말로, 『禮記』에 의하면 밝고 올바른 가르침이 내려지는 집이란 뜻으로 나와 있고 『孟子』 「양혜왕 하편」에는 단순히 임금이 사는 집이라 설명하기도 한다. 하지만 요즈음 쓰이는 뜻은 분명히 풍수적 좋은 터란 의미이다. 결국 명당이란 터의 핵심인 穴이 산천의 조아림을 받는 곳(受山水之朝也)이니 그 격이 높아야 당연한 것이다.

정말 명당골은 명당인가? 우리의 전통적이고 전형적인 농촌 마을 치고 명당 아닌 곳이 거의 없지만 마찬가지로 명당골은 명백히 명당이다. 마을에 들어서는 느낌은 오직 맑고 밝다는 것뿐. 그러니 명당이 아닐 수 없다. 하지만 명당임을 분명히 드러낸 까닭은 무엇일까. 명당이면 남에게 알려지지 않게 숨기는 것이 통례인데 이곳은 무슨 연유로 만천하에 명당임을 과시하고 있는 것일까.

마을 답사에서는 누구를 만나 얘기를 듣는가 하는 것이 매우 중요하다. 그런 측면에서 채상민 할아버지(蔡相敏, 1995년 당시 76세)를 만난 것은 행운이었다. 할머니와 함께 텃밭을 정리하고 계시던 그분은 명당골에 너무나 잘 어울리는 맑고 밝은 기운을 가진 분이었다. 사람은 모름지기 저렇게 늙어가야 한다, 만나는 순간 내게 닥친 느낌은 바로 그런 것이었다.

그분에 의하면 이곳이 명당골이 되는 까닭은 『정감록』이 말하는 十勝地 중 하나가 되기 때문이란다. 다른 기회에 소개하겠지만 사곡면에 속하는 유구와 마곡 사이에 열 군데 승지 중 하나가 있다는 것은 분명한 사실이다. 그러나 이 명당골을 바로 그 승지라고 여기며 살고 있는 사람이 있을 줄은 정말 몰랐다. 그분도 그런 사실을 익히 알고 있는 듯, 사람에게 親疎가 있는 것처럼 땅에도 친소가 있는 법이라 자신은 이곳에 친근함을 느껴 찾아든 것이라고 말한다. 삼십 년 전 단양군 영춘에 살다가 그곳의 인연이 다하고 이곳에 인연이 닿아 들어온 것이라는데, 영춘 역시 승지로 꼽히는 곳이고 보면 이분은 유서 깊은 『정감록』비결파에 속하는 모양이다. 그리고 순수하며 순진하다. 하기야 순진하니까 『정감록』을 믿는 것이겠지만, 그의 비합리성을 공박하기 전에 이런 분들은 최소한 남에게 해를 끼치며 살지는 않는다는 사실을 유념할 필요가 있다.

사람들은 터를 고를 때 자신의 성격을 벗어나지 못한다. 예컨대 정치적 성향이 강한 사람은 높고 널따란 터를 선호하고 양순하고 소극적인 사람은 골짜기의 아늑한 양지 쪽을 좋아하는 식이다. 하지만 일단 터를 선정하여 그곳에 살다 보면 터 역시 거기 살고 있는 사람을 닮아 간다. 마을도 양명하지만 할아버지의 집도 깨끗하다. 마당에 밥알이 떨어지면 주워먹어도 괜찮을 것처럼 깨끗하다. 말씀도 그러하여 말끝마다 〈소생이 배운 게 없고 문견이 넓지 못해서〉를 후렴처럼 되풀이하는데 그것이 전혀 위선적이거나 겉치레의 겸사처럼 보이지를 않더라는 것이다. 뿐만이 아니라 이 땅이 좋다는 점을 말해 달라는 주문에는 어김없이 〈선악과 호오를 분명히 말할 수는 없는 법이며 명당이란 게 지기(地氣)를 말하는 것인즉 어찌 알 수가 있겠소〉 하는 식으로 땅에게 모욕이 될지도 모르는 말을 애써 삼가는 것이 감동적이었다.

마을은 북쪽에서 진입하도록 구성이 되어 일반 농촌과는 다른 면을 보여 주고 있었는데 남쪽을 바라보는 앞에 개울이 있고 개울 건너로는 산밑까지 꽤 넓은 들판이 펼쳐져 있었다. 이 들판 이름이 싯들(屍野), 시체 모양의 논밭이다. 이어지는 산이 까마귀산, 그래서 이

사진 12 앞이 명당골의 싯들이고 뒷산이 그 시체를 쪼아먹는 까마귀산. 가운데 낮은 봉우리가 까마귀의 머리 부분이고 그 좌우의 높은 봉우리가 까마귀의 양날개에 해당됨.

산의 형국은 까마귀가 시체를 쪼아먹는 모양(飛鳥啄屍 또는 金烏啄屍形)으로 표현된다(사진 12). 그 왼편으로는 뱀이 개구리를 쫓아가는 모양의 뱀산이 있고 뱀산 앞에 조금 떨어져 개구리산이라는 조그만 둔덕이 있으니 이는 長蛇追蛙形이다(사진 13). 까마귀산 오른쪽은 누에머리산으로 蠶頭形인데 이곳은 마을을 외부로부터 차단해 주는 역할을 하는 水口막이에 해당된다. 풍수 용어로는 破라 하는 것으로, 파가 멀거나 벌어지면 좋지 않은 법인데 불행히도 이 마을의 파는 상당히 넓게 열려 있는 편이다. 당연히 그 허점을 막기 위한 비보책이 있었으니 바로 지금은 경지 정리 때문에 베어지고 만 버드나무숲이 그것이다(그림 7).

교묘한 것은 마을 북서쪽에 철승산(鐵蠅山, 쇠파리산)이 있는데 파

사진 13 명당골의 뱀산과 개구리산. 파란 지붕 뒤에 있는 산이 뱀산이고 개울 건너 보이는 조그만 숲이 개구리산이다.

그림 7 공주 명당골의 형국 배치도. 1. 까마귀산 2. 뱀산 3. 누에산 4. 쇠파리산 5. 개구리산 6. 명달골 7. 안터

리는 누에에게 아주 해로운 것이므로 그놈들이 누에를 해치지 못하도록 개구리가 막아 주고 혹 개구리를 피했다 하더라도 다시 시체가 있어 유혹을 하여 결코 누에한테는 접근하지 못하도록 배려를 하고 있다는 점이다. 참으로 그림 같은 풍수적 공간 구조이자 지세 배치이다. 다만 한 가지 버들숲을 없앤 것이 흠인 셈이다. 이런 숲을 洞藪라 하는데 대부분의 마을에서 도로 개설이나 경지 정리 등의 이유로 이를 없애 버린 것은 애석한 일이 아닐 수 없다.

뱀산과 까마귀산 사이 골짜기에 또 하나의 마을이 그림처럼 자리를 잡고 있다. 안터라는 동네인데 이곳은 주로 명당골에서 분가한 차남 이하의 자식들이 이주하여 된 곳이라 한다. 겉모양으로만 판단한다면 안터가 더 풍수적 입지를 잘 따르고 있는 것처럼 보인다. 왜냐하면 전형적인 배산임수에다가 삼면이 산으로 감싸여 있기 때문이다. 그러나 그게 바로 피상적인 관찰이란 것이다. 뱀과 까마귀는 사이가 좋지 못한 것인데 그 사이에 끼여 산다면 무슨 좋은 일이 있겠느냐는 게 그 이유다.

풍수는 결코 상식을 벗어나지 않으며 만약 상식을 벗어나는 것이 있다면 그것은 풍수를 가탁한 술법일 뿐이라는 마을 풍수의 큰 원칙은 간혹 이런 복병을 만나 어려움을 겪는 수도 있다.

공주에서 마곡사 가는 길목에 자리 잡은 명당골, 그 이름만큼이나 풍수 전공자에게 많은 가르침을 베풀어 준다. 하지만 나는 오히려 명당이란 터보다는 비결과 할아버지의 순수성과 그분이 가꾸던 채소 같은 소박함에 더 마음이 끌린다.

(4) 무주 구천동의 비결파들

우리나라에서 오지의 대명사처럼 쓰이던 곳이 두 곳 있으니 남한의 무주 구천동과 북한의 三水, 甲山이 바로 그러하다. 군 면적의 84%가 임야인 것이 오지임을 웅변하여 준다. 주변 산들도 해발 1천

미터 이상의 고산준령으로 실제 무주에 들어와 보면 문자 그대로 萬壑千峰임을 실감할 수 있다.

추풍령을 지난 백두대간은 岷周之山, 石奇峰, 三道峰 등을 거쳐 釜項嶺과 大德峙의 고개를 형성하며 大德山에 이르러 伽倻山脈을 갈라내면서 경상북도와의 경계를 이룬다. 대덕산에서 省草嶺 고개를 지나면 三峯山, 德裕山에 이르러 가장 험준한 산세가 되고 이것이 경상남도 거창과의 경계 구실을 하면서 지리산으로 연결이 된다. 이 안쪽에 여러 支脈들이 얽히고 설켜 무주, 赤裳, 雪川, 안성, 茂豊 등지의 지형적으로 독립된 분지들을 형성한다. 실제로도 무주군의 각 면들은 조선 시대까지 독립된 縣으로서 독자 세력을 이루고 있었다. 이와 같은 지세적 분립성을 『무주군지』는 이렇게 표현해 놓고 있다.

설천면 장덕리(진들말)를 경계로 하여 그 以東은 무풍면으로 과거 신라 땅이었고 그 以西는 백제 땅이었으므로 오랜 세월이 흐른 지금까지도 양지역에서는 언어와 풍속이 다른 점을 쉽게 찾을 수 있다. 즉 전자는 경상도 사투리요, 후자는 충청, 전라도 사투리가 섞인 말을 쓴다. 풍속에 있어서도 다소의 차이가 있음을 알 수 있는데, 전자는 〈투가리 된장 맛〉이라 할까 좀 순박한 데가 있는가 하면, 후자는 〈산뜻한 깍두기 맛〉이라 할까 기질이 명쾌하고 사교적이며 붙임성이 많다.

지역민의 각종 거래와 인척간의 왕래도 부남면이나 안성면 쪽은 전라도 전주 방면과 잦은 편이고, 무풍면은 오히려 경상도 김천, 거창 쪽과 잦은 편이다. 그런 현상을 상징적으로 드러내 주는 기념물이 바로 설천면 두길리와 소천리 사이에 있는 구천동33경 중 제1경에 속하는 羅濟通門이다. 신라가 삼국을 소위 통일한 이후 1천2백 년의 세월이 흘렀지만 지금도 이 문을 경계로 동서 양지역은 동일 행정 구역에 속함에도 불구하고 언어와 풍습이 판이하게 달라, 무주 사람과 무풍 사람을 쉽게 구별해 낸다고 한다.

앞서도 밝힌 바와 같이 무주 중에서도 오지로 꼽히는 곳이 구천동이다. 오죽하면 〈이 친구 아직도 무주 구천동이네〉 하는 익은 말이 있었을까. 소식이 캄캄하구나라는 뜻의 말이다. 마을 노인들은 농담 삼아 이런 얘기도 한다. 〈무주 구천동 투표함이 도착해야 선거는 끝나는 거여〉라고. 흑산도 투표함보다 운송 시간이 더 걸린다는 우스갯소리다. 그러나 지금은 전혀 그렇지가 않다. 그 景勝은 과거의 위엄이 아직도 여전하지만 교통편은 사정이 크게 바뀌었다. 길만 막히지 않는다면 서울서 세 시간 정도면 이곳에 닿을 수 있다. 결코 옛날의 무주 구천동이 아닌 것이다.

구천동은 설천면의 三公里, 深谷里, 斗吉里 일원에 펼쳐지는 유수의 절경지로, 나제통문에서부터 덕유산 정상까지 장장 70리에 이르는 계곡으로 이루어져 있다. 현재 덕유산 국립 공원으로 지정되어 있는 이곳은 인근에 무주 리조트라는 해괴한 유람장이 만들어져 경관을 결정적으로 버려 놓은 흠은 있다. 나는 그렇게 판단하고 있으나 주민 다수는 여기에 동계 유니버시아드 대회가 유치되고 보다 많은 관광 수입이 기대되어 좋게 보는 모양이니, 외지인인 처지에 내놓고 불평하기 껄끄러운 점은 있다. 하지만 어쩌겠는가. 내 눈에는 山龍을 죽여 돈을 벌자는 것으로 비쳐지니 말이다.

자동차 위에 스키를 얹고 다니는 서울 차들이 심심치 않게 지나다닌다. 바로 그 국립 공원 입구랄 수 있는 삼공리 경로당(회장 장병희, 81세)에 노인 십여 분이 라면을 끓여 점심 요기를 하고 있었다. 사갈이나 설피를 신고 雪山을 헤매 다닌 경험이 있는 그분들 눈에는 그런 모습이 어떻게 비쳤을까. 세상이 달라지니 제 돈 들여 중노동을 사서 하는구나 하지 않겠는가.

구천동은 왜 그런 이름이 붙었을까. 具氏와 千氏 집성촌이라 그리 되었다는 설이 있으나 믿기 어렵다. 중국 元나라 순제가 옥새를 잃어버렸는데 그것을 무주 사람 劉海가 찾아 주었다. 그래서 큰 잔치를 베푸니 여기에 〈千乘之國 九國諸侯〉가 회동하여 축하하였기에 붙은 지명이란 설도 있으나 이 역시 믿을 수 없다.

문헌상 구천이란 이름이 처음 등장하는 것은 명종 7년(1552) 『香積峰(덕유산 정상)記』에선데 여기서는 九千屯이라 되어 있다. 成佛功者 九千人이 살았으므로 구천인의 屯所라는 뜻에서 이런 지명이 유래되었다는 설명이다. 이것이 구천동으로 기록된 것은 현종 13년 (1672) 『遊匡盧山行記』에서이다. 명종에서 현종 사이에 우리나라는 임진왜란과 병자호란이라는 미증유의 대란을 겪은 바 있다. 게다가 당쟁 또한 끊이지 않아 이런 난세에 몸 보신을 위한 遁世思想이 판을 치게 된다. 이에 문자 속 든 사람들이 자리를 깔아 준 것이 바로 풍수 도참과 秘記類 등속이다.

南師古 같은 사람은 무주를 일러 十勝之一이요 三豊之地라 칭하니 많은 사람들이 피란보신의 땅으로 여겨 이곳을 찾게 된 것이고 그로부터 屯이 洞으로 바뀌었을 것이란 짐작이 가능하다.[1] 실제로 『무주군지』 성씨편에 의하면 상당수의 집안이 사화나 전쟁을 피하여 무주로 들어와 中始祖가 된 것으로 나와 있다. 십승지지에 관한 지세 개관은 제2권 단양군 영춘면편에서 언급하기로 한다.

이곳은 사방이 꼭꼭 막힌 곳으로 소위 生氣漏泄의 혐의가 없어 난을 피해 일가와 일신의 부지를 꾀하기에는 적절한 터라 할 수는 있다. 『금낭경』이 가르친 대로 〈무릇 기가 내뿜어지면 바람이 되는데 이것은 능히 생기를 흩어 버릴 수 있으니 청룡과 백호는 명당 범위 안쪽을 호위함으로써 그 소용됨이 있는 것이요, 혈장을 첩첩이 감싸 안는다 하더라도 좌청룡 우백호가 비어 있거나 허약하고 혹은 앞쪽

---

1) 삼풍이란 병화나 흉년, 역병 등 소위 삼재가 들지 않는 좋은 삶터를 말함인데 실제로는 충북 괴산의 연풍, 경북 영주의 풍기, 그리고 이곳 무풍을 일컫는 말이다.

의 案山 朝山이 끊어져 있으면 생기가 회오리바람에 흩어져 버릴 것이다(夫噫氣爲風 能散生氣 龍虎所以衛區穴 疊疊中阜 左空右缺 前曠後折 生氣散於飄風)〉 하였는데, 구천동은 그런 위험에서는 벗어난 터란 뜻이다. 다시 말해서 이곳은 생기가 표풍에 휘날릴 까닭은 없는 땅이다.

　이상한 인연이다. 경로당에서 만난 박상운 할아버지(79세)가 바로 비결파로, 나라가 일본에 패망하던 1910년 경상북도 구미에서 이곳으로 이주한 분의 후손이란다. 그의 조부는 『정감록』 異本에서 말하는 〈德裕無不避亂之地〉라는 구절에 이끌려 이곳 설천면 삼공리에 터를 잡은 뒤 지금까지 덕유의 정기를 받아들이며 살고 있는 것이다. 그들은 과연 『택리지』의 저자 이중환이 지적한 대로 무주 朱溪에 살고 있는 高人逸士들일까. 스키를 타기 위해 좋은 승용차를 타고 이곳을 휘젓고 다니는 허여멀건 젊은이들. 라면으로 점심을 때우는 명산의 高士들. 그 간극은 현상만으로 드러나는 것이 아니라 우리 의식 깊이 박힌 오늘의 초상일런지도 모른다.

　비결파들은 이곳 계곡에도 명당의 칭호를 여럿 붙여 놓았다. 삼공리 갈밭번덕에 있는 飛雁舍蘆形의 터나 금포정이에 있는 金鷄抱卵形의 터가 그런 예일 것이다. 비안함로 명당을 마을 노인들은 蘆田眠鶴이라 불렀다. 전국의 지관들이 다 모일 정도의 길지였다고 하는데, 글쎄 지금 이곳은 학이 갈밭에 앉아서 졸 수 있을 만큼 한가로운 땅이 아니니 어쩔 것인가.

　매월당 김시습의 浮屠라고 잘못 알려진 매월당 雪欣(김시습의 법명은 雪岑임)의 부도가 있는 白蓮寺에 올라 尹拯의 『유광로산행기』를 읽는 것은 덕유산으로부터 산 기운의 느낌을 받는 방법일 수 있을 것이다. 노산은 덕유산의 별명이다.

　　평생에 파리한 몸 티끌 세상 싫어 하여/泉石을 사랑하니 하늘이 준 병이로다/오래 전 고요한 산 찾아 떠나고자 한 마음(年來岑寂 抱離懷)/방외에서 가슴 펴고 놀고자 함이었네(源遊方外 襟期豁) …….

다시 살아가야 하는 티끌 세상 서울로 돌아가야 하는 내 마음 답답하여라.

(5) 계백과 견훤의 한이 서린 황산벌, 하지만 청명한 기상일세

1950년대에 초등학교를 다닌 사람들은 도덕책에 나와 있던 「화랑 관창과 계백 장군」이란 글을 기억할 것이다. 지금도 의아하게 생각되는 것은 왜 주인공이 관창인데 계백 장군이 더 멋있게 보였느냐는 점과 5천 대 5만이라는 절대 열세의 군세였는데도 백제군이 어떻게 그토록 오래 버틸 수 있었을까 하는 점이다.

역사 기록이란 것이 으레 승자 좋을 대로 남기는 것인데도 패자에 대한 아쉬움이 지금까지 남아 있다는 것은 패자에게 그만큼 좋은 점들이 많아서가 아니겠는가 하는 짐작이 든다.

신라와 백제의 마지막 싸움은 어떤 양상이었을까. 계백 장군은 죽은 뒤 어떻게 처리되었을까. 전멸당한 백제 군사들에 대한 설화는 어떤 것이 남아 있을까. 무엇보다도 마지막 결전의 장소였던 황산벌은 어떤 지세, 어떤 지기의 땅이었을까. 이런 생각들을 마음속에 지니고 그곳을 찾아 나섰다. 황산벌, 오늘의 논산군 연산면 일대이다.

개인적으로도 논산 일원은 낯익은 고장이다. 연무읍에 있는 육군 제2훈련소에서 신병 교육을 받은 적도 있고, 특이한 미륵삼존불상이 있는 開泰寺를 여러 번 탐방한 적도 있으며, 음택 풍수의 교과서처럼 여겨지는 광산김씨 묘지들이 즐비하여 자주 답사를 벌인 적도 있는 땅이다. 그러면서도 정작 어릴 때부터 의문이었던 황산벌과 계백 장군에게는 관심을 가져 보지 못했으니, 이것은 나의 무심함이라기보다는 소홀한 역사 의식 탓이었다고 생각한다.

황산 싸움에 대한 군사 지리적 판단은 거의가 풍수 안목에 의한 나의 지세적 추측에 의존할 수밖에는 없었다. 이용할 수 있는 자료는 대부분 검토하였고 주민들도 여럿 만나 보았지만 어느 쪽도 확실한 것은 없었다. 백제는 누구의 표현처럼 철저히 잃어버린 왕국이 된 모양이다. 지세적 추측이라고는 했지만 거기에는 지명 유래가 시사하고 있는 바에 힘입은 바가 컸다. 이제 그런 추측들을 하나하나 정리해 보기로 한다.

첫째, 신라군 5만은 그 주력을 지금의 전북 완주군 운주면 고중리에 위치한 숯고개를 넘어 논산군 양촌면의 仁川川계곡을 따라 진입한 뒤 서쪽으로 황산벌을 감제할 수 있는 천호산-대목재-황령재-함박치-깃대봉-국사봉 연맥의 서편 산록에 배치하였을 것이다. 이때 본진의 장수 위치는 국사봉이었을 것으로 생각된다.

망국 4년 전인 의자왕 16년(656) 옥에 갇혀 있던 좌평 成忠은 임종 직전에 이런 간언을 올린다. 〈충신은 죽어서도 임금을 잊지 않는다 하므로 이제 한 말씀 올리고 나서 죽고자 합니다. 무릇 군사를 움직일 때에는 그 지리를 살펴 윗자리에 터를 잡아 적의 기세를 늦추어 놓은 연후에야 가히 나라를 보전할 수 있는 것입니다. 만약에 다른 나라 군사가 쳐들어오고자 한다면, 육로로는 炭峴을 지나지 못하도록 하고, 수군은 伎伐浦의 기슭에 닿지 못하게 한 뒤 그 험난한 곳에 의거하여 방어하고 이어서 치는 것이 옳을 것입니다.〉 그가 말한 탄현이 바로 숯고개이다.

의자왕 20년(660) 나당 연합군이 최후의 공격을 감행함에 이르러, 당시 귀양살이를 하고 있던 좌평 興首에게 사람을 보내어 방어 대책을 물으니 그는 이렇게 대답하였다. 〈당나라 군사는 무리가 많고 규율이 엄한데다가 신라와 공모하여 쳐들어오므로 넓은 들판에서 맞싸우자면 그 승패를 가름하기 어렵습니다. 白江과 탄현은 백제의 중요한 길목이므로 이곳에서 한 사람이 창을 휘두르면 만 명의 군사라도 당하지 못할 것이니 마땅히 용감한 군사를 뽑아 그곳을 지키게 하여 당군으로 하여금 백강에 들어서지 못하게 하고 신라군으로 하여금 탄현을 넘어오지 못하게 한 다음, 대왕은 성문을 굳게 닫고 엄중히 지키다가 그들의 군량이 다하고 군사들이 지칠 때를 기다려 공격하면 반드시 적을 격파할 수 있을 것입니다.〉 여기서의 탄현 역시 숯고개이다.

충신 성충과 홍수의 충언을 따랐더라면 역사는 달라졌을지 모른다. 그러나 그렇게는 되지 않았다. 망조가 들면 상식도 통하지 않는다. 홍수의 군략을 지체 없이 따랐어야 할 것이나, 당시 백제 조정은 단단히 망조가 들었던 모양이다. 백강은 물살이 거슬러 올라가는 곳이라 배를 대지 못할 것이라느니, 숯고개를 넘더라도 길이 험하고 좁아서 그곳을 막을 필요가 없다느니 하는 敵前 공론을 일삼다가 결국 신라군은 아무런 반격 없이 숯고개를 넘어서고 만다. 그제서야 계백 장군에게 5천 결사대를 주어 황산벌에서 적군을 막게 하지만 이미 될 일이 아니었다.

그리하여 신라군은 앞서 언급한 바와 같이 천호산 연맥에 의지하여 군세를 펼치고 國司峯에 帥旗를 세웠다고 본다. 굳이 국사봉에 主將이 본진을 내렸다고 보는 까닭은 이곳이 천호산 연맥이면서도 직각으로 꺾어져 군사들의 진세를 일괄하여 살피기에 유리하고 또한 황산벌을 한눈에 조망할 수 있는 유일한 장소이기 때문이다. 아마도 그곳은 지금의 한성신학대학 뒤편이었을 것으로 추정된다.

둘째, 백제군은 지금의 연산면 관동리 계곡 일대에 군사를 배치하고 주장의 수기는 함지봉 아래 해발 264미터 지점에 있는 黃山城(일명 황성) 본진에 꽂았을 것이다.

백제의 군세는 신라에 비할 바가 아니었다. 그들은 황산벌이라는 벌판에 둔을 칠 형편이 못 되었을 것이고, 당연히 그 입구가 좁은 계곡 지세를 선호하였을 것이다. 황산성은 신라군이 주둔하고 있는 황산벌을 감제할 수 있음은 물론, 계곡 지세이고 또한 이곳 황산성과 魯城山城(논산군 노성면 송당리 소재) 그리고 당시 백제 왕성이던 부여 사비성과는 일직선상에 있으므로 수비측으로서는 다른 대안이 있을 수 없는 입지 선택이었을 것이다.

황산성의 옛 건물 터에서는 삼국 시대의 瓦片 토기류가 발굴된 바 있고 성의 북쪽 봉우리 부근에 30평방미터 정도의 넓은 면적이 있어서 군을 통수하던 將臺址로 추정한 보고서도 있는 것으로 보면 필자의 추정이 단순한 직관에 근거한 것만은 아니라는 반증은 되리라고 본다.

셋째, 개전 초기 양군의 전략은 신라군은 일단 황산벌에서 일전을 벌여 승부를 가리겠다는 속전의 의도였고, 백제는 관동리 계곡에 머물며 시간을 끄는 전술을 구사했을 것이라는 판단이다. 신라가 압도적인 강세의 군사를 이끌고도 속전을 바랐던 것은 아마도 당나라 군사들과의 부여 입성 선두 경쟁 의식 때문이었을 것이다. 반면 백제는 우선 급작스럽게 당한 국난에 대비할 심리적 조처도 없었던 데다가 병사를 더 모으고, 있는 병사들의 사기를 모으고 군력을 결집시킬 시간이 필요했을 것이다. 계백의 5천 결사대는 백제의 최정예였을 것이므로 패배 의식에 빠져 계곡에 진을 치고 시간을 끌었던 것이라고는 생각되지 않는다.

속전속결을 바라던 신라군과 지구전을 원하던 백제군의 전략이 드러난 한판이 바로 관창의 백제군 선제 공격이었을 것이다. 관동리에 살고 있는 도덕희 씨(68세)의 증언에 의하면 황산벌이란 정확하게는 지금의 연산리 연산공원 밑에서 신량리 한성신학대학까지의 들판을 가리키는 지명이라고 한다. 신라군은 그 황산벌을 장악하는 데 많은 병력 소모가 있었을 것이다. 백제는 필시 비정규적인 게릴라 전법으로 신라군을 괴롭혔을 것이고, 그런 난국을 타개하기 위하여 관창의 용맹이 쓰여졌으리라는 필자의 짐작은 과히 사실에서 크게 벗어나지는 않았으리라 믿는다.

관창은 죽음을 각오하고 백제군의 본진인 관동리 계곡으로 쳐들어 갔다. 계백은 그에 유인되지 않고 오히려 관창의 신라군을 농락할 뿐이다. 관창이 사로잡히고 풀려 나고 또 쳐들어가고 결국 참수되어 그 머리가 말 안장에 매여 신라군 진지로 되돌아와 신라군의 사기를 높였다는 얘기는 그런 전술 전략의 다른 표현이었을 것이다. 관동리는 관창골이라고도 부른다. 관창이 죽은 곳이라는 뜻으로 붙은 지명이라는 유래가 전해지는 곳이다.

우리나라 초기 풍수 사상은 군사 지리적인 요소가 매우 강하였다. 우리 풍수의 시조라 일컬어지는 도선의 제자들이 고려 태조 왕건을 비롯하여 궁예, 견훤 등의 군사 및 정치 참모 역할을 했던 것이 그것을 증명해 준다. 풍수 사상가들이 그런 기능을 담당했다는 사실은 필자가 다른 글에서 이미 상세히 밝힌 바 있으므로 여기서 중언부언하는 것은 삼가기로 하거니와, 이 말을 꺼내는 의도는 왜 풍수 기행에서 백제 멸망의 전투를 다루어야 하는가 하는 독자들의 의문에 대한 답을 위해서이다.

『삼국사기』「열전 관창조」에 의하면 그는 신라 장군 品日의 아들로 나이 열여섯에 태종무열왕의 부장으로 황산벌 전투에 참가하여 계백의 관동리 주둔 결사대에 돌격을 감행하다가 두번째에 전사한 것으로 되어 있다.

말 안장에 매달려 온 아들의 수급을 본 아버지 품일은 이렇게 외쳤다고 한다. 〈내 아들의 모습은 산 것과 같구나. 능히 나라 일을 위하여 죽었으니 후회할 것은 없겠다.〉 이것을 본 신라군은 크게 분개하여 모두 결사의 뜻을 세우고 북을 울리고 함성을 지르며 진격하여 백제군을 격파하였다는 것이 『삼국사기』의 기록이다. 물론 그랬을 수도 있다. 그러나 전세를 거시적으로 볼 때 관창은 백제군을 황산벌로 유인해 내기 위한 고육지계의 희생이었다고 보인다. 그리고 실제로 이어서 황산벌의 최후 대전이 벌어진 것을 보면 관창의 고육계는 성공을 거둔 셈이다.

그러나 계백이 신라의 계략을 모르고 관동리의 계곡 주둔지를 떠나 황산벌로 나간 것으로는 생각되지 않는다. 아마도 그는 신라의 의도를 잘 알았을 것이다. 그러면서도 황산벌로 짓쳐 나아가 승부를 결한 것은 이미 그가 사비성의 위급과 백제의 패망을 예감하고 있었기 때문일 것이다. 그는 알면서 죽으러 나아간 것이란 얘기다. 그의 그런 성품은 역시 『삼국사기』「열전 계백조」의 표현으로도 충분히 짐작이 간다.

> 계백은 백제 사람으로 그 벼슬이 達率에 이르렀다. 의자왕 20년에 당 고종은 소정방을 神丘道大總管으로 삼아 군사를 거느리고 바다를 건너와서 신라와 힘을 합하여 백제를 공벌하였다. 이때 계백은 장군이 되어 결사용사 5천 명을 뽑아 거느리고 이를 막았는데, 그는 말하기를 〈한 나라의 사람으로 당나라와 신라의 대군을 당하게 되므로 국가의 존망을 아직 알지 못하겠다. 내 처자가 적들에게 잡혀서 노비가 되어 그들에게 욕을 당하는 것보다 차라리 쾌히 죽는 것만 같지 못할 것이다〉 하고, 드디어 모두 손수 죽였다. 그리고 황산의 들에 이르러 三營을 설치하고 신라의 군사들을 만나 싸웠는데 뭇 사람들에게 맹세하기를 〈옛날 월의 句踐은 5천의 군사로써 오의 70만 대군을 격파하였다. 오늘 모든 장병들은 각각 분발하여 승리를 결단함으로써 국은을 갚도록 하라〉 하고 드디어는 물밀듯이 쳐들어가서 한 사람이 천 명을 당하지 않음이 없었으므로 신라군은 퇴각하였다. 이와 같이 서로 진퇴하기를 네 번이나 하며 격전하였으나 계백은 힘이 다하여 드디어 전사하였다.

아마도 장렬한 전사였을 것이다. 아무리 죽음 뒤끝은 없다고 하지만 이런 죽음은 아름답고도 가상하다.

넷째, 양국의 최종 결전지는 지금의 연산리 전역과 관동리 남부 일부였을 것이다. 백제군은 소수의 인원이었으므로 아무리 죽기를 각오하고 싸웠다 할지라도 관동리 계곡으로부터 멀리까지 진출하기는 불가능했으리라고 보기 때문이다. 다만 최초의 전투에서는 국사봉이 바라보이는 사청벌까지 진출했던 것으로 여겨진다. 사청벌은 황산벌의 핵심이 되는 벌판이다. 일설에는 신라와 백제의 기마군사 4천8백여 기가 어우러져 싸움을 벌인 데서 나온 지명이라고도 하고 혹은 그 싸움에서 나온 시체들이 쌓였다는 데서 나온 시체벌의 음전이라는 설도 있다.

이 싸움에서 밀린 백제군 주력은 지금 호남선 철도가 놓인 연산천 계곡을 따라 퇴각하다가 결국 개태사 못 미처 송정리(소정이)에서 궤멸된 것이 아닌가 생각된다. 한글학회편『한국지명총람』(권4, 충남, 상권「송정리조」)에는 이런 지명 설명이 나와 있다.

송정리에는 말무덤이란 곳이 있는데, 계백 장군 묘 또는 백제의총이라고도 한다. 백제 의자왕 때 계백 장군이 정병 5천 명을 거느리고 신라군과 싸우다가 몰살되어 이곳에 장사 지냈다고 한다. 또한 대목재 아래에 屍葬谷(시정골)이라는 골짜기가 있는데, 백제 의자왕 때 백제 군사가 신라 군사와 황산벌에서 싸우다가 죽은 것을 이곳에 장사 지냈다고 한다.

주민들은 말무덤이란 곳은 모르고 있었다. 혹시 인근에 있는 허씨 부인 산소를 말무덤이라 하는 것이 아니냐는 반문도 있었다. 그러나 시정골은 지금도 그 이름이 남아 있어 송정리 농공 단지가 들어서 있다.

관동리 일대 마을 주변에는 山竹이 많이 자라고 있었다. 주변 산에는 유독 고만고만한 무덤들이 많이 잇대어 있었으나, 세월이 오래 흐른 탓인가 古戰場에 흔히 있기 마련인 風水悲愁의 기운은 느낄 수 없었다. 풍수 비수란 『청낭경』에 나오는 八不相에서 나온 말이다. 여덟 가지 기피해야 할 땅의 조건을 나열한 개념들인데, 그중 풍수 비수는 바람 소리 물소리가 슬피 통곡하는 듯한 소리를 내는 터를 지칭하는 말이다. 주로 옛 싸움터로 많은 사람들이 떼죽음을 당한 곳의 地氣에 있을 수 있는 기운을 말한다. 그 기운은 한마디로 음산함과 한랭함이다.

　세월이란 충절도 원한도 사라지게 하는 마력을 지닌 모양이다. 계백의 충혼과 백제 군사들의 원혼은 지금 어디를 떠돌고 있는 것인가. 최소한 관동리 마을을 배회하는 것 같지는 않았다. 그만큼 관동리의 地氣가 陽明하더라는 뜻인데, 역시 역사의 덧없음을 느끼게 하는 순간이었다. 풍수 기행을 하면서 자주 느끼는 일이지만, 정말 역사란 무엇인지 알 수가 없다. 틀림없이 선한 그 무엇인가가 있어 역사를 돌리는 것이라는 느낌은 드는데, 묘하게도 그 선함의 실체가 잡히지를 않는 것이다.

　다섯째, 계백의 시신은 어떻게 되었고 그의 무덤은 어디에 있는가. 시신은 승리자에 의하여 훼손되고 분절되었으며 결국 마멸되었음에 틀림없을 것이다. 송정리에 있다는 말무덤은 계백의 무덤이 아니라 다른 백제 군사들의 시신을 휩쓸어 묻은 집단 분묘임에 틀림이 없다. 그러니 송정리 말무덤을 계백 장군 묘라 보는 것은 적절치 못하다.

　연산면에 인접한 부적면 신풍리에는 봉분까지 제대로 갖춘 계백 장군 묘가 있다. 물론 이것은 虛墓일 것이다. 훗날 그의 살아 남은 부하들이나 백제의 유민 혹은 그 마을 주민들이 장군의 유품들을 모아 묻고 제사를 모셨던 곳일 가능성이 높다. 그렇다면 그곳을 계백 장군의 묘라고 하는 것이 무리가 아니다. 우리 풍습에는 전쟁터에 나가 죽었다는 소식은 들었으나 그 시신을 수습하지 못했을 때 단을 쌓아 주는 예가 있다. 이때 단은 무덤과 같은 기능을 한다. 그러니 신풍리 계백 장군 묘는 그의 묘라고 보아도 좋다는 뜻이다.

논산군에서 발간한 『문화재 편람』이란 책자의 「계백 장군 유적전승지」에는 이에 대하여 다음과 같은 설명을 붙여 놓고 있다. 〈계백 장군의 충성 어린 의로운 죽음을 보고 백제 유민들이 은밀하게 가매장한 것으로 전해지고 있다. 그 뒤 인근 주민을 중심으로 묘제를 지내 오던 관행이 이어지다가 숙종 6년(1680)에 충곡서원을 건립하고 그의 위패를 主享으로 모시어 享祀해 왔다. 이곳을 장군의 묘로 추정한 근거는 묘소의 방향이 정남으로 백제 분묘의 일반적 경향을 따르고 있는 점, 묘소 뒤쪽 산 이름이 忠莊, 忠魂, 忠勳, 首落山 등 장군의 지명과 결부될 수 있는 의미를 지녔다는 점, 그리고 이곳의 지명이 假葬골인 것은 물론 마을은 忠谷里라 부르며 주민들이 옛날부터 계백 장군 묘라 믿어 온 점〉들을 꼽고 있다.
　지금은 묘역 정비 공사가 한창이다. 불순한 날씨에도 정말 열성으로 공사에 임하던 육군 제32사단 공병대대 병사들과 지휘자 우성태 주임 상사(48세)의 모습에서 계백과 백제 군사의 얼굴을 떠올렸다면 지나친 감상일까.
　각 군에서는 여러 가지 귀중한 자료를 발간하고 있다. 대표적인 것이 郡誌 또는 郡史이고 그 외에 지명 유래집이라든가 민속 자료집, 관광 안내서, 문화재 소개서 등이 있다. 문제는 일반인들이 이런 자료에 접근할 방법이 별로 없다는 것이다. 물론 군 문화공보실이나 군립 도서관, 군 문화원 등에서 열람할 수는 있겠으나 외지인들의 처지에서는 그것이 보통 어려운 일이 아니다. 이미 여러 번 언급한 일이지만 자료들을 판매하는 제도가 반드시 필요하다고 본다. 공무원이 물품을 판매하는 일이 규정에 어긋난다면 다른 기관에 위탁 판매하는 방법도 있을 것이다. 부디 있는 자료도 활용치 못하게 하는 모순은 없어지기 바란다.
　불행히도 논산군 문화공보실에서도 『논산군지』가 보관본밖에 없어 참고할 수가 없었다. 『논산의 민속』이란 책자가 있었으나 별 도움이 되지 않는다. 『문화재 편람』은 사진집에 가까워 역시 원고 작성에는 별 도움을 받지 못했다. 그나마 이 자료들을 얻은 것이 아니라 빌리기 위하여 많은 시간을 허비한 생각을 하면 짜증이 난다. 신문사의 일로 부탁하는데도 이 지경이니 일반인들은 아마 빌려 볼 엄두도 내지 못하리라는 생각이 든다.

그 진위 여부를 불문하고 반드시 계백 장군 묘를 답사하겠다는 생각으로 주소만 알아 가지고 길을 들었으나 찾기가 쉽지를 않아 질퍽거리는 진흙 길에서 족히 두 시간 가량 고생을 했다. 데려간 아들 녀석은 헤매 다니는 야산 길도 재미있는지 별 투정이 없다. 하긴 그 녀석의 태도가 옳다. 나는 신문에 답사기를 써야 한다는 의무감이 있어 목표물을 정하고 찾아 나선 길이지만, 그렇게 하면 진정한 땅 읽기에서는 멀어질 수밖에 없다. 녀석처럼 虛心하게 걸어야 땅과의 대화가 가능한 것이기 때문이다.

할 수 없이 동네 어린이들의 도움을 받기로 한다. 어른들은 단 한 사람도 눈에 띄지를 않으니 어쩌겠는가. 열 살짜리 김용혁과 그 여동생 주희의 도움을 받기로 한다. 가는 길에 군인들이 공사를 한다. 군용 장비들이 길을 만들고 있었는데, 사정을 말하니 싫은 내색 없이 길을 치워 준다. 사병들은 조카 같고 주임 상사는 마음 좋은 고향 형님 같다.

멀리 대둔산에 祖脈의 뿌리를 둔 이 일대 산들은 천호산을 지나 연산공원에서 藕斷懸絲로 연산벌 평지를 連脈하여 매봉을 지나 고정산에서 〈V〉자 모양을 그리며 크게 몸을 돌려 거정치고개와 올목고개를 지나 연산천에 입을 디미는 형국을 취하고 있다. 우단현사란 藕斷絲連이라고도 하는 것으로 연뿌리를 비록 잘랐으되 그 끈적끈적한 끈기는 거미줄같이 서로 이어져 있음을 표현한 말이다. 이것이 전화되어 겉으로는 끊어진 듯 보이지만 중심은 이어졌다는 뜻으로 支壟에서 龍脈이 단절된 것처럼 보이지만 실제로는 이어져 있음을 나타낼 때 쓰는 말이 된 것이다.

계백 장군 묘는 고정산에서 북으로 머리를 돌린 용맥이 거정치를 지나 충장봉(혹은 수락산)을 세운 그 아래 충장리 마을을 향하여 자리 잡고 있다. 고정산은 본래 牛首山이라고 부르던 산으로 이 너머에는 유명한 沙溪 金長生의 臥牛形 무덤과 그 일문의 음택 풍수가 고전으로 취급하는 산소들이 즐비한 곳이 있으나, 이는 소위 발복을 목적으로 하는 술사 부류의 관심이므로 이번 답사에서는 애써 피하였다. 연산리에서 논산읍으로 가는 4번 국도를 따라가다가 연산상고를 지나면 왼쪽으로 탑정 저수지(지형도상에는 논산 저수지로 나옴) 가는 잘 포장된 도로가 나오고 이 길을 1킬로미터쯤 내려가면 계백 장군 묘 입구라는 커다란 입간판이 나타난다. 거기서부터 공사중이라 지금은 길이 혼잡스럽지만 1월 말경 공사가 끝나면 길 찾기는 어렵지 않을 것이다(현재 공사는 끝나고 길은 개통되었음).

계백 장군 무덤에서 그 산소의 所應을 가늠하는 일이 무슨 소용이 있으랴. 이미 자신이 그 후손들을 끊어 버렸고 세월은 흘러 무려 1,334년(1994년 현재)이 지나지 않았는가. 봉토는 허름하고 잔디는 듬성하되 봉분이 웅장하여 마음이 놓인다. 돈에 주된 의미를 두겠다는 자본주의 사회에서 이런 얘기하기는 뭣하지만, 돈이 가지는 진정한 의미가 무엇인지를 계백의 무덤 앞에서 모두들 한번 생각해 보는 기회를 가졌으면 좋겠다. 그의 高雅한 충혼을 접하면 돈은 의미가 없어지고 만다. 자연스럽게 사람이 나아갈 길까지 제시해 주는 살아 있는 스승이기도 한 그이다.

연산 일대의 궤멸의 역사는 백제와 계백으로 끝나는 것이 아니다. 이곳에는 또한 후백제 궤멸의 역사까지 아로새겨져 있으니, 시쳇말로 이 무슨 역사의 장난인가. 바로 천호리 개태사가 그런 곳이다. 『동국여지승람』「연산현조」에 〈견훤이 고려 태조를 따라 그의 아들 신검을 토멸하니 신검이 싸움에 패하여 항복하였다. 견훤이 번민하다가 등창이 나 황산 절에서 세상을 마쳤다)고 하는 그 절이 바로 개태사이다.

이게 무슨 말인가. 견훤은 아들 신검이 항복한 것에 번민을 하다가 죽었다는 얘긴가. 그렇지 않다는 데 후백제의 비극이 있다. 견훤은 자신을 배신한 아들을 철천지 원수로 알았다. 그런데 태조가 그의 항복을 받아들이고 죽이지 않은 것에 배앓이가 나서 등창으로 죽었다는 뜻이다. 백제의 최후는 웅대하고 장엄하였으나 후백제의 최후는 삼류 영화의 끝 장면보다도 못하다. 아, 백제여! 그리고 후백제여! 어찌하여 이런 역사를 남겼단 말인가.

역사의 주인공은 승자인 태조 왕건에게로 돌아간다. 태조 19년 (936) 후삼국을 통일한 후, 드디어 有司에게 명하여 개태사를 창건하고 친히 願文을 지어 이런 글귀를 남겼다.

나는 그 뜻이, 간사한 자를 누르고 악한 자를 제거하며 약한 자를 구제하고 기울어진 것을 붙들어 세우는 데 두었으므로, 털끝만큼도 침범하지 않고 풀 한 잎새도 다치지 않았습니다. 부처님의 받들어 주심에 보답하고 산신령님의 도와주심을 갚으려고 특별히 해당 官司에 명하여 불당을 창건하고는, 이에 산 이름을 天護라 하고 절의 이름을 개태라고 하나이다. 원하옵건대 부처님의 위엄으로 덮어 주고 보호하시며 하느님의 힘으로 붙들어 주옵소서.

요즘 말로 대권을 잡으면, 그러니까 임금의 자리에 힘겹게 오르게 되면 옛일은 모두 아름다운 추억이 되고 앞일은 모두 장밋빛으로 보이는 모양이다. 매우 독선적이지만 희망 찬 원문이기는 하다. 세상의 온갖 좋은 말들을 다 갖다 모아 글을 지은들 누가 무어라 할쏘냐. 그러나 조금만 신경을 써서 읽어 보면 낯간지러운 소리들이 아닐 수 없다.

고려의 기원 사찰이었던 이곳은 고려의 쇠퇴와 함께 폐사의 운명에 놓인다. 이것도 운명의 장난인가. 1370년경 왜구가 연산현에 침입하여 약탈을 자행하고 이어서 창왕 때에도 약탈 방화를 하여 결국 사운은 기울고 말았다. 그러다가 1930년에 김대성화 보살에 의하여 오늘의 규모로 새로운 출발을 하게 된 것이다.

절은 크지 않다. 그러나 특이한 점이 많다. 우선 이 절은 그 역사가 오랜데도 불구하고 조계종통이 아니다. 유천명(67세)이란 보살 할머니가 관리하고 있는데, 굳이 종통을 얘기하자면 개태종이라고 한다. 자신은 유진오 전고대 총장 집안이고 남편은 윤보선 전대통령의 사촌 동생이라고 자기 소개를 하면서 29년간 이곳을 지켜 왔음을 자랑스러워하는 듯했다. 그 보살 할머니가 바로 중창주 김대성화 보살의 딸이다. 비는 것도 특이하게 조국 통일, 세계 평화, 만민 함락이다. 일주문의 가로 팻말도 大天護山三天一地開泰寺로 되어 있고, 대웅전 현판은 龍華大寶宮이다. 마치 신흥 종교의 한 교당을 바라보는 느낌을 준다.

그러나 이곳은 엄연한 불당이다. 삼천은 천호리, 천호산, 천호봉을 가리키고 일지는 이곳 절터를 지칭하는 용어라 한다. 본당이 용화대보궁이 된 것은 그곳에 보물 제219호인 彌勒三尊石佛이 봉안되어 있는 까닭이다. 미륵의 용화 세계를 상징한 현판이리라. 연산 땅, 역사상 두 번씩이나 멸망의 경험을 했던 땅. 그러나 이제는 미륵의 용화 세계를 여는 약속의 땅이어라, 부디.

(6) 음양의 조화를 이룬 홍천 모곡리

평일 서울에서 홍천 가는 길은 풍광이 명미하고 아름답다. 휴일이라고 경치가 바뀌는 것은 아니지만 교통이 혼잡하여 그 느낌을 제대로 갖기 힘들기에 해본 소리다. 특히 잘 알려진 원주나 춘천에서 들어가는 길이 아닌 양평군 단월면 석산리 소리산을 끼고 돌아 들어가는 홍천 길은 아직도 비포장인데다가 주변 마을도 옛모습을 많이 간직하고 있기 때문에 흥취가 자못 고풍스럽다.

소리산 남쪽에서 벌목을 하고 있는 트럭은 이제 이런 산간 작업장이 아니면 구경할 수도 없는 바퀴 열 개짜리 지엠시GMC들이다. 예전에는 제무시라 불리며 우리나라 육상 화물 운송의 대들보 역할을 하던 이 군용 개조 트럭들을 보니 마치 오랫동안 집에서 기르던 늙은 개를 개 장수에게 넘기며 느끼던 감정 같은 것이 살아난다. 세월이 키운 추억은 흘러 가는 물소리 바람 소리(風水)와 같고 남는 것은 오직 기능과 쓸모뿐인가. 그래서 오늘의 풍수도 다분히 回憶의 장에서나 서성거리게 된 것인지도 모른다.

소리산을 넘으면 곧바로 홍천군 서면 지역이다. 이곳에서 모곡리까지는 지척지간이다. 중방대천과 홍천강 상류가 만나는 아우라치(幷川)를 지나면 계속 강가를 따라 경치가 빼어난 길이 이어지기 때문에 갈 길이 심심치를 않다. 아니나 다를까, 인근에는 모곡 유원지, 팔봉산 국민관광지, 소리산 유원지, 개야 유원지, 밤벌 유원지, 말골 명사십리 등 조금은 지겹기까지 한 유원지들이 즐비하다.

모곡에 닿으면 기묘하게 생긴 두 덩어리의 산체가 외지인을 맞는다. 바라볼 때 오른쪽이 숫산(雄山, 현지에서는 수산으로 발음함)이고 왼쪽이 老姑山이다. 산 아래로는 자그마하지만 상가가 마련되어 있고 버스 영업소도 있다. 게다가 유원지 개발이 한창인지라 외지인의 출입도 적지않아서인가 왠지 흥청거리는 느낌을 준다(사진 14).

설화에 의하면 노고산은 여자 산이라 하여 아들을 바라는 이가 정성으로 기도를 하면 소원을 성취한다 하고, 숫산은 남자 산이라 하여 기도를 드리면 딸을 낳는다고 한다. 공용버스 영업소장을 하고 있는 최종하 할아버지(崔鐘夏, 82세)는 이 마을의 산 증인이다. 자타가 공인하는 바라 그 할아버지를 찾아 나섰는데 만나 뵙기가 쉽지를 않다. 워낙 정정하신데다가 맡은 일도 많아 다방 가서 기다리면 만나게 되

사진 14 홍천 모곡리의 노고산. 맞은편에 숫산이 있어 陰陽調和를 이룸.

리라는 소리를 듣고 찾아보니 정말 다방이 있었다. 요즘은 꽤 큰 고을에도 찾기가 힘든 것이 다방인데 확실히 관광지라 다르긴 다른 모양이다.

중년 남자들 너덧 명이 앉아서 떠들고 있는데 무슨 일인지는 모르지만 썩 중요한 내용은 아닌 모양이다. 다방 주인도 손님들 못지않은 중년의 여인이다. 그저 동네 사랑방 구실을 하고 있는 장소로 보면 정확하지 싶다.

차 한 잔 마시고 창밖을 기웃거리며 시간을 끌고 있는데 도저히 80으로는 보이지 않는 할아버지 한 분이 씩씩하게 들어선다. 그분이 바로 기다리던 최 노인이다. 친절하고 기억도 분명하여 들을 수 있는 설화와 마을 유래는 다 들을 수 있었으니 이런 것은 분명 지리 기행에서는 행운이랄 수밖에 없다.

숫산과 노고산에 관한 설화 내용은 사전에 조사해 간 기록과 차이가 없다. 다만 그러저런 얘기를 듣고 있던 중년 사내들의 참견이 참으로 재미가 있었는데, 기도를 드리면 아들 낳고 딸 낳는다는 얘기는 말도 되지 않는다는 것이었다. 예컨대 이런 식이다. 〈살다 보니 숫산 밑에 살던 사람들은 모두 아들을 낳았고 노고산 밑에 살며 아들 낳게 해 달라고 백일 정성 드린 사람들은 모두 딸을 낳더라〉는 것이다. 최 노인 역시 별 반박 없이 그저 허허 웃고 만다. 하지만 그것으로 끝을 내지 않는 것이 토박이 할아버지의 산 사랑 땅 사랑은 아닐런지.

세상이 변하여 이제 노고할미의 영험도 끝난 모양이지만 예전에는 그렇지도 않았다고 그분이 지나가는 말처럼 한마디 흘린다. 얼핏 회한의 빛이 할아버지의 얼굴 한구석에 스쳐 지나갔다고 본 것은 나의 과민 탓일까. 아니, 꼭 그런 것 같지는 않다. 소위 관광지 개발이란 것이 되기 전에는 농사 조금에 산채나 약초 캐고 가끔 짐승 잡아 푼 돈 마련하며 힘들게 살았던 것은 분명 사실이지만, 지금 포장길이 뚫려 외지에서 온 관광객들이 흘리고 간 장사 돈으로, 사는 형편이 좋아지기는 했지만 뭔가 삶에서의 중요한 어떤 것을 잃지 않았는가 하는 표정을 그분의 안색에서 읽을 수 있었다는 뜻이다. 그 잃어버린 중요한 것이란 어떤 것일까. 영험을 잃어버린 노고할미의 땅 힘과 서로 장사를 하며 생기게 된 경쟁으로 인한 주민들 사이의 삭막한 인간 관계가 바로 그것이 아닐런지 모르겠다.

본래 노고산 밑에는 기도터가 있었고 그 앞에는 무당이 당집을 짓고 정성 드리러 오는 사람들을 보살폈다고 한다. 지금부터 10여 년 전 당집까지 수몰된다는 군청 사람들의 얘기를 듣고 무당은 천주교회에 이 당집을 팔고 이웃 길곡리로 이사를 가 버리고 말았다. 지금도 남편과 함께 길곡에서 살고 있다는 무당 할머니는 이번 기행에서 결국 만나 보지 못했다.

숫산과 노고산 사이에 나 있는 시멘트 포장길을 따라 오르니 정말 성당이 나타난다. 〈서울 5지구 베트엘 성령 쇄신 봉사회〉라는 현판이 붙어 있는 구내 저 안쪽으로 당집이 있었을 법한 자리가 있었다. 지금 그곳은 약수터라 이름 붙여도 될 만한 깨끗한 우물이 놓여졌고 곁에는 정자도 아담하게 자리를 잡았다. 또 그 옆 담장 너머에 있는 개 사육장은 뭐 하자는 것인지 알 수가 없다. 우리나라 가톨릭 교회의 토착화 노력도 예전과는 달리 열심히 행해지고 있는 것이 아닌가 하는 마음도 들었지만 당집 자체를 보전하려는 노력에 비한다면 마음에 차지 않는다는 느낌도 지울 수가 없다. 아무려나 나의 억측일지도 모르지만.

모곡초등학교는 숫산 자락에 고즈넉하게 터를 잡았고 땅의 성격 탓인가 초봄 기운에 나른한 듯 졸고 있다. 그에 비하여 학교 앞을 압도하는 노고산 등성이는 좀 성가시다는 품을 버리지 않았고.

모곡리에 와서 독립 운동가이며 언론인이자 뛰어난 교육자인 한서 남궁억 선생 묘소(翰西南宮檍先生墓所)를 지나칠 수는 없다(사진 15). 한서초등학교 뒤로 우뚝 솟은 主山은 깨끗하고 아담하나 속세의 먼지(紅塵)를 지나치게 염려하는 듯하다. 그러나 潔癖은 드러나되 高踏的이지는 않다. 묘소 바로 아래 그의 장남 炎의 산소가 있고, 학교 앞 명당은 밝고도 넓다. 다만 청룡 구실을 맡은 숫산의 그림자가 너무 짙어 그 陰影이 영향을 미치지나 않을지 근심이 된다. 게다가 숫산 사이의 갈라진 좁은 계곡들은 陰氣가 너무 강하여 이 또한 안심이 되지 않는다. 하지만 어찌하랴, 땅은 그저 무대일 뿐인 것을. 좋게 보자면 밝음과 어둠의 조화일 수도 있는 것이 아닐까.

(7) 광해군과 그의 음택, 그 오묘한 조화를 누가 알리오

어찌하다 보니 진건면 답사는 역사적 인물들의 무덤 순례가 되고 말았다. 지금까지 풍수를 공부해 오면서 무덤에 관한 얘기는 가급적 삼가 온 것이 사실이다. 이유는 간단하다. 풍수의 모든 부작용과 악

사진 15 남궁억 선생 묘역. 주산이 결벽증을 드러내고 있다.

영향이 음택 풍수에서 말미암은 까닭이다. 지세가 어떠해서 대통령이 나왔느니, 석물을 잘못 써서 뒤끝이 안 좋느니 하는 귀신 씨나락 까먹는 소리에 나까지 동참할 수는 없지 않느냐는 생각에서 지켜 온 원칙이지만, 진건면의 음택 풍수 기행은 나름대로 큰 의미가 있었다고 생각한다.

서울 청량리 경동시장 앞에 龍井里 가는 버스가 있다. 용정리라는 곳이 진건면 소재지이다. 풍경은 시골이지만 고층 아파트까지 있다. 자료 수집 때문에 들린 남양주군청 문화공보실의 류영수 씨의 말로도 진건면은 인구가 느는 곳이라 한다. 아마도 그 반향으로 아파트가 나타난 것이리라.

경춘선 완행 열차를 탄다면 사릉역에서 내려도 마찬가지이다. 그리고 이제 하루 종일 걷겠다는 결심을 하면 교과서나 소설에서 접했던 역사적 인물들을, 그것도 극적인 인생을 살았던 인물들을 만날 수 있다.

교통 지옥인 서울을 벗어나 망우리 고개를 넘는다. 그러나 구리시의 자동차 밀림 또한 서울 버금 간다. 도농삼거리를 지나야 겨우 농촌 풍경이 시야에 들어온다. 흔히들 우리 강토를 山紫水明이라 하지만 지금은 아니다. 산자함은 如舊하나, 수명함은 전혀 그렇지가 않다는 의미이다. 멀리서 보면 산과 물의 조화가 기가 막힌 것처럼 보이기도 하나 가까이서 확인해 보면 전혀 그렇지 못하다는 것을 금방 알 수 있다. 산은 의외로 좋다. 그러나 물이 썩은 것이다.

『大東輿地全圖』 서문에 이르기를 〈조선은 潮仙이라 읽는데, 그것은 물이 좋아 그런 이름을 얻은 까닭이라고 『동사보감』은 말한다(東史曰朝鮮音潮仙因仙水爲名)〉고 하였다. 물이 좋아서 나라 이름까지 그렇게 지어진 땅이다. 그런데 지금은 그렇지가 못하다. 산은 아직 괜찮은데 물은 썩어 옛 빛을 잃었다. 이것은 시사하는 바가 크다. 楊筠松이 그의 『怪穴賦』에서 적절히 지적한 바와 같이 산룡의 생김새와 변화는 마치 사람의 신체와 같은 것(龍之行度 如人之身)이다. 게다가 대부분의 풍수서가 인정하다시피 산은 사람 몸의 살과 뼈와 같은 것이요, 물은 혈맥과 같은 것이다.

지금 산자는 그러하나 수명은 그러하지 못하다는 것은, 사람으로 치자면 그 외모와 체형은 그럴 듯하나 속병이 들었다는 뜻이 된다. 오늘의 어린이들과 젊은이들을 보면 비단 산천뿐만이 아니라 사람까지 그렇게 되었다는 것을 잘 알 수 있다. 겉모습은 번지르르하지만 속은 탄탄치 못하다는 것을 누구나 안다. 산수의 상태가 그러하니 그 자식인 사람들이 그를 아니 닮을 수 없는 이치이다. 사람들의 속병을 고치자면 물을 맑게 하는 일부터 빨리 시작해야 하리라.

용정리에서 思陵을 거쳐 송릉리로 가는 길 가의 개울과 시내도 모두 썩었다. 물빛은 검붉고 냄새는 코를 막게 한다. 그 위에 과자 봉지, 비닐 포장지가 이리저리 흩날려 한심함을 더해 준다. 그러나 멀리 펼쳐진 산들의 자태는 예와 다름없이 찬란하다. 이러니 어찌 속병 앓는 멀쩡한 사람을 떠올리지 않을 수 있겠는가.

용정에서 사릉까지는 걸어서 20분쯤 걸린다. 둘레에는 가을 들판의 풍요로움이 정취를 돋우고 멀리 산들은 이곳이 陵 가는 길임을 일깨우는 듯 고아한 멋을 풍긴다. 그러나 그런 정취는 잠깐, 사릉 정문에 서니 우선 한심한 장면부터 객을 맞는다. 담장은 일부가 무너져 내렸고 문은 닫힌 채 볼 일 있는 사람은 문화재 관리국 사무실로 오라는 팻말만 붙어 있을 뿐이다. 그래도 陵域의 관리 상태가 좋아 조금은 마음이 놓인다. 하지만 관리하기 위하여 문화재를 패쇄한다는 것은 큰 문제다.

사릉(사적 209호)에 묻혀 있는 이는 단종비인 정순왕후 여산송씨다. 혼인하던 해 시아버지 문종이 죽고, 이어서 남편이 왕위에서 몰려나 횡액을 당했으니 그것만으로도 참기 어려운 일이었을 것인데, 아버지 어머니마저 단종 복위를 모의하였다는 죄목으로 사육신과 함께 죽음을 당하였으니, 참으로 비운의 왕비가 아닐 수 없다. 게다가 그 뒤의 생계는 시녀가 머리를 깎고 동냥을 얻어 봉양하였다(제2장 2부 참조) 하니, 지금에 이르러 사릉의 이 사치가 무슨 의미가 있으랴 싶다. 82세를 살았으니 장수한 셈이나, 사람이 그저 오래 산다는 것을 축복만 할 수 있는 것인지 모르겠다.

나는 원래 그의 남편 단종이 묻혀 있는 영월 땅을 좋아하여 자주 그곳을 찾는 편인데, 오늘 다시 그 부인이 묻힌 터를 대하니 감회가 없을 수 없다. 癸坐丁向(南南西向)으로 地氣에 특별한 점은 없다. 그저 소담스럽다고나 할까, 여기에 풍수를 운위할 생각은 별로 나지 않는다. 같이 간 제자의 다음과 같은 질문은 이런 지기의 감응 문제에 관한 전형적인 예가 될 것이다. 즉〈저는 언제쯤 땅 기운에 대한 느낌을 가질 수 있겠습니까〉하는 것이었는데, 이에 대한 답변은 매우 어려운 일이다. 지기는 자신의 人氣로 하여 감응함이 생긴다. 그러므로 나의 지기 감응이 제자에게 곧바로 전이될 수는 없다. 그 자신의 땅을 보는 안목, 지기를 감하여 응할 수 있는 능력이 선결되어야만 하는 것이다. 능 바로 앞으로 차들이 과속으로 달리니 불안하기 짝이 없다. 사릉의 주인인 그녀의 불안이 지금껏 이어진다는 얘기인가.

요즈음 광해군과 그에 얽힌 얘기를 모르는 사람들은 거의 없다. 그러나 그의 형인 임해군에 대해서는 인지도가 떨어지는 편이다. 게다가 그의 어머니 恭嬪 金氏를 아는 사람은 거의 없는 듯하다. 어머니와 두 아들의 산소를 찾아가는 길은 상당히 어려운 편이다. 그 가장 큰 이유는 안내 표지판이 거의 없기 때문이다.

광해군의 산소는 그래도 한때 임금 노릇을 했던 사람이라 비교적 쉬우리라는 생각에 먼저 공빈과 임해군의 산소부터 들러 보기로 했지만 나중에 세 곳을 다 둘러보고 난 후의 생각은 이것이 잘못되었다는 것이다. 이 점은 차츰 얘기하기로 한다.

용정리에서 이들 산소가 모여 있는 송능리 입구에 들어섰을 때는 이미 점심 먹을 시간이 다 된 정오경이었다. 근처에 식당은 보이지 않는다. 할 수 없이 구멍 가게에 들러 라면을 먹으며 길을 물으니, 마침 송릉 2리 이장인 우희동 씨(36세)가 친절하게 대해 준다. 젊은 사람이지만 이곳이 고향인지라 비교적 설명이 자세하다. 하지만 결국 그의 설명은 우리에게 별 도움이 되지를 않았다. 그가 미흡하게 얘기해 주어서가 아니라 현장이 워낙 정리가 되어 있지 않아서이다.

사릉에서 미금시로 나가는 390번 지방도를 조금 나가다 보면 송능교라는 작은 다리를 만난다. 다리 바로 건너 왼편(북쪽)으로 올라가는 시멘트 포장길이 나오는데, 이 길 초입에 〈豊壤趙氏始祖墓〉라는 立石이 서 있어 여기까지는 길 찾기에 어려움이 없는 편이다. 처음 만나는 마을이 적성골, 바로 젊은 이장을 만난 동네다. 여기서 한 10분쯤 계속 올라가면 〈영락동산(敎會墓地)〉이라 씌어진 커다란 아치형 간판을 만난다. 그 오른쪽으로 난 길을 5, 6분쯤 더 오르면 웃송능 마을이 나타나는데, 바로 거기에서 또 풍양조씨 시조 묘란 입석을 볼 수 있다. 거기서 산으로 오르면 되는데, 길을 찾기가 어렵다. 확실히 하려면 웃송능을 지나 평화기도원 가는 길을 따라 올라가 마을 끝 부분에 쇠금터목장이 나오는데, 거기서 김근주 씨(58세)를 만나 물어 보면 제일 확실한 편이다. 쇠금터목장은 간판이 없으니 동네 사람에게 물어 보는 수밖에 없다.

공빈 김씨의 산소는 바로 그 쇠금터목장 뒷산에 자리 잡고 있다. 그리고 공빈 산소 바로 아래 붙어 있다시피 하여 거대하게 조성된 풍양조씨 시조 묘가 있으므로 다른 마을 사람들도 모르지는 않을 것이다. 공빈 산소의 정식 명칭은 成墓(사적 365호)이지만 통칭하여 성릉이라 많이 부른다. 산소 앞에는 안내문과 사적 표지 입석이 세워져 있으나 불행히도 그 아래 도로나 마을에는 어떠한 표지도 없다. 한 가문의 시조 산소 표지판이 두 곳이나 잘 볼 수 있게 세워진 것에 비한다면 너무 소홀하다는 감상을 지울 수 없다.

공빈은 선조의 후궁으로 재색이 출중하여 총애를 받았다 한다. 그 때까지 왕자가 없던 선조에게 임해군, 광해군 두 왕자를 연년생으로 낳아 바쳤으니 임금의 사랑이 어떠했을지 짐작이 간다. 임해군의 성격이 광포하다 하여 광해군으로 세자가 결정되었으나, 여하튼 아들이 임금 자리에 오른 여인이다. 김근주 씨 얘기로는 광해군이 폐위된 뒤 그녀도 이곳으로 유배 왔다가 묻힌 것이라 하니 말년이 편안한 사람은 아니었던 모양이다. 그런데도 그 산소의 石物은 기이하다고 할 정도로 크다. 文人石 둘, 武人石 둘이 서 있는데, 그 석상을 바라보노라니 이 산소는 돌에 치이고 있구나 하는 느낌이 떠나지를 않는다. 그러나 그 위용은 대단한 바가 있다. 잡목숲을 지나 갑작스럽게 마주치게 되는 거대한 石人이 주는 괴상한 감흥 때문에 잠시 역사를 잊는다.

산소는 南向을 하였는데, 그 정면에 불암산과 북한산이 바라보인다. 말하자면 상당한 名山으로 산소의 朝對를 받치고 있는 셈인데, 이것은 별로 좋은 것이 아니다. 명산이란 언제나 탈속의 풍모를 지닌다. 세속적인 것이 거의 비치지 않는 산이란 뜻이다. 이런 산들은 탈속의 속성이 그런 것처럼 상당히 出世間的이고 심하게는 허망한 느낌을 주기가 쉽다. 사람이 사는 의미를 천착하는 형이상학적이거나 종교적인 성취를 바라는 사람이 아니라면 가까이 해서 썩 좋을 것이 없는 분위기란 뜻이다.

신부건 수녀건 승려건, 그들의 인생은 존경받는 것이다. 그러나 그들은 세속적인 삶의 가장 대표적인 상징이랄 수 있는 혼인을 하지 않는다. 그래서 그들의 삶이 받들어지는 것은 사실이나, 자기 자식이 그런 삶으로 들어가는 것을 흔쾌히 여기는 부모는 많지 않은 듯하다. 풍수가 그 조대산은 물론이요, 주위 사신사 어느 곳에도 명산을 기피하는 것은 대략 그와 같은 이유에서이다. 후손들이 세속의 삶을 끊고 인생의 의미를 구하기보다는 지금 살아가고 있는 바로 이 세상에서 잘살기를 바라기 때문일 것이다. 〈名山에 明堂〉 없다는 풍수 격언은 그런 뜻이다.

그 바로 아래 있는 풍양조씨 시조 趙孟의 산소는 새로 단장하여 나의 역사 지리 기행에는 썩 어울리는 예는 아니었다. 원래 있던 것으로 여겨지는 묘비는 산소 좌측(산소를 바라보면서는 우측) 옆으로 치워 놓았는데, 마치 석상을 세우듯 중앙을 쳐다보게 하여 어색하게 보일 수밖에 없었다. 고풍의 역사성을 간직케 하자면 옛 비를 그냥 두는 것이 훨씬 좋았을텐데 하는 아쉬움이 남는 장면이었다.

김근주 씨는 이곳이 바로 학의 허리에 해당되는 곳이고, 바로 위 공빈 김씨의 산소는 학의 머리에 해당되는 곳이기 때문에 이곳이 더 좋은 자리라는 설명을 재미있게 풀어 놓았다. 대표적인 민속 풍수의 예를 들게 되니 미소가 입가에 절로 배인다. 그 논리는 이렇다. 즉

학의 머리와 학의 허리라는 것은 아주 가까운 거리이다. 실제로 공빈과 조맹의 산소는 지척지간이다. 그런데 한곳은 시원치 않고 한곳은 좋다는 설명을 해야 하겠는데 땅의 이치(地理)만으로는 쉽지가 않다. 그래서 형국에 비유한 설명법을 개발한 것이다. 학이 머리에 있는 입을 통하여 아무리 좋은 것을 먹어도 결국 그것은 허리에 있는 뱃속으로 들어올 것인즉 허리 위치인 조맹의 산소가 길지라는 해석이다. 재미있는 지세 설명법이 아닌가.

또한 학의 눈도 두 개 모두 달려 있는데, 그 두 곳은 모두 우물 자리라 한다. 그중 한곳에서 얻어 먹은 물맛은 정말 좋았다. 바로 옆에는 젖소들 배설물로 지저분하기 짝이 없고 또 그 옆에서는 발정 난 사슴들이 끽끽대는 소리가 시끄러운 판에 웬 생수가 이리도 시원한가 하니, 그야말로 자연의 조화 속이 깊기도 하구나 하는 생각이 들었다.

학은 원래 仙鶴으로 일컬어지는 영물이다. 그래서 학처럼 생긴 땅에는 신선 같은 인물이 들어서야 제격이다. 만약 그렇지 못하면 땅은 자기 성질을 이기지 못하여 멍청이가 되어 버리거나 미치광이가 되어 버린다. 그곳에 묻힌 이들이 어떤 성품의 사람들인지는 알 수가 없다. 다만 땅은 상생의 조화를 이루어야 제 값을 할 수 있다는 점을 강조하고 싶을 뿐이다.

광해군과 임해군의 무덤을 찾아 나선 이번 풍수 기행은 하다 보니 그 어머니 무덤부터 살피게 되었다. 임금 어머니의 무덤인데도 찾기가 무척 어려웠다. 이미 그 무덤 찾는 일만으로도 산을 넘고 물을 건너는 노고(登涉之勞)를 마다하지 않은 셈이다.

모든 풍수 스승들이 가르치기를 땅을 알고자 한다면 등섭지로를 피해서는 아니 된다고 하였다. 나 또한 명색이 풍수를 공부하는 사람인지라 그 가르침을 무시할 수는 없다. 그러나 조그만 팻말이나 표지판만 있어도 하지 않을 고생을 하는 것은 마음에 들지 않는다. 그런 역사의 흔적들을 쉽게 찾아볼 수 있도록 배려해야 한다는 생각이 든다.

송능리 웃송능 쇠금터목장 김근주 씨로부터 임해군 묘의 위치를 듣고 쉽게 찾을 수 있으리라 확신한 것이 오산이었다. 그 어머니인 공빈 김씨의 무덤 바로 맞은편에 빤히 바라보이는 문화류씨 산소 바로 아래라는 것은 금방 알 수 있었다. 그러나 평화기도원이 있는 뒷산을 정상까지 올랐으나 임해군의 무덤은 종적이 묘연했다. 해발 432미터로 삼각 측량 기준점이 설치되어 있어 흔히 깃대봉이라 부르는 이 산은 높이와는 달리 매우 난해한 지세를 갖고 있었다.

난해하다는 것은 산이 겉보기와는 달리 오르는 사람에게 애를 먹인다는 뜻이다. 산체도 크지 않고 높지도 않지만 그 품에 안기면 어디가 어딘지 알 수가 없다. 빤한 골짜기처럼 보이지만 속살이 깊어 그 진면목을 살핀다는 것은 난지난사가 아닐 수 없다. 숲은 깊지 않은데도 시야를 열어 주지 않기 때문에 지도를 읽기가 어렵다. 능선길을 찾으면 곧 정상이 드러날 것 같아 조금만 더 조금만 더 하고 욕심을 부려 보지만 결국 정상은 대여섯 구비를 넘어야 나 여깄소 하는 식이다.

항상 하는 얘기지만 산은 결국 사람과 같다. 사람 중에도 난해한 사람이 있다. 단순 소박한 것처럼 보이지만 겪어 볼수록 그게 그렇지 않다는 것을 알게 해주는 사람이 바로 그렇다. 이런 사람과의 관계가 방심하지 않는 성실성이 필요한 것과 마찬가지로, 깃대봉같이 난해한 산에서는 조금만 길이 틀렸다는 짐작이 들면 확실히 아는 장소까지 철수하여 다시 시작하는 것이 좋다. 어떻게 되겠지 하며 미련을 두다 보면 크게 낭패하는 수가 있다.

그러나 그런 것을 알면 뭐 하나. 필자는 그날 그와 같은 일을 그대로 행하고 말았다. 머리가 어지러울 정도로 실컷 산을 헤매 다니고 정상까지 오른 후에야 이것이 바로 난해한 산이로구나 하는 것을 깨달았으니, 그로부터 다시 원점에서 시작하기로 마음 먹었다. 물론 하산이다.

 하산하는 마음은 언제나 홀가분하다. 그러나 이런 하산은 우울하다. 뭔가 이 산에 당했다는 느낌을 지울 수 없기 때문이다. 사실은 나의 교만이 이런 결과를 부른 것이지만, 아직은 수양이 턱도 없는 나 같은 사람에게는 우선 산에 원망이 간다. 산을 원망하고 있다는 마음이 더욱 우울증을 더한다. 하지만 분명한 점은 임해군의 무덤 찾는 일은 어렵다는 것이다.

 사릉에서 金谷 나가는 390번 지방도를 따라 나가다가 송능교라는 조그만 다리를 지나면 바로 그 다리 옆에 풍양조씨 시조 묘라는 입석이 나온다는 것은 앞에서 말한 바와 같다. 그 길을 따라 북서쪽으로 올라가면 적성골이라는 마을이 나오고 거기서 계속 진행하면 영락동산이라는 교회 묘지의 입간판이 길을 막는다. 그 입구 아래 오른쪽으로 난 시멘트 포장길을 한 오분쯤 오르다 보면 왼편으로 붉은 벽돌 이층집이 나오는데, 그 집 뒤쪽으로 가파른 산길에 나무로 막은 층계가 올려다 보인다. 그 층계를 올라서면 문화류씨의 좀 호화스런 산소가 나오고, 그 산소 뒤로 난 산길을 올라가면 낮은 등성을 넘어서 위쪽에 역시 꽤 치장을 한 분묘가 올려다 보인다. 바로 그 화사한 분묘 아래 몹시 낡고 허물어져 가는 듯한 산소가 한 기 있는데, 이것이 바로 문제의 임해군 묘이다.

 표지판은 물론 없거니와 묘비도 없다. 다만 문인석 2기와 석주 두 개가 이곳이 유서 있는 고총임을 말해 주고 있을 뿐이다. 아랫마을 사람의 확언을 듣지 않았다면 이것이 임해군 산소임을 증명할 소지는 아무 데도 없다. 마음 아픈 일이다. 둘레석은 봉분의 함몰을 막기 위하여 철사를 네 줄로 감아 임시 방편을 하여 놓았다. 참으로 한심하기 이를 데 없는 형편이다.

 적자가 없던 선조의 맏아들이었으나 성품이 사나워 동생 광해군에게 세자 자리를 놓친 그는 어떤 면에서는 불운한 인물이었다. 임진왜란 당시에는 왜적의 포로가 되기도 했고, 동생이 임금 자리에 오른 다음에는 당연한 결과였겠지만 대북파의 흉계로 이복 동생인 영창대군, 인목대비의 친정 아버지인 김제남과 함께 역모에 몰려 진도에 유배된 뒤 결국 살해당하고 말았다. 그런 그인지라 산소가 유기되고 있음에 더욱 마음이 아팠던 것인지도 모르겠다.

그런데도 마을 사람 얘기로는 임해군의 무덤 자리가 매우 좋은 곳이라 한다. 한마디로 왕태혈이란다. 필자는 처음 이 말을 王台穴로 알아들었다. 그러나 자세히 물어 보니, 그런 것이 아니라 왕벌의 이 지방 사투리인 왕탱이혈이란 뜻이란다. 속 날개 두 개를 포함하여 벌의 날개 네 개도 모두 있다는 것이다. 실제 산자락에는 산세에서 그런 흔적을 확연하게 알아볼 수는 있었다. 또한 자리 자체가 벌의 허리(蜂腰處)로 짐작하게 할 만한 조건을 가지고 있는 것도 사실이었다.

벌의 허리에 해당하는 장소는 기가 뭉치는 곳(束氣處)이기 때문에 귀하게 여기는 자리다. 하지만 이곳은 봉요처의 모양은 닮았지만 결코 봉요가 될 수 있는 곳은 아니었다. 왕벌의 허리가 되려면 벌의 가슴 부분과 배 부분이 분명히 솟아올라야 한다. 예컨대 벌판에 봉긋한 두 산이 연이어 솟아 있다면 그것은 봉요가 될 가능성이 매우 높은 곳이다. 하지만 임해군 묏자리는 산의 중턱 너머에 작은 등성이를 넘은 곳에 위치하여, 그곳을 지나면 本山의 급경사면에 그대로 잇대이기 때문에 도저히 벌 허리라고는 할 수 없는 것이었다. 아마도 마을 사람들의 임해군에 대한 애처러움이 그런 명당 설명으로 이어지고 있는 것이 아니었을지.

사실 그의 성격이 정말 난폭했는지는 알 수 없다. 어차피 역사 기록이란 것이 당시의 승리자 위주로 씌어지는 것일 터이니 그에 대한 기록이 믿을 수 있는 것인지가 의심스러우며, 또한 그의 아버지인 선조의 성격 자체가 평상이 아닌 듯한 흔적이 있기 때문에 더욱 그의 난폭설은 의심스런 것이 될 수밖에 없다.

봉요가 아닌 것은 분명하지만 이 무덤의 지세가 일반적인 산소 자리와는 달리 특색이 있는 것은 사실이다. 산소 바로 앞에서 다시 봉긋한 봉우리가 튀어나오는 예가 흔한 일은 아니기 때문이다. 이런 표주박을 옆으로 뉘어 놓은 듯한 지세의 무덤 중 가장 대표적인 것이 이곳에서 멀지 않은 남양주시 와부읍 덕소리 석실에 있는 안동김씨 김번의 묘일 것이다. 玉壺貯水形으로 알려진 이 무덤의 생김새가 바로 표주박을 옆으로 뉘어 놓은 가운데 부분에 산소를 쓴 형태를 취하고 있기 때문이다. 이에 대해서는 와부읍의 기행에서 다시 설명할 기회가 있으리라 생각한다(제2권 참조).

朝案 방향은 기본적으로 남남서를 취하고 있으나, 앞서 밝힌 대로 앞쪽이 낮은 둔덕으로 가려져 있어 좀 음습한 기운을 풍긴다. 게다가 산 전체가 난해한 속이라 나무와 풀 옷을 겹쳐 입어 그런 기운을 보다 강하게 하는 단점 역시 지적하지 않을 수 없다. 오른편 멀리로 아스라히 바라보이는 북한산과 수락산 줄기도 어딘가 아득하고 공허한 기분을 불러일으키고 있다. 기분 탓인가, 그의 산소 앞에 앉아 담배를 한 대 피우는데, 왠지 산다는 게 무언가 하는 생각이 든다. 나는 탈속을 지향하는 仙人의 풍모와는 거리가 먼 사람이다. 대부분의 생활인들이 나와 비슷하다. 그런 일반인들에게 땅이, 살아간다는 인간의 근본적인 문제를 생각게 하는 기운을 풍기고 있는 것은 결코 바람직한 일이 되지 못한다. 편안하고 그러면서도 삶에 대한 적극적 자세를 고쳐시켜 줄 수 있는 자리가 명당이 될 수 있는 곳이다. 수없이 강조하는 말이지만 풍수는 도사들의 소일거리가 아니다. 삶의 풍토적 적합성을 간취시켜 주는 일종의 지혜여야만 하는 것이다.

담뱃불을 조심스럽게 끄고 꽁초를 주머니에 집어 넣은 다음 광해군 묘를 찾아 나선다. 이미 늦가을 해는 기울어 땅거미가 진다. 그 위치를 찾는 일은 그의 어머니나 형님과 마찬가지로 역시 어렵다. 묘 입구에 아무런 표지도 없기 때문이다.

다시 영락동산 입구에서 시작하는 것이 길을 찾기가 쉽다. 영락동산이라 쓰어진 아치형 간판을 지나 잘 포장된 영락교회 묘지 길을 따라 십분쯤 오르면 길 오른쪽 아래 그의 무덤이 보인다. 아니 보인다기보다는 유심히 살펴야 눈에 뜨인다는 표현이 옳을 정도로 숨겨져 있다. 다만 이곳은 광해군 묘(사적 363호) 바로 옆에 안내판이 서 있기 때문에 이게 맞는지 아닌지 하는 고민을 할 필요는 없다. 이왕 안내판을 세울 바에는 영락동산 입구에다 세워 두면 찾기가 쉬울텐데 왜 이렇게 숨바꼭질을 시키는 것인지 알 수가 없다.

안내판에 쓰어져 있는 광해군에 관한 소개의 말은 비교적 호의적이다. 계모이기는 하지만 어쨌든 그의 어머니인 인목대비를 유폐시키고, 파쟁의 결과라고는 하지만 그의 동복 형과 이복 동생 그리고 외조부가 되는 김제남을 죽인 것은 변명의 여지가 없이 폐륜 행위이다. 하지만 안내판은 그의 치적을 인정하고 그가 인조반정으로 몰려난 것도 당쟁의 결과인 것으로 기록해 놓고 있다. 어쩐 일인지 나 자신도 그에 대해서 동정이 간다.

그의 부인 류씨는 반정이 나던 다음해 죽는다. 그러나 그 자신은 그 뒤 20년 가까이 강화, 제주 등지를 다니며 유배 생활을 하다가 예순여섯 살에 세상을 뜬다. 이 묘에는 그의 부인과 합장이 되어 있다. 한 莎城 내에 雙墳 형식을 취하고 있는데, 사성에는 무슨 이유인지 비닐을 덮어 씌어 놓았다. 그의 형 임해군의 무덤보다 훨씬 더 음산한 그의 무덤에서 저녁 바람에 흰 비닐이 펄럭이는 모습과 소리를 들으니 아무리 이런 경험이 많은 필자이지만 좀 과장하여 모골이 송연함을 느낀다.

뒤쪽은 교회 묘지로 올라가는 도로에 혈맥이 끊기고, 앞쪽과 양 옆은 키 큰 나무에 뒤덮여 천지를 분간키 어려우니, 이 지경에 이르러서는 풍수를 따진다는 자체가 부질없는 일일 수밖에 없다. 죽음이 비록 陰界의 일이기는 하지만 그를 찾는 것은 陽界의 산 사람들이다. 그러므로 무덤은 반드시 양지녘에 바람 없는 곳을 택해야 한다. 키가 큰 나무도 陰色을 돋우기 때문에 무덤 바로 근처에는 쓰지 않는 것이 원칙이다. 음계에 든 죽은 사람은 땅속에 묻힌 것으로 충분히 그 음색을 받은 것이니 거기에 陰冷을 더한다는 것은 陰中陰의 極盡이 되므로 풍수에서는 기피하는 바이다.

다시 적성골로 돌아오는데 굵은 빗줄기가 얼굴을 때린다. 지나가는 비인지 오래 계속되지는 않았다. 그것이 광해군의 눈물일 까닭이야 없겠지만 나의 마음속에서는 어쩔 수 없이 그의 눈물로 받아들이고 있으니, 이런 心弱을 언제나 고칠 수 있을런지.

(8) 경상도를 경상도이게 한 마을, 상주 우무실

상주 시내 여관에서 잠이 들었는데 느닷없이 수탉의 우렁찬 울음소리가 들린다. 내가 분명 어젯밤 도시에서 잠자리를 잡았는데 참으로 괴이한 일이라는 생각이 퍼뜩 들어 일어나 시계를 보니 새벽 4시 정각이다. 어제 시내로 들어오며 자전거 통행량이 많은 것을 보고 상주는 갈 데 없는 전통의 고장이로구나 하는 감회를 잠깐 가진 적이 있지만 鷄鳴聲까지라니, 희귀한 고을임에 틀림이 없다. 하지만 정각에 울어 대는 수탉이라, 그렇다면 이놈의 닭이 현대식 도시 교육을 받은 것인가. 하지만 우리나라 표준시는 자오선 기준으로 30분 늦기 때문에 이 닭이 天機에 정확했다고 할 수는 없고 다만 시계에 잘 적응했다고나 해야 맞는 말이겠다.

상주는 일찍이 경상 지방의 행정 중심으로 경주와 함께 경상도라는 이름을 갖게 한 큰 고을인데도 〈三白의 고장〉이란 별호에서 알 수 있는 바와 같이 전원의 냄새를 짙게 풍기는 곳이었다. 삼백이란 쌀과 누에고치와 목화를 칭하는 것이었는데 이제는 목화 대신 곶감 껍질의 흰색 가루가 그 자리를 차지하고 있다. 하지만 지금은 그 특성이 크게 쇠퇴하기는 하였다. 그런데 그 사라져 가는 흙 냄새를 자전거와 닭 소리가 되살려 주었으니 놀랄 수밖에 없는 일 아니겠는가. 그러나 이것이 상주 시가지에서의 삶의 질이 높다는 소재는 되지 못한다. 어차피 닭 울음 소리라는 게 도회지에서는 소음에 지나지 않게 되어 버렸고 자전거란 것도 결국 교통 혼잡과 도로의 위험 요소로 작용하고 있기 때문이다. 하지만 나는 상주에서 조그만 희망의 그림자를 본다. 상주의 주민들이 조금만 참고 양보를 한다면 닭이 울고 개구리 개골거리고 자전거가 주요 교통 수단이 되는 생태 도시를 만들 수도 있겠구나 하는 느낌이 스쳐 지나가기에 해본 소리다.

기록에 의하면 상주시 중동면 우물리 우무실마을은 낙동강과 위수 두 물(二水)이 합류하고 속리산, 팔공산, 일월산 등 세 산(三山)의 지맥이 한곳에 모인 絶勝의 名基라는 것이다(『尙州의 얼』 참조). 산이 뻗으면 물이 돌고 물이 흐르면 산이 섰다는 이곳은 지금 우물 1리와 2리로 나누어져 위수를 경계로 마주 보고 있다. 하지만 본래 우무실이란 곳은 지금의 1리를 말한다. 마을 서쪽에 있는 128미터의 봉황성이란 산을 중심으로 낙동강과 위수가 흘러 동, 서, 남 삼면이 강으로 둘러싸였고, 북쪽만 일월산이 영양에서 남쪽으로 내려와 낙동강과 만나고 있다. 서쪽 강 건너 螺角山(속칭 나구산, 낙동시장 동쪽)은 화북의 속리산이 마무리짓고, 동쪽 쉰등골은 군위 팔공산이 위수와 같이 북으로 올라와 매듭(節脈)을 지었다. 그러니 이수삼산 合局의 천하 대지라는 것이다(사진 16).

우물 1리 뒷산인 봉황성을 오른다. 마을 입구에 남원양씨 비각 표지판이 나오는데 그곳을 입구로 삼아 정상 쪽으로 길을 잡으면 곧이어 수암류선생유허비(柳先生遺墟碑)가 덩실하게 자태를 드러낸다. 여기부터가 능선 길인데 워낙 잔솔밭과 관목숲이 우거져 두 물이 만나는 합수처를 찾기가 힘들다. 그리고 정상, 매우 희귀한 陰宅 한 기를 만났다. 碑碣은 없이 다만 상석 앞머리에 〈柳孺人眞城李氏之墓〉라 새겨 놓았는데 판단키에 巧穴을 쓴 것이 아닐까 하는 짐작이 든

사진 16 상주 우무실의 두물모지 전경. 큰 강이 낙동강 본류이고 그 옆에 끼여 드는 지류가 위수(위천강)이다.

다. 본래 孺人이란 조선 시대 9품관의 아내인 外命婦의 품계명이지만 지금은 흔히 생전에 벼슬하지 못한 사람의 아내의 신주나 명정에 쓰는 존칭이다. 좋은 터를 골라 모친을 모시어 그 發蔭을 얻고자 하는 사람이 쓴 교혈인지도 모르겠다. 낙동강과 위수가 만나는 두물모지(合水處) 산 정상에 쓰여진 산소라니, 얼핏 교혈을 떠올리지 않을 수 없는 까닭에 해본 생각이다. 강 바람은 거세고 억새 서걱이는 소리가 음산함을 더하는데 분명 아래를 흐르고 있을 두 강물은 여전히 숲에 가려 몸체를 드러내기를 삼가고 있다.

그러나 내 관심은 남의 산소가 아니다. 두물모지를 보기 위하여 강쪽으로 나가는 능선을 넘으니 이윽고 二水明堂의 장관이 눈앞을 가득 메우며 펼쳐져 나타난다. 이곳이 바로 경상도의 이름을 만들고 상주가 상주이게끔 만든 바로 그 터라는 생각에 잠시 넋을 놓고 풍경을 조망한다.

위수(마을 사람들은 위천강 또는 위수강이라 부름)는 남서향으로 낙동 큰 물에 몸을 맡기고 낙동은 상주와 의성의 경계를 이루며 남행을 하고 있으니 有情柔順의 順水之勢일 수밖에. 그 물길을 따라 곳곳에 백사장을 만들며 낙동강은 蛇行을 한다. 아직 오염의 흔적은 없다. 참으로 아름다운 곳이다. 산등성이는 바람이 거세던데 그 아래 두물모지가 빤히 보이는 이곳 바위 밑은 어느덧 초여름의 초록 기운이 무르녹아 땅 기운까지 솟구치듯 솟아난다. 가히 천하 대지라는 名號가 조금도 어색하지 않은 풍광이다.

그런데 〈풍수에서 온전히 아름다운 땅은 없다(風水無全美)〉고 하지 않던가. 하늘 위로부터 끊임없이 전투기들의 훈련 비행 소리가 들려 온다. 조용히 앉아 어머니인 땅의 소리를 듣기에는 그 소리가 너무 정신을 산란케 한다.

다시 위수 아래로 내려와 다리를 건너 우물 2리로 들어가려는데 그 다리가 기가 막히다. 다리 가운데쯤이 조금 내려앉았는데 여기서 누군들 성수대교를 떠올리지 않을 수 있겠는가. 다리를 다 건너고 나니 저절로 한숨이 나온다. 생각 같아서는 이 다리를 다시 건너지 말고 의성군 단밀면 쪽으로 해서 빠져 나갈까 하는 속셈도 해보았지만 우무실을 다시 보고 싶기에 모험을 하기로 한다. 나는 이 다리가 위험한지 아닌지를 판별할 도구를 갖고 있지는 못하다. 하지만 보는 것만으로도 겁을 주는 생김새라면 고쳐야 하는 것이 아니겠는가.

우물 2리는 좀 묘한 곳이다. 다른 곳은 위수에 의하여 상주와 의성의 경계가 지워지는데 유독 두물모지인 이곳만은 부자연스럽게 떼어 상주 구역에 붙여 놓고 있기 때문이다. 그런데도 마을 주민들은 그것을 조금도 이상스럽게 여기지를 않는다. 전에 다리가 없을 때는 의성군 단밀면으로 나가는 것이 편리했지만 지금은 길이 좋아져서 상주시로 남는 게 더 좋다는 것이다. 아마 옛날 어느 땐가 상주의 힘이 좋았을 때 낙동과 위수가 만나는 이곳 두물모지 兩岸을 모두 차지하고 싶던 상주 권세가가 무리한 주장을 하여 이런 이상한 경계를 획정지은 것이 아니었을까 하는 짐작이 들기도 하지만, 그러면 어떠랴. 살고 있는 주민들이 좋다고 하는데.

(9) 공업 단지가 되어도 명당은 여전히 명당일까, 광양제철소

1995년 1월 1일 광양군과 동광양시는 통합되어 광양시로 다시 태어났다. 그래서 지금은 동광양이란 지명이 맞는 것은 아니다. 하지만 이미 상당 정도 익숙해진 것이기에 그대로 쓰기로 하겠다. 하도 지명을 이리저리 뜯어고치다 보니 지리학이 전공인 나 같은 사람도 행정 지명을 제대로 다 알기가 쉽지를 않다. 예를 들어 전북 이리시가 익산시로 바뀌었다는 것을 아는 사람이 그리 많지 않다는 사실이 지명의 혼란상을 반영하는 한 예가 될지 모르겠다.

사실 동광양은 광양제철소에 의하여 새로이 건설된 도시라고 하여도 조금도 과장이 아닐 정도로 도시 자체가 제철소의 영향 아래 있는 곳이다. 면적도 광양만 屬 금호도 아래 바다를 매립한 곳이 다수를 차지할 정도로 상전벽해의 땅이다. 그러니 제대로 얘기하자면 풍수가 나설 만한 대상은 못 되는 셈이다. 다만 일찍이 풍수는 바다를 말하지 않는 전통이 있었던지라 제철소의 입지에 대해서는 구태여 말할 것이 없다.

말이 나온 김에 한 가지 변명 아닌 변명을 할 일이 있다. 얼마 전 나는 영종도 신공항에 대하여 풍수적 칭찬을 한 일이 있었다(제2장 4부 3절 참조) 그 주된 이유가 바다였기 때문임은 두말할 나위도 없다. 그리고 나서 여러 사람으로부터 비판의 소리를 들었거니와, 이제 소위 노태우 비자금 사건이 터져 그 비리가 백일하에 드러난 마당에서도 신공항 입지를 영종도로 하는 것이 옳았다는 내 생각에는 변함이

없으니 누군가의 대안처럼 오산 미군 비행장을 신공항으로 하는 것이 낫다는 생각에 전혀 동의할 수 없기에 그런 것이다. 경기도 내륙인 오산을 건드리는 것보다는 바다로 나가는 것이 풍수적으로는 덜 죄가 되기에 하는 소리다. 물론 근본적으로는 어떤 땅덩어리도 훼손하는 것을 좋게 보지 않는 것이 풍수이다. 그러나 어차피 신공항이 꼭 필요한 것이라면 어쩌겠는가. 본 땅보다는 잠긴 땅을 건드리는 것이 그나마 우리의 산천을 덜 파괴하는 일이 아닐까. 갯벌의 중요성을 몰라서 하는 소리도 아니다. 말하자면 이것이 현대적 생활과 풍수적 삶이 화해할 수 없는 중대한 고빗길인지도 모른다.

이번 답사가 광양제철소의 광활한 부지를 바라보며 조국 근대화의 상징을 느끼기 위해서가 아님은 두말할 필요도 없다. 나는 그런 거대한 인공 구조물에서는 어머니인 땅을 탐욕적 이용의 대상으로만 생각하는 사람들의 패륜밖에는 떠올리지 못하는 취향이기 때문이다. 하지만 그런 풍수를 전공하는 내 처지가 답답하기만 하다. 바로 그런 땅에 오기 위하여 거기서 나온 쇠로 만든 차를 타고 왔으니 말이다. 현대와 풍수의 괴리는 이율 배반적이며, 그 조화는 절망적이다.

여기서 보기를 원했던 곳은 광양제철소 북쪽의 태인도와 그 너머 진월면 망덕리의 망덕산이었다. 다행히 옛모습을 꽤 많이 지니고 있어, 제철소의 환경 관리가 크게 소홀하지는 않다는 현실을 확인한 것은 조그만 즐거움이었다. 그래서인가 선소리 포구의 횟집과 재첩국 전문 식당은 제법 운치가 있다. 간에 좋다는 소문에다가 식당 거리가 뱃머리치고는 깨끗하고 소담하여 낮 손님도 많은 편이다. 확실히 답사 길에 먹는 일은 무척 즐겁다. 다만 그놈의 술 때문에 다음 일정을 망치지만 않는다면 말이다. 뿐인가, 포구 끝에 버티고 있는 무적섬(舞蝶島)은 망덕리 꽃밭등과 마주 보는 산인데 꽃밭등의 꽃을 보고 춤을 추는 나비 형국이니 그 모습이 장하여 먹는 운치를 더해 줌에 있어서랴.

진월면은 섬진강과 수어천 사이에 바다 쪽으로 길게 나온 반도이고 태인도는 그 바로 밑에 위치한 섬이다. 고려 우왕 때 왜구가 섬진강 하구를 침입하였을 때 수십만 마리의 두꺼비떼가 울부짖으며 달려드는 바람에 왜구들이 피해 갔다는 전설이 있어 이때부터 두꺼비 蟾 자를 붙여 섬진강이라 부르게 되었다는 이 강은 그 하구에서 전라도와 경상도의 경계를 이루기 때문에 숱한 애환을 간직하게 된다. 태인섬은 지금은 다리로 연결된 연륙도이지만 예전에는 물살이 만만치 않아 왕래가 쉽지 않았다고 한다. 하지만 풍수적으로는 밀접한 연관성을 지니고 있으니 그 조화가 참으로 신기하다. 진월에 있는 망덕산은 원래 왜적의 침입을 망보았기 때문에 붙은 이름인데 산 위에 오르면 한려해상 국립 공원의 여러 풍경들이 한눈에 보여 전망하기 좋은 곳으로 유명하다. 바로 이 산에 조정에 나가 천자를 받드는 형국의 명당(天子奉朝形)이 있다(사진 17) 하여 오게 된 것이지만 그것이 만약 세상 사람들이 흔히 말하는 바와 같은 내 자식 출세한다는 식의 음택 명당지라면 당연히 관심이 갈 까닭이 없다. 그 망덕산과 마주 바라보는 태인도의 배알섬(拜謁島)과 明堂登의 지세적 연관성이 어떤 의미를 지니고 있을 것인가가 관심이었다.

망덕에서 만난 김한철 노인회장(75세)은 아직 천자봉조혈을 찾은 사람은 없다고 한마디로 잘라 버린다. 오히려 기록에는 전혀 없었던 망덕산 주위의 五行相生 개념에 초점을 맞추고 있는 것이 관심을 끌었다. 그 내용인즉 봉암재뒷산(신아리)이 오행의 金體요 이어서 金生水이니 진등재(마룡리)가 水體며 水生木이니 진목(진정리)이 木體가 되고 木生火니 천왕봉(망덕리)의 火體이며 끝으로 망덕산이 土體인 고로 火生土가 되어 五行相生을 완전히 이루었다는 것이다.

여기서 더 나아가면 토생금으로 망덕산 토체가 최초의 금체인 봉암재뒷산으로 연결되어야 지극히 귀하여(至貴) 천지가 숨겼다(天藏地秘)가 하늘의 덕을 입은 사람에게만 주어진다는 五星歸垣格이 되

사진 17 광양 망덕산. 天子奉朝穴의 명당이 있다 함.

는 것이지만 그렇게까지는 말하지 않는 것을 보면 이기적 잡술 풍수에 경도된 분은 아닌 모양이다.

지명 중에는 허리띠도 있고 샘도 있으며 천자의 도장인 御印도 있다. 게다가 섬진강 건너 경상도 땅 하동 갈사리에는 나발매기(나팔)도 있으니 이제 군사와 백성만 갖추면 모자랄 것이 없는 천자가 되는 셈이다. 이 모든 풍수적 지명과 산세는 결국 주위 지세의 조화적 고리를 상징하는 것이니만큼 어느 것 하나라도 끊어지거나 없어지면 전체가 무너져 내리는 꼴이 된다. 결국 땅을 건드리기가 심히 난처하게 생긴 풍수가 되는 것이다.

오행이 상생하고 천자가 신하의 조아림을 받는 바로 코 아래 생긴 광양제철소가 그 천자의 臣民이 될지 반란군의 괴수와 그 수하가 될지는 전적으로 우리 국민들의 환경에 대한 사고 방식에 의하여 결정

될 것이다. 당연히 제철소는 그 터의 신민이 되어야 마땅한 것이지만 말이다.

(10) 함양 용추사에서 혈의 모양을 살피다

산이 우람하여 계곡이 좁으면 잠시 머물며 관상하기는 좋으나 살기에는 답답함을 면할 수 없고, 들판이 넓으면 그 광활함이 가져다 주는 호쾌함은 그럴 듯하나 허허롭고 을씨년스러운 느낌은 어쩔 수가 없다. 지리산과 덕유산은 국토 남부 최대의 후덕한 土山들이다. 지리, 덕유를 둘러싸고 있는 고장들, 그러니까 남원, 구례, 하동, 함양, 산청, 거창, 무주, 금릉, 영동 같은 군들은 남한에서 강원도 못지 않은 산악 지역들이다.

그렇기 때문에 장쾌한 경관은 다른 고장에 비할 바 없이 뛰어나지만 들이 좁고 교통이 불편하여 可居地로 꼽히지는 못해 온 것이 사실이다. 하지만 함양은 다르다. 남쪽 하늘선에 지리산 연봉이 병풍을 둘러치고 있는 산골 마을로 외지에는 알려져 있지만 실제 그곳이 던져 주는 地氣는 맑고도 밝은 곳이다. 게다가 들판도 넓다. 일찍이 〈府〉라는 조선 최고의 행정 구역으로 편제된 적이 있을 정도로 盆地底가 넓어 陽明과 浩活을 겸비한 고장으로 이름이 드높았던 곳이다.

남원에서 운봉을 지나 引月을 거쳐 경남 함양에 이르는 길은 멀리 남쪽으로 지리산 연봉을 조망할 수 있기에 꿈속에도 가끔 나타나는 수가 있다. 오행 중 水에 해당하는 겨울이 지나고 木인 봄 기운이 움트는 음력 정월 보름경의 이곳 경치는 가슴을 저미는 바가 있었다.

쉬엄쉬엄 유람하며 다니기에 적합한 이 길에서 인월은 특히 눈에 띄는 마을이다. 본래는 운봉군 동면에 속했으나 운봉이 남원군에 예속되면서 지금은 남원군 동면에 속한 곳인데, 이곳에서 지리산 뱀사골과 실상사 가는 길이 갈리고 북쪽으로는 아영에 연결이 되기 때문에 예로부터 산골의 중심 기능을 수행했던 곳이다. 지금도 신인월 곁에 있는 시장통 마을에서는 3일과 8일에 닷새 장이 선다.

인월에서 계속 동쪽으로 나가면 남원군 동면 성산리 파랑들을 지나 경남 함양군 함양읍 죽림리 상죽림으로 넘어가는 팔영재(八嶺峙)를 만난다. 남원 사람들은 팔랑치라 부르고 함양 사람들은 팔령이라 부르는 이 고개는 전라도와 경상도를 잇는 주요 교통로 구실을 해 왔고 지금도 그 가치는 변함이 없다. 아주 가까운 거리인데도 두 마을에서 쓰는 말씨가 서로 다른 것을 보면 신기한 생각이 든다. 그러나 실제로 마을 사람들간에는 교류가 빈번한 편이라 하며, 예컨대 전라도 성산 사람들은 경상도 함양 땅에서 농사를 지어 가고 경상도 죽림 사람들은 전라도 인월장을 보러 다닌다고 한다. 한창 말썽을 부리던 지역 감정이란 건 이 고장에서는 도무지 흔적도 찾아볼 수 없는 망발일 뿐이다.

하늘은 맑고 하얀 구름 몇 점이 떠도는 아래로 모습을 드러내는 산들은 이상하게 슬픔을 불러일으킨다. 아니, 슬픔 이상의 서러운 마음이 가슴을 적신다. 까닭을 알 수 없는 일이다. 왜 그래야 되는 것일까.

그런 마음으로 행정 관청을 들어가기는 싫지만 답사를 위해서는 어쩔 수가 없다. 다행히 함양군청 문화공보실 박영일 실장의 친절한 응대와 자료 제공으로 우선은 마음을 가다듬을 수 있었다. 목적이 뚜렷한 답사인데도 아직도 어린아이 같은 감상을 버리지 못하고 현장에 임하는 자신이 쓸쓸하게 느껴진다. 어딘가 힘차고 강직하며 힘을 돋구는 터를 찾아보고 싶은 생각이 문득 든다. 함양 근방에서 그런 터를 찾자면 단연 龍湫溪谷이리라.

꼭 어디여야만 한다는 약속을 하고 떠난 길은 아니었기에 뒤돌아볼 필요도 없이 안의면 신안리에서 시작하여 하원리 상원리를 지나 箕白山(1330.8m)에 이르는 용추계곡을 찾아 나섰다. 함양읍에서 거창 가는 3번 국도를 따라 북상하다 보면 용추골로 올라가는 도로 표

그림 8 함양 용추사 주변 산세도. 1. 남덕유산 2. 금원산 3. 기백산 4. 황석산 5. 거망산 6. 월봉산 7. 용추사 8. 용추폭포 9. 지우천

지판이 나오고 그 길을 따라 그대로 진행하면 되기 때문에 길 찾기는 쉬운 편이다.

바로 그 용추골 들어가기 직전에 함양군 서하면, 서상면을 지나 장수군 계내면 오동리로 넘어가는 六十嶺 가는 26번 국도도 전라-경상을 잇는 주요 교통로이다. 옛날, 고개에 도둑이 많아 60명이 모여야 넘을 수 있었다는 설화에서 붙은 지명이다. 이 도로에서는 남덕유산의 장관을 바라볼 수 있는 재미가 있다.

이제 용추계곡으로 들어가 본다. 용추골은 남덕유산 줄기가 동남쪽으로 길을 잡아 隱身庵 뒤편 月峰山(1,288m)을 중심으로 하여 1천 미터급의 거봉으로 반원형의 분지를 형성한 가운데에 智雨川을 주류로 하는 주변에 마련되어 있다. 〈그림 8〉에서 보는 바와 같이 월봉산 왼쪽으로는 金猿山(1,353m), 기백산을 左肢로 하여 左輔를 하고, 오른쪽으로는 擧網山(1,184m), 黃石山(1,190m)을 右肢로 하여 右弼을 하는 大輔弼의 지세를 취하고 있다.

이러한 左輔, 右弼山으로부터 흘러 내리는 谷澗水가 빼어난 경승을 이루어 용추라는 이름을 얻게 된 것이며, 그러한 지세의 당연한 결과로 계곡 곳곳에는 臼穴과 瀑壺가 마련되어 특이한 경관을 연출하고 있다. 구혈이란 기반암으로 이루어진 개울 밑바닥에 우묵하게 파진 곳이 있을 때 이곳에 자갈이나 돌 조각이 들어가 소용돌이치는 물에 의해 회전 운동을 일으키면서 만들어 놓은 목욕탕 욕조 모양의 潭을 말한다. 폭호란 폭포 밑에 움푹 파인 凹地를 일컫는 말이다.

그런 경관은 덕유산 長水寺 一柱門이 서 있는 곳으로부터 본격적으로 시작된다. 『寺刹事蹟』에 의하면 장수사는 신라 제21대 소지왕 9년(487)에 覺然大師가 창건했다고 하며 장수사에 용추암을 합하여 용추사라 하였고 한국 전쟁으로 용추사는 소실되고 일주문만 남았다고 기록되어 있다. 일주문 바로 밑에 주차장을 설치하여 문화재의 위용을 잃게 한 흠은 있으나 모습이 무척 정교하다.

덕유산 장수사라고는 하였지만 지금의 용추사는 기백산 용추사로 부를 뿐 멀지 않은 곳에 있는 남덕유산에 속하는 사찰로 보지는 않는다. 1959년에 중건되었으니 건물에 문화재적 가치를 찾기는 힘들다. 게다가 대웅전은 이제 지은 지 5, 6년 되었다고 하거니와 아직 단청을 칠하지 못하여 오히려 그 점이 새로 선 건물의 유치함을 보완하여 주는 듯하다.

사찰 입지로 볼 때 용추사는 두 가지 큰 특징을 지닌다. 하나는 定穴法上 이곳이 窩形穴에 속한다는 점이다. 와형혈이란 穴形四大格, 그러니까 窩, 鉗, 乳, 突 중의 하나로 오므린 손바닥 속처럼(掌心), 닭의 둥지처럼(鷄窩), 제비집처럼(燕巢), 배배 꼬인 소라 속처럼(旋螺) 사방이 둘러싸인 곳에 자리 잡은 혈을 말한다. 이런 혈은 평지에도 있고 고산에도 있지만 높은 산에 더욱 많은 바, 고산은 凹한 곳으로 眞穴을 삼고, 평지는 突, 즉 凸한 곳으로 진혈을 삼기 때문이다.

와형혈에는 두 가지 모양이 있는데 입을 오므린 듯한 藏口窩體와 입을 벌린 듯한 張口窩體가 그것이다. 입이란 이 경우 明堂口를 말한다. 〈무릇 張口穴은 영광이 그 가운데 모이고 나머지 기운은 밖으로 돌아 자웅이 서로 돌아보고 혈맥이 서로 통한다.〉 용추사는 바로 그런 곳이다. 만약 입까지 닫아 버린 장구혈이라면 문제는 심각했을 것이다. 〈藏口穴은 양국이 고리를 이룬 곳에 활처럼 분명하게 굽은 것이 입 가운데가 둥글고 깨끗하며 오목한 가운데 융결한 것이면 좋으나, 떨어진 말 구유 같거나 혈장이 움푹 패이고 경사져 구부러진 듯한 것은 좋지 못하다. 특히 한쪽이 텅 빈 것 같고 무너져 움푹 파인 듯한 것은 假窩 혹은 虛窩라 하는 것으로 대흉이니 조심하라〉[2]고 했는데, 그런 처지는 벗어났더라는 뜻이다.

또 한 가지 특징은 이 절이 폭포 바로 위에 위치한다는 점이다. 폭포는 流水의 물리적 특성상 頭部浸蝕, 즉 폭포 위쪽을 깎아 내는 작용을 한다. 그렇기 때문에 폭포 위는 결코 안정된 지반일 수가 없다. 일종의 危地인 셈이다. 이런 곳에는 절대로 대형 건축물이 들어서서는 안 된다. 그것은 張口를 藏口로 만드는 우둔한 짓이다. 이미 대웅전 건물만으로도 상당히 위험한 지경에 빠진 것으로 비치던데, 여기에 더 이상의 구조물이 들어서는 것은 위험을 자초하는 일이 될 것이다. 크다고 해서 좋은 절은 아니지 않은가. 절을 重修하는 것도 터를 보아 할 일이다.

(11) 장수 노단리 새터마을이 베푼 풍수적 화해

전라북도에서는 지명을 나타내는 아주 재미있는 표현이 쓰인다.

---

2) 『山法全書』, 卷之十一, 四大穴情

도내 동부 산간 지방을 표현하는 무진장과 임순남이 바로 그것이다. 마치 사람 이름처럼 들리는 이 말은 무주, 진안, 장수와 임실, 순창, 남원을 지칭하는 것이다. 이것이 그저 하릴없는 사람들의 말 장난만은 아닌 것이 거기에는 의미가 있기 때문이다. 즉 무진장은 덕유산의 품안이고 임순남은 덕유와 지리 사이에서 기를 모으는 역할을 하는 곳이며 남원 남쪽부터는 지리산이 시작이 된다. 누구나 인정하다시피 덕유와 지리는 국토 남단을 떠받치는 기둥의 산이다.

　기를 모으는 역할이란 풍수에서 束氣處라 하는 것으로 모양이 벌의 허리처럼 잘록하다 하여 蜂腰處라고도 한다. 고무 호스에 흐르는 수돗물을 강하게 보내기 위해서는 호스를 꾹 눌러 주어 물살이 세게 되도록 해야 하는데, 땅 기운이란 것도 그와 마찬가지로 기운을 강하게 하려면 그런 식의 장치가 필요해서 생긴 용어이다. 그러니 그런 땅은 중요할 수밖에 없다. 그런 곳은 强氣가 흐르기 때문에 중요할 뿐더러 취약하기도 하다. 사람의 목 부분을 떠올리면 쉽게 이해할 수 있는 일이다. 그래서 속기처가 되는 곳은 보호해야 할 곳이며 가급적 사람이 건드려서는 안 되는 땅이다. 물론 목도리를 하는 것처럼 지맥(地脈)을 보존하기 위해 취해지는 인공은 받아들일 수 있다. 우리의 전통 마을은 대체로 그런 정도의 인공에 지나지 않으므로 이 일에서 예외이다.

　그렇기 때문에 덕유산 남봉을 어머니로 모시고 그 자락에 삶터를 튼 장수는 그 기상이 장군을 닮았으면서도 교만하거나 뽐내지 않는 어머니의 포근함이 있다. 어머니를 닮은 장군, 절묘한 지세랄 수밖에. 흔히 말하기를 배짱은 두둑하나 마음은 세심하게 쓰는 소위 心小膽大를 지도자의 바람직한 덕성이라 하거니와 장군이 병사를 어머니처럼 보살핀다면 그보다 더 좋은 일은 없을 것이다. 장수는 바로 그런 땅이다.

　그중에서도 반암면은 장수의 남쪽으로 곧이어 남원 운봉을 거쳐

제2장 몇 가지 주제를 가지고 떠난 풍수 기행 247

지리산에 닿는 곳이니 속기처가 아닐 수 없다. 노단리는 반암의 면소 재지이고 새터(신기)는 면사무소에서 섬진강 지류인 요천강을 건너면 만나는 전형적인 농촌 마을이다. 그러니까 이곳에 풍수가 있다면 그것은 전형적인 우리 풍수가 된다. 그리고 바로 그런 풍수가 이 마을에 있었다. 이름하여 쳉이 명당인데 쳉이란 체의 이곳 사투리이다.

체란 곡식을 담아 고르는 기구이다. 그 안에는 골라진 곡식이 담겨 있다. 농본 사회에서는 누구나 탐을 낼 만한 성격의 터이다. 그리고 그 모양도 영락없는 체다. 체 앞에는 곡식을 고르고 남은 겨가 쌓여야 하는데 당연히 겨무더기라 불리는 둔덕이 쳉이 명당 앞에 놓여 있다. 이 겨 또한 체 속의 곡식보다는 못하지만 귀한 양식이다. 그것을 먹으려는 개가 없을 수 없다. 반암초등학교 뒷산이 바로 그 개에 해당하는 산인데, 그러나 쉽게 먹을 수 있는 것이 세상에 어디 있을까. 그 겨무더기를 지키는 호랑이가 반대편에서 버티고 있으니 그것이 범골의 호랑이 콧점배기(콧등)로 개를 빤히 마주보며 자리하고 있다. 그래서 개는 겨무더기를 향하여 뛰어들다가 흠칫하여 웅크린 형상을 하고 있다(사진 18).

체와 겨와 개와 호랑이가 서로를 북돋우고 견제하는 상승의 조화를 이루고 있는 셈이다. 마을 경관상으로도 이 네 가지 地物들은 마을의 동, 남, 북 삼면을 에워싸고 있기 때문에 그 공간 구성이 안정되어 보인다. 남쪽의 호랑이 산은 분명 살기를 띠고 있으니 마을 사람들에게 미치는 심리적 영향이 좋을 수는 없을 것이다. 하지만 그 호랑이는 겨무더기를 탐하는 개를 지키기에 여념이 없을 것이므로 범의 살기가 마을로 침범하리라는 걱정은 할 필요가 없다. 풍수적으로 설화를 가꾸어 마을이 지니고 있는 지세적 단점을 보완하고 있는 셈이다. 체와 겨와 개와 호랑이, 어느 한 가지만 빠져도 공간의 안정성은 무너지는 구조이다. 이것이 바로 자생적인 우리식 풍수의 건전성이 아닐런지(그림 9).

사진 18 챙이 명당에서 바라본 겨무더기. 가운데 있는 나무가 수북하게 자란 조그만 둔덕이 겨무더기임.

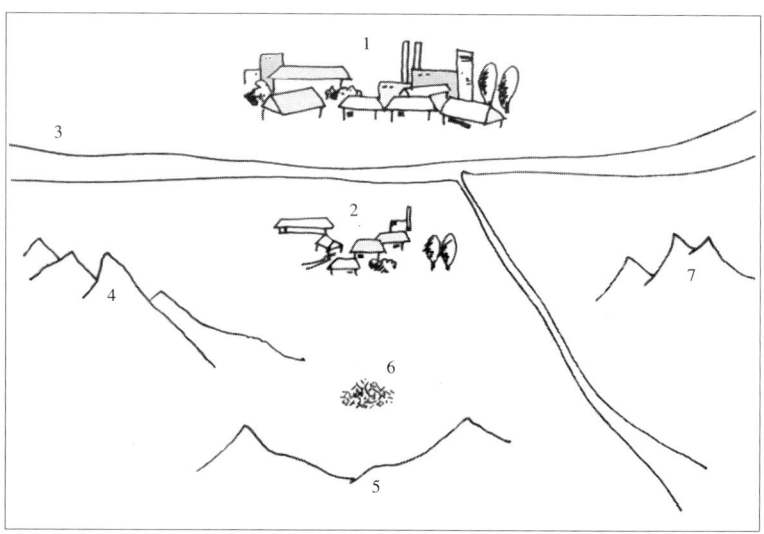

그림 9 치밀한 구조의 장수 새터마을. 1. 반암면소재지 2. 새터마을 3. 반암천 4. 호랑이콧등 5. 체 명당 6. 겨무더기 7. 개 명당

옆집 아이를 업고 마실을 나서던 장정인 할머니(1995년 당시 62세)에 의하면 챙이명당 뒤로 개징우리(개의 복부) 명당이란 것도 있다고 하지만 들일을 하고 내려오던 조봉제 할아버지(76세) 말씀으로는 그건 꾸며 낸 얘기일 것이라며 부정하신다. 만일 개징우리 명당이란 것이 개 모양의 산에 있다면 어떻게 될까. 개징우리에는 강아지들이 어미젖을 빨며 옹기종기 아우성을 치고 있을 것이다. 하지만 어미 개가 문제이다. 눈앞에 겨무더기라는 먹이를 빤히 보면서도 호랑이 때문에 먹을 수가 없으니 속만 탈 수밖에 없다. 그러니 젖도 시원치 않을 것이고 강아지인들 뭐 좋을 게 있겠는가. 아마도 할아버지 말씀이 옳지 싶다.

새터마을의 풍수는 조화를 이룬 네 가지 地物까지만 유효한 것이다. 더 이상 욕심을 부리면 이론상으로는 그럴 듯할지 모르지만 실지에서는 무리가 되고 만다. 무리를 해서 좋을 일이란 없다. 더구나 풍수는 자연에 순응하는 것, 자연의 길을 방해하지 않는 것이기에 더더욱 무리를 해서는 안 되는 것이다.

노단리에서 요천을 건너 새터로 들어가다 보면 마을 입구에 도무지 어울리지 않는 관사풍의 건물이 서 있다. 무척 낡아서 마치 도시 빈민가의 연립 주택처럼 보이는데 나중에 알아보니 이곳에 금광이 있었고 이 건물은 광부들의 집이었다고 한다. 금광은 몇 년 전에 폐광되었다고 하지만 여하튼 금을 캤던 것은 사실이다. 그렇다면 다른 금광 지대에서 나타나는 키 명당 또는 삼태기 명당과의 관련성은 없는 것일까. 금에 미치면 노름꾼과 비슷해지기 때문에 노다지를 잡은 금꾼들을 자연스럽게 고향으로 돌려보내기 위하여 지어 낸 것이 바로 그런 풍수 설화인데, 내용인즉 키나 삼태기나 체 같은 것은 가득 차면 쏟아 버려야 하는 물건이므로 그런 명당에서 재산을 모으면 떠나야 한다는 것이다. 하지만 이 마을은 아닌 것 같다. 왜냐하면 금을 캐기 이전에 이미 풍수 설화는 완성되어 있었으니까.

사진 19 챙이 명당 아래 새터마을의 백년 되었다는 집

 마을을 떠나기 전에 장 할머니 댁을 잠깐 들러 보았다. 백년쯤 된 집이라고 하는데 정말 고색창연하다(사진 19). 세 칸 겹집 형태의 비좁고 허름한 옛 농가, 손바닥만한 마당 한 귀퉁이에 쟁여 놓은 장작더미. 마당에는 팥을 널어 말리고 재목은 세월의 때를 타 새까맣게 반들거린다. 볼품도 없고 가난만 어른거린다. 하지만 무슨 까닭일까. 왜 이곳에서 그 그립던 진하디 진한 사람의 냄새가 피어 오르는 것일까.

(12) 영동 남전리, 산과 들과 물과 사람의 혼융 조화

 삼각형을 거꾸로 세운 듯한 충청북도에서 제일 아래쪽으로 덕유산을 향하여 어리광을 피우는 것처럼 파고드는 고장이 바로 영동군이다. 무릇 사람은 산이 그 품을 열어 주는 곳에 터전을 마련하는 법이

지만 간혹 영동처럼 산을 찾아 드는 식으로 삶터를 개척하는 경우도 있다. 좋게 말하자면 진취적인 인간의 자연에 대한 대응 자세라 평가할 수도 있다.

지리에 별 관심이 없는 사람 중에는 영동을 잘 모르는 경우가 없지 않다. 그만큼 알려지지 않은 고장이란 뜻인데, 그러나 추풍령을 모르는 사람들은 없을 것이다. 바로 그 추풍령이 영동에 있다면 그 위치를 짐작할 수 있을 것이다. 원래 영동군 황금면에 속해 있던 추풍령은 1991년 추풍령면으로 개칭됨으로써 이제 정식 지명 반열에 들게 되었다.

이런 지리적 위치 때문에 영동은 예로부터 통과 지역 혹은 교통 요충으로서의 편리함과 불편을 함께 겪은 역사를 갖고 있다. 신라와 백제의 국경 분쟁이 심했던 곳으로도 그렇거니와 언어 역시 좀 특이한 구성을 드러낸다. 전북, 경북, 충남과 경계를 맞대고 있다 보니 그들의 接觸方言的 성격을 띠게 되었다는 것이다. 그리하여 언어의 백화점이란 소리까지 듣게 되었으니, 같은 영동군 안에서도 보다 세분된 언어권 구분이 가능하다.

경상 방언의 색채가 농후한 황간, 추풍령, 매곡, 상촌면과 전라 방언권에 가까운 용화, 양산면, 그리고 충북 서부 지역의 말과 흡사한 학산, 영동읍의 3개 小方言圈으로 갈라 볼 수 있다. 이 지방에서는 저 산을 넘으면 또는 저 고개를 넘으면 말이 다르다고 하는 주민들의 얘기를 쉽게 들을 수 있다. 언어란 것이 문화의 정수이기 때문에 말이 이처럼 다양하다는 것은 영동의 문화가 다양하다는 뜻이 되는 셈이다.

설을 쇠고 난 고속 도로는 비교적 한산한 편이었다. 이번 답사에 동행한 소설가 김병언은 이런 도로 사정이 언제나 지속되지 못하는 것이 안타까운지 오늘은 그냥 길이 끝나는 곳까지 달려보자는 소리를 여러 번 한다. 그러나 끝나는 길이란 것이 어디 있으랴. 길이란 물처럼 끊임없는 흐름이라 보는 것이 풍수적 사고인 것을.
　영동군청 문화공보실 정성식 공보계장(41세)에게서 좋은 정보와 함께 『永同郡誌』등 자료를 얻어 나오니 좋은 답사가 되리라는 기대가 솟는다. 더구나 곁에는 오랜 친구가 있고 아련하고 희미하기는 하지만 대지에서는 봄 기운마저 꿈틀대고 있으니 마음이 들뜨는 것을 주체할 수가 없다.
　이럴 때는 어디 양지 바른 남의 무덤 가에 자리 잡고 앉아 술잔을 기울이며 산천을 관상하는 것이 제격일 터이지만 아직 그런 老熟의 연령층에는 이르지 못한 모양이다. 특히 이즈음의 답사에서는 여러 가지 일에서 발목을 잡아당기는 것이 있으니 그것이 바로 자동차이다. 차를 갖고 가지 않으면 산골 오지 같은 곳에서 이동이 쉽지 않고, 부득이 차를 갖고 가면 운전에 신경을 써야 하기 때문에 그 좋아하는 술 한잔 제대로 할 수가 없다.
　자동차는 분명 문명의 이기임에 틀림없다. 그 이기가 利己를 키우고 있다는 사실을 요즘에는 실감하고 있다. 하염없이 걷고자 하나 그것이 뜻과 같지를 못하다. 시가지만 벗어나면 도로에 人道가 마련된 곳이 없다. 국도를 걸어가자면 좀 과장하여 목숨을 내놓아야 한다. 과속으로 질주하는 차량들이 꼬리를 물고 지나가니 그 속에서 무슨 여행의 운치를 찾을 수 있겠는가. 그런 줄 뻔히 알면서 나도 차를 몰고 다닌다. 이 역시 相殺의 악순환인가, 反風水的 삶을 선택한 당연한 대가인가. 편안함이 본질로부터 사람을 끌어낸다는 것은 사실인 모양이다(얼마 전 차를 없애고 드디어 나도 無車家의 대열에 든 것은 참으로 잘한 일이라 생각한다).
　영동읍에서 19번 국도를 타고 전북 무주로 가는 南行路를 따라 조금 내려가다 보면 교동이란 버스 정거장이 나온다. 이 도로는 우리나라 시골 길 중에서 유독 그 아름다움이 빼어난 곳이다. 특히 가을철 감이 익는 계절에 이 길을 지나면 우리 옛 시골의 정취를 흠뻑 취할 수 있는 장점을 갖추고 있다. 연간 곶감 생산량이 25만 접으로 우리 나라 전체 곶감의 20% 정도를 내고 있는 곳이 영동이니 이 말이 과장이 아님을 알 수 있다.

비단 감나무의 풍광뿐만이 아니다. 산천의 明媚함 또한 볼 만하여 일찍이 尹祥이 琴柔에게 보낸 글에서 〈영동은 산수가 맑고 기이해서 (山水淸奇) 시를 짓는데 도움을 받을 만한 것이 진실로 많다〉[3]고 한 얘기가 조금도 지나친 말이 아니다.

교동 정거장에서 왼편으로 산막리 가는 길을 따라가다 보면 길가 오른쪽으로 단아한 정자가 떠오른다. 이것이 氷玉亭이다. 대바위 위에 있는 정자로 주위의 절묘한 산수와 울창한 송림이 어우러져 한 폭의 그림을 연상케 하는 장면을 연출한다. 더욱이 마을의 고색창연함과 고아한 운치를 북돋운다는 점에서 그 배치나 건축 구조는 뛰어난 바가 있다고 하겠다.

정자의 이름은 『晉書』에 그 유래를 두는데, 장인 樂廣과 사위 玉潤 사이에 얼음과 같이 맑고 구슬과 같이 윤이 나는 뛰어난 교분과 두터운 정이 있음을 나타낸 말이라 한다. 이곳이 바로 藍田里이다. 원래는 箕山이라 하던 곳인데 왜정 때 일본인들이 그저 푸른 들판이란 뜻으로 남전이라 고쳤다고 한다. 어쩐지 마을 이름에 왜색이 풍긴다 했더니 그런 연유가 있었던 것이다.

빙옥정을 돌아 들어 마을을 바라보니 홀연 한 집이 군계일학으로 눈동자를 찌른다. 묘한 일이다. 근래 이런 경험을 해보지 못한 탓에 가슴이 두근거린다. 도대체 누구의 집이기에 이토록 風水眼을 뒤흔드는가. 불문곡직하고 그 집으로 들어가 보고 싶지만 예의상 그럴 수는 없다. 마을 노인회관에 들러 알아보니 교직에 있다가 정년 퇴직을 하고 은거하고 있는 분의 집이라 한다. 선생님 출신이라면 나도 마음

---

3) 『新增東國輿地勝覽』, 「永同縣條」.

이 편하다. 떠나기는 했지만 나도 한때는 선생이었으니까. 자상하게 얘기를 해주신 전일돌 할아버지(77세)는 아침 일찍 찾아간 외지인에게 아침밥 걱정을 해주신다.

그 집의 주인은 농고에서 임업을 가르치던 임상순 씨(73세)였다. 열한 살에 상촌면 홍덕리에서 이 집으로 양자 들어와 지금까지 사셨으니 한 甲子가 넘은 셈이다. 집터가 280평쯤이라는데 수종이 다양하다. 자신이 직접 씨를 뿌려 가꾼 나무들이라 했다. 대문은 양옆에 주목을 심었을 뿐 막힘이 없도록 해놓았고 현관까지는 잔 자갈을 깔아 비가 와도 땅이 질지 않도록 배려를 했다. 아무나 지나가다 쉬어 가라고 그렇게 해놓았다는 것이다. 가히 풍수 군자의 품도가 아닐 수 없다.

임 선생은 기산이란 지명에 애착을 갖고 있는 듯했다. 기산은 중국 하남성 登封縣 남동쪽에 있는 산으로 옛날 요 임금 때에 許由가 자신에게 천하를 물려주겠다는 말을 듣고 穎水에서 귀를 씻고 기산에 은거하였다는 곳이다.

터는 어릴 때 그대로이고 집만 고쳐 지었다는데 옆을 흐르는 개울이 또한 기가 막히다. 물소리가 뜰에서 들리지만 결코 우람하거나 살벌하지는 않다. 물이 집 바로 옆을 지나는 경우 흔히 沖射의 위험이 없지 않으나, 이 집의 경우는 절묘하게 淸雅만을 뿜어 주고 있었다. 마을 아래 흐르는 영동천은 지금도 올갱이(다슬기의 이 지방 사투리)를 잡을 정도로 맑음을 유지하고 있다. 이런 淸楚가 임 선생의 자녀 양육에도 영향을 미친 탓인가, 3남 4녀 대부분이 학교에서 선생님으로 봉직하고 있다고 한다. 다만 먼저 세상을 버린 한 아들에게 갖는 애처러움은 세월이 지나도 가려지지가 않는 모양이다.

문득 집안에 있는 연못에 눈길이 간다. 잉어를 백여 마리나 기르던 곳이라는데 지난해 병이 들어 몰사를 하고 지금은 금붕어만 약간 있다고 한다. 물이 얼어 속을 살필 수는 없었으나, 이 연못만은 큰

흠처럼 보였다. 연못 주위에 심어져 있는 잣나무, 오동나무가 키가 자라 그렇지 않아도 뜰의 양명함을 가리는 판에 음습한 연못이 그런 음기를 돋우는 듯하여 보기가 민망하더라는 것이다.

風水無全美(완전한 땅이란 없다는 뜻)라 했거니와 이 터에도 결함은 있다. 집은 남향을 했으나 너무 방위에 신경을 쓰다 보니 앞이 막히고 뒤가 트이는 무리를 해 버린 것이다. 남향을 고집할 필요는 없었는데 하는 아쉬움이 남는다. 하지만 좌우 양측의 청룡 백호사의 부드러움이 그런 허탈함을 많이 보완해 주고 있음은 위안이었다.

2 조화를 얻은 고장들

(1) 돌탑으로 땅의 허결을 치료한 김천 하대리 조산마을

金陵郡은 金泉市를 둘러싸고 있다(현재 금릉군은 전역이 김천시에 편입되었음). 같은 金 자이지만 하나는 금릉이고 또 하나는 김천이다. 원래 지명에서 金을 읽는 원칙은 군 단위에서는 김이고, 면 단위 이하 지명에서는 금이다. 金海, 金浦, 金堤는 김해, 김포, 김제로 읽고 金山面, 金洞里 따위는 금산면, 금동리라 읽는다. 그러니까 금릉군은 예외에 속하는 셈이다.

지방 답사에서 자료를 얻을 수 있는 가장 좋은 기관은 군청의 문화공보실과 문화원이다. 문화원이 설치되지 않은 군도 있다. 그러다 보니 언제나 답사 시작 전에 문화공보실을 들리는 것이 관례가 되다시피 되었다. 부항면 답사도 금릉군청의 문화공보실 순례로부터 시작한다. 그런데 군청 건물이 너무나 낡고 초라하다. 웬만한 면사무소 건물보다도 못하다. 어디 가면 군청에 관한 도로 표지판이 여기저기 크게 나붙어 있게 마련인데, 이곳은 그렇지도 않다. 김천시청 표지판은 잘 부착되어 있지만, 금릉군청 표지판은 입구 바로 앞에 조그맣게 표시되어 있다. 市와 郡에 대한 대접의 차이가 이래서는 안 된다.

문화공보실 분위기를 보면 대체로 그 군의 실상을 알 수 있다. 직원들이 자리를 잘 지키고 뭔가 해보겠다는 의욕이 깔린 분위기의 군은 郡誌를 비롯한 자료들이 잘 정리되어 있고, 실제 현장 문화재들의 보존 상태도 좋다. 뿐만 아니라 군 전체가 활력이 감도는 것을 몸으로 느낄 수가 있다. 반면 직원들이 나태하고 자리를 지키는 사람도 별로 없으며, 그나마 있는 사람도 잡담이나 하고 있는 군의 경우는 자료도 없고 현장도 시원치 않은 것이 통례다. 이런 군들은 군 전체 분위기도 침체를 벗지 못하는 경우가 많다. 문화공보실의 임무 중에는 분명 자기 고장의 홍보도 들어 있을 것인데, 그 본분을 잊고 있는 곳이 많다는 것은 확실히 문제다.

중앙 일간지에서 특집으로 자기 고장을 소개하겠다고 찾아갔는데도, 자료가 보관용 한 부밖에는 없어서 줄 수가 없다는 군을 보면 한심하기만 하다. 가만히 앉아서 자기 고장을 홍보할 기회를 단지 귀찮다는 이유만으로 포기하고 있는 것이다. 금릉군 문화공보실에서는 직원 김동민 씨의 도움으로 차도 얻어 마시고 『金陵民俗誌』라는 책자를 얻어 나왔다.

부항면은 三道峯(1,177m) 동쪽 사면에 자리 잡고 있는 산골 지방이다. 삼도봉은 말 그대로 경북 금릉군, 전북 무주군, 그리고 충북 영동군에 세 솥발을 걸치고 있어서 붙은 산 이름이다. 岷周之山(1,242m)과 삼도봉 줄기에서 발원하는 九南川과 釜項川이 이루어 놓은 커다란 두 개의 골짜기에 염주알처럼 줄을 이어 세워진 조그만 마을들이 면 취락의 중심을 이룬다. 바로 이 두 하천 사이에 끼여 있기 때문에 사드래(沙等里)라는 지명이 붙어 있는 윗사드래의 면사무소가 있는 마을도 그저 산골 계곡 가의 한적한 동네 정도로만 보일 뿐이다.

김천에서 거창 가는 3번 국도를 따라 南行하다가 지례를 지나 웅

흔한 덕유산 줄기를 바라보며 오른쪽으로 난 포장 도로를 따라 오르는 것으로 부항 답사는 시작이 된다. 나의 첫 관심은 크게 보아 이곳이 덕유산 자락이므로 연유가 되었다. 남한의 2대 토산인 지리산과 덕유산은 땅 기운에 애착을 갖는 사람이라면 누구나 그에 안기기를 원하는, 품이 넉넉하고 덕성스러운 산이다. 부항은 그 덕유에 다가가기 위한 첫걸음에 해당된다. 감히 덕유의 정상을 밟을 생각은 하지 못하지만 그 언저리에 삶의 터전을 이루고 사는 사람들을 만나는 것은 그리 외람된 것은 아니리라 믿는다.

이 골짜기에서 처음 사람의 눈을 끄는 마을은 사드래 못 미처 있는 長子洞이다. 장자란, 즉 부자를 말하는데, 우리나라 여러 자연 마을들에서 흔히 접할 수 있는 지명이기는 하다. 옛날에 장자가 살았다거나, 앞으로 장자가 나올 터라거나 하는 등의 설화가 전해지는 장자동은, 그래서 인근 마을에서는 비교적 경제적 여유가 있는 것이 보통이다.

사등리 북쪽에 있는 活人山을 주산으로 삼은 이곳 장자동은 아마도 장자라는 지명을 가진 마을의 전형쯤 되는 곳이 아닐까. 활인산 너머로는 구남천이 흐르고 마을 앞으로는 부항천이 흘러, 말하자면 兩岸之間이 되기 때문에 음습하다는 단점을 떠올릴 수 있는 곳이기는 하지만, 실제 이 마을은 오히려 양명하기 그지없는 곳이다. 양안 사이에 있는 활인산과 그 줄기가 워낙 밝고 명랑하여 그런 음기를 비축할 수 없는 까닭이다. 이런 곳이 바로 可居地이니, 아니나다를까, 비교적 마을의 명당 터가 좁은데도 상당히 많은 집들이 빼곡이 들어서 있었다.

마을 앞에는 시루봉(甑峯)이 앞을 막아 준다. 부자 마을에 걸린 시루다. 얼마나 풍요로운가. 주산은 活人하고 조산은 供養하니, 세상에 이보다 더 마음 놓이는 일이 어디 있겠는가. 시루봉으로써 衣食을 구족게 하고 활인봉으로써 정신적인 안정까지 책임지는 지세이다.

근래 답사에서 드물게 마주친 명당임에 틀림없다. 그래서 이곳에서는 일부러 마을 사람들을 만나지 않았다.

마을 양쪽으로 솟아 있는 청룡과 백호의 줄기도 本身龍虎로서 안온하게 마을을 감싸고 있는 형국이었는데, 특히 청룡세의 경우는 마치 하룻밤을 편안히 자고 일어난 강아지가 엎드려 몸을 죽 펴며 기지개를 켜는 듯한 형세인지라 가히 大地의 풍모를 내비치고 있었다.

사드래에서 대야로 가는 길을 묻기 위하여 잠깐 차를 멈추었다가 마침 대야 가는 버스를 기다리는 마을 사람들을 만날 수 있었다. 할아버지 할머니들인데, 하기야 요즈음은 농촌에 젊은 사람이 없어 당연히 노인들을 만날 수밖에 없는 일이기는 하지만, 그분들로부터 여러 얘기를 들을 수 있었던 것은 행운이었다.

염주알처럼 골짜기를 따라 늘어선 마을들마다 모두 아는 사람들이 있어 답사하기에는 그렇게 편할 수가 없었다. 그중에도 巴川里 봄내(春川)마을에 사는 김판도 씨(58세)는 부항천 계곡에서 모르는 사람이 없는 모양이었다. 이런저런 마을에 대한 설명이 자세하면서도 흥미롭기 그지없는데, 차를 태워 줬다는 데 대한 고마움도 있었겠지만 아마도 천성이 그런 분인 모양이었다. 마주치는 마을마다 멈추어 아는 사람을 만나고, 그 마을의 유래를 바로 그 마을 사람을 통하여 듣도록 배려를 해준 분이다.

김판도 씨 일행과 처음 맞은 마을은 月谷里. 『지명 사전』에는 다리실이라 나와 있지만, 마을 표지판에는 달이실이라 적혀 있다. 달과 관련된 설화가 있는 만큼 달이실이 정확한 표현일 것이다. 이 경우 月谷이란 한자 지명도 그렇게 낯설지만은 않다. 애긴즉 이 마을에 금두꺼비가 달을 바라보는 형국의 명당이 있다는 것이다. 아마도 金蟾望月形의 음택 터가 있다는 얘기일 터인데, 노인회관에서 친구들과 함께 낮술 푸념을 하고 있던 이무일 할아버지(71세)는 그저 무덤덤하게, 그 자리는 신씨들이 이미 산소를 썼다고 말해 버린다. 그게 무슨 대수냐는 표정이 얼굴에 넉넉한데, 나 역시 크게 동감인지라 더 이상 확인해 볼 생각은 않는다. 산소 자리 하나 잘 잡아 한 집안 잘 먹고 잘사는 일이 무어 그리 대단한 일일까 보냐. 게다가 그 터가 금섬망월형인 것을 누가 보장할 것이며, 또 그렇다 한들 그 터의 감응이 반드시 좋을 것인지 누가 장담할 것이냐 말이다. 땅의 은혜가 사람에게 미치는 것은 오직 사람의 됨됨이에 달린 것이니, 지기 감응을 바란다면 그 이치는 반드시 인과응보임을 명심하기만 하면 되리라.

이어서 下坮里 造山마을로 들어섰다. 여기서 서쪽으로 들어가면 전북 무주군 설천면으로 넘어가는 박석이재가 나온다. 그러나 지금은 길이 무너져 사람들이 걸어 다니기도 힘든 형편이 되었다고 한다. 구태여 박석이를 넘어 다닐 필요를 느끼지 않는 세상이 되어 버린 것이다. 거창 나가서 버스를 타면 쉽게 넘을 수 있는 고갯길이 아닌가.

여기서도 역시 김판도 씨의 소개로 마을 주민인 이춘길 노인(72세)을 만나게 되었다. 나의 관심은 단연 조산에 쏠린다. 조산이 아직 남아 있는지부터 묻는다. 남아 있단다. 그것도 온전하게. 얼마나 다행인지 모르겠다. 바로 그 이춘길 어른 댁 앞 밭에 높이 2미터 정도로 다른 마을보다는 덩어리가 훨씬 더 큰 돌들을 정성스럽게 쌓아 올려 이루어 놓은 조산이 버티고 있었던 것이다. 답사에서의 감동은 이런 돌무더기를 확인하는 때 절정을 이룬다(사진 20).

이곳에 오기 전 1 : 25,000 지형도로 판단키에 이 지점쯤에 조산이 있을 것이라는 짐작을 했고, 그것이 사실로 드러난 만큼 흐뭇함이 없을 수 없는 것이다. 하대리에서 서쪽으로 박석이재를 향하면 해발 1천 미터급의 고산들이 앞을 막는다. 전라도와 경상도의 경계인 산들이다. 다시 거꾸로 그 고산으로부터 하대리 쪽으로 내려오면 바로 이 마을쯤에서 계곡이 작은 들판으로 펼쳐지며 門戶를 여는 자세를 취한다. 바로 여기에 허점이 있게 된다. 꽁꽁 막힌 계곡에서 느닷없이 펼쳐지는 벌판. 사실 평야 지대 사람들 입장에서 보자면 벌판이랄 수

사진 20 조산마을의 造山과 느티나무. 나무 사이에 있는 돌무더기가 조산이다.

도 없는 넓이지만, 산골에서는 꽤 넓어 보이는 평지이다. 그런 벌판은 맞닥뜨리는 순간의 浩闊함은 물론 있지만 그 감상이 오래 가지 않는다는 것이 문제이다. 땅이 식고 몸에 한기가 들기 시작하면 그 들판은 오히려 사람들에게 허허로운 일종의 두려움을 안겨 주게 된다. 이것이 풍수가 말하는 지기의 허결이다. 이것은 막아 주거나 보충해 주어야 한다. 그것이 바로 우리 풍수의 특징인 裨補이고, 조산은 그 가장 대표적인 비보의 예에 속한다.

예전에는 정월 열흘날 洞祭를 지냈으나, 지금은 마을에 큰일이 있는 해에만 제사를 모신다고 한다. 조산(造塔이라고도 함) 옆에는 350년 된 느티나무가 심어져 있어 그 위엄을 더한다. 나무는 보호수로 지정되어 있으나 별로 보호를 받고 있는 것처럼 보이지는 않았다.

하대에서 파천리를 지나면 大也란 곳에 이른다. 원래는 들이 넓다고 해서 大野라 했다는데 언제인지 모르지만 지금의 글자로 바뀌었다고 한다. 이곳 역시 고산에서 만난 들판이라 허결이 없을 수 없다. 당연히 비보를 했고 그것은 조산이란 형태로 세워졌다. 하지만 하대와는 달리 이곳에는 조산이 남아 있지 않았다. 다만 조산 옆에 있던 550년 된 전나무만 보호수로 지정되어 있을 뿐이다. 마음 탓인가, 조산이 남아 있는 하대는 편안한 감을 주는데, 조산이 파괴된 대야는 좀 불안한 느낌이 든다.

김판도 씨 집이 있는 봄내는 이름 그대로 봄 경치가 그만일 듯했다. 우암 송시열이 지나다가 즐겼다는 洗心臺는 洞口에 있고, 그곳을 작은 공원처럼 만들어 놓은 마을 사람들의 지혜는 가슴을 치는 바가 있었다. 비단 봄내뿐 아니라 사드래도 그렇고 조산도 그렇고, 문득 이런 생각이 들었다. 워낙 물이 맑고 산이 고우니, 이런 곳에 은퇴한 노부부들의 말년 은거처를 마련하면 어떨까 하는 생각이었는데, 문제는 그들이 이 마을을 잠시 의탁할 곳으로만 여길 것인지, 아니면 노후의 뿌리 내릴 삶터로 받아들일 것인지가 아닐까 한다.

(2) 광산 개발로 잃어버린 영월 주천의 돛대산

원주 시내를 벗어나 치악재를 넘어 신림면으로 들어오니 눈이 오기 시작한다. 겨울 답사는 어느 계절보다 어렵다. 추운 것도 그렇고 땅이 얼어 붙어 地氣에 대한 氣感이 뜻대로 되지 않는 것도 그렇다. 게다가 위험하기도 하다. 빙판에서 차를 탄다는 일이 안전할 수만은 없는 까닭이다. 그러나 영월을 향하는 도중, 山野를 덮으며 내리는 눈은, 특히 내게는 감회가 깊다.

재작년(1991) 겨울, 서울대에 사직서를 내고 영월을 찾을 때도 지금 같은 초겨울이었는데 눈이 내렸다. 이유를 알 수 없는 외로움과 슬픔이 흩날리는 눈발 속에서 고개를 내밀고 있었다. 이제 다시 그 땅에서 그 눈을 맞으니 감회가 없을 수 없다. 그런 속에서 酒泉面 소재지인 주천리에 닿았다.

땅 이름에 술 酒 자가 들어 있는 경우는 흔치 않다. 게다가 샘 泉 자까지 들어 있으니, 말하자면 이 마을은 술 샘인 셈이다. 어디선가 들은 얘기인데 평안남도 용강군은 온천으로 이름이 높지만 약수가 나오는 샘도 여러 곳이라고 한다. 용강군 池雲面 眞池里의 眞池泉은 그 물맛이 좋았으므로, 이 고을 출신이 서울로 월남하여 그 고장 이름에서 眞, 우물의 물맛에서 露 자를 따서 眞露燒酒를 양조하기 시작했다고 한다.[4] 우리나라에는 화강암계의 母岩을 이룬 지역이 넓어서 전국에 걸쳐 수질이 좋은 샘이 많고 약수로 높임받는 泉澤도 부지기수라 할 수 있다.

원주에서 고속 도로를 빠져 나와 제천 가는 길을 따라 남쪽으로 달리다 보면 신림이란 곳이 나온다. 이곳에서 왼쪽으로 길을 틀면 제천을 거치지 않고 영월로 바로 갈 수 있는 지름길이 나온다. 402번 지방도이다. 이차선 포장 도로라 고개는 많지만 비교적 편한 길에 속한다. 이 길을 따라 30여 리쯤 가면 닿는 곳이 바로 주천이란 곳이다. 그 지명이 지시하는 바와 같이 그곳에는 정말 술 샘이 있다. 일컬어 주천이다.

처음 읍내에 들어가 신문 보급소와 속성사란 사진관을 겸하여 운영하고 있는 문종수 씨(52세)의 도움을 받아 주천을 찾게 된 것이지만 꼭 그렇게 하지 않아도 길 찾기는 쉬운 편이다. 읍내로 들어가는 길목에 憑虛樓란 표지판이 커다랗게 서 있고 바로 그 옆에 주천이란 표지석이 길 안내를 해준다. 표지석 뒷면을 보니 1993년 9월 27일에 건립한 것으로 되어 있다. 바로 얼마 전에 세운 것이다. 주천 바로 곁에서 영등포식당을 하고 있는 위옥주 할머니(62세) 얘기로는 이곳이 원래 영월 농촌 지도소 공무원인 문형수 씨 소유의 집이 있던 곳

---

4) 李泳澤, 『韓國의 地名』.

인데, 그 집을 군에서 사들여 헐어 내고 지금의 샘터를 정비한 것이라고 한다.

샘이 있다는 것은 부근에 지하수가 지난다는 얘기다. 당연히 지하수맥이 없을 수 없다. 지하수는 살아 있는 것으로 반드시 그 맥을 따라 흐른다. 수맥이 지나가는 자리의 위쪽은 깨져야만 한다. 그것은 지하수가 자신의 명맥을 유지하기 위하여 물줄기를 공급받기 위한 자체 운동에 의하여 필연적으로 일어나는 自壞 현상이다.[5] 이것은 물론 과학적인 설명 방법은 아니다. 그러나 분명한 것은 이런 사고 방식이 기본적으로 지하수를 살아 있는 유기체로 보고자 하는 풍수적 인식을 바탕으로 삼고 있다는 사실이다. 지하수는 자신이 살아 남기 위하여 계속해서 물을 공급받아야 하는데 그러기 위해서는 자신의 위쪽, 즉 地表 쪽에 금이 가게 파괴 작용을 할 수밖에는 없다는 논리다. 그러니 그 위에 있는 사람이나 건물이나 심지어는 가축이나 초목까지도 성할 수가 있겠느냐는 것이다. 당연히 풍수에서도 수맥 위에 집을 짓거나 무덤을 쓰는 일은 금기시한다.

미국에서 자연 지리학의 교과서처럼 쓰이는 스트롤러Arthur N. Strahler의 저서에는 이런 구절이 있다. 〈1951년 미국 뉴잉글랜드의 헨리 그로스는 占막대기(divining rod 혹은 dowsing rod)를 가지고 귀신같이 지하수를 찾아내고 있었다. 그의 방법은 교육도 필요 없고 자본도 필요 없으며 사무실도 사무원도 필요 없는 기가 막힌 사업이었기 때문에 그후 농촌 지역으로 많이 퍼져 나갔다.〉 여기서 말하는 점막대기라는 것은 풍수에서 말하는 일종의 倒杖法과 유사한 것이다. 프랑스에서는 지하수를 찾을 때 막대기를 사용하는 방법을 바겟 baguette이라 하고, 추를 사용하는 방법을 팡듈 pendule이라 한다. 여기서 그 방법들을 자세히 소개할 여유는 없으나, 사람은 동물적 본능

---

5) 林應承, 『수맥과 풍수』.

에 의하여 밑에 지하 수맥이 지나고 있는지를 알아낼 수 있다는 주장인 것이다.

이종창 신부의 설명이 이런 현상을 이해하는 데는 가장 적합한 듯하다. 그에 의하면 생명체를 위시하여 모든 물체에는 자신의 존재를 알리려는 放射磁力radiesthesie이 있으며, 지하수도 자신의 방사 자력을 끊임없이 지상으로 쏘아 보내고 있다는 것이다. 사람과 동물에게는 그것을 감각으로 알아낼 수 있는 본능적인 능력이 부여되어 있으며, 따라서 사람들은 누구나 적절한 감각 훈련에 의하여 지하수의 존재 여부를 판별해 낼 수 있다는 것이 그의 주장이다.

확인해 보지는 않았으나 주천 위에 살던 사람들도 신경 계통이나 순환기 계통의 질병을 앓았을 확률이 높다. 물론 살던 분들은 이곳이 고장의 관광 자원을 홍보하는 데 도움이 된다는 판단을 하고 서슴없이 이 집터를 제공해 주었으리라 생각한다.

주천에는 몇 가지 전설이 붙어 있다. 이 샘은 아무때나 술이 나오는 것이 아니라 술을 마시고 싶어 하는 사람이 가면 나왔다고 한다. 양반이 가면 청주가 나오고 상놈이 가면 탁주가 나온다. 어느 날 상놈 하나가 생각하기를 내가 가면 반드시 탁주가 나올 것인데 이것은 나의 의복이 남루해서 그런 것이리라 여기고, 양반 차림으로 꾸며 주천 앞에 버티고 서서 청주가 나오기를 기다렸다. 그러나 기대와는 달리 막걸리만 쏟아져 나온다. 화가 나서 큰 돌을 들어 샘 구멍을 때려 부수니, 그로부터는 술이 나오지 않고 물만 나오게 되었다는 것이다. 물이 매우 차서 여름철 땀띠에 좋은 효과를 낸다고 한다. 한데, 주천 사람들은 참으로 겸손하다. 사진관 주인도 식당 주인도 무슨 큰 약수겠느냐고 겸양의 말을 한다. 없는 것도 있다고 생색을 부리고 과대광고를 일삼는 세태에, 역사의 기록이 남아 있는 이런 샘마저 내놓고 자랑하지 않는 성품은, 오히려 그런 착한 성품 자체가 더 큰 관광 자원이 아니겠느냐는 생각까지 들게 한다.

지금 이 샘은 두 군데로 나누어져 있다. 하나는 표지석 바로 뒤에 있는 것으로 淸石을 가지고 물개를 조각하여 그 입에서 물이 나오는 식으로 조성하였고, 다른 하나는 바로 옆 주천교 아래에 바가지 모양으로 돌을 파서 물이 고이게 해놓은 것이다. 필자는 이번에 물맛은 보지 못했다. 본래 물이 가득 차야 흘러 나오는 고로 간헐적으로 나온다는 것이 식당 주인의 설명이다. 혹은 날씨가 차가워 얼었던 것인지도 모른다.

『동국여지승람』에는 주천석에 관한 成任의 詩가 소개되어 있으니, 〈한 번 마시면 정신이 높고 맑은 가을 하늘(穴寥) 위에 노니는 것 같고, 두 번 마시면 꿈이 봉래산 빈 터에 이르게 된다. 끊임없이 흘러, 써도 써도 마르지 않으니 다만 마시고 취하는데 수응할 뿐 어찌 값을 말할 수 있으랴〉 하였다.

지명이 특이하다 보니 다른 얘기가 길어졌다. 이곳의 지리를 잘 아는 사람을 소개받고 新日里 사는 선일영 씨(54세)를 찾았다. 무말랭이 공장을 하는 분인데, 또한 친절하기가 예사롭지 않다. 좋은 산수가 좋은 인성을 마련한 것이 아니겠는가. 그와 한참 이런저런 얘기를 나누고 있는데 노인 한 분이 오토바이를 타고 들렀다. 지나는 길에 낯선 사람이 동네 사람과 얘기를 나누니 호기심이 솟았던 모양이다. 그런데 그것이 나에게는 행운이었다. 솔직히 선씨로부터는 깊이 있는 땅 얘기가 나오지 않아 내심 초조해 하고 있던 판인데 방금 나타난 노인은 후에 알고 보니 이 지방 지리가라는 것이다. 굳이 지관이란 표현을 사양한 것은 그분이 산소 자리 잡아 주는 그런 흔해 빠진 풍수쟁이가 아니라, 그야말로 고향의 땅을 사랑하여 이런저런 풍수에 얽힌 설화를 수집하고 재해석하는 일종의 향토 지리가란 뜻에서 그런 것이다.

김봉조(64세)라고 자기 소개를 한 노인은 그 출현부터가 이색적이다. 그런 연배에다가 상당히 추운 날씨였는데도 오토바이를 내려 꿋

꿋한 자세로 성큼성큼 걸어 들어오는 모습이 酒泉自然의 건강을 닮아 보였다. 일찍이 주천리는 인근에서 부자 마을로 소문 났다고 한다. 들판이 넓어서라는 것이 그 이유이나, 내가 보기에는 워낙 산골로 둘러싸인 곳이라 상대적으로 논밭이 좀 많다는 정도이지 대단한 평야는 아니었다. 실제로 주천면은 우리나라에서 가장 홀쭉한 면이다. 동서는 아주 가늘고 남북으로 길게 자리 잡은 고장이다. 주천리를 제외하고는 북쪽으로 길게 이어진 판운리 계곡이 전부라 해도 과언이 아닐 정도의 면이다. 그 폭이 오리에도 미치지 못하는 부분까지 있는 지경이다. 다만 교통은 편하여 영월, 제천, 평창, 원주 등지로 나가는 길이 사방으로 뻗어 있다. 그것으로 일종의 조그만 상업 중심 기능을 수행할 수는 있었을 것이다. 실제로 장터라는 곳에 옛날에는 큰 장이 섰다고 한다.

주천의 터전은 다 좋은데, 뭔가 허전한 곳이 있다. 자세히 살펴보니 마을 동북쪽에 잘려져 나간 산자락이 하늘선에 걸려 있다. 그곳이 마을 분위기를 불안정하게 만들고 있었던 것이다. 아니나다를까, 알아보니 시멘트 원석 광산이 그곳에 있고 그 광산에서 산을 잘라먹은 것이다. 원래 광산이 있는 곳이 산의 정상이었으나 얼마나 많이 파들어 갔는지 지금은 정상이 그 옆 봉우리로 바뀌고 말았다. 바로 月於山(다래산)이다(사진 21).

크게 보아 주천리는 運舟形이다. 주천강의 曲流에 의하여 형성된 곳 머리 부분에 주천리가 자리를 잡고 있기 때문에 마을 입지는 마치 배가 떠 있는 모양새를 하고 있다. 따라서 동력원이랄 수 있는 돛대가 필요하다. 그 돛대 역할을 하던 봉우리가 바로 지금은 없어진 시멘트 원석 광산이 있는 곳에 있던 산 정상이다. 그 돛대는 광산 개발과 함께 꺾이고 말았다. 주천의 운항은 멈출 수밖에 없게 되었다. 그러니 이제 주천의 발전은 기대하기 어렵다. 풍수적으로는 그렇다는 말이다.

사진 21 솟아 있는 봉우리가 월어산이고 그 옆에 평평하게 파괴된 곳이 배거리산.

 이와 꼭 같은 현상이 板雲里(너룬) 시멘트 원석 광산에서도 벌어지고 있었다. 판운리 밤뒤마을에서 가게를 내고 있는 장성택 씨(59세) 집 앞에 배거리산이 바로 보이고, 그 산이 월어산처럼 깎이고 있는 모습이 보였다. 이 또한 이곳 명당판을 허결케 하고 있으나 개발이란 이름 아래 땅 죽이기가 자행되는 현장 정도로밖에는 생각되지 않았다. 역시 자연과 사람 사이에서 서로가 서로를 죽이는 相殺의 악순환일 뿐이다. 사람이 자연을 죽이면 자연 또한 어쩌지 못하여 사람을 죽일 수밖에 없다. 그리고 그 결과는 상상을 초월하는 말세적 규모일 터인데 사람들은 그것을 실감하고 있지 못하다. 참으로 큰일이 아닐 수 없다.
 주천이 있는 뒷산이 望山이다. 위에 올라 사방을 바라볼 수 있다는 뜻에서 붙은 산 이름이다. 망산은 渴馬飮水形이다. 목마른 말이 물을 마시는 모양이란 뜻이다. 망산 바로 밑에 송치천이 흐르는데 雪龜山 연맥이 이곳에 이르러 달리기를 멈추고 물을 마시며 쉬는 듯한 山姿를 갈마음수라는 형국명으로 붙여 본 것이다. 송치천은 곧 주천강에 합류되기 때문에 망산은 그 사이 合水處에 끼여 좋은 명당을 이룬 셈이다.

 갈마음수형 명당에는 십여 호의 마을이 들어서 있다. 그중 빨간 지붕을 한 곳이 혈처에 해당하는데 40년 전쯤 그 집을 지을 때 古塚에서 나온 유골들이 발견되어 애를 먹은 적이 있었다고 한다. 이미 옛사람들이 그곳의 명당됨을 간파한 결과였을 것이다. 지금은 고인이 되었지만 집 주인의 부인되는 사람이 그러고 나서 몹시 앓았다고 하거니와, 원래 破舊터(이미 썼던 자리)는 쓰지 말라는 풍수 금기를 어긴 죄라고 말한다면 너무 술법적일까. 남이 썼던 자리를 권세를 등에 업고 억지로 빼앗아 자기 조상을 묻는 일을 勒葬이라고 한다. 옛날 힘없는 사람들의 풍수 권리를 보장하기 위하여 만들어진 파구터 금기 풍습은 일고의 가치는 있다. 그 마을 큰길 가에는 갈마식당이란 곳이 있다. 혹은 그 식당 자리가 명당이라고 생각하고 있을지도 모르겠다. 중요한 것은 산에, 그리고 땅에 인격을 부여하여 존중하고 있다는 점이 아닐런지.

 눈은 어느덧 비로 바뀌어 마치 여름철 폭우처럼 쏟아지고 있다. 그러나 앞산 뒷산 위에는 계속 눈이 내리나 보다. 흰눈을 뒤집어쓰고 검은 구름을 머리에 이고 있는 산자락을 바라보고 있노라니 문득 돌아가신 아버님 생각이 난다. 그 추억은 슬픔이 아니라 아늑한 안도감이다. 부모님은 자식들의 영원한 명당 터인 모양이다.

(3) 괴산 연풍 성지, 순교자와 학살자의 기막힌 만남

 작년(1995) 12월 『延豊誌』가 출간되었다. 면 단위 지역으로서는 희귀한 예이다. 역사 오랜 고을인 까닭도 있겠지만, 사실 우리나라에 이만한 역사를 지닌 고을이야 어찌 귀하달 수 있겠는가. 아마도 주민들의 애향심이 이런 결실을 내게 된 것이라 여겨진다. 다만 군지든 면지든 그 편제가 거의 천편일률적이라 그 고장의 특징을 살리지 못하고 있다는 단점은『延豊誌』역시 어쩌지를 못하고 있다.

고종 때 연풍 인구가 5천 명 가까이 되었는데 1993년 인구는 2천 명도 안 된다. 행정 구역의 들쑥날쑥이 있기는 했지만 그래도 인구 감소 정도는 듣기에도 민망스럽다. 가장 큰 연풍초등학교는 1926년에 졸업생이 30명을 넘어섰고 1968년에는 190명까지 배출한 적도 있지만 지난해(1994) 졸업생은 남녀 합하여 고작 39명이었다. 원풍리에 있던 신풍분교는 이미 1993년 폐교되고 말았고.

고을은 그처럼 기울어 가지만 옛 역사의 광채에 그을음이 지는 법은 없다. 그나마 다행한 일인지는 내 알 수 있는 일이 아니지만 참으로 그림 같은 풍수 배치가 있어 먼저 그 얘기부터 해보기로 한다. 다름 아닌 천주교 연풍 聖地가 바로 그곳이다.

정조 15년(1791) 전라도 진산 땅(지금의 충남 금산군 진산면)의 선비 윤지충이 모친상을 당하여 신주를 불사름으로써 벌어진 辛亥敎亂으로 그는 無父無君의 사상을 신봉하였다는 죄목으로 순교자가 된다. 이 교란 이후 교인이던 추순옥(이는『延豊誌』의 기록이고『괴산군지』에는 秋顧玉으로 기재되어 있음), 이윤일, 김병숙, 김말당, 김마루 등이 이곳에 숨어 들어 살다가 순조 원년(1801) 벌어진 신유교란으로 결국 연풍관아에서 처형되고 만다. 1974년 바로 그 자리 4천여 평을 구입하여 연풍현의 내아(內衙, 즉 官舍) 건물을 사서 옮기는 한편 이곳 병방골 출신으로 고종 3년(1866) 충남 보령군 오천면 갈매못에서 순교한 한국 천주교 103聖人의 한 사람인 聖 黃錫斗 루가의 立像을 세워 성역화한 것이다.

바로 그 배치의 상징성이 기가 막힐 정도로 절묘하다는 뜻인데, 성 황루가의 묘소가 말하자면 성역 공간의 중심을 차지하고 그 뒤로

사진 22 연풍 성지에 있는 뿔 황석두 루가의 묘소. 그 뒤에 보이는 한옥이 연풍 관아.

는 연풍 관아의 내아가 자리 잡고 있으며 그 옆에는 노기남 대주교의 동상이 서 있다. 바로 그 모두를 감싸 안을 듯 자애롭게 그리스도 상이 정면을 포용하고 있는 가운데 그 뒤로는 멀리 병풍처럼 눈 덮인 산들이 이들 모두를 감싸고 있는 것이다(사진 22).

박해받던 순교 성인의 묘소와 박해하던 관아가 그리스도의 품안에서 바로 이웃하여 자리를 잡고 있다는 것의 상징성은 신앙인이 아닌 나 같은 사람에게도 심금을 울리는 바가 있으니, 당자나 신자들은 어떠할 것인가. 이 시설물의 배치와 조경을 담당한 사람이 그런 구도를 마음속에 그리며 이곳을 꾸민 것이라면 그의 신앙심과 천재성은 재언의 여지가 없을 듯하고, 만일 우연이라면 그것은 그들이 믿는 신의 뜻이었을 것이다(그림 10). 다만 주위 산세와 조화를 이루지 못하고

그림 10 연풍 성지 구조물 배치도. 1. 십자가상 2. 노기남 대주교 동상 3. 성 황 석두 루가 묘소 4. 연풍관아 내아 건물 5. 성모상

건물과 입상들이 제각각인 것처럼 보이는 것이 흠인 듯 보이지만 그것은 그쪽에 문외한인 나만의 착각일 수도 있는 일이라, 탓할 바는 아니다.

이상한 일이지만 천주교 성지들을 보면 풍수상 火星의 산자락에 자리를 잡는 경우가 많다. 이곳 역시 예외는 아니라서『군지』에 이르기를 〈청파산(靑坡山, 일명 渴馬山)의 火氣가 관아에 비치므로 동헌 서쪽 50미터 거리에 蓮池를 파고 갈마산 중턱에 둑을 쌓아 그 화기를 막았다〉는 기록이 나온다. 이 연지는 연풍초등학교에서 양어장으로 이용하다가 지금은 천주교 연풍공소에서 관리하고 있다고 한다. 이 문제는 두 가지 해석이 가능할 듯하다. 그 하나는 화성의 산세란 것이 험함을 그 특징으로 하는 것이라 천주교 신자들이 박해를 피해

들어간 곳에 그런 혐세가 있는 것은 당연하다는 점이고, 또 하나는 渴馬飮水形이니만큼 목마른 말이 물을 먹기 위한 연못이 필요하여 그런 시설을 만든 것이 아니겠는가 하는 것이다.

풍수가 권한 화기를 막으라는 이 권고가 그저 쓸모 없는 미신일 뿐일까. 꼭 그렇지는 않다. 거기에는 합리적인 땅의 이치에 대한 지혜가 들어가 있다는 것을 조금만 유심히 살펴보면 알 수 있는 대목들이 있다. 연풍현은 지금 괴산에서 문경으로 넘어가는 간선 도로변을 따라 흐르는 달천의 지류인 쌍천 가에 자리하고 있다. 쌍천 지류는 심산에 나 있는 협곡이다. 게다가 수안보 넘어가는 작은새재 쪽 원풍천은 그보다 더 심하고 좁은 협곡이다. 바로 그 두 협곡이 마주치는 좁은 산간 분지에 터를 잡은 것이 연풍고을이다. 그러니 폭우에 견디기가 쉽지 않다. 그런 때를 대비하여 물을 가두어 둘 장소가 필요하고 그것이 연지와 둑을 만들라는 풍수 설화로 변질된 것이라고 본다면 풍수가 한갓 미신이 아니라는 것을 알 수 있지 않겠는가.

천주교 성지 바로 근처에 연풍초등학교가 있고 그 안에는 옛날 연풍동헌이던 영조 42년(1766)에 지은 〈豊樂軒〉이란 건물이 있다. 인공 구조물은 내 관심이 아니나 기왕 이곳에 왔다면 한번 볼 만하다는 생각은 든다. 더구나 초등학교란 곳은 우리들에게 알 수 없는 향수를 불러일으키는 곳이 아니던가.

오후 다섯시. 여름이지만 산골의 해는 벌써 많이 기울었다. 오늘 밤은 자동차로 10여 분 거리인 수안보온천에서 몸 호강을 좀 해보는 것도 정처 없는 여행객에게는 위안이 되지 않으랴. 하지만 그냥 여관 신세를 지기에는 성격이 맞지를 않는다. 가는 길에 원풍리 신풍마을을 들렀다. 『延豊誌』에 이르기를 이곳에는 아주 좋은 샘(한샘)이 있는데 이 마을 名氣를 물맛이 다 앗아 갔기 때문에 인재가 배출되지 않는다고 하였다. 15년 전 시집 왔다는 김씨 댁(43세, 이름은 밝히지 않기로 함) 얘기로는 휴게소가 생긴 이후 물맛을 많이 버렸다고 한다. 물 때문에 인재가 나지 않는다는 말은 처음 듣지만 고개 너머 오수마을은 인물도 많이 났고 교육열도 높은데 우리는 좀 떨어진다는 말을 한다. 아마도 아주머니의 순박성과 겸손함이 그런 얘기를 하게 만든 것이겠지만, 얼핏 너무 좋은 물맛이 마을에 좋지 않은 영향을 미쳤을지도 모른다는 생각이 지나간다. 문경새재를 넘는 길가 마을에 물맛이 좋다면 과객들의 출입이 잦았을 것이고 그들이 정착 농경 마을에 들어와 공연한 바람을 잡지나 않았는지 모를 일이 아닌가. 지금도 그 우물은 그 자리에 있다.

신풍주유소에서 400미터쯤 올라가다 보면 왼쪽으로 길가에 산불조심이란 표지판이 나온다. 그런데 이 표지판이 잘 보이지를 않아서 탈인데 마침 길 건너편에 비닐 하우스로 된 가겟집이 있고 거기에 주차장도 있어서 찾기가 그렇게 어려운 편은 아니다. 흔히 二體佛로 알려진 보물 제97호 마애불좌상이 있는 곳이다. 임진왜란 때 이여송이 장사의 모습을 한 이 불상 때문에 큰 장수가 출생할까 봐 불상 뒤쪽의 혈맥을 자르고 부처의 코를 떼어 버렸다는 얘기가 전한다. 자세히 보니 정말 제대로 된 코가 아니다. 이 땅 곳곳 일본과 중국에 의하여 풍수 침략을 당하지 않은 곳이 거의 없는 모양이다. 그것이 사실이든 아니든.

성역화된 천주교 성지와 코가 잘려 나간 불상, 묘한 대비다.

(4) 아버지의 죄업을 딸이 받다니, 파주 恭順永陵에서

굳이 유명 사학자의 말을 빌릴 것도 없이 우리 국토는 모두가 문화재의 寶庫이다. 유수한 문화 민족이 반만년 세월 동안 삶을 가꾸어 온 터전이니 아니 그럴 까닭이 없다. 땅 위의 것들은 시간의 흐름에 따라 마멸되어 가게 마련이나, 땅속의 것은 오랜 기간 그 흔적을 남긴다. 그런 것들 중의 하나가 무덤들인데, 역사적 인물들의 주검 앞에서 우리는 많은 것을 생각하게 된다. 인생을, 가치를, 삶을 그리

고 죽음을.

　사람은 누구나 언젠가는 죽는 존재이지만, 살아 있는 동안은 철저히 죽음을 회피하며 산다. 외면하기도 한다. 무덤이 정해진 의식을 행할 때 이외에는 기피 장소가 되어 있는 것도 그런 까닭에서이다. 사실 무덤처럼 살아 있는 사람들에게 많은 가르침을 베푸는 것도 흔치는 않다. 무덤 앞에서는 누구나 겸손해질 수 있다. 모든 삶의 가치들이 그 의미를 잃어버리기 때문일 것이다.

　무덤 사이를 산책하는 일은 사람을 사색게 한다. 명절 때를 제외하면 공동 묘지는 언제나 적막 속에 묻혀 있다. 더욱 사색의 분위기를 돋궈 주는 일이다. 나는 가끔 무덤을 지나면서 그런 생각을 해본다. 사람들이 좀더 무덤을 찾는 일이 잦아진다면 세상이 지금보다 훨씬 인간적이 될 수 있을텐데 하고 말이다.

　서울에서 1번 국도를 따라 북행을 하다 보면 봉일천 못 미처 오른편으로 사적 제205호로 지정되어 있는 恭陵, 順陵, 永陵을 만날 수 있다. 예로부터 소나무와 바위가 많아 송암동이란 지명을 지니고 있는 동기마을은 원래 그 의미가 동구에 해당된다. 이 능들의 명당구라는 의미를 갖고 있는 것이다.

　서울 주변의 조용하던 마을들이 으레 그렇듯이 동기마을도 지금은 연립 주택과 원색 단장의 단독 가옥들이 들어서 있다. 무슨 연수원도 하나 있지만, 마을은 조용하기 이를 데 없다. 이윽고 들어선 능역은 적적할 정도로 고즈넉하다. 세파에 시달린 사람들이 몇 시간 맑은 이곳 바람을 쏘이면 상쾌한 기분이 들 것이다. 상당히 울창한 숲이 들어서 있지만 워낙 나무의 나이가 어려서 고색창연과는 거리가 먼 것이 흠이라면 흠이다. 산불 조심이라든가 경내에서는 불을 사용할 수 없다는 경고문이 곳곳에 설치되어 있는 것을 보면 아마도 산불 피해를 당한 적이 있는 모양이다.

　고려 때의 명장 윤관 장군 묘가 있는 광탄면 분수원으로 넘어가는 길목으로 연결되는 골짜기가 길고 명당구가 넓어 세찬 바람이 이 부근을 휩쓸고 갈 가능성이 높아 보인다. 그런 지세가 산불을 부추겼을 가능성이 있었을 것이다.

눈 덮인 왕릉의 정취는 실로 가슴 저미는 바가 있다. 더구나 무덤의 주인들이 꽃다운 나이에 세상을 뜬 소녀들이란 점이 더욱 그런 마음을 깊게 해준다. 어린 나이에 죽은 왕비들의 죽음에 감회가 없을 수 없었던 까닭이다. 마음 탓인가, 인근 산들도 그에 어울리는 어린 용(嫩龍)의 모습들이다.

눈룡이란 老龍의 상대되는 산룡 개념으로 그 기운이 부드럽고 천진난만함을 특징으로 삼는다. 그녀들의 혼백이 그러한 눈룡의 품안에 안긴 것은 그나마 축복이 아닐 수 없다. 거기에는 政略의 냄새가 조금도 묻어 있지 않기 때문이다. 무엇이 정략인가. 그 내용을 이해하기 위해서는 이곳에 묻힌 인물들에 대한 소개가 필요하다.

공릉은 조선 제8대 예종의 첫째 배필이었던 章順王后의 무덤이다. 그러나 왕후는 추존된 명칭일 뿐, 그녀는 열여섯에 세자빈이 되었다가 아들 하나를 낳은 뒤 열일곱에 세상을 떴다. 産褥으로 아이를 낳은 지 엿새 만에 눈을 감았으니 불쌍타 아니할 수 없는 일이다. 남편 예종도 왕에 오른 지 일 년 남짓 만에 나이 스물로 세상을 뜨고 말았으니 가히 기구한 팔자였던 셈이다. 그녀는 유명한 한명회의 첫째 딸이다.

순릉은 조선 제9대 성종의 元妃 恭惠王后의 무덤이다. 그녀 역시 한명회의 딸로 앞서 공릉의 주인인 장순왕후와는 자매간이다. 언니가 죽은 6년 후 열한 살의 어린 나이로 세조의 요절한 큰아들의 둘째 아들인 者山君, 즉 세조의 손자인 성종과 혼례를 올렸으나 성종이 왕위에 오른 지 5년 만에 후사 없이 열아홉 어린 나이로 세상을 버리고 말았다.

그런데 한명회란 사람에 대한 의문이 떠오른다. 예종은 세조의 둘째 아들이다. 성종은 세조의 손자이다. 그렇다면 한명회는 한 딸은 세조의 아들에게 시집 보내고 또 한 딸은 세조의 손자에게 시집 보냈다는 얘기가 된다. 도저히 인륜으로는 용납될 일이 아니다. 더구나 인의를 지도 이념으로 삼던 조선 왕조로서는 있을 수 없는 일이 벌어진 것이다. 여기에 정략의 냄새가 맡아진다는 것이다.

결국 그의 두 딸이 요절함으로써 하늘이 무심치 않음을 보여 주기는 했으나, 그것은 한명회에 대한 것이고, 죄 없는 어린 두 소녀의 죽음은 도대체 어떤 식으로 받아들여야 한다는 것인가.

장순왕후는 나면서부터 정숙하고 상냥하였으며 부드럽고 아름다워 법도에 어그러짐이 없었다고 한다. 그처럼 하늘이 天賦의 덕을 주고도 그 목숨에는 인색했으니 이것은 하늘이 너무 무심한 것이 아닌가. 무심치 않은 하늘, 무심한 하늘, 어느 것이 진정한 天道인지.

공혜왕후 역시 나면서부터 남달리 총명하였으며 조금 커서는 온화하고 懿醇하며 肅敬하였다고 한다. 그녀 역시 하늘이 무심하여 요절하고 만 것인가. 참으로 알 수 없는 것이 하늘의 뜻이다.

잘 알려져 있다시피 한명회는 세조의 측신 중 으뜸이었던 인물이다. 단종 1년(1453) 癸酉靖難에 수양대군을 도와 정난공신 1등에 올랐고, 사육신의 단종 복위 운동을 좌절시키는 데 중요한 역할을 담당하고, 그들의 誅殺에 적극 협조함으로써 上黨府院君에 진봉되었음은 물론 우의정, 좌의정, 영의정을 모두 거쳤던 처신의 귀재였다. 뿐인가. 그는 남이 장군의 옥사를 다스린 공으로 翊戴功臣 1등에 책록되기도 하였다. 일생을 손에 피를 묻히며 살았다고 하여도 과언이 아닐 정도이다.

그런 인물이 요즈음 대중의 인기를 끌고 있다고 한다. 텔레비전의 연속극에서 어느 정도 그를 미화시킨 까닭일 터인데, 본 적이 없기 때문에 무어라 말할 처지는 아니다. 하지만 역사란 것이 결과만 좋으면 다 좋은 것인가. 단종의 애처러움, 사육신의 피맺힌 충절, 남이의 원한은 어둠 속에 묻히고 술수와 책략으로 인륜까지 저버리며 설치던 인물은 복권되는 것이 역사여야 하는지, 나는 도저히 납득이 되지 않는다.

연초에 신문에 실린 한 장의 사진이 눈앞에 떠올라 사라지지를 않는다. 현직 김영삼 대통령이 전직 전두환, 노태우 대통령을 청와대로 초청하여 환하게 웃으며 악수를 나누는 장면이었다고 기억된다. 광주를 필두로 하여 민주의 제단에 피를 뿌렸던 영령들과 그들의 가족들은 이제 무어란 말인가. 역사는 과정을 절제한 승리자만의 것이라는 얘기인가. 어쨌거나 대통령이 되었던 사람들이니 과거는 모두 잊고 역사의 승리자들을 기려 주라는 현직 대통령의 속 깊은 말씀인가.[6]

〈아빠, 도대체 역사란 무엇에 쓰는 것인지 이야기 좀 해주세요.〉 마르크 블로흐의 『歷史를 위한 변명』 첫머리에 나오는 말이다. 나도 그 말을 되씹게 된다. 도대체 역사가 우리에게 주는 교훈은 무엇인가.

그런 감상 탓인가, 영릉은 보고 싶은 마음조차 사라진다. 영조의 첫아들이었으나 나이 열 살에 죽은 추존왕 眞宗과 그 비 孝純王后 趙氏의 무덤이다. 공릉, 순릉, 영릉 모두 말하자면 어린 사람들의 무덤이다. 그래서 그랬는가, 능 너머에는 금년 1월 말 개장한다는 공릉 국민 관광지 하니랜드의 눈썰매장 마무리 공사가 한창이었다. 〈어리신 왕과 왕비들이여, 눈썰매나 타고 노시오〉라는 후손들의 배려인가. 한심한 마음으로 발길을 돌린다.

(5) 우울한 농촌, 그래도 희망을 버릴 수는 없다. 울진 검성리

울진에서 삼척으로 동해를 끼고 가는 길은 경관이 매우 수려하다. 바다도 바다지만 멀리 보이는 백두대간의 연맥들이 알 수 없는 신비

---

6) 두 전직 대통령은 1996년 초 구속되어 1997년 4월 대법원 상고심에서 유죄가 확정되었다.

와 우수를 불러 나그네의 마음을 묘하게 뒤흔드는 까닭에 수려함 이상의 감상을 가질 수 있다. 게다가 호산 같은 조그만 포구에서 하룻밤 묵는 재미도 도시인에게는 색다른 맛을 준다. 여관이 조용하여 다음날 답사할 마을에 대한 생각을 가다듬기도 좋고, 철 지난 해수욕장을 거니는 것도 목적 없는 여행객의 복이다. 그 북적거리던 유원지가 어떻게 이런 식으로 쓸쓸하고 을씨년스러워질 수 있는 것인지, 때가 지나면 산천도 세월도 사람까지도 그렇게 되고야 마는 것인지.

五行 사상은 바로 그런 자연과 인간의 변화무쌍한 흐름과 순환을 체계화시킨 것으로, 그래서 풍수에서는 오행이 많이 응용된다. 겨울의 水는 북쪽, 봄의 木은 동쪽, 여름의 火는 남쪽, 초가을의 土는 중앙, 가을의 金은 서쪽, 그리고 다시 겨울의 수로 돌아가 변전을 거듭한다. 부모님으로부터 생명을 받아 어머님의 자궁 속에서 수를 보내고 태어난 어린이는 식물의 싹이 자라듯 목 기운이 왕성하다. 불 같은 젊은 시절을 지나 좌절과 인생의 쓴 맛을 조금 본 뒤에는 중용의 토 시절을 겪게 되고 이어서 속으로 곰삭은 금의 결실이 후세를 위한 저장의 단계로 들어가는 것 역시 사람살이의 오행이 아니겠는가. 젊은이가 젊은이다운 불기운이 없다면 누가 그를 젊은이라 부를 것이며 늙은이가 늙은이다운 진중함이 없다면 누가 그를 대접하겠는가. 근래 연세 드신 지도층이란 분들의 모습을 보면 오행도 이제 먹히지 않는 세태가 되지 않았나 하는 의심이 들 때가 있다. 금 기운으로 단련되어 가만히 있어도 현란한 빛을 발하여야 할 연륜에 아직까지도 탐욕과 교만과 조급함을 드러내는 모습들이라니, 도대체 이래서야 어떻게 자연의 섭리를 들먹일 수 있을 것인가.

울진으로 들어가기 위해서 으레 거치는 불영계곡은 거친 개발의 풍상을 겪었음에도 불구하고 아직은 그 품이 넉넉하다. 대학생이던 1960년대 말 처음 이곳을 찾았을 때의 그 장엄했던 풍광에는 크게 못 미치지만 그나마 이 정도의 자연도 귀해진 판에는 어쩔 수 없지 않느냐 하는 자포자기의 심회도 깔려 있기에 하는 소리다. 물론 당시는 당연히 비포장길이었고 그렇기 때문에 흙 냄새가 물씬 풍기는 인간적인 산길이었다. 그리고 그곳이 포장되던 때의 한 가지 삽화를 잊을 수가 없다.

나는 군 생활을 육군제3사관학교에서 지리학 교관으로 보냈다. 그래서 장교 제자들이 꽤 많은 편이다. 그러나 워낙 생도 숫자가 많다 보니 그 얼굴을 기억하는 사람들은 거의 없다. 학생들을 데리고 떠난 정기 답사에서 우연치 않게 불영계곡을 통과하게 되었는데 마침 도로 절개와 포장 공사중이던 곳에서 길이 끊기고 말았다. 육군 건설공병단 소속의 병사들이 작업을 하고 있었는데 그곳을 통과하려면 하루는 기다려야 한다는 것이었다. 할 수 없이 차도 돌리고 학생들 휴식도 시키려고 차에서 내려 담배를 붙여 무는데 지휘관 견장을 단 대위 한 사람이 접근을 한다. 경례를 한 뒤 제자임을 밝히고 나서 즉시 길을 치워 드리겠다는 것이 아닌가. 이래서는 안 되는 것인 줄 뻔히 알면서도 교육에 종사하는 보람을 느꼈으니 그때는 나도 참 어렸던 모양이다.

울진군 북면 劍城里에 관심을 둔 것은 지명에 얽힌 풍수 설화 때문이었다. 지형이 칼과 같이 생겨서 검성리(검재)이고, 칼을 받쳐 줄 도마가 필요하므로 도매재가 있으며, 남쪽 골짜기에는 목마른 돝(돼지)이 물을 마시는 渴猪飮水形에다가 문둥이텃골 동쪽 골짜기에는 渴馬飮水形의 명당까지 있다니 한 마을 안에 여러 가지 현장 풍수 사례를 볼 수 있으리라는 생각이었다.

마을은 칼처럼 생긴 산자락에 자리를 잡았는데 그 앞에 도마가 놓여 있고, 멋도 모르는 목마른 돼지는 어슬렁거리며 마을로 내려오니 그대로 내려쳐 잡으면 되는지라 이 아니 좋을쏘냐, 하는 것이 마을 入鄕祖의 입지 선택 이유였으리라는 나의 판단이었다. 이런 식의 우리 전통 마을 지세 구조는 그리 귀한 것이 아니기 때문에 이 판단이 틀리리라고는 생각지 않았다. 그러나 실제 마을에서 답사를 한 결과는 그것이 아니었다. 답사 때마다 느끼는 일이지만 이론으로 현장을 살피다 보면 너무 왜곡이 많아지는데, 이 마을 또한 예외가 아니었던 것이다. 풍수가 가르치는 바, 〈산을 넘고 물을 건너는 수고(登涉之勞)를 마다하지 말라〉, 요컨대 현장 답사를 게을리하지 말라는 고인의 말씀은 언제나 옳은가 보다.

　마을 사람들의 존경을 받고 있는 정의원 할아버지(68세)의 설명은 이렇다. 〈동쪽에는 錦山, 서쪽에는 玉女峯, 남쪽 연맥으로는 비틀도 토말재(베틀 도토마리고개)가 지나고, 그 부근에 삼맛재(麻田谷)가 있으니 이는 옥녀가 삼을 가지고 베틀의 도투마리에 올려놓고 비단을 짜는 형세인데, 왜정 때 일본놈들이 이를 무시하고 도마재라는 말만 듣고 비단 錦 자 錦城里를 칼 劍 자 검성리로 고쳐 버린 것이오.〉 아마도 玉女織錦形을 지칭하는 듯했다. 말하자면 일본의 풍수 침략이 이 마을 지명에서도 벌어졌다는 얘기다.

　그런데도 나는 못내 아쉬웠다. 허겁지겁 물 마시러 내려온 돼지를 도마 위에 올려놓고 칼로 잡아야, 마을이 잘살 수 있다는 우리 고유의 자생 풍수식 논리가 성립되는 것인데, 중국 풍수식의 옥녀직금이라니. 한데 얘기를 듣다 보니 나의 판단이 전혀 그르지만은 않다는 쪽의 생각을 할 수도 있는 부분이 나왔다. 즉 이 마을은 동서남북으로 길이 뚫려 있어 살기는 좋으나 그 때문에 天獄을 이루지는 못하여 인물이 안 난다는 것이었다.

　3백여 년 전, 신안주씨, 영월엄씨 순으로 들어와 마을 터를 잡았다는 것으로 미루어 보면 이곳에 풍수 형국명을 붙인 것은 분명 중국 풍수의 영향을 강하게 받은 뒤임이 확실하다. 앞서 나의 생각처럼 갈저음수형이라 생각하고 그에 유추되는 환경 심리 속에 생활해 왔다면 지금보다 더 좋지 않았을까. 터 자체가 먹고 살기 좋은 곳이라 여기고 사는 것과 천옥이 되지 못하여 인물이 나지 않는다고 생각하며 사는 것은 큰 차이가 아니겠는가 싶었던 것이다.

 요즘 많은 농촌들이 그런 것처럼 이곳도 어딘가 모르게 음울함이 감도는 느낌이다. 아침 이른 시각에 마을에 들어갔는데 술에 취한 젊은이가 갈 길을 막고 말을 시킨다. 농촌이 이래서는 안 된다는 요지이나 도대체 요령부득이다. 그래도 굳이 밥을 먹고 가라는 남양옥 할머니(68세) 같은 분들이 계시니 시골의 정취와 인정이 모두 메말라 버린 것은 아닌 모양이다.

(6) 역사는 반복하되 공양왕의 가르침은 간 곳 없네

 나는 조상의 산소를 잘 쓰면 후손이 잘된다는 음택 풍수의 同氣感應論이 전적으로 무시되어야 할 어떤 것이라고 보지는 않는다. 다만 그것이 강조될 때 나타날 사회적 부작용과 병폐를 걱정하기 때문에 가급적 음택을 말하기를 삼가고 있을 뿐이다.

 동기 감응이란 부모나 조상의 유골이 받은 땅 기운(地氣)이 자식이나 후손들에게 전해진다는 음택 풍수 논리로, 이것 때문에 풍수가 일반인들을 사로잡기도 했지만 다른 한편으로는 결국 이 논리 때문에 풍수가 이기적 잡술로 빠지게도 되었던 것이다. 동기 감응을 논리적으로 설명할 수 있는 방법은 없다. 다만 『금낭경』에 나와 있는 다음과 같은 비유가 그 논리를 옹호하는 대표적인 대목이다.

  한나라 미앙궁에서 어느 날 저녁 아무 이유 없이 鐘이 스스로 울었다. 황제를 모시고 있던 측신 동방삭이 있다가 반드시 구리 광산이 무너진 일이 있을 것이라고 말하였다. 그후 멀지 않아 서쪽 땅 진령에 있는 구리 광산이 무너졌다는 소식이 왔는데 날짜를 헤아려 보니 바로 미앙궁의 종이 울린 그날이었다. 그리고 그 종은 바로 그 광산에서 채굴된 구리로 만든 것이었다. 이에 황제가 동방삭에게 어떻게 그 일을 알 수 있었느냐고 물으니 동방삭이 대답하기를 〈무릇 종은 구리로 만든 것이고 구리는 구리 광산에서 나온 것입니다. 그러니 두 기가 감응하는 것은 마치 사람이 그 부모로부터 몸을 받는 것과 마찬가지 이치입니다〉라고 하였다. 황제가 감탄하여 소리치기를 〈물체의 짝지음도 그러할진대 하물며 사람에게 있어서이겠는가, 귀신에게 있어서이겠는가〉 하였다. 구리가 그 태어난 광산이 무너짐에 따라 그 구리로 만든 구리 종이 스스로 우는 것은, 마치 부모의 유해와 같은 기(同氣)인 자식에게 부모가 받은 기가 복을 입힘과 같은 것이니 이는 모두 자연의 이치인 것이다.

하지만 동기감응론을 부정하는 조선 시대 실학자들의 논거는 이보다 훨씬 더 설득력이 있다. 예컨대 시퍼렇게 살아 있는 부모가 자식을 앞에 앉혀 놓고 야단을 쳐도 들어 먹지 않는 판인데 어떻게 다 썩어 뼈만 남은 부모가 자식에게 복을 줄 수 있단 말인가 하는 주장도 그럴 듯하기는 하다. 하지만 부모가 옥에 갇혀 갖은 악형을 다 당하여도 옥 밖에 있는 자식이 종기 하나 솟더라는 얘기도 들어본 적이 없으니 죽은 부모와 자식 사이에 어찌 감응이 있을 수 있으랴 하는 주장이 훨씬 더 합리적이지 않은가. 게다가 일찍이 역사상 여러 명의 풍수 고수가 있었으나 그들의 후손이 잘되었다는 소문을 들은 바 없고, 역대 임금들이 당대 최고수인 지관들을 동원하여 능을 썼지만 망하지 않은 왕조가 없으니 이는 또 웬 모순이란 말인가. 왜 이런 말을 장황하게 하냐 하면 될 수 있는 대로 언급을 삼가려고 하는 산소 얘기를 하고 싶기에 하는 소리다.

다름아닌 고려 마지막 임금인 공양왕릉이 바로 그곳이다. 흔히 알려진 공양왕은 경기도 고양시 원당동에 있는 高陵이다(사진 23). 아마도 삼척 사랫재(殺害峙)에서 공양왕을 죽이고 훗날 고려 유민들을 위무하기 위하여 원당에 능을 꾸민 것이 아닌가 하는 의심이 들기는 하지만, 그의 몸통은 이곳에 파묻고 머리만 잘라다가 원당의 고릉을 만든 것이라는 둥 여러 설이 있어 종잡을 수가 없다.

사진 23 경기도 고양에 있는 공양왕의 고릉

 삼척 근덕면 궁촌리, 한적한 포구로 들어가면 민가 돌담에 페인트로 공양왕릉이라는 표지가 있기는 하다. 그러나 그를 설명해 주는 안내문도 없고 비석도 없다. 봉분 앞에 석축을 하였으나 관리를 잘 하고 있는 듯이 보이지는 않는다. 왕릉이라 여겨지는 큰 봉분 하나와 그 옆에 공양왕의 두 아들 산소라고 알려진 그보다 작은 규모의 봉분이 두 개, 그리고 민묘가 몇 기 주변에 흩어져 있을 뿐, 왕릉의 분위기는 전혀 없다. 오히려 그것이 당연한 일인지도 모르겠다. 그가 어떻게 왕이 되었고 어떤 경로로 죽음에 이르렀는지를 알면 당연하다는 말이 조금도 과장이 아니란 것을 알 수 있다(사진 24).
 공양왕은 이름이 瑤인데 고려 제20대 신종의 둘째 아들 양양공 왕서의 6세 嫡孫이다. 이성계 일파가 창왕을 강화로 추방하고 그를 왕으로 영입하려 할 때 그는 놀랍고 두려워 극구 왕위를 사양한 것으

사진 24 강원도 삼척에 있는 공양왕릉. 멀리 태백의 朝山이 요요하다.

로 되어 있다. 이에 공민왕의 정비 안씨가 손수 옥새를 내주어 수창궁에서 즉위를 하였으니 그의 입장에서 보자면 세상에 이런 날벼락이 없었을 것이다. 그 날벼락은 왕이 된 지 4년 만에 현실로 나타난다. 공양왕 4년(1392) 우시중 배극렴 등으로부터 〈昏暗하여 이미 임금의 도를 잃고 인심이 떠났다〉는 모욕과 함께, 남은 등이 가지고 간 왕을 폐한다는 왕대비의 교지를 엎드려 경청해야만 했으니 심사가 어땠을까. 역사는 재미있다. 요즈음에도 그 비슷한 사건이 생기는 모양이니 말이다. 어느 날 갑자기 대통령이 되었다가 또 어느 날 홀연 그 직을 물러난 후 지금은 지난 옛일 나 몰라라 하는, 전에 잠깐 대통령을 했던 어떤 사람이 공양왕을 떠올려는 보았을까.
　조선 태조 3년(1394) 4월 중추원부사 정남진과 형조의랑 함부림을 보내어 그를 죽이고 그의 두 아들도 교살하였는데, 『태조실록』에 나오는 그 이유가 참으로 어이없다. 동래현령 패거리가 반역을 도모하면서 공양왕과 그 아들의 운명을 장님 점쟁이 이흥무에게 점쳐 보았는데, 〈너는 물론 몰랐겠지만 내 신하들이 모두 너를 죽이라고 하니 죽인다〉는 것이었다. 그의 나이 쉰 때였다.

『三陟郡誌』에 보면 지금도 이 마을 사람들은 공양왕릉 앞에 집을 짓게 되면 그날 밤에 반드시 무너지고 만다든가, 능 곁에 암장을 하게 되면 시체가 어디론가 없어진다든가, 음력 8월 초하루에 벌초를 해주면 어부들이 큰 횡재를 한다든가 하여 능을 잘 보호하고 있다는 기록이 있다. 그것을 보면 공양왕의 원혼도 결코 녹록지는 않은 모양이다.

남남서향을 하고 있는 봉분은 왼쪽으로는 바다, 오른쪽으로는 태백산맥의 연봉들을 아련히 껴안고 있다. 그 앞이 병풍을 둘러친 듯 아늑하여 안온한 명당을 떠올릴 수 있는 터이기는 하지만, 地德이 있다 한들 이제 누가 있어 그를 感泣蔭受할 수 있단 말인가. 어쨌거나 그의 혼령이 아직 이 부근을 떠돈다면 사후는 편하리라는 자위를 하며 자리를 뜬다.

(7) 비스듬히 기운 술병으로 쏟아지는 기운을 장승으로 막은 지리산 내촌리

춘향의 무덤이 있다. 남원시 주천면 호경리 지리산 국립 공원 안에 정말 번듯한 〈萬古烈女成春香之墓〉가 있다. 하지만 물론 가짜다. 1960년대 말 成玉女라 새겨진 지석이 나온 것이 빌미가 되어 억지춘향이격으로 된 춘향 무덤이다. 억지춘향이란 춘향전에서 변사또가 춘향으로 하여금 억지로 수청을 들게 하려고 한 데서 나온 말로서 안 될 일을 우겨 겨우 되게 만드는 일을 일컬을 때 쓰는 말이다. 그 춘향이가 또 한번 억지를 만난 셈이다.

억지는 여기서 끝나지 않는다. 춘향 무덤을 정비할 때 이 명당 비

사진 25 소위 춘향의 무덤과 그 朝案 방향

석에 이름을 새기면 발복한다는 풍문이 나돌아 지역 유지라는 사람들이 제 이름자를 비석에 넣어 보자고 다투어 나서는 바람에 꼴불견을 연출했다고 한다.[7] 게다가 주변은 술 마시고 춤추는 우리나라 유원지의 전형이니 성옥녀라는 혼령은 졸지에 춘향이가 되어 이 무슨 봉변인가 할지도 모르겠다. 하지만 터는 정말 아름다운 곳이다. 흔히 금쟁반에 밥을 먹고 옥으로 띠를 두른다는 형세(金盤玉帶形)의 땅인데 앞산(朝案)은 마치 옷깃을 여미고 허리춤을 추스른 듯(襟帶) 차분하고 요요하다(사진 25).

 그 앞이 지리산 국립 공원의 서쪽 끝인 구룡계곡 六茅亭이고 거기서 계곡을 빠져 나가면 만나는 첫 마을이 內村이다. 이 마을은 특이한 지세를 매우 희귀한 방법으로 설명해 내고 있다. 〈그림 11〉에서

---

7) ≪무등일보≫ 백형모 기자의 말.

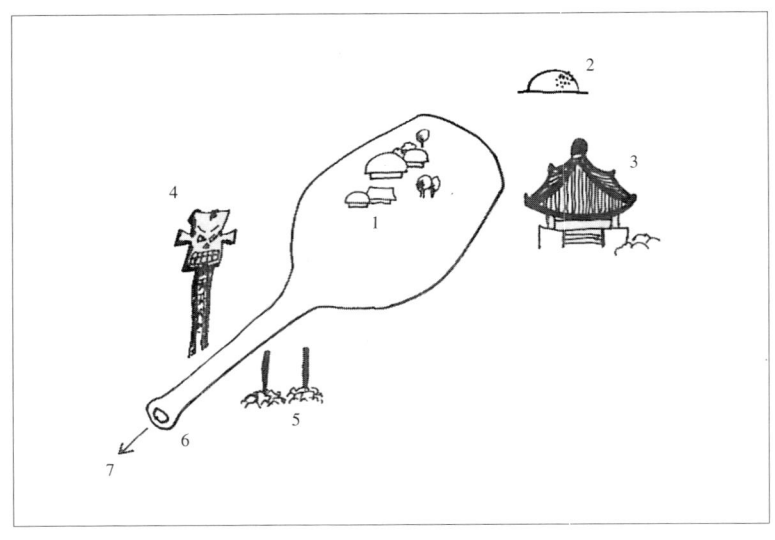

그림 11 지리산 내촌마을의 기울어진 술병 세우기 裨補. 1. 내촌마을 2. 춘향 묘 3. 육모정 4. 장승 5. 짐대(솟대) 6. 미륵정(대림주유소) 7. 남원시내 방향

보는 바와 같이 병목을 통하여 남원에서 들어와 병 안에 해당되는 곳이 자기 마을이라 이해하고 있다는 것이다.

남원시내에서 동림교를 건너 동쪽으로 난 730번 지방도를 따라나가다 보면 양쪽이 절벽이고 가운데 개울이 흐르고 있다. 그렇게 십리쯤 나가면 호기리 미륵정마을을 만나게 된다. 마침 그곳에 전에는 감나무집이라 부르던 대림주유소가 있기 때문에 실수 없이 찾을 수 있는 위치이다. 그리고 여기서부터는 상당히 넓은 산간 분지 지역이다. 그러니까 미륵정을 지나면서 확 트인 느낌을 받게 된다. 이 활연한 기분은 지리산 자락 국립 공원 지리산 북부관리소를 만나면서 끝이 난다.

위의 지세는 동림교 건너 계곡 초입이 병 주둥이가 되고, 미륵정이 병목이 되며, 내촌마을이 병 안이 되는 한편, 지리산 자락은 병 바닥이 되는 꼴이다. 그래서 본래 마을 이름도 지금과 같은 내촌이 아니라 안에 술이 흐른다는 뜻으로 內川마을이었다고 한다. 아마 하늘에서 내려다본다면 꼭 그렇게 보이지 싶다. 그러나 지세를 살핌에 있어서 鳥瞰이 꼭 좋은 것은 아니다.

얼마 전 우연한 기회에 헬기를 타고 지세를 조망한 경험이 있다. 헬기를 타고 하늘에서 땅을 내려다 보니 산의 형세가 뚜렷하게 드러나는 것은 분명했다. 따라서 理論形局論에 입각한 산천 形局名의 命名은 매우 쉽고도 편리하다는 것을 인정하지 않을 수 없었다. 그러나 무엇인가 미진했다. 산천의 성격을 올곧게 알기 위해서는 역시 天上의 지리학이 아니라 땅에 발을 딛고 그와 직접 교감을 하는 방법 이외에는 달리 왕도가 없다는 것을 절실히 깨달을 수 있었다. 게다가 헬기의 편리함과 용이함에 의하여 게을러진 정신 상태로 어떻게 땅과 영혼을 주고받을 수 있으랴는 생각에서 해본 말이다. 현대 지리학이 대축척 지형도와 항공 사진 나아가서는 인공 위성 사진에 의하여 토지를 감별하고 그를 바탕으로 각종 지표 현상을 계획해 내지만, 인간적 체취가 없다는 한계를 노출하고 있는 현상이 이와 무관치 않을 것이라는 생각도 해본 기억이 난다.

병목의 안쪽에 해당하는 마을은 상식적으로도 산간 분지 지형이기 때문에 소위 피란보신의 터로 손색이 없다. 따라서 욕심 부리지 않고 평생을 집안과 더불어 대과 없이 살기를 바라는 사람에게는 그야말로 명당이다. 이런 곳을 『정감록』에서는 승지라 하거니와 이곳 역시 그런 기운이 없지 않다. 다만 문제가 되는 것은 이 병이 바로 세워져 있는 것이 아니라 눕혀져 있다는 점이다. 게다가 그냥 누워 있는 것도 아니고 병 주둥이가 아래를 향하도록 비스듬하게 뉘어져 있는 꼴이다. 병 안에 있던 내용물이 쏟아질 수밖에 없다. 이는 마을의 복록이 빠져 나가는 것을 의미한다.

당연히 이에 대한 대비가 있으니 이 마을에는 그 비보책이 무려 네 가지나 된다. 그 첫째가 짐대이다. 짐대는 솟대를 말하는 것으로 긴 막대기를 세우고 그 위에 주로 날짐승을 얹어 놓는 형태가 가장 많다. 이곳에서는 오리 세 마리를 얹어 놓았다. 그런데 이 오리의 방향이 오묘하다. 즉 남원 쪽을 향하여 주둥이를 벌리고 궁둥이를 마을 쪽으로 향한 것이다. 이는 바깥의 기쁜 소식을 빨리 전하고, 남원 고을 쪽에서 모이를 쪼아먹은 다음 마을에다 똥을 싸거나 알을 낳으라는 기원이 담겨 있다. 똥은 누런색으로 황금이자 재물이다.

그런데 그 짐대로 쓸 나무를 해 오는 곳이 또한 흥미롭다. 바로 춘향 무덤 입구 석녀골에서 베어 와야 한다는 것이다. 석녀골에는 여성 음부 모양의 바위가 하나 있다. 그래서 이곳을 전에는 보지골이라고도 불렀으며, 지금도 이 바위에서 흐르는 물빛이 보이면 마을 부녀자에게 바람이 난다 하여 소나무와 돌담으로 차단해 두고 있다. 이에 얽힌 마을 노인회 노상호 회장(79세)의 소싯적 회고담은 저절로 웃음을 자아내는데, 나무 하러 가서 그 바위를 콕콕 쑤시면 마을에 상피 붙는 일이 생긴다는 얘기가 있어 개구쟁이들이 몰래 그 짓을 했다는 것이다. 음탕하기는커녕 해학에 가깝다.

둘째는 병목 부근에 조성한 숲이다. 많이 줄기는 했지만 지금도 숲이 볼 만하다. 이는 풍수가 말하는 洞藪 개념과 같다. 셋째는 장승의 설치이다. 본래 두 기의 목장승이 길 양옆을 떠받치며 서 있었으나 지금은 커다란 신식 돌장승으로 모습을 바꾸고 말았다. 어쨌거나 옛 풍취는 차린 셈이다. 그리고 또 하나가 논 가운데 있는 돼지 모양의 바위로 이 역시 남원 방향을 바라보며 누워 있다.

이렇게 하여 虛缺한 서쪽은 막을 수 있었으나 동남쪽 지리산 剛氣는 어찌할 것인가. 물론 이에 대한 비보도 있다. 경로당 앞에 작살봉이 있다. 어찌 보면 붓끝 같고 어찌 보면 불꽃 같다. 문필봉으로도, 화성의 산으로도 볼 수 있다. 하지만 지리산 谷風이 불을 일으킬 개연성이 높으므로 대비는 그에 대한 것이 현실적이다. 그래서 짐대 아래서 음력 2월 초하루 동제가 끝나면 거기 썼던 정화수를 한 병 떠서 작살봉에 묻었다고 한다. 방화수인 꼴이다.

그런데 마을 바로 앞으로 용궁리 가는 길을 내기 위하여 산을 자르고 있다. 작살봉 화풍이 마을을 직접 내리치게 될까 자못 걱정이다.

(8) 한 맺힌 서울의 낙산 청룡사

단종이 왕위에 오른 것은 열두 살 때였다. 열네 살에 정순왕후 송씨와 혼인을 하지만 이듬해 왕위에서 쫓겨나 결국 영월에서 죽임을 당한다. 단종이 영월로 유배될 때 두 분은 낙산에 있는 청룡사 우화루에서 이별을 했다. 지금 우화루는 없다. 송씨는 열다섯에 왕비가 되었다가 열일곱에 과부가 된 여인이다. 그녀는 낙산의 끝자락인 東望峯에 초가 암자를 짓고 시녀들의 구걸과 옷에 물감 들이는 일을 하여 연명을 한다. 동쪽으로 떠난 님을 그리는 마음이 동망봉에 덮씌워졌지만 그녀 가슴에 남은 것은 애끓는 사랑뿐만이 아니라 원한의 감정 또한 못지않았을 것이다. 오늘 바로 그 낙산과 동망봉과 청룡사를 본다.

서울을 에워싸고 있는 네 개의 주된 산줄기, 북악과 인왕, 낙산, 남산, 관악, 일컬어 현무, 백호, 청룡, 주작의 四神砂인 것이다. 이중 가장 극심하게 훼손된 산이 낙산이다. 낙산의 모습은 대학로에서 전모를 가장 잘 볼 수 있다. 그러나 그 오름은 숭인사거리에서 창신초등학교 골목으로 방향을 잡는 것이 좋다.

학교를 지나 쌍용아파트 조금 못 미쳐 오른쪽 길가를 유심히 보면 〈우산각터〉라 새겨진 조그만 석비가 있다. 집이 워낙 낡아 비만 오면 임금이 하사한 우산을 방안에서 받치고 살았다는 세종 때 정승 柳寬과 지봉 이수광의 아버지로 선조 때 판서를 지낸, 유관 못지않게 청렴했던 李希儉이 살았던 집터임을 기념하는 표지판이다. 청렴은 가난이요, 가난은 불편함이다. 그것이 자랑일 수 있었던 사람과 시대가 부러울 뿐이지만, 그러나 한 나라의 재상쯤 되는 사람들이 부서져 가는 집에서 살았다는 것이 정상은 아니다. 더구나 그들의 집터가 성안이 아닌 성 밖 낙산 자락이었다는 것을 우선 지적해 두고자 한다.

그곳에서 지척에 청룡사가 있다. 우리 풍수의 시조인 도선국사의 유언에 따라 왕건의 명으로 창건되었는데 이때는 태조 5년(922)으로 아직 후삼국이 통일되기 전이다. 어려운 시기에 통일을 기원하기 위하여 세운 절이 하필이면 낙산이란 점도 아울러 기억해 주기 바란다. 뿐인가, 공민왕의 폐비가 망국의 슬픔을 안고 스님이 되어 머문 곳이 또한 이곳이요, 광해군 때 억울하게 죽은 영창대군의 명복을 빌기 위하여 중창한 곳도 이곳이요, 역시 한 많은 사도세자의 원혼을 달랜 곳도 이곳이다. 恨으로 도배를 한 절인 셈이다. 그러나 아무래도 그 압권은 처음 언급한 단종의 왕비 여산송씨일 것이다.

한데 이 절을 이곳에 짓게 한 도선국사의 유언 내용이 범상치가 않다. 『청룡사지』의 기록에 의하면, 〈한양은 이씨의 5백 년 도읍지요, 개경은 왕씨의 5백 년 도읍지인데 한양의 산세가 거악하고 험준하여 이씨 왕업의 운수가 날로 왕성해질 것이니 한양의 地氣를 누르기 위하여 낙산의 산등에 절을 짓고 아침 저녁으로 종을 울리라〉는 것이다. 낙산이 純陽의 木이니 그의 운이 왕성하면 木姓인 李氏가 잘될 것이므로 陽을 막기 위하여 陰인 비구니로 이 절을 지키게 하고, 金인 종을 울려 木을 막으면(金剋木) 王氏가 창성할 것이라는 게 그 이유였다. 개국의 마당에 망할 때를 대비한 곳이 바로 여기라니 이 산의 운명은 처음부터 그렇게 정해졌던 모양이다.

단종비 여산송씨의 시호는 숙종 때에야 정순왕후로 봉해진다. 숙종의 둘째 아들인 영조는 단종비를 추모하는 뜻에서 비각을 세우고 그 현판에 〈앞 봉우리 뒷산과 함께 천만년을 기리리라(前峯後巖於千

萬年)〉는 친필을 내린다. 그러나 그 비명에서 이곳을 〈정업원의 옛터(淨業院舊基)〉라 쓴 것은 잘못이다. 본래 정업원은 창덕궁 서쪽에 있던 것으로 그것이 폐지된 지 160년이나 지난 다음이라 영조가 착각을 일으킨 것이라 추정된다.

정업원구기는 청룡사 옆에 바로 붙어 있는데 출입문 앞에는 트럭들이 즐비하게 주차되어 있고 철문에는 자물쇠가 채워져 영조의 친필을 관람할 수는 없다. 뿐인가 안내문조차 뜰 안에 세워 놓았으니 도저히 그 내용을 읽을 수가 없다. 심기가 불편하다. 청룡사 총무보살께 그런 문제점을 지적하니 대답이 간단하다. 전에는 이곳 윤호 노스님(1996년 2월 세수 89세로 열반)이 잘 관리해 왔으나 서울 지방 유형 문화재로 지정된 이후 관리권이 없어져 자신들도 섭섭하지만 어쩔 수 없다는 것이다. 이런 식의 관리는 문화재 보호가 아니라 방치라 해야 맞을 일이다.

이곳에 터 닦아 산 사람들의 팔자가 그리 기구하니 산 또한 편할 수 없었나 보다. 절 올라가는 산 양쪽이 모두 사람 손에 의하여 절단된 흔적이 역연하다. 아니나다를까, 금년 아흔 살의 청룡사 보살 할머니가 예전에 채석장을 하며 돌을 캐내서 그 모양이 되었다고 알린다. 마흔다섯에 남대문 부근에서 외아들을 잃고 이곳에 들어와 스님 덕에 지금까지 잘살고 있다는 이 노보살님은 낙산 한의 마지막 편린이어야 할 터인데.

동네 사람들이 동망산이라 부르는 동망봉은 청룡사에서 빤히 바라보이는 가까운 곳에 있다(사진 26). 둔덕 마루에는 잘 가꾸어진 놀이터와 소공원도 있다. 아침 나절까지 비가 내리다가 개인 오후여서인가 서울답지 않게 시야가 너무나 좋다. 얼마 전까지만 해도 스모그와 오존으로 소동을 빚던 하늘이 이럴 수도 있구나 싶으니, 우리나라는 정말 천혜의 풍토라는 생각이 든다.

북한, 도봉, 수락, 불암, 용마, 아차, 남산은 손에 잡힐 듯하고 멀리

사진 26 청룡사 입구에서 바라본 동망봉

로는 천마산 연봉도 눈에 들어온다. 그러나 그런 시계 속에서도 궁궐 쪽은 완전히 막혀 있다. 거리로 보자면 코앞인데도 그렇다면, 이는 필시 단종비의 의도적인 입지 선택이 아니었을지 싶다. 산의 성격도 한이요, 사람의 마음도 한으로 가득하다. 한은 그런 식으로 땅을 가렸던 모양이다.

절 주변에는 선녀동자니 낙산보살이니 하여 점집들이 무척이나 많다. 그렇지 않은 사람들도 있겠지만 대부분은 무당일 것이다. 그들 또한 일생에 한을 많이 쌓은 사람들일 터인데, 여하튼 한 많은 터를 가만두지 못하는 것이 한 많은 사람들인가 보다.

낙산 꼭대기에 오른다. 좀 조잡스럽게 복원된 서울 성곽이 길게 꼬리를 물고 동대문을 향한다. 물론 이곳에서는 북악과 궁궐이 보인다. 그러나 청룡사와 동망봉은 보이지 않는다. 여기까지 올라오는 길은 구불구불하고 좁은데다가 차는 많다. 게다가 뭘 믿고 그러는지 제법 달리기까지 한다. 서울 산동네가 다 그러다시피 아이들은 골목길에서 천방지축으로 뛰노는데 보는 것만으로도 위험천만이다. 제발 또 다른 한을 낳는 일이 낙산에서 더 벌어져서는 안 되는데 하는 주제넘은 걱정을 길가 포장집에서 막걸리를 마셔 가며 해보지만, 어쩌랴 기어코 사고를 하나 보고 말았다. 허망하다.

(9) 전형적 농촌에 끼여 든 사이비 종교의 원혼, 양평 단월면

용문산 입구를 지나 단월면 소재지인 보룡리에 닿은 것이 아침 일곱시. 서울 청량리에서 한 시간 남짓 걸린 셈이다. 이 부근에 있는 아버님 산소를 작년 추석에 갈 때는 다섯 시간이 걸렸다. 이게 도대체 무엇하자는 짓인가. 한밤중이나 새벽이 아니면 언제나 길이 막히는 것이 일상 다반사인 세상이 되어 버리다니.

보룡리 잰동마을은 한자로 才人里이다. 재주 있는 사람이 살아서 붙은 지명이라 한다. 이곳 토박이로 알려진 어떤 집에 들어가니 정말 흐뭇하고 희귀한 광경을 볼 수 있었다. 친형제 할아버지 두 분이 할머니와 함께 아침 일찍부터 마주 앉아 다정한 얘기를 나누고 계신 게 아닌가. 형은 올해 71세의 한동희 할아버지이고 동생은 66세의 한동화 할아버지이다. 이런저런 살아가는 얘기와 마을 유래에 대한 잡다한 설화들을 나누는 중에 형제가 사소한 설화 내용 차이로 티격태격했다가 또 한편으로는 서로 추켜세웠다가 하는 장면은 절로 미소를 머금게 하는 일이 아닐 수 없었다. 어릴 때 흔히 보아 왔던 아버님 형제 분의 모습 그대로가 아닌가.

재주 있는 사람이 살아서 재인동이 된 게 아니냐는 물음에 대한 대답이 또한 삶의 본질을 꿰뚫고 있으니, 가로되 〈농사 짓고 밥 먹는 재주밖에는 없는 사람들〉이라는 것이다. 나는 그때가 마침 아침 전이었는데 절집 표현을 빌려 쓰자면 빈속에 청천벽력 같은 한 방망이

를 얻어 가진 셈이다.

이 재인마을 뒤에는 寶山亭이란 향토 유적이 있다. 고려 공민왕 때 무안박씨가 낙향하여 詩會의 터로 썼던 것이라 한다. 일반적으로 양반촌에는 그에 대척되는 상민들의 마을이 들어서는데 재인동과 보산정도 그런 구도가 아니었을까 하는 생각이 든다. 보산정 아래 조그만 연못이 있는데 여기에는 이런 설화가 전해진다. 박씨 집안의 하인 하나가 억울하게 목숨을 잃은 자기 아버지 원수를 갚기 위하여 妖僧이 된다. 그는 주인 집안의 부귀가 연못에 살고 있는 寶龍 때문이란 사실을 알고 거짓 꾀를 내어 그 못에 소금 삼백 석을 쏟아 붓게 만든다. 소금은 용과 상극이니 당연히 보룡은 피를 흘리며 달아날 수밖에 없었고 그 집안은 기울어지게 되었다는 줄거리다. 우리나라 어디서나 흔히 들을 수 있는 설화 구조다.

세력 있는 양반에 대항하여 꾀를 가진 상민들(才人)이 견제하는 얘기인 것이다. 보산정과 재인동 역시 그런 구도에서 벗어나지 않는다. 이에 이르러 문득 얼마 전 대통령 선거 때 유행했던 大道無門이란 말이 떠오른다. 근래 청와대 제1부속실장이란 자의 후안무치한 행각을 보고 이 마을 누군가가 大盜無門이란 표현을 쓰기도 했지만, 지금 말하고자 하는 것은 그런 것이 아니다. 보산정의 영화와 재인동의 가난이 결코 禍福 두 가지로 단순 구분해서 될 일이 아니라는 생각이 들어서 꺼내 본 얘기다.

일찍이 『삼국사기』 「고구려본기」에 이르기를, 〈재앙과 복록이란 따로 문이 있는 것이 아니라 오직 사람이 부르는 것일 뿐(禍福無門 惟人所召)〉이라 하였다. 고구려 태조대왕의 동생 수성이 형을 없애고 모반을 꾀할 마음이 있음을 알고 그 아우 백고가 한 충언 속에 들어있는 말이다. 수성은 결국 왕이 되지만 훗날 신하에 의하여 시해당하고 만다. 이 말마따나 땅에야 어찌 화복의 문이 따로 있을쏘냐. 그런 것은 오직 사람이 부르는 일이다. 그 땅과 거기에 의지할 사람과의 조화 여부를 알아볼 수 있는 눈과 그 땅과 사람이 감응할 수 있는 가슴이 필요할 뿐, 머리로 아는 지식으로서의 풍수는 전문가들의 지적 유흿거리에 지나지 않는다. 부유함은 보산정이 차지했을지 모르나 삶의 윤기는 재인마을에서 흘러 나오기에 해본 소리다.

생각 탓인가, 재인동에서는 아침 햇살을 받아 양명한 기운이 뿜어 나오는데 보산정 주변 고목 십여 그루는 음산하기 짝이 없는 위에 연못은 역광을 받아 을씨년스럽기만 할 뿐이다. 『山法全書』란 풍수서 生氣條에서 잘 지적한 대로 땅에 대한 기운의 감지(感應地氣)는 말로 표현할 수 있는 것이 아니다. 눈으로 알아낼 수도 없고 남에게 전달을 할 수도 없다. 만약 地氣를 읽을 수 있다면 풍수의 모든 이론들은 소용이 없어진다. 이미 본질을 보았기 때문이다. 기운이란 마치 禪의 單刀直入과 같아 문득 佛頂三昧에 달하면 더 이상 말이 필요 없는 것이다. 내가 비록 이들 마을에 대하여 그 기운의 양명함과 음산함을 표현하기는 했지만 그저 내 읽기에는 그렇더라는 것이니 보산정마을 사람들께서는 오해하지 마시라.

처음 단월면 기행을 계획하면서 꼭 보기를 원했던 곳은 보산정에서 멀지 않은 白白敎村이었다. 망나니교촌이라고도 부르는 이곳은 이상하게도, 멀지 않은 곳에 있는 병인양요 때 프랑스 함대를 격파한 양헌수 장군 묘는 아는 사람이 별로 없어도, 아이들까지 다 아는 곳이다. 1923년 백백교주 전용해가 여기에 구국농장이란 것을 세우고 모범 농촌을 건설한다며 각지의 교도들을 수용하여 여자들을 농락하고 재산을 갈취하다가 들통 나 결국 90여 명을 살해 암장했던 현장이다.

교주는 1930년 용문산 도일봉(『楊平郡誌』에는 1937년으로 기록되어 있음)에서 자살하고 폐교된, 우리나라 최대의 邪敎 사건이다. 나는 기본적으로 우리나라의 신흥 종교에 대하여 긍정적 측면을 인정하고 있는 쪽이지만 백백교처럼 명백한 패륜을 저지른 사이비들에 대해서

사진 27 산자락 아래 계곡에 백백교촌이 있었다고 함.

는 일말의 동정 여지도 없다고 생각한다. 이런 따위의 인간이 잡은 터는 어떤 성격의 것일까가 나의 관심인 셈인데 확실히 문제가 있다.

터 안은 입구에 출입 금지 팻말이 붙어 있어 들어가 보지를 못했지만 용문산 동쪽 가지인 도일봉을 넘어가는 비슬고개 등성이에 서면 전경이 환히 내려다보이는 관계로 터와의 대화가 어렵지는 않았다. 산골인데도 들은 무척 넓은 편이다. 교주의 땅을 보는 경제적 관점은 나쁜 것이 아니었나 보다. 게다가 분지 안쪽의 산들은 부드럽기까지 하다. 그러나 그 바깥을 둘러싸고 있는 산들은 날카롭기도 하거니와 남을 엿보는 듯한 자세를 취하여(이를 窺峯이라 함) 터 안을 무정하고 불안하게 만드는 것이 사실이다(사진 27). 楊筠松이 그의 「怪穴賦」에서 적절히 지적한 바와 같이 〈천태만상이며 천변만화하는 땅의 형세와 형태를 살핌은 마치 사람의 몸을 살피는 일과 같은 것(龍

之行度如人之身》)이다. 악랄한 교주가 잡을 수 있는 터로서 적절함을 부정할 수는 없을 것이다. 그러나 주의하라. 땅의 되돌림은 가차 없는 법이니, 그 교주의 생명을 앗아간 것 역시 도일봉이다.

(10) 눈이 내릴 때면 무덤엘 가 보세요, 서울 헌인릉

눈이 내리는 날은 다른 때보다 훨씬 더 산이 그립다. 아침 나절부터 잔뜩 찌푸렸던 하늘에서 아홉시가 지나니 눈발이 비치기 시작한다. 채 일 분도 안 되어 함박눈으로 바뀐다. 하염없이 창 밖을 보다가 그대로 짐을 챙겨 대모산을 향한다. 내가 사는 곳은 관악산 바로 아래 봉천동이기 때문에 실은 대문만 나서면 관악산이다. 하지만 오늘은 두 가지 이유에서 관악을 뒤로 하고 대모산을 고집한다. 비교적 조용하고 소담한 산이 보고 싶다는 것이 그 한 이유이고 그보다 더 중요한 이유는 태종과 세종대왕의 인연을 추적하고픈 마음이 일기에 굳이 대모산을 택한 것이다.

지하철 3호선 일원역에서 내려 수서 방향으로 좀 걷다가 그대로 대모산을 횡단하기 시작한다. 300미터가 조금 못 되는 산이니 서울에서도 작은 편에 속하지만 그렇다고 만만히 볼 것도 아니다. 작기 때문이 아니라 그것이 산이기에 그렇다. 무릇 산을 대하는 심정은 항상 그래야 하는 법이니까. 산을 넘으면 자곡동과 세곡동을 거쳐 서초구 내곡동에 이르는데, 헌인릉이 있는 곳이다. 서울에서는 특이한 경관을 가진 곳으로, 말하자면 서울도 아니고 시골도 아닌 묘한 동네라는 뜻이다.

서울을 빠져 나가다 보면 점차 전원풍의 경관을 만나게 되는 바 이런 곳을 지리학에서는 점이 지대라 한다. 그런데 내곡동 헌인릉 부근은 그와 같은 점이 지대와도 다르다. 소외 지대랄까 이방 지대랄까, 여하튼 그 성격을 명쾌하게 말하기에는 뭔가 불분명한 요소들이 많다. 그러니까 이곳은 도시도 농촌도 관광지도 공업지도 아니다. 하

지만 지표의 구성 요소를 보면 도시적인 것도 있고 논밭도 있으며 가내 수공업 수준이지만 공장도 있고 게다가 야외에 벌여 놓은 음식점도 있다. 하지만 사람 사는 동네는 찾기가 힘들다. 가게도 없어서 담배 한 갑 사기가 힘든 형편이다. 꽃 재배 단지라는 것도 있고 개 사육장도 있고 콩나물 공장도 있고 가구 공장도 있는데 모두가 비닐하우스라는 게 특이하다. 이곳이 그린벨트이기 때문이라는 어떤 할아버지의 얘기가 있었으나 꼭 그것 때문만은 아닌 듯하다. 뭔가 정착하기에는 땅이 붙잡는 느낌을 별로 못 갖게 하는 요인이 있는 것이 아니냐 하는 감을 강하게 받았다. 그럼에도 불구하고 이 일대는 조선 초기부터 명당으로 이름을 얻고 있던 곳이니 그것은 또 무슨 까닭일까. 세종 2년(1420)에 세상을 뜬 태종의 비 원경왕후는 그 2년 뒤 그녀의 뒤를 따른 태종과 함께 헌릉에 모셔졌는데, 윤회가 지은 『神道碑』「陰記」에는 이 터를 이렇게 묘사하고 있다. 이르기를 〈삼가 살펴보니 이 산은 장백산(백두산)으로부터 내려와 남쪽으로 수천 리를 넘어 상주의 속리산에 이르고 여기서 꺾어 북서쪽으로 또 수백 리를 달려 과천 청계산에 이르고 또 꺾어 북동으로 달려와 한강을 등지고 멈추었는데 이것이 바로 大母山이다. 땅의 영기(坤靈)가 멈추어 솟아 맑은 기운이 꿈틀거리니 아, 하늘이 만들고 땅이 간직하여(天作地藏) 능의 길조로 기다림인가〉 하였다. 천작지장이라니, 참으로 대단한 칭찬이 아닐 수 없다.

 그렇다면 이곳의 지세는 어떠한가. 이미 누차 강조한 얘기지만 땅에는 결코 좋은 땅 나쁜 땅이란 없다. 있다면 누구에게, 어떤 용도에 맞느냐 맞지 않느냐 하는 문제만 있을 뿐이다. 대모산 자락이 왕릉으로 적격이냐 아니냐 하는 것은 당시 기준으로 판단하는 수밖에는 없는 일이지만 짐작기에 그 입지 선정이 나빴던 것 같지는 않다. 우선 생각해 볼 수 있는 것은 태종이 일단 한강을 건너서 永眠處를 구해야겠다는 강박관념에 빠져 있었던 것은 아닐까 하는 점이다. 그는 조선을 개국하고 왕의 자리에 오름에 있어서 자신의 손에 직접 피를 묻혔던 사람이다. 그러니까 고려의 역대 임금과 신하들이 묻혀 있는 터와 같은 기맥의 땅은 무의식적으로라도 피하려 했을 것이다. 또한 아버지와의 사이도 가히 원수지간과 다를 바가 없었다. 아버지가 아끼고 세자로 책봉까지 했던 자신의 이복 동생을 죽이지 않았는가.

물론 이 점에 대해서는 그의 비명에 이렇게 변명되어 있기는 하다. 〈병인년(1398) 8월 태조께서 병환이 들자 못된 신하들이 붕당을 모아 어린 세자 방석을 끼고 정권을 잡아 제 뜻대로 함부로 하려는 자가 있어 참화가 곧 절박하였다. 태종이 그 기미를 밝게 보고 섬멸 제거하였다. 이때에 종친과 將相들이 모두 우리 태종을 책봉하여 세자로 삼기를 청하였으나 태종이 굳이 사양하고 방과(태조의 둘째 아들로 定宗)를 추천하였다〉는 것이다. 그러나 2년 남짓 만에 넷째 형인 방간이 박포와 더불어 난을 일으킨 것을 핑계삼아 스스로 왕위에 오르니 알고 보면 낯간지러운 변명이 아닐 수 없다. 이 일들이 모두 서울과 개성에서 일어난 일인데 이들은 모두 한강 북쪽에 있는 땅들이다.

풍수는 땅 기운이 물을 건너지 못한다(氣界水則止)고 규정짓고 있다. 국경의 강을 제외한다면 한강은 우리나라 최대의 수로이다. 태종은 그렇게 한강을 건넘으로써 수많은 원혼들로부터 자신의 혼백이 부담받지 않을 수 있을 것이라 생각했는지 모른다. 그래서 한강 남쪽에 자신의 幽宅을 남기려 했을 가능성이 있으며 그 선택 입지가 바로 헌릉이 아니었겠느냐는 짐작이다.

게다가 이곳은 조선 초기의 소박한 자생 풍수 논리로 보자면 그 생김새가 명당에 방불하다. 북쪽과 동쪽 서쪽으로는 대모산, 인릉산, 구룡산이 병풍처럼 둘러쳐져 있고 남쪽으로는 조금 떨어져 목동산(신원동 쪽)이 안산의 구실을 한다. 말하자면 전형적인 藏風局의 형세인 셈이다. 이 또한 태종이 자신의 부인을 묻고 자신도 뒤 따랐던

한 이유가 될 수 있었을 것이다.

사실 이곳에 올 때는 헌인릉의 서쪽 골짜기 구룡산 방향에 있던 세종대왕의 첫 능지인 舊英陵址를 보고 가려고 했다. 이곳은 세종 생전에 그의 아내인 소헌왕후 심씨가 병환에 들자 김종서, 정인지 등 중신을 보내어 자리 잡은 곳으로 세종 자신도 이곳에 묻히기를 원하였다. 그러나 당시 풍수가들 사이에서는 이곳이 불길하다는 의논이 있었으나 세종은 〈다른 곳에 좋은 터를 얻는 것이 부모 곁에 묻힘만 하겠는가. 나도 나중에 마땅히 같은 곳에 장사 지내라〉고 결정을 한다. 그러나 이 터가 좋지 않다는 주장은 세조 때도 나오는데, 이에 대해서는 서거정이 〈능을 옮기는 것은 복을 더 얻기 위함인데 임금이 다시 더 무엇을 바라겠는가〉라는 주청이 힘을 얻어 없던 일이 되었다가 결국 예종 원년(1469) 지금의 여주 영릉 자리로 옮겨 가고 마는 것이다.

하지만 안타깝다. 헌인릉 매표소 바로 옆, 전에 구영릉지로 가던 길목에 바리케이드와 담장이 둘러쳐져 있다. 직원에게 물어 보니 안기부가 이전해 왔기 때문에 들어갈 수 없다는 것이다. 아쉽게 헌릉과 순조의 능인 인릉을 보는 것으로 만족하는 수밖에 달리 방법이 생각나지 않는다. 눈이 소복이 쌓인 길에 사람 발자국 하나 없다. 피비린내 나는 일생을 보낸 태종이 도망치듯 한강을 떠나 묻힌 바로 그 곁, 조선 왕조 최대의 임금으로 꼽히는 세종이 나쁘다고 떠난 곳, 그곳에 새로이 터를 잡은 안기부는 어떤 의미를 지니게 될까, 태종 능 곁에 눈을 뒤집어 쓰고 눈을 부릅뜨고 나를 쏘아보고 있는 武人石을 바라보며 떠올린 상념이다(사진 28). 안타깝다. 의미를 모르겠다.

사진 28 태종 헌릉의 눈 덮인 석인과 석수들

3 자생 풍수의 흔적, 섬 풍수

(1) 제주도, 우리 풍수의 원형

내가 제주도를 처음 간 것은 1970년 대학 2학년 때였다. 지도 교수였던 故 김도정 선생님의, 답사 도중에는 시간 낭비 말자는 평소 지론에 따라 우리는 당시로서는 파격적으로 비행기를 탔다. 제주 비행장에 내리니 서울에서 1시간 남짓밖에 걸리지 않았다. 그때 제주 시내로 들어가면서 느낀 감상은 이곳이 지금 서울인가 제주인가 하는 묘한 배신감과 허탈감 같은 것이었다. 도무지 우리나라 남단 최대의 섬에 왔다는 실감이 나지 않아서였다.

다음해 제주에 갈 때는 목포에서 배를 탔다. 8시간쯤 걸렸다고 기억되는데, 바로 이것이 제주 여행의 맛이라는 뚜렷한 감회가 솟아나

제2장 몇 가지 주제를 가지고 떠난 풍수 기행 303

던 생각이 지금도 생생하다. 그리고 이번이 세번째. 마치 처음 제주에 발을 딛는 기분으로 답사를 할 수 있었던 것은 아주 오랜만에 찾았기 때문일 것이다.

오후 4시 완도항을 떠난 배는 옛날 연락선에 비하여 크기부터 달랐다. 카페리라는 것인데, 트럭을 포함하여 여러 대의 차를 실은 것 같았다. 아직 관광철이 아니라서 그런지 사람들은 많지 않다. 분위기는 예전 연락선 시절의 그것이 아니다. 술을 먹는 사람도 별로 없고 화투 치는 사람도 거의 눈에 띄지 않는다. 이런 풍경이 오히려 내게는 낯설다.

구식 스피커에서 흘러간 유행가 가락이 째지듯 흘러 나오고, 하급 선원들은 무슨 큰 벼슬이라도 하는 것처럼 손님들을 째려 보고, 경관과 헌병은 범죄 혐의자 다루듯 여객들을 훑어보고, 으레 젊은 여자가 선창에서 눈물짓는, 그런 분위기 속에서 출항이 이루어지고, 배에 타자마자 사람들은 붕어처럼 술을 마시고, 시비가 붙고 하는 그런 뱃속 풍경은 이제 찾아볼 수가 없다. 이상하게 섭섭한 생각이 든다. 이것도 발전되고 잘살게 된 결과일 터인데 왜 쓸쓸해지는 것인지 알 수가 없다.

작가 이병주가 그의 작품 어디선가 〈배에 있을 때는 판자 한 장 아래가 지옥〉이라 했던데, 사실 이 큰 배가 파도에 흔들리니 그 표현이 적절하다는 생각이 든다. 완도를 떠난 지 3시간 조금 넘어 배는 제주항에 닿았다. 뱃길 중간에 꽤 높은 파도가 일었는데도 워낙 큰 배라서 그런지 정시 도착이다(사진 29). 이 또한 한가로운 여행객인 나로서는 조금 당황스러운 일이다.

작년(1994년) 1월 1일자 ≪제주신문≫에 나는 기명 기사를 쓴 적이 있다. 김범훈 기자의 원고 청탁에 의한 것이었는데, 그분은 제주 풍수에 관하여 70회 가까운 연재를 이끌어 왔었다. 이번에 제주 풍수 기행을 감히 생각할 수 있었던 것도 그분의 글이 있었기 때문에 가

사진 29 멀리 하늘선에 한라산이 자리하고 그 앞에 별도봉과 사라봉이 보인다. 그 옆이 제주항.

능했다. 거기에 요약했던 제주에 관한 나의 감상은 제법 한 면이 있었기에 이제 그것을 다시 반추해 보기로 한다. 도대체 나는 제주를 무엇이라 생각해 왔던가.

처음 제주도를 만났을 때 느꼈던 이국 정취와 사투리. 한라산, 산방산, 일출봉을 대하면서 가졌던 생소한 경외감. 백록담에서 하룻밤 자며(1970년에는 백록담에서 야영이 가능했음) 경험했던 태고의 정적과 현묘한 밤하늘. 중산간 지대에서 접한 끝없이 이어지던 돌담과 색다른 풍경의 마을들. 그 파랗던 바다.

그 이후 제주는 내게 있어서 꿈의 낙원이었다. 하지만 그것은 말 그대로 스물한 살 청년의 꿈일 뿐이었다. 나는 그때 제주라는 섬을 그 주민들이 살아가는 삶터로서 본 것이 아니었다. 잠시 쉬어 가는 쉼터, 아니면 놀다 가는 놀이터로 보았던 것이다.

제주 분들이여, 부디 용서하시라. 잘먹고 잘살고 좋은 학교만 다니던 수염 돋은 철부지의 의식 없던 시절 얘기니까. 다만 그 경관의 미려함은 지금도 변함없이 나에게 이상향의 한 전형으로 추상되고 있는 것만은 사실이다. 그런 이상향에 20여 년 만에 다시 왔다. 하지만 제주시내의 밤거리는 우선 서울의 밤과 별다르지 않다는 인상을 풍긴다. 다만 저 남쪽 어딘가에 한라산이 있다는 사실이 묵직하게 의식을 누를 뿐. 여관 방을 잡고 누우니 좀 막연한 생각이 든다. 어떻게 제주를 볼 것인가. 또 다시 수염 난 철부지처럼 제주를 볼 수는 없지 않은가.

국토 전반을 조망하는 풍수를 國域風水라고 한다. 국역 풍수에서 제주는 무엇인가. 고려 때는 국토를 水母木幹 혹은 水根木幹이라 칭한 적이 있다. 그러나 그것은 형세에 의한 판단이 아니라 오행에 의한 국토 성격 배정이므로 엄밀한 의미에서 국역 풍수라 하기에는 어려움이 있다. 아마도 생명체에 빗대어 분명하게 국토를 얘기한 사람은 『택리지』의 저자로 유명한 이중환이었으리라 여겨진다. 그는 우리 땅을 중국을 향하여 절을 올리는 노인 형국이라 했는데, 당연히 실없는 얘기일 뿐이다. 일본인 小藤이란 자가 토끼라고 표현한 것은 의도가 너무나 빤히 들여다보이는 망발이었고, 육당 최남선이 동아대륙을 향하여 도약하고 있는 호랑이 형상이라 한 것도 약간은 치기가 아니었을까 생각한다.

어떤 표현을 썼거나 간에 위와 같은 형국론이라면 제주도는 제외될 수밖에 없다. 노인이건 토끼건 호랑이건 그런 형국으로는 제주도를 설명하기가 불가능하기 때문이다. 아예 제주도를 염두에 두지 않은 발상이다. 내게는 오히려 우리 국토가 대륙의 동북쪽을 향하여 서서히 그러나 줄기차게 기어오르는 거북이처럼 보인다. 금거북이가 알을 낳는다는 金龜沒泥形의 형세로 본 것인데, 그렇게 본다면 제주도는 의심의 여지없이 금거북이가 낳은 금덩이 알(金卵)에 해당된다.
　그것이 금란임을 보장해 주는 것이 바로 한라산이다. 외지인이기에 한라산을 신격화한 것은 아닐까 하는 의심이 아니 드는 것은 아니다. 그러나 시인 고은의 한라산에 대한 다음과 같은 표현을 보면 그것이 기우에 지나지 않는다는 것을 금방 알 수 있다.
　〈제주의 산악인들을 제외하면 정작 제주 사람들은 한라산을 오르는 일이 거의 없다. 그뿐 아니라 바닷가 마을이나 저자를 이루고 사는 그들에 있어서 한라산은 의식의 遠景에 지나지 않는다. 그들은 한라산이 있는지도 모르고 일생을 살아가는 경우가 적지않다. 그러나 일단 제주 사람들이 제주를 떠나서는, 저 근원에 그 한라산의 우미한 산깃이 절실하게 떠오르는 것이다. 한라산의 향수로서는 가장 우미한 고향이 된다.〉
　정말 제주도 사람들은 한라산이 있는지 없는지도 모르고 살까. 그럴 수 있으리라 생각한다. 이번 기행에 동행한 서귀포 출신 오상학과 제주시 출신 정준호, 두 제자는 초등학교 다닐 때까지 제주도가 섬이란 것을 모르고 자랐다는 정도이니, 일반 육지인들과 공간 인식에 차이가 있다는 것을 알 수는 있다. 하지만 우리나라 사람치고 산에 기대지 않는 사람이 어디 있으랴. 한라산을 떠나서는 살 수 없는 것이 제주 사람일 것이다. 다만 그들은 우리가 어머니를 의식하지 않고 살아가지만, 그 어머니가 없는 삶을 생각할 수 없는 것처럼 한라산을 생각하고 있다고 믿는다.
　백두산 기맥이 국토를 세로지르며 지리산까지 뻗어 와 남령산지를 실핏줄로 하여 드디어 그 산룡은 바다에 닿아 세찬 파도를 맞는다. 나라 땅 곳곳에 살고 있는 겨레에게 정기를 나누어 주어야 하는 그 엄청난 시련을 속으로 잠그며 海龍이 되어 바닷속을 달린다. 가끔 屈折하여 마디를 이루니 이것이 다도해의 여러 섬과 추자도가 되는 것이니, 해룡의 변화무궁함이야 나 같은 凡眼이 어찌 알 수 있겠는가 마는 짐작건대 그 巨萬의 굴곡은 상상을 초월할 것이라 믿는다.
 그리하여 이제 저 태평양의 속을 알 수 없는 심연 속으로 영겁의 휴식을 취하러 떠나기 전, 최후의 힘으로 밀어낸 것이 바로 제주도. 그 지기의 강고함이야 말해 무엇하랴. 가파도, 마라도는 그 넘친 땅 기운의 餘氣일 것이다.
 강고함은 언제나 시련을 낳는다. 제주도의 역사는 그것을 웅변해 주고 있다. 몰아치는 파도 속에 좌정한 제주도는 한라산 기둥에 의지하여 바로 그 풍토로서도 강고의 시련을 내보이고 있으니, 결국 역사와 풍토는 서로 감싸 안는 것인가.
 밖에는 바람이 세게 분다. 주위는 온통 바다, 그러니까 물이다. 바람과 물. 그것은 풍수다. 제주는 풍수의 땅이다.

 아침 일찍 일어나 제주시 화북동에 있는 베리오름(別刀峯)을 오른다. 본래는 바로 곁에 있는 紗羅峰에 올라 영주십경 중 하나라는 紗峰落照를 보는 것이 일반 관광객의 발길이라지만, 지금은 낙조를 볼 시간도 아니고 공연히 잡답을 쫓을 필요가 없을 듯하여 일부러 그 옆 봉우리를 잡은 것이다. 비단 이곳뿐만이 아니라 제주에서는 도저히 경치를 입에 올릴 재간이 없다. 너무나 뛰어난 景勝에 그저 망연자실 황홀감에 젖을 뿐 도무지 입이 떨어지지를 않고 생각이 돌지를 않기 때문이다. 앞으로 펼쳐지는 망망대해, 옆에 나란히 누워 있는 사라봉, 뒤에 걸려 있는 한라산의 웅자. 누가 있어 이 장관을 감히 입에 올리랴.
 제주에 미인 많음을 지세 때문이라 본 「過瀛洲山勢論」의 다음과 같은 표현은 교묘하면서도 가슴이 아프다. 〈봉우리 봉우리 모두 오목하니 남자는 적고 여자는 많으리라. 陰陽宅 통틀어 산 언덕 곱게 돌아 드니 얼굴 고운 미인 많겠네. 산산 골골 물 있으니 곳곳에 마을은 흩어져 있으나 사방이 편편한지라 5년 풍년 들기 어려워라〉(김범훈 기사에서 전재). 미인과 가난. 애처러운 대비가 아닐 수 없다.

지나가는 말처럼 흘린 이 표현에 동행한 제자의 지적이 날카롭다. 〈못생기고 가난하고 공부도 못하는 사람은 그럼 어떻게 합니까?〉 이럴 때는 입이 있어도 할 말이 없다. 가난은 미인에게만 애처러운 것이 아니라 누구에게나 고난일 터이니. 경치에 정신이 팔려 헛소리를 한 것이라 얼버무리는 수밖에. 山嵐에 홀린 것도 아닐 것이고, 이게 도대체 무슨 망발인가.

오름 길은 소 잔등같이 생긴 억새 들판이다. 군데군데 곰솔이 자라고 있으며 어떤 곰솔은 자못 위세가 삼엄하다. 억새밭 사이사이로 팥알만한 자주색, 노란색 꽃들이 눈길을 끈다. 그냥은 지나칠 수가 없어 주저앉아 들여다보는데 누군가 다가온다. 산불 감시원이다. 이름과 주소를 적고 불조심하라는 주의를 준다. 간섭을 받았지만 불쾌하지는 않다. 이 아름다움을 지키기 위해서는 의당 겪어야 할 의무처럼 생각될 뿐이다.

관광지를 피한 탓인가 사방이 적적하다. 들리는 것은 파도 소리와 바람 소리뿐. 바닷가로 가까이 다가가서 해안 절벽에 서니 모골이 송연하여 오랜만에 죽음이 떠오른다. 그런데 이곳이 바로 자살바위란다. 우리나라 해안 지방에 자살바위란 것이 여럿 있지만 이곳처럼 실감나는 곳은 처음이다. 전에는 자살을 막기 위한 권유문이 서 있었다는데 지금은 그것이 보이지를 않는다. 다시 생각하라는 권유가 오히려 자살을 부추기는 결과를 빚어서 철거한 것인가, 그 내용이 무엇이었는지 궁금하다.

거기서 가까운 깎아지른 듯한 벼랑 위에 달랑 산소 한 기가 놓여 있는 것이 보인다. 좀 위험하기는 하지만 호기심에 가 보지 않을 수가 없다. 왜 이런 천애절벽에, 그것도 밑에는 울부짖듯 파도가 치는 벼랑 위에 산소를 썼을까. 위에서 내려다보기에는 갸름한 달걀 모양의 봉분이다. 무덤 앞 축석에 흰색 페인트로 〈편안히 잠드소서〉라는

사진 30 제주도의 산소. 돌담에 둘러싸인 것이 특징이다.

글귀가 희미하게 남아 있다. 글씨가 흐릿한 것이 곧 지워질 듯하다. 사람도 그러하여 곧 죽고 곧 잊혀지리라(사진 30).

　이곳 별도봉 북쪽 해안 절벽에 곤추 선 애기 업은 돌이 자살 터로 알려진 것은 제주에서는 아주 유명한 얘기인 모양이다. 이곳을 將軍佩劒形이라 설명한다는 제자들 말이 떠오른다. 바로 아래 제주 오현고등학교가 있는데 동행한 오상학 군과 정준호 군은 둘 다 이 학교 출신이다. 그렇기 때문에 졸업생 중에 인물이 많이 배출된다는 자랑인데, 나는 문득 바로 그런 형국이 살기를 띠게 한 원인이 아닐까 하는 느낌이 들었다. 별도봉의 가장 높은 봉우리가 장군의 머리에 해당하고 지금 정수장이 위치한 바로 오른쪽 끝 철조망 부근이 장군의 허리로, 금방이라도 칼을 빼들려는 모습처럼 보인다는 것이 김범훈 기자의 설명이다. 바로 이곳에 군위오씨 入島祖의 八世孫으로 明月

派의 시조인 吳尙愚의 墓가 있다고 하는데, 원래 그런 것에는 썩 관심이 없는지라 참고로 그렇다는 사실만 여기서 밝혀 놓기로 한다.

오늘은 이곳 제주의 부속 섬인 우도로 들어갈 계획이기 때문에 서둘러 산을 내려왔다. 짐을 챙기기 위하여 제주시로 돌아가는데, 이상하리만치 건물과 거리가 깨끗하다. 박물관대학 강좌 때문에 어제 들렀던 사라봉 입구에 있는 우당도서관에서는 이런 일도 있었다. 하도 도서관 건물이 깨끗하여 이제 지은 지 일 년도 안 된 모양이라고 하자, 관장 말하기를 십 년 좀 넘었다는 대답이다. 바람이 많이 불고 비가 자주 내리는데다가 무엇보다 공기 오염이 별로 진행되지 않은 탓이리라.

제자 오군은 서귀포에서 감귤밭을 한다. 알다시피 작년 우루과이 라운드 타결 이후 제주 감귤밭은 심각한 위기감에 사로잡혀 있다. 그것은 단순한 感 정도가 아니라 곧 현실로 닥칠 사실일 것이다. 그래서 가급적 빨리 밭을 처분하고 제주를 떠날 생각까지 하고 있다는 것이다. 하지만 워낙 밭값이 떨어져 팔지도 못하고 어정쩡하게 세월을 보내고 있다고 한다.

나는 제자에게 농담 반 진담 반 섞어 이런 얘기를 해주었다. 육지부에서도 각종 환경 오염에서 어느 정도 차단된 곳이 없지는 않다. 지리산이나 설악산 혹은 덕유산 연변이 그럴 것이다. 그러나 주변 지역의 오염은 필연적으로 확산되어 그런 명산들까지 곧 더럽히게 되리라. 하지만 제주도는 그렇지가 않은 곳이 아니냐. 우선 섬이기 때문에 오염이 다른 곳에서 이곳을 침범하지 못할 것이고 또 제주 전역이 각종 계획 관련 법과 환경 관련 법에 의하여 규제를 받고 있기 때문에 어설픈 개발로부터 잘 보호받고 있으며 제주 도민들의 환경 보전에 관한 인식이 탁월하여 가장 깨끗한 땅으로 유지될 것인즉, 앞으로 제주도는 외지인들의 이주를 규제하는 장치를 마련케 될 것이다. 그렇게 되면 제주 주민이란 사실만으로도 특권이 될 날이 반드시 온다. 그러니 참고 견디어 이곳을 떠나지 말라고.
 말하는 자신이 허탈하기는 하다. 그러나 반드시 그렇게 되어라, 제주도여!
 제주도에는 몇 개의 부속 섬들이 있다. 잘 알려진 추자도 외에 대정읍 남쪽에 있는 가파도와 마라도는 우리나라 최남단의 섬으로 유명한 곳이다. 그런데 명색이 지리 전공자인 내가 우도(소섬)를 몰랐다는 것은 부끄러운 일이 아닐 수 없다. 이곳은 본래 제주도 북제주군 구좌읍 연평리에 속해 있었으나 지금은 독립된 면으로 되었다.
 이곳을 가기 위해서는 먼저 성산 일출봉을 배알해야 한다. 성산항에서 우도 가는 배가 뜨기 때문이다. 배가 자주 다니는 편이라 그렇게 부지런을 떨 필요는 없었으나 그래도 제주에 와서 일출봉을 아니 볼 수야 없지 않느냐는 생각에 성산에서 하룻밤을 묵기로 했다.
 멀리서 일출봉이 바라보일 때 가졌던 감정은 20여 년 전 처음 이곳을 대했을 때처럼 이국적인 충격으로 받아들여졌다. 제주 섬의 동쪽 끝. 갑자기 솟아오른 듯한 그 위용은 지금도 변함없이 외경심을 불러일으킨다. 하지만 예전보다 좀 지저분하달까, 혼잡스러워졌다는 느낌은 어쩔 수가 없다. 워낙 많은 사람들이 들락거리니 아무리 대단한 산체라도 견뎌 낼 재간이 없었을 것이다. 혹시 절벽이 무너져 내리지나 않을까 하는 걱정까지 들었다.
 그럼에도 불구하고 성산 일출봉은 영주십경 중 제일경이다. 멀리 섭지코지의 푸르른 들판은 바로 그 이웃 해변을 때리는 푸른 파도와 함께 아련히 내려다보이고 봉우리 위로는 3만여 평의 초지가 펼쳐져 이국 풍정을 드러낸다. 둘레가 약 3킬로미터 정도, 주위에는 오백나한의 전설과 그 수가 같다는 아흔아홉의 기암이 둘러서 있다. 특히 일출의 장관은 세계적이라 하거니와 너무나 혼잡하여 관광 입장객 수를 제한하는 것이 어떨까 하는 생각까지 들게 한다. 여기에 성산이란 이름이 붙은 것은 고려 때 삼별초의 金通精 장군이 성을 쌓고 몽고병의 침입에 대처했다던 고사에서 유래한다.

우도는 이곳 성산에서 배를 타고 10여 분쯤 가면 닿을 수 있는 곳이다. 성산포에서 북동쪽으로 3.5킬로미터 떨어진 이 섬은 배를 타고 가다 보면 마치 거대한 항공모함이 떠 있는 듯한 모습으로 그 몸체를 드러낸다. 조선조 헌종 때부터 사람이 살기 시작했다는 이 섬에는 현재 7백여 가구의 주민들이 살고 있다고 제주도 통계는 전한다. 기록에는 소가 누워 있는 모양(臥牛形)이라 우도라는 이름이 붙었다고 하지만 제자들 얘기로는 이곳이 주로 말을 기르던 제주도 다른 지방과는 달리 소를 길렀기 때문에 소섬이 되었다고 한다. 양쪽 다 일리가 있는 주장이다.

특별히 소가 많은 것 같지는 않다. 그러나 무척 커 보이는 흰소가 돌담에 기대어 되새김질을 하는 모습을 보니 소섬이란 실감이 간다. 그 곁에 풀을 뜯는 검정 염소가 그 소의 송아지처럼 보이는 것은 내가 이미 이 땅에 동화되어 버린 증거일 것이다.

성산항을 떠나 우도항에 닿기까지 내내 바람이 거세고 파도가 높다. 끊임없이 내 귀는 바람과 물소리에 노출되어 있는 셈이다. 풍수의 소리다. 뱃전에서 우도를 바라보니 제주박물관에서 들은 우도에 관한 얘기가 조금도 과장이 아니라는 것을 알겠다. 우도는 하늘과 땅, 낮과 밤, 앞과 뒤, 동과 서가 모두 아름다워 晝夜天地 前後東西라는 우도팔경을 갖고 있다는 얘기였는데, 팔경쯤이 아니라 萬景이라 한들 어떠랴는 느낌이다.

그 팔경이란 이렇다. 섬 남쪽에 가면 천애절벽 아래 커다란 海飾 동굴이 있다. 이 굴 속에서는 대낮에도 달을 볼 수 있다. 이름하여 晝間明月. 우도 제1경이다. 밤 바다에 떠 있는 고깃배들의 등불. 제2경 夜港漁帆. 쇠머리오름(섬머리 또는 우두봉. 등대가 있음)에서 바라보는 한라산 모습. 제3경 天津觀山이다. 제1경 바로 북쪽 해변에 펼쳐진 푸른 모래가 제4경인 地頭青沙. 멀리서 바라보는 우도의 전경이 제5경인 前浦望島. 역시 제1경 주변의 해안 절경인 제6경 後海石壁. 후해리 위쪽의 東岸鯨窟이 제7경. 그리고 섬 서해안에 있는 희디흰 산호 백사장이 제8경인 西濱白沙이다.

　이곳에 절이 있다는 얘기를 듣고는 꼭 가 보아야겠다는 생각을 했었다. 그래서 섬에 도착하여 제일 처음 찾은 곳이 섬 중앙부에 위치한 금강사라는 절이다. 시인 고은의 글 중에 제주의 절을 찾게 만드는 구절이 있어 꼭 한번 가 봐야지 했던 것인데, 더구나 이런 외딴 섬에 있는 절은 도대체 어떤 것일까 하는 궁금증이 그런 욕구를 더해 주었다. 〈제주도의 堂五百 寺五百은 이제 사라졌다. 무당이 흥청대고 중이 쏟아지던 시대는 전시대로 마감했다. 탐라국이 신라에 귀속되면서 제주 불교는 제주도 특유의 南蠻的 해양 샤머니즘과 혼합되어서 해안 마을마다 무당의 당이 있고 그것에 버금하던 기복의 寺庵들이 있었다.〉

　복을 비는 절. 그것이 바람직한 사찰 상이 아니라는 것은 상식이다. 하지만 나는 그런 절들을 보면 인간적인 정이 간다. 병을 고쳐 달라고, 자식 잘되게 해달라고, 부처님 앞에 절절하게 절을 올리는 사람들을 보면 그래서 절이라 하게 된 것인가 하는 엉뚱한 생각이 들 정도다. 그러니까 우도에서 절을 찾는 것은 인간적인 것을 찾아 나서는 일과 마찬가지다. 그리고 그 절에서 스님이 아닌 인간을 만났다.

　금년 일흔세 살의 강성부 옹. 짧게 깎은 하얗게 센 머리 때문에 스님같이 보이지 않지만 17년째 이 절을 맡아 온 주지 스님이다. 어떤 재일교포가 給水功德을 했다는 우물이 마당 한 귀퉁이에 있고, 그저 여염집과 크게 다르지 않은 양철 지붕의 단층 가옥이 대웅전을 대신하지만 그 흔한 현판 하나 달려 있지 않다. 담장은 허리께 차는 낮은 것인데 그것도 온전치는 못하다. 숙대나무(삼나무의 일종이라 함)가 절 주위에 빙 둘러 심어져 있어 바람 소리에 이상한 비명 같은 울림을 토해 낸다.

조그만 섬에 풍수 입지를 따질 겨를도 없지만 워낙 그런 식으로 땅을 보는 눈인지라 그 점을 살피지 않을 수 없다. 그러나 역시 섬은 아직 내게 익숙지 않은 모양이다. 그저 거기 사는 사람의 삶에만 관심이 갈 뿐이다. 하고 많은 날들을 바람 소리, 파도 소리에 묻혀 지내는 이 스님은 무엇을 생각하고 있을까 하는 따위의 속인이 보일 만한 흥미 이외에는 별 생각이 생기지 않는다.

그곳에서 쇠머리오름(우두봉)을 오른다. 우두봉에 오르면 섬 전체의 조망이 가능하기 때문이다. 중턱에 저수지가 있고 그 아래로 질펀한 초원이 놓여 있는데 수많은 산소가 있다. 아마도 우도 공동 묘지인 모양이다. 네모진 돌담 안에 모셔진 산소도 있고 그냥 봉분만 덩그런 산소도 있다. 비석은 쓰지 않은 곳이 더 많다. 썼다 하더라도 크지는 않다. 어떤 비석은 봉분 앞에 세워 놓은 것이 아니라, 아예 문설주에 문패 붙이듯 봉분에 박아 놓은 것도 있다. 바람이 센 때문인가. 신기하다. 비석을 보면서 문패를 떠올리기는 이곳이 처음이다.

우두봉과 마주 보는 조그만 봉우리를 먼저 오른다. 쓸쓸히 외로이 서 있는 산소들. 돌담이 아담한 산소 곁에서 누렁개 두 마리가 반듯이 누워 서로 장난을 친다. 내가 지나가니 일어나지도 않고 누워서 번히 눈길만 잠시 줄 뿐이다. 짖는 법도 없고 경계하지도 않는다. 별난 개들이다. 잠시 쳐다보다가는 금새 자신들의 놀이로 돌아간다(사진 31).

우도는 사람의 가슴을 터지게 하는 듯한 허무가 켜켜이 묻어 있는 느낌이다. 〈허무를 익히려면 우도로 가라〉는 표현이 떠오를 정도로 외지인에게는 저미는 쓸쓸함을 건네는 곳이다. 개들은 허무를 모르는가 보다. 그래서 우도의 개팔자는 상팔자다.

나도 멀지 않은 곳에 있는 산소 돌담 밑에 눕는다. 바로 위로는 바람 소리 스산한데 누우니 아늑하다. 어릴 때 중랑천에서 헤엄을 치다가 둑 아래 풀밭에 누워 경험한 이래 처음으로 오랫동안 파란 하늘

사진 31 우도의 쇠머리오름

과 흰 구름을 보았다. 눈이 시리다. 허무이자 자유이고 자유이자 아늑함이어라. 아늑함은 명당이다. 나는 명당에 누워 자유로운 허무의 땅 기운을 받는다.

이 섬에서 나서 저 바다를 밭으로 삼아 살다가 여기에 묻힌 사람들. 그들과 나란히 누워 다시 한번 되뇌인다. 〈허무를 익히려면 우도로 가라.〉

처음 풍수를 접했을 때 들은 얘기가 있다. 정통의 풍수는 섬을 논하지 않는다는 것이었다. 이유는 간단했다. 용은 마치 지렁이처럼 소금물에서는 살 수 없으므로 바다를 건널 수 있는 龍脈이란 없기 때문이란 것이다.

얼마 전까지만 하더라도 나는 그 말을 따랐다. 도안이 열리지 않은 얼치기 풍수 전공자가 풍수서에 씌어 있는 문자와 주워들은 얘기에만 얽매여 풍수의 요체를 몰랐던 까닭이다.

그러다가 한 칠팔 년 전쯤 전남 신안군 도서 지방의 답사에서 그런 얼치기가 얼마나 무식한 것이었는지를 실감할 기회를 얻었다. 都草島라는 섬에서 마을에 초상이 들면 부조 삼아 묫자리를 봐 준다는 어떤 노인의 얘기를 듣고 나서 절실히 깨달은 바가 있었다. 살아가면서 용에 관하여 가장 자주 말하는 사람들이 바로 갯가 사람들이라며, 그분은 水龍이나 海龍에 관한 많은 구전 설화들을 들려 주셨다. 그 내용에는 진지함보다는, 요컨대 풍수는 왜 하는가 하는 자문으로부터 心得한 깨달음이 있었다.

누차 강조하는 바이지만 풍수는 산소 자리 잘 잡아 잘먹고 잘살자는 돼먹지 못한 미신도 아니고, 남들이 잘 알아듣지도 못하는 좌향과 득수법 따위를 꿰는 설익은 術學도 아니며, 지기를 감득하기 위하여 행하는 땅 도사들의 수도의 길도 아니다. 그것은 삶의 기본적 바탕이 되는 기후와 풍토에 관한 경험의 축적일 뿐이다. 설혹 그런 독소가 풍수에 들어 있다 하더라도 그런 점들을 배척하고 거기에 들어 있는 건전한 사상성과 삶의 지혜를 뽑고 재해석하여 오늘에 되살리자는 주장이 왜 이단 잡설로 공격을 받아야 하는가. 욕을 먹어야 하는 것은 미신과 현학과 도사연하는 사이비 신비주의일 뿐이다. 그리고 한마디 덧붙이자면, 백보를 양보하여 그것이 전적으로 미신일 뿐이라 하더라도 그에 관한 학문적 연구의 길은 보장되어야지, 그것을 발본색원하고 말겠다는 학자들의 태도는 상상력의 결여일 뿐이라고 믿는다.

지금 관련 연구자 사이에는 풍수가 우리 고유의 자생적인 것이냐 아니면 중국으로부터 수입된 것이냐에 대한 논란이 벌어지고 있다. 나는 우리의 자생 풍수가 있었는데 여기에 중국에서 문자로 정리된 풍수설이 유입되면서 상당 부분 변질 습합되어 오늘의 한국 풍수가 형성되었다는 주장을 해 왔다. 이 경우 중국 풍수 수입 이전에는 풍수라는 용어 자체도 없었기 때문에 자생 풍수란 억지라는 반론이 있다. 그러면서도 중국 상고 시대에 혈거족들로부터 풍수가 연원된 것이라는 주장은 받아들인다. 그때에도 풍수라는 용어는 없었다. 어떻게 이중적인 기준을 들이댈 수 있는가.

자생 풍수의 예를 찾고자 하는 노력은 기울이고 있으나 성과는 아직 미미하다. 경주 감은사지와 문무왕 수중릉을 자생 풍수의 한 예로 제시한 것이 그런 노력의 한 결과이다. 그리고 문자 접촉이 비교적 늦고 따라서 고유의 것을 깊숙이 간직하고 있을 확률이 높은 서남 해안 지방과 도서 지방에는 특히 그 흔적이 많으리라 생각한다. 이번 제주도 답사에서도 그런 한 사례를 찾아 나섰다.

성산리에서 12번 국도를 따라 십여 리 북쪽으로 올라가다 보면 始興里를 만난다. 원래는 旌義郡 좌면 지역으로서 심돌이라 부르던 곳인데 1946년 남제주군 성산면에 편입되어 오늘에 이르고 있다. 제주 답사를 가기 전, 사전 문헌 조사에서 눈길을 끈 것은 이곳에 있다는 영등하르방에 관한 것이었다. 그 기록은 다음과 같은 간단한 내용이다. 〈시흥 앞 바닷가에 있는 돌하르방. 시흥 마을에 재난이 자주 생기고, 가끔 북쪽 바다에서 난데없이 불이 날아 들어 집을 덮치면 불이 나서 그 집이 멸망하는 일이 생기므로, 궁리 끝에 영등하르방을 만들어 북쪽을 막은 뒤 그 재앙이 없어졌다 함.〉[8]

『濟州民俗誌』에는 돌하르방과 영등굿에 대한 설명이 각각 나온다. 그러나 이 두 가지가 결합되어 소개된 것은 없다. 그러니까 이 두 가지의 결합은 제주도에서도 특이한 예라 할 수 있을 것이다. 실제 현장에 도착했을 때 동행한 제주 출신 제자들도 돌하르방이 이런 실제적인 이유로 조성되어 있는 경우는 처음 본다는 얘기들을 한다.

지금 돌하르방은 민속 공예품이 되어 우리나라 관광지 어디를 가나 쉽게 마주 할 수 있다. 그러나 가장 대표적인 하르방은 역시 제주

---

8) 한글학회편,『한국지명총람』, 권16, 379쪽.

도에 있을 것이며, 그 대표적인 것이 제주시 관덕정 앞에 버티고 있는 돌하르방이라고 한다. 돌하르방은 현재 제주 시내에 21기, 대정읍에 12기, 성읍리에 12기 등 45기가 남아 있으며 성읍리에 있는 것 외에는 거의가 원래 자리에서 옮겨진 것이다. 이것이 제주 소개서에 나오는 내용인데, 여기에는 물론 성산 시흥리 돌하르방에 관한 기록은 없다.

우석목, 무석목, 벅수머리, 왕중석 등의 이름으로 부르던 돌하르방은 『탐라지』에서 1754년 김몽규 목사가 만든 것이라 전하지만, 그 유래와 기능은 아직도 수수께끼이다. 뭉툭한 코도 그렇고 왕방울 눈도 그렇고, 무섭다고 해야 할 터인데 또한 우스꽝스럽기도 하니 도대체 이걸 뭐라 표현해야 좋을지 모를 모습을 하고 있다. 대부분의 인공 조형물들은 밤에 보면 이상하게 음산한 기운을 풍긴다. 더구나 이런 해괴한 모습의 시커먼 석상이라면 밤에 마주쳤을 때 모골이 송연해야 옳을 것인데도 전혀 그렇지가 않으니 참으로 볼 만하다는 뜻으로, 可觀이다.

영등굿은 물질(잠수 일)이 무사형통키를 바라며 영등신에게 제사하는 제주 고유의 무속 의례로 마을에 따라서는 잠수굿 또는 해녀굿이라 부른다. 영등신은 이월 초하룻날 제주에 들어와서 이월 보름날 떠나간다는 外來女神으로, 영등할망이라고도 한다. 따라서 영등굿은 영등신이 머무는 보름 동안 제주 일원 바닷가 마을에서 치러지는 것이 통례이다. 영등신은 할망이라고 하는 것에서도 알 수 있는 바와 같이 女神이요, 강남천자국 또는 외눈백이섬에서 왔다가 돌아가는 來訪神이며, 풍우 등 기상과 관계 깊은 신이고, 해녀와 어부의 생업 및 농업과도 관계되는 신이라는 정리가 가능하다.

시흥리 영등하르방은 마을 아래 바로 바닷가에 면해 있다. 밑에는 현무암 덩어리를 쌓아 올려 둥근 조탑을 쌓았는데, 그 모양은 육지에서 보던 조산과 형태가 거의 같다. 한 가지 다른 점은 그 위에 돌하

사진 32 시흥마을 영등하르방. 밑에 조탑을 쌓고 그 위에 하르방을 얹었다.

르방을 올려 세웠다는 점이다. 돌하르방은 높이가 50센티미터쯤 되는 자그마한 몸집이다. 그러나 조탑의 높이가 족히 2미터는 될 것이기 때문에 초라하게 보일 정도는 아니다(사진 32).

바닷가 들판에 홀로 외로이 서 있는 이 영등하르방은 바다를 향하고 있는 점이나 그 위치로 보아 분명 육지의 조산처럼 지세의 허결을 막아 보자는 풍수 비보적 관점에서 세워졌을 것이다. 바다를 바라보며 왼쪽으로는 종달리 地尾峰(165m)이 아담하게 바라보이고 오른쪽으로는 성산 일출봉이 그 위용을 자랑한다. 게다가 앞에는 우도의 쇠머리오름과 그 줄기가 병풍처럼 둘러 있으며 마을 뒤쪽에는 정각사라는 절이 자리 잡은 알맞은 산이 있어, 마치 그 형세가 좌청룡, 우백호, 전주작, 후현무의 사신사를 모두 갖춘 것처럼 보인다.

그렇다면 비보가 무슨 필요일까. 하지만 다시 마을 입지의 됨됨이를 자세히 살펴보면 주민들이 영등하르방을 모신 까닭을 잘 이해할 수 있다. 무엇보다 문제가 되는 것은 지미봉과 성산봉이 그 위용은 대단한 바가 있지만 결코 마을을 감싸 안아 주는 형세를 취하고 있는 것은 아니라는 점이다. 마을에 대하여 面이 아니라, 등을 돌린 背의 태도를 취하고 있는 것이 걸린다는 말이다. 이런 지세라면 바다에서 바람이 불어 올 때 회오리를 일으킬 염려가 있다. 즉 화재의 위험이 있다는 뜻이다. 그러니 영등하르방이 그것을 막아 주지 않으면 안 되는 것이다.

영등은 할망이다. 돌하르방은 하르방이다. 할망과 하르방의 결합. 이것은 음양 조화이기도 하다. 절묘한 위치에 절묘한 화합의 상징물이 마을 주민들에게 불조심을 강조하는 꼴이다. 그래서 풍수는 삶의 지혜라고 주장하는 것이다. 공동체 의식의 풍수, 도대체 무엇이 미신이란 말인가.

앞서 소개한 시흥리에는 관광객이 전혀 없다. 제주도 사람들만 사는 마을이란 뜻이다. 그래서 그런가 마을에는 해녀가 많다. 마을 입구에서 만난 초로의 남자에게 영등하르방이 어디 있는지를 물으니 그것이 있다는 얘기는 들었는데 어디인지는 모르겠다는 대답이다.

잘못 찾아왔나 하는 생각이 들었지만 마을이 워낙 제주 토박이의 풍물을 간직하고 있는 것 같아 내처 들어가 보았다. 제자들도 어릴 때 제주 모습을 그대로 가지고 있는 것 같다고 내 짐작을 뒷받침한다. 마을 안에는 조랑말이 어슬렁거린다. 담은 모두 현무암의 검은 돌담 일색이고 바람은 역시 거세다.

도무지 마을에 더 이상 사람이 보이지 않아 내심 초조한 차에 바닷가 쪽에서 해녀 세 사람이 물질을 끝내고 물옷을 입은 채 마을로 들어오는 모습이 보인다. 반가운 마음에 뛰다시피 달려가니 좀 젊은 듯한 해녀는 얼른 옆 골목으로 피해 버리고 할머니인 해녀 두 분이 상대를 해주신다. 물론 두 분은 영등하르방을 묻자마자 저기라고 금방 가르쳐 준다. 해녀 중 물질을 가장 잘하는 사람을 상군 또는 상잠수라 한다는데 이분들은 상군인 모양이다.

마을을 돌아다닐 때 높고 날카롭게 들리던 긴 휘파람 소리는 아마도 이 일행의 숨비소리였던가 보다. 해녀들이 한 번 잠수하여 깊이 20미터 바닷속에서 일하는 시간은 20여 초에서 2분 여에 이른다. 그리고 숨이 멈출 듯한 순간 물위로 솟구치며 길게 숨을 내쉬게 되는데 이때 내는 소리를 바로 숨비소리라고 한다. 음정이 날카로우면서도 짙게 정이 가는 생명의 소리라는 표현을 썼던데, 정말 그러했다.

제주공항 근처 도두포구에서 보았던 해녀들도 그렇고 관광지가 된 다른 제주 바닷가에서 만난 해녀들도 어딘가 제주 내음이 좀 바랜 듯한 느낌을 풍겼는데, 이곳 해녀들은 제주 바로 그것이란 생각이 든다. 그러나 마을은 소득이 떨어지는 쪽이라 한다. 제주다움이 생활의 어려움을 대변한다면 그런 제주다움은 무슨 의미가 있을까. 반대로 제주다움을 잃는 것이 경제적 윤택을 보장하는 지표가 된다면 이런 경우 제주답지 않다는 것은 또 무슨 의미를 지닌 것일까. 외지인의 정신적 유희일 뿐인지도 모르겠다.

시흥리 영등하르방을 보고 점심을 먹고 나니 날씨가 흐려진다. 제주 날씨는 믿을 수 없다더니 금방 비가 퍼붓기 시작한다. 하지만 視界가 밝아 다행이다. 빗속을 달려 城邑민속마을로 향한다. 시흥리에서 구좌로 가는 길목에는 오른쪽으로 계속 우도가 바라보인다. 평대에서 내륙으로 길을 돌리면 여기부터는 제주의 또 다른 세상, 중산간 지대를 만나게 된다.

광막한 들녘, 끝도 없이 이어지는 돌담들. 적막강산이라더니 이곳이 과연 그렇다. 불현듯 개마고원이 떠오른다. 물론 나는 개마고원을 본 적이 없다. 초등학교 때 개마고원을 국토의 지붕이라고 배웠는데 지금도 그런 표현을 쓰고 있는지 모르겠다. 나는 반드시 내 땅 육로를 통해서 백두산을 가 보겠다고 결심했거니와 중국을 돌아 백두를

사진 33 제주 중산간 지대. 개마고원과 함께 아버님을 연상시킨다.

볼 생각은 없지만, 백두산보다 더 보고 싶은 곳이 개마고원이다.
 백두산이 아기에게 있어서 생명 정기의 원천인 어머니의 젖무덤이라면 개마고원은 강인한 아버지의 넓은 가슴팍을 떠올리게 해준다. 거기에는 원시의 참된 힘이 들어 있을 것 같은 생각이 든다. 그것은 진정한 힘의 상징일 것이다. 제주의 중산간 지대를 보며 개마고원을 떠올리는 것은 중산간 지대가 드러내 보여 주는 땅의 힘 때문이리라. 아무런 치장도 없다. 단순 소박하다. 그러나 무진장한 힘을 느끼겠다. 욕심도 나지 않는다. 압도당하는 기분이다. 그러면서도 억압의 불쾌감은 없다. 밭에서 삽을 들고 서 계시던 생전의 아버님 같은 모습이다. 그리고 그 위로 바람이 불고 비가 흩뿌려진다. 아, 제주의 중산간 지대여, 개마고원이여, 돌아가신 아버님이여(사진 33).
 빗발이 굵어져 이날은 결국 성읍을 답사하지 못하고 표선에서 하룻밤 묵은 뒤 다음날에야 성읍민속마을과 정의현 옛터를 볼 수 있었다. 관광지의 치장된 민속이란 그저 복잡하고 서글플 뿐이다. 전통의 삶터가 한낱 구경거리로 전락한 현실이 마음 좋을 까닭이 없다. 그러나 민가의 한 집에서 우리식 풍수의 가옥 배치를 볼 수 있었던 것은 운이 좋았다.

집으로 들어가는 길목은 육지식으로 하자면 대문에 해당된다. 하지만 제주에는 대문이 없다. 제주도의 대문은 긴 작대기를 가로질러 주인이 있는지를 표시해 줄 뿐, 장애물은 아니다. 그리고 〈올래〉라는 진입로를 지나 마당으로 들어서게 되는데, 이 올래라는 것이 기가 막히다. 올래는 집과 옆집 담 사이에 있는 골목처럼 되어 있다. 물론 골목은 아니다. 집 안이다. 올래는 대개 끝 부분이 구부러져 있다. 집은 올래를 통하여 길에 연결되어 있지만 구부러짐을 통하여 길과 차단된다. 연결과 차단. 이것은 같이 수행할 수 있는 기능이 아니다. 그런데도 올래는 그 모순을 한 몸으로 이루어 낸다.

집 밖은 외부이자 사회 공간이다. 집 안은 내부이자 개인 공간이다. 외부와 내부, 즉 개인 공간과 사회 공간이 철대문에 철망을 두른 담장으로 철저히 차단되어 있는 것이 요즈음의 도시 건물이다. 그 안에서 사람들은 利己를 키운다. 그것이 바람직하지 못하다는 것은 상식에 속한다. 그렇다고 안마당, 안방이 큰길에 휑하니 공개되어 있으면 거주자가 안정할 수가 없다. 항상 누군가 들여다보는 공간에서 사람의 삶이 이루어질 수는 없는 것이다. 처음 군에 입대하여 가장 애를 먹는 것이 내무 생활에서 개인 공간이 무시된다는 점이다. 모든 것이 개방되어 있는 공간 또한 바람직한 것이 아니다.

올래는 결코 막힘이 없이 개방되어 있으되 교묘하게 내부의 개인 공간을 외부와 차단되어 있는 것처럼 느끼도록 만들어 준다. 절대로 차단된 것이 아닌데도 그렇다. 개방되어 있으나 폐쇄되어 있는 듯 보이는 장치. 그것이 올래다. 모순인 것 같지만 결코 부조화가 아니다.

이처럼 상호 대척적일 수밖에 없는 개념을 혼용하여 갖출 수 있는 것은 지혜다. 풍수의 장풍법을 축소하여 한 가옥에 적용하면 이런 지혜가 되는 것이다.

올래를 돌아 들면 마당이 나오고 마당 맞은편에 집이 들어서 있다. 바람 많고 돌 많은 곳이라 돌을 쌓아 벽을 만들고 띠(새 또는 억새)를 베어 지붕을 올린 후에 다시 띠줄로 지붕을 엮어 바람에 대비했다. 정지(부엌), 고팡(광)은 있을 곳에 자리를 잡았고, 통시(변소)는 집 제일 뒤쪽에 있어 마치 겉옷 속옷 속에 싸여 있는 우리의 배설기관처럼 숨겨져 있다.

이런 민가 형태를 환경 결정론적이라 해석하는 것은 우리의 삶터를 너무 서양 지리 사상사에 의하여 보고자 하는 억측일 뿐이다. 돌이 많아 돌담, 억새가 많아 띠집이 된 것이 아니다. 굴을 파고 살 수도 있었을 것이다. 그들은 자연과 더불어 사는 지혜를 이렇게 표현한 것이다. 여기에 무슨 결정론이고 가능론이고가 필요한가.

旌義縣城이었던 城邑城과 동헌 터인 日觀軒 일대를 살펴본다. 이미 천연 기념물로 지정된 느티나무, 팽나무 고목이 운치를 더하는 가운데 각각의 인공 구조물들은 제 위치를 잘 지키고 있다. 그러나 하나같이 육지 풍수처럼 氣脈에 의지하기보다는 전체적인 조화에 주로 신경을 써서 배치한 것으로 보인다. 따라서 풍수 이론으로 이 터를 설명하자면 오히려 어렵다. 땅의 성격을 읽어 그에 자연스럽게 흩어져 삶터를 잡은 식이다. 말 그대로 사람과 자연의 調和이며, 이것이 바로 造化 속이란 것이다.

제주의 토양은 척박하다. 그 척박성이 지기의 개념을 희석시킨 것이 아닐까 하는 짐작이 든다. 실제로 주민들 얘기를 들어 보면 왜정 때까지도 連作이 불가능했다고 한다. 게다가 정의현청이 있던 이곳 표선면 성읍리 일대 중산간 지대는 10년에 두세 번밖에 농사를 짓지 못했다는 것이다. 땅 기운이라는 地氣를 느끼기에는 너무나 혹독한 화산 섬의 시련이 아니었을까.

이곳은 지정된 민속마을이라 올래가 남아 있지만 다른 곳은 가게를 낸다든가 하는 이유로 집 입구를 길로 향하도록 바꾸었다고 한다. 개인 공간이 그대로 외부에 노출된 셈이다. 그러니 안정감은 사라질 수밖에 없다. 불안한 공간에 사는 사람들. 올래가 사라진 지금, 사람들이 경박해지고 조급해지는 것은 조화를 무시한 인간에 대한 자연의 당연한 답변이 아니겠는가.

제주에서 여관에 들면 정말 좋은 것이 하나 있다. 수돗물을 그냥 마셔도 된다는 점이다. 표선에서 자던 밤은 세찬 봄비에 기분이 공연히 울적하여 술잔을 앞에 놓고 여관 방에서 제자들과 텔레비전을 보았다. 멍청하게 시간 보내기는 술 먹고 TV 보다가 자는 것이 제일이다. 그런데 멍청할 수만은 없는 지방 보도가 나온다. 제주 해안 지하수가 질산성 질소와 대장균에 오염되어, 광역 상수도 개발을 위한 중산간 지대에서의 수원지 확보가 필요하다는 내용이었다. 이제 제주도마저 수돗물을 마음 놓고 못 마시는 시절이 되는가.

하지만 아직 제주도는 깨끗하다. 도민들이 가장 심각하게 여기는 공해는 쓰레기 문제라고 한다. 왜 쓰레기가 나오는가. 그리고 그 해결책은 무엇인가. 여기에 대해서는 서울대 인류학과 전경수 교수가 쓴 『똥이 資源이다』라는 책에 탁견이 실려 있다. 제주도 똥돼지가 사라진 것에 대한 애달픔은 정서로서뿐만이 아니라 실제적인 문제로와 닿는 일이 되고 말았다. 똥을 먹고 자라는 돼지. 돼지와 소 똥으로 가스를 만들어 그것으로 밥을 짓는 상생의 고리. 전 교수가 지적한 대로, 〈똥불 태워 밥을 짓는다는 말은 서로 극단적으로 대립되는 똥과 밥의 이미지를 직접 연결시켜, 똥과 밥을 같은 이미지로 만들어 버린다는 뜻을 내포하고 있다. 사실상 똥과 밥은 서로 연결된다.〉 이렇게 되면 쓰레기는 없다. 무엇이 잘못되었는가. 얼마나 좋은가.

이제 제주 기행의 막바지에 접어들었다. 조천읍의 산굼부리를 갔다. 기생 화산인데 웬 신혼 여행객이 그리 많은지 마치 시내를 걷는 기분이다. 관광객에게는 입장료를 받는데, 원래 제주 사람은 받지 않지만 다음부터는 받겠다고 관리인이 싫은 소리를 하니 같이 간 제주도 제자들이 불만을 터뜨린다. 관리인 얘기인즉, 이곳은 사유지라서 그렇다는 것이다. 산덩어리 전체가 개인 소유라, 그래서 입장료를 받는다? 다른 데서는 듣도 보도 못한 소리다.

이곳에서 계속 한라산을 향하여 달리니 제1횡단 도로를 만나게 되었다. 그 길을 따라 제주시를 향하다 제주전문대학을 지나게 되었다. 제자들 얘기가 걸작이다. 여기가 우리나라에서 가장 높은 대학이란다. 그리고 山泉壇. 한라산신에게 천제를 올리던 곳인데, 천연 기념물 제160호인 곰솔들이 볼 만하다. 5백 년 넘은 여덟 그루의 나무들이 높이 20미터로 자라고 있는 모습은 한라산 기슭의 압권이다.

이제 시내로 들어가 하룻밤 자고 내일 완도행 배를 타기로 하고 산천단을 떠나려다 갑자기 제주대학이 보고 싶어진다. 대학이 직장이던 사람이라 불현듯 대학 교정이 그리워진 까닭인 줄 알았는데, 그것이 아니었다. 그것은 인연이 끌어들인 필연이었다. 제주대학은 근래 보기 드문 풍수 길지라는 확신이 들었기에 하는 소리다.

처음 제주 기행을 시작하면서 나는 제주도가 金龜沒泥形의 황금 알에 해당된다는 얘기를 한 적이 있다. 제주대학 터는 바로 제주도의 명당이었고 특히 중앙 도서관 자리는 그 명당 중에서도 혈처였던 것이다. 황금 거북 알인 제주도에서 제주대학 터는 노른자위이고 도서관은 그 노른자위 중에서도 생명의 씨앗인 胚에 해당한다고 하면 비유가 될런지(사진 34).

뒤로는 한라산 영봉이 크게 가슴을 열고 양팔을 벌려 鎭護하는 가운데, 그 中脈이 관음사가 의지하고 있는 삼의양오름(三義讓岳)으로 이어져 제주대학의 主山을 이루었으니 그 龍勢는 육지의 지리산, 덕유산을 제외한다면 달리 비할 곳이 없는 卓越之勢이다. 양옆으로는

사진 34 제주대 도서관 뒤에서 본 한라산. 백두산과 함께 어머님을 떠오르게 한다.

삼의양오름의 연맥과 소산오름이 깊숙이 명당을 향하여 머리를 조아려 極禮를 드리는 모습이다. 주산 삼의양오름과 백호인 그 연맥과 청룡인 소산오름은 사실 이어진 용맥이다. 따라서 이것은 本身龍虎에 해당된다. 앞으로는 제주시가가 펼쳐지고 또 그 앞으로는 망망대해가 조안을 형성하여, 그 큰 그릇을 과연 누가 있어 담으랴 싶다.

소산오름에는 이런 전설이 전해진다. 고려 예종 때 송나라 술사 胡宗旦(구전으로는 고종달이라 함)은 황제의 명을 받아 그 지리의 됨됨이가 심상치 않아 후일 수많은 왕과 인재를 배출할 탐라국의 지맥을 끊기 위하여 제주로 들어왔다. 여러 탐라 명산의 혈을 자르고 누른 후 그가 떠나던 날 밤, 그것을 다시 잇기라도 하듯 솟아오른 산이 바로 소산오름이다.

이토록 좋은 땅 기운을 어디서 받을 수 있으랴. 너무나 신령스러운 제주대학 명당 터의 진호원인 한라산이 속된 기운을 벗어버려 탈속의 염려가 있다는 것이 조금 마음에 걸리기는 하지만, 그러나 앞으로의 학문은 너무 현실에 구애받지 않는 측면이 강조되는 것도 필요할 것이다. 학문에서조차 지나치게 기능과 합리와 이익됨이 존중되는 현실이기 때문이다.

중앙 도서관 건물은 정북향인 듯하다. 이런 기막힌 터에 와서 지남철을 꺼내는 것이 못내 쑥스러워 차마 지니고 다니던 佩鐵을 놓아 보지 못해서 부득이 짐작을 해본 것이다. 그러나 그 점은 염려가 없다. 大地는 좌향의 이론에 구애받지 않는 법이다. 오직 땅의 흐름을 따르면 되는 것이고, 건물은 바로 그 흐름을 따르고 있으니까.

교내 방송이 들려주는 외국 가요는 이런 지기에는 어울리지 않는다. 결국 제주도에 와서 대지를 보았다는 만족감에 모든 피로가 풀린다. 제주대 학생들의 소박한 옷차림과 순박한 표정이 인상적이다. 땅의 성격에 잘 어울리는 모습들이다. 이곳이 앞으로 思辨的 학문의 중심 구실을 하게 되리라는 생각은 짐작이 아니라 확신이다.

제주대의 교수님들, 그리고 학생, 특히 만난을 극복하고 공부의 길로 들어서기로 결심한 대학원생들. 여러분들이 학문적으로 훌륭한 성과를 내는 것만이 이처럼 뛰어난 땅 기운을 내려 준 하늘의 뜻과 제주산신의 뜻을 거스르지 않는 길일 것이다. 그리고 분명히 홍익인간할 출중한 인재가 배출되리라는 믿음에 추호의 흔들림도 없이 제주대를 떠난다.

한라산은 지리산이나 덕유산 같은 토산처럼 가서 안기고 싶은 푸근한 느낌의 산은 아니다. 중산간 지대까지의 너그러운 마음은 정상 부근에서 갑자기 神的 신비의 분위기를 풍긴다. 눈을 뒤집어쓴 봄 한라산의 봉우리 부근은 더욱 그런 마음을 확실하게 다져 준다. 제주대인들은 소박, 순박하지만 그 지성은 한라산의 정상을 닮을 것이다.

제주시에서 여관을 잡고 거리로 나서 본다. 관광철이 아닌 제주는 어딘가 쓸쓸한 느낌이다. 탑동 방파제 광장은 이제 막 석양을 받는 한라산과 바다 사이에 끼여 광장이 으레 가지기 마련인 浩活이 아니라 우수를 전한다.

바다와 한라산의 혼융조화. 그 찬란한 조화를 누가 꾸며 놓았는가. 방파제에 걸터 앉아 풍수라는 화두를 놓은 상태로 넋을 빼고 바라만 볼 뿐이다. 광장에 울려 퍼지는 철 지난 유행가의 애잔한 가락은 심금을 울리는데, 술 취한 청년 한 녀석이 내게 다가와 같이 여자를 꼬여 보자고 나를 부추긴다. 그런 녀석까지도 정겹다. 그것이 제주항이기에 그럴 수 있는 것일 게다. 여기에 고전 음악이 어울릴까, 아니면 우리 민요가 어울릴까. 아마도 유행가가 제격이 아니겠나.

금거북이가 낳은 황금알, 제주. 지금까지는 단지 알이었으되, 이제 곧 껍질을 깨고 나와 또 다른 금거북이가 될 제주. 두터운 알 껍질 속에서의 그 어려웠던 시련은 부화를 위한 통과 의례였다고 생각한다면 지금까지 제주가 겪어 왔던 모든 역사의 고문들은 흘러 간 추억이 될 수도 있다. 탐라국의 亡國, 倭寇와 蠻族의 외침, 수없이 당해 왔던 관리들의 탐학에 대한 반항으로서의 民亂과 희생, 천주교로 인한 敎亂, 그리고 1948년 4월 3일에 쌓았던 한들은 깨어져 버릴 껍질과 함께 또 다른 거름의 역할을 하게 될 것이다.

제주도에서 머문 일주일 남짓. 무엇을 보았다고 하기에는 어림도 없이 짧은 시간이었다. 자생 풍수의 흔적을 찾으려던 노력도, 쇠머리오름에서 느꼈던 극도의 허무감도, 표선의 여관에서 스치던 고적감도, 성산 일출봉에서 대취하여 품어 보던 풍수의 앞날도, 모두가 한라산의 눈 쌓인 정상을 바라보며 그 속으로 스며드는 것을 알겠다.

원형의 땅, 침잠의 땅, 그러면서 가능성의 땅. 금거북이가 알에서 깨어나는 날 제주는 민족의 빛, 국토의 바람이 되리라. 그 주역, 제주 대인이 되리라.

버릇 탓인가, 제주 가는 길은 배를 타고 들어가야 실감이 난다. 목포에서 아침 9시 카페리를 탔는데 제주에 도착하니 오후 2시 40분, 조금 연착한 셈이다. 부두에 닫자마자 조천행 버스를 탄다(이것은 또 다른 제주 기행임).

기록에 의하면 옛날 제주에서 떠나는 배는 모두 이곳에서 바람 자기를 기다리고 전라도를 거처 들어오는 배는 이곳이나 애월에 닻을 내렸다고 한다. 왜 지금의 제주항이 아니라 조천을 택했을까가 관심이었는데, 의외로 제주 사람들의 땅에 대한 지혜를 만날 기회가 있어 보통 기분 좋은 것이 아니었다.

현재 조천의 중심지는 조천초등학교와 주유소가 있는 조천리 쪽이다. 그러나 예전에 쓰이던 포구는 아마도 戀北亭을 중심으로 조그만 뱃머리가 마련되어 있는 북동쪽 해안이었을 것으로 짐작된다. 이 점은 그곳에서 톳(鹿尾菜, 식용 해조류)을 다듬고 있던 아주머니들의 증언으로도 확인할 수 있는 사실이었다.

거시적으로는 전혀 그렇지 않으나 미시적인 시야로 바라본 연북정 일대는 좌우로 옹호된 전형적인 명당의 품안이었다. 연북정을 어머니로 생각한다면 분명 마을은 어머니의 양팔 안에 품어져 있음이 분명했다. 그러나 문제는 그 어머니가 어떤 이유인지 有情하게 마을을 감싸 안은 것이 아니라 왠지 기운 없이 두 팔을 늘어뜨리고 있다는 점이다. 이렇게 되면 그 품안은 명당이 되지 못한다. 아무리 어머니라고 하지만 병석에 누워 계시는 어머님에게 양식과 위안을 조를 수는 없지 않은가.

이것을 중국식 풍수에 대비시킨다면 분명 논리적으로는 명당에 해당된다. 그러나 우리 풍수는 이론보다는 현장에서의 풍토성을 더 중시하는 바, 어머님이 유정하면 그대로 그 품을 명당으로 삼고 어머님이 무슨 이유든 無情하시다면 그 마음을 정겹게 고친 연후에 그 품을 명당으로 삼는다. 그게 바로 우리 풍수의 큰 특징이랄 수 있는 裨

사진 35 연북정에서 본 조천리 전경

補 개념이다. 바로 여기에 중국으로부터 수입된 술법 풍수와 지리 지혜로서의 자생 풍수의 차이가 있는 것이지만 지금 여기서 이 문제를 장황하게 설명할 여유는 없다. 다만 연북정의 입지가 바로 그 비보에 해당된다는 사실이 중요하다(사진 35).

한자를 쓰는 중국 풍수는 그 形局名 또한 유식하기 그지없다. 어머님의 양팔을 이곳에서는 일컬어 雙龍合氣格이라 하지만 조금만 눈여겨 살펴보아도 그것이 두 용이 기를 합친 지세로 보이지는 않을 것이다. 게다가 마을은 북향인지라 이미 초여름을 바라보는 계절임에도 바람에 싸늘함이 묻어 있다. 그렇다면 이곳 마을 사람들은 어떤 식으로 어머님의 마음을 위로하여 드렸을까. 다시 말해서 어떤 풍수적 비보책을 썼던 것일까.

해답은 연북정인데 연북정이 세워진 데에는 이런 설화가 전한다.

옛날 朝天石이란 큰 바위가 있었는데 유명한 지관이 지나다 보고 말하기를 〈저 바위를 감추라. 그러지 않으면 마을에 불량한 사람이 많이 나 주민이 못살게 된다. 감추면 살기가 눌려져 마을에 발복이 끊이지 않을 것〉(≪제주신문≫ 김범훈 부장 제공)이라 하니, 이에 성을 쌓고 조천석을 흙으로 메워 정자를 지으니 그것이 연북정이다.

기실 연북정이란 벼슬아치들과 귀양 온 양반들이 임금이 있는 북쪽을 연모하는 장소라는 뜻이다. 자신을 못 미더워 내쳐 버린 왕을 사모하는 옛사람의 일편단심이 가상치 않은 바 아니지만 지금의 눈으로 보자면 기가 찰 노릇이다. 차가운 북풍을 맞받으며 임금이 다시 부를 때를 기다리는 그들은 위선자인가 아니면 지고지선한 자인가.

어찌되었거나 나 또한 북풍을 받으며 연북정이 있는 터의 성격을 파악하였으되 그 내용은 이러하다. 이곳 조천 바닷가에 커다란 막대기 모양의 바위가 하나 있었다. 마치 제주시 용담동의 용두암처럼 혹은 서귀포시 서홍동의 외돌개처럼 우뚝 솟은 바위였다. 그것은 그대로 발기한 남성의 성기 형태였다. 그 모습이 괴이하여 마을 여성들의 음심이 발동할 것을 두려워 한 장로들이 바위를 부수고 그 흔적을 흙으로 덮었다. 꽤 두툼한 둔덕이 생겨난 것이다. 그 둔덕에 육지에서 귀양 온 양반들이 올라서서 북쪽을 바라며 서울 소식을 기다렸는데, 하던 버릇이라 정자를 하나 세웠으니 그것이 바로 연북정이 되었다는 추론이다. 그러나 그 둔덕은 풍수상 북쪽의 허결을 막아 주는 비보처(혹은 補虛)이니, 그 대표적인 예는 인근에 있는 성산읍 시흥리 영등하르방을 소개하는 자리에서 이미 한 바가 있다.

연북정 바닷가에서 남쪽을 바라보면 중산간 지대 저 멀리 마치 이슬람교 사원과 같은 돔형의 구조물을 볼 수가 있다. 사실 먼 거리는 아니지만 한라산과 중산간이란 거대한 자연 앞에 서 있다 보니 실제와는 달리 왜소해졌고 그래서 아스라하게 보인 것이 아닐까 여겨진다. 이곳은 古觀寺 뒤편 언덕 위에 조성되고 있는 불교 순교 성지 사찰이다.

불교에 관한 한 이차돈의 순교는 널리 알려진 일이지만 또 다른 순교 승려가 있다는 사실을 아는 사람은 그리 많지 않은 듯하다. 한 분은 명종 때의 보우(虛應堂普雨, 1515-1565)스님이고 또 한분은 영조 때의 지안(喚醒堂志安, 1664-1729)스님이다. 두 분 다 제주도에 귀양 왔다가 살해당했는데 아마도 그 피살 장소가 이곳으로 추정되었던 모양이다.

둥근 돔 위에는 탑을 조성하였는데 남방 불교의 자취를 보는 듯하여 무척이나 이국적이다. 해인사 일타스님이 찬한 비문도 일품이기는 하지만 바람맞이 언덕에 시멘트 덩어리 조형물인데 아직 공사중이니, 글쎄 세월의 이끼가 끼어야 품격이 갖춰지겠구나 하는 감상이 없을 수 없다.

멀리 바다와 조천마을과 연북정이 한눈에 들어오고 그 사이에는 유심히 보면 예수교 장로회 조천교회의 높이 솟은 십자가도 보인다. 마을 안에는 천주교 조천공소도 있으니 좋게 보자면 민속과 동서양 종교의 혼융 조화의 터전이랄 수도 있겠다. 戀北하는 양반들과 순교 당한 스님의 대좌, 선연한 초여름 햇빛 아래 확연히 대비되어 눈을 찌른다.

기운 없이 두 팔을 늘어뜨리고 서 계신 어머님의 명당 품안에 유교와 불교와 천주교와 개신교와 민속이 혼재한다. 무슨 의미일까. 조천 땅의 허망한 성격은 세월이 지나면서 無碍의 경지에 들어선 모양이다.

나는 제주를 사랑한다. 우리 땅 어딘들 정이 가지 않는 곳 있으랴만 특히 제주를 흠모하는 까닭은 그곳에 童心이 깃들어 있기 때문이다. 제주에 가면 어릴 때 어머님의 품에 안긴 듯한 정감을 느낀다. 그 날 그 걱정 없던 때가 떠오르기에 잊지 못하는 것이다. 고아한 어머님의 자태 같은 한라산도 좋고 언제나 믿음직스러워 그 곁에 삶을 얹고 싶은 아버님 같은 중산간 지대도 좋다. 더구나 그 푸르고 맑은 물이 넘실대고 있는 해안 마을에 있어서는 표현할 말이 없을 지경이다.

하지만 제주의 역사는 제주가 결코 낙원이 아니었음을 웅변하고 있다. 옛날 제주는 三災의 섬이었다. 산 높고 골 깊으니 비만 오면 수재요(山高深谷水災), 돌 많고 땅 박하니 가물면 한재요(石多薄土旱災), 사면이 바다니 바람 불면 풍재라(四面大海風災). 이러니 기회만 닿으면 육지로 가려 했다. 그래서 나온 것이 조선 왕조의 濟州女 出陸 금지 조처였다. 상황이 이런지라 이제 제주 길지론을 말하고자 하는 심회가 가볍기만 한 것은 아니다.

앞에서 나는 제주대학교가 자리 잡고 있는 터가 근래 보기 드문 풍수 길지라는 주장을 편 적이 있다. 이번 제주행에서는 위와는 성격이 다르지만 그 땅 기운에서는 조금의 떨어짐도 없는 좋은 명당을 만날 수 있었으니 그곳이 바로 신제주에 있는 중앙중학교이다. 신제주라는 곳은 제주시 남서부에 새로 조성된 시가지인데 주로 관청과 공공 건물들이 들어서 있는 현대식 가로망이다.

도청을 끼고 오른쪽으로 돌면 멀리 한라산의 웅자가 보이고 그 아래로 병아리 같은 올망졸망한 오름들이 눈을 채운다. 그중 왼쪽으로 둥드럽게 보이는 것이 민오름(문오름 또는 戊岳), 그리고 그 오른쪽으로 민오름보다 조금 높게 보이는 것이 남조순오름인데 중앙중학교는 민오름과 관계가 된다. 그런데 도청과 북제주군청을 지나 한전 제주지사 건물을 벗어나면 밭과 집 한 채가 나온다. 그 집 뒤 역시 자세히 보면 조그만 오름인데 그 이름이 자못 괴이하여 가새기오름(개새끼오름 또는 可沙只峯)이다. 문제는 민오름과 가새기오름 사이의 관계에 있다(사진 36).

이곳은 본래가 제주 六大陽宅穴 중 제일로 꼽혔던 곳이라 한다(≪제주신문≫ 김범훈 부장의 기록). 이미 17세기 초에 마을이 들어섰던 곳으로, 민오름의 형세를 어미 개라 할 때 가새기오름은 강아지와 같은

사진 36 신제주에 있는 가새기오름

형상이라 하여 결국 두 오름 사이 지대는 개의 젖무덤에 해당되는 셈이다. 그래서 지명도 지금은 연동이지만 신제주 건설 이전에는 貴囊洞 혹은 狗兒囊이었다 한다. 1986년 간행된『연동 향토사』에 의하면〈이곳에 집을 짓고 살게 되면 만석꾼이 되어 영달을 누릴 수 있다〉고 하였지만 나의 관심은 한 가문의 발복에 있는 것은 아니다. 대자연이 이루어 놓은 풍수가 어찌 그런 정도에 머물 수 있겠는가. 더구나 그것이 대지인 바에야 말할 나위도 없을 것이다.

가새기오름을 훑어보며 민오름 쪽으로 나아가니 곧 아담한 주택가가 나타난다. 그놈의 불법 주차한 자동차들만 아니라면 한적하게 산책을 즐길 수 있는 길인데 안타깝기 그지없다. 편리하자고 만든 교통수단이 교통을 막고, 병을 고쳐 주자는 병원에서 병을 옮겨 받는 세태이니 말해 무엇하겠는가.

짜증이 막 나려는 판에 맞닥뜨린 곳이 바로 중앙중학교였다. 이미 학생들은 집으로 돌아간 뒤라 운동장에는 농구하는 녀석 둘밖에 없다. 한라산과 민오름 그리고 가새기오름으로 이어지는 개의 등뼈 선상에서 남조순오름이라는 두툼한 배 쪽으로 튀어나와 자리 잡은 이곳은 개 젖꼭지임에 틀림이 없다. 푸짐한 어미 젖을 빨며 자라고 있는 이곳 학생들은 참으로 좋은 명당을 차지한 셈이다.

(2) 완도 청해진에도 풍수 개념은 도입되었을까

완도는 예로부터 우리나라에서 여섯번째로 큰 섬이라 알려져 왔다. 그러다가 어찌 된 영문인지 교과서나 사전류 등에 열번째로 기재되는 오류를 범해 왔으나, 1989년부터는 교과서에 일곱번째 섬이라고 바로 기재되기 시작했다. 우리나라 10대 섬이란 제주도, 거제도, 강화도, 진도, 남해도, 안면도, 완도, 울릉도, 돌산도, 고금도 등을 말한다.

완도를 처음 다녀간 것은 1970년 대학 다닐 때 지리학과 정규 답사 때였다. 그리고 1972년 대학 졸업 논문을 쓰기 위하여 다시 이곳을 조사한 적이 있었고 전북대 교수로 있으면서 학생들 데리고 두 번 더 훑어보았으니 꽤 다닌 셈이기는 하다. 특히 졸업 논문을 쓰기 위해 이곳을 찾았을 때는 상당 기간 이곳에 머물렀기에 지금도 여러 가지 일들이 기억에 생생하다.

논문은 우리나라 감귤 재배지가 어떻게 북상하여 왔고 지금의 상태는 어떠하며 그런 현상이 바람직한 것인가에 관한 내용이었다. 이것이 마침 당시 서울대학교 ≪문리대학보≫에 실렸기 때문에 지금도 내가 무엇을 주장하였는지를 들춰볼 수 있다. 그때 이미 감귤은 제주도 전역을 석권하고 남해안의 상당수 군 지역에 상륙하고 있다는 것이 현지 조사 결과였고, 하지만 자연적인 재배 조건을 너무 무리하게 초과하여 생산비가 과잉인 것이 문제라는 결론이었다. 감귤 수입이 금지된 상황에서는 이것이 황금 작물일 수 있으나 만약 대만이나 일본산 감귤과 경쟁을 한다면 도저히 승산이 없는 과일임이 분명했다. 가격이 외국산에 비하여 다섯 배에서 열 배 가량 높은 것이 현실이었으니까.

그러나 그때는 〈잘살아 보세!〉라는 구호가 전국을 덮고 있을 때였고 귤나무 열 그루만 있으면 자식 한 명 대학 보낼 수 있다는 농담이 나올 정도로 감귤이 金果 구실을 하던 때였기 때문에 그에 대한 우려는 그야말로 기우쯤으로 치부될 수밖에 없었다.

3월 초순, 다시 완도를 찾았다. 이제 감귤은 보이지 않는다. 날씨가 추우면 귤 묘목 밭에 타이어를 태워 연기를 피워 동해를 막아 주던 그 귀했던 감귤은 자취를 감추고 만 것이다. 통계를 보니 지금 완도의 감귤 밭은 3.6헥타르에 지나지 않는다. 자연에 순응치 않는 농사는 결국 약탈과 같은 것이다. 유독한 연기를 피워서라도 소출을 보겠다는 마음 씀이 순리일 수는 없다.

지금 완도에서 가장 많이 심는 과실류는 유자이다. 그것은 품종을 개량했다고는 하지만, 재배 조건이 알맞은 완도 재래의 품종이다. 그러니 유자를 가꾸는 것은 자연에 순응하는 태도랄 수 있다. 동백나무, 황칠나무, 후박나무, 모과나무도 유자같이 완도에 맞는 수종이고 당연히 완도에는 그런 나무들이 많다. 흔히 정력제인 음양곽으로 많이 알려진 삼지구엽초도 완도 일원, 특히 조약도와 생일도, 평일도 그리고 완도의 주산인 象皇山(644m) 일대에 자생하고 있으나 남벌이 걱정이기는 하다.

우수 경칩이 지났지만 서울은 아직 겨울 맞이 가시지 않았는데 남도의 들길에는 봄 냄새가 꽤나 짙어지고 있었다. 보리는 파랗게 싹이 올랐고 어쩐 일인지 노랑나비까지 한 마리 눈에 띈다. 군에 입대하여 훈련을 받을 때 보리 싹이 막 돋는 것을 보며 군대 생활을 시작해 보리 벨 무렵 훈련을 마쳐서 그런지 보리만 보면 언제나 감회가 새

롭다. 논산 훈련소 부근 농촌의 파릇파릇했던 보리도 그립고 광주 보병학교 훈련교장 인근의 누렇게 익어 가던 보리도 새삼 추억 속에 너울거린다.

　겨울의 收藏 상태를 벗어나 봄의 木生으로 기지개를 켜고 있는 셈이다. 生長收藏하는 생명의 순환은 어김이 없다. 방안에 들어앉아 책 속에 눈을 박고 지리서를 읽을 때는 땅이 살아 있다는 풍수가의 주장이 실감 나지 않는다. 그러나 대지에 발을 딛고 서 있으면 땅이 다만 물질이라는 서양 지리학의 전통이 얼마나 공허한 것인지를 깨닫게 된다.

　완도는 아름다운 곳이다. 하지만 그 지명 유래를 듣고 나면 깊은 슬픔이 묻혀 있다는 것을 알 수 있다. 〈莞〉이라는 글자에 왕골의 뜻이 있기에 초목의 무성함이 왕골과 같다 하여 완도라는 이름이 붙었다는 설명은 너무 조라하다. 그리고 맞지도 않다. 왕골의 뜻일 때는 발음이 완이 아니라 관이다. 『莞島郡誌』「연혁편」에는 이런 유래가 기록되어 있다. 莞의 훈은 빙그레 웃는다는 뜻이다. 그러니까 완도는 빙그레 웃는 섬이다. 살기 좋은 고장이란 뜻일 터이지만, 거기에 타관에서 고향을 그리는 심성이 담겨 있기에 슬프다는 표현을 쓴 것이다.

　신라 흥덕왕 3년(828) 현재의 완도읍 장좌리와 죽청리 일대에 청해진을 설치한 장보고는 서남해안 일대를 완전 석권하고 있었다. 그의 세력은 왕실에도 미쳐 결국 그에 반대되는 세력의 모략으로 閻長에 의하여 피살되고 만다. 그러나 그의 휘하 장졸들이 가만 있을 리가 없다. 수많은 반란들이 끊임없이 이어졌다. 문성왕 13년(851) 신라는 완도의 청해진 잔존 세력을 정벌하고 그곳 주민들을 김제 碧骨堤 제방 공사장에 투입하여 강제 노역을 시킨다. 완도 주민들은 그 좋았던 고향 완도를 그리며 빙그레 웃는 얼굴을 짓게 되고 그것이 바로 완도라는 지명의 유래가 되었다는 것이다. 그 40여 년 뒤 견훤의 후백제 치하에 들게 되면서 다시 완도로 돌아오게는 되지만, 아름다움 뒤에는 슬픔이 서려 있다는 가르침을 완도라는 지명은 품고 있는 모양이다.

　덕유-지리산맥은 보성-장흥-강진-해남의 南嶺山地를 거쳐 해남 頭輪山에서 마디를 맺으며(結節) 宗山을 일으킨 뒤 達島의 望山을 딛고 원동에 상륙하여 宿僧峰을 樂山으로 삼아 象皇峰에서 완도의 주산을 일으킨 맥세이다. 이것이 서쪽으로 나아가 將島 연안에 한 명당을 펼쳤으니 청해진 터가 바로 그곳이다. 지금의 군청소재지인 군내리는 그 한 여맥으로 보는 것이 타당하다.

　이곳에는 제주와 주변 섬을 연결하는 연락선들의 여객 터미널이 있고 어선들의 뱃머리(埠頭)도 있어 포구의 정취가 물씬한 곳이다. 뱃머리 노점에서는 산낙지, 게, 해삼, 멍게 등을 팔고 있어 소주 한잔 생각 간절케 한다. 이곳저곳 기웃거리며 해산물도 보고 가끔 고개를 돌려 바다도 바라보려니 해방되었다는 이상한 기분이 지나간다. 불현듯 대상도 없는 異性이 그리워지는 것은 무슨 까닭인지. 자유라고 말할 수는 없고, 방임이랄까 퇴폐랄까 하는 그런 묘한 기분이 찾아들더라는 뜻이다. 무릇 모든 여행이 다 그러하지만 특히 이런 포구를 헤매 다닐 때는 그 강도가 훨씬 심하다. 완도산신이여 부디 노여움 푸시고 용서하시라.

　하지만 완도도 많이 변했다. 선창에 울려 퍼지던 째지는 듯하던 유행가 가락은 어디서도 들리지 않는다. 구경하기 힘들던 자동차들은 복잡할 정도는 아니지만 줄지어 돌아다닌다. 그저 변함없는 것은 갯바람, 갯내음과 포구 앞을 가로막고 서 있는 珠島의 모습뿐인가.

　말 그대로 구슬 같은 이 섬은 부두에서 손에 잡힐 듯한 거리에 떠 있다. 예로부터 五龍爭珠形이란 풍수 형국명이 붙은 데서도 짐작할 수 있는 일이지만 완도의 구슬이란 말이 조금도 과장이 아님을, 보면 알 수 있다. 완도 쪽의 동망봉, 남망봉과 가용리의 튀어나온 곳, 거기에 건너편에 있는 신지도의 두 곳이 다섯 용의 구실을 맡게 되고 주도는 말할 나위 없이 구슬이 되는 형세이다. 특히 加用里는 본래 이름이 駕龍里로 마을 앞에 있는 진중매산의 모습이 용처럼 길고 쭉 뻗어서 붙은 지명이니만큼 가장 위세를 떨치는 용의 형상이다.

5천여 평의 작은 섬이지만 130여 종의 희귀한 상록수림이 섬을 가득 메우고 자라기 때문에 이미 1930년대에 천연 기념물 제28호로 지정된 바 있다. 직접 보지 못한 것이 한이지만 밀물이 들어 섬 전체가 바다에 둥실 떠 있는 듯할 때, 달빛은 교교한데 둥근 보름달 아래 떠나가는 일엽편주의 풍경은 압권이었다고 한다. 이것이 바로 완도팔경의 하나인 珠島滿潮明月이란 것이다.

옛날의 영화야 어찌되었거나 지금은 그저 멍하니 완도항의 개발되고 현대화된 잡답을 넋놓고 바라보는 형상이니, 언제 다섯 용 일어나 보배로운 주도를 다툴 것인가. 아! 그 따뜻하고 아늑했던 완도여, 다시 볼 날 있을까.

마침 봄을 맞는 철이라서 그런가 온종일 완도에는 바람이 그치지 않는다. 하지만 육지 바람과 달리 매섭지는 않다. 완도를 연륙시킨 완도 대교를 건너 섬에 들어오니, 기분 탓인가 땅 기운도 달리 느껴진다. 자료를 얻으러 군청으로 가려고 군내리로 들어서다 보니 못 보던 간판이 눈에 띈다. 〈완도 물차〉. 무슨 소린지 알 수가 없다. 밑에 식수 공급업이라는 설명이 붙은 것을 읽고서야 그게 뭐 하자는 업종인지 짐작이 간다.

본래 섬 지방은 물이 귀하다. 아마도 그래서 물을 날라 주는 업체가 생긴 것이리라. 군청 공보계장 박명규 씨에 의하면 예전에는 물 때문에 고생한 것이 사실이지만 지금은 안골수원지가 보강되어 물 부족은 거의 해소되었다고 한다. 그러나 읍내 음식점 주인은 물 때문에 고생이 심하다고 한다. 〈물 흔한 섬은 극락〉이란 말이 있지만 지금 세상에서야 육지라고 좋은 물 넉넉하랴 싶은 게 입맛이 쓰다.

물론 이 지방의 중심 산업은 수산 양식업이다. 특히 김은 우리나라 전체 생산량의 40%에 해당할 정도로 막대한 양이었다. 그러나 최근 들어 영양 염류가 부족해지고 적조 현상이 빈발하는 바람에 생산성이 떨어지는 경향을 보이고 있다. 미역이 그를 대신하는 듯하기도 하지만 이 역시 대일 수출 저조로 상당한 고전을 면치 못하고 있는 실정이라 한다. 그런 수준이기는 하지만 물차 사업이 이 지방의 주요 산업일 수는 없다고 보는 것이 옳다.

사실 완도처럼 풍광이 뛰어난 곳에서는 풍수를 전문으로 하는 답사가 잘 이루어질 수 없다. 워낙 경치 보기에 눈이 팔리다 보니 전공이 뒷전으로 밀리는 까닭이다. 그렇다고 본분을 잊을 수는 없는 일이라 미리 조사해 두었던 罜石里를 찾아 나섰다. 완도읍에서 유명한 구개짝지(혹은 구경짝지, 九階嶝이라 표기함) 해수욕장이 있는 정도리 가는 길을 따라 10분쯤 가다 보면 만나는 마을이 바로 망석리이다.

한데 이날 따라 마침 길을 잘못 들어 그대로 정도리 구계등으로 들어가고 말았다. 아마도 오늘은 관광 복이 터진 날인 모양이다. 이곳이 다도해 해상 국립 공원 지역인지라 혹시 입장료를 받으면 포기할 생각으로 가 보니 아무도 보이지를 않는다. 또한 명승 제3호로 지정되어 있는 곳이기도 하다.

이곳은 쉽게 말해서 검푸른 자갈이 깔린 해변이다. 작은 것은 아기 주먹만한 것에서부터 큰 것은 커다란 호박 같은 것에 이르기까지 검거나 푸른 자갈들이 폭 70-80미터, 길이 약 800미터 정도로 깔려 있고 그 뒤로는 꼭 그만한 크기의 방풍림이 풍치를 더한다. 커다란 자갈돌에 비스듬히 걸터앉아 앞을 보자니 과연 풍치가 일품이다. 왼쪽으로는 포말을 일으키는 파도 치는 바다요, 오른쪽으로는 해송이 숲을 이루는데 더구나 관광철이 아니라서 사람은 그림자도 보이지 않으니 이런 仙境이 어디 있겠는가.

다시 온 길을 되짚어 원래의 목적지인 망석리를 찾았다. 이곳에는 육지에서도 흔히 들을 수 있는 정례화된 풍수 형국 얘기와 사례가 많지는 않은 묘한 구전 설화가 있다. 본디 망리였던 이곳은 1914년 石場里와 합쳐져 망석리(석장리는 1959년 다시 분리됨)가 된 곳인데, 망리라는 지명 유래에 풍수가 개입되어 있다. 완도의 진산인 상황봉의 기맥은 이 마을 주산인 西望峰에 이르러 팔을 벌려 명당을 펼치게 된다. 마을 앞 안산은 明月岩이요, 그 둘레를 南望峰, 籠岩山, 大峯山, 六口味山(마을 사람들은 엿기미잔등이라 부름), 草溪山이 둥글게 감싸 안아, 마치 토끼가 방아를 찧는 보름달 형상이라 하여 망리라 부르게 되었다는 얘기다. 아마도 玉兎望月形을 그렇게 표현한 것이리란 짐작이 간다.

하지만 대부분의 섬 마을들이 그런 것처럼 이곳도 농토는 계곡 가운데 조그맣게 펼쳐져 있고 집들은 산 사면에 밀집되어 있는 형편이다. 넓고 넉넉한 둥근 달을 떠올리기에는 무리가 가는 것이 사실이기는 하다. 아마도 그런 현장이 그들로 하여금 옥토망월형의 땅 기운을 바라게 한 것인지도 모르겠다.

또 한 가지 재미있는 설화라는 것은 간혹 민속 풍수라고 부르기도 하는 警句性 설화였다. 내용은 비교적 간단하다. 망석 마을 앞산에 공알바위가 있다. 『새 우리말 큰 사전』을 찾아보니, 공알이란 여자의 생식기 속에 있는 감씨 모양으로 도드라져 나온 성감이 가장 예민한 살이라고 설명되어 있다. 이 공알바위가 마을에서 마주 바라 보이게 되면 좋지 않은 일이 생기므로, 그것을 보이지 않게 하기 위하여 산에 숲을 조성하고 절대로 그것을 베어서는 안 된다는 다짐을 주민들에게 하고 있는 내용이다.

이러한 민속 풍수 설화가 가지고 있는 실질적인 의미는 무엇일까. 잡술 풍수 해석으로는 간단하게 설명할 수 있다. 여자의 음부, 그중에서도 핵심적인 위치에 있는 부위처럼 생긴 형국이니 거기에는 음기가 서려 있을 것이고 주민들이 그 음기에 노출되면 陰風悖逆에 빠질 것인즉 그것을 막기 위하여 나무를 기른다는 정도일 것이다.

그것으로 된 것일까. 결코 그런 정도에 머무는 것이 풍수는 아니다. 그렇다면 무엇 때문에 작은 바위 하나에 그런 얘기를 붙여 놓은 것일까. 그것을 알기 위해서는 우선 현장을 봐야만 한다. 여러 번 말하는 것이지만 풍수에서는 산을 넘고 물을 건너는 수고(登涉之勞)를 마다하지 말라고 하지 않던가.

마을 안 가게에서 할아버지 한 분이 낮술을 들고 계신다. 농사일을 좀 보고 고단해서 한잔 하시는 중이란다. 옆에 앉아 이런저런 얘기를 하다가 그 설화를 끄집어내니 무척 반가워한다. 어릴 때 듣고 요즈음 들어서는 처음 듣는 얘기란다. 공알바위의 위치만 알려 주시면 찾아가겠다고 했지만 굳이 같이 가자고 하며 앞장을 선다. 칠순의 김진언 할아버지를 앞세우고 길도 없는 산을 오르자니 미안하기 짝이 없다. 하지만 현장을 확인하지 않고 말할 수는 없는 것이 풍수인지라 내려와서 약주 한잔 대접해 드리지 하는 마음으로 그냥 내쳐 산을 올랐다.

그런데 아무리 뒤져도 바위가 나타나지를 않는다. 할아버지 얘기로는 틀림없이 이 자리라는데 바위 부스러기밖에는 보이는 것이 없다. 한참을 더 뒤지고 나서 할아버지가 내린 결론은 누군가가 부숴 버렸을 것이라는 거다. 할 수 없이 다시 내려와 마을에서 그 바위가 서 있던 장소를 물으니 바로 빤히 마주 바라보이는 산자락이다. 마치 마을 앞에 간판을 세워 놓은 듯한 위치였다. 할아버지가 어릴 때는 누가 나무를 쪄가(베어 간다는 뜻)서 공알바위가 보이면 틀림없이 남녀간에 사단이 나고 그래서 명석말이가 벌어지는 일이 잦다고 했는데, 그렇다면 누군가 바람 난 자식을 둔 아버지가 화가 나서 몰래 없애 버린 것이 아닐까.

이제 이 공알바위 민속 풍수와 나무 보호라는 裨補 풍수의 의도는 대체로 드러난 듯싶다. 이 마을은 섬 마을로서는 특이하게 바다가 멀어 농사를 주요 생계 수단으로 삼아 왔다고 한다(지금은 김, 미역 양식이 소득원임). 따라서 앞산의 수원을 보호하고 토사 유출을 막으며 토양 침식을 방지하기 위해서는 숲 조성이 반드시 필요할 수밖에 없다. 게다가 땔나무 공급원으로서도 수림 보호는 필수였을 것이다. 그러니까 이 마을에서는 〈산림을 보호하자!〉는 표어를 재미있게 윤색하여 마을 앞 공알바위에 붙여 놓은 것이나 마찬가지였다고 볼 수 있다. 게다가 마을 젊은이들의 성 윤리 감독까지 겸할 수 있었으니 이거야말로 일거양득이 아닌가.

마을 지세를 잘 살피니 정말로 옛날에는 청춘 남녀들의 바람기를 다스릴 필요가 있었겠다는 생각이 든다. 우선 이곳은 주위가 어촌인 데 비하여 농촌이다. 아무래도 남녀 문제에 대해서는 주변 마을에 비해 더 폐쇄적이었을 것이다. 또 한 가지는 마을이 기대고 있는, 그러니까 마을 뒤쪽인 서망봉과 마을 앞쪽인 엿기미잔등은 길게 마을을 휘감아 가려 주고 있으나 양옆으로는 계곡을 통하여 길이 나 있어, 좌우가 허전하다는 느낌을 준다는 점이다. 말하자면 좌우 龍虎가 허결하다는 뜻이다. 이 허결처를 통하여 외지인들의 출입이 있을 수 있고 거기서 남녀 문제가 발생할 소지가 있다는 뜻이다. 그것을 공알바위 설화로 미리 경고하고 있는 것은 아니었겠는가.

다시 엿기미잔등을 오른다. 좋은 날씨면 제주도가 보인다는데, 섭섭하게도 오늘은 보이지를 않는다. 그저 바람만 휘휘 댈 뿐이다. 그놈의 바람.

청해진은 홍덕왕 3년(828)에 장보고에 의하여 설치되었다. 그는 본래 당나라에서 군인으로 출세했던 사람인데 해적들이 신라 사람들을 잡아다가 노예로 매매하는 일이 있음을 보고 분개하여 귀국한 뒤 완도에 청해진을 설치하고 그 大使를 맡았다. 그는 私兵的 성격을 지닌 1만 명의 해군을 거느리고 해안 지대를 경비하여 당나라 해적의 출몰을 제압하였다. 뿐만 아니라 당 및 일본과 무역을 활발히 하여 황해의 왕자가 된 인물이다.

이상은 『韓國史新論』에 나오는 청해진과 장보고에 관한 부분을 발췌한 내용이다. 9세기 동아시아의 바다를 제압했던 인물. 그가 왜 하필이면 그의 사령부인 청해진을 완도에 설치하였을까. 청해진 터에 서서 생각해 본 것은 바로 그 문제였다.

이곳이 중국뿐 아니라 일본과의 교통이 편리하다든가, 보다 內灣에 위치하기 때문에 항만 조건이 좋다든가 하는 상식적인 조건들은 금방 벽에 부딪힐 수밖에 없었다. 그런 조건을 가진 섬들은 이 부근에 즐비하니까. 그렇다면 특별히 그가 여기에 끌릴 만한 지세를 이곳이 갖추고 있는 것일까.

상황봉 줄기가 내려오는 산록, 그러니까 지금의 법화사 터에 帥旗를 꽂고 현재 마을이 있는 장소에 본진을 두며 바로 앞 바다에 있는 將島에 선봉을 두는 것은 옛 병법에서는 기본적으로 생각할 수 있는 구도였을 것이다. 또한 상황봉을 진산으로 삼아 현무를 두고, 강진쪽 본토와 古馬島, 伺候島를 청룡으로, 완도 본섬의 동망봉-남망봉 연맥과 薪智島를 백호로 삼으며, 마주 보는 古今島를 조산으로 하면 자연스럽게 將島가 안산이 되니 두 섬은 주작이 되는 셈이다. 이런 四神守護 관념에서 이 터를 선호한 것일까.

그러나 이런 공상은 장보고에 관한 문헌을 살펴보면서 쉽게 해답을 얻을 수 있었다. 『莞島郡誌』에 이런 기록이 나온다.〈장보고는 신라 제40대 애장왕 2년(801) 현 완도읍 長佐里에서 張伯翼의 아들로 태어났다.〉그렇다면 그는 고향에 돌아온 것이 아닌가. 왜 하필이면 완도에 청해진을 설치했을까 하는 의문은 맥없이 답을 얻은 셈이다.

그의 아버지 백익은 중국 절강성 사람으로 신라에 귀화했다는 기록도 나온다. 얼마나 믿을 수 있는 기록인지는 모르겠으나 당시 중국과 이 지방과의 교류가 빈번했다는 증거는 된다고 본다. 여하튼 장보고는 청해진 대사로 임명된 뒤 현재의 완도읍 장좌리를 중심으로 죽

사진 37 장도 전경. 썰물 때라 걸어서 건널 수 있다.

청리, 가용리, 대야리 등지에 군진을 펴는 한편, 장도(일명 장군섬) 주변 갯벌에는 목책도 설치하였다. 이 목책은 이미 일부가 발굴된 바 있다(사진 37).

기록도 확인하고 현장에 대한 느낌도 어느 정도 새겨졌는지라 장좌리 노인회관을 찾아 들었다. 마침 점심 내기 화투를 치느라고 반응이 시큰둥하다. 그 태도가 좀 심한 바 있어 웬일인가 싶었는데 나중에 알고 보니 이미 1991년부터 시작된 발굴로 먹물 든 외지인에 대해서는 신물이 나고 있었기에 그런 것이 아닌가 생각되었다.

장좌리, 죽청리는 군청이 있는 군내리에서 북쪽으로 10여 리 떨어진 바닷가 마을이다. 해안에서 곶 모양으로 돌출한 곳에 장좌리와 죽청리가 자리 잡고 그 바로 코앞에 장도가 솟아 있다. 장좌리에서 장도는 썰물 때면 걸어서 건널 수 있다. 물이 빠지기 때문이다. 그러나 밀물이 되면 2미터 정도 깊이로 물이 들어온다. 마침 우리가 도착했을 때는 썰물이라 그냥 걸어 들어갈 수 있었다. 바닷가에서 어구를 손 보던 김세원 씨(55세)가 마침 장도 청해진 유적 발굴지를 돌보는 현지 주민이라 발굴 보고서와 몇 장의 사진을 볼 수 있었다.

갯벌을 지나 장도에 들어섰다. 입구에 발굴에 관한 간판이 붙어 있다. 1991년부터 1996년까지 만 5년에 걸친 발굴 조사가 예정되어 있다고 한다. 그러나 지금은 섬이 텅 비어 있었다. 김씨의 기억으로는 지금까지 장도에 사람이 산 적은 없었다고 한다. 지금도 물론 무인도이다.

섬 꼭대기에는 잘 길러진 동백나무와 후박나무 숲이 있는데 그 속에는 사당도 있다고 한다. 여기서는 매년 음력 정월 대보름날 해 뜰 때 당제를 모시는데 샘에 가서 끝을 내는 것은 섬이기에 당연한 순서란 생각이 든다. 하필 해 뜨는 시각이냐에 대해서는 그에 관한 설화가 전해지지만 내용은 중요하지 않은 듯하여 생략하기로 한다. 특이한 것은 이곳에서 모시는 혼령 중에 고려 삼별초의 장군 중 하나이던 宋徵이 들어 있다는 것이다. 1980년대에 들어와서는 장보고도 모시고 있다고 한다. 장보고와 송징으로 이어지는 장좌리의 軍脈은 반외세, 불퇴전의 고집쟁이들이었던 모양이다.

많은 설화와 전설들이 흩어져 있는 이곳에서 발굴이 이루어지고 있다는 사실은 고무적이라 여겨진다. 한낱 무지렁이들의 꾸며 낸 이야기 정도로 취급받던 마을의 구전 설화들이 복권될지도 모르기 때문이다. 어찌되었거나 이곳이 청해진의 옛터였다는 것은 이제 장도에서 발굴된 몇 가지 유물과 유적만으로도 충분히 입증된 셈이다.

이제 뒷산 쪽으로 올라가 마을 입지도 조망하고 또 장보고의 무덤이라고 전해지는 장좌천 상류에 북향하여 있다는 여섯 기의 무덤도 찾아볼 겸 마을을 벗어나다가 의외의 인물을 만났다. 처음 노인회관에 들렀을 때부터 이분을 만나 보라는 도움말을 들었는데 집을 찾을 수가 없어 포기하고 그냥 나가던 길이었다. 보통 마을 사람 중에 향토사에 해박한 학식과 독특한 애향심을 지닌 인물을 만나는 예가 없는 것은 아니지만 이 경우는 너무나 기발한 생각을 피력하는지라 좀은 당황스럽기까지 하였다.

올해 환갑이라는 곽현구 씨는 자기 집으로 들어가 얘기하자고 했다. 그의 방에는 팩시밀리와 개인용 컴퓨터도 마련되어 있었다. 그런 연배에는, 게다가 한적한 어촌에서는 그것도 개인 소장으로 그런 물건을 갖추는 것이 흔한 일일 수가 없으므로 부쩍 호기심이 갔다.

그는 먼저 준비된 자료를 내놓고 설명을 했지만 그런 것은 이미 문헌 검토에서 나도 다 보았던 것인지라, 그분이 성실한 향토사가로구나 하는 감흥 이외에는 소득이 없었던 셈이다. 그런데 다음 말부터는 그야말로 놀라움의 연속이었다.

우선 장도는 助音島(『郡誌』에는 완도의 이명이라 되어 있음) 또는 仙山島라고도 하는데, 조음도란 조그마한 섬이라는 뜻의 쪼끔섬이고 선산도는 張氏들의 선산이라는 뜻을 한자로 그렇게 표기했을 뿐이라는 것이었다. 그의 주장의 골자는 장도가 하나의 거대한 墳墓라는 것이다. 본래는 바닷가에 해발 40미터쯤 되는, 가운데 구멍이 뚫린 바위가 하나 있었다. 그러니까 이 바위에는 천연 동굴이 있었던 셈이다. 장보고의 조상들은 이 동굴을 가족 집단 분묘로 삼았고 그 뒤 세월이 흐름에 따라 그 위에 계속 조상 분묘를 덧붙임으로써 오늘의 장도라는 섬이 되었다는 것이다.

그 섬의 한쪽 면은 동지 때 해 뜨는 방향을 취하고 또 한 면은 하지 때 해 뜨는 방향을 취하고 있는데, 그것도 이곳이 인공의 분묘로 조성된 때문에 그렇게 된 것이라고 그는 생각하고 있었다. 그것은 마치 로마 시대의 지하 분묘와 같은 것이라는 설명도 곁들였다. 아마도 카타콤을 떠올리는 모양이었다.

나는 이런 얘기를 믿고 있을 만큼 순수하거나 순진한 사람은 아니다. 하지만 얘기가 하도 황당하고 기이하다 보니 관심이 가지 않을 수가 없었다. 그는 확신하고 있었다. 이제 점차 발굴이 이루어지면 다 밝혀질 것이라는 얘기였다. 그러니까 그의 주장이 만에 하나라도 맞다면 우리는 처음으로 천연 동굴에 집단 분묘를 만들고, 인공으로 무덤을 만들기 위하여 갯벌 바위 주위에 토사를 퇴적하여 그것이 하나의 섬이 되게 만든 유례가 없는 墓制를 만나게 되는 셈이다.

못 믿는 내가 안타까운지 그는 이런 얘기도 덧붙였다. 증조할머니가 친구와 함께 장도에 나물을 캐러 갔었는데 그 친구가 금붙이를 발견하여 천석꾼이 되었다는 것이다. 고대 분묘가 아니면 왜 그런 외딴섬에 금이 있겠느냐는 논리다. 그 사람 집안에 광주 학생 운동의 주동자 중 한 사람인 황모 씨가 나왔다는 얘기까지 한다.

곽현구 씨 말에 휘둘린 탓인가, 나오다 보니 장도가 정말 인공섬인 것처럼 보인다. 답사한다고 떠돌다 보니 뭐에 씌인 것인가.

(3) 생명의 원천 기운을 지닌 석모도 보문사

강화도는 물론 섬이다. 그것도 제주, 거제, 남해, 진도와 함께 우리나라 五大島 중 하나이다. 그런데 섬이란 느낌이 별로 들지 않는다. 1970년 육지와 연결되는 다리가 놓여 陸繫島로 되었기 때문만은 아니다. 그저 김포 반도의 뭉툭한 끝 부분처럼 보이기에 하는 소리다. 실제로 예전에는 육지와 강화 사이의 바다를 鹽河라 하여 마치 강 이름인 듯 썼던 적도 있었다고 한다. 뿐만이 아니다. 지금 강화는 인천광역시로의 편입이 확정적인 단계에 놓여 있다. 주민 투표까지 거쳤으니 아주 특별한 일이 벌어지지 않는 한 강화는 광역시 지역이 된다(1995년 인천광역시에 편입되었음).

하지만 석모도는 다르다. 이 역시 얇은 띠 모양의 바다에 의하여 강화 본섬과 격리되어 있는 것은 강화와 육지의 관계나 다를 바 없지만 느낌이 사뭇 다른 것이다. 이곳은 지금도 배를 타야만 들어갈 수 있는 명백한 섬이다. 본섬 내가면 外浦里에서 배를 타고 석모도 石浦里(돌개동 혹은 돌캐)까지 그저 5분 남짓한 거리지만 뱃머리 특유의 냄새와 분위기 그리고 통통거리는 선박의 발동기 소리들이 육지를 떠난다는 기분을 충분히 전달해 주는 것이다.

석포리에 내리면 대개 보문사 가는 버스가 기다리고 있다. 절 아랫마을까지는 대략 20분 정도 걸릴까, 섬의 남쪽을 돌아 나가는 길 가 풍경이 볼 만하여 지루한 줄 모르겠다. 행정 지명은 三山面 煤音里이다. 그 발음이 괴이하여 지명 유래를 살피니 이런 얘기가 실려 있다. 본디 이곳에는 염전이 많았는데 소금을 구울 때 큰 가마솥에 바닷물을 넣고 청솔가지로 불을 지피면 검은 연기는 하늘을 치솟고 나무 타는 소리는 마을을 진동한다 하여 그런 이름이 붙었다는 것이다.

평일인데도 생각보다는 사람들이 많다. 승객 대부분이 보문사 가는 사람들인지 종점에 갈 때까지 내리는 사람은 거의 없다. 이곳에서 불공을 드리면 부처님의 가피를 입어 자식을 낳게 된다는 우리나라 三大海上觀音祈禱場으로 알려진 탓이리라.

일주문을 지나 올라가는 길이 제법 가파르다. 일주문 아래는 아마도 절 증축에 쓰려는 듯 아름드리 나무들이 다듬어지고 있다. 절은 觀音殿을 중심으로 하여 왼쪽에 梵鐘閣, 오른쪽에 요사채가 벌여 있고 관음전 왼쪽 뒤로는 부처님과 나한의 석상이 봉안되어 있는 石室이, 그리고 오른쪽 뒤로는 그 유명한 磨崖石佛坐像으로 올라가는 길다란 돌계단이 천상으로 인도하듯이 자리를 잡았다. 일반적인 사찰의 가람 배치와는 차이가 있는 듯싶다. 우선 本殿이랄 수 있는 대웅전이 보이지 않으니 말이다. 아마도 석실과 석불이 이 절의 두 중심축이기 때문이 아닐까 하는 생각이 든다.

무엇보다 눈에 먼저 들어오는 것은 절을 병풍처럼 감싸고 있는 뒷산이다. 국립지리원 발행 1:25,000 지형도상에 上峰山(316.1m)-246高地-새가리고개로 연결되어 나타나 있는 긴 능선이 이에 해당된다.

이 산줄기는 방개고개를 지나 海明山(327m)으로 연결되는 것으로 나타나 있다. 물론 보문사에서 부르는 뒷산 이름은 洛迦山 또는 修道山이다. 바로 그 낙가산룡 중턱에 보문사가 안겨 있는 모습이다.

아마도 같은 산줄기이지만 마을에 따라서, 즉 보이는 위치에 따라서 혹은 그 자태나 쓰임새에 따라서 이름을 달리 했던 모양이다. 실제로 한글학회가 지은 『한국지명총람』 권17 「경기편 상권」에는 낙가산을 설명하면서 이 산을 낙하산, 수도산, 해명산 등으로도 부른다고 하였다. 이어서 덧붙이기를 두 봉우리가 있는 산이라 하였으니, 내 생각에는 이런 경우가 아니었을까 한다. 즉 사찰 입지라는 측면에서는 觀音道場이니 山體 전반을 낙가산 혹은 수도산이라 했을 것이고 그 중 북서쪽 봉우리가 상봉산, 남동쪽 봉우리가 해명산이었을 것이다.

낙가산이란 관음 도량에 흔히 쓰이는 지명이다. 普陀洛迦Potalaka가 원말인데 관세음보살이 사는 팔각형의 산이라고 하며 관음보살의 靈現에 주로 쓰이는 용어가 되었다고 한다. 그러니까 낙가산이란 지명은 아마도 마애석불이 조성된 이후 붙여진 이름일 것이다. 그렇다면 이 낙가산 산룡은 그 맥을 어디에 두고 있는 것인가. 그를 알기 위해서는 본섬인 강화의 산세부터 살필 필요가 있다.

우리 국토의 척추인 백두대간은 한강 남쪽으로는 漢南正脈을 뻗쳐 놓았다. 이 정맥의 한 가지가 光敎山(582m, 용인군 수지면)을 만든 뒤 군포에서 수리산(475m)을 일구어 놓는데 이 산이 西海 중부의 한 종산 기능을 수행한다. 여기서 이 용맥은 북서 건방으로 머리를 돌려 소사의 蘇來山(299m), 부평의 桂陽山(395m)을 지나 다시 머리를 북쪽으로 틀어 北城山을 이룬다. 계속 이어진 이 용맥은 葛硏山(일명 開蓮山)과 藥山(김포군 大串面 藥岩里)을 지나 碎岩津(김포군 대곶면)에서 바다를 만난다는 것이 『江都地名考』의 설명이다.

이제 어떻게 되는가. 『江都誌』(肅宗, 1696년 발간)에 의하면 〈물밑으로 뻗어 강(바다)을 건너 서쪽으로〉 이어진 것으로 표현하였으니 적절한 말이다. 이리하여 도달한 곳이 佛恩面 德城里의 大母山 (84.2m)이라 하였으니 이곳이 바로 강화 산룡의 엄뫼(어미 산, 母山)가 되는 셈이다. 즉 백두의 정기는 바로 소용돌이치는 손돌목을 건너 강화로 연결되었다는 얘기이다. 이곳은 바닷속에 바위가 많이 숨어 있고 물살이 급히 소용돌이쳐서 뱃길이 아주 위험한 곳이다. 이렇듯 산천의 조화는 거짓이 없다. 白頭幹龍의 한 지맥이 바다를 건너기 위해서는 손돌목 정도의 조화는 있어야 하는 것이다.

이 母龍은 강화 전역에 마니산, 鎭江山, 穴口山(일명 穴窟山), 高麗山, 別立山 등의 江都六大山이란 자식을 낳았는데, 그중 마니산 가지가 다시 바다를 건너 이룬 것이 바로 보문사가 의지하고 있는 낙가산, 즉 海明山인 것이다. 이 해명산이 바로 江都六大山의 나머지 하나이다. 모두 12봉우리인 해명산 중 그 두번째 봉우리 서쪽 골짜기에 바로 보문사가 자리 잡고 있으며 그 봉우리에 마애불상이 새겨져 있는 눈썹바위(眉岩)도 있다(사진 38).

즉 백두산의 큰 정기가 수천리를 之玄으로 용틀임 치며 달려 내려와 바다를 두 번씩이나 건너 끝으로 이루어 놓은 곳이 낙가산이니, 이른바 節脈이 아닐 수 없다. 풍수는 땅을 사람 대하듯하는 지리학이니, 이곳은 용의 射精處에 해당된다고 볼 수 있다. 말하자면 精氣極盡聚注處인 것이다. 우리 국토를 서쪽을 바라보며 서 있는 성인 남성에 비유하여 설명하면 무슨 얘기인지 이해하기가 쉬울 것이다. 김포 반도는 그 남성의 성기 본체이며 강화도는 귀두부에 해당된다. 따라서 바로 그 앞에 떨어져 있는 석모도는 그 남성이 射出한 정액 방울이란 뜻이다. 이런 곳에서 일반인들이 자식 낳게 해달라고 비는 습속이 생긴 것은 이 땅의 이치로 보아 이상한 일이 아니다. 정액을 쏟고 있는 용 앞에서 그 은덕으로 所生을 보자는 것은 불교의 교리에 어긋나는 것인지는 모르겠으나 민속으로는 적절한 입지 선정이라 아니할 수 없는 일이다.

사진 38 보문사 관음전과 낙가산. 산 위 흰 바위 아래 마애관음상이 조성되어 있다.

≪월간 대중불교≫ 1994년 10월호에 보니 어떤 주부가 아들이 대학에 합격하기를 기도하는 일에 관한 상담을 해준 기사가 있었다. 중앙승가대 교수인 본각스님의 상담 내용은 積善積德하라는 요지의 네 가지로 요약되는 것이었지만, 특히 無心으로 자기 자식뿐만이 아니라 모든 수험생을 위해 기도하라는 당부가 마음에 와 닿았던 기억이 난다. 자식을 갖고 싶은 바람은 정상적인 모든 부모의 공통된 심정일 것이다. 모든 중생이 無子息의 고통을 받지 않도록 기원하는 일은 결코 부처님 뜻에 어긋나는 일이 아닐 것이라는 상념이 지나간다.

이런 땅에는 지나친 인공의 건축물이 바람직하지 않은 것이 풍수의 正道인지라 지금의 범종각-관음전-요사채를 연결하는 선 상부는 결코 더 이상의 地貌毀損을 자제해야 할 것이어니와 그 선 하부라 할지라도 일주문 위쪽으로는 가급적 손을 대지 않는 것이 좋겠다는 생각이 들었다. 대중 공양을 위한 것이라면 일주문 밖 절 아랫마을 쪽이라면 괜찮지 싶은데, 이 또한 절 살림을 전혀 모르는 과객이 끼여 들 문제는 아닌지도 모르겠다.

그러나 지금의 공간 배치는 적절하다는 판단이 든다. 관음전과 석실은 癸坐丁向(磁北基準 205도, 西南西)인데 석실이 午向에 조금 더 가까운 편이다. 그리고 그 바로 뒤에 眉巖의 관음상이 마애되어 있으니 그 사이를 가르는 어떤 장애물도 없어 적절하다는 것이다. 그렇기 때문에 내 판단으로는 관음상 올라가는 초입에 세워진 공덕비도 너무 過重하지 않느냐 하는 생각이 들었다. 규모가 지금보다 적거나 아니면 아예 관음전 아래쪽으로 옮기는 것이 관음전-석실-관음상의 지기 상통을 방해하지 않는 길이 될런지도 모른다.

한 가지 신기한 것은 관음전 뜰에서 보아 艮向(北東쪽)으로 능선 바로 위에 흰색으로 빛나는 둥그런 바위가 드러나 있다는 점이다. 이는 얼핏 窺峯을 연상할 수도 있으나 그런 것 같지는 않았다. 앉으나 서나 보이는 것은 물론이고 정향에서 간향에 드러나는 엿보는 물체는 규봉일 수가 없기 때문이다. 이는 오히려 상당한 祥瑞의 징조로 보여지는데 그것이 특히 떠오르는 초승달 형상, 즉 初月形이란 점에서 더욱 그러하다.

본래 보문사 터가 민속 풍수상 祈子의 상징성을 갖는 땅인지라 초월은 懷姙을 의미하는 것이니 그런 둥근 바위가 간방에 보이는 것은 분명 상서일 것이라는 짐작에서이다. 따라서 이 역시 관음전 뜰에서 그 바위를 가리는 어떠한 구조물도 있어서는 안 된다는 뜻이 되기도 한다.

공간 배치는 적절한 것으로 판단되었는데, 그렇다면 건물의 배치는 어떨까. 건축물의 배치 상태를 판단하는 풍수 술법은 東四宅, 西四宅論이다. 술법은 내가 그리 중히 여기는 분야가 아니지만 참고로 보문사의 가람 배치를 동서사택론을 적용하여 가늠해 보면 이런 애기를 할 수가 있다. 이 술법은 복잡하기 때문에 여기서 그 내용을 설명하기는 어렵다. 다만 방위에 의존하여 판단한다는 것과 대문, 주된 건물, 그리고 부엌을 주요 대상으로 삼는다는 정도만 밝히고 나아가기로 한다.

관음전 뜰의 중앙을 기준점으로 하여 주된 건물인 관음전의 방위는 癸이고 이는 坎에 해당된다. 부엌인 요사채는 乙이고 震에 해당된다. 이 두 가지의 배치는 매우 좋다는 판정이 나온다. 왜냐하면 둘다 東四宅에 속하기 때문이다.

문제는 대문이다. 보문사의 대문은 어디인가. 만약 일주문을 대문으로 본다면, 이런 해석이 나오게 된다. 즉 그 방위가 坤이며 이는 역시 坤에 해당되기 때문에 이것은 동사택이 아니라 서사택에 해당하므로 동서사택론이 꺼리는 바가 된다. 즉 좋지 않은 배치가 되는 것이다. 만일 사천왕문을 대문으로 삼는다면 문제는 달라진다. 그러나 보문사에는 사천왕문이 없는 듯하다. 따라서 관음전의 뜰 아래쪽으로 새로이 사천왕문을 내게 되면 이 문제는 간단히 해결할 수 있다. 이때 방위는 丁, 午, 丙向(南向에 해당됨) 중 어느 것을 택해도 무방하다. 그렇게 하면 대문이 離에 해당되어 역시 동사택이 되기 때문에 세 가지가 모두 좋은 건물 배치에 속할 수 있다.

아무리 제 좋아서 하고 있는 전공이라지만, 전공은 전공이다. 일이란 얘기다. 보문사의 풍수적 입지를 따지는 작업은 그래서 시간이 지날수록 피곤을 더한다. 이제 훌훌 털고 無心을 즐기기로 한다.

석실 앞의 향나무와 그 앞 느티나무는 한번 쳐다보는 것만으로 心瀟膽灑케 한다. 피곤이 모두 가신다. 여러 사람들 속에 섞여 499계단(신도들이 그렇게 얘기하던데 직접 세어 보지는 못했지만)을 올라 마주 대하는 석모도 앞 바다의 장관과 관음상의 莊重美麗는 나 같은 얼치기 공부쟁이가 표현할 말이 없다. 그저 한마디 아, 소리뿐이다.

잠시 땀을 들이고 나니 무심을 지나 虛心의 상태가 된다. 망망하나 결코 처연하지는 않은 바닷물에 반사되는 햇살. 올망졸망한 섬들. 뒤에 자애로운 미소를 띠고 있는 관음보살. 석실에서 느꼈던 瀟灑를 다시 느낄 수 있다. 紅塵에 썩은 名利야 아는 체나 하리요.

다시 절을 내려와 버스를 탄다. 사람이 많다. 서 있기도 답답할 정도로 복잡하다. 여기서 다시 배를 타고 차를 타고 하며 서울로 돌아가야 한다. 그 잡답의 홍진 속으로 말이다. 그러나 나는 갈데없는 속인인가 보다. 그 도정이 鬱寂으로 이어지는 것이 아니라 諦念으로 들어가기 때문이다.

(4) 강화도에서 고려 풍수의 냄새를 맡다

풍수는 우리 고유의 것인가, 중국으로부터의 수입 사상인가. 학계의 통설은 풍수가 중국 수입 지리학이란 것이다. 그러나 필자의 생각은 다르다. 원래 우리 고유의 지리관이던 풍수가 있었는데, 신라 중대에 중국으로부터 그들의 풍수가 유입되어 뒤섞인 것이라고 본다.

그렇게 보는 데는 물론 여러 가지 이유가 있다. 우리 풍수가 산을 중시하는 데 대하여 중국 풍수는 물을 더 중요한 것으로 본다든가, 우리 풍수에는 裨補 관념이 있는데 중국 풍수에는 그런 것이 희박하다든가, 중국 풍수가 건물이나 봉분의 大小壯陋에 신경을 쓰는 데 비하여 우리는 주로 터잡기에만 신경을 쓴다든가 하는 점들이 그런 예이다.

하지만 보다 분명한 증거는 의외로 정식 기록에 나타난다. 고려 시대까지는 우리 전래의 풍수가 더 넓은 영향력을 가지고 있었는데 조선 시대 이후로 중국 풍수가 판을 치게 되었다는 사실을 정사의 기록으로부터 유추할 수 있는 근거가 있다는 것이다.

고려는 山川裨補都監이라는 우리 풍수 고유의 비보 전문 관청을 설치하고 있다. 이곳을 중심으로 하여 지리적으로 결함이 있는 곳에는 造山이나 숲, 제방 따위를 축조하고, 지맥을 손상시키는 건축물이

나 탑 같은 것은 헐어 내는 일이 이루어졌다. 또한 『고려사』나 『고려사절요』와 같은 책에는 순수한 우리 풍수서인 『도선밀기』, 『옥룡기』, 『道詵踏山歌』, 『三角山明堂記』, 『神誌秘詞』 등의 풍수서가 자주 인용되고 있는 것을 볼 수 있다. 이것이 바로 고려 때까지는 우리식 풍수가 대종을 이루고 있었다는 반증이다.

반면 조선 시대에 접어들면 중국의 대표적 지리서인 『청오경』, 『금낭경』 등이 풍수 교과서로서 과거 시험인 음양과 지리학의 주텍스트로 등장할 뿐만이 아니라, 비술적 성격이 강한 중국 송나라 때 호순신의 『地理新法』 같은 책들까지 유행을 이룰 정도로 중국 풍수의 전성기를 맞게 된다. 여기에는 조선 왕조가 당시까지 민간에도 유포되어 있던 자생 풍수서들을 강제로 모아 없애 버린 정책이 크게 작용하였을 것으로 판단된다. 자생 풍수서들은 새로운 왕조의 출현을 예고하고 있다는 불쾌감을 왕실에 심어 주기도 했겠지만, 보다 현실적인 이유는 그러한 책 내용들 속에 지방 호족이 웅거할 수 있는 거점들을 망라하고 있다는 것이 더 중요한 이유였을지 모른다.

필자는 그와 같은 우리 고유 풍수의 흔적을 찾고자 하는 노력을 기울여 왔으나 사정이 뜻과 같지는 못하였다. 물론 신라의 감은사지와 문무왕수중릉, 제주도와 서남해 도서 지방 등지에서 일부 그 냄새를 맡아 보기는 하였으나 가장 바람직한 답사는 고려의 유적을 돌아보는 것이었다. 그러나 고려 수도 개성과 대부분의 고려 왕릉이 밀집해 있는 개풍군 및 장단군이 휴전선 이북으로 접근이 불가능하여 우리 풍수의 유풍이 남아 있을 고려 풍수 유적을 찾아볼 길이 없었기에 사정이 여의치 못하다고 한 것이다.

그런 중에 지금 가 볼 수 있는 고려 왕릉이 남한에 다섯 군데가 있는데, 고양시 원당동에 있는 공양왕릉을 제외하고는 나머지 4기가 모두 강화에 있다. 강화군 良道面에 있는 碩陵, 坤陵, 嘉陵과 강화읍에 있는 洪陵이 바로 그것이다.

이 능들은 물론 고려 풍수의 전형을 나타내 주는 것들은 아닐 것이다. 왜냐하면 이 능들이 전국을 대상으로 명당을 찾다 보니 이곳이다 하는 식으로 결정된 장소가 아니라 몽고의 침입을 피하여 강화로 천도한 뒤끝에 나온 결과이기 때문에 그러할 것이라 짐작하는 것이다.

몽고가 본격적으로 고려를 침공하기 시작한 것은 고려 고종 18년(1231)이었다. 이듬해, 당시 무단 통치를 하고 있던 최씨 정권의 崔瑀는 고종에게 권하여 도읍을 강화로 옮기고 이름을 江都라 부르게 하였다. 그래서 지금도 강화문화원에서 발간되는 대부분의 자료는 강도라는 명칭을 고수하고 있다. 피란 수도이기는 했지만 한때 수도였던 기념으로 그 이름을 고집하는 듯하다.

그렇다면 왜 하필 강화를 천도지로 선택했을까. 합리적으로는 이곳이 섬이라 북방 기마 민족인 몽고족들에게 생소함과 위화감을 주어 방어상 유리하다는 점, 개경에서 가깝기 때문에 천도가 용이하다는 점 등을 들 수 있을 것이다. 그러나 강화가 고려 개국 초기부터 풍수상 중요 거점으로 지목되고 있었다는 사실도 간과해서는 안 된다고 생각한다.

개경은 임진강이 客水(外水)로서 옷깃을 여미고 허리띠로 졸라 주는(山河襟帶) 역할을 하고, 그 하류에서는 예성강과 한강이 합류하면서 든든한 방패막이를 해주는 것이 사실이다. 그러나 그것만으로는 허약하여, 풍수적으로 의미를 보완한 것이 바로 강화와 喬桐의 두 섬으로, 이 두 섬이 바로 개경의 大保障을 보증해 주는 셈이다. 달리 말하자면 강화는 서울인 개경의 外套襟帶에 해당된다는 뜻이다. 그러니 강화가 심리적으로 안전하다는 생각을 갖게 해줄 수 있었을 것이라는 얘기다.

최씨 정권은 강화 천도와 동시에 개경에 거주하던 백성 50만 명을 강제로 강화 섬으로 옮기고 전국의 백성들을 산성이나 섬 등지로 피란케 하는 고육책을 썼다. 이로써 강화는 고려 풍수의 희미한 흔적을 살펴볼 수 있는 남한 유일의 장소가 된 것이다.

　이번 답사는 바로 그 고종의 능을 보는 것이 목적이었다. 그러나 앞서 밝힌 바와 같이 이곳이 결코 고려 왕릉의 전형이 아닌데다가, 원래는 강화읍 월곶리 홍록골(홍릉골) 연화봉 동남쪽에 있던 것을 지금의 장소로 이장하였다는 설까지 있고 보니, 결코 마음 편한 답사가 되지는 못했다. 그러나 어쩌랴. 통일될 때까지는 이런 편법밖에는 별 수가 없지 않은가.

　강화문화원의 남건우 사무국장으로부터 많은 자료를 얻고 나서 곧장 홍릉 가는 길로 접어들었다. 강화읍에서 내가면 외포리 가는 길을 따라 십리쯤 가다 보면 길 오른쪽으로 홍릉과 경기도 학생 강화 훈련원 가는 표지판이 나온다. 그 소로를 따라 훈련원 건물까지 가서 차를 내리면 뒤편 산비탈에 기대어 〈萬寧齋〉라는 사당이 멀리 보인다. 왠지 음침한 기운이 몸을 휘감는 느낌이 든다. 『江都地名考』에서도 이 일대를 음울하고 그윽한 곳이라 표현한 것을 보면 나만의 감상은 아니었으리라. 그 곁을 지나 산길을 오르면 바로 고종의 무덤을 만날 수 있다.

　고종은 외교력과 佛力을 빌려 외침을 막아 내고자 했으나 결국 성공하지 못하고 강화에서 세상을 떠났다. 게다가 얼마 지나지 않아 나라까지 망했으니 그 무덤이 성할 리가 없었을 것이다. 그처럼 오랫동안 수호하지 않아 폐허가 된 것을 조선 현종 때 유수 趙復陽이 임금의 명을 받아 능을 찾아 봉분을 다시 쌓고 王氏로 참봉을 삼아 4년마다 禮曹郞을 보내어 제사를 올리게 하였는데, 고종 32년(1895) 이후 폐지되어 또다시 버려진 능이 되고 말았다. 1971년에 이르러서야 사적 제224호로 지정되어 보호를 받기는 하지만 지금도 한적하기 이를 데 없는 곳이다. 그래서인가, 강화읍에서 홍릉을 아는 사람이 흔치는 않은 듯했다.

　陵寢은 江都六大山의 하나인 高麗山(436.3m)을 주산으로 삼아 강화읍의 주산인 松岳山(北山)으로 뻗어 나가는 主脈 바로 남쪽에 자리를 잡았는데, 역시 짐작대로 고려 풍수의 한 기운을 느낄 수 있게 하고 있었다. 우선은 이곳이 개경이나 마찬가지로 四神砂를 모두 산으로 갖춘 藏風局의 형세를 취하고 있다는 점이고, 또 하나는 역시 개경이나 마찬가지로 白虎之脈이 더 길게 명당을 감싸 안은 右旋局의 형세를 취하고 있었다는 점이다. 인물은 간 데 없으나 風俗은 如舊하다는 것인지, 둘레석 위에 흙이 덮여 마치 봉분이 무너지는 듯하지만 전체적으로 묘역의 관리 상태는 좋은 편이다.

몽고병들이 고려 산의 脈勢를 두려워하여 산정에 있던 우물 다섯 개를 막아 버리고 사방에 큰 칼을 꽂고 큰 돌을 올려 地氣를 눌렀다는 얘기가 전하는 이 산에는 고구려의 名宦 연개소문이 태어난 곳이라는 전설도 전한다. 그러나 영속되는 것은 땅이요, 역사는 간 곳을 알 수가 없다.

(5) 강화의 애기섬 동검도에서는 논밭에도 이름을 지어 준다

섬 풍수에는 몇 가지 육지 풍수와는 다른 특색이 있다. 원래 정통 풍수는 섬 풍수를 인정하지 않는 것이 원칙이기는 하다. 그 이유는 의외로 비합리적인데, 산룡은 그 種이 지렁이 종류이기 때문에 지렁이가 소금에 견디지 못하는 것처럼 산룡 또한 짠물인 바다에 닿으면 그 맥이 끊기는 법이라 바다를 건너야 하는 섬에는 풍수가 있을 수 없다는 논리이다.

이것은 이론 풍수가 확립된 중국 풍수에서 그것이 형세를 중시하는 江西學派이건 理氣를 주종으로 삼는 福建學派이건 모두가 바다와는 직접적인 관계가 없는 풍토 아래서 발달해 온 유풍일 것이다. 즉 그들은 섬이란 것을 본 적도 없는 사람들인지라 섬 풍수에 관심을 둘 이유가 없었던 것이고, 그러다 보니 섬 풍수는 정통이 아닌 것으로 되어 버렸을 것이다.

그러나 우리나라는 사정이 다르다. 명색이 반도국인지라 수많은 섬 풍수가 생겨났다. 그러면서도 정통이란 대접은 받지 못하고 그저 민속적 관심밖에는 두어지지 않았다. 얼마 전까지만 하더라도 나는 정통 풍수는 섬을 논하지 않는다는 그 말을 곧이곧대로 따랐다. 道眼이 열리지 않은 얼치기 풍수 전공자가 주워들은 얘기, 씌어진 문자에만 얽매여 풍수의 요체를 몰랐던 까닭이다.

풍수는 산소 자리 잘 잡아 잘먹고 잘살자는 돼먹지 않은 설화도 아니고, 남들이 잘 알아듣지도 못하는 좌향과 득수법 따위를 꿰는 설익은 術學도 아니며, 지기를 감득하기 위하여 행하는 땅 도사들의 수도의 길도 아니다. 그것은 미국의 여류 인류학자 사라 로스바크가 잘 꼬집어 냈듯이 〈바람과 물의 과학 the science of wind and water〉이다. 바람과 물은 삶의 기본적인 바탕이요, 풍수는 생활 과학일 뿐이다. 지금도 필자가 추구하는 것은 결코 이기적인 주술 풍수가 아니라 바로 삶 속에서 이루어지는 바람과 물의 길(道)이다. 이런 바탕 아래서 섬 풍수는 시사하는 바가 많다.

그 하나가 섬에는 중국 풍수의 영향을 받기 이전의 우리 고유의 자생 풍수 흔적이 많이 남아 있다는 점이고, 또 하나는 섬 풍수는 주로 形局論에 입각하여 구성된다는 점이다.

강화도 길상면의 풍수 답사는 그런 마음에서 시도되었다. 그리하여 들어선 곳이 길상면 동검리의 東檢島(고종 7년 간행된 『江都誌』에는 㦖으로 나옴)란 조그만 섬이다. 강화도도 섬인데 거기에 딸린 섬이니 손자섬, 애기섬인 셈이다. 강화도의 동남쪽 끝에 있는 이 섬은 다행히 제방이 쌓여 있기 때문에 차를 타고 그대로 들어갈 수 있다. 이곳은 민간인 출입 통제 구역으로 해가 진 뒤에는 다니지 말라는 경고문이 붙어 있었으나 마을 사람들 얘기로는 괜찮다는 것이다. 이 섬이 관심을 끈 것은 여기 있는 논들이 모두 고유 지명을 가지고 있다는 점이었다.

멍에 모양이라 멍에배미, 보습 모양이라 보십배미, 버선 모양이라 버선배미, 유방 모양이라 유방배미 따위의 이름을 가지고 있는 이 논들은 이곳 주민들이 땅을 어떻게 보았는지를 살펴볼 수 있게 하는 좋은 예이다. 제방에서 만난 청년이나 섬에 들어가 큰말로 넘어가는 고개에서 만난 젊은 아낙은 그런 논 이름들을 알지 못하고 있었다. 다만 예전에 어른들이 그런 말을 하는 것을 들은 적이 있다는 정도였다.

하지만 큰말에 사는 오은순 노인(74세)은 정확하게 그 논들을 기억하고 있었다. 논은 주로 제방 쪽에서 가까운 작은말에 있었는데, 그야말로 손바닥만한 땅덩어리들이었다. 섬이라 경지가 부족하다 보니 사랑스런 아기들에게 이름을 지어 주듯 그렇게 지명을 붙여 준 모양이지만 뭍의 사람들이 보자면 아이들 장난 같은 논이랄 수밖에 없는 것들이다.

문제는 섬 사람들이 가지고 있는 땅에 대한 애정이다. 마치 손자에게처럼, 혹은 집에서 키우는 강아지에게처럼, 그 땅의 모양을 따라 이름을 붙여 주는 태도는 전형적인 우리 고유 풍수의 발로라 할 수 있는 것이었다. 제 이름을 가진 논, 이것은 땅에 생명이 있음을 상징적으로 인정하는 주민들의 사고가 마련한 현상이다.

비단 땅뿐만이 아니다. 섬 사람에게 갯벌과 바다는 또 다른 논밭이다. 그러므로 바다를 섬기는 일에 있어서도 생명이 깃든 바다로 인정하는 사고에는 다를 바가 없었다. 그 대표적인 예가 당집들인데, 원래 동검도 큰말에는 세 곳의 당집이 있었다고 한다. 그중 가장 큰 곳이 곶뿔당인데, 당집은 무너지고 지금은 그 터만 바닷가 절벽 위에 남아 있을 뿐이다. 터에는 아무런 표지판도 세워져 있지 않았다. 곶뿔당을 향하는 중에 만난 할머니 몇 분은 내가 곶뿔당을 알고 있다는 사실이 못내 신기한 모양이었다. 어떻게 그것을 알았느냐고 자꾸 묻는다(사진 39).

사진 39 동검리 전경. 왼쪽 절벽 위에 당집 터가 있음.

곶뿔당 당집이 있던 곳은 아무 표지도 없지만 금방 알아낼 수 있었다. 스무 평쯤 되는 절벽 위 빈터에는 지금은 아카시아가 숲을 가려 시야가 차단되어 있었으나, 그것이 없다고 치고 바라보니 금방 그 터를 찾을 수 있었다. 당집이 있던 앞에는 기묘하게 몸체를 뒤튼 창연한 나무 두 그루가 버티어 있었고, 그 사이로 바다와 吉祥山 (336.1m)이 한눈에 들어왔다. 섬 사람들은 이곳에서 길상산 산신과 강화도 鹽河海神에게 풍년과 풍어를 빌었으리라.

지금 세월은 그와 같은 자연과 인간의 유기적 관련성을 인정하는 세태가 아니다. 실질과 기능만을 숭상하다 보니, 버선배미니 당집이니 하는 소박한 汎神論은 설자리를 잃게 되고 말 수밖에. 당집 앞에 있었다는 여자미럭(아마도 彌勒을 말하는 듯함)이라 부르던 선돌은 무엄하게도 어떤 船主가 밧줄로 자기 배를 그곳에 묶어 놓았다가 폭풍에 배가 쓸려 나가는 바람에 여자미륵까지 바닷속에 수장시켜 버리고 말았다. 이 역시 자연의 神靈性을 무시한 세태의 탓일 것이다. 다른 두 개의 당집, 그러니까 금성당과 고창낭구당은 흔적조차 남아 있지 않다.

지금 마을 사람들의 주된 수입원은 갯지렁이다. 1킬로그램당 1만 팔천 원인 갯지렁이는 전량 일본으로 수출된다고 한다. 갯지렁이를 잡아내면 갯벌이 황폐해지고 먹이 사슬이 끊겨져 사실상 다른 어패류에게는 치명적인 상처를 주게 되는 것이지만, 마을 사람들 역시 그런 사실을 알면서도 일당 나오는 일이 그것뿐인지라 모두가 나서고 있었다. 오 노인도 그런 사실을 잘 알고 있었다. 하지만 어찌된 일인지 맛살(길쭉하게 생긴 조개)은 더 많이 자라고 있다면서, 환경 운동을 한다는 배웠다는 사람들이 너무 한쪽만 보고 속단을 내린다는 불평도 덧붙이기를 잊지 않았다.

역설적인 것은 강화도 조약의 발단이 된 草芝鎭이 바로 동검도 북쪽에 붙어 있다시피한데, 여기서 그 일본에 갯지렁이를 수출하고 있다는 점이다. 초지진(사적 제225호)은 효종 때 구축된 수비진으로, 프랑스 로즈 제독의 극동 함대, 미국 로저스 장군의 아시아 함대, 그리고 일본의 운양호와 격전을 벌였던 곳이다. 하기야 마을에 있던 동검 초등학교는 폐교가 되고 고기는 잡히지 않으니 언제 옛날 원수 생각하며 밥줄을 포기할 여력이 있을까 보냐. 뿐인가, 초지진에서 바라보이는 對岸인 김포군 대곶면에는 산을 헐어 내어 그 로저스의 후손들이 좋아하는 골프장을 건설하기에 급급하여 땅을 죽이고 있는 판국이니 갯지렁이 정도야 애교에 속하는 일일지도 모른다.

원래 길상면은 남쪽에 길상산이 높게 솟았을 뿐, 대체로 평지며 들판도 꽤 넓게 펼쳐져 있다. 질 좋은 배추 산지로 이름이 높고, 감은 그 수확이 도내에서 제일 간다는 소문이다. 강화읍에서 불은면을 거쳐 길상면에 들어오는 길가 풍경은 야트막한 구릉지를 빼고는 대개

사진 40 백운거사 이규보의 무덤과 재실

들판의 연속이다. 301번 지방도를 타고 전등사 가는 길을 따라 달리다 보면 길 오른쪽으로 〈李奎報先生墓〉라는 도로 표지판이 붙어 있다. 시멘트 포장이 되어 있는 소로를 따라 조금 들어가면 고려 말의 정치인이자 문인인 白雲居士 李奎報(1168-1241)의 묘소와 유적지가 나온다. 고려 명종 때 진사시에 합격하였는데 최충헌에게 기용되어 벼슬은 門下侍郞 平章事에 이른다. 우리들은 교과서에도 나오는 그의 『東國李相國集』을 통하여 그를 잘 기억하고 있으나, 실은 민족의 영웅시로 추앙받는 「東明王篇」을 지어 고구려인들의 큰 포부와 활동을 읊어 민족 의식을 선양한 점으로 평가받는 인물이다(사진 40).

 몽고군의 침입을 陳情表로서 격퇴한 명문장가라는 전설 같은 얘기가 전해 오는 그는 시, 술, 거문고를 즐긴 호탕활달한 시인이었다고 한다. 그가 이곳 뺄벌(白雲谷)에서 얼마나 살았는지는 확실치 않다. 하지만 마을과 묘소가 있는 터의 성격은 의외로 양순하고 담담한 편이다.

그의 묘소는 德政山이 그 가지를 동쪽으로 뻗은 한 자락에 기대어 그를 주산으로 삼으며 정남을 향하여 자리를 잡았고, 앞쪽 안산은 鎭江山의 여맥으로 병풍을 삼은 꼴이다. 조산 방향인 멀리 앞쪽으로는 약간 왼쪽 앞면으로 鼎足山이 좌정하고 그 뒤를 길상산이 받쳐 주는 형세를 취하였는데, 그 모습이 수려하면서도 안정되어 묘소 앞에서 한나절을 보내도 지루하다는 생각은 들지 않는다. 사람도 그렇지만 산도 수려하면 그 자태를 뽐내는 경향이 있어 어느 정도 호들갑을 떠는 바람에 안정성을 해치는 경우가 많다. 그렇기 때문에 수려하면서도 안정되어 있는 산이란 매우 격이 높은 편에 속한다.

오른쪽 앞 멀리로는 마니산(摩尼山)이 장엄하게 전면에 떠올라 있는데, 여기에는 문제가 있다. 마니산은 흔히 알려진 바와 같이 단군의 성전이라는 민족의 성산이다. 그런 성산이 산소 앞에 너무 확연하게 드러나는 것은 탈속의 허탈감을 줄 염려가 있으므로 기피하는 경향이 있다. 그러므로 그런 산은 정면을 향하지도 않고 크게 드러나는 것을 바라지도 않는다. 백운거사의 묘소는 그 점에 있어서도 절묘한 위치와 좌향을 갖춘 셈이다. 묘소에서 마니산은 오른쪽 멀리에 窈窕하게 보일 뿐, 몸체를 드러내는 위압감은 주지 않는다. 게다가 당판에서 앉으면 보이지를 않게 되니, 神性에 대한 떠받침이 그 정도는 되어야 하는 것이다. 다만 앞산 자락에 목장을 내면서 산등성이 나무 일부가 잘려 나가 마니산 쪽 시야가 트이게 된 것은 안타까운 일이라 하겠다. 그러나 백운거사의 묘소는 명당으로 따질 일이 아니라 역사적 유물로서의 가치가 큰 것이니까, 후손들이 그런 문제에까지 신경 쓸 일은 아닐 것이다.

묘소 옆에 四可齋라는 재실이 있다. 재실 대청에 붙어 있는 〈四可齋記〉는 전에 성대 대학원장을 지낸 李佑成이 쓴 글인데, 四可의 의미가 재미있다. 즉 그곳에 농토가 있어 가히 양식을 공급할 수 있고, 뽕밭이 있어 누에를 쳐 가히 옷을 지어 입을 수 있으며, 샘물이 있어 가히 물을 마실 수 있음은 물론, 숲이 우거져 가히 땔감을 조달할 수 있으니, 내 마음에 可한 것이 네 가지란 뜻이란다. 〈四可齋記〉 옆에는 전대통령 海葦 尹潽善의 〈白雲齋〉라는 편액이 걸려 있어 그런 계통에 관심이 있는 사람이라면 흥미가 있을 것이다.

오는 길에 傳燈寺를 빼놓을 수 없다. 그곳에는 三郞城假闕터, 鼎足山城, 璿源譜閣터, 梁憲洙勝戰碑, 史庫터 따위도 볼 수 있다. 전등사 大雄寶殿 처마 네 귀퉁이 귀공포에 있는 벌거벗은 여자 조각상은 마치 원숭이처럼 보이지만 재미있는 전설을 간직하고 있는데, 이 집을 짓던 도편수가 사랑하던 주막 주모가 다른 남자와 배가 맞아 달아나 버리자 〈네 이년, 여기서 무거운 처마를 지고 있는 고통을 당해 봐라〉 해서 집어 넣었다는 내용이다. 가는 사람 원망하여 무슨 소용인가. 그 도편수 사람 참 옹졸하다는 생각이다.

전등사 올라가는 길에는 웬 날파리들이 그리 들끓는지, 가겟집 여자는 하루살이라 하지만 그것보다 더 작다. 어찌나 많은지 숨을 쉬기 거북할 지경이다. 유흥장으로 더럽혀진 寺下村에 대한 사천왕들의 분노의 표시인가.

4 생각해 보아야 할 땅에 대한 모욕

(1) 서울 망치기의 대표 주자, 구조선총독부 건물과 현일본대사관

제국주의 열강은, 후진국들을 집어삼키는 과정에서 그 원주민들의 민족적 열등 의식을 조장하기 위한 방편들로 주로 그 민족 고유의 관습이나 전통 사상 및 신앙을 저급하고 유치한 미신으로 몰아갔다. 일제가 우리나라를 병탄하는 데도 이 방법이 쓰였음은 물론이다. 그

들은 우리의 고유 관습이나 의식주에 관한 생활 습관, 그리고 우리 민족의 전통 사상이나 문화 전반과 고유 신앙들을 일방적으로 매도하는 정책을 취하였다. 그 의도는 당연히 우리의 것은 미개하고 비합리적이며 미신적인 것으로, 그런 것들은 가차없이 타파하고 전환되어야 할 어떤 것으로 다룸으로써 민족적 자괴감을 불러일으켜 독립 의지를 말살하려는 데 있었을 것이다. 이런 양태는 그들로부터 신식 교육을 받은 당시 지식인들에 의하여 별다른 비판 없이 후학들에게 전수되었고 특히 미국의 영향을 받기 시작한 현대에 이르게 되면 이와 같은 사고 형태는 불변의 것으로 여겨지게끔 되고 말았다.

풍수는 일제가 악용한 대표적인 우리 전통 관습의 하나였다. 물론 풍수 자체가 가지고 있는 사회악적 측면이 없는 것은 아니다. 그러나 문제는 당시 우리 민족이 거의 신앙의 형태로 취하고 있던 땅 또는 공간 구조에 관한 사고 방식을 전면적으로 부정하고 모욕을 삼가지 않았다는 데 있다.

이를 일컬어 이 분야 전공자들은 일제의 풍수 침략이라 하는데, 그 사례는 조그만 지면으로는 도저히 다룰 수 없을 정도로 광범위하고 다양한 것이었다. 위로는 우리 민족의 영산인 백두산 정상 兵使峯(將軍峯 혹은 大角峯이라고도 함)의 이름을 그들 연호의 하나인 大正峯으로 바꿔치기하는 수법에서부터 아래로는 지방 토호인 양반 가문의 선산 지맥을 끊는 일에 이르기까지 참으로 못할 짓이 없었다.

철도나 도로를 내면서도 고의적으로 그 지방 주민들이 성스러운 地氣流行處로 믿고 있던 名山, 聖山, 主山, 鎭山, 靈山의 목과 손발을 자르고 몸을 짓누르는 식으로 설계 시공을 하는가 하면 특히 고도 경주의 경우에는 철길을 이상하게 휘돌게 하고 동해남부선과 중앙선을 시내에서 만나게 함으로써 경주 터전의 혈맥을 자르는 만행을 저질렀던 것이다. 전주도 상황은 다를 것이 없어, 전주 시민들이 그에 의지하여 살던 건지산과 기린봉의 지맥을 절단하는 식으로 기찻길을 내어 그 주민들에게 씻을 수 없는 부끄러움을 안겨 주는 일도 있었다. 다행히 지금 전주의 철길은 시 외곽으로 돌려졌지만 이로 인하여 전주가 양분되는 듯한 공간 구조를 갖게 된 것 역시 풍수 침략의 한 사례로 보아야 할 일이다.

그런 일들 중 가장 대표적인 것이 수도 서울에 대한 풍수적 파괴 행위이다. 잘 알려진 바와 같이 서울의 임자되는 산은 북악산이다. 그것이 서울의 주산이기 때문에 이는 또한 우리나라의 주인되는 산이라고도 볼 수 있다. 즉 북악은 우리나라를 대표하는 서울 땅에 정기와 생기를 부어 주는 원천지의 역할을 하는 곳이다. 따라서 이의 훼손은 서울의 터뿐만이 아니라 우리 국토 전반을 욕보이는 상징성을 띠게 되는 것이다.

바로 그 북악의 목덜미에 일제는 그들 총독의 잠자리를 만들고 북악이라는 국토 大幹龍의 입에 중앙청이란 그들 총독의 집무실을 만들어 세움으로써 목을 조르고 입을 틀어막는 풍수적 만행을 저지른 셈이다. 당시 사람들이 풍수의 龍脈地氣說을 믿고 있었고, 또 고층 건물이 없던 당시의 서울 건축물 마천루로 보아 가시적으로도 그런 자태를 떠올릴 수밖에 없는 상황을 유념한다면, 일단 그들이 우리 민족에 모욕을 가한다는 목적은 충실히 수행된 것으로 보아야 할 것이다.

이미 목을 조르고 있던 옛 총독의 관사인 청와대 구본관 건물은 헐렸다는 보도를 읽은 바 있고, 중앙청이었던 국립박물관은 지금 해체되고 있으니(1996년 말 그 건물은 완전 해체되었음) 풍수 전공자로서는 여간 기쁜 일이 아니다. 아직도 철거에 대한 반대가 상당한 모양이고 그 논거 또한 만만치 않다는 것을 알면서도 옛 총독부 건물이 헐려야 한다는 주장을 다시 펴는 까닭은 혹시 이 계획이 취소될지도 모른다는 우려가 필자에게 있기 때문이다. 지나친 피해 의식의 발로일지는 모르겠으나 우리는 은연중에 일본식 사고 방식에 의식적으로는 반감을 드러내지만 무의식적으로 동조하는 경향은 없는지 하는 의심이 들 때가 있고 실제로 일본인들이 영향력을 행사할 수 있는 한국 내 인맥을 동원하여 어떤 방해 공작을 할지도 모른다는 염려가 크기 때문에 하는 소리다. 처음 이 건물이 국립박물관으로 된 이유는 무엇이었는지부터가 궁금한 일이 아닐 수 없으나 지금 그것까지 거론할 여유는 없다.

　이런 의심을 하게 된 중요한 근거의 하나는 현재 주한일본대사관 터에 대한 풍수적 상징성 때문이다. 이곳은 조선 왕조 正宮인 경복궁의 內明堂水와 주산인 북악의 왼쪽 기슭의 뭇 물이 합쳐지는 합수의 땅 바로 맞은편이다. 합수처의 정확한 위치는 바로 東十字閣이다. 합수처의 중요성은 풍수에서는 두말이 필요없는 사항이다. 定穴法에서 分水合水의 원리는 교과서적인 것으로 명당의 기운은 이 합수에 의하여 명당 안쪽에 가두어질 수 있는 것이 된다. 즉 풍수가 말하는 바, 땅 기운은 물을 만나면 멈추는 것(界水則止)이기 때문에 그러하다. 또한 그 맞은편은 바로 外明堂의 시발점으로 이곳에서부터 일반 시중에 정기가 공급되기 시작하는 것으로 보기 때문에 그 중요함은 도를 더하게 된다.

　다시 말하자면, 북악의 정기는 경복궁이라는 내명당에서 궁궐을 조성하여 그 기운을 살리고 그 경계는 동십자각을 정점으로 하는 합수처에서 막음을 하는 것이며, 이어서 그 합수점을 건너 지금의 일본대사관 터에서 再정점을 이루며 서울 외명당으로 정기를 공급해 주는 체재를 갖는 것인데, 바로 그곳에 일본대사관이 들어선 것이 문제라는 뜻이다(사진 41).

　물론 필자는 일본이 대사관을 지을 때 이런 풍수적 고려를 하여 그 터를 잡았다고는 생각지 않는다. 그러나 그 터가 바로 그들의 선조가 한 나라의 왕비를 참살하고 그 나라를 빼앗았으며 수많은 애국지사를 죽여 버린 바로 그 역사의 현장을 한눈에 내려다볼 수 있는 위치에 세웠다는 것은 일본의 실수였다고 생각한다. 그것은 분명히

사진 41 일본대사관. 빌딩 사이에 가려져 엿보고 있는 듯한 모습을 하고 있는 붉은 벽돌 건물이 일본대사관이다.

사려 깊지 못한 행동이었다.

필자는 일본대사관 터의 입지 선정 과정에 대해서는 어떤 정보도 가지고 있지 못하다. 따라서 필자의 이 주장은 필자의 전공에 비추어 그 나타난 결과로서의 풍수적 공간 구조로만 얘기하는 것임을 분명히 해 둔다. 게다가 일본대사관 터는 북악과 근정전, 광화문, 圓丘壇 (현재 조선호텔, 고종이 황제로 등극한 곳), 남대문으로 이어지는 서울의 中心軸線에서 바로 빗겨 난 곳이며 내명당수가 합수를 이루어 서울의 內水인 청계천으로 이어 나가는 바로 곁에 위치하기 때문에 북악의 정기가 흘러 나가는 지맥, 즉 부차적 穴場의 의미도 가지고 있다.

하필이면 일본문화원 터도 창덕궁, 돈화문, 종묘, 파고다공원, 천도교 수운회관에 둘러싸인 곳이다. 그들이 없애 버린 왕조의 흔적들,

민족주의 종교인 천도교의 대표적인 건물, 독립선언문이 낭독된 장소 등으로 둘러싸인 곳에 세운 까닭은 무엇이었을까. 물론 인근에 파나마, 베네수엘라 등 여러 나라의 대사관도 있고 아랍문화원도 있다. 따라서 객관적으로는 일본문화원만 가지고 얘기하는 것은 지나치다는 반론도 있을 수 있다. 그러나 그런 나라들과 일본은 이 장소에 관한 한 너무나 큰 차이가 있다.

다시 일본대사관 문제로 돌아와서, 그들이 아무리 의도 없이 우연히 그런 입지처를 선정했던 것이라 하더라도 자신들의 범죄 현장을 쉼 없이 바라보고 있다는 것은 仁義 있는 군자의 大道는 아닌 것이 분명한다. 그들은 또한 그들의 과거 조선 지배의 대표적 상징물인 중앙청, 즉 오늘의 국립박물관 건물을 역시 쉼 없이 바라보고 있다. 그 앞에는 끊임없는 일본인들의 인파가 물결치고 있다. 비단 풍수를 동원치 않는다 하더라도 일본은 이 문제에 대하여 우리 민족이 어떤 식으로 마음 아파하는지를 심사숙고할 필요가 있다고 생각한다. 필자는 일본이 군자의 대도를 살리고 큰 나라로서의 대범함을 보이기 위하여 일본대사관 터를 최소한 서울의 사대문 안, 즉 소위 말하는 문안 땅은 피해서 그 바깥쪽으로 옮겨 갈 것을 권한다. 가까운 장래에 대사관 이전이 어렵다면 우선은 대사관 건물 앞에 경복궁을 바라보는 방향으로 옛 역사에 대한 謝罪塔이라도 하나 세워 놓고 볼 일이 아니겠는가.

훗날 ≪官報≫에 기록된 그들의 그날 죄상은 이렇게 되어 있다. 〈마침내 흉도들은 피신한 명성황후 민씨를 찾아내어 등 뒤에서 칼로 허리를 난도질하여 살해하고 우물에 던졌다가 다시 끌어내어 비단 이불에 휘말아 판자 위에 옮겨 경복궁 후원 숲속에서 석유를 뿌리고 불에 태워 산속에 묻었다. 이것이 남의 나라 왕비를 참혹하게 시해한 국제 범죄인 을미사변이다. 그러나 당시 일본 공사 三浦梧樓 등 연루자 48명은 결국 증거 불충분이라는 이유로 모두 免訴, 석방되었다.〉 일본은 증나라 임금을 烹殺한 송양공의 비겁과 위선을 따른 꼴이었다.

흔히 세간에서 민비라 불리는 명성황후는 철종 2년(1851)에 여주군 근동면 섬락리(蟾樂里, 현 여주군 여주읍 능현리 능말)에서 태어났다. 능말 뒤에 있는 여양부원군 민유중의 무덤이 금두꺼비가 달을 바라보는 형국(金蟾望月形)의 명당이라 하여 이런 이름이 붙었다고 하며, 그를 위하여 향교말 북동쪽에 있는 늪을 섬늪이라 했을 정도로 탁월한 터라고 하지만, 황후의 일생을 보라. 땅의 소응이 이 경우 무슨 소용이 있는가. 뿐만이 아니다. 자기의 며느리이며 황후였던 그녀의 시해에 자의든 타의든 가담되고 만 시아버지 홍선대원군은 어떠한가. 예산군 덕산면 가야산 자락에 의지하고 있는 대원군의 아버지 남연군 묘소는 二代天子之地라는 대명당이 아닌가. 그 역시 패가망국하고 말았다. 풍수에서의 땅은 단지 무대에 지나지 않는다고 강조하던 내 말은 여기서도 예증되는 셈이다.

경복궁 한쪽 구석에 외로이 서 있는 〈明成皇后遭難之地〉라는 석비 앞에서 일본대사관 건물 쪽을 바라본다. 이런 자리에서의 감회가 고작 세상사 덧없다는 정도라면 송양공의 멍청하기 짝이 없는 인의와 다를 바가 무어랴. 〈용서하라, 그러나 잊지는 말라〉는 미국인들의 말. 하지만 위선이 아닌 실질적인 용서는 상대가 그 죄를 참회하며 애걸을 할 때나 주어질 수 있는 것임을 잊어서는 안 된다.

(2) 돈만 생기면 경주를 부숴도 좋다는 발상

고속 철도의 경주 통과 문제에 대해서는 불국사 주지인 설조스님의 얘기를 경청할 필요가 있다. 1996년 10월 10일자 ≪한겨레신문≫과의 대화에서 문제의 본질을 간파한 지적을 함과 동시에 경주 노선을 고집하고 있는 일부 사람들에게 적절한 충고를 던지고 있기 때문이다. 경주를 보존해야 할 이유는 이제 더 이상 말이 필요 없을 정도로 명백하다. 천년 고도라든가 우리 겨레 최대의 자랑거리이자 인류 공동의 문화 유산이라는 표현은 진부하기까지 할 지경이다. 무엇보다 망해 버린 다른 왕조의 수도와는 달리 이곳은 비교적 파괴를 덜 당했다는 점도 염두에 두어야 한다.

설조스님은 말한다. 〈전통과 역사 의식이 부족한 일부 유지들이 문화 유산을 훼손하고 고도다운 모습을 해치는 고속 전철의 도심 통과를 기정 사실화하려는 행동은 역사와 민족 앞에 부끄러운 일〉이며 〈경주 지역 사회의 유지, 시의원 등 일부 지도층 인사들이 고속 철도가 통과하지 않으면 경주는 망한다는 식으로 여론 몰이에 나서고, 반대 의견은 완력을 써서라도 철저히 봉쇄하고 있는 현실을 그냥 보고만 있을 수 없어서〉 단식 기도까지 했다는 것이다.

개발을 위하여 그토록 소중한 문화 유산의 훼손을 감수해야 하는가. 도대체 개발이란 무엇인가. 고속 철도가 지나가면 관광 산업이 촉진되고 땅값이 올라가는가. 개발이란 자연으로부터 빼앗아 갖는 것으로 이해해서는 안 된다. 그 자연에 조상들의 보물까지 묻혀 있는 곳이라면 문제는 더욱 심각해진다. 관광도 놀고 먹는 것이어서는 안 된다. 나라와 겨레와 땅과 역사가 가르치는 의미를 깊이 음미하고 심성을 도야하는 것이 경주 관광의 목적이어야 한다. 서울의 지하철처럼 수시로 빨리빨리 지나가면서 보는 그런 것이 아니라는 말이다. 땅값도 올라 봐야 대부분의 경주 시민에게는 부담밖에는 되지 않는다. 자기 땅이 없는 사람은 말할 것도 없고 집 한 채쯤 가지고 있는 사람들에게도 재산세나 더 오르는 결과밖에 무슨 소용이 있겠는가. 결국 고속 철도가 지나게 되면 경주 시민으로서는 문화 유적을 파괴했다는 공연한 비난이나 받을 테고, 돈으로나 계산될 수 있는 저급한 이득은 극히 일부의 역세권을 비롯한 고속 철도 혜택 지구의 땅 부자들에게나 돌아갈 뿐일 것인데 무엇 때문에 이 일에 적극적일 필요가 있는가.

풍수는 땅을 건드리는 일에 온갖 신경을 다 쓰도록 가르친다. 우리 생명과 삶의 원천이 땅이므로 그것은 바로 어머니와 마찬가지다. 어린아이도 아니면서 어머님 몸에 함부로 손을 댄다면 그가 패륜아 아니고 무엇인가. 심지어는 어머님 몸에 붙어 있는 장신구를 건드렸다고 하여 천벌을 받았다는 얘기도 풍수 답사를 하다 보면 심심치 않게 들을 수 있다. 진안제일고 이상훈 선생의 말에 의하면 백운면 하평장마을에는 풍수에서 조산이라 하는 탑이 있었는데 도로를 낸다고 탑을 없애 버렸더니 마을 젊은 사람들이 사고가 나거나 객지에 나간 사람들이 죽어 돌아오는 일이 생겨서 다시 탑을 세운 일이 있었다고 한다.

인근 주천마을에 있던 또 다른 조탑은 새마을 운동 바람에 철거되었는데, 그것을 없앤 뒤 1970년 후반부터 1980년대 초반까지 이장을 맡았던 젊은 사람이 내리 죽게 되자 마을에서 탑을 다시 세우자는 여론이 일어 1983년에 그 자리에 다시 세우게 되었다는 것이다. 사실 이런 사례는 우리나라 도처에서 수집된다. 이것이 인과 관계가 있느냐 하는 것은 별개로 하고 우리나라 사람들의 심성 속에 그런 사고 관념이 뿌리 깊게 남아 있다는 점에 유의할 필요가 있다.

이제 다시 경주로 돌아가 보자. 造山 혹은 造塔이란 어머니인 땅 그 자체가 아니라 땅에 풍수적 결함이 있는 것을 고치기 위한 조그만 수단에 지나지 않는다. 마치 어머님이 혈압이 높아 자석 반지를 끼워 드린 모습이다. 그 자석 반지를 자식들이 길을 낸다거나 무슨 운동을 한다거나 하면서 빼내 버리니 그런 사고들이 생긴 것이라고 보는 관념인데, 하물며 어머님 몸에 직접 손을 대는 일이야 얼마만한 숙고가 필요할 것인가.

풍수는 그 잡술적이거나 비술적 성격 때문에 오늘에 되살릴 가치가 있는 전통 사상이 아니다. 풍수는 생태와 환경에 대한 현대적 지혜를 제공할 바탕이 있기에 가치가 있는 것이다. 풍수가 오늘의 우리에게 보내는 가르침은 〈자연과 조화를 이루라. 자연의 길(自然之道)을 방해하지 말라〉이다. 그렇기 때문에 풍수적으로 보자면 자연을 변화시키는 일은 모든 주의를 기울여 계획되고 실행되어야만 한다. 무차별적인 자연의 변조는 예기치 않은 결과를 불러일으킬 수도 있는 것이다. 〈필요하니까 마음대로 이용해도 되는 것이 땅〉이 아니다. 누가 어머니를 이용의 대상 정도로 생각할 수 있겠는가. 중국은 19세기와 20세기 초에 걸쳐 북부 지방의 광대한 삼림을 火木用으로 벌채한 바 있고 그 결과 생태계가 엄청난 타격을 입었다. 짙푸르던 숲들은 이제 먼지 구덩이로 변해 버렸다.

진시황제가 죽고 후계 문제가 거론되고 있을 때 당대의 명장 蒙恬과 황태자였던 시황제의 큰아들은 당시 막 축조가 끝난 만리장성의 서쪽 끝에 머물고 있었다. 그들에게는 아직 황제가 죽었다는 소식이 전해지기 전이었는데 황제의 칙명이라는 가짜 공문서가 그들에게 전달되었다. 그 공문은 죽은 황제의 시종이었던 환관 조고가 자신의 꼭두각시인 시황제의 막내를 황제로 앉히기 위해 꾸민 것으로 내용은 몽념 장군과 황태자를 대역죄로 사형에 처한다는 것이었다. 正史에는 몽념 장군의 마지막 독백이 이렇게 전해진다. 〈나는 지금까지 살면서 죽을 죄를 지은 것이 없다고 생각한다. 억울한 누명을 쓰고 죽음을 당하는 것이라고밖에는 여겨지지 않는다. 그러나 곰곰이 생각해 보니 내가 만리장성 쌓는 일을 감독하면서 수많은 산룡의 맥(山龍之脈)을 끊어 국토에 죄를 지은 것이 분명하다.〉 대지의 기맥을 끊음으로써 몽념은 그의 국토에 위란을 초래했다고 자각한 것이다. 실제로 몇 년 지나지 않아 그 왕국은 멸망하였다.[9]

풍수에서 대지에 불경스러운 짓을 하는 것은 이단으로 간주된다. 중국의 예를 자꾸 들어서 미안하지만, 그들은 첨단의 고속 도로를 건

---

9) 『史記』, 「蒙恬烈傳」 참조.

설함에 있어서도 산에다가 곧은 터널을 건설하지 않으려 한다. 게다가 대지의 살을 찢는 길 놓기는 행운을 급속히 빼앗아 가는 것으로 믿는다. 그러므로 전통적인 중국의 도로들은 자연의 균형과 평안을 방해하지 않도록 지세를 따라 완곡하게 나 있다.

거듭 말하지만, 경주는 단순한 어머니인 땅 이상의 의미를 지니고 있는 곳이다. 조상의 보물을 수도 없이 간직한 품이라는 뜻이다. 감히 그런 곳을 건드려 격심한 고통을 주겠다는 것인가. 따라서 건설교통부의 도심 통과안은 풍수적으로는 말도 안 되는 소리이며 문화체육부의 외곽 노선안도 이루어져서는 안 될 일이다. 대구에서 부산으로 그냥 가 버리면 될 일이다.

군이 경주 통과를 주장하는 사람들에게 풍수를 공부하고 있는 나 같은 사람은 이런 충고를 해주고 싶다. 〈진안의 하평장마을과 주천마을을 기억하라. 그리고 몽념의 독백도 떠올려 보라〉고.

(3) 그나마 의미를 갖게 된 인천 신공항

어느 해인들 다사다난하지 않았으랴만 지난해(1995)처럼 혼잡했던 시절은 없었을 것이다. 숱한 세월을 거치며 쌓여 온 나라와 겨레와 국토의 질곡이 풀릴 기미를 보이면서 보여 준 혼란이었기에 의미가 없을 수는 없다. 그렇다고는 하지만 사람들의 삶이 고달픈 것 또한 어쩔 수 없는 사실이었다. 항간에 떠도는 말마따나 어떤 망할 위인들 때문에 우리가 이 곤욕을 치러야 된단 말인가.

대한민국 정부 수립 이후 지금까지 어떤 정권도 민주를 내세우지 않은 이들이 없건만, 도대체 민주란 무엇인가. 국민이 주인이요, 민심이 천심이란 말에서도 알 수 있듯이 국민이 하늘이란 뜻 아닌가. 율곡이 그의 『萬言奉事』에서 선조에게 이른 다음의 말 중 부모를 국민으로 바꾼다면 오늘의 세태에 도움이 안 될 것도 없으리라.

〈하늘과 임금의 관계는 부모와 자식의 관계와 같습니다. 부모(국민)가 그 자식(통치자)에게 분노함으로써 이것이 그 기색에 나타난다면 자식은 비록 허물이 없다고 하더라도 반드시 공경하고 어려워함을 더해서 부모의 뜻을 잘 받들어 부모가 기뻐하는 것을 보고서야 안심하는 법인데, 하물며 진실로 허물이 있는 자식이라면 허물을 고백하고 슬프게 사죄하여 마음과 행실을 고쳐 공경하고 효도함으로써 반드시 부모가 기뻐하는 기색을 보아야 할 것이옵니다.〉 이것은 물론 당시 빈발하던 천재지변 특히 흰 무지개가 해를 꿰뚫는 변고에 대한 임금의 마음가짐을 역설한 대목이지만, 지금 나라 안의 모든 부모들이 분노하여 그 기색이 범상함을 넘어섰으니 그것이 죄 많은 전직 대통령들이건 역사 광정에 영일이 없다는 현직 대통령이건 국민의 자식된 도리로서 어떻게 해서라도 부모가 기뻐하는 모습을 볼 수 있도록 해야 될 것이다.

주연 배우들인 국민의 뜻을 어기고는 그가 아무리 뛰어난 연출력을 가진 통치자라 하더라도 좋은 연극을 만들 수는 없다. 한때는 국토가 좁다느니 자원이 없다느니 하면서 무대인 우리의 국토에 잘못되는 연극의 책임을 뒤집어씌운 적도 있다. 그러나 그것은 핑계에 지나지 않는다. 설혹 무대에 책임이 있다면, 그것은 이만큼 살게 만든 배우들의 우수성을 반증하는 예가 되는 일일 뿐이다. 게다가 무엇보다 중요한 것은 무대가 결코 나쁘지 않다는 것이다. 국토가 우리보다 큰 나라 중에 우리보다 어려운 나라가 얼마나 많은가. 풍부한 자원을 가지고도 그것을 제대로 활용치 못하는 나라는 또 얼마나 많은가. 지금까지의 잘못된 연극에 대한 책임은 부도덕하고 몰염치하며 게다가 무자격이기까지 했던 전임 연출자들이 당연히 져야 할 것이고 앞으로의 연극은 배우와 무대를 탓할 수 없게 된 지금 감독이 지면 될 일이다.

그 책임은 어디까지일까. 한국 전쟁을 제외한다면 우리 현대사 최대의 비극인 1980년 광주에서 단서를 찾아볼 수 있다. 김병언이 그의 중편소설 『성수도』에서 나타낸 다음의 표현은 당시의 한을 어느 정도 대변하고 있다. 1980년 그날 광주의 그 현장에서 아들을 잃은 목수 임성구는 〈한 달이 지난 후 아무도 없는 한밤에 아들의 무덤을 찾아 무릎을 꿇었다. 이제 유명을 달리한 그와 아들 사이에는 한 자루의 예리한 식도가 놓여 있었다. 그는 무덤 속의 아들과 천지신명에게 엄숙히 맹세했다. 이 한 목숨 바쳐 아들의 원한을 풀어 주겠노라고. 철천지 원수가 설령 지옥으로 도망친다 한들 거기까지라도 쫓아가서 명줄을 끊어 놓지 않고서는 결코 눈을 감지 않겠노라고.〉 이 무슨 호랑이 금수강산의 비극인가.

한민족 역사의 무대인 우리 국토는 과연 결함이 없는가. 과거에는 반드시 그렇지도 않았다. 산천이 임자 산(主山)에 대하여 등을 지고(背逆) 있는 것이 많기 때문에 나라가 나뉘고 역적이 끊이지 않았다는 지적도 있었고 그리하여 인심 또한 합해지지 않으므로 九韓이니 三韓이니를 만들어 서로가 전쟁을 일삼았다는 한탄도 있었다. 그러나 부처의 가르침을 침뜸으로 삼아 흠이 있는 곳은 절을 지어 보육하고 지나친 곳은 불상으로 억제하며 달아나는 곳은 탑을 세워 멈추게 하고 배역의 땅은 당간으로 돌려 앉혔으니 그 장소가 무려 삼천오백이라,[10] 이로써 국토는 그 모든 병이 고쳐지지 않은 곳이 없었다.

〈무궁화 우리 강산 용맹한 호랑이 기상일세(槿域江山猛虎氣像)〉라는 첨언이 적힌 맹호기상도(고려대 박물관 소장)에 의하면 백두산은 호랑이의 코끝이요, 혜산은 입속이요, 중강진은 앞발이요, 청진은 귀요, 평양은 가슴이요, 서울은 배요, 백두대간은 등뼈요, 지리·덕유는 넓적다리요, 목포는 뒷발이요, 부산은 척추 끝이니, 이 강산 삼천리 삼천오백 혈처를 치료받은 호랑이가 이제 무대로서 무슨 손색이 있으랴.

---

10) 『朝鮮寺刹史料』 참조.

문제가 있다면 우리가 그 혈처를 더럽혀 놓았다는 점일 것인데 이 또한 무대의 잘못일 까닭이 없지 않은가. 더럽힌 것도 사람이요, 치우지 못한 것도 우리들의 잘못이다. 불교를 국가 지도 이념으로 삼았던 고려 시대 때 하던 얘기를 오늘에 적합한 개념으로 바꾸어 본다면 아마도 불도에 정진하는 淸淨比丘의 마음처럼 국토를 닦으라는 말씀이겠다.

조선 시대 府牧郡縣의 수는 대략 삼백삼십여 곳, 그러니까 한 고을당 열 군데 정도의 장소에 요즈음 말로 하자면 환경 보전 모범 지역을 설정해 놓은 셈이다. 이것이 바로 우리의 지리를 바로잡는 일이었다. 지금 우리는 역사를 바로잡는 노력을 기울이고 있다. 시간이 공간을 벗어나 존재할 수 없듯이 역사는 지리를 떠나서 존립이 되지 않는다. 그러므로 역사를 바로잡는 일에는 필연적으로 지리를 바로잡는 일이 따라야 한다. 우리가 흩트려 놓은 땅의 이치를 우리가 바로잡지 않는다면 누가 그 일을 할 수 있겠는가.

오늘 나는 어머니인 호랑이 국토의 젖꼭지에 해당될 인천 연안부두에 서서 마치 그 호랑이의 새끼인 양 바다를 바라본다. 내 앞으로는 지금 신공항 공사가 한창인 영종도가 마치 거대한 대륙처럼 앞을 가로막고 서 있다. 그 뒤로는 삼목도가 있을 것이고 아래로는 용유도의 끄트머리가 보인다. 이 세 섬을 이은 곳에 21세기 우리 민족 웅비의 상징이 될 새로운 공항이 들어설 것이다. 그 공항을 빌미로 어떤 부정과 비리가 벌어졌는지는 지금의 내게는 중요하지 않다. 그들은 반드시 어머니인 호랑이 국토의 응징을 받게 될 것이므로(사진 42).

호랑이 새끼들은 그 품에서 뛰쳐나와 바로 그 공항을 출발점으로 하여 대륙으로, 세계로 뛰쳐나가리라. 그러나 나같이 어머니의 품을 떠날 수 없는 사람들은 어머니 호랑이를 돌보며, 그들이 꿈을 이루고 돌아오는 날 청정비구와 같은 깨끗한 몸과 마음이 된 호랑이 어머니 우리 국토의 품속으로 그들을 맞아들이리라.

사진 42 인천(영종도) 신공항 공사 현장. 신불도는 완전히 없어질 예정이다.

(4) 왕조 패망의 종지부. 그러나 새로운 기운의 잉태, 망우리

　마음에 깊은 상처를 입고 아파하는 사람이나 어떤 일에서 쓴잔을 들고 상심하고 있는 사람들은 공동 묘지 산책이 위안이 될지 모른다. 어떤 무덤에나 결국은 흙으로 돌아갈 수밖에 없는 인간의 역사가 있기 때문이다. 그것이 아무리 허름하고 세상에 거의 흔적을 남기지 못하고 죽은 사람이라 하더라도 그 나름대로의 역사는 있는 법이다. 하물며 역사의 기록에 자취를 뚜렷이 남긴 사람의 무덤에 있어서는 말해 무엇하랴.

　서울 망우리 공동 묘지에 가면 그런 분들의 무덤을 여럿 만나 볼 수가 있다. 시인도 있고 독립 투사도 있으며 정치범으로 사형을 당한 사람의 무덤도 있다. 그리고 산 자의 입장에서 보자면 그들은 모두가 절대 평등의 상태에 놓여 있다. 애끓는 묘비명을 남긴 어린이의 무덤

도 있고, 죽음조차도 끊어 놓을 것 같지 않던 사랑하던 사람들의 무덤도 있다. 그 모두가 그만그만한 크기의 땅을 차지하고 겉으로 보기에는 너무나도 평화스럽게 그리고 평등하게 자리를 같이 하고 있다.

내 개인적으로도 풍수를 처음 접한 곳이 이곳이기에 망우리에 올 때마다의 감회는 남다른 바가 있다. 왜 스무 살도 되지 않던 어린 나이에 이곳에 와서 마음의 평정을 얻고 갔었는지 지금 생각해도 모를 일이다. 죽은 자들 사이에서 살아 있다는 것만으로도 위안을 얻을 수 있었기에 그랬는지도 모른다.

「목마와 숙녀」의 시인 박인환의 무덤. 묘석은 없고 그가 세상을 떠나던 1956년 추석, 친구들이 세웠다는 조그만 시비가 덩그렇게 무덤을 지키고 있을 뿐이다. 〈지금 그 사람 이름은 잊었지만/그 눈동자 입술은/내 가슴에 있네.〉「세월이 가면」 중 이 부분만 거기에 새겨져 있다. 아들 세형이 후기에 남긴 말처럼 〈초로의 어머니, 이제는 장성한 당신의 어린 딸과 두 아들이/당신의 시를 읽고 있는 여기가 그립습니까!〉 정말 사무치는 그리움을 일깨워 주는 품격을 지닌 무덤이다(사진 43).

서북서향(亥方)을 하고 있는 그의 음택은 정면으로 도봉산과 북한산(朝山)을 아련히 바라볼 수 있고 북쪽으로는 불암산이 선명히 눈에 잡히는 터다. 소위 술법으로서의 풍수를 한 지관이라면 결코 택하지 않을 좌향이지만 그것이 무슨 관계인가. 나는 오히려 그가 그의 詩風에 가장 적합한 방향을 바라보고 있는 것처럼 느껴진다. 바로 앞 둔덕에는 빽빽하게 산소들이 들어섰고 그 너머로는 신내동 아파트가 그 역시 틈을 주지 않고 조밀하게 세워져 있다. 도봉·삼각이란 조산의 공허함, 앞 둔덕 산소들의 죽음의 공허함, 그리고 그 사이에 끼인 도시 아파트들의 이유를 알 수 없는 공허함. 철학자 월 듀란트의 표현처럼 〈운명의 장난을 일소에 붙이고 죽음의 부름에도 미소로써 응할 수 있기를 배우고자 하는 사람〉들이 있다면 반드시 봐 두어

사진 43 망우리에 있는 시인 박인환의 무덤과 그의 詩碑

야 할 地氣이다.

  나는 시인의 인성이 어떠했는지도 모르고 일생을 어떻게 살다 갔는지도 모른다. 그저 그의 시를 읽었을 뿐이고 그의 죽음의 이유가 술 마시고 돌아와 갑자기 닥쳐 온 심장 마비 때문이란 그의 아들의 술회만을 알고 있을 뿐이다. 또 그가 서른한 살 젊은 나이에 세상을 떠났다는 얘기도 들었다. 하지만 그런 사실 또한 무덤 앞에 서면 무의미해지고 만다. 그저 시인의 성품이 땅의 성격과 조화를 이루고 있다는 짐작은 든다. 이곳에서 보이는 조산인 북한산 산체의 모습은 전체적으로 탁자 모양의 평탄함을 기본으로 갖고 있다. 그러나 가 본 사람은 알다시피 그 산은 기암괴석과 깊은 속살을 함께 지닌 매우 복잡한 산이다. 그의 시가 내비치는 허무가 깔린 무덤덤함 속에는 마비를 일으킬 수밖에 없는 고뇌가 얽혀 있었던 것은 아니었을지. 시에는 무지한 내게 무덤은 그렇게 말해 주는 듯하다(무덤 찾기가 쉽지 않아 묘지 번호를 밝혀 둔다. 102308).

잘 닦인 산책로를 십여 분쯤 오르면 죽산 조봉암의 산소에 닿을 수 있다. 일제 때 공산당원으로 독립 운동을 했고 광복 후 초대 농림부장관, 국회부의장을 지냈으며 대통령 후보로 차점 낙선을 했던, 그러나 국가보안법 위반으로 사형을 당한 한 정치가의 무덤에 오르는 날은 비라도 추적추적 내리는 것이 좋다. 시인의 무덤 가는 날은 눈이 내리면 격에 어울리던데 여기서는 또 비라니, 아마도 나는 구제받기 힘든 심정적 건달인 모양이다. 정남향인데도 봉분에 잔디가 잘 자라지 못했다. 기분 탓인가, 근처 계곡을 스쳐 가는 바람 소리 스산한데 그의 원혼은 어디로 갔을까. 그가 2년간 공부했던 모스크바의 파괴된 공산주의 이념 속에서 회한에 잠겨 있을 것인가, 그가 충고를 해주고 떠났던 역시 사형 당한 남로당 박헌영의 혼령과 함께 역사의 허망을 반추하고 있을 것인가, 그가 오르고 싶어했던 청와대의 하늘을 배회하고 있을 것인가. 이도저도 아니면 모든 것이 한바탕 꿈이었음을 절감하며 이제는 평온하게 저승터를 잡고 있을 것인가.

우울하다. 우울을 내칠 수 있는 소파 방정환의 무덤이 가까이 있다는 것은 이럴 때일수록 다행이다. 역시 서른셋 젊은 나이에 아까운 생의 마감을 해 버린 사람이지만 어린이를 떠올리게 해주는 사람이어선가 죽음의 음습함이 훨씬 덜하다. 무덤 앞에 있는 〈童心如仙〉이란 석비도 아름답고 그 밑에 조그맣게 새겨진 〈어린이의 동무〉라는 표현도 마음을 가볍게 해준다.

남남동향을 하고 있는 봉분 앞에 앉아 오른쪽을 보니 한강이 가로질러 흐른다. 한데 참으로 재미있는 현상이 즉각적으로 내 눈에 잡힌다. 무덤을 향하여 들어오는 한강 물줄기(得)는 그 진로가 분명한데, 흘러 나가는 물줄기(破)는 꼬리를 감추듯 아차산 뒤편으로 묘연하게 사라지는 것이 아닌가. 살아 온 어린이의 궤적은 누구의 눈에도 확연하다. 감추어진 부분이 없다는 뜻이다. 그것은 이 산소의 得方이 상징하는 바에 그대로 부합한다. 하지만 어린이의 뒷날은 누구도 모른다. 꼬리를 감춘 破方의 水勢 역시 어린이의 훗날을 상징하는 듯하니, 이 어찌 소파의 영면의 장소로 어울리지 않는다 할 수 있으랴. 들어오는 물은 寂然渺渺요, 나가는 물은 杳然自適이니 이는 풍수가 바라는 법도이기도 하다. 결국 풍수가 원하는 바가 어린이의 마음과 같은 것이란 얘기가 되는 셈인데, 정말 좋은 깨달음이다.

소파와 죽산 사이에는 만해 한용운의 묘소도 있다. 부인과의 쌍봉합장분인데 두 봉분 사이의 땅 기운은 溫和柔順의 대표적인 예이다. 점심도 굶은데다가 산소 사이를 헤집고 다닌 뒤끝이라 심신이 피로하던 참인데 이곳의 地氣가 모든 것을 풀어 준다.

1933년 하필이면 조선 왕조의 능들이 밀집한 동구릉 자락에 공동묘지를 잡은 일제의 행패가 가증스럽기는 하지만, 강원도 이천군 안협면 백운산에서 발원한 漢北正脈이 한강을 만나며 스러지는 언저리에 자리한 이 무덤들은 요즘 기준으로 하자면 참으로 명당을 차지하고 있는 셈이다.

(5) 광주 망월동에 서면 할 말을 잃는다

1995년 11월 1일 나는 망월동에 있었다. 연희동에 산다는 어떤 사람의 결말을 보며 서울에 그냥 있을 수는 없었다. 그것은 비극도 처참함도 아닌 허망한 슬픔이었다. 광주 가는 길에는 눈발도 흩날리고 진눈깨비도 뿌리고 간혹 천둥 번개가 치기도 했다. 슬픔은 그런 식으로 마음을 적신다.

망월동의 저녁, 음산한 바람과 함께 간간이 비도 떨어진다(사진 44). 1980년 5월 27일 126명의 주검들이 비닐에 싸인 채 청소차에 실려 망월동 제3묘역에 부려지던 날, 우리를 한없는 슬픔에 젖게 한 그와 그의 일당은 고급 승용차에서 승리를 감축하고 있었으리라.

사진 44 광주 망월동 묘역

그곳에서는 또한 5·18 학살자 처단 특별법 제정 촉구 서명도 벌어지고 있었다. 나는 하늘의 뜻(天道)이 결국은 이루어지고 만다는 것을 믿는다. 그러나 역사가 반드시 그 뜻을 따른다고는 생각지 않았다. 『역사를 위한 변명』을 쓴 마르크 블로흐는 사회적 조건이란 그 깊은 성격에 있어서 정신적이라고 답한다. 역사에서는 정의가 항상 승리하는 것은 아니지만 그 역시 천도를 믿었던 것일까.

기실 망월동의 본래 동 이름은 북구 운정동이다. 하지만 1980년 당시 이곳 입구가 망월동이었기에 지금은 모두들 그 이름을 쓴다. 망월동은 이제 우리에게는 하나의 커다란 역사 상징이 되었다. 구태여 운정동을 되찾아 줄 필요는 없다고 본다. 옥토끼가 달을 바라보는 형국(玉兎望月形)이기 때문에 땅 이름이 망월동이 되었다는 기록이 있으나 지금의 망월동은 조금도 그렇게 보이지를 않는다. 이곳에서 차마 동화를 떠올릴 수는 없는 일이 아닌가. 하지만 이 형국은 망월동에 희망을 갖게 한다. 달을 바라본다는 것은 임신을 상징하는 일이기에 그렇다. 그것은 아직 솟아오르지 못한 씨앗을 지칭하는 일이고 고치에 감싸인 나방을 뜻하는 일일 수 있다. 땅을 뚫고 나오고 탈바꿈을 하면 수많은 옥토끼들이 이 땅을 뒤덮을 수 있는 일 아닌가. 게다가 앞쪽 멀리 보이는 무등의 산자락은 이 터를 보호하는 데 조금의 손색도 없으니 기다려 보는 일이 무망한 노릇만은 아니지 싶다. 게다가 망월동은 무엇이고 연희동은 무엇인가. 중요한 것은 땅 이름이 아니라 사람 노릇이 어떠했느냐이다.

문득 풍수가 말하는 地氣感應論에 생각이 미친다. 땅이 진실로 사람에게 응보를 내리는 것이라면 여기에 묻힌 분들은 어떤 식으로 풍수가 설명을 해야 하나. 그들의 공과 그들의 한을 이 땅은 어떤 상으로 대답을 하였나. 지금까지는 아무것도 없다는 것이 옳은 얘기일 것이다. 그러고도 땅의 감응을 말할 수 있는 것일까. 단연코 아니다. 만약 이런 것이 풍수라면 그런 풍수는 일고의 가치도 없이 허물어져야 한다. 그렇다면 풍수는 무엇인가?

나는 풍수가 진정 중시하는 것은 땅이 아니라 오히려 사람이라고 생각한다. 아니, 그렇게 받아들인다. 땅은 그저 무대일 뿐이다. 그 위에서 이루어지는 역사는 각본일 터이고 그 위에서 일을 꾸려 나가는 사람은 배우이다. 무대는 중요하다. 그러나 그 무대가 좋은 것이라고 해서 엉터리 배우들이 비윤리적 각본을 가지고 공연을 한들 좋은 연극이 될 까닭은 없다. 반대로 훌륭한 배우들이 인간적인 각본을 가지고 연기를 한다면 비록 무대가 좀 떨어진다 하더라도 크게 비난받을 연극이 나오지는 않을 것이다.

풍수 사상에서 땅은 무대이다. 우리는 좋은 무대를 갖기 위하여 터를 고르기는 하지만, 시답지 않은 배우가 나쁜 각본을 가지고 좋은 무대를 차지했더라도 결코 좋은 연극이 나오지 않는다는 것을 알고 있다. 아니, 그래야만 한다. 중요한 것은 그 땅 위에서 살아가는 사람들이 취하는 행위와 역사 의식일 것이다. 예컨대 삼풍백화점의 참사는 땅의 잘못이 아니다. 터가 나빠서 그렇게 된 것이 절대로 아니라는 뜻이다. 부실 공사라는 명백한 사람의 잘못을 터에 뒤집어씌우는 것은 전혀 합리적이지도 않거니와 결코 풍수적일 수도 없다. 망월동의 한과 5·18의 죄인들은 사람들이 풀어 주고 단죄해야 할 어떤 것이지 땅이 풀어 줄 성질의 것이 아니다. 우리는 그 점을 명백히 할 필요가 있다. 그래야만 오늘에 다시 풍수를 말하는 가치가 있을 수 있다.

우리는 오늘 당시 배우들을 재평가하여 잘못한 자를 가려내어 그 죄를 밝히고 배역을 바꾸는 동시에 되지 못한 각본을 훌륭한 역사 의식을 가진 바람직한 희곡으로 갈아 끼울 노력을 먼저 해야 하는 것이지, 죄 없는 무대를 덧대어 그 터가 나쁘니, 살이 끼었느니 할 필요는 없는 것이다.

망월동 묘역 주변은 지금 성역화 공사가 한창이다. 그렇지 않아도 찌푸린 날씨에 공사 현장은 그저 을씨년스럽고 살벌한 느낌을 줄 뿐이다. 일이 끝나고 주위 환경이 복원되면 이런 감정은 줄어들겠지만 무대를 고친다고 배우가 갑자기 희대의 명배우로 탈바꿈하겠는가, 각본이 명작으로 둔갑을 하겠는가. 지금 묘역 화장실은 남녀 구분도 되어 있지를 않고 그나마 변기는 세 개뿐이다. 일의 순서를 생각해야 될 것이 아니겠는가.

광주에서는 지금 비엔날레가 한창인데 망월 묘역 입구 복다우 버스 정거장 주변에는 그에 대항하는 안티비엔날레가 차려져 있다. 그것은 〈역사는 산을 넘고 강물로 흐르고〉라는 주제의 통일미술제라고 한다. 솟대와 장승 두 그루, 펄럭이는 만장 여럿만이 빗소리 바람 소리 속에 흐느낌처럼 들리고 있을 뿐인데, 나는 그것이 풍수의 소리처럼 여겨질 뿐이다. 그러니 風水悲愁의 땅이리.

망월동 묘비에 붙박혀 있는 희생자들의 모습, 어린 학생, 면사포를 쓴 젊은 여인, 남루한 작업복 차림의 젊은이. 연희동 대저택에서 검은 양복을 입은 민첩하고 건장하게 생긴 신사들의 경호를 받고 있는 사람들. 망월동과 연희동. 여기에서 풍수를 말할 수는 없다. 그것을 해석할 수 있는 풍수가 있다면 그런 풍수는 영원히 사라져 버리거라.

(6) 문제는 있으나 고쳐 써야 할 독립기념관

천안 목천면의 독립기념관. 제대로 말하자면 이곳은 광주의 망월동과 함께 민주화의 성역이 되어야 할 곳이다. 독립은 민주와 자유의 뿌리이다. 그들은 한가지에 달린 민족의 결실이기 때문이다. 독립 운동은 민주화 운동의 시발점이고 그들이 지향하는 것은 바로 자유일 테니까.

이곳은 고려 때부터 다섯 용이 구슬을 다투듯이 서로 탐을 내는 (五龍爭珠形) 명당으로 알려진 까닭에 독립기념관이 되었다는 얘기가 있다. 이처럼 중요한 시설물의 터가 명당을 차지한다는 것은 좋은 일이다. 《중앙일보》 최영주 기자의 취재에 의하면, 1982년 10월 발족된 독립기념관 건립추진위의 후보지 선정 기준에는 경비 절감을 위한 경제적 요소 이외에 풍수가 말하는 명당 요건도 포함되어 있었다 한다. 게다가 기념관 내의 전시관과 구조물들도 풍수적 구심성을 두고 설계한 것이었다고 하니 그 입지 선정이 전통 지리 사상에 입각하고 있음을 알 수 있겠다.

이곳은 물론 성스러운 공간이다. 성스러운 공간에는 영험한 기운이 있다. 이런 장소는 특수한 모종의 측면에서 다른 곳들과 다를 수 있다. 이것은 풍수라는 우리의 지리 사상을 떠나서 다른 민족에게서도 나타나는 현상이다. 예컨대 고대 이집트인들의 분묘와 사원은 대지와 천체의 기하학에 의하여, 특히 태양의 위치 측정에 의하여 위치가 결정되고 방향이 잡혔다. 신화의 기록에 의하면 델피 신전의 입지는 원래가 가이아라고 불리는 신성한 地母神을 받들던 곳이었다고 한다. 가이아 여신을 모신 그 자리에 가서 잠을 자는 사람은 꿈에 그 여신으로부터 신탁을 받을 수 있었다. 실제로 파르나소스 산 경사지 중앙에 위치한 그곳의 입지는 대지의 배꼽, 즉 대지의 중심인 옴팔로스였다. 뿐만이 아니다. 현대 미국인들은 국립기록보관소에 비치되어 있는 헌법이나 독립선언문에 접근할 때 마치 성자의 유해에 접근하는 듯한 태도를 취한다고 한다. 게다가 어떤 사람들은 꿈을 꾸거나 치료 방법을 계시받기 위하여 워싱턴기념관을 방문한다는 얘기도 있다. 우리가 독립기념관 터에 대하여 신성한 기운이 있음을 풍수로 유추하는 일이 결코 우리만의 미신이 아님을 알게 해주는 사실들이다.

하지만 보다 중요한 것은 사람이다. 명당을 깔아 뭉개어 황량한 벌판을 만들어 버린 것은 땅 스스로 벌인 일이 아니라 바로 사람들이 해놓은 짓이다. 시설은 낡고 볼 것은 별로 없고, 게다가 도처에 흩어져 있는 편의 시설들은 대부분이 수익성 사업처럼 보이니 마음이 편안할 까닭이 없다. 경내에서 빌려 주는 유모차는 2천 원씩 받고 있던데 그것은 그럴 수도 있다손 치더라도 장애인용 차를 3천 원씩 받아야 하는 이유는 무엇인지.

본래 건물 배치는 설계 단계부터 풍수를 고려하여 이루어졌다고 한다. 그럴 수도 있을 것이다. 하지만 이 터를 지금의 모양으로 만들어 놓은 것은 조금도 풍수적이지 않다. 오히려 반풍수적이란 생각까지 든다. 독립기념관이 크게 의지하고 있는 흑성산 자락의 그 좋았던 삶터는 어느 날 갑자기 불도저를 일렬로 세워 놓고 밀어붙여 평탄한 광장을 만들어 버렸다(사진 45). 이곳에 살다가 지금은 인근으로 이주당한 남화리 남벌마을 사람들은 여기 있던 논밭과 야산의 둥드름한 곡선을 잊지 않고 있었다. 자연의 살갗을 살리면서도 얼마든지 기념관 건립이 가능했을 것인데 무엇 때문에 이런 식으로 밀어붙이고 그 위에 풍수적 건물 배치를 시도했는지 알다가도 모를 일이다. 인공

사진 45 옆에서 본 독립기념관과 흑성산

은 자연에 反한다. 인공으로 터를 밀고 그 위에 풍수 이론에 입각한 건물 배치를 함으로써 풍수적 터가 되는 것이 아니다. 풍수는 자연에 순응하는 것이기 때문이다.

1983년 지금의 독립기념관 터에서 살던 남벌 사람들은 동쪽 용화사 인근으로 이주를 당했다. 그래서 지금 남벌마을은 새로 꾸며져 도시 변두리의 신흥 주택 냄새를 풍기며 서 있다. 이곳에서도 흑성산과 독립기념관의 위용이 한눈에 들어온다. 그리고 쫓겨난 그 터에는 이런 설화가 내려온다.

원래의 남벌마을 동구 백호부리에는 괭이바위(고양이바위)가 있었다. 그 모양이 고양이가 입을 벌리고 있는 형세인데 이 마을 홍장자 집에서 푸대접을 당한 과객이 그 앙갚음으로 풍수 사기를 치게 되는 바, 그 내용인즉, 〈이곳 지세가 본래 늙은 쥐가 밭에 내려오는 형국

(老鼠下田形)인데 고양이가 동구에 버티고 앉아 있으니 좋을 까닭이 없으므로 저 고양이바위를 깨뜨려 버리라〉는 것이었다. 그러나 바위를 깨 버리고 나서 3백여 호 되던 마을이 다 망하고 10여 호밖에는 남지 않았다. 그제서야 속은 줄 안 마을 사람들이 깨진 바위를 끌어모아 회로 붙이니 다시 번창케 되었다는 것이다. 여기까지가 기록에 남아 있는 내용이다.

남벌에 살고 있는 한영수 할아버지(64세)는 그 다음 얘기를 이렇게 잇는다. 〈분명 회로 땜질한 자국이 있는 괭이바위가 있었다. 그러나 1983년 독립기념관 건립을 위한 기초 공사 때 다시 허물어지고 말았다.〉 그렇다면 남벌마을은 다시 망하게 되는가.

흑성산 자락에는 둥드름한 뇌적봉(노적가리)이 있다. 그 앞에 쥐 모양의 산이 이 노적가리의 곡식을 훔치려 호시탐탐하고 있는데 마침 괭이바위가 그를 지키니 남벌은 잘살게 된 것이다. 그래서 이 인근에는 사람 살기 좋은 곳으로 첫째가 남벌이요, 둘째가 나반(북면)이며, 셋째가 복후정(연출리)이라는 소문이 있었던 것이다. 하지만 지금 고양이는 죽임을 당했고 남벌은 시멘트로 덮씌워졌으니 풍수 설화가 마냥 하릴없는 사람들의 심심파적만은 아닌 것인가.

부근 병천면 탑원리에는 유관순 열사의 생가 터가 있고 목천면 동리에는 이동녕 애국지사의 생가 터가 있다. 독립기념관이 있기에 적합한 터임은 분명하다. 하지만 사람들이 이런 식으로 꾸민다면 그 의미는 퇴색되게 마련이다. 오히려 꾸밈새에 별 신경을 쓰지 않은 소박한 모습이 더 자연 순응적이라는 점에서 풍수에 가까운 게 아닐까.

(7) 교하에 통일 수도를 그리고 최경창의 의리를

새로운 해는 시작되었으나 산천은 의구할 뿐이다. 서울을 벗어나기 위하여 겪어야 하는 교통 지옥도 그렇고, 뿌연 매연과 흐릿한 한강물도 그렇다. 새로움은 사람들 마음속에서만 되살아나는 것인가.

확실히 사람들의 마음은 변화가 심하다. 그토록 열망하던 통일이 어찌된 영문인지 최근 들어 뜨악해졌다. 어떠한 희생을 치르더라도 통일만은 우리 민족 모두의 하나 같은 소망이라고 소리쳐 왔는데, 지금은 통일 후의 혼란을 걱정하는 소리도 꽤나 커졌다.

필자가 交河 일대를 통일 수도로 해야 된다는 주장을 한 지도 5년이 지났다. 그 사이 여러 분야에서 통일 수도 문제에 대한 논란이 있어 왔다. 서울을 그대로 사용해야 된다는 설에서부터 교하, 개성, 파주 등 경기 북부 일대의 어느 지점을 주장하는 설 등 여러 가지가 있었다. 심지어는 계룡산을 말하는 사람들도 있었으나 이는 너무나 전근대적인 발상이라 별 가치 없는 소문일 뿐이라고 믿는다.

북한에서도 통일 뒤의 수도 문제에 신경을 쓰고 있을까? 이 점에 대해서는 아무런 정보가 없다. 1948년 9월 8일 〈조선인민회의 상임위원회〉가 통과시킨 헌법 제9장 제103조에 〈조선민주주의 인민공화국의 首府는 서울이다〉로 규정했으나, 1972년 12월 28일 〈사회주의 헌법〉 개정을 통해 〈조선민주주의 인민공화국의 수도는 평양이다〉로 고친 사실이 있고(≪월간 신시≫ 1월호 김주호 국장의 글에서 인용), 최근 단군 묘를 발굴하여 그의 유해까지 찾아냈다는 발표를 하는 것을 보면, 그들이 통일 수도로 평양을 주장할 공산이 커졌음은 미루어 짐작할 수 있다.

필자는 ≪경향신문≫의 연재를 통하여 몇 가지 중요한 풍수적 문제점들을 제시하고 그 해결책을 제시한 바 있다. 청와대와 중앙청 문제는 우선 청와대 구본관이 헐리고 중앙청 철거가 결정됨으로써 해결되었다고 본다. 전라남도 도청 입지는 아직 도의회의 승인 절차를 남겨 놓고는 있으나 무안군 삼향면으로 발표됨으로써 소기의 성과를 거둔 셈이다. 전남 도청 입지 결정이 보도된 지난 연말 필자는 여러 분야, 여러 계층의 사람들로부터 전화를 받았다. 대부분 귀신 같은 예언에 놀랐다는 것과 축하한다는 얘기들이었는데, 사실 나는 크게 당황할 수밖에 없었다.

  필자가 공부한 풍수 지리는 예언을 하는 술법이 아니다. 또한 무안, 목포 일대에 아무런 연고도 없는 사람이 이곳이 도청 예정지가 되었다고 해서 축하받을 일도 없었다. 필자는 나의 전공에 따라 적정 입지를 선정하여 그것을 주장했을 뿐이다. 다시 말하거니와 풍수는 예언적 술법이 아니라 땅의 이치를 궁구하는 우리의 전통적인 지리 지혜인 것이다. 교하를 통일 수도로 주장하는 것도 점쟁이 점치는 식으로 맞힌다 못 맞힌다는 부류의 문제가 아니라, 우리 민족 정서에 부합하는, 그러면서도 합리적인 지리학 이론에도 맞는 수도의 입지를 선정하여 주장하는 데 목적이 있을 뿐이다.

  교하라는 지명은 한강과 임진강 사이에 끼여 있기 때문에 붙은 이름이다. 두 개의 큰 강 사이에 위치하므로 그 分水界 기능을 수행하기에 해안인데도 지세는 악지에 속한다.『택리지』에도 땅이 메마르고 백성이 가난하여 살 만한 곳이 못 된다고 지적된 바이지만, 이곳이 황폐하여 사람이 살지 못할 곳이다가 고려 공민왕 때 安牧에 의하여 비로소 개간되었음은 이곳 출신으로『傭齋叢話』를 쓴 成俔(세종 21년-연산군 10년)도 기록으로 남기고 있는 사실이다.

  이곳이 천도 물망에 오른 것은 광해군 때이다.『坡州郡史』에서 이 사건의 해당 부분을 정리하면 대략 다음과 같다. 壬子年(광해군 4년에 해당함) 9월 2일 지리학을 공부하는 李懿信이란 사람이 상소를 올려 천도하기를 청하였다. 그 이유인즉, 임진왜란이 일어났고, 역적들의 변란이 잇달아 꼬리를 물었으며, 조정의 신하들은 당을 가르고, 사방의 산들이 벌겋게 벗어진 것(四山之童赤)은 한양의 지기가 쇠패해진 까닭이니, 교하로 옮겨야 한다는 것이었다. 그러나 정사인『광해군일기』卷第五十七 9월 癸巳(2일)條에 이에 관한 기사가 없는 것을 보면, 당시 이 사건이 조정을 떠들썩하게 한 괴변은 아니었던 모양이다.

문제는 임금인 광해군 자신이 교하 천도에 마음이 기울었다는 점이다. 『象村集』에 의하면 광해군은 교하로 천도하자는 뜻을 은근히 찬성하여(密贊遷都交河之意), 신임하던 內宦 李鳳禎에게 속마음을 터놓는 한편, 2품 이상 신하들에게 의논해 보기까지 하였다. 중신들은 천도의 불가함을 한목소리로 주달하는 동시에 이의신에게 벌을 주자고까지 진언한다. 이리하여 교하 천도론은 한낱 괴이하고 요망한(怪誕) 지관의 헛소리로 끝나고 말았다. 이와 같은 조정 중신들의 천도 불가 의견은 백사 이항복에 의하여 잘 정리가 되지만 여기서 그것을 소개할 여유는 없다.

그렇다면 당시의 교하 천도론은 그야말로 怪誕之說일 뿐이었던가? 그렇지만은 않다고 보는 것이 필자의 생각이다. 광해군은 전국토가 불바다가 되는 미증유의 국란을 겪은 사람이다. 민심이 돌아서서 왕궁에 불을 지르는 백성들을 목격하기도 했던 사람이다. 게다가 그 자신은 왕위 계승에 시달릴 대로 시달려 본 경험을 가지고 있다. 어떤 식으로든 혁신적인 정치 개혁을 필요로 했던 입장이었다. 그러니 천도를 생각해 보지 않을 수가 없다. 그런 중에 마침 地氣論을 등에 업은 교하 천도 주장이 나타났다. 은근히 뜻을 두는 것은 광해군으로서는 당연한 마음가짐이었을 것이다. 천도는 국가 대사 중의 대사이다. 일단 천도가 결정이 되면 온 나라는 천도의 열기와 혼란 속으로 빠져 들어갈 것은 필지의 사실이다. 그렇게만 되면 일거에 민심을 수습하고 조정을 장악할 수 있으니, 괜찮은 도박이라고 생각할 수 있지 않았겠느냐는 판단인 것이다. 신하들의 입장은 다르다. 이제 전란은 끝났고 민심이 역성 혁명을 원하는 것도 아니다. 그러니 천도라는 일대 도박에 찬동할 필요가 전혀 없는 것이다.

우리의 國都는 대체로 산간 분지 지형에서 산지와 평지의 점이 지역으로 진전되어 나오는 경향을 보여 왔다. 삼한의 수도를 비롯하여 경주, 개성 등이 분지에 속하는데, 이런 곳을 풍수상으로는 藏風局의 땅이라고 한다. 그리고 한양은 동쪽과 북쪽은 산지이지만 서쪽과 남쪽은 평야인 점이 지역에 자리 잡고 있다. 이런 곳을 得水局의 땅이라고 한다. 즉 수도는 장풍의 땅에서 득수의 땅으로 헤쳐 나온 셈이다. 물론 평양, 공주, 부여 등의 수도도 있었다. 이들 세 곳은 득수의 땅이다. 풍수는 地利만이 아니라 天時의 중요성도 간과하지 않는다. 고려 시대까지는 장풍의 터가 천시에 맞는 땅이었다. 평양, 공주, 부여는 천시를 얻지 못한 땅으로 그 결과는 우리가 역사에서 보는 바와 같다. 그리고 득수의 땅 다음으로 수도 입지가 될 수 있는 것이 平地龍의 땅이다. 교하가 바로 그런 땅이다. 다만 광해군 때 이의신은 아직 평지룡의 땅으로 천시가 가지 않았는데도 그것을 주장한 잘못을 저질렀으므로 성공할 수가 없었던 것이다.

　물론 풍수 이론상으로도 광해군 때의 천도론은 심각한 문제를 지니고 있다. 바로 우리 풍수가 지지하고 있는 國都五百年地氣說에 위배된다는 점이다. 광해군은 개국으로부터 2백 년 조금 지난 시대의 임금이다. 그러니 5백 년 지기설에 맞지를 않는다. 어찌되었거나 교하는 수도 후보지로 거론된 바 있었고, 그것이 실패로 끝난 경험을 지닌 땅이다.

　필자의 통일 수도 교하 주장은 몇 가지 오해가 있는 듯하다. 통일이 되면 서울과 평양은 남북한 어느 한쪽 주민들의 마음을 불편하게 할 우려가 있다. 물론 필자는 서울의 정통성을 전적으로 지지하는 입장이기는 하다. 그러나 수도 문제로 통일 후 민족 내부에 새로운 지역 갈등이 생겨서는 안 된다는 바람을 가지고 있다. 그래서 서울도 평양도 아닌 제3의 장소를 물색해 보았다. 그 최적의 장소는 개성이다. 개성은 이미 수도의 짐을 벗은 지 6백 년이 넘었다. 따라서 다시 지기가 살아나기 시작했다고 보아도 무방하다. 게다가 이미 인구 1백만의 대도시적 기반이 마련되어 있다. 경제, 사회, 문화적 기능을 서울에 둔 채 정치, 상징적 기능만 일시 개성으로 옮겨 가는 데는 별

지장이 없다. 하지만 그곳은 장풍의 땅이다. 따라서 풍수가 바라는 천시에 어울리지 않는다. 평지룡의 땅이어야만 한다. 그곳이 바로 교하다. 통일 후 30-50년쯤 개성에 임시 통일 수도를 두고, 그 사이 교하에 새로운 수도를 건설하여 앞으로 5백 년 국가 장래를 도모할 수 있으리라는 것이 필자의 주장이었다. 통일되자마자 교하로 가자는 얘기가 아니었다.

교하의 풍수적 및 지리적 입지의 타당성, 예컨대 국토의 중앙이라든가, 한강, 임진강, 예성강이란 삼대 강의 交會處라든가, 항만 입지가 좋다든가, 地性이 寬厚博大하다든가에 대해서는 이미 다른 글에서 언급한 적이 있기 때문에 여기서 중언부언은 삼가키로 하겠다. 다만 그렇다면 그 핵심이라 할 수 있는 혈장이 어디냐 하는 문제만을 여기서는 생각해 보기로 하자.

새해를 맞아 교하의 산하를 살핀다. 정신을 모두어 천지신명의 부촉을 기다린다. 그리하여 이런 모습을 떠올릴 수 있었다. 長命山을 주산으로 나라의 萬歲를 기하고, 吾道里 일대를 혈처, 그러니까 왕조로 하자면 대궐터로 삼아 민족 자존의 주체성을 확립하며, 堂下里를 명당으로 하여 백성의 발 아래 서 있다는 민주 의식을 기조로 하면 되리라. 구태여 큰 도읍이 무슨 필요가 있을까. 그런 수도 기능은 서울이 대신해 줄 것이다. 그리고 尋鶴山을 조산으로 하여 원대한 포부를 가꾸어 나간다면, 그것이 바로 겨레의 큰 서울, 교하가 되리라.

아들을 데리고 다니는 답사는 아버지인 내게는 큰 의미가 있다. 제자들은 제자들대로의 맛이 있지만 자식은 그와는 다른 정서를 가슴에 심어 준다. 아비가 통일 수도로 적지임을 주장하는 교하 땅을 아들에게 보여 주기 위한 이번 답사도 그런 마음에서 시작된 것이다. 중학 3학년인 아들 녀석(1997년에 고등학교를 졸업했다)은 통일이 언제 될 것이냐 묻는다. 난들 알 수가 있겠나. 단지 우리 민족 모두의 바람이고, 사람들이 한결같이 바라는 바는 반드시 이루어지는 법이라고밖에는 할 말이 없었다.

먼저 필자가 통일 수도 교하의 주산으로 지정한 장명산(102m)을 올랐다. 산 너머 북쪽으로는 曲陵川이 흐르고, 일대를 조망할 수 있는 좋은 위치에 놓인 산이다. 눈이 녹아 질퍽거리는 산길을 오르는데, 오도리에 사는 아주머니 두 분이 길을 내려온다. 통일 수도로 이곳을 얘기하고 있다는 사실을 잘 알고 있었다. 마치 결정된 일인 양 말하고 있어 쑥스럽기 짝이 없다. 다행히 내가 바로 그 주장을 편 당사자임은 전혀 모르는 눈치다.

통일 수도가 됨은 더없는 고향의 영광이나, 그 좋던 장명산이 깎여 없어진다는 것에 크게 상심이 되는 모양이다. 원래 이 산에는 자식 없는 사람들이 아기를 낳게 해달라고 빌던 샘이 있었다고 한다. 그런데 일본인들이 석회석 광산을 개발한다고 산을 건드린 이후로 그 샘은 말라 버렸다고 한다. 뿐만이 아니다. 그 뒤로도 계속 돌을 캐내어 크고 좋던 이 산이 자락만 남아 버렸다는 것이다. 정상에 올라 보니 지금도 골재를 채취하는 작업이 계속되고 있었다. 산 정상부는 완전히 해체되어 산이라고 하기가 민망한 지경이다. 그렇다면 이 산이 수도의 주산이 되기에는 문제가 생긴 셈이다. 지금 파주 일대의 마을들은 건설 자재 공장들 때문에 몸살을 앓고 있다. 채석장에 레미콘 공장에 시멘트 벽돌 공장에, 그야말로 건축 기본 자재 공장 중 없는 것이 없는 군이 되고 만 것이다.

그렇다고 인근에서 다른 대안의 산을 찾을 수도 없다. 부득이 혈처를 장명산에서 거리를 두고 정하는 수밖에 없다. 장명산의 훼손된 지기를 일시 피하기 위해서는 일단 그로부터 적절히 사이를 두고 명당의 의지처, 즉 혈처를 마련할 수밖에 없는 까닭이다. 그러면서 장명산 골재 채취를 빨리 마무리짓고 그곳의 조경을 성심껏 하여 지기가 되살아나기를 기다려야 한다. 통일의 땅 기운이 샘솟는 이곳 주산이 이처럼 수모를 당하여 통일 기운이 늦어지고 있는 것이 아닌가 하는 요망한 생각까지 들 정도였다.

　다시 산을 내려가며 마땅한 자리를 살핀다. 오도리의 장명산은 가는 띠 모양을 이루며 당하리 쪽으로 연맥을 뻗치고 있다. 그 맥을 따라 움직이다가 마침 그런 최적의 장소를 만났다. 바로 교하중학교가 있는 자리다. 방학중이라 학교는 적막강산이다. 땅을 보기 좋은 분위기다. 운동장 아래쪽으로는 당하리의 들판이 나지막한 구릉들을 여기저기 얹은 채 질펀하게 펼쳐져 있다. 남쪽을 가로지르는 세 겹의 부드러운 능선들은 한마디로 탁월하다. 조안에 瑞氣가 충천하여 혈장을 휘돌아 감싸는 大地의 풍모이다. 대통령 관저를 비롯하여 중요 정부 청사가 들어서기에 적절한 땅이다. 주택지와 상업 용지는 인근 금촌읍을 이용하면 족하리라. 모두 합하여 인구 20만 정도의 수도, 여기서 국가와 민족의 장래를 차분하고 안정된 마음으로 설계해 나간다면 그 아니 좋으랴 하는 생각인 것이다. 멀리 하늘선에 심학산이 바라보이는 것도 금상첨화이다. 통일된 우리 국가의 지도자는 仙鶴을 찾아 나선 신선의 마음으로 국정에 임해야 마땅하지 않겠는가.

　누가 시킨 일도 아니지만, 뭔가 큰일을 마무리지었다는 느낌이 든다. 그런데도 기분이 개운치 않은 것은 통일에 대한 전망이 분명치 않아서이리라.

　너무 큰 생각을 하다 보니 머리가 무겁다. 마음을 어루만져 줄 수 있는 땅 기운을 쏘이고 싶다. 또 아들에게 情緖로운 地氣를 가르쳐 주고 싶은 마음도 생긴다. 그리하여 찾은 곳이 기생 洪娘의 무덤. 고등학교 고문교과서에 실려 있는 〈묏버들 갈해 것거 보내노라 님의 손데/자시는 창밧긔 심거두고 보쇼셔/밤비예 새닙곳 나거든 나린가도 너기쇼셔〉라는 시조의 지은이이다. 누가 그녀를 모르랴.

　오도리에 있는 교하중학교 앞길에서 서쪽으로 난 이차선 포장 도로를 한 오리쯤 가다 보면 길가에 청석교회가 나온다. 청석교회에서 조금 더 아래로 내려오면 오른쪽으로 마을로 들어가는 작은 길이 나서는데, 그 마을 뒷산에 청석리 홍랑의 산소가 자리하고 있다. 동구에 그의 애인이자 남편이었던 孤竹 崔慶昌의 詩碑가 서 있는데, 바로 같은 돌 뒷면에 홍랑가비가 새겨져 있다. 물론 홍랑이 최경창의 부인은 아니다. 그렇기 때문에 최경창을 홍랑의 남편이라 부르는 것은 정확한 표현은 아니다. 그러나 워낙 그들의 사랑이 애틋하여 최경창의 본향인 해주최씨 문중에서 그녀를 받아들이고 신위까지 받들고 있으니 남편이라 하여도 큰 망발은 아니리라 믿는다.

주변은 서해안에서 흔히 볼 수 있는 전형적인 구릉성 산지들이 엎드려 있다. 마을을 바라보며 왼쪽으로 해주최씨 문중산이 있고, 멀리서도 거기 있는 잘 정돈된 10여 기의 산소들이 보인다. 마을 끝에 이 선산을 관리하는 최증섭 씨의 집이 있고, 그 집 옆 채소밭을 가로지르면 커다란 烏石에 새겨 놓은 〈海州崔氏先世諸位移葬碑〉가 우뚝 서 있다. 본래 이 산소들은 파주군 月籠面 英太里에 있었는데 그곳에 미군 부대가 들어서면서 이곳으로 이장하게 되었다고 한다. 그것이 1969년 일이고, 시비가 세워진 것은 1981년 뜻 있는 문인들에 의해서이다.

홍랑의 묘는 이장비 조금 위쪽에 있다. 묘비도 아름답다. 이르되, 〈詩人洪娘之墓〉. 佳人의 산소답게 글씨 또한 아름답다. 바로 그 위가 고죽 최경창의 묘. 이 묘에는 최경창의 부인 선산임씨가 합장되어 있다. 묘한 감흥이 인다. 남편과 부인이 한무덤에 들어 있고, 바로 그 아래 남편의 애인 무덤이 있다. 남편과 애인은 절세의 연애 사건을 일으킨 사람들이다. 그 부인의 마음이 어떠할까. 아니, 최경창이란 사람은 도대체 어떤 사람일까. 홍랑은 또 어떤 인물이었을까. 고죽 최경창의 풍류 반려. 그는 퉁소를 기가 막히게 잘 불던 사람이라고 한다. 그런 고죽은 지금 홍랑을 통해서 오히려 인구에 회자되고 있는 형편이다.

내게도 풍류 반려가 있었던가. 아들을 옆에 앉혀 두고 그런 생각을 하려니 민망스럽다. 그러나 참으로 아름다운 광경인 것을 어찌하랴. 주위는 안온하다. 무덤 앞에 앉아 담배에 불을 붙이니 소리에 놀랐는지 바로 발 아래에서 꿩 한 쌍이 푸드덕 날아 오른다. 고죽과 홍랑의 혼신인가. 아, 참으로 고즈넉한 사랑이구나. 부러운 일생이다.

무덤 우측으로는 운치 있는 소나무가 고개를 디밀고 있다. 李白의 시구대로 〈問余何事 栖碧山/笑而不答 心自閑/桃花流水 窅然居/別有天地 非人間〉인 풍광이다. 막걸리 한잔 걸치고 홍랑의 무덤을 베고 누워 한바탕 꿈을 꿔 보고 싶은 마음 간절하다. 이제 고등학교에 입학할 아들은 아버지의 마음은 아랑곳없이 무심히 과자를 씹으며 꿩 날아간 숲에만 정신을 팔고 앉았다. 하기야 정신을 차릴 사람은 이 아비인 것을.

홍랑의 본명과 생몰 연대는 미상이다. 함경도 출신으로 시문에 재질이 뛰어나 시조와 한시의 절품을 남겼다는 기록이 있다. 지조가 견고했고 불타오르는 정열을 지니되 두려울 바가 없었다고도 한다. 최경창이 北道評事로 함경도 鏡城에 있을 때 그의 막중에 머물며 정이 들어, 이듬해 봄 최경창이 서울로 귀환함에 雙城(함경도 永興의 옛이름)까지 따라와 작별을 고하고 돌아가다가 咸關嶺에 이르러 날이 저물었다. 마침 봄비는 하염없이 내리고 있었다. 치밀어 오르는 사모의 정을 참을 길 없던 홍랑은 시조 한 수를 읊었으니, 그것이 바로 그 유명한 시조인 것이다. 이 시조를 버들가지와 함께 인편에 보내니, 이 戀詩를 받은 최경창은 이를 漢譯하여 자신의 애모의 글과 함께 답장을 띄웠다. 이 친필 연서는 1981년 당시 김동욱 교수에 의하여 발굴되어 소개된 바 있다.

만력 계유(1573) 가을, 나 북도평사로 부임했을 때 홍랑 그대도 나의 막중에 같이 있었소. 다음해 내가 서울로 올라올 때, 홍랑이 따라와 쌍성에서 이별했었소. 헤어지기 전 함관령에 이를 적에 날이 어둡고 비가 캄

감하였소. 을해년(1575)에 내가 병을 앓아 봄부터 겨울까지 자리를 뜨지 못했을 때, 그대 홍랑은 이를 듣고 일곱 밤낮을 걸어 서울로 올라오지 않았소. 그때는 함경도 사람들은 서울에 들어오지 못하도록 금지령이 내려 있었고, 많은 사람들이 우리 둘의 얘기를 하는 바람에 나는 면직이 되고, 그래서 홍랑은 고향으로 내려가지 않았소…….

둘의 사랑은 나라의 금령까지 어겨 가며 병든 정인을 찾아 나서게 했고, 그로 인하여 관직을 박탈당한 정인은 일고의 후회도 없이 그녀를 기리는 답장을 쓰고 있는 것이다. 그가 세상을 떠나자 홍랑은 3년의 시묘살이를 하고 수절을 한다. 그리고 그녀는 지금 정인 아래에 묻혔다. 마치 퉁소를 불고 있는 사랑하는 이의 발 아래 몸을 던지고 음률을 헤아리고 있는 모습이다.

나는 지극히 산문적인 성격의 사람인데, 오늘 보니 서정적 측면도 없지 않은 모양이다. 못내 자리를 털고 일어나기가 아쉽다. 아마도 이 땅 기운이 유정한 까닭인지도 모르지. 편히 쉬시오, 홍랑 여사.

5 그저 한가롭기만 했던 풍수 기행

(1) 장수에서 육십령을 넘어 함양에 이르니

호남과 영남을 관통하는 고갯길로 가장 잘 알려진 곳은 무주의 나제통문과 육십령 그리고 팔량치일 것이다. 전북 장수군 장계면 명덕리와 경남 함양군 서상면 대남리를 잇는 육십령은 옛날 도둑떼가 자주 출몰하였기 때문에 육십 명이 모여야 넘을 수 있었기에 붙은 지명이라 한다. 지금은 잘 포장된 이차선 도로에 제법 많은 차들이 고개를 오르내린다.

진안 마이산 밑에서 하룻밤을 묵고 육십령으로 향하는 길에는 어제 내린 눈이 곳곳에 빙판을 만들어 두고 있었다. 하지만 초겨울의 쨍한 아침 햇빛 속에 드러나는 주위 산천은 얼음판의 위험성을 아랑곳하지 않고 불가해한 신비 속으로만 마음을 잡아 끌고 있다. 게다가 그 지겨운 차들도 거의 지나다니지를 않으니 마치 별천지에 떨어진 느낌이다. 도로를 전세 내어 달리는 듯하여 미안한 생각까지 든다. 이럴 때는 직장에 얽매이지 않은 자유인의 신세도 자랑스럽다. 출근을 해야 하는 처지라면 평일에 어찌 감히 이런 호사를 생각이나 해 볼 수 있으랴.

나는 기본적으로 지금 하고 있는 행위가 생계 유지에 관계없는 것이라면 그것이 어떤 종류이든 일이라고 생각지를 않는다. 그런 것은 일이 아니라 취미나 오락일 뿐이라고 믿는다. 일은 반드시 먹고 사는 일에 연결되어야만 한다는 고집 때문이다. 지금 내가 하고 있는 이 답사는 어디에 해당하는 것일까. 그로써 글을 쓰고 그로써 고료를 받아 생활비로 쓰고 있으니 분명 일은 일인데, 일이라고 하기에는 너무나 깊은 산의 신선 같은 팔자다. 그러다 보니 엉뚱하게도 길가의 월강리, 삼봉리, 명덕리 일대의 농촌 마을까지가 신선 마을로 비친다. 그곳에도 필경 삶의 고달픔과 고적감이 켜켜이 쌓여 있을 터인데 이 무슨 망발인가.

그러나 정작 육십령에서는 별다른 감회가 없다. 산은 품안에 안기면 그 맛을 느끼기 힘들기 때문일까? 어머님의 품안도 있을 때는 그 안온함과 태평스러움을 제대로 느끼지 못한다. 떠나 보면 그 품의 의미를 뼈저리게 깨닫는다. 산도 마찬가지라 막상 육십령에서는 신비를 맛보지 못하는가 보다. 하지만 이 역시 되지 못한 게으름뱅이의 하소연일 뿐, 제 발을 써서 스스로 걸어 넘었다면 절대로 이런 궁색한 소리는 없었을 것이다. 산은 온 정성을 다하여 접근할 때만 속내를 허용하지 않던가. 이미 수많은 답사에서 그것을 체득했다고 여기면서도 막상 닥치면 헛소리가 나오니 아직도 답사라는 소리를 하기에는 어림도 없는 처지다.

　함양 땅으로 들어서서 송계리라는 곳에 이르면 남쪽으로 백전면 들어가는 지방도가 나온다. 그 길을 조금 내려오면 백운암 들어가는 도로 표지판이 나오고 바로 그 아래 운산리 마을이 펼쳐져 있다. 골골 집집마다 감이 지천이다. 감 딸 사람이 없어 그냥 둔다는 것이다. 사람을 사면 하루 오만 원은 줘야 하는데 식초 공장에서 사 가는 가격은 킬로그램당 사백 원이니 타산이 맞지 않는다는 애기다. 일 킬로가 일고여덟 개, 따지 못하는 이유를 알 만도 하다. 구기자가 풍성하게 달려 있는 집도 간혹 있다. 이것은 값이 좋아 곧 따내겠지만 감에 비하면 어림없는 양이다.

　마을 북쪽으로 눈을 덮어 쓴 白頭의 白雲山이 보인다. 하지만 보이는 것이 백운산의 정상은 아니다. 백운산 세 봉우리 즉 상, 중, 하봉 중 하봉만 보일 뿐이다. 읍내 나가는 버스를 기다리던 강배근 할아버지(60세)의 지적이 아니었다면 하봉을 백운산의 전부로 착각했을 것이다. 이 백운산이 전라북도와 경상남도의 경계이다. 그 산을 이곳 사람들은 장군의 모습으로 인식한다. 마을 남쪽에 계곡을 따라 길게 펼쳐진 들판 이름은 진두문이, 백운산이란 장군이 이곳에서 진을 치는 형국이기 때문에 붙은 지명이다. 정말 그렇게 보려고 한다면 운산리보다는 양백리 쪽으로 조금 내려와서 양백교 부근에서 보는 것이 예에 흡사하다(사진 46).

　운산리에서 북서쪽으로 길을 잡아 산길을 오르면 중재가 나오고 중재를 넘으면 전북 장수군 반암면 지지리가 된다. 산 이쪽 저쪽으로 갈려 전라도와 경상도가 되었으니 당연히 지지리를 가 보고 싶은 생각이 든다. 산길을 접어들어 보지만 이내 포기할 수밖에 없다. 근래에는 중재를 걸어 넘는 사람들이 거의 없는데다가 눈발에 몸을 드러낸 산속을 아무런 대비 없이 넘는다는 것은 산을 깔보는 일밖에 안 된다는 것을 오래지 않아 깨달았기 때문이다.

사진 46 함양의 진두문이 가운데 눈 덮인 산이 백운산

우선 함양읍으로 나와 숲이 좋다고 유명한 상림공원 옆 여관에서 하룻밤을 묵고 다음날 남원으로 길을 돌아 결국 지지리에 닿았다. 마늘을 심고 있던 박현창 할아버지(68세) 곁에 쭈그리고 앉아 이런저런 얘기를 붙여 보지만 반응이 시원치를 않으시다. 한참을 그렇게 주저앉아 있었더니 할 수 없다는 듯 몇 말씀 던져 주신다. 한 이십 년 전만 해도 이곳 사람들은 함양 땅 운산리 시장을 봐 왔다고 한다. 당시는 양쪽 사이에 혼인도 가끔 있었고 이승만 정권 때까지만 해도 서로 시답지 않은 티격태격은 있었으나 그런 대로 친하게 지냈는데 박정권 이후 서로 뜸해지고 말았다는 것이다. 하지만 그 이유를 할아버지는 간단히 남원 가는 도로가 잘 뚫려서라고 말한다. 구태여 힘들여 중재를 넘어 함양장을 볼 것이 아니라 버스가 다니는 남원 가서 장을 봐 오면 되었기 때문이란 것이다.

지지리 광대동마을 앞산은 광대가 관대를 쓰고 춤추는 형국이라는 풍수 설화가 전한다. 앞산이란 백운산이 남쪽으로 흘러 만들어 놓은 월경산을 말한다. 말하자면 백운산과 월경산은 같은 능선 위의 두 봉우리이니 결국 같은 산체인 셈이다. 같은 산을 두고 함양에서는 장군이 진을 치는 형국으로 보았고 장수에서는 광대가 춤을 추는 모습으로 보았다. 그래서 경상도에는 將軍이 많이 났고 전라도에는 藝人이 많이 난 것인가 하는 아무짝에도 쓸모 없는 생각을 하며 장계로 넘어가는 무령고개로 들어선다.

오른쪽은 백운산이요, 왼쪽은 장안산 군립 공원이니 그 경치야 말해 무엇하랴. 포장 공사가 한창인데 이미 길가에는 민박집, 닭집, 보신탕집이 꽤 많이 들어서 있다. 손님을 기다리는 개와 닭들이 저 죽을 줄은 모르고, 지나는 길손에게 어리광을 부린다. 이런 산에까지 와서 몸 보신을 해야 하는 게 지금의 우리 사람들인가.

(2) 어리석음이 선함이고 선함이 복이 되어야 할 홍천 장구목마을
홍천읍의 입지는 지극히 풍수적이다. 뒤로 산에 기대어 앞으로 강을 끼었고(背山臨水), 산천은 조화를 이루어 서로 옷깃을 여미듯 안정을 이루었으며(山河襟帶), 해맑은 산 아래 들판으로는 맑은 물이 흐르고(山紫水明) 있으니, 사람으로 태어나 홍천에 터를 잡은 사람은 모름지기 그 天惠와 地德에 깊은 감사를 드려야 할 일이다.

맑은 날 읍내 앞을 흐르는 華陽江(혹은 洪川江, 북한강의 지류)을 건너 南山(396m)에 올라 바라보는 시가지 풍경은 무릉도원이 따로 없구나 하는 감상을 불러일으키기에 충분하다. 멀리 하늘선에 걸려 있는 늙은 산들(老龍)은 홍천의 유서 깊은 역사를 말해 주는 듯하고, 읍내 바로 뒤쪽 노룡의 앞자락 품에 안기듯 벌여 서 있는 어린 산들(嫩龍)은 순박한 희망을 주민에게 전해 준다. 그런 때문인가, 신기하게도 읍내에는 希望里란 지명이 남아 있다.

굳이 남산이 아니더라도 주변에 좋은 산들이 많아 읍내를 조망하기에 어려움은 없다. 그럼에도 남산을 올라야 하는 이유는 그곳에 풍수 전설이 전하기 때문이다. 이 산 거북등에 무덤을 쓰면 큰 복을 받는 대신, 이 지방에 가뭄이 들고 향교의 정문이 소리 없이 열리는 흉조가 온다는 내용이다. 옛날 좋은 터를 권세나 재력으로 차지하던 악습을 막아 보려던 주민들의 지혜가 이런 설화를 낳았을 것이다. 만약 남산에 무덤이 들어선다면 홍천읍 사람들은 눈만 뜨면 남의 산소 쳐다보는 것으로 하루가 시작되었을 것이다. 그러나 이런 풍수 설화를 마련함으로써 사람들은 자신들의 삶터를 깨끗이 보존할 수 있는 것이 아니겠는가.

요즈음의 답사는 서울을 떠나는 것만으로도 충분히 사람을 지치게 만든다. 워낙 길이 막히다 보니 서울 시계를 벗어나는 순간 이미 깊은 피로를 느끼게 되는 까닭이다. 그런 잡답을 떨치고 답사를 위한 자료 수집을 위하여 군청을 찾는다. 그런데 바로 군청 앞에 있는 읍사무소 뜰 안이 이상하게 고색창연한 빛을 발하고 있는 것이 눈에 띈다. 무엇인가 있구나 하는 생각에 무심히 그 안으로 들어선다. 분명히 무엇인가가 있었다. 국가 지정 문화재인 보물 2점과 도 문화재 자료 1점이 바로 그것이었다.

보물 제79호인 희망리 삼층석탑은 본래 홍천초등학교 뒤에 있던 것인데 이리저리 옮겨지다가 지금의 장소에 터를 잡은 것으로 졸렬한 이전과 보수로 말미암아 위쪽 삼층 탑신과 상륜부가 없어지고 말았다. 그 옆에 있는 보물 제540호 掛石里 사사자삼층석탑도 원래 두촌면 괘석리 밭 가운데에 있던 것이 이리로 옮겨진 것이다. 이런 문화재가 장소를 옮겨 전시된다는 것은 썩 좋은 일은 아니다. 문화재란 그것이 있던 터도 같이 중요한 법인데, 무슨 이유로든 옮긴다는 것은 그 가치를 훼손하는 일이 아닐 수 없다. 조경용으로야 다시 없는 보물일 수 있겠지만 요즘 같으면 엄두도 못 낼 문화재에 대한 무신경이다. 여러 가지 자료와 함께 친절한 안내를 마다하지 않은 군 문화 공보실의 정동희 씨도 그 점이 안타까운 모양이었다.

읍사무소 앞에 나란히 서 있는 선정비들은 그저 그렇고 그런 벼슬아치들의 자기 자랑으로 비쳐지지만, 그중 문화재 자료 51호로 지정되어 있는 鐵碑에는 그 뒷면에 〈奈金伊〉라는 주조 장인의 이름이 새겨져 있어 특이하다. 이것 역시 홍천초등학교 입구에 있던 것을 옮겨 온 것이라 한다. 아마도 홍천초등학교 일대는 전문가들의 발굴 조사가 필요한 곳인지도 모르겠다.

지금은 그 터만 남아 있는 鶴鳴樓의 記文에서 서거정은 홍천을 〈백성들의 풍속은 순박하고 爭訟은 적어서 수령 노릇하는 즐거움이 있다. 읍내 인가는 그윽하고 깨끗하며, 산과 물은 맑고도 기이하다(淸奇). 재물은 풍부하고 수목이 울창한 것을 기뻐한다〉고 표현했거니와, 과연 그랬을 것이라는 공감이 간다. 다만 지금도 산천과 풍속은 예와 같지만 그 재물은 풍부하지 못함이 안타까울 뿐이다.

아무리 고결한 사상이라 하더라도 삶을 도외시한 것은 별 의미가 없다. 풍수도 산천 景槪에나 관심을 쏟는 여유자들의 도락만은 아니다. 감탄할 만한 경치를 가진 홍천 명당이지만 그 속에서 이루어지는 사람들의 삶이 고달프다면 그것은 이미 명당일 수가 없다. 해체되어 가고 있는 오늘의 농촌 현실을 東面 坐雲里의 한 마을에서 그 전형을 보는 것으로 답사를 시작하는 일은 우울이 아닐 수 없다.

좌운리 장구목에 사는 어떤 할아버지는 아들이 셋이다. 큰아들이 마흔둘, 둘째가 서른일곱, 막내가 서른넷. 모두가 총각이다. 막내는 오른손이 없는 불구이다. 구석골에 사는 또 다른 할아버지에게는 서른 살, 스물네 살 된 아들 둘이 있다. 역시 모두 미혼이다. 딸도 둘 있는데 또한 미혼이다. 더 알아보면 이런 현상은 얼마든지 찾아낼 수 있을 것이다.

나는 명색이 배웠다는 사람인데 이런 모습을 보고 들으면서도 아무런 해결책이 생각나지 않는다. 기껏 머리에 떠올린 방책이 이들에게 신앙이 있다면 괴로움이 덜 하지 않겠는가 하는 무책임한 발뺌뿐이다. 배움에 대한 무의미성은 이런 사람들을 대할 때마다 지극히 당연하게 부각되게 마련이다.

 이런 사람들에게 풍수는 과연 언제 명당을 부여할 수 있을까. 자연과 인간이 조화를 이룬 속에 대동의 공동체를 지향하는 것이 풍수적 삶의 목표라는 정의를 내린 바 있지만, 막상 현장에 오면 느끼게 되는 결말은 속수무책에 무력감뿐이다. 지금 우리 사회는 풍수적 삶터로서의 국토를 도시적 생존 경쟁의 공간으로 뒤바꾸는 작업에 광분해 있다. 그 작업은 거의 막바지에 이른 느낌이다. 이 과정에서 일차적으로 해체되는 삶터는 농촌이요, 그 첫 피해자는 농민이다. 최소의 노력으로 최대의 효과를 얻겠다는 비인간성이 빚은 당연한 결과이겠지만, 문제는 오히려 그런 사고 방식을 부추기는 오늘의 전도된 가치관이 아닐런지. 노력을 덜 했으면 효과도 그만큼 적은 것이 상도일 터인데, 그 반대의 것을 바라고 있으니 잘될 까닭이 있을까.

 땅을 어머니로 보는 것이 풍수적 사고의 출발이라 말한 적이 있지만, 어떤 사람에게 맞는 땅이란 어머니의 자궁 속 혹은 품속 같은 안온함을 맛볼 수 있게 해주는 곳이다. 그러나 그 안온함이 궁핍을 껴안고 있는 것이라면 그것은 진정한 안온함이 될 수 없다. 〈어머니인 땅〉, 그것은 생명의 근원에 대한 근본적인 경외감에서 비롯되는 인간의 원초적 감정이다. 그런 경외감은 결코 두려움만은 아니다. 거기에는 의지처로서의 모성 회귀적 본능도 도사리고 있다. 경외감과 의지처, 이런 상호 모순되는 정서를 동시에 땅에 대해서 가질 수 있는 것이 우리의 풍수 사상이다. 그런데 지금 사람들은 의지처로서의 땅만을 인정한다. 말하자면 겁없이 어리광만을 부리는 꼴이다. 부모 살해의 패륜은 풍수적으로는 그런 맥락으로 풀이되는 것이지만, 아무리 어머니라도 지나친 어리광 일변도의 자식인 경우는 결코 감싸 안지만은 않는다. 언젠가 가혹한 꾸지람을 받게 될 것이다. 이것이 환경 오염과 그의 방치로 인한 자연의 재앙을 풍수적으로 표현하는 방법이다. 우리 모두가 땅에 대해서 패륜을 저지르고 있다는 사실을 깊이 깨달아야 한다.

좌운리의 산야를 바라본다. 거기에는 삶의 신산을 겪으면서도 거짓 없이 세월을 보낸 사람들이 내보이는 위엄이 있다. 별다른 특징을 가지고 있는 것은 아니다. 그러나 결코 단순하지만은 않은 묘한 풍모를 내보이는 주위 산들을 닮은 좌운마을 사람들의 삶. 그것은 순박하면서 가식 없는 자연 그대로의 모습이다. 하지만 지금 그들에게는 음양의 조화가 깨어지고 있는 것처럼 보이는 조짐이 있다. 獨陰獨陽으로는 생성의 이치가 있을 수 없는 법인데, 상당수 성인 남자들이 총각을 면치 못하고 있는 것이다.

땅에 어리광을 부려댄 것은 도시 사람들이다. 어리광이 도를 넘어 패륜의 단계에 이른 것이 바로 땅을 소유와 이용의 대상으로만 생각하는 오늘의 우리들이 아니던가. 그 업보를 엉뚱하게도 진정한 어머니로서 땅을 대해 온 시골 사람들이 받고 있다는 것은 또 무슨 조화인지. 아니, 그것이 진정한 조화인지도 모른다. 시골은 우리의 뿌리이며 뿌리의 와해는 결국 우리 모두의 자멸을 불러올 것이니까. 그들이 부디 안온한 삶터에서 평안한 삶을 누리시기를 빈다.

(3) 사람은 산을 닮지만 산도 사람을 닮는다, 포천 신북면을 떠돌며

포천군청에서 별다른 자료 협조를 받지 못하여 이번 기행은 집에서 조사해 간 몇 가지 사전 정보에 의지할 수밖에 없었다. 문화공보실이란 곳에 『군지』를 비롯하여 문화재 조사 보고서가 보관용 한 부밖에는 없다는 것이다. 가까스로 군지 몇 장을 복사했으나 별 도움이 되지 않는다. 이 지방을 홍보하는 좋은 기회이니 어렵더라도 자료를

구해 달라고 부탁해 보지만 소용없는 일이다. 군청 건너편에 있는 문화원도 들렀다. 사정은 마찬가지다. 다른 군들, 예컨대 영월, 가평, 단양, 제천 등지에서 받은 좋았던 자료들이 떠오른다. 썩 좋지 않은 기분으로 군청을 나설 수밖에는 없었다. 『군지』는 답사자에게는 귀중한 길잡이가 되니, 유료 판매를 하는 것이 좋을 듯하다.

언제나 그러하듯 이번에도 새벽 다섯시에 집을 나섰다. 의정부를 지나서부터는 심한 안개가 앞을 가린다. 대부분의 사람들이 조심스럽게 운전을 하는데, 여전히 질주하는 차들이 있다. 어쩌자는 사람들인지 알 수가 없다. 마치 자살을 결심한 사람들 같다. 더욱 문제인 것은 그들이 죽음의 동반자로 아무 연고도 없고 죄도 없는 길거리의 불특정인들을 택하고 있다는 점이다.

영동 고속 도로에서 경부 고속 도로를 만나면 갑자기 길이 넓어진다. 여기서도 사람들은 죽기를 각오하고 달린다. 나는 그때마다 이것이 바로 현대 문명 세계의 상징적 축소판이란 사실을 실감하곤 한다. 나도 그 위를 미친 듯이 달린다. 그것은 자연에 조화하여 살라는 풍수의 가르침을 정면으로 배반하고 있는 장면이다. 그러므로 그것은 의심할 여지없는 가장 반풍수적 행태에 해당이 된다. 그러나 나 자신도 별다른 반성 없이 그에 동참하고 있는 것은 도대체 무슨 까닭일까. 이게 위선인가, 아니면 적응인가, 나 자신도 알 수가 없다.

포천읍에서 신북면 소재지인 機池里(틀모시)까지는 아주 가깝다. 꼭 가 보고 싶은 곳에 대한 사전 지식을 얻기 위하여 면사무소를 들렀다. 일찍 출근한 산업계장 곽종근 씨(48세)로부터 필요한 지리 정보를 듣고 나와 보니 이제 안개가 걷히기 시작한다. 추위도 풀리고 보니 정말 좋은 날씨다. 그러나 날씨와는 달리 주민들의 얼굴에는 표정이 없다. 농산물 개방 바람에 얼이 나간 모양이다. 특히 벼 농사와 축산이 주업인지라 신북면의 타격은 우리나라 농촌의 대표격이라 할 만하다.

≪한겨레신문≫에, 나는 풍수가의 입장에서 농산물, 특히 쌀 개방을 어떻게 바라보는가 하는 글을 기고한 적이 있다. 꽤 긴 글이었는데, 이제 다시 그 문제를 되짚어 보지 않을 수 없는 상황이 되어 그 내용의 뒷부분을 전재하기로 한다. 왜냐하면 쌀에 대한 풍수의 논리는 우리 정서를 가장 잘 대변한다고 믿기 때문이다.

지금 국제화니 개방화니를 말하는 사람들은 결국 쌀과 같은 농산물도 다른 공산품과 마찬가지로 상품으로만 인식하고 있다는 공통점을 갖는다. 풍수에서는 농업 생산물, 특히 식량은 절대로 다른 상품들과 같지 않다는 데서부터 생각을 풀어 나간다. 텔레비전이니 자동차니 하는 공산품들은 풍토의 영향을 받지 않는다. 물론 과거에는 예컨대 면방직 공업과 모직 공업에 습도로 인한 입지 차이가 있었던 적도 있다.

그러나 지금은 그것이 어디서 만들어졌느냐 하는 땅의 문제가 중요한 것이 아니라 기술, 노동, 자본, 정책, 경제적 입지 조건 같은 것들이 중요하다. 따라서 그런 상품들에 대하여 관세 장벽을 없애고 자유 무역을 하자는 논리는, 필자가 그것을 좋아하건 싫어하건 간에, 세계무역기구에 가입하고 있고 자유 무역주의를 신봉하고 있는 입장에서는 타당하다고 할 것이다. 하지만 땅의 성격과 그 기후 풍토를 반영할 수밖에 없는 농작물의 경우는 결코 그런 논리만으로 문제를 해결할 수 없다고 보는 것이 풍수가의 입장이다.

『說文解字』라는 책은 글자의 어원을 밝힌 일종의 사전이다. 여기에 보면 흙(土)이란 땅을 뚫고 솟아나오는 새싹을 상형한 것으로 되어 있다. 즉 땅을 그저 단순한 흙과 돌덩이의 집합체가 아니라 생명력의 근원으로 인식하고 있다는 점에 유의할 필요가 있다. 생명력은 그 자신 어떤 뜻(志)을 지니고 있다. 『설문해자』는 뜻을 〈氣의 將帥〉라고 표현한다. 기는 몸을 충만시키는 것으로, 그 뜻에 따라 머물 수 있다는 것이다. 땅이 지닌 기(地氣)를 선택한다는 것도 결국 뜻에 따르는 수밖에는 없다. 곡식은 그 땅의 기를 생명의 근원으로 하여 그 위에 살고 있는 사람들의 뜻에 의하여 생성 양육되는 것이라고 보는 것이 우리의 전통적인 견해이다.

과학 기술적 측면에서 보아 아무리 동일한 품종의 씨앗을 썼고 그 재배 조건을 같이 만들어 주었다 하더라도 길러진 땅이 다르다면 쌀은 결코 같은 것이 될 수가 없다. 다른 작물의 경우에도 물론 같은 얘기가 통용될 수 있다. 우리에게는 우리 땅에서 자란 곡식만이 제대로 된 곡기(穀氣)를 제공할 수 있다고 보는 것이 풍수의 생각이다. 물이나 불 또는 바위 같은 만물도 기를 지니고 있다. 거기에 생명이 얹혀지면 초목이 되고 또 거기에 앎(知)이 덧붙으면 동물이 되며 마지막으로 뜻(義)이 더해져야 사람이 된다. 소위 서구적 합리를 숭상하는 사람들은 앎의 수준에서 작물을 이해하고 있다. 그것은 아직 사람이 되지 못했다는 뜻이다. 우리의 전통적인 사고 방식은 거기에 뜻을 더하여 곡식을 받아들였던 것이다. 그렇기 때문에 그 땅의 기운을 쐬지 못한 곡식은 뜻을 가진 것이라 볼 수가 없다. 바로 그런 생각이 穀氣라는 특유의 개념을 만들게 되는 것이다.

혹 영양학적인 면에서 외국 쌀이 우리 쌀에 비하여 뒤질 것이 없다는 주장을 펴는 사람이 있다면, 그는 너무나도 기능과 합리의 미신에 빠진 사람이라고 나는 생각한다. 영양학적 분석법은 현재의 시점에서 개발된 기술 수준까지만 발언을 할 수밖에 없다. 그 기술이 간과하고 있는 사실들이 얼마나 될지는 아무도 장담할 수 없는 일이 아닌가. 백보를 양보하여 기술이 완벽하게 개발되어 모든 영양학적 조건들을 다 따질 수 있게 되었다 하더라도 음식에는 영양 이외의 원기라는 것이 들어 있기 때문에 그것만으로 작물을 평가해서는 안 된다. 사람의 몸 속에 들어가 육체적으로건 정신적으로건 그 사람의 사람됨을 좌우하는 음식물은 결코 기능이나 합리나 경제적인 실리만을 근거로 판단하여 평가할 것이 아니라는 것이다. 사람의 체질에는 차이가 있고 그에 따라 치료법도 달라져야 한다는 韓醫學의 학설이 지금은 비과학적인 속설로 받아들여지고 있지 않다는 사실을 상기해 볼 일이다.

『人子須知』라는 풍수서에 이런 글귀가 나온다. 〈혈을 팔 때는 龜蛇蟲魚物이라도 망녕되게 손해를 주지 말고 특히 살생을 말 것이다. 그렇게 하는 것은 인자의 덕이 아니기 때문이다.〉

사람이 살아간다는 것은 땅에 의지함이다. 따라서 전혀 땅을 건드리지 않고 살아갈 수는 없다. 부득이 땅을 파헤치게 되는 경우 뱀이나 벌레, 물고기 같은 미물은 물론이거니와 흙 부스러기, 돌덩이조차도 훼손하거나 죽여서는 안 된다는 것이다. 그것은 뜻을 가지고 살아가는 사람의 덕이 아니기 때문이다. 뜻은 기를 반영한다. 사람의 뜻은 땅의 기로부터 말미암는다. 그런데 땅의 기는 곡식의 곡기를 통해서 사람의 몸 속에 들어오는 것이니만큼 곡기는 즉 땅 기운과 같은 것이 된다. 곡식은 자라면서 그 땅 위의 天氣를 받으며 자란다. 그러므로 곡식은 땅 기운뿐 아니라 그 땅 위의 하늘 기운까지를 포괄한다. 이것이 바로 하늘, 땅, 사람이 한뿌리, 한줄기(天地人 同氣同根說)라는 우리의 전통 사상이다. 어디 남의 땅, 남의 하늘에서 자란 곡식을 먹고 감히 뜻을 가진 사람이라 할 수 있으랴.

우리는 이런 회담에 임하여 쌀에 관한 한 예외를 말하여 왔다. 이때 특별 예외라든가 관세화 예외를 주장하는 것은 서양인들이 자기들의 합리주의적 견해로 볼 때는 받아들일 수 있는 내용이 못 될 것이다. 말하자면 그들의 입장에서는 쌀 문제만은 예외로 하자는 것이 납득이 잘 되지 않으리라는 점이다.

우루과이라운드 때문에 쌀 농사에 적합한 우리 농토를 다른 용도로 돌리게 되리라는 시각은 단순히 기능만을 판단의 준거로 삼는 태도라 여겨진다. 풍수 사상은 인간의 논리가 세태에 따라 바뀌어도 땅과 인간의 관계적 논리는 변함이 없다고 본다. 우루과이라운드 때문에 우리 땅을 변질시켜야 한다는 논리를 풍수는 받아들이기 힘들다. 오히려 그에 대한 저항 논리를 풍수는 땅의 논리로 뒷받침하자는 것이다. 쌀이 단순한 상품이 아니라 풍토의 자식이기 때문에, 남의 나라 쌀을 먹으라는 것은 우리 민족에게는 마치 다른 나라 사람이 되거나 아니면 원기를 잃은 허풍선이가 되라는 말과 똑같다는 점을 강조해야 할 것이다. 예외를 구할 것이 아니라 우리에게 쌀 문제는 한민족으로서 살아갈 것이냐 그것을 포기할 것이냐의 민족 존립에 관계된 일이라는 것을 그들에게 이해시켜야 할 것이라는 게 풍수 사상의 주장이다.

지금 10년 유예라든가 몇 퍼센트 제한이라든가 하는 얘기가 나오지만 실질에 있어서는 큰 차이가 없다고 본다. 요즈음 농촌 문제의 실질이란 무엇인가. 결국 쌀은 외국에서 들어올 것이고 우리는 얼을 잃게 될 것이라는 점이다. 신북면 농민이 보여 준 얼이 나간 모습은, 그러니까 우리의 장래 얼굴을 좀 빨리 보여 준 것일 따름이다.

나는 이런 생각을 한다. 즉 얼마 가지 않아서 사람들은 쌀을 수호하고자 했던 노력들을 시대 착오적인 헛고생쯤으로 매도할 것이고, 쌀 시장 개방을 먼저 주장했던 사람들을 시대의 선구자라고 말하는 역사 해석이 틀림없이 등장할 것이라고. 그리하여 그때의 우리들은 우리의 얼이 빠진 민족 정신을 입에 발린 민족주의로 오도하며 경제적 가치가 모든 가치에 우선하는 것임을 강변할 것이라고.

배고픔의 고통은 당해 본 사람이 아니면 모른다. 그렇기 때문에 잘살기 운동을 매도하기는 어렵다. 그리고 우리는 어떤 경과를 통해서든 〈잘살아 보세〉라는 구호를 통하여 배고픔의 고통에서는 일단 헤쳐 나왔다. 박정희 정권 아래서, 인간으로서는 견딜 수 없는 괴로움을 겪은 사람들이 무수히 있음에도 불구하고 그를 지금까지도 추앙하는 사람들이 있음은 그런 까닭에서일 것이다. 도대체 역사의 정의란 무엇일까. 우리가 지금 돈을 좀 갖게 되었다는 것이 정말 행복일까. 국민총생산이 올라갔다는 사실이 국가적 위신을 올린 것은 거짓이 아닐 것이다. 외국에 나가 보니 우리의 국력이 신장되었음을 실감할 수 있었다고 말하는 사람들이 많다. 평생을 외국에 나갈 필요 없이 나라 안에서 살아야 하는 사람들에게는 어떤 논리로 쌀 시장 개방을 설득할 수 있을까. 19세기 말의 鎖國은 나름대로의 타당성이 있었다. 그것은 반드시 우물 안 개구리의 쇠고집만은 아니었던 것이다. 결과적으로 그렇게 된 것은 분명하지만 문을 열라고 강압하던 자들이 강도들이었다는 점은 왜 무시되어도 좋은가. 강도들에게 문을 열어 주는 것이 선각의 태도였을까. 신북의 농민 얼굴을 대하는 나의 감회는 기실 두서가 없었다. 하기는 이런 상황에서 두서를 차린다는 것이 이상한 일이기는 하지만 말이다.

　신북면 사무소 현관 위에는 〈자율 영농 시범면〉이라는 간판이 붙어 있다. 아마 그 내용은 말 그대로 일 것이다. 자율은 무엇이고 시범은 무엇인가. 망하는 자율, 망하는 시범이 무슨 소용이 있는가. 대세라는 말들을 한다. 우리의 쌀, 그러니까 우리의 얼이 망하는 판에 무슨 자율이고 시범이 있겠는가. 갈월리 느타리버섯 단지에는 열너덧 동의 버섯 재배 시설이 있다고 한다. 한 동이 육십 평쯤이니 규모는 말할 나위도 없다. 그런 것으로 우리의 얼을 지킬 수는 없다. 풍수가는 단연 말할 수 있다. 〈주식을 다른 땅에 의지함은 멸족의 화근이 된다〉고.

　무식의 소치일지도 모르지만, 나는 이런 생각을 한다. 우루과이라운드 협상에서 우리는 쌀을 안고 엎어져도 괜찮다고. 도무지 외국인들 입장에서는 이해할 수 없는 일이라 하더라도, 그 결과는 나쁘지 않을 것이다. 나를 죽여라 하는 식인 것이다. 窮卽通이다. 이것은 우리의 생명이니 어차피 죽는 일이라면 지키다 죽으리라 하는 식인 것이다. 그렇게 하면 틀림없이 다른 돌파구가 나왔으리라. 죽으라는 법 없고, 궁하면 통하는 법이다. 죽는 마당에 못할 일이 무엇인가. 풍수적 사고 방식은 그런 식이다.

　쌀 개방 때문에 낙담한 마음은 깊이 가라앉아 떠오를 줄을 모른다. 그런 기분 때문인가 곡식을 거둔 초겨울 들판이 더욱 쓸쓸하고 황량하게 보인다. 답사는 그 기분에 따라 느낌이 달라지는 법인데 이런 우울한 마음으로 신북면을 대하게 된 것이 신북의 땅에는 죄스러울 수밖에 없었다.

경기도에서 발간한 『지명유래집』에 보면 신북면 소재지가 있는 기지리에 대하여 이런 기록을 남겨 놓고 있다. 이 마을은 국도변 깊숙한 산골에 있는데 마을 양편으로 둘러쳐져 있는 산세가 마치 베틀 모양과 같고, 또 이 마을에는 아주 먼 옛날에 연못이 있었다고 한다. 그래서 베틀과 연못을 합하여 마을 이름을 틀못이라 하였는데, 그후 변음되어 틀모시 또는 틀무시라 불렀고, 그의 한자음인 기지리가 되었다는 것이다.

주위 산세는 과연 베틀 모양을 하고 있었다. 이런 형국 이름이 붙으면 예외 없이 따라다니는 것이 선녀나 玉女인데, 이곳 또한 여기서 벗어남이 없다. 양촌말에서 군내면 하성북리로 넘어가는 고개가 바로 선녀고개이고, 그 고개 밑에는 물이 맑고 좋아서 선녀가 목욕을 하였다는 선내라는 개울이 있다. 베틀 형국명은 본래 좁고 긴 골짜기 모양의 지세에 붙여진다. 이곳도 德嶺山(일명 더렁산) 줄기에 의한 넓은 산곡이 河岸에 충적층을 이루어 놓은 곳에 발달한 마을로, 그 구성은 풍수적이라 아니할 수 없다.

이번 답사에서 확인할 수는 없었으나 한글학회편 『한국지명총람』에는 기지리 양촌말 남쪽에 〈자지봉〉이라는 산이 있다고 되어 있다. 한자어는 없이 순 우리말 이름인데, 발음하기가 자못 쑥스럽다. 「雪心賦」에 이르기를 〈땅의 이치는 그 條理 있음에 있다(地理者條理也)〉고 하였는데, 자지봉이란 이름을 갖게 된 것은 필시 어떤 조리에 닿는 일이 있었을 것이다. 하지만 발음이 너무 지나친 것은 문제가 아닐 수 없다.

교육 전문 월간지 ≪우리교육≫ 12월호에는 이에 관련된 조성희 기자의 재미있는 기사가 실려 있다. 우리나라 학교 이름은 대부분 지명을 따서 짓는데, 그러다 보면 한자어의 뜻은 좋으나 그 어감이 이상하여 묘한 연상 작용을 일으킬 수 있는 대목들이 있더라는 것이다. 예컨대 이런 식이다. 경남 남해군에는 物巾중학교가 있다. 글자의 뜻은 별것이 아니다. 그러나 물건이라고 읽으면 얼른 다른 뜻이 떠오른다. 〈그놈 물건이야〉라든가, 〈그놈 물건 좋다〉는 식의 얘기들이다. 처녀 선생님이 그 학교로 발령을 받으면 주위에서 곧 시집 가게 되었다고 농담을 한다고 한다.

경남 양산군에 있는 대변초등학교, 이 학교 출신들이 외지에 나가서 놀림감이 되지 않을 수 없을 것이다. 경북 선산군에 있는 고아초등학교, 새로 부임하는 선생님들은 왜 고아원 선생으로 발령받았느냐는 인사를 듣게 된다고 한다. 충남 보령의 청소초등학교, 전남 구례의 방광초등학교, 충북 영동의 천덕초등학교, 그 외에도 수두룩하다. 오류, 좌천, 고문, 위태, 복수, 수다 등도 모두 학교 이름으로 올라 있는 어휘들이다. 남들 듣기는 재미있을지 모르지만 당사자들의 당혹감은 상상하기 어렵지 않다. 그런데 자지봉이라는 것이다. 물론 여기에는 옛사람들의 건강한 性 관념이 내재되어 있을 수는 있다. 또한 역사 오랜 지명이요, 그런 지명을 갖게 된 데는 충분한 지리의 條理가 있을 터인즉 함부로 개명하는 것만이 능사는 아니다. 다만 학교 이름에 그것을 고집하는 것은 지혜로운 일이라 할 수는 없을 것이다.

이제 이번 답사의 주요 관심 대상인 獨谷 성석린의 연고지로 관심을 옮기기로 한다. 그의 아버지 成汝完은 고려 때 조선의 영의정이랄 수 있는 문하시중을 지낸 사람이다. 아들 석린은 조선 개국에 큰 공을 세우고 영의정을 지낸 사람이다. 소위 말하는 이대정승의 명문인 셈이다. 성여완의 나머지 두 아들도 대제학과 예조판서를 지냈으니 세속의 부귀공명은 남김없이 누린 꼴이다.

그런데 묘한 것이, 아버지는 고려에 충절을 지켜 抱川의 승지인 이곳 신북면 旺方山 아래로 은거한 반면, 그의 아들들은 모두 새 왕조의 중신들이 되었다는 사실이다. 좋게 보자면 아버지는 아버지의 길을 걸었고 아들들은 또 그들대로의 길을 걸었다고 여겨지지만, 나쁘게 보자면 기회주의적 속성을 드러냈다고도 할 수 있을 것이다. 당시의 시대상으로 미루어 볼 때 아버지와 아들이 정치적 노선을 달리하여 각각 성공한다는 것은 매우 어려운 일이었을 것이기 때문이다. 그러나 어찌되었건 그들 부자는 兩朝에 충성을 바치는 기묘한 일생을 살았다. 땅의 성격에도 그런 일면이 있을까?

성석린의 호이기도 한 독곡마을은 그 위치가 불분명하다. 개성에 있다는 기록도 있고 포천 신북면 기지리 독골(獨谷, 外里)이 그곳이란 기록도 있다. 신북면사무소를 나와 포천읍으로 가는 4차선 도로를 따라 남쪽으로 3백 미터쯤 가면 왼편으로 석천가든이란 음식점이 보인다. 그 앞으로 차 한 대가 다닐 수 있는 시멘트 포장길이 나 있는데, 그 길을 따라 올라가면 나오는 곳이 독곡이다. 동구에는 잘 지은 신식 주택 10여 호와 반듯한 연립 주택이 자리를 잡고 있다. 전원주택의 냄새를 짙게 풍기는 모습이다. 그리고 곧 이어 상당히 넓은 계곡 내 분지가 나타난다. 둥그스름한 모양의 이 들판 가장자리, 그러니까 들과 산이 맞닿는 부분에 마을들이 들어서 있고 이곳이 바로 독곡이다.

마을은 크게 보아 서향을 하고 있는데, 전형적인 옛 班村 입지를 취하고 있다. 그러니까 풍수가 즐겨 하는 마을의 터잡기 원칙을 지키고 있다는 뜻이다. 우선 마을은 간선 도로에서 멀리 떨어져 있지는 않으면서도, 철저히 숨겨져 있다. 걸어서 10분이면 충분히 큰길에 나갈 수 있는 거린데도 바로 그 큰길에서 마을은 전혀 보이지 않는다. 동구에서 마을까지의 진입로는 전형적인 풍수의 명당구 모양을 따랐다. 즉 구불구불한 之玄 형태로, 이는 풍수가 즐겨 의지하는 마을과 외부의 연결 도로 형태인 것이다.

마을은 명당 판국에 자리 잡고 있는데 이를 현대식 용어로 하자면 마을은 내부 공간이자 개인 공간이 되는 셈이다. 마을 바깥쪽은 물론 명당 밖으로, 이 역시 현대식 용어로는 외부 공간이자 사회 공간이 된다. 개인 공간과 사회 공간 사이에는 그 사이를 차단해 주는 완충 공간이 있어야 한다는 것이 환경 심리학자들의 주장이다. 개인 공간이 완충 공간 없이 외부 공간에 노출이 되면, 개인 공간에 살고 있는 주민들이 심리적인 불안감을 느끼기 때문이라는 것이다.

이것은 경험상으로도 그렇다는 것을 인정할 수 있다. 나 자신이 휴식을 취하고 생각을 할 수 있는 공간은 외부로부터 가려져 있어야지 만약 그렇지 않고 훤히 드러나 있으면 휴식도, 생각도 할 수가 없는 것이 보통 사람들의 마음가짐이다. 그러니 외부와 내부 사이에는 반드시 완충이 필요하다. 풍수의 명당구는 바로 그런 원칙을 철저히 따르고 있다. 그렇기 때문에 풍수 명당처는 누구에게나 편안하고 안온한 느낌을 주는 것이다.

게다가 완충 공간에 의하여 보호받는 명당 터는 간선 도로를 오가는 외부 세력으로부터 隱蔽되거나 掩蔽됨으로써 직접적인 외부의 공격에서 일단은 제외될 수 있다는 장점까지 갖게 된다. 이곳을 지나는 간선 도로는 朝鮮六大路 중 慶興路에 해당되는 매우 중요한 전략로이다. 숙종 때의 실학자 旅菴 申景濬이 쓴 『道路考』에는 경흥로의 여정이 상세히 나와 있는데, 그에 따르면 수유리에서 축석령을 넘어 만세교를 지나 안변, 함흥, 북청 등지로 나가는 길이 경흥로라는 것이다. 축석령과 만세교가 바로 이 마을의 이웃에 해당한다.

마을을 높은 곳에서 자세히 보기 위하여 뒷산 쪽으로 길을 잡는다. 그런데 이상하게 대형 트럭의 통행이 잦다. 이 좁은 길에 무슨 공사가 있어서 차들이 연락부절인지 싶어 궁금증이 든다. 그러나 관심은 주변 지세인지라 계속 산을 오를 뿐이다. 개울물은 맑은 편이다. 위에 공장이나 목장이 없다는 얘기가 되는데, 농촌 마을로서는 이상한 일이다. 일부 농촌에 있는 공장들은 영세하고 남의 눈이 잘 닿지 않는 것을 기화로 공해를 배출하는 경우가 잦다. 또 목장은 시골 개울물 오염의 주범으로 지목당한 지 이미 오래이다. 그러니 공장과 목장이 상류 쪽에 없다는 추리는 당연한 것이다. 그리고 그 이유는 곧 밝혀졌다. 산꼭대기에 채석장이 있었던 것이다. 동인석재산업이란 곳에서 1995년 말까지 허가를 얻어 화강암을 캐내고 있었다. 그 규모가 방대하고 산을 전면적으로 해체하는 식이라 놀랍기 그지없다. 그런데도 밑에서는 전혀 알 수가 없으니 참으로 깊은 덕을 갖춘 산이라 아니할 수 없다. 이런 德山이 사람들 욕심 때문에 참화를 당하는 중이다. 일대가 그 돌 공장의 사유지인 모양이다. 그러니 공장이나 목장이 없을 수밖에. 갑자기 독곡마을에 대한 관심이 사라져 버린다. 이미 마을의 主龍을 죽여 그 껍질을 벗기고 있는 판에 어떻게 풍수 看龍을 할 수 있단 말인가. 그래서 그렇게 보인 것인가, 조산이 압도하듯 앞을 막아 선다. 힘없이 발길을 돌려 이번에는 성석린의 묘소를 찾아보기로 한다.

기지리에서 전곡 가는 길로 나가다 보면 高日里를 만날 수 있다. 그곳 고일 2리에 성석린의 산소가 있다. 지금도 이 마을에는 성석린의 후손인 창녕성씨들이 10여 가구 살고 있다. 타성바지는 서너 가구에 지나지 않으니 창녕성씨 집성촌인 셈이다. 이 마을 뒤쪽으로 돌아가면 성석린과 그의 아버지 성여완의 산소가 있다. 산소는 잘 보살펴져 있고 마을 입구에는 공덕비가 세워져 있어 후손들의 정성이 지금까지도 이어지고 있음을 한눈에 알 수 있다.

성석린의 묘소는 향토 유적 제22호로 지정되어 있고 소재지는 신북면 고일리 산 30번지이다. 산밑에서 산소까지는 길이 잘 닦여 있다. 봉분 바로 밑은 자연석으로 3미터 가량의 石築을 올렸는데 보기에 아취가 있다. 석축 옆을 돌아 봉분에 오르면 일대가 잘 내려다보인다. 부인 안씨와의 합장 묘로, 묘 둘레에 삼각형에 가까운 護石이

사진 47 독곡 성석린의 무덤

둘러져 있다. 조선 초기 분묘 조성 양식으로 이런 분야에 관심이 있는 사람이라면 가 볼 만한 곳이다(사진 47).

그 옆 서쪽 둔덕에는 그의 아버지 성여완의 산소가 있다. 앞서도 얘기한 바와 같이 그는 정몽주가 피살되자 이곳으로 은거하였고, 조선 개국 후 昌城府院君으로 봉해졌으나 사퇴하고 절개를 지킨 인물로 기록되어 있다. 묘비는 특이하게도 위에 투구를 씌워 놓은 듯한 모습이다. 태종 1년 세 아들이 건립하였다고 하는데, 이런 예가 흔치 않은 것을 보면 어떤 이유가 있었을 것이다. 혁명에 가담했던 사람들이 으레 말년에 느끼는 병적인 불안감이 있다고 한다. 혁명 과정에서 수많은 무리를 하였을 것이고 때로는 사람도 죽였을 것이다. 하기야 혁명이라는 것 자체가 逆天이니 어찌 천도를 거스른 두려움이 없겠는가.

아버지와 아들의 무덤은 하나의 山龍을 主山으로 삼아, 그 주룡이 내뻗은 두 支龍(산의 支脈)에 각각 의지하고 있는 형태를 취하고 있다. 그런데 재미있는 것은 두 지룡이 마치 한몸통에서 내밀어진 두 개의 자라목을 연상케 한다는 점이다. 더욱 신기한 것은 아버지 무덤이 있는 자라목은 좀 움츠리며 좌우의 눈치를 살피는 듯한 모양새인데, 아들 무덤이 있는 자라목은 대단히 공세적이란 사실이다. 마치 조안을 향하여 대드는 듯한 인상을 주는 것이다. 성석린은 그의 일생이 공세적이었다. 그의 아버지는 일생이 조심스러웠던 인물이다. 그런데 그의 무덤들이 그런 그들의 성격을 지세에 반영하고 있으니 신기하지 않을 까닭이 없다. 사람은 당연히 땅을 닮는 법이거니와 땅도 사람을 닮는다는 얘기인가.

(4) 공주 호계리 승지의 개벽과 마곡사의 해탈

『정감록』에는 勝地라는 표현이 나온다. 『정감록』은 참 재미있는 책인데 거기에는 크게 네 가지 주장이 들어 있는 것으로 파악된다. 그 하나가 땅 기운이 흥했다가 쇠했다가 한다(地氣衰旺의 사상)는 주역적 변화의 사고이다. 둘째가 지기 쇠왕의 사고 방식에서 도출된 王都回歸의 사상이다. 우리나라의 수도가 평양-개성-서울-계룡산-가야산-전주를 거쳐 다시 개성으로 돌아온다는 것이다. 셋째가 풍수지리 사상인데 이는 발전하여 네번째인 피란보신의 토지관으로 심화되며, 그 논리 중에 승지 개념이 나온다.

승지란 다가오는 혹독한 환란을 피하여 전쟁과 굶주림과 질병이 없는 피란처를 찾아 삶으로써 후천 개벽의 이상 세계를 갈망할 수 있다는 일종의 우리식 유토피아를 말한다. 풍기의 금계동, 합천 가야산의 만수동 같은 곳이 그에 해당하는데 공주 계룡산 언저리 유구와 마곡의 두 물줄기가 만나는 곳도 그런 승지 중 하나로 꼽힌다. 이미 공주시 사곡면 명당골 소개에서 등장한 적이 있지만 일반적으로 유구 마곡 사이의 승지는 그 명당골이 아니라 사곡면 호계리의 菱溪를 말한다.

공주 시내 곰나루에서 금강을 옆에 끼고 청양 가는 국도를 따라 서쪽으로 조금 나가다 보면 곧 유구천을 만나게 된다. 이 유구천이 마곡천과 만나는 곳에 마곡사 입구라는 도로 표지판이 나오고 거기에 호계리가 있다. 두 물 사이란 바로 유구천과 마곡천이 합류하는 지점을 가리키는 것으로 본래 합수처는 풍수가 중시하는 곳이기도 하거니와 이곳은 유달리 『정감록』과 같은 도참서의 관심까지 끌게 된 곳이다.

그 이유가 무엇일까. 『정감록』의 기록에는 이곳을 계룡산과 연결지어 말하고 있지만 엄밀히 말하면 계룡산 연맥이라고 볼 수는 없는 곳이다. 왜냐하면 계룡산과 이곳은 금강에 의하여 차단되어 있기 때문에 풍수가 말하는 〈기는 물을 만나면 멈춘다(氣乘風則散界水則止)〉는 원칙에 의하여 끊어진 것으로 보아야 하기 때문이다. 그런데도 승지가 되는 까닭은 크게 두 가지이다.

하나는 계룡산을 정점으로 북쪽인 서울을 향하여 금강이란 활대를 크게 굽혀 겨누는 양상의 부근 지세에 비겨 볼 때 이곳은 바로 그 활의 화살촉에 해당되는 터이니 새로운 개벽을 향하는 데는 첨단의 입지 조건을 갖춘 곳이 되기 때문이다. 소위 호남 지방을 의도적으로 나쁘게 말할 때 그곳 지세가 활을 서울로 향하여 거꾸로 겨누고 있으므로 반역의 기운이 있다는 이른바 反弓水 이론을 펴 왔는데 이곳은 그 화살촉에 해당되는 만큼 새 세상을 갈구하는 사람들에게는 그 점이 매력으로 작용할 수도 있을 것이라는 얘기다. 그러나 오해 없기 바란다. 나는 반궁수 이론을 호남을 악담하기 위한 근거 없는 풍수적 날조쯤으로밖에는 보지 않는다. 계룡산 같은 명산이 금강 남쪽에 있다는 것만으로도 같은 쪽에 있는 호남을 반역의 땅이라 할 수는 없는 일이 아닌가.

또 한 가지는 이곳이 마곡천과 유구천 계곡이 합하여 인근에서는 보기 드물게 넓은 들판을 열었다는 점을 상기해야 한다. 유구와 마곡천 계곡은 산협의 좁은 골짜기에 지나지 않는다. 그러던 것이 이곳에 와서 갑자기 넓은 들을 열었으니 사람 살기에는 이곳 일대에서 여기만한 곳이 없으리라는 점은 충분히 이해할 수 있는 일일 것이다. 가까운 곳에 공주라는 큰 도회가 있지 않으냐 할지 모르지만 공주는 말 그대로 대도회지이다. 다른 말로 전략적 공격 목표가 될 수 있는 곳이란 뜻이다. 따라서 전쟁이 나면 공주는 적의 공격을 피할 수 없는 곳이 되고 만다.

하지만 이곳 유구 마곡 사이의 승지는 그렇지가 않다. 적의 주요 공격 목표가 되기에는 전략적 가치가 없고 비록 전술적 공격 대상은 될지 모르나 그 또한 들인 노력에 비하여 얻을 것이 별로 없다는 것이 문제다. 마치 鷄肋과 같은 존재인 것이다. 게다가 적의 전술 공격 목표가 되었을 때도 두 물 사이의 계곡이 여러 산으로 연결되어 있는 까닭에 피란에 유리하다는 이점도 있다. 이것은 『정감록』의 소극적이고 회피적인 사회관을 드러내는 부분이기 때문에 그의 장점이 되는 것은 아니나 일단 화를 면하고 보자는 왕조 시대 백성들 처지에서는 결국 좋은 입지처가 되는 셈이다.

『정감록』에 이르기를 〈유구와 마곡 두 물길 사이에 수많은 사람을 살릴 수 있는 터가 있다(維鳩麻谷兩水之間可活萬人之處)〉고 하였다. 지금 이 대목을 믿고 이 일대에 살고 있는 사람들은 꽤 된다. 주로 이북에 고향을 둔 월남민인데 유독 그들에게 승지 중심의 『정감록』 신봉자가 많다는 사실은 우리의 근현대사를 되돌아보는 것으로 충분한 대답이 돌아온다.

하지만 정말 그 터가 어디냐 하는 문제에는 설이 분분하다. 각각 자기 사는 곳이 바로 그곳이라 여기지만 어차피 『정감록』 자체가 이제는 뜬구름 잡는 얘기책으로 전락한 바에야 새삼 그 진부를 논해서

사진 48 유구, 마곡 간 승지의 핵심이라 알려진 호계초등학교

무엇에 쓸 것인가. 많은 사람들은 바로 두 물이 합치는 들머리에 자리 잡은 호계초등학교를 그 中核地로 인정해 준다(사진 48). 나도 동감이다. 이 어린이들이 『정감록』에 빠질 염려는 없을 터이고, 다만 학교 터가 가지고 있는 풍수적 상징성이 만인을 살릴 수 있으며 새로운 세상을 여는 단초가 될 수 있다는 사실만으로도 가치는 충분하니까 말이다.

『정감록』은 이상하게 그것을 생각하는 것만으로도 기혈을 들끓게 하는 마력이 있다. 그 기혈을 가라앉혀 집으로 돌아오는 것이 신상에 이로울 듯하다. 속세는 개벽을 염두에 두고 살아갈 순진한 곳이 못 되기 때문이다. 그를 위하여 마침 마곡사가 인근에 있다. 세심교를 건너 해탈문과 천왕문을 지나면 극락교가 나온다. 그 밑으로 가슴을 서늘케 하는 마곡천 상류가 음산하게 흐른다. 들끓던 기혈은 이 물을 만나 정상으로 돌아간다. 그리고 대광보전 앞뜰에는 1896년 명성황후 시해에 대한 분노로 안악군 치하포에서 일본군 특무 장교를 처단하고 피신해 왔던 김구 선생의 은거지가 석비로 남아 있다. 훗날 조국이 광복된 후 찾아와 법당 주련에 걸린 〈돌아와 세상을 보니 흡사 꿈 속의 일 같구나(却來觀世間猶如夢中事)〉라는 글귀를 보고 감개무량해 하셨다는데, 호계리 승지의 개벽과 마곡사의 해탈은 무슨 관계가 있는 것일까.

(5) 언제나 봄이기를 바라는 마음, 풍수의 마음, 단양 영춘

永春이란 지명은 참 아름답다. 아마도 산골이기 때문에 짧은 봄을 애처러워하여 붙인 땅 이름일 것이다. 〈언제나 봄이어라〉 하는 뜻쯤 될런지. 중국에서도 봄이 길기를 바라는 마음이 지명으로 나타난 예가 있다. 복건성의 영춘이나 대만성의 恒春, 길림성의 長春 같은 것이 바로 그렇다.

영춘은 그 풍광 또한 이름에 조금도 손색이 없다. 李穡의 시구대로, 〈새벽에 단양 길 향하니 구름이 붉은 돌 병풍을 펼친 듯(曉向丹陽路 雲開紫石屛)〉하며, 盧叔소의 표현처럼 〈길게 흐르는 강 옷깃을 여민 듯하고 수많은 산들 감싸 돈 형세(長江襟袍萬山回)〉에 틀림이 없다. 그래서 영춘 가는 길은 언제나 가슴이 설렌다.

영춘의 군청 소재지인 단양읍 또한 매우 이색적인 모습이다. 옛 단양이 충주댐 담수로 인하여 수몰되는 바람에 새로 생긴 이 도시는 현대적인 신도시의 전형적인 풍모를 갖추고 있다. 하지만 그 내용은 전혀 그렇지가 않아서 외지인에게 신기함을 보여 주는 것이다. 도시의 생김새는 현대적이지만 도대체가 너무 조용하다. 자동차도 별로 없고 거리에 사람들 통행도 한가롭기 그지없다. 적막하다는 표현이 적절할 정도이다.

살고 있던 터를 물 속에 묻고 새로운 도시로 이주해 온 사람들은

무슨 생각을 하고 있을까. 좀 과장되게 표현하자면 아담하고 정겹던 그러나 좀은 구차스러웠던 고향을 떠나 편리와 기능을 중시하는 다른 터전으로 나와 살게 된 주민들이 만족을 느끼고 있을까 하는 점이 궁금했지만 지나가는 여행객이 한두 사람 붙잡고 물어 보아 알 수 있는 일은 아닌 듯싶다. 만약에 내가 신단양 주민이라면, 꼭 집어 불평을 말할 수는 없으나 무언가 소외된 것 같고 쓸쓸해진 심경을 피력했을 것이다.

 단양군청 문화공보실에서 자료를 얻은 뒤 영춘면 소재지인 上里를 향한다. 가곡으로 돌아 들어가는 산길에는 석회석을 캐내는 광산 트럭들이 무리를 지어 다니기 때문에 먼지가 몹시 일었다. 어떤 산은 산 전체를 위에서부터 차곡차곡 캐내는 노천 석회석 광산이 된 곳도 있었다. 나도 지금 시멘트로 지은 집에 살고 있지만, 어쩐지 끔찍하다는 느낌이 강하다. 산룡의 뼈를 깎아 다시 그것을 재조립하여 집을 짓고 사는 셈이니, 그 산룡의 시체를 마주 대하고 있는 심정이 삭막해지지 않을 수 없는 것이다.

 이런 광산이나 시멘트 공장 지대 몇 곳을 제외한다면 단양읍에서 영춘으로 넘어가는 길은 호젓하면서도 운치가 있다. 나는 출근에 신경 써야 할 사람이 아닌지라 이런 평일에 한적한 여행을 즐길 수 있지만, 직장을 나가야 하는 사람들은 언제 이런 자연의 여유를 맛볼 수 있을까.

 여름 휴가철도 그렇고 가을 단풍 관광철도 그렇지만 사람들은 이상하게 일부러 몰려다니는 것을 즐겨 하는 것처럼 보일 때가 많다. 예를 들면 이런 식이다. 부안에 살고 있는 사람이 근처에 사람도 많지 않고 조건도 좋은 해수욕장이 있는데도 굳이 부산 해운대 해수욕장을 찾는다. 해수욕객이 수십만을 넘어 거의 백만에 육박한다는 뉴스 보도를 보면서도 그 고생을 해가며 해운대를 찾아 나선다. 그런 사람들에게 물어 보면 대답은 이렇다. 그게 놀고 즐기는 것 아니냐고. 도저히 나 같은 사람은 이해할 수도 없는 풍류객의 대담성이다.

강원도에 있는 어느 대학 교수의 경험담이다. 학생들을 데리고 정읍 내장산에 도착을 했는데, 바로 내장산을 쳐다보면서 학생들이 하는 말인즉 아직 내장산이 멀었느냐는 것이었다. 여기가 바로 내장산이라니까, 우리 동네 뒷산 같네 하는 반응을 보이더란 것이다. 물론 내장산은 단풍의 명산이다. 또한 위의 얘기는 상당한 과장이 있었을 것이다. 하지만 지금도 일요일 내장산에는 단풍이 아름다운 산골 관광객들이 다수 섞여 있을 것이다. 단풍 구경이 아니라 사람 구경일 것인데도 이렇게 몰린다. 그러니 놀랄 수밖에 없는 일이 아닌가.

『黃石公素書』에 이르기를 〈거스르는 것은 따르기 어렵고 순응하는 것은 행하기 쉬운 법이다. 어렵다는 것은 혼란스럽다는 뜻이요, 행하기 쉽다는 것은 이치에 합당하다는 뜻이라(逆者難從 順者易行 難從則亂 易行則理)〉하였다. 무엇을 쫓고자 혼란을 따르는 것인지 모를 일이다. 부디 시간을 내어 적막을 가져 볼 일이다. 그러면 자연이 주는 많은 교훈을 새길 수 있을 것이다.

영춘면도 조용하기는 단양 읍내나 마찬가지다. 영춘은 원래가 독립된 縣이었던지라 지리적 체계는 상당히 독자적인 데가 있다. 본래 고구려 때 이미 乙阿但縣으로 자리 잡은 이곳은 시대에 따라 제천에 붙기도 하고 강원도 원주 관할에 속하기도 하였다. 고종 32년(1895)에는 독립 군으로까지 되었지만 결국 1914년 행정 구역 폐합에 따라 단양군에 병합됨으로써 일개 면으로 내려앉은 곳이다.

남서쪽을 제외한 모든 면이 남한강 상류에 둘러싸여 있고 그 대안에는 병풍 같은 절벽이 둘러 있어 河陽山陰의 땅이 되니, 일몰이 빠르고 냉기가 돈다는 단점은 피할 수 없다. 그래서 영춘이라는 희망적인 지명을 갖게 된 것이겠지만, 어차피 큰 도읍이 되기보다는 安心立命을 바라는 군자들이 터를 잡을 만한 可居地의 개념에 합당한 땅으로 보인다.

그래서일까 어떤 『정감록』 판본에는 단양 영춘이 十勝之地의 하나로 거론된 경우도 있다. 십승지란 한마디로 병화와 흉년이 없는 피란보신의 열 군데 터를 말한다. 십승지에 관한 기록은 『정감록』 鑑訣 이외에 그와 유사한 여러 도참서에서 발견이 된다. 즉 『정감록』 異書 내용 중의 徵秘錄, 運奇龜策, 秘知論, 遊山錄, 十勝地, 南格菴山水十勝保吉之地 등이 그것이다.

영춘이 십승지란 기록은 여러 군데서 보이지만 실제로 그곳이 영춘의 어디인가 하는 데 대해서는 정설이 없다. 필자는 1980년대 초에 발표한 논문에서 그곳이 바로 영춘면 백자리, 남천리 일대 계곡이라고 추정한 바 있다. 이곳에는 지금 불교 天台宗의 본산인 救仁寺가 있어 그 추정에 신빙성을 더해 주고 있지만 역시 분명한 기록은 남아 있는 것이 없다.

당시 필자가 그곳을 영춘의 승지라고 추정한 이유는 이런 것이었다. 즉 『신증동국여지승람』 卷之十四 「영춘현조」에 그를 뒷받침할 수 있는 기록을 찾아볼 수 있다는 점과 현지 답사 결과 이 일대가 승지 개념에 잘 들어맞는다는 점이었다. 『여지승람』에 〈영춘현 남쪽 3리의 城山이 마을의 진산으로 그 산에 높이 10척, 너비 10척쯤 되고 길이가 끝이 없는 석굴이 있고 또 주위가 1천523척이고 높이가 11척인 古城이 있다〉라고 하였는데, 이는 십승지의 성격을 반영한 것으로 현재 남천리 계곡 입구인 하리의 남굴과 온달성을 지칭한 듯하고, 마을 노인 분들의 증언이 과거 마을 위치가 현재보다 뒤쪽이었는데 한강이 半月形으로 마치 부채 모양이라 火氣를 누르기 위하여 강 쪽으로 내려왔다는 것으로 미루어 그리 추정했던 것이다.

하지만 이런 종류로 단양에서 전해지는 얘기로는 적성면 상리, 하리와 현곡리에 걸쳐 있는 긴 골짜기인 品達村이 〈救人種於兩白〉이란 구절과 名賢을 많이 배출했다는 것으로 명성이 높으나, 이에 대해서는 훗날 적성면을 다룰 때 다시 보기로 한다.

상리를 지나 동쪽으로 길을 잡는다. 東大里에 재미있는 풍수 설화를 간직한 마을이 있기 때문이다. 면소를 벗어나자마자 급한 산길로 접어든다. 길 왼편에 고풍스런 한옥이 시원스럽게 눈에 들어온다. 원래 예정에는 없던 곳이나, 기행자가 이런 곳을 그냥 지나칠 수는 없다. 기웃거려 본다. 바로 영춘향교다. 향교는 자물쇠가 채워져 있고 대문 옆 향교 사랑채에 아낙이 곡식을 가리고 있다. 향교 관리를 맡고 있는 이한구 씨 댁이다. 시어머니가 구인사를 다니다가 인연이 맺어져 이곳 관리를 맡게 되었다는데, 밭 5백 평 정도를 부치기로 하고 다른 관리비는 없이 맡고 있다고 한다. 일 년에 두 번 삼월 삼짇날과 구월 중양절에 제사를 모시는데, 비교적 관리 상태가 양호하여 한옥이나 향교에 관심이 있는 사람이라면 들러 볼 만한 곳이다. 특히 향교 대문 앞으로 내다보이는 남녘 산들의 기암괴석은 마치 한 폭의 동양화를 보는 듯하다(사진 49).

東大川을 따라 동서로 길게 자리 잡고 있는 동대리는 길이가 삼십 리가 넘는 큰 골짜기인데 진거리, 수발, 용수말, 거무실, 베틀말, 점터, 말등바우 같은 마을들이 염주에 염주알 꿰이듯 열을 짓고 있어 그것만으로도 여행자는 호기심을 만족시킬 수 있다.

안검우실에는 玉女峯이 좌정하여 있고 베틀말(機村)에는 베틀이 설치되어 있다. 뿐인가 옥녀의 아들 동자바위가 그 옆을 호위하고 베틀 올이 오리골(吾里洞)에 풀어져 나오고 있으니, 이것은 누가 보아도 玉女織錦形의 명당이다. 하지만 수발마을에 살고 있는 南洙人 어른(75세)은 아직 누구도 옥녀직금형의 명당 자리를 찾지 못했다고 단언한다. 그건 그럴 것이다. 명당은 누구 한 사람이 독점하여 조상 산소를 쓰거나 제 집터를 닦아 자신의 영화만을 위하는 그런 개념의 것이 아니다. 마을 공동체의 주민 모두가 같이 잘사는 터의 상징성을 표상하고 있는 것이니만큼, 결코 개인에게 옥녀직금형이 돌아갈 수는 없을 것이란 뜻이다. 설혹 정신 나간 풍수쟁이가 그 명당을 찾았

사진 49 영춘향교 전경

다고 강변해 봐야 그것은 제 욕심의 구렁텅이에 빠졌음을 공시하는 짓일 뿐 풍수와는 관련 없는 일이 될 것이다. 그것이 지금까지 정통의 풍수가 가르쳐 온 피할 수 없는 금과옥조일 뿐이다.

원래 옥녀직금형 명당은 앞뒤는 막히고 양옆이 터진 지세의 땅을 표현할 때 많이 쓰이는 형국 이름이다. 동대리도 그에서 예외가 아니다. 그렇기 때문에 이런 형국의 마을은 양옆의 허전함이 언제나 단점이 될 수밖에 없다. 이 점 역시 동대리도 예외가 아니어서, 바로 그 양옆의 한쪽인 서쪽의 허결을 裨補하기 위하여 적절한 조치를 취해 놓고 있으니, 그것이 바로 造山이다.

조산이란 우리 풍수의 전형적인 예로서 우리는 이미 상당히 많은 마을들에서 그 모습을 볼 수 있었다. 그 형태는 여러 가지인데 가장 많이 쓰이는 것이 숲을 조성하는 것이고, 말 그대로 흙을 모아 조그만 산을 만드는 경우도 있다. 또 돌탑을 조성하거나 돌무더기를 쌓아 올려 그 상징성으로 조산을 대신하는 경우도 상당수 있다.

처음 위씨들이 이 마을에 터를 닦으면서 垈地의 허결처인 마을의 서쪽 끝, 소위 水口에 남북 방향으로 길게 숲을 조성하여 그것을 보완했고, 그것으로도 마음이 놓이지를 않아 서낭당까지 세웠다고 한다. 그래서 조산 밑은 林下라는 지명을 얻게 된 것이지만 세태는 이것을 그냥 두고만 보지는 않았다. 6·25 때 불에 타고 개간을 한다고 베어 버려 지금은 숲의 반도 남지 않았다. 서낭당은 누군가 방화를 하여 지금은 흔적도 없다. 마을 노인 중 일부는 교회를 의심하고 있는 모양이지만, 필자의 생각으로도 교회가 전통 문화재인 서낭당에 불을 놓았을 리 만무하다고 본다.

조산 위에는 동대초등학교가 들어섰고, 지금 마을에는 西風이 심한 편이라고 한다. 베어져 버린 조산 숲 쪽으로는 계곡이 휑하니 뚫려 마을에서는 자꾸 그쪽으로 시선이 가게 된다. 차분히 마을에서 농사일을 보는 것이 아니라 바람 난 처녀처럼 동구 밖을 자주 쳐다보게 되니 마음에 동요가 없을 수 없다. 우연의 일치일지도 모르지만 離村向都는 조산의 피폐와 그 시기를 같이 하고 있다.

확인하지는 못했지만 滿宗里(만마루) 옥녀봉에는 玉女散髮形의 명당이 있고, 沙而谷里(사이골) 달기미산에는 金鷄抱卵形의 명당이 있으며, 下里 葛項村(갈매기)에는 渴馬飮水形의 명당이 있다는 기록이 있음을 참고로 남겨 둔다. 그러나 앞서 필자가 경고한 정통 풍수의 금과옥조를 명심할 일이다.

(6) 혁명을 부추기는 산, 거기에 기우는 혁명가. 양주 회암사

여행이건 답사건 대중 교통 수단을 이용하는 것이 제 맛이 난다. 자기 차를 운전하여 가면 그 일에 신경을 쏟게 되기 때문에 땅에 마음을 둘 여유를 가지기 힘들다. 누구나 느끼고 있는 일이지만 우리나

라의 교통 사정이라는 것이 보통 심각한 정도인가. 그런 잡답과 갈등 속에서 목적지에 도착해 봐야 마음의 문이 열리지를 않으니 땅과의 대화가 허심탄회하게 이루어지지를 않는 것이다. 또 가자마자 돌아올 걱정까지 해야 한다. 이렇게 되면 답사는 자기 자신과의 싸움이 될 뿐, 자연의 교사로부터 배운 것은 거의 없이 되고 만다.

경기도 양주군 회천면을 간다. 전철로 의정부역에서 내리면 역앞 인근에 회암리 가는 버스가 있다. 종점 거의 다 가서 육군 제3283부대 정문에서 내려 포천 가는 길을 따라 삼백 미터쯤 가면 율정휴게소라는 조그만 가게가 나오고 그 맞은편으로 불교 조계종 회암사라는 立石이 나온다. 거기서부터는 아스팔트 포장이 된 소로이다. 이 길을 따라 죽 올라가면 먼저 옛 회암사 터가 나오고 그 다음 지금의 회암사를 만나면서 포장길은 끝이 난다. 절 양편 뒤쪽으로 고려 말 三大祖師인 指空, 懶翁, 無學의 浮屠와 塔碑들이 있고 이어서 七峰山 등산로를 접할 수 있다. 부도란 스님의 사리나 유골을 안치하여 두는 둥근 돌탑이니, 결국 회암사는 한 시대의 사상계를 풍미하던 세 큰 스승의 무덤을 지닌 절이 되는 셈이다. 그런데도 회암사의 현재는 실망스러울 뿐이다. 그저 절을 향하는 길 하나 잘 닦아 놓은 정도일 뿐이다. 그리고 요사채 하나만 번듯하다(사진 50).

그러나 이번 필자의 답사 길은 그리 순탄치가 못했다. 차창 밖으로 펼쳐지는 만추의 풍광에 넋을 놓다가 그만 내릴 곳을 지나쳐 종점인 내회암리까지 들어선 것이다. 그렇다면 돌아 나와 아는 길로 해서 다시 찾아갔으면 별일이 없었을 터인데, 나 또한 이미 이골이 날 대로 난 답사꾼인지라 돌아설 까닭이 없다. 1:25,000 지형도를 보고 방향을 잡은 뒤 그대로 산길로 접어든다. 그런데 웬걸, 가는 방향에 군 부대 표지가 앞을 막으며 출입을 금한다. 역시 답사꾼답게 산길로 우회하기로 마음 먹는다. 하지만 기슭을 넘어 중턱까지 왔는데도 지세가 낯익지를 않다. 미심쩍은 마음이 들어 다시 지도 읽기(讀圖)를

사진 50 양주 회암사에 있는 무학대사 부도

하여 보니 처음부터 골짜기 자체를 잘못 접어든 것이 아닌가.

별수없이 다시 하산하여 부대를 우회, 회암사를 오르려는데 아랫동네 할머니 한 분이 이 모습을 보고 한마디 거드신다. 그대로 군 부대를 질러가면 된다는 것이다. 하시는 말씀 또한 걸작이다. 〈우리는 총알이 날아와도 건너 다니는데.〉 그 말씀에 힘을 입어 부대를 돌파하기로 한다. 나도 보병 대위 출신인지라 이것이 얼마나 무모하고 위험한 일인가는 잘 알면서도 처음에 빼앗긴 시간이 아까워 무리를 했다. 물론 그래서는 안 된다.

부대 터는 폐쇄된 사격장인 듯했다. 아닌게아니라 아주 가까이서 총소리가 요란하게 들려 오고 있었다. 아마도 사격장은 옆 계곡으로 옮겨 가고 이곳은 지금 비워 둔 모양이다. 경우에 어긋난 짓을 하고 있으므로 불안한 터에 갑자기 푸드덕거리는 소리가 곁에서 요란하다. 깜짝 놀라 바라보니 꿩들이 사람 소리를 듣고 떼를 지어 날아오른다. 이곳저곳 산을 많이 다녀 보았지만 이런 떼꿩은 처음이다. 군부대 터로 사람의 출입이 통제되니 이런 일이 생기게 된 모양이다. 휴전선 지역 일대가 세계적인 자연 보전 모범지가 된 것도 역시 역설적으로 군의 위력 탓이다.

회암사에 대한 관심은 풍수로부터 비롯된다. 이곳은 태조 이성계와 무학대사의 한양 전도에 관한 일화가 얽혀 있는 곳이기 때문이다. 무학은 속성이 박씨로 지금의 합천인 三岐郡 출신이다. 그의 일생은 자세히 알려져 있지 않으나, 이성계에게 임금이 될 예언을 해주었다는 설화를 남긴 바 있고 또 새로이 태어난 조선의 새로운 수도 입지 선정에서 상당한 영향력을 태조에게 행사한 것으로 미루어 보아 고려 말 강력한 지방 호족이었던 이성계의 사부 겸 고위 정치 참모가 아니었을까 하는 짐작이 든다.

그런데도 그에 관한 기록들은 그가 우유부단하고 아둔한 인물인 것처럼 꾸며 놓고 있다. 아마도 그를 자신들의 정적으로 간주한 유학자 출신 관리들이 무학을 폄하하기 위하여 만든 무고일 것이다. 무학은 풍수에 일가를 이룬 인물로 이성계에게는 없어서는 안 될 인물이었다. 풍수란 땅의 이치를 궁구하는 당시의 지리 과학이었으므로 군사상의 자문까지 했으리라는 짐작도 전혀 사리에 어긋난 일은 아닐 것이다. 더구나 그는 道力도 만만치 않았던 것 같다. 혁명에 성공한 제1급 개국 공신이었는데도 세속으로 나가지는 않았으며, 특히 태조가 태종을 미워하여 함흥에 머물 때 최종적으로 태조를 태종과 화해시킨 인물도 그였다는 사실을 평가해야 할 것이다. 바로 그 무학대사의 부도가 회암사에 있다는 점이 풍수를 공부하는 사람에게 감회를 주는 것이다.

회천면은 동쪽으로 칠봉산(506.1m), 檜岩嶺, 石門嶺, 어야고개, 축석령고개, 백석이고개, 탁고개를 거쳐 天寶山(336.8m)에 이르는 반달 모양의 天寶山脈에 의하여 동두천, 포천과 경계를 이루며 청룡산세를 형성하고 있다. 서쪽으로는 道樂山(440.8m)과 그 연맥들이 백호세를 이루며 받쳐 주고는 있으나 동쪽에 비하면 허약한 편이다. 회암사는 바로 그 천보산맥에 기대어 자리를 잡은 절이다.

원래 절터는 지금의 회암사보다는 아래쪽에 있었다고 한다. 지금 그 회암사 옛터에는 다 낡아빠져 글씨를 알아보기도 힘든 안내판만 초라하게 서 있다. 게다가 절터 바로 옆에는 개를 기르는 농가가 버텨 있고, 또 바로 앞에는 토석을 채취하는 레미콘 공장이 들어서 경관을 버려 놓고 있는 실정이다. 말하자면 폐허가 된 셈인데, 여기에는 그럴 만한 까닭이 있다. 원래 이 절은 인도에서 건너온 지공스님이 고려 충숙왕 15년(1328)에 건립하였다. 그것을 우왕 2년(1376) 나옹대사가 중창하였는데, 무학은 바로 이 두 분 스님으로부터 불법을 전수받은 사람으로 당시의 정계 실력자 이성계의 둘도 없는 말동무가 되었으니, 이 절은 처음부터 고려 말의 정치적 격랑 속에서 탄생한 셈이다. 그 뒤 불교 탄압으로 폐사로 있다가 조선 중기 불교 중흥의 대모 역할을 했던 중종 비 文定王后 덕으로 소생되었으나, 그녀의 죽음과 함께 명종 20년(1565) 원인 모를 화재로 소실되었고, 당시 불교계의 대부였던 보우도 하필이면 그 해 사월 초파일 이곳에서 잡혀 제주도로 귀양 갔다가 邊協에게 피살되고 말았다(제2장 3부 제주도편 참조). 원인을 알 수 없는 화재라고는 하나, 이는 필시 인근 유생들의 짓이었을 것이다. 이런 사례는 여러 사찰에서 발견되는데, 그 웅장했던 지리산 실상사도 유림의 방화로 소실되었다는 것이 정설이다.

절 뒤쪽 칠봉산으로 올라가는 등산로를 따라 중턱에 올라 주변 형세를 관망해 본다. 문득 이성계의 성격에 생각이 미친다. 언젠가도 언급했던 바이지만 사람들은 자기 성격에 어울리는 터를 찾는 습성이 있다. 진취적이고 자신을 내세우기 좋아하는 성품의 사람은 툭 터진 산등성이를 좋아한다. 내성적이고 온화한 성품의 사람은 안온하게 사방이 산으로 닫힌 전형적인 명당 터를 즐긴다. 이로써 역사상 인물에 대한 환경 심리학적인 성격 추정이 가능하리라 보지만, 아직 학문적으로 정립된 바는 없다.

 풍수를 하는 입장에서 이성계가 선호한 터들을 살피다 보면 그의 성격이 어느 정도 떠오른다. 회암사 터 역시 그의 성격을 그대로 반영하는 듯하여 흥미롭다. 그가 즐겨한 땅들은 역사에 분명히 기록된 곳으로만 따져 咸興 일대, 서울의 북악산, 인왕산, 계룡산, 그리고 이곳 천보산 일대이다. 함흥은 본 일이 없어 알 수 없으나 북악, 인왕, 천보, 계룡은 모두 곳곳에 암석 쇄설물들이 깔려 있고 깎아지른 듯한 암벽이 정상을 압도하는 풍광의 산들이다. 좀 심하게 말하자면 덕 있는 산들은 아니라는 뜻이다.

 어떤 면에서는 냉냉한 살기가 산 전반에 은은히 내비치고, 강골, 瘠薄의 기맥이 있음을 부인하기 어렵다. 그렇다고 무식한 천박성이 드러난 것은 아니니, 좋은 의미에서의 전형적인 武骨이라 표현할 수 있는 성격의 산들인 것이다. 그런 산들의 계곡 사이사이에는 의외로 비옥한 토양이 산재하여 수목을 울창케 하여주니, 실로 절묘한 풍운아적 풍모라 아니할 수 없다. 쿠데타를 하는 사람들에게 흔히 있기 마련인 단순성과 강직성 그리고 무모함 따위가 산의 성격에도 배어 있다니 실로 감탄스러운 자연의 조화 속이다. 더욱 절묘한 것은 이런 산들이 지금도 군 부대와 관련이 있다는 점이다. 북악과 인왕은 청와대 경호 때문에 대부분의 지역이 군 주둔지로 일반의 통제가 행해지고 있고, 계룡대는 三軍 본부가 자리 잡고 있으며, 회암사 뒷산도 군 훈련장으로 민간인 출입이 금지되어 있다. 우연의 일치라기보다는 그 산들의 성격을 사람들이 잘 파악하여 그에 맞는 의지가 이루어지고 있는 것이라 보아야 할 것이다.

 무학대사의 풍수 인연을 따라 회암사를 찾았다가 뜻하지 않게 또 다른 풍수 거물의 자취를 찾아볼 수 있었던 것은 가외의 소득이었다.

회암사 왼쪽 뒤편으로 올라가면 회암사지 禪覺王師碑를 만난다. 비문을 牧隱 李穡이 지었다는 것은 이미 잘 알려진 사실이지만 그 비명을 쓴 사람이 東皐 權仲和(고려 충숙왕 9년(1322)-조선 태종 8년(1408))라는 것은 이번 답사에서 처음 알았다. 비문은 비바람에 풍화되어 알아보기 매우 어려우나 목은 이색이 글을 짓고 동고 권중화가 글을 썼다는 사실은 확인할 수 있었다.

권중화는 고려의 유신으로 조선 건국에 적극적으로 참여한 인물이며 훗날 영의정까지 지냈다. 그러나 보다 중요한 것은 그가 당대 최고의 풍수학인으로 새 서울을 결정하는 문제와 결정 뒤 서울의 각종 시설물 배치에 그의 풍수 실력을 바탕으로 주도적인 역할을 하였다는 점이다(제1장 서울 전도 과정 참조). 당대 최고수급에 속하는 풍수가들을 둘씩이나 만나 볼 수 있다는 것은 나 같은 풍수학인에게는 행운에 다름아닌 일이다. 『태종실록』 卷第十六 8년 정묘조에는 그의 죽음에 관한 기록이 나오는데, 거기서 그가 한자 서체의 하나인 大篆과 八分을 잘 썼다는 지적이 나오는 것으로 보면 그는 서도에도 일가를 이루고 있었던 모양이다. 그는 최초로 계룡산 신도내를 수도 후보지로 천거했던 인물이다.

의정부에서 회암사를 향하는 길목은 무르익은 가을의 陽光이 황금들판을 누비는 가운데 찬연하게 빛나고 있었다. 버스는 면소재지인 덕쟁이(德亭里)를 거쳐 동두천에 이르는 최단 도로인 3번 국도를 타지 않고 주내면 마전리에서 350번 지방도로 꺾어진다. 그래서 볼거리가 훨씬 많아진다. 옥정리를 지날 때는 왼편으로 독바위(牛山, 182.3m)의 특이한 모습도 보인다. 그러나 무슨 일인지 기슭 일부를 깎아 내려 흉측한 몰골을 드러내고 있는 것은 안타까운 일이다. 여기에 臥牛形의 명당이 있다는 소문이 있으나, 그런 잘먹고 잘살자는 식의 술법 풍수에는 왠지 관심이 가지 않아 짐짓 외면하고 말았다.

무학대사 부도(태종 7년, 1407년 건립)가 보물 제388호, 그 앞의 쌍사자 석등은 보물 제389호, 지공선사 부도 및 석등은 경기도 유형 문화재 49호, 나옹선사 부도 및 석등은 제50호로 지정되어 있다. 의외로 알려지지 않은 곳이라, 호젓하여 홀로 산책하기에도 알맞은 등산로가 개설되어 있다. 덕쟁이 동남쪽에 있는 은골은 숲이 무성해서 어느 학자가 숨어 살았다는 얘기가 있으나 이번 답사에서는 확인하지 못했다. 또 칠봉산 밑 사귀 동쪽에는 淸風洞이라는 경치가 아주 좋은 골짜기가 있다고 한다.

원예와 낙농업이 회천면의 주요 산업이나 지금은 인삼 재배가 성하다는 것을 인근의 많은 삼포로 짐작할 수 있었다. 멀리 보이는 도봉산 연봉이 공해 때문에 흐릿하게 보이는 것은 두말할 여지도 없이 옥의 티이다.

(7) 아직도 시골 마음을 간직한 시골, 옥천 서성골

옛 시절이 그리운 사람들은 서성골에서 그 원을 풀 수 있으리라. 그곳에는 옛 내음이 남아 있는 까닭이다. 시인 이갑수의 「이제부터」라는 시에서의 표현처럼 〈되돌아보면 지나간 것들은/모두 어디론가 숨었다〉. 하지만 아직 머리카락까지 숨기지는 못한 마을도 남아 있을 것이니 우리는 그런 곳에서 향수를 맛볼 수 있다.

대도시 출신인 사람들에게도 향수는 있다. 태어나고 자라난 골목길에 대한 그리움이 직접적인 향수라면, 조그마한 둔덕에 기대듯 자리 잡고 앞으로 들판을 끼고 저녁밥 짓는 연기를 피워 올리는 농촌 풍경은 원초적 향수를 대변하는 셈이다. 옥천에는 아직도 그런 마을이 우리의 마음을 적셔 주고 있다.

옥천읍에서 군서면 사양리 서성골로 들어가는 길목에서 나는 함박눈을 만났다. 이미 3년째 계속되고 있는 가뭄 끝이라 이 고장에서도 눈은 기쁨일 수밖에 없다. 들판 길 사이사이에 자리 잡은 마을 공터에는 어디라 할 것 없이 사람들이 나와 서성거리는 모습들이 보인다.

눈 덮인 산야는 그곳이 어디이든 또 다른 향수를 대변한다. 타작을 마친 빈 볏단 쌓인 논에서는 강아지와 개가 미친 듯이 뒹구는데 이 또한 가슴 적시는 향수의 한 단면이 아닐 수 없다. 그리고 마음을 씻어 내는 슬픔이기도 하다. 아마도 되찾을 수 없는 그리움이 주는 슬픔일 것이다.

군서초등학교 아래 은행교를 지나 서성골로 들어가는 마을 진입로는 전형적인 明堂口 형태이다. 이리 비틀 저리 비틀 휘어져 감도는 길목에는 호기심이 도사리고 있다. 이 꼴짜구니(골짜기의 이 마을 사투리)를 돌아서면 옥녀가 나타나지 않을까, 저 꼴짜구니를 감아 돌면 만복이 할아버지와 맞부딪히는 것은 아닐까, 이런저런 생각들이 상상력을 부추기게 되고, 그래서 명당구의 모습을 지닌 마을 진입로는 걷기에 지겹지가 않다.

이어서 펼쳐지는 계곡 안의 아담한 들판, 그곳이 바로 명당판인 서성골이다. 처음 찾아 든 길갓집 할머니는 이 눈발 속에서도 낮잠에 빠져 있던 모양이다. 잠바 차림이기는 하지만 먹물 든 티가 덕지덕지 달라붙은 내 행색을 보고는 금방 김선복 씨 집을 가리키며 그리 가서 얘기하란다. 아, 이 지겨운 먹물의 냄새여.

바로 이 김선복 씨(40세) 집이 오늘 행장의 종착지가 되는 셈이지만, 놀랍게도 이곳에서는 아이들 떠드는 소리가 자못 시끄럽게 들린다. 지금 중산간 지대에 위치한 소규모 농촌치고 사람 사는 흔적이 진하게 풍기는 곳은 극히 드물다. 그러니 아이들이 있다는 자체가 놀라움일 수밖에 없다. 사랑에 자리를 잡는데 할아버지 한 분이 들어선다. 그의 아버지 되는 김낙중 노인(78세). 그 뒤에 할머니가 서 계시고 뒤로는 꼬마들이 셋, 치마꼬리를 잡고 늘어서 있다. 부엌일 듯한 곳에서는 설거지 소리가 들린다. 아이들의 어머니일시 분명하다. 바로 살아 있는 대가족 제도의 현장에 들어선 셈이다.

할아버지와 그의 아들, 모두 마을의 산천을 닮아 수더분하기 그지

없다. 들려 주는 얘기 역시 그저 담담한 숭늉 맛이다. 뭐랄까, 산천도 사람들도 있는 듯 없는 듯, 스스로 거기에 있음(自然) 그대로이다. 이 마을에는 볼 것도 없고 배출한 인물도 없고 특산물도 없다는 두 분의 말씀은 내게 꾸지람처럼 들린다. 난 지금까지 비상함을 찾아 다니고 있었던 것은 아닌가. 비상함은 정상이 아니다. 그것은 삶의 현장도 아니었다. 다만 흥미 있는 얘깃거리일 뿐이었다. 오늘 나는 천년을 뿌리 내려 살아온 사람들을 만난 것이다.

옥천군청의 친절한 직원이 내준 자료에는 이 마을에 대하여 〈마을 부근에 신선이 글을 읽고 있는 모습의 명당(仙人讀書形)이 있어 글 읽는 소리가 늘 끊이지 않았으므로 서성동(書聲洞, 지금은 西城洞으로 표기함)이라 불렀다〉는 기록이 나와 있다. 내가 본 주변 산세는 신선이라기보다는 순박한 시골 할아버지를 닮아 있었지만, 그러면 어떤가. 바로 그 할아버지가 신선일 수도 있으니 말이다. 이 댁 할아버지는 어릴 때 초당에서 훈장으로부터 글을 배우던 기억을 소중하게 간직하고 있던데, 혹 그 훈장 어른이 신선은 아니었는지.

할아버지는 신선봉보다는 그 제자에 해당된다는 제자삼봉에 더 깊은 애착을 가지고 있는 듯했다. 마을 앞에 고만고만한 봉우리가 셋 있는데 그것이 바로 제자삼봉이다. 봉우리 기슭에는 산소들이 들어섰고 그 아래로는 포도밭이, 또 그 아래로는 논이, 그리고 논 귀퉁이로는 냇물이 흐르고 있다. 선복 씨가 어릴 때 고기 잡으며 놀던 냇물은 그러나 이제 그때의 그 냇물이 아니다. 농약 오염과 아래쪽으로 쌓은 보 때문에 고기가 올라오지 못하여 사실상 죽은 내가 되고 말았기 때문이다. 이 또한 비극이지만 아버지와 아들의 생각은 차이가 난다.

할아버지의 남은 바람은 그 옛날 신라의 김유신이 결사항전의 태세를 갖춘 계백의 백제군과 최후의 결전을 벌이기 위하여 넘어갔다던 오동리 숯고개(炭峴) 쪽으로 도로가 뚫려 대전 나들이가 쉬워졌으면 하는 것인데, 아들은 그에 반대였다. 길이 나면 들어올 것은 도회지의 타락이요, 나갈 것은 순진한 농사꾼들이니 무슨 낙으로 그를 바라리오, 하는 것이다. 군대 생활을 빼고는 한번도 외지에 나간 적이 없다는 선복 씨가 무슨 뚜렷한 문명 비판적 사고가 있어서 이런 말을 한 것은 아니다. 그는 이런 삶의 인간미에 애착을 나타냈을 뿐이고, 그의 아버지는 어려서 겪은 찢어지던 가난을 잊지 못하여 개발지향적 의도를 나타낸 것이리라. 공동체의 와해로 인하여 삶의 황폐화를 지겹도록 겪고 있는 사람들은 자연 순응적 태도를 바라고 있으면서도 개발이 가져다 준 기능성의 달콤함을 잊을 수도 없는 형편이다. 지금 이 시대 우리들이 향용하고 있는 고민의 반영일 듯하다.

　마을은 범상하다. 하지만 그를 둘러싼 산야는 잘 살펴보면 비범한 바가 없지 않다. 아마도 범상 속에 감추어진 비범이라야 보물이 되기에 그런지도 모른다. 동구에 흐르는 서화천변 西華八明堂이란 것이 바로 그 예이다. 이름하여 사정리 행정마을과 동평리 평곡마을 사이의 芍藥未發形, 은행리 상은마을 위쪽의 渴馬飮水形, 앞에서 살펴본 서성골의 仙人讀書形, 사양리 논골 닭재에 있는 金鷄抱卵形, 하동리 마을 뒷산의 玉女彈琴形, 오동리 무중골 앞산의 梧桐桂月形, 월전리 군전마을의 將軍大坐形, 월전리 용복 뒷산의 積船行走形. 하지만 욕심 낼 필요는 없다. 예컨대 작약미발형의 천하 대지는 토정 이지함이 직접 자신의 자리로 잡아 놓은 곳이지만 그런 당대 최고수도 결국 이곳을 차지하지는 못했으니까.

(8) 땅은 품을 수 있는 만큼의 사람만 품는다. 영월 오룡골에서
　필자는 여러 해 전부터 영월에서 살기를 원해 왔다. 꼭 집어 이런 이유 때문이라고 지적하기는 매우 어려우나 몹시 그 고장에 끌리고 있는 것은 사실이다. 며칠만 서울에 있어도 영월이 그리워진다. 특히 하동면 일대가 그러하다. 이제는 마치 고향을 그리는 마음처럼 되었다.

우리는 삶터에 대하여 끊임없는 관심을 기울여 왔다. 서구인들이 노동에 지속적인 관심을 보여 온 것과는 대조적이라 할 수 있다. 노동의 관점에서 보면 인간은 항상 능동적인 반면에 자연은 주로 수동적인 것으로 비쳐진다. 삶터에 대한 우리들의 관심은 노동이 보이고 있는 관심과는 다르다. 그 삶터에 대한 단적이면서도 포괄적인 개념이 고향이다.

고향은 사회적인 관계를 속박하지 않는다. 거기서는 모든 사람들이 나를 알고 있고, 또 나는 나를 알리기 위하여 특별한 노력을 기울일 필요가 없다. 위르겐 몰트만이 지적한 대로 고향은 이완된 사회적 관계망을 지시한다. 이렇게 이완된 사회적 관계들 속에서 삶을 유지시키게 하고 인간을 투쟁과 염려의 짐들로부터 해방시키는 평형 관계가 발생한다. 그렇기 때문에 고향은 사람의 마음을 편안케 해줄 수 있는 것이다. 나에게 영월 땅 하동이 바로 그런 곳이다.

영월은 지금 심한 몸살을 앓고 있다. 주요 소득원이었던 농사일에 종사하는 인구 수는 1983년에 비하여 무려 40% 이상이나 감소하였고 특히 석탄, 중석을 비롯한 각종 지하 자원 채굴이 벽에 부딪힘으로써 어려움은 그 도를 더해 가고 있는 실정이다. 그러나 의외로 영월은 활기에 차 있다. 필자는 그런 현상이 어디에서 기인하는 것인지 정확한 이유는 알지 못한다. 다만 그것이 삶을 윤택하게 해주는 자연의 여유로움 때문이 아닐까 하는 짐작을 해볼 뿐이다.

재작년 대학을 떠난 후, 하동면 와석리 싸리골은 나의 다음 정착지로 굳게 마음을 정해 둘 정도였다. 여건의 미성숙과 용기의 부족으로 결국 그렇게 하지는 못하였지만 두서없이 그곳을 나다닌 것은 사실이다. 이른 봄 각동에서 와석으로 넘어가는 와석재에는 붉은 진달래꽃이 그야말로 흐드러지게 피어난다. 재는 구불거리는데 전면 높은 산자락을 가득 메우며 피어 있는 붉은 꽃들을 바라보며 문득 그곳에 하늘을 보고 누워 쉬고 싶다는 생각이 들었다. 그리고 영원히 일어나지 않고 그곳에 자리를 잡는다면 거기가 바로 좋은 무덤이란 생각을 하며 쓴웃음을 지은 생각이 난다. 무덤, 어머니의 젖무덤, 사람이 죽어 묻히는 무덤, 무덤은 언제나 영원의 안식처가 되어야 한다. 풍수는 그런 죽음 뒤의 일에까지 생각이 미친다는 점에 마음이 무거워지는 느낌이었다.

골어구에서 싸리골 계곡을 들어서면 뜬돌, 싸리골, 곡골, 노루목이 차례로 나오고 거기서 김삿갓 묘를 참배하고 서쪽으로 산길을 잡으면 삿갓 김병연의 생가 터인 어둔이를 지나 선낙골까지 이르는 호젓한 산책로를 만나게 된다.

눈이 하늘을 덮을 듯 내리는 산길을 걸어 김삿갓의 생가를 찾는 마음은 술 취한 방랑객의 그것이었으나 어찌 그런 취객의 심사만으로 세상을 살 수 있으랴. 흑염소를 길러 생계를 도모할 생각, 여기에 민족 사상에 관한 교육장을 만들어야 되겠다는 생각 등으로 꿈에 부풀었던 것이 엊그제 같은데, 그 일이 벌써 옛일처럼 느껴진다. 무엇으로 꿈을 실현할 것인가. 언제나 답답함이 떠나지를 않는다.

어제 단양군 영춘면 답사를 끝내고 오늘은 바로 그 단양의 베틀재를 넘어 강원도 땅으로 접어든다. 대학 지리학과를 다니던 시절 당시로서는 꽤 괜찮은 수입원이라 여겨지던 엿장수를 하여 경비를 마련하며 우리나라 地理誌를 새로이 써 보겠다는 객기를 부리던 곳이 바로 이 부근인데, 이제 오십 나이를 바라보며 또다시 이 고개를 넘는 내게 무슨 희망이 남았을까. 정말 우리의 땅은 우리의 전통 지리 사상으로 가장 적절한 설명이 가능할 것인가. 아랫마을에서 얻어 먹은 낮 술 탓에 나도 모르게 시간을 지체한 때문인지 벌써 석양이다. 생각과 함께 싸리골을 포기하고 조카 녀석이 공부를 하고 있는 角洞里로 갈 길을 잡는다.

각동이란 이름의 유래는 두 가지가 전해진다. 산부리에 있으므로 각동이라 하기도 하고 마을 모양이 소의 뿔처럼 생겼다 하여 각동이라 하기도 한다는 것이지만 거기에 신경을 쓸 필요는 없다. 문제는 그 터에 얽히고 의지하여 사는 사람들의 삶이 중요한 것이니까.

각동으로 가는 쉬운 길은 영월읍을 거치면 된다. 읍에서 상동 가는 버스를 타고 고씨동굴을 지나 조금만 가면 595번 지방 도로 가에 단양으로 연결되는 긴 다리가 나오는데 그곳이 바로 각동이다.

가는 길에 있는 고씨동굴은 진별리에 있는 석회굴로서, 알려진 주굴의 총 길이만 현재 1.8킬로미터에 달한다. 임진왜란 때 고씨 성을 가진 일가족이 이곳에서 피란을 하였다고 하여 고씨굴로 알려진 이 곳은 오랫동안 수도장으로 더 이름을 날렸던 곳이기도 하다. 강을 건너야 하기 때문에 좀 불편한 점은 있지만 교통이 불편하지는 않다. 다만 훼손과 오염의 정도가 심하여 동굴 탐사에 경험이 많은 사람이라면 실망할 소지가 있으니 그럴 것이란 각오가 필요한 것이 흠이라면 흠이다. 오히려 참된 동굴의 재미를 보고자 한다면 길이는 훨씬 짧지만 대야리에 있는 대야굴이 더 나을지도 모르겠다. 바닥에는 지하수가 흐르고 몇 개의 폭포를 지나야 하는 긴장감도 맛볼 수 있거니와 이 역시 훼손이 심하기는 마찬가지지만 찾는 사람이 적어 동굴의 적막감을 느끼기에는 더 적절하리란 생각이 들기 때문이다.

대야에서 단양 가는 큰 다리를 건너면 각동초등학교가 있는 뱃나드리에 닿는다. 말하자면 그곳이 각동의 핵심지이지만 지금 찾아가고자 하는 곳은 거기서 강을 건너야 한다. 강을 건너기 전은 넓은 백사장이지만 강 건너편은 절벽에 가깝다. 하지만 이리저리 휘어 올라가는 길이 없는 것은 아니다. 그 좁은 길을 찾아 오르면 나타나는 곳이 바로 행정 동리명으로는 각동리인 오룡골(주민들은 오롱골이라 하며, 한자 표기는 五龍谷임)이다.

논은 없이 밭뿐인 좁다란 분지에 지금 집은 두 채뿐이다. 이 골짜기에 사람이 제일 많이 살 때 다섯 집까지 되었다고 하지만 다른 곳은 집이 있던 흔적도 찾기 어렵다. 두 채 중 한 집은 김모 씨의 소유이나 지금은 필자의 조카가 공부하면서 혼자 집을 지키고 있고, 그 밑의 집에는 할머니 한 분이 농사를 지으면서 살고 있을 뿐 인적이 없는 곳이다. 검둥이란 커다란 암캐 한 마리가 할머니와 살고 있는데 이놈이 워낙 부끄럼을 많이 타서 사귀기가 쉽지를 않다. 오징어도 주어 보고 돼지고기도 먹여 보았지만 가까이 오지는 않는다. 산골에서 사람 구경을 잘하지 못하여 부끄럼이 몸에 익은 모양이다.

집은 두 집 모두 깔끔하게 가꾸어 놓았다. 할머니의 아들인 정규동 씨(38세)가 강 건너에 살면서 매일 아침 배를 타고 건너와 농사일을 한다. 그런 사람들이 몇 집 더 있다. 어머니인 남복수 할머니(70세)도 높은 연세답지 않게 부끄럼을 많이 타시는 편이다. 하지만 인정이 그렇게 많을 수 없다. 아들도 마찬가지다. 그것만으로도 오룡골 답사는 배움이 충분하다 할 것이다.

오룡골은 구슬봉에서 내려오는 다섯 줄기의 산등성이가 기맥을 뭉쳐 모이는 곳으로 그 모습이 마치 다섯 용이 꿈틀거리며 내려오는 모양과 흡사하다 하여 붙은 지명이다. 요컨대 풍수가 말하는 五龍爭珠形의 명당이 되는 셈이다. 다섯 용이 구슬을 다투는 형세. 그러니까 經世之人들이 모두 탐을 내는 인물이 배출되리라는 기품의 땅이라는 뜻이 된다.

하지만 그 용은 위압감이 없다. 그렇다고 기품까지 없는 것은 아니다. 순진하다고나 할까, 할머니가 기르고 있는 검둥이의 부끄러움도 가지고 있는 듯하다. 사람이 산을 닮는 것처럼 기르는 개도 산을 닮는 것인가. 골짜기 아래 있는 샘에 가는데 검둥이가 쫓아온다. 친해졌다고 가까이 와서 아양을 떨지는 않지만 은근한 정은 드러내 보인다. 참 묘한 개다.

샘터 옆 밭에 할머니와 아들이 철 늦게 콩을 따고 있다. 고추는 먼저 따고 콩은 깍지가 있어 오래 버티기 때문에 이제 따는 것이라 한다. 그 옆 밭둑에 야생 꽈리가 탐스런 열매를 맺고 있다. 어릴 때 누님이 불던 꽈리 소리가 불현듯 생각난다. 몇 개를 따서 집에 아이들에게 보여 주려고 하니 나는 꽈리를 몽글릴 줄도 모르고 불 줄도 모른다는 데 생각이 미친다. 하긴 사내아이들은 꽈리를 불지 않았으니까.

오룡골 여기저기에 감나무가 지천이다. 따지를 않아서 그대로 가지에 매달려 있다. 따서 팔지 그러나니까 일손이 달려 할 수가 없다는 대답이다. 벌써 가지에 매달려 연시가 된 놈들도 많다. 모시고 갔던 家兄이 조카를 데리고 반 접쯤 따 오신다. 주인에게 허락을 받아야 될텐데 하고 걱정을 하니 할머니와 그 아들이 괜찮다고, 얼마든지 따 가라고 한다. 이런 상황에서는 풍수를 운위하는 일이 오히려 우습다. 이분들의 삶이 바로 풍수적이기 때문이다.

그러나 배운 공부인지라 오룡골의 풍수를 보지 않을 수는 없었나 보다. 오룡골의 터가 순진하고 부드러우면서도 웅장한 맛은 있지만 神性은 느껴지지가 않아 그런가 보다 했는데, 정규동 씨 말로는 이곳에 옛날 절이 있었으나 무슨 이유인지 폐허가 되고 지금은 절터만 남았다는 얘기를 한다. 기왓장도 나오고 숟가락도 나온다지만, 큰 절은 아니었을 것이다. 이곳은 탈속의 地氣가 아니기 때문에 절이 들어설 수 없는 까닭이다. 폐사된 절터 중에는 이처럼 지기를 맞추지 못하여 그리된 곳이 꽤 많은 편이다.

오룡골에서 서쪽으로 나가면 두룸(두름, 두툼)이란 마을이 있다고 하는데 여기에는 좀 이상한 얘기가 전한다. 이번에 가 보지는 못했지만 전설에 관심이 있는 사람이라면 가 볼 만하겠다는 생각이 들어 소개한다. 두룸이란 말은 본래 물고기 스무 마리를 열 마리씩 두 줄로 엮은 것을 말하는데, 예로부터 이 마을은 아홉 가구까지 살 때는 괜찮다가 열 가구만 넘으면 화재가 나거나 병에 걸려 사람이 죽어가는 등 이상한 일이 생겨, 열 집 이상 살면 안 된다는 뜻으로 두룸이라 했다는 것이다. 아마도 험준한 산속 마을이라 일정 가구 수가 넘으면 생존이 되지 않아 만들어 놓은 자연스런 인구 증가 방지책이

사진 51 새재 제3관문에서 본 主屹山 運脈

아니겠느냐 하는 짐작이 든다.

고향 같은 하동면 기행은 술에 취하여 몽롱한 속에 발길을 돌린다.

(9) 문경새재는 지금도 옛날의 그 새재일까

문경새재 제3관문인 조령관은 재 너머 북쪽인 괴산군 연풍면에 속한다. 그 관문 앞에 과거 보러 가는 도령의 석상이 서 있는데 그 설명문이 재미있다. 〈영남의 양반집 자제들이 서울로 과거를 보러 가는데 추풍령을 넘으면 추풍낙엽처럼 떨어지고, 죽령을 넘으면 죽 미끄러지기 때문에 이곳 문경새재를 넘어 과거를 보러 갔다〉라고(사진 51). 기실 그런 것은 아니다. 영남의 각 고을이나 마을에 따라 서울로 가는 길이 여럿이었으므로 어디를 넘느냐 하는 것은 그의 출신지가 어디냐에 달려 있는 문제이지 지명에 달려 있는 것은 아니었다.

우리나라의 전통적인 도로 문제를 체계적으로 정리한 사람은 숙종대에 태어나 영조와 정조 시대를 살다 간 旅菴 申景濬(1712-1781)이라는데 異設이 없을 것이다. 그의 『道路考』에는 여섯 개의 주요 간선 도로인 소위 六大路가 기술되어 있는데 그 첫째가 서울에서 의주 압록강에 이르는 의주로요, 둘째가 서울에서 길주, 명천, 아오지를 거쳐 두만강에 이르는 경흥로, 셋째가 서울에서 강릉을 거쳐 울진, 평해에 이르는 평해로, 넷째가 서울에서 새재를 넘어 문경을 거쳐 부산에 이르는 동래로, 다섯째가 서울을 출발하여 해남을 거쳐 바다를 건넌 뒤 제주에 이르는 제주로, 그리고 여섯째가 서울, 강화 사이의 강화로이다.

당연히 새재는 동래로에 해당되는데 충청, 강원도와 영남 지방을 연결하는 이 일대의 백두대간(소위 소백산맥)에는 1,000미터가 넘는 봉우리가 열 개가 넘는 한반도 남부 최대의 산지이다. 새재가 632미터, 죽령이 689미터, 계립령이 630미터, 흔히 새재인줄 알고 넘는 이화령이 548미터, 그리고 추풍령은 200미터에 지나지 않는다. 그래서인가 청화산인 이중환은 그의 『택리지』에서 새재와 죽령만을 큰 고개(大嶺)라 하고 나머지는 작은 고개(小嶺)라 불렀다. 물론 이는 높이만을 기준으로 한 것은 아니었을 것이다. 교통량이라든가 도로의 중요성까지 감안하여 붙인 명칭이겠지만 어찌되었거나 그 크기와 높이에 있어서도 최대인 것만은 사실이다.

지명학자들에 의하면 땅 이름은 그곳의 자연과 인문의 특징을 한마디로 표현하고 있기 때문에 지역성을 파악하는 데 매우 중요하다고 한다. 새재(鳥嶺)란 지명은 어떻게 지어졌을까. 산세가 鶴 모양이라 그렇게 되었다는 설도 있고, 새나 넘을 수 있는 험한 고개라 하여 그런 이름이 붙었다는 설도 있다. 새가 많아서 그렇게 되었다는 얘기는 너무 단순하고 억새풀이 많이 자라서 그런 이름을 얻었다는 것도 받아들이기 어렵다. 새나 억새야 우리나라 어느 고갠들 없겠는가. 오히려 새벽, 샛바람, 샛별이란 말 따위에서 쓰이는 것처럼 새로운 것, 동트는 시작, 시원의 사상이 담긴 지명이란 말이 가장 그럴 듯한 것이 아닌지 모르겠다.

옛길을 연구한 고려대 지리교육과 최영준 교수의 『嶺南大路』에 의하면 임진왜란 후 충주와 상주에 있던 충청, 경상 감영이 공주와 대구로 이전하면서 새재의 교통량이 급감하였고 따라서 사양길에 접어들었다고 한다. 그런데 같은 책에서 왜란 후 고갯길 지키기(嶺路關防) 전략이 확립됨에 따라 가장 중요한 새재(鳥嶺直路)만 남겨 두고 계립령, 이화령 등 작은 고개(小嶺)와 지방민들이 사용하던 샛길(細路)의 통행을 막았다고 했으니, 오히려 새재의 교통량이 더 늘었을 것 같은데 아마 그렇지도 않았던 모양이다.

문제는 도처에 화전이 늘어남으로써 새재라는 중요 고갯길이 노출되는 것을 막기 위하여 造林을 강화하고 불 놓기와 벌채를 금했다(禁火禁伐, 『萬機要覽』)는 대목이다. 이로써 조령산과 계립령 일대가 封山으로 지정되어 솔숲이 우거지고 소로나 세로들은 수풀로 덮여 새재의 방어가 용이해졌다는 것이다. 숲이 우거진 길, 요즘식으로 말하자면 일반 도로가 자연 휴양림이 되어 버린 셈이다. 이것은 어떤 의미를 가질까.

옛길은 사람이 그 주인 노릇을 했다. 지금의 도로는 자동차가 주인이다. 숲이 우거진 도로는 자동차 통행이 쉽지도 않고 위험하기까지 하다. 하지만 사람이 걷는 길이라면 그보다 더 좋은 길이 어디 있으랴. 그러나 우리는 지금 자동차를 길의 상전으로 모시고 살아야 하는 시대에 와 있다. 풍수가 원하던 바, 지맥을 따라 이리저리 휘어지고 맥을 끊지 않기 위하여 직로를 피했으며 명당을 확보하기 위하여 간선 도로에 노출을 꺼려 했던, 그런 삶터는 이제 한낱 옛얘기로 전락하고 말았다.

길은 道이다. 길이 달라졌다는 것은, 즉 도가 달라졌음이다. 도란

『莊子』에 의하면 이치이며 『韓非子』에 의하면 만물이 그렇게 되어 있음을 말하는 근본이며 『禮記』에 의하면 仁義와 德을 행하는 것이다. 통하고 행하고 순하고 직하고 대한 것이 도(道通也行也順也直也大也)이다. 지금 그 도는 달라졌다. 도의 근본과 방법이 모두 예와 다르다. 그러니 길도 달라질 수밖에 없지 않은가.

옛길과 현대 도로가 화해할 수 있는 방법은 없을까. 전 국토의 명당화라는 자못 선동적인 구호를 쓰는 사람들도 없지는 않지만 나의 생각은 다르다. 양자 사이의 화해는 있을 수 없다는 것이 나의 절망적인 요즈음 판단이다. 다만 도의 개념을 현대에 적응시킴으로써 혹은 도의 본질과 방법을 현대에 맞게 새로이 조화시킴으로써 도로의 풍수화나 인간화 다시 말해서 길과 도로의 만남을 주선할 수는 있을 것도 같다.

이처럼 길이 없어지고 도로가 판을 치게 되니 그 길을 지키고 있던 여러 인간적 배려가 담긴 시설물들도 사라지는 운명에 처하고 만다. 1720년 제3관문(조령관)에 개축되었던 신혜원은 1978년 도립 공원 공사 중 남아 있던 바깥채까지 소멸되고 말았다 하며(최영준의 저서 『嶺南大路』에는 그 모습이 담겨 있다), 제1관문(주흘관) 북쪽에 설치되어 있던 조령원은 1913년 일본인들이 파괴한데다가 그곳에 자리잡고 있던 嶺聚落은 그 당시 이화령에 신작로가 닦이면서 쓸쓸한 山村으로 변하고 말았다는 것이다.

더구나 조령원은 신, 구 경상관찰사가 문서를 교환하던 交龜亭 아래에 있던 것으로, 조령원에서 휴식을 취한 구관과 신혜원을 출발한 신관이 이곳에서 행정을 인수 인계함으로써 신임 관찰사는 실질적으로 이곳에서부터 자신의 임무에 착수, 경상도 각읍을 순행한 후 감영으로 부임하던 장소인지라, 그 파괴가 더욱 안타까울 수밖에 없는 일이다.

새재를 넘으려고 조령관을 향한다. 산 아래의 가뭄은 아랑곳없이 계곡 물소리 심심치 않은 길을 오른다. 마산상고 단체 학생들 일행과의 만남은 시끄럽지만 싱그럽다. 휴일인데도 선생님과 친구들과 답사와 산행을 겸해 이리 오다니, 대도시 인문계 고등학교라면 쉽지 않을 일이기에 그렇게 보인 것이다. 다만 관문 밑 눈썰매장만 눈에 설고 마음을 나쁘게 한다. 외적의 침입을 목숨과 바꾸며 지켜 내던 현장에 아무리 세월이 흘렀다고는 하지만 후손들이 오락장을 만들어서야 되겠는가.

(10) 천하 명당을 쓰다가는 멸족의 화를 당할 수도 있다. 가평 어우당 묘소에서

무덤은 살아 있는 사람들에게 많은 것을 가르쳐 준다. 당신도 조만간 이와 같이 흙으로 돌아올 것이라는 사실을 웅변해 주는 것도 그렇고, 부귀 영화가 한낱 꿈결과 다름없다는 점을 가슴 깊이 새겨 주는 점도 그러하다. 〈어화 청춘 소년들아 또 한 말 들어 보소/꽃이라도 낙화되면 오던 나비 아니 오고/나무라도 고목되면 오던 새도 아니 오고/비단옷도 해어지면 물걸레로 돌아가고/ 좋은 음식 쉬어지면 수채 구멍 찾아가네./세상사를 굽어보니 만사 일시 夢中이라.〉 가평읍 상색리 회다지 「향두가」의 일절이다. 읍면 단위로 우리 地誌를 만들어 보자는 처음 의도와는 달리 자꾸 무덤 쪽으로 시선이 가지는데 대한 변명으로 들어 주시기 바란다. 그러나 그 대상은 소위 말하는 吉地 위주가 아니라 주로 역사적 인물들에 국한된 것임을 혜량해 주시기 바란다.

개평이란 말이 있다. 노름판에서 구경꾼이나 잃은 자에게 공으로 돈을 좀 주는 것을 말한다. 이 말이 加平에서 나왔다는 지명에 관계된 농담이 있다. 옛날 과거 보러 가던 사람들이 서울 인근인 가평에 도착해서 요기를 하게 되는데, 이때 떡을 사 먹는 경우가 많았다. 그런데 워낙 가평 떡 맛이 시원치 않아 그 대신 덤으로 떡을 더 얹어 주는 것이 관례화되었다는 것이다. 그 일이 轉化되어 개평이 되었다는 얘기다. 이것은 물론 실없는 소리다. 하지만 여기에는 두 가지 의미가 담겨 있다. 하나는 산골(가평은 토지의 95%가 산지임)에 소금이 귀하여 음식 맛이 좀 심심하고 그것이 맛없는 것으로 알려졌을 것이라는 점이다. 또 하나는 산골 사람들이 가지는 순박성과 순후한 인심을 내포하고 있다는 점이다. 허기진 사람이 먹는 모습은 언제나 아름답다. 그에게 떡을 더 얹어 준다. 가평 사람 아니면 잘 할 수 없는 일이다. 오늘은 그런 가평을 간다.

처음 가평읍에서 관심을 가진 곳은 세 곳, 寶納山과 자라목(일반 기록에는 자리목, 가평측 기록에는 자라목으로 되어 있음), 於于堂 柳夢寅의 산소, 그리고 일반 읍내 거리다.

유몽인은 조선 중기의 정치가이자 학자로, 『大東野乘』에 실려 있는 민간의 야담과 설화를 실은 그의 『於于野談』으로 잘 알려진 인물이다. 잡다한 기록을 모아 놓은 『於于集』도 실학자들이 그들의 글, 예컨대 『연려실기술』이나 『성호사설』 등에서 자주 인용하고 있는 것을 보면, 이미 당대부터 文名을 날렸던 사람인 모양이다. 그는 일찍이 牛溪 成渾의 문하로 유능함은 인정받았으나 사람이 경솔하여 스승의 가르침을 거역하다가 쫓겨났다는 기록이 있는 것을 보면 상당히 강퍅한 성격이었던 모양이다. 아니나다를까 그의 무덤 또한 풀 한 포기 나지 않은 황토뿐의 봉분이었고, 그의 무덤 바로 아래 있는 아들 무덤 역시 시뻘건 흙덩이조차 견디지 못한 平土 상태였다(사진 52).

『성호사설』「萬物門 雀糖條」에는 유몽인의 先塋에 대한 흥미로운 기록이 하나 나와 있다. 雀糖이란 빛이 깨끗하고 구슬처럼 생긴 달콤한 이슬을 말한다. 일종의 감로인 셈이다. 참새들이 맛있게 찍어 먹는 참새들의 엿과 같은 이슬이라 하여 작당이란 이름이 붙은 모양인데 戾氣라고도 한다. 감로가 내리면 모두들 좋은 징조라고 여긴다. 그러나 과연 그럴까. 李漢의 지적대로 예나 지금이나 災殃이나 祥瑞

사진 52 어우당 유몽인의 산소. 훼손이 심하다.

따위는 이치로도 분별하기가 어렵다. 징조를 알아맞히는 것은 그 사람의 됨됨이에 따를 뿐이다.

송나라 때 한림학사 杜鎬는 도성 밖에 墳庵庄을 두었다. 하루는 감로가 숲에 내렸다. 당연히 그의 식구들은 놀라며 기뻐했으나 두호는 맛을 보더니 슬퍼하면서, 〈이것은 작당이다. 아름다운 징조가 아니니 우리 가문이 피폐할 것〉이라 하였는데, 한 해를 지나자 두호가 죽고 여덟 사람이 잇따라 죽었다고 한다. 그 뒤 세종 때도 황주와 연평, 영흥 등지에 감로가 내렸다. 빛은 백랍과 같고 맛은 달았다. 신하들이 경하를 올렸으나 역시 세종은 성군이다. 그는 자신이 하늘을 감동시킬 만한 일을 한 것이 없으므로 〈상서가 내릴 시기가 아니므로 나는 재앙으로 생각한다〉고 하였다.

광해군 말기, 興陽에 있던 유몽인의 선영에 있는 우거진 松竹숲에

향기로운 이슬이 많이 내렸다. 찹쌀술처럼 손에 닿으면 쩍쩍 들러붙고 해가 비치면 빛이 났으며 달기가 꿀과 같으므로 사람들은 모두 나무를 붙잡고 핥기까지 하였다. 당시 유몽인의 벼슬과 지위가 높아지자 이것을 자랑하며 상서로 여겼으나, 또한 얼마 못 가서 그의 친족은 멸망하고 말았다. 인조 때 역모 사건에 연루되어 도망 다니다가 양주에서 잡혀 아들과 함께 처형되었다. 이 고사로 미루어 보더라도 그는 좀 경박한 데가 있었던 모양이다. 그러나 정조 때 신원되어 시호를 받고 이조판서가 추증된 것을 보면 보통 인물은 아니었음에 틀림없다.

그의 무덤을 찾기 위한 길 역시 다른 역사적 인물들의 산소가 그런 것처럼 캄캄한 어둠 속이다. 가평읍에서 하색리를 찾기까지는 간단하다. 그 다음에는 전혀 방법이 없다. 오직 어우당 무덤을 관리하는 신용출 씨(45세)의 안내에 의지할 수밖에는 도리가 없다. 하색에서 능골 쪽으로 올라가다 보면 조그만 다리가 나오고 그 곁에 이방실 장군 묘라는 표지석이 서 있다. 그를 따라 다리를 건너면 왼편으로 농가가 보이는데, 그곳이 신씨 집이다. 어우당 산소로는 올라가는 길도 없이 잡목숲을 헤쳐 나가야만 한다. 반면 이 장군 묘로 가는 길은 잘 닦여 있다. 무덤 아래 忠烈祠가 세워져 있고 무덤에는 비석과 석물도 번듯하다. 세상에 알려진 유몽인 산소는 버려져 있다시피 되어 있는데 그보다 덜 알려진 이방실의 묘소는 왜 이렇게 관리 상태가 좋을까.

대답은 충렬사에 걸려 있는 상량문에 적혀 있었다. 5공 당시 문화공보부 장관을 지낸 이모 씨가 그의 후손으로, 그가 장관을 지내던 당시 묘역을 정비한 것으로 되어 있다. 그렇다면 이해할 만하지 않은가. 이방실 장군을 폄하하고자 하는 의도는 전혀 없다. 그는 고려 말의 명장으로 홍건적을 격퇴한 공을 세운 사람이다. 다만 유몽인에 비하여 그 대접이 너무나 차이가 나기에 해본 소리다.

신용출 씨가 낫을 들고 앞장을 선다. 밭둑을 돌아 야산을 오르자 시뻘건 봉분 세 개가 나타난다. 단지 문인석 2기와 상석뿐, 묘비도 없다. 흙을 져다 날라야 잔디를 살릴 수 있는데 도저히 개인 힘으로는 그런 일을 해낼 수 없어 안타깝지만 방치하고 있다는 것이다.

朝案 방향은 복잡하면서도 끊겨져 있다. 일은 많고 사람의 시선은 끄는데 결과가 언제나 좋지 않은 형상이다. 그리고 황토의 토양에서는 으레 양기 탱천하는 법인데 이곳은 좀 음산하기까지 하다. 사람에게도 이런 성격이 있다. 워낙 소심하여 모든 일에 성심을 다하고 정을 많이 주지만 돌아오는 공이 없는 경우이다. 잘해 주고도 고맙다는 소리를 듣지 못하고 오히려 더 잘해 주지 못한 것에 대한 원망만 듣는다. 이런 사람은 곁에서 보기에도 안타깝다. 유몽인의 산소에서 느낀 앞쪽 산세는 바로 그런 사람을 대하는 느낌이었다는 뜻이다. 그러나 나의 느낌과는 달리 전해지는 풍수 설화는 이곳이 큰 명당이란 것이다.

가평 사람들은 유몽인의 산소를 龍墓라고 부른다. 그는 처형되기 전에 자신을 이곳에 묻되, 손자 셋은 과거를 보더라도 결코 한꺼번에 응시하지 말고 따로따로 보라는 내용의 유언을 내린다. 세 손자는 공부를 열심히 하여 조부의 유언을 깜박 잊고 같은 해 과거에 응시하여 모두 御前大科에 장원으로 급제한다. 기이하게 여긴 왕실에서는 그들의 선영을 조사케 하였고, 그 결과 그들 조부와 선친이 바로 역적 모의에 가담하여 처형된 유몽인과 유약임이 드러나는 한편, 산소가 百代千孫三代政丞의 천하 명당임이 밝혀지게 되었다. 그리하여 그 세 손자는 물론이고 그들의 팔촌까지 관직을 박탈하고 산소는 破墓를 하게 된다.

관을 여니 유몽인이 막 용이 되어 風雲瑞光을 일으키며 일어나는 것이었다. 다만 엄지발가락 하나만 용이 되지 않고 있었다. 관원들이 그 용을 따라가 죽여 능지처참을 하였으니 지금도 그 자리가 능골이라 불린다. 그래도 안심이 안 되어 쇳물을 들어부어 확실히 죽이니 그 자리는 지금 쇠매기라 불린다는 것이며, 이곳 흙이 붉은 것은 용의 피가 뿌려져 그런 것이라고 한다. 이상이 대체적인 용묘의 전설인데, 신용출 씨는 좀 다른 얘기를 하였다. 즉 쇠매기는 일본놈들이 유씨 자손에 큰 인물이 나지 말라고 산등성이에 쇠말뚝을 박아서 된 이름이라는 것이다. 또 자신이 어릴 때 유몽인의 무덤 뒤쪽에 용이 뛰쳐나간 동그란 구멍이 있는 것을 보았다는 얘기도 했다. 그 구멍은 아마도 도굴의 흔적이었을 것이다.

산 아래 진동마을에 사는 신옥균 할머니(66세)는 이 전설 끄트머리에 재미있는 이설을 첨부한다. 즉 용이 되어 날아가려는데 壽衣로 해 입힌 명주가 엄지발가락에 걸려 등천에 실패했다는 내용이다. 원래 삼베로 수의를 입혀 달라고 유언했으나 자식들이 더 잘해 준다고 명주를 입히는 바람에 망해 버렸다는 얘기였다. 이것은 확실히 새겨둘 얘기다. 지금도 수의로는 우리 땅에서 나는 삼베가 최상의 선택이다. 그런데 사람들이 욕심을 부리느라고 명주나 심지어는 중국산 비단으로 수의를 짓는 경우가 의외로 많다. 이것은 잘못이다. 명주는 400년이 지나도 땅속에서 썩지 않은 예까지 있다. 시신은 곱게 썩어 서두르지 않고 흙으로 돌아가는 것이 순리다. 간혹 시신이 썩지 않는 生屍穴이란 것이 나오는데, 그것은 풍수가 금기시하는 바이다. 흙에서 나와 흙으로 돌아가는 인생이란 것이 풍수가 지니고 있는 삶의 과정이다.

뿐인가, 외국산 기화요초와 石材까지 수입하여 조경을 하고 석물을 꾸미는 경우까지 있는데, 이런 짓은 망하자고 고사를 지내는 것과 다름이 없다. 이 땅에서 나와 이 땅 위에서 살다가 이 땅의 흙으로 돌아가는 것이 풍수적 삶일진대, 풍토가 다른 외국의 식물, 옷감, 석재가 도대체 말이나 되는가.

신씨 할머니는 또 다른 이상한 얘기도 덧붙였다. 마을에 과부가 많다는 것이었는데, 山祭堂山에 있던 소나무를 베고 거기에 송전탑을 세워서 그런 것이 아닌가 하는 의심을 하고 있었다. 공사 때 인부가 한 명 죽었고, 금년에는 마을에서 세 사람이 좋지 않은 일로 죽었다는 말도 하였다. 물론 인과 관계가 닿는 말은 아니다. 그러나 당산이나 당산나무를 훼손하는 것은 사람의 심성을 그만큼 황폐화시키는 일이기 때문에 삼가는 것이 옳다. 신씨 할머니가 젊었을 때까지만 해도 가평읍에서 산제당산의 소나무가 의연하게 바라보였다고 한다. 지금은 아니다. 고향의 자부심과 상징성이 없어진 것에 다름아니다. 이리하여 마을 사람들은 그들 자신의 자긍심과 순박성까지 잃어 가게 되는 것이다.

 1789년 가평읍 인구는 1,376명, 지금은 1만 7천여 명. 상전벽해의 변화이다. 산골의 소중심지였던 이곳도 공동체적 삶이 뿌리 뽑힌 것은 이미 오래전이다. 도로는 혼잡하고 기차 소리까지 요란하다. 보납산과 자라목을 답사하기 위하여 거리를 걷다 보니 갑자기 도시의 잡답이 발길을 붙든다. 멀리서 보납산을 바라보고 잘려진 자라목의 비참을 관망하는 것으로 대신하기로 마음 먹는다. 읍내에 있는 현대사진관에 걸려 있는 가평읍 전경의 사진이 좋았던 옛날을 회고하고 현대를 아파하는 듯싶다. 참 묘한 사진인데, 가평읍을 지나는 사람들은 꼭 한번 보기를 권한다.

 가평군립도서관 자리에는 英聯邦參戰記念碑가 세워져 있다. 영국, 캐나다, 오스트레일리아, 뉴질랜드 군의 참전 기념물인데, 김포 공항에 안내 표지판을 붙인다면 그 나라 관광객은 꼭 이곳을 찾지 않을까 하는 생각이 들었다. 입장을 바꾸어, 우리가 멀리 있는 어떤 나라를 찾았을 때 거기 우리나라 사람에 관한 기념비가 있다면 왜 가 보고 싶지 않겠는가.

(11) 남쪽을 산이 막으니 답답할 수밖에 없는 함안

여든을 바라보는 할아버지가 칠십 년 전 다니던 고향의 학교 옆에 다시 터를 잡고 산다면 그 감회는 어떤 것일까. 함안초등학교 담장을 끼고 살아가고 있는 구오수 할아버지가 바로 그런 분이다. 그러니까 함안의 산 역사라 할 수 있는 분인 셈이다. 초겨울 오후의 햇살 아래 할머니와 함께 낟알을 고르고 계시던 그분은 외지인인 나를 유난히 반갑게 맞아 주신다. 불안이라든가 의심은 전혀 없는 듯하다. 다시 어린 시절로 돌아갔다는 심리 때문인지 말소리도 어린이와 방불하다. 삶의 윤회성은 이런 식으로 찾아드는 것인지, 이런 삶이라면 죽음도 일상에 지나지 않을지도 모른다.

함안이란 고장은 어떨까. 그래 봐야 군청소재지인 가야읍과 본래의 읍 터인 함안면만을 가리키는 것이지만 분명 함안은 그 할아버지를 닮은 데가 있다. 역사 오랜 고장이니 그 터를 어리다고 표현하는 것은 분명 무리일 것이다. 하지만 어리다. 어려서 어린 것이 아니라 그 자태와 마음가짐이 해맑은 것을 그렇게 표현해 본 것이다. 풍수에서도 산을 나눌 때 老龍과 嫩龍으로 구분하는 경우가 있지 않든가. 마치 열살배기 어린이와도 같은 땅이다. 혈기방장도 아니고 매우 아름다우면서도 교만하지 않고 순박하다. 기운은 이제 막 싹이 돋아나려는 듯이 밑에서 위로 치솟고 있다. 피곤을 모르는 땅이다. 이런 곳에서는 마음을 가라앉혀 푸근한 휴식을 취하기에 적합하다.

그렇다고 하여 함안의 풍수적 평가가 좋았던 것은 아니다. 또한 외지에 썩 잘 알려진 곳도 아니다. 함안을 말할 때 흔히 쓰이는 표현인 南高北低라는 것은 우리나라 전통 촌락의 입지 조건과는 상반되는 것으로 그 자체가 꺼림의 대상이기도 하다. 즉 남으로는 여항산, 서로는 방어산, 동에는 청룡산(일명 울대산)이 솟아 있기 때문에 함안 명당을 흐르는 함안천, 서천, 남강 등은 북쪽으로 빠져 나갈 수밖에 없는 형세이다.

선조 20년(1587)에 정구가 편찬한 규장각에 소장되어 있는 『咸州誌』에도 함안의 서북쪽은 고산준령이 없어 광활한 평야를 이루는데 홍수 때마다 강이 범람하여 물바다가 된다는 기록이 있는 것을 보면 이러한 지세의 결함을 알고 있은 지가 매우 오래되었다는 것을 짐작할 수 있다. 하지만 사람의 힘도 결코 만만한 것은 아니어서 오랜 노력으로 지금 함안은 경남의 곡창이란 소리를 듣는 것은 물론 수박이나 곶감, 복숭아 따위는 특산물로 널리 알려진 정도이다. 둑을 쌓고 물길을 정비하여 땅의 살결을 보살피다 보니 그 보람과 결실이 결코 만만한 것이 아니란 사실을 함안 사람들은 깨닫게 된 셈이다. 예컨대 메기가 침만 뱉어도 침수된다던 법수 대산면이 지금 옥토가 된 것을 상기해 볼 일이다.

그러나 『咸州誌』는 이곳 지세에 대한 풍수설의 개입을 결코 좋게 평가하고 있지는 않다. 명당의 남쪽을 가로막고 있는 거대한 산은 기실 고을 사람들의 삶에 좋을 까닭이 없다. 하여 산 이름에 그 결점을 제압할 수 있는 裨補를 하였으니 그것이 오늘의 읍 남쪽 여항산이다. 산이 높은 남쪽을 뛰어넘는다는 뜻의 사투리인 餘 자와 배 航 자를 써서 여항산(餘航山, 지금은 나룻배 艃 자를 씀)이라 일컬어 산이 낮아 배가 건너갈 수 있다는 뜻으로 만들었으니 함안 읍민들의 염원을 알 만하지 않은가. 또한 지세가 낮은 서북쪽의 땅 이름에는 예컨대 山八, 竹山, 南山, 大山, 代山처럼 산이란 글자를 넣어 이 또한 언어 풍수적 비보를 시도했던 것이다.

이에 대한 『咸州誌』의 평은 이렇다. 〈대개 남쪽이 높고 북쪽이 낮음은 좋지 못한 것이나 넓고 거친 것이 마치 고개에서 물이 흐르는 것과 같으며, 이미 정해진 것을 일시 거짓 이름으로 바꾸어 옛적의 실제 형태를 어지럽혔으니 이것이 어찌 풍수지설이 이룬 것이 아니겠는가.〉 묘한 것은 읍민들의 마음가짐이다. 『咸州誌』를 편찬한 한강 정구는 당시 이곳 군수였던 사람이다. 그가 이런 글을 남겼다면 필시 풍수에 대한 그의 관점이 부정적이었을 터인데도 사람들은 오히려 더 많은 풍수 설화를 남겨 놓았으니 말이다.

정한강이 군수로 부임하여 풍수 지리설에 따라 백암동에 있던 동헌을 불질러 버리고 봉성동으로 옮겼다는 낭설도 그렇거니와 그가 고을 터를 잡으려고 군북에서부터 훑어 내려오다가 터에 대한 평가를 잘못한 제자를 목 베어 죽이고 나서, 중리로 빠지는 대밭골에서 내려다보고는 오히려 자신이 잘못 보았고 제자가 제대로 보았다며 후회했다는 설화도 기록과는 전혀 상반되는 사실이다. 문제는 당시의 읍민들이 풍수에 입각하여 지세를 해석하는 일을 통례로 삼고 있었다는 점에 있는 것이 아닐지.

어찌되었거나 정한강은 지금의 함안초등학교 뒷산인 비봉산을 봉황이 날아 오르는 형국(飛鳳形)으로 보아 그 읍자리에 봉의 알 모양(卵丘)으로 흙을 쌓고 또한 읍터 동북쪽에 벽오동 천 그루를 심어 大桐藪라 명명한 것은 물론 대산리에는 대숲을 일구어 봉황이 영원히 이곳을 떠나지 못하도록 배려했다는 것이니, 이는 봉황은 본래 오동나무에 깃드는 법이고 죽순을 먹이로 삼으며 그 알에 천착하여 차마 그곳을 떠나지 못하도록 했다는 항설을 잘 이용한 예라 할 것이다 (사진 53).

위 사실이 과연 풍수를 빙자한 미신에 지나지 않는 것일까. 반드시 그렇지는 않다. 함안이 물난리를 자주 겪던 터라는 점을 상기할 필요가 있다. 알 모양의 둔덕은 홍수 감시와 임시 대피소 기능을 수행할 수 있는 곳이 되고 대숲과 오동숲은 방풍과 격류를 억제하는 데 유리한 조형물일 것이니 함부로 풍수를 미신이라 하여 던져 버릴 일만은 아니지 않겠는가.

구오수 할아버지는 지금의 향교 자리가 함안 제일의 명당이라 주장한다. 그럴 수도 있을 것이다. 하지만 너무 오목하고 깊숙하게 자리 잡은 터이기 때문에 조금은 답답하고 소극적이게 보이기도 한다.

사진 53 함안의 명당인 함안초등학교 봉의 알(鳳卵) 산

명당의 개념이란 세월 따라 상황 따라 바뀔 수도 있는 것인즉 풍수적 입지 조건 논리는 지나치게 교조적으로 또는 절대적으로 적용할 필요가 없다고 본다. 하지만 오십여 년 전 개간으로 없어진 대동수는 세월이 아무리 바뀌어도 땅을 생명으로 여기고 생명을 아끼는 풍수의 사상적 본질을 훼손시킬 수는 없다는 사실을 잘 보여 주는 예가 된다. 숲은 풍수의 옷이요, 옷을 벗긴 터가 좋을 수는 없는 까닭이다.

(12) 겨울, 괴산 쌍곡계곡에서 그야말로 적막 강산을 보다

칠성면 초입에 들어서며 담배 한 갑 사려고 가게를 찾는데 한우 목장이 앞을 막는다. 소들이 되새김질을 하며 순박한 눈을 들어 낯선 사람을 쳐다본다. 봐 하니 사육하는 비육우들인데 살이 너무 쪄서 디룩디룩한 모습들이다. 먹고 잠자고 살찌는 게 일인 놈들이다. 이놈들

이 죽을 팔자가 된 것도 모르고 신수 편해진 것만 즐기고 있나 싶으니 순박하게 보이던 눈이 오히려 미련스레 보인다. 하지만 어찌할 것인가. 이들이 제 팔자를 알 리도 없고 또 안다 한들 무슨 빠져 나갈 재주가 있으랴. 하기는 옛날 소들이라고 팔자가 좋기만 했겠는가.

어려서 집이 과수원을 할 때 아버님이 데리고 밭을 갈던 소가 생각난다. 나는 소들이 일을 하며 그렇게 힘들어 하는 줄을 정말 몰랐다. 씩씩대며 콧김을 뿜어 대는데 보기에도 안쓰러울 지경이었다. 그렇다고 말년은 어디 좋았겠는가. 어김없이 도축장 신세였을 터이니 뼈빠지게 일하고 잡아 먹히던 옛 소에 비하여 놀고 먹는 지금 소들이 좀더 나아진 것이라 할 수도 있을지 모르겠다. 그런데도 하릴없이 뚱뚱하기만 한 소들을 봐야 하는 시골 풍경이 썩 좋게 여겨지지는 않는다.

오늘은 좋은 경치를 보며 눈 호강을 시켜 볼 생각이다. 괴산에서 알려진 풍광이야 단연 청천면 화양리의 華陽九曲과 송면리의 仙遊九曲이겠으나 이는 외지에 너무 이름이 알려져 오히려 일부러 조용한 곳을 찾고 있는 내게는 어울리지 않는 듯하거니와 우암 송시열 선생의 묘소까지 있고 보니 그저 풍광을 즐기기에는 부담스럽기도 하다.

게다가 부근에 있는 무릉리와 도원리라는 지명도 중국 무릉도원을 흉내 낸 듯하여 썩 탐탁지는 않다. 그래서 발길을 돌린 곳이 칠성면 쌍곡리의 雙谷九曲, 우리나라 경치 좋다는 웬만한 곳이라면 어디서나 볼 수 있는 보신탕집들을 제외한다면 이곳으로 들어오기를 잘했다는 생각이 든다. 다만 안타까운 것은 하룻밤 묵어 가려던 계획이 민박집이고 가겟집이고 모두 문을 걸어 잠그고 철시하는 바람에 수포로 돌아가고 만 일이다. 물론 계곡 입구인 솔밭이나 떡바위 쪽에서 민박을 할 수도 있었겠지만 좀더 산에 안기고 싶은 마음 때문에 더 들어가 보니 그렇더라는 것이다. 그러나 그것이 결국 사람 때를 덜 탓다는 반증일 터이라 크게 섭섭할 일은 아니었다.

우리 풍수는 명산에 명당 없다는 것을 철칙으로 삼는다. 간혹 巧穴이나 奇穴에 해당하는 자리들이 있기는 하지만 그런 것들은 정통의 풍수가 찾는 종류는 아니다. 기혈이나 교혈론에 대해서는 따로 얘기할 기회가 있을 것이다. 계곡에 물이 폭포처럼 쏟아지거나 골짜기를 휩싸며 지나치는 바람이 휘파람 소리를 내는 곳이 있다. 이런 곳은 사람의 기혈을 들끓게 만들고 마음속에 허망을 심어 주는 사례가 있기 때문에 풍수가 슬피 울부짖는 소리를 낸다는 風水悲愁之地라 하여, 잠시 머물며 풍경을 완상하기에는 적당할지 모르나 오랫동안 터를 잡아 살 수 있는 곳으로 여기지는 않는다. 근래 여기저기 景勝地에 세워지고 있는 별장이나 콘도미니엄 소유자들은 한번쯤 심각히 고민해 봐야 할 일일 터이다.

하지만 요즘의 세상살이란 것이 너무나 세속적이 되다 보니 가끔은 이런 곳에 나와 비수의 감상을 가져 보는 것도 크게 나쁘지는 않으리라 믿는다. 오해가 있을까 봐 얘기하자면 쌍곡리 중에서도 오래 전부터 마을이 들어서 있던 서당말이라든가 쌍천리 또는 절말과 같은 곳은 그런 비수지지는 아니니 괘념치 않기를 바란다. 또한 이곳에서는 별장도 콘도도 보지를 못했다. 그러므로 위의 얘기는 일반론으로 받아들였으면 좋겠다.

이곳은 크게 보아 속리산 국립 공원 지역인데, 괴산읍에서 문경 넘어가는 이화령으로 가다가 율지리에서 오른쪽으로 꺾어져 들어가면 만나게 되는 곳이다. 계곡을 들어가며 왼쪽으로는 보배산이, 오른쪽으로는 군자산이 마치 將軍對坐形으로 입구를 지탱하고 있다. 중턱 너머까지 포장이 되어 있어 옛길의 운치는 많이 가신 편이지만 아직 정상 부근은 맨흙이다. 이름하여 諸水里峙. 정상에 오르니 눈은 쌓여 첩첩산중인데 새소리조차 없어 그야말로 적막 강산이다. 바람은 표표하고 인적은 간 곳 없다. 남쪽 하늘선에는 속리산이 걸려 말 그대로 속세를 떠난 고아한 운치가 가슴을 친다(사진 54).

사진 54 괴산 쌍곡구곡 정상에서 본 속리산 연맥

 웬일일까. 느닷없이 돌아가신 지 이미 십 년이 넘은 아버님이 떠오른다. 언제인가 어머니인 땅을 강조하는 전통 풍수의 주장에 대하여 어떤 교수 분이 반론하여 가로되,〈풍수에서 고르는 장소의 이상적 모델은 여성의 자궁이나 젖가슴을 연상하는 형태로 나타나며, 그러므로 혹자는 풍수가 모성에 의지하여 그 덕을 구한다 하여 乳兒病的 祈求에서 나온 발상이라고 비판한다〉고 했지만, 그 논리를 따른다면 나의 지금의 이 感傷은 무엇이 되나. 마마보이는 아닐 테고 파파보이란 말이 가능하다면 그렇다고 매도당할지도 모를 일이지만, 관계치 않는다.
 인적 없이 표표한 바람만 쓸고 지나가는 산중에서 돌아가신 아버님을 떠올리는 일이 부끄러움이 될 수는 없다고 보기에 조금도 앙금이 남지 않는다. 작년 제주도 중산간 지대의 광활한 대지에서 개마고원과 아버님을 떠올린 적도 있었지만, 바로 이런 감상이 나를 이 전공으로 몰아왔던 것이라 믿는다. 어머니인 백두산과 아버지인 개마고원. 어머님인 한라산과 아버님인 제주의 중산간 지대. 나는 항상 산에서 아버님과 어머님과 형님과 누님을 만난다. 그것이 풍수로 가는 한 길인 것을 어찌하랴. 아, 이 세상에서 다시는 볼 수 없는 아버님이시여.

뒤돌아보니 다섯 봉우리 보배산 암벽의 아름다움은 어머님의 고우셨던 자태요, 그 건너 군자산의 단순 명료한 위용은 아버님의 바위 같은 덤덤한 안정감이다. 음양의 조화가 빚어 놓은 절묘한 자연의 배치이다.『詩經』의 표현대로 〈窈窕淑女는 군자의 좋은 짝일런가(君子好逑).〉

산골 곳곳에 야생 동물 포획 금지 팻말이 붙어 있다. 어느 글을 보니 사냥도 道라고 했던데 나는 도저히 그 말이 이해가 되지를 않는다. 부모님 품에 안긴 생명을 앗는 일이 도라면, 도대체 그 도는 무엇하자는 도일까. 생명을 끊는 일을 道樂으로 삼아도 된다는 권리는 누구도 인간에게 부여하지 않았을 것 같다.

(13) 지리산을 말할 수는 없어도 그 언저리 산청은 배회했네

湛軒 洪大容이 그의『周易辨疑』에서 无妄을 설하면서 이르기를 〈剛健은 하늘의 덕이요, 篤實은 산의 덕(山德)〉이라 하였다. 그 깊은 뜻을 헤아릴 수는 없으나 산덕이란 말이 언제나 마음속에 남아 있기에 인용해 본 말이다. 영남 사람들이 〈함양산청〉을 남쪽의 〈삼수갑산〉이라 부를 정도로 산이 많은 산청은 원래 지명이 山陰이었다.

『한국지명총람』(한글학회편)「산청군조」를 보니 영조 43년(1767)에 일곱 살 된 아이가 아들을 낳은 것은 떳떳치 않다 하여 〈陰〉자를 버리라는 왕명이 내려 산청이 되었다는 기록이 나온다. 희귀한 일이다. 호기심이 동하여 다른 기록을 찾아보니 그 말이 맞음을 확인할 수 있었다.

『新增文獻備考』에는 민가의 여자 從丹이 7세에 아들을 낳아 지명을 산청으로 고쳤다는 기록이 있다. 『왕조실록』 영조 43년 윤7월 「辛酉日條」에 산음을 산청으로, 安陰을 安義(현 함양군 안의면)로 고치라는 명을 내렸다는 기록도 확인되었다. 다만 일곱 살 된 아기 엄마의 이름이 終丹으로 기록되어 있다는 차이는 있었다. 지리산 북쪽 산자락이라 지명에 〈陰〉 자가 들어갔던 것일 터인데 그런 괴이한 일을 겪고 나서 청과 의로 바꾸어 버린 것이다.

전통적으로 우리나라 사람들은 〈陰〉을 꺼리는 경향이 강하다. 중국의 경우는 지명을 붙임에 있어서 거의 예외를 두지 않고 산의 남쪽이나 강의 北岸이면 陽 자를 붙이고 산의 북쪽이나 강의 南岸이면 陰 자를 붙인다. 예컨대 안휘성 북쪽에 있는 鳳陽縣은 鳳凰山의 남쪽에 있기에 붙은 지명이고 섬서성 동부의 華陰縣은 華山의 북쪽에 있기에 붙은 지명이다. 또한 강소성 남부 江陰縣은 長江(揚子江) 南岸이기에 그런 지명이 되었고 강남성 중부의 舞陽縣은 淮河 지류인 舞水 北岸에 위치했기에 그런 지명이 붙은 식이다. 그러나 우리들은 가급적 음 자를 지명에 사용하기를 꺼려 왔던 것이 사실이다.

어찌되었거나 지리산을 제쳐놓고 산청을 말할 수는 없다. 그러나 지리산을 말하는 것은 너무 힘들다. 아니, 지리산을 말하는 자체가 불경일 수도 있다. 말하는 것이 직분인지라 불경을 무릅쓰고 말을 해본다.

3도 5군에 걸쳐 있는 지리산은 산체의 넓이 1억 3천만 평, 해발 1천 미터가 넘는 산이 20개, 정상인 천왕봉은 1,915미터, 산 둘레 800리, 노고단에서 천왕봉에 이르는 주요 능선 길 45킬로미터, 이런 것들이 지리산에 관한 수치적 상식들일 것이다.

산청군청과 문화원을 들러 자료를 알아보다가 희한한 사실을 알게 되었다. 산청군에서는 정부 수립 이후 지금까지 郡誌를 만든 적이 없다는 것이다. 지금 제작중이기는 하지만 이런 예를 다른 데서 보지 못하여 당황스럽다. 뿐인가, 문화원은 읍사무소 한 귀퉁이 이 층에 웅숭그리듯 물러앉아 있으니 문화에 대한 대접이 이러고서야 어찌 문화 민족 운운할 수 있겠는가. 하지만 지리산 밑에 와서 자료 타령을 늘어놓을 때는 아닌 듯하다. 모든 일 뒤로 미루고 우선 지리산을 느끼기 위하여 시천면 중산리로 향하였다.

몇 번 들어와 본 곳이지만 오늘따라 유난히 고요하다. 이곳에서 칼바위, 법계사를 거쳐 천왕봉에 이르는 능선 길(12km)은 천왕봉을 최단시간 안에 오를 수 있기 때문에 비교적 사람 왕래가 빈번한 곳인데도 그렇다. 동행한 친구가 지리산의 정기라는 것을 몸으로 느끼겠다는 얘기를 한다. 원래 地氣라는 용어 자체를 못마땅하게 생각하던 사람인데, 지리산 자락에 발을 딛고 서니 산 기운을 체득할 수 있겠구나 하는 감상이었으리라. 말 길이 끊긴 곳에 깨달음이 있다는 踏山의 원칙은 역시 틀림이 없는 모양이다.

원래 계획은 시천면 일대의 사람 사는 구경을 하고 오자는 것이었는데, 이 친구 그만 지리산 산바람에 이성의 문이 닫힌 듯했다. 아직 잔설이 남아 있고 중턱 이상에는 군데군데 눈이 상당히 쌓여 있을 터인데, 올라가 보자는 것이다. 혹시 山嵐에 빠진 것이 아닌가 하는 의심이 들 정도로 지리산에 매료된 모양이다. 산람이란 지금은 산에서 저녁 나절에 푸르스름하고 뿌옇게 피어 오르는 이내 같은 것을 지칭하는 용어로 쓰이지만 풍수에서는 산에서 쏘일 수 있는 요사스런 기운을 말한다. 그러니 그 부탁을 들어서 될 일이 아니다. 당연히 그 제안을 뿌리치고 그저 멍하니 지리산 몸체를 올려다 볼 뿐이다. 그래도 좋다. 역시 지리산인 탓이리라. 날씨도 기가 막히게 좋아 산을 관상하는 데는 으뜸인 때와 곳이 아닐 수 없었다.

우리 표정이 너무 멍청해 보였던지 지나던 마을 사람이 우리 곁에서 담배를 피우며 이런 얘기를 해준다. 한 30년 전쯤 천왕봉 남쪽 벼랑이 사태로 무너져 내린 적이 있는데 자신들은 천지가 개벽하는 줄 알았다는 것이다. 산의 꿈틀거림은 천지 개벽과 마찬가지다. 다행히 지진이 없는 나라이기에 망정이지, 정말 산이 움직인다면 우리는 새로운 역사를 시작해야 할 것이다.

몇 번 와 본 지리산이지만 올 때마다 정신을 빼앗기니 참으로 진귀한 인연이 아닐 수 없다. 근간 다시 지리산을 찾기로 하고 시천면 소재지인 絲里에서 가까운 院里를 목표로 길을 잡는다. 발길이 가볍지는 않다. 지리산에 묻혀 그 산과 더불어 사는 사람들은 어떤 사람들일까. 紅塵에 썩은 나 같은 사람에게는 그야말로 신선들의 삶터로 밖에는 비치지를 않으니, 어느 세월에 풍수로 일가를 이루었다는 소리를 해보나.

矢川面은 본래 薩川이라 하여 진주에 속하였다가 1906년에 산청으로 편입된 곳이다. 아마도 큰물이 나면 우람한 계류가 화살같이 흘러 그 모습을 본떠 그런 지명을 얻게 된 것이란 짐작이 든다. 연산군 때 무오사화에서 화를 당한 金馹孫의 『頭流紀行錄』(백두산이 흘러내려 만든 산이란 뜻으로 지리산을 두류산이고도 함)에 보면 살천을 지나 널판다리(板橋)를 건넌다는 대목이 나온다. 이미 오랜 옛날부터 이곳은 살 같은 계류가 흐르던 고장이었던 모양이다.

중산리에서 원리로 내려오는 길도 역시 지리산 자락인지라 그 풍광이 뛰어나다. 『신증동국여지승람』에 소개되어 있는 尹祥의 시에도 이미 〈한 줄기 물 흐르는 가운데 양쪽 마을, 집집마다 푸른 대나무가 가시 사립 호위했네(一水中流兩岸川 家家綠竹護柴門)〉라고 읊었던데, 지금도 길 양쪽 산록에는 팔뚝만한 대나무가 숲을 이루고 있었다. 지리산의 절개를 잠시 그런 식으로 내보이고 있는 모양이다. 특히 면소재지에서 중산리로 가는 도중에 있는 方丈山(지리산을 말함) 正覺寺 천왕문 앞에 있는 대숲은 가히 일품이랄 수 있는 것이었다.

절개가 나와서 하는 말이지만 지리산은 不伏山이란 다른 이름도

가지고 있다. 조선 태조 이성계가 여러 산신에게 개국을 승인받았으나 오직 지리산 신령만은 그것이 簒奪이라 하여 不義로 못박았다고 해서 붙은 이름이다. 하는 얘기들이겠지만 이 일 때문에 태조는 그때까지 경상도에 속해 있던 지리산을 전라도로 옮겼다는 낭설도 있다.

원리에는 길 양옆 덕천강 가로 고색창연한 건물이 놓여 있다. 하나는 德川書院이고 그 대문 앞에 있는 정자는 洗心亭이다. 덕천서원은 南冥 曺植이 인근 덕산동에서 山天齋를 짓고 후학을 양성하던 뜻을 기리어 인근 士林들이 세운 것이다. 그의 어록이랄 수 있는 『學記類篇』에는 이런 말이 나온다. 〈삶이 당연하면 살 것이요, 죽음이 당연하다면 죽을 것이다. 萬種의 재물도 내일의 굶주림도 또한 대수롭지 않으며 오직 의리가 있을 뿐이다.〉 그의 문하 백여 명 중 임진왜란 때 의병장으로 목숨을 바친 이가 절반이었다는 것이 결코 우연은 아닌 가르침이다. 유명한 홍의장군 곽재우도 그의 제자이다.

남명이 이곳에 들어온 것은 그의 나이 예순이 넘어서이다. 지리산의 의로운 기운이 그를 이끈 것으로 주민들은 이해하고 있다. 주위 산천은 그런 주민들의 마음이 결코 허튼 것이 아니라는 것을 웅변해 주고 있다. 서원 앞에 있는 4백 년 넘은 은행나무의 고아한 멋도 의리의 다른 표현이리라. 다만 서원 왼편 위쪽으로 보이는 아홉산 자빠진골의 지형이 비스듬하여 혹 땅멀미를 일으키는 搖地가 아닐까 하는 의심이 드는 것이 흠이라면 흠이다. 경상대 학생들이 신입생 단합대회를 왔다고 서원 뜰이 시끄럽다. 지리산의 불복하는 의기를 받아간다면 누가 뭐랄까.

제3장 최근의 풍수 공박에 대한 나의 견해[1]

금년 3월 들어 갑자기 풍수에 대한 대대적인 공격이 시작되었다. 그 첫 포문은 ≪창작과 비평≫ 봄호(통권 83호)에 실린 충북대 철학과 윤구병 교수의 글로부터 열렸고, 이어서 ≪한국사 시민강좌≫ 제14집에는 지리학자와 역사학자들의 풍수 비판문이 특집으로 실렸다. 그 글을 받아 ≪동아일보≫ 3월 8일자에 소개문이 실리더니 곧 이어 어떤 텔레비전 방송에서도 그 비슷한 내용이 방영되었다. 같은 해 ≪新東亞≫ 7월호에는 서울대 지리학과 박영한 교수의 「아직도 明堂을 찾으십니까」라는 글이 실림으로써 풍수 공박은 그 극에 달한 느낌을 주기에 충분했다. 가히 모든 매체를 동원한 총공세라는 느낌이 든다.

이와 같은 풍수에 대한 총공세라는 현상 속에는, 본래 풍수 자체

---

[1] 이 글은 1994년 초봄 간행된 ≪한국사 시민강좌≫ 제14집에 실린 특집「한국의 풍수 지리설」에 실린 李基白, 洪承基, 李泰鎭, 楊普景, 崔永俊, 李基東, 尹弘基, 이정만 교수 등의 글에 대한 나의 반론으로, ≪녹색평론≫ 1994년 5-6월, 통권 제16호에 실었던 것이다.

가 지니고 있는 일부 내용들과 풍수가 끼친 사회적 악영향이 자초한 측면이 분명히 있다. 그 점을 인정하면서도 풍수를 공부하는 사람으로서 필자는 심한 당혹감을 느꼈고 나아가서 모욕감과 굴욕감까지 없지 않았다는 점도 부끄러움을 무릅쓰고 밝히지 않을 수 없다. 이제 그런 감정에 빠져 들게 된 이유를 밝히려 하거니와 풍수라는 분야의 성격상 어쩔 수 없이 한자어로 된 용어들을 가끔 사용하는 데 대한 양해부터 구하고 글을 시작하기로 한다. 또 한 가지, 서울대 지리학과 박영한 교수의 풍수 비판 글에 대해서는 내용 중에 〈소위 풍수학인이라 자칭하는 사람 운운〉 하는 필자에 대한 인격 모욕적인 부분이 없는 것은 아니지만, 그분이 필자의 은사이기도 하거니와 이미 1978년 필자와 공동으로 풍수 논문을 발표한 적이 있기 때문에, 이번 공격이 뭔가 오해에서 비롯된 것으로 보아 이 글의 반론 범주에서는 삭제하였음을 먼저 밝히며 아울러 독자 제위의 양해를 구한다.

풍수 비판자들이 주장하는 바는 대체로 풍수가 가지고 있는 신비성과 비과학성 그리고 비합리성에 대해서, 또한 풍수가 사회에 끼치는 폐해에 대해서 비난하는 내용이었다. 간혹 풍수의 기원에 관한 문제라든가 풍수가 역사에 미친 영향에 관한 내용도 있었지만 주로 풍수 자체를 공박하기 위한 글들로 필자는 이해하였다. 잡술 풍수의 해독에 대해서는 필자도 지금까지 할 만큼은 비판해 왔다고 생각하는 터라 또다시 시작된 이 일이 피곤하게 느껴질 뿐이다.

그러나 특히 풍수에 관한 이해가 반드시 필요할 것이라고 생각되는 문화, 역사 지리학자가 풍수의 불필요함과 더 나아가 풍수가 결코 있어서는 안 될 지리학의 어떤 분야라고까지 주장하는 데 대해서는 귀찮다고 해서 그냥 넘어갈 문제는 아닌 듯하다.

사실 지리학의 어떤 분과도, 심지어는 자연과학적 색채가 강한 지형학, 기후학 등 자연 지리학 분야도 모든 지표 현상 및 대기 현상의 인과 관계를 과학적이고 합리적으로 설명해 내고 있지는 못하다. 거기에도 가설과 결론, 심지어 본론을 이끌어 나가는 논리 전개 과정에서도 추론적이거나 추정적인 경우가 많다.

사회과학으로서의 지리학이나, 인문학으로 분류될 수 있는 지리학 분과에 있어서는 그 정도가 더 심하다고 할 수 있다. 그런데도 과학과 합리라는 기준과 실증적 방법론을 유독 풍수에만 강요하는 까닭은 무엇인가. 어떤 학문도 그 수준이 한계에 이르렀을 때는 최종적으로 인간의 상상력에 의존하여 진전을 모색하게 마련이다. 상상은 그런 교과서적인 합리나 과학에서 나오는 것이 아니다.

필자는 이미 권투와 씨름판의 비유를 들어, 서양 학문 체계를 강요하는 지금과 같은 학계 풍토 속에서는 풍수가 설자리가 거의 없다는 것을 토로한 바 있다. 대학을 떠나면서 필자는 권투의 규칙을 버렸던 사람이다. 그러나 그 규칙을 다시 따라야 하더라도 잘못된 공박에 대해서는 잠시 씨름판을 떠나 다시 링 위에 올라 방어를 하는 수밖에 없다고 생각한다.

워낙 여러 사람들의 비평문이 한꺼번에 쏟아져 나온지라 한정된 지면에 이것을 개별 학자 별로 술회할 수는 없는 일이고 하여, 이번에는 우선 전체를 가늠할 수 있는 「독자에게 드리는 글」과 역사학 분야에는 이기백 교수의 글, 그리고 지리학 분야에는 최영준 교수의 글을 중심으로 얘기할 것이며 다른 분들의 글은 꼭 필요한 부분에서만 간단히 언급하려 한다. 참고로 이 글에서 필자는 본인을, 그리고 논자는 비평자를 나타내는 것으로 통일하였음을 알려 둔다.

논자들의 대체적인 논지는 《한국사 시민강좌》 첫머리에 나오는 「독자에게 드리는 글」에 잘 드러나 있다. 물론 글에 따라서는 편집 의도와 부합하지 않는 경우도 있지만, 큰 테두리 안에서는 그것을 따랐다고 본다.

책임 편집자인 한림대 사학과 이기백 교수는 이번 특집을 〈최근 우리 사회에서 풍수 지리설에 대한 관심이 높아지고 있으나 그것이 그릇된 방향에서 관심의 대상이 되고 있기 때문에 이에 대한 올바른 이해를 갖도록 하기 위하여〉 마련한 것이라고 밝혔다. 그릇된 방향에서라는 것은 아마도 필자가 자주 표현한〈산소 자리 잘 잡아 후손들 잘먹고 잘살자〉는 잡술 풍수에 대한 일반의 관심 고조를 지적한 듯하다. 이에 대해서는 전적으로 동감이기 때문에 더 이상 덧붙일 얘기가 없다. 그러나 풍수에 대한 관심이 그런 쪽만은 아니라는 점을 말하고 싶다. 최근 지리학, 건축학, 조경학, 지역 계획학 등 환경과학 일반에서 대학원생들과 소장 학자를 중심으로 풍수에 관하여 그 사상성을 진지하게 연구하고자 하는 분위기가 있다는 점을 그분이 잘 모르고 있는 듯해서이다.

게다가 이기적인 잡술 풍수는 예전에도 있었고, 실제로 그것을 위하여 헛되게 돈과 시간을 낭비하는 사람들도 옛날부터 상당히 많았다는 사실을 기억했으면 한다. 잡술 풍수를 할 수 있는 경제적 여력을 지닌 사람들이란 언제나 일정 계층뿐이었고 대부분의 사람들은 그것을 하고 싶어도 할 형편이 되지 않는다.

그뿐만이 아니다. 풍수를 올바로 이해하기 위해서 특집까지 마련했다고는 하지만 내가 아는 한 여기에 참여한 학자들 중 누구도 풍수가 전공인 분은 없다. 뉴질랜드 오클랜드 대학의 윤홍기 교수가 그렇지 않으냐 할지 모르지만 그분은 비교 문화론적 관점에서 민속으로서의 풍수에 관심을 가지고 있다고 얘기하는 것을 필자가 직접 들은 바 있다. 올바른 풍수를 소개하기 위해서는 전공자가 참여해야 하지 않았느냐는 생각을 하지 않을 수 없는 대목이다.

장황하지만 다음과 같은 편집자의 말을 인용하기로 한다.〈풍수 지리설에는 신비스런 요소가 깊이 자리 잡고 있으며 그것이 곧 풍수의 본질이다. 그러므로 그 신비적 요소를 빼고 풍수를 말하는 것은 사실과 일치하지 않는다. 이 신비스런 풍수 지리설은 객관적인 사실로서 증명될 수 있는 성질의 것이 못 된다. 따라서 우리의 선각자들은 이에 말미암은 사회적 해독을 극복하기 위해서 지금껏 많은 노력을 기울여 왔다. 그것은 하나의 싸움이었으며, 그리고 그 싸움은 승리로 끝난 것이다.〉

풍수의 잡술적 측면이 사회적 해독을 끼쳐 온 데 대해서는 확실히 역사의 심판을 받았다고 믿는다. 그러나 편집자는 사상으로서의 풍수를 오늘에 다시 끄집어 내고자 하는 사람들의 의견을 이해하지 못하고 있는 측면이 있다. 사실 학계에서 풍수를 공부했거나 하고자 하는 사람들은 극소수임에 틀림없다. 그들이 풍수에서 무엇인가 얻어 보고자 한 것은 풍수가 가지고 있는 소위 신비적 요소(이것을 합리와 기능을 앞세움으로써 땅을 이용과 소유의 대상으로밖에 보지 못하는 서양 지리학 사조에 대항하는 표현으로만 사용하기로 한다면)에는 서양 지리학이 가지고 있지 못한 인간적 요소가 있다고 보았기 때문이다. 그 사회적 폐해를 강조하여 풍수의 모든 것을 없애겠다는 것은 독단이 아닌가 여겨진다.

필자의 개인적 경험을 말하자면, 서양 지리학의 그 꿈 없는 비인간성에 절망했기 때문에 풍수에서 무엇인가를 찾아보고자 했던 것이었고, 풍수에는 분명 우리가 오늘에 취할 수 있는 지리관 또는 자연관이 있다는 것을 알게 되었기 때문에 풍수를 공부하고 있다. 그것이 무엇인지에 대해서는 이미 필자가 여러 차례 발표한 바가 있기 때문에 여기서 정리하는 일은 생략하기로 하거니와, 해당되는 교수의 글을 읽으며 부분적으로 언급은 할 예정이다.

풍수에 설명이 대단히 어렵거나 불가능하기까지 한 소위 신비스러운 내용이 깊숙이 자리 잡고 있다는 점은 동의한다. 그 신비를 빼고 풍수를 말하는 것은 사실과 일치하지 않는다고 했으나, 어차피 신비라는 것은 객관적 언설이 끼여 들 부분이 아니기 때문에, 그렇다면 결국 이 비평문들의 게재 이유는 편집자도 밝힌 바와 같이 풍수에 관하여서는 절대로 언급하지 말라는 얘기가 되는 셈이다.

윤구병 교수는 좀 다른 측면에서, 즉 풍수의 폐해를 걱정하여 결론 내리기를, 〈폐일언하고, 최창조 씨가 근대화 바람을 일으킨, 풍수 사상에 연관된 책들을 읽고 느낀 바를 한마디로 줄여서 표현한다면, '좋은 뜻을 가지고 있다고 해도 낡은 부대에 새 술을 담을 수는 없는 법이니, 또 이성적인 합의가 불가능한 직관의 영역에서는 도인이 하나 나타나면 그 그늘에서 독버섯이 비 온 뒤 죽순 돋 듯하는 법이니, 말길이 끊기는 곳에서는 입 다무는 것이 상책인 줄 아뢰오'〉 하고 있다. 역시 풍수는 이제 말도 꺼내지 말라는 주문이다.

그의 글은 요령부득인 곳이 있어서, 아니면 필자의 이해력이 낮아서 그런 것인지, 주장하는 바를 잘 알아들을 수는 없었으나, 요컨대 입 다물라는 충고는 분명히 알아듣겠다.

최근 풍수가 유행처럼 사람들 입에 오르내리는 현상에 대해서는 그것이 대부분 이기적인 잡술 부스러기 풍수인지라 필자 자신도 누누이 그 폐단을 지적하여 왔다. 필자나 일부 젊은 학자들 중에 그런 풍수를 오늘에 되살리자고 주장한 사람은 없었다고 생각한다. 그런데도 〈네 탓이니 더 이상 떠들지 말라〉는 것은 우선 예의에 어긋나는 것은 물론, 관점 자체를 흐리게 하는 일일 수도 있다는 점을 헤아려 주기 바란다.

백보를 양보하여 풍수가 하나도 가치가 없는, 그리고 역사의 준엄한 심판을 받은 쓰레기 같은 것이라고 치자. 어쨌든 그렇다고 하여도 풍수는 우리 전래의 땅을 바라보는 중요 관점이었다는 것은 분명한 사실이다. 그런 것을 발본색원하겠다는 식으로 나선다면 도대체 전통 사상 치고 살아 남을 것이 무엇이 있겠는가. 무릇 우리 것이라는 생각들 치고 국제적이거나 합리적이거나 기능적이거나 과학적인 것이 몇 가지나 되랴.

이런 독단은 상상력의 빈곤에서 나온 것이란 느낌이 든다. 문자로 기록된 것 이외에는 용납치 못하는 학문의 태도는 어디서 기인된 것인가. 실증이란 반드시 상상력을 배제하는 곳에서만 존재하지는 않을 터인데, 유독 그것을 고집하는 것처럼 보인다.

필자가 오늘에 다시 풍수를 거론하는 이유는 무엇인가. 그것에 대답하기 위해서는 필자가 풍수를 어떻게 해석하고 있는가를 설명할 필요가 있다. 풍수는 물론 그 교과서적인 전적들로부터 내용을 파악하는 것이 순서이다. 그러나 지금 이 글은 그런 고답적인 학문의 장에서 발표하는 것이 아니다. 따라서 필자가 교과서적이고 고답적인 풍수 전적들을 읽으며, 또한 답사 현장에서 보고 느끼며 정리해 왔던 것들을 바탕으로 하여 필자 나름대로 새기고 있는 풍수를 소개하기로 한다. 무릇 어떠한 사상이건 옛 것을 되돌아볼 때, 그것을 문자 그대로만 새기는 것은 별의미를 갖지 못하는 경우가 많다. 말하자면 풍수에 대한 필자의 현대적 재해석을 소개하겠다는 뜻이다.

풍수란, 한마디로 정의한다면 땅의 질서와 인간의 논리 사이에서 벌어지는 여러 문제점과 갈등 속에서, 어떤 합치점을 찾고자 하는 우리 민족의 전통적인 땅에 관한 지혜라 할 수 있다. 땅에는 땅대로의 존재 근거와 존재 질서가 있는 것이고, 사람에게는 사람대로의 생존 본능과 윤리와 사고 방식이라는 것이 있다. 땅이 가지고 있는 고집은 그것대로 필요가 있어서 있는 것일 터이고, 사람의 살아가기 위한 이기심도 또한 나름대로 본능의 발로일 것이지만, 이 양자가 갈등을 일으키는 속에서는 진정한 의미의 인간다운 삶이란 이루어지기 어려울 것이다. 필자는 풍수에 내포되어 있는 사상성이 그런 갈등 관계에 화해의 단초를 제공해 줄지도 모른다는 가능성을 보았다.

필자는 그런 측면에서 풍수의 사상성을 특히 강조하는 입장이다. 풍수가 쌓아 온 기술적인 부분들도 일정 수준 현대적인 기여 가능성이 있다고는 보지만, 그것이 강조될 경우 생겨날 수 있는 사이비 신비주의적 속성을 차단하기 위해서는 우선 사상성에 관심을 집중할 수밖에 없다고 생각한다. 현재, 학문으로서의 풍수가 처한 여건상,

타락의 여지가 너무 많고 연구 인력이나 연구 분위기, 그간의 미미하기 짝이 없는 연구 업적 등으로 미루어 볼 때, 풍수가 가지고 있는 땅의 속성을 알아내는 기술들이 강조되는 경우 타락의 가능성이 높을 수밖에 없다는 뜻이다. 그래서 우선은 사상성에 치중코자 하는 것이다. 사상은 결코 돈으로 사고 팔 수 있는 것이 아니다. 그러므로 최근 풍수를 어떤 식으로든 돈벌이의 수단으로 삼는 것은 풍수 자체로서 자멸의 길에 들어서는 것과 마찬가지다.

혹독한 겨울이 지나고 봄의 소생 과정을 거쳐 지금은 늦봄의 힘찬 성장 계절이다. 짙어지는 녹음으로 덮힌 산천. 그 장관을 바라보며 어머님을 떠올리게 되고 아울러 이유를 알 수 없는 옅은 우수를 느끼게 된다. 이것이 〈어머니인 땅〉이란 개념의 단초이다. 왜 어머니에게서 말로는 형언키 어려운 아련한 그리움이랄까, 슬픔이랄까를 감지하게 되는 것일까. 이것이 뒤에 언급할 고려대 최영준 교수가 인용했던, 소위 〈母性에 의지하여 그 덕을 구하려는 유아병적 사고〉라고 보이는가. 참으로 병적인 모성 기피증이다.

〈어머니인 땅〉, 그것은 생명의 근원에 대한 근본적인 경외감에서 비롯되는 인간의 원초적 감정이다. 그러나 그 경외감은 결코 두려움만은 아니다. 그 품에 안기어 몸을 부비고 파고들고 싶어지는 그런 원천적인 의지처이기도 하다. 경외감과 의지처로서의 〈어머니 품속과 같은 땅〉. 이것은 상반되는 감상이다. 이런 상호 모순되는 정서가 혼융될 수 있는 것이 바로 우리 전래 사상들이란 것을 왜 이해하지 못하는지. 이 상반되는 감정 중 지금 사람들은 의지처로서의 땅만을 인정한다. 말하자면 어리광만 부리는 꼴이다. 이것도 세태의 반영일 테지만 아무리 어머니라도 지나친 어리광 일변도의 자식을 감싸 안지만은 않는다. 언젠가 가혹한 꾸지람을 받게 될 것이다. 이것이 바로 환경 오염과 그의 방치로 인한 자연의 재앙을 풍수적으로 표현하는 방법이다. 이런 비유를 요즈음 말로 〈마마보이의 모성 회귀적 유아병)처럼 보는 사람들이 있다는 것은, 필자로서는 충격이다.

　전통적으로 우리 민족은 땅을 단순한 흙과 돌 무더기의 집합 정도로만 보지는 않았다. 땅은 살아 있는 생명이요, 더 나아가 우리의 모태(母胎)로 인식했다. 땅에서 나와 땅 위에서 살다가 땅으로 돌아가는 것이 우리들 인생이다. 땅을 그저 물질로만 생각하며 살기에는 너무나 허망하지 않은가. 땅은 생명의 원천이다. 우리가 무엇으로 사는가? 곡식, 채소, 가축, 어느 것 하나 땅에서 말미암지 않은 것이 어디 있는가.

　어떤 사람에게 맞는 땅이란 어머니의 자궁 속, 혹은 품속 같은 안온함을 맛볼 수 있게 해주는 곳이다. 그러므로 땅에 대한 소유욕과 이기적인 이용 심리는 어머니를 범하는 패륜에 해당된다.

　심지어 산소 문제까지도 풍수의 주장을 일정 수준 받아들여야 할 부분이 있다. 이제 그것을 생각해 보자. 땅은 永眠의 휴식처이다. 어머니의 젖무덤으로 돌아가고픈 마음이 무덤을 만든다. 亡者에게 어머니의 품속 같은 땅을 선정해 주면 그곳이 바로 명당 길지이다. 이제 그는 고향으로 돌아간 것이다. 돌아감이란, 즉 자연의 氣로 환원되었음(歸卽鬼也)을 뜻한다. 내 한 몸 누일 한두 평의 무덤. 이것까지 소유욕의 발로라 해서는 안 된다. 어머니 자궁 속의 아기가 어머니를 소유했다고 보지는 않는 것과 같은 맥락이다.

　게다가 음택 풍수의 同氣感應論은 반드시 뼈를 통하여 기가 감응된다는 점을 분명히 한다. 뼈도 一世 삼십·년 정도면 흙으로 돌아가고 만다(土化). 그로부터는 동기 감응을 말할 근거도 없어진다. 무덤은 다시 흙으로 돌아가 버리고 마는 것이다.

　천변만화하는 산줄기, 굽이굽이 감돌아 휘돌아 땅을 적시는 물줄기. 산천은 땅에 생기를 불어넣는 핏줄이자 젖줄이다. 아득하고 광활하며 그러면서도 유장하고 정이 깊다. 이런 땅을 과학이기 위하여 무생물, 광물로 보아야 한다면 필자는 떠나겠다. 그런 과학으로부터.

자연에서 모든 생물은 地氣와의 조화 속에서만 생명을 유지할 수 있다. 문제는 이 지기라는 것을 현대적 논리로, 언어적 표현으로 나타내기가 지금으로서는 거의 불가능에 가깝다는 사실이다. 그렇기 때문에 지기는 아직까지는 합리적 사고 과정을 거쳐 이해하고 납득해야 할 대상이 아니라, 느끼고 받아들여야 할 어떤 것이다. 그러므로 모든 풍수서는 가르치기를, 지기를 느낄 수 있다면 그것은 풍수의 모든 것을 알게 되는 것이라고 말하는 것이다.
　여기서 非論理가 아닌 논리 이전의 無論理의 특성상 사이비와 사기꾼이 끼여 들 소지가 생긴다. 오늘의 풍수학인들이 극복해야 할 과제이다.
　지기를 어떻게 느낄 것인가. 虛心坦懷. 이것이 바로 그 길이다(風水之道虛心坦懷). 욕심과 욕망을 버리고 땅의 쓰임새를 생각하며 땅의 소리를 듣는다. 땅과의 대화, 이것이 풍수의 방법론이다. 땅의 소리를 들을 수 있는 사람, 그가 진정한 풍수학인이다. 이것은 이용과 소유욕이 아닌 땅에 대한 참다운 사랑에서만 가능한 일이다.
　그렇다면 필자가 오늘에 풍수를 다시 되새기는 까닭은 무엇인가? 간단히 두 가지만 제시하기로 한다. 첫째, 풍수가 땅과 인간 양자 모두에 대하여 강조하는 철저한 윤리성(어머니의 비유를 떠올려 보라)을 오늘에 되살릴 필요가 있어서이다. 땅의 이치(地理)라는 것은 하늘의 뜻(天道)과 사람의 윤리(人事)에 어긋나게 이루어지는 것이 결코 아니다. 서양 지리학의 개념을 끌어서 설명하더라도, 오늘의 국토 공간은 이분되어 있는 것이 사실이다. 하나는 그저 먹고 자고 돈벌고 하는 기능적이고 비인간적이며 도시적인 단순 공간 space이고, 다른 하나는 인간적 의미가 상실되지 않고 인간성이 소외당하지 않는 삶터로서의 풍수적 대지place이다.
　19세기 중국에 나와 있던 영국 선교사 어네스트 에이텔은 처음에는 풍수를 경멸하던 사람이었다. 그러나 그의 풍수 정의는 이렇다.

〈그 원리와 기술이 복잡한 입지 분석의 종합적 체계이며, 자연 환경에 대한 희귀하고 종합적인 개념화 체계로서, 인간 생태계를 규정짓는 지혜이다.〉

우리의 전통 촌락은 농본적인 자급 체계의 마을이었다. 도시를 건설하고 도로를 개설하며 공단을 조성하는 기능 공간 구조화는 그런 체계에 대한 전면적인 부정이다. 그러한 공간은 계약적 인간 관계가 판을 치는 인간 소외의 장으로 변질되었고 앞으로도 더욱 심화될 것이다. 땅은 생산 기반으로서 우리의 삶을 의탁하고 살아갈 어머니의 품속이 아니라, 투기와 화폐 가치의 체계로 되어 갈 것이다. 그런 현상을 치유할 수 있는 사상적 기반을 풍수에서 찾아보고자 하는 것이 필자의 의도이다.

둘째, 학문적으로도 기능과 편의성, 그리고 소박한 경험주의에 치우쳐 있는 오늘의 서양 지리학을 보완할 수 있는 역할을 풍수가 일정 부분 할 수 있다고 본다. 궁극적으로는 범민족적 보편성과 민족적 특수성을 함께 갖춘 우리식 지리학, 말하자면 지리학의 한국화를 풍수를 통하여 이루어 보자는 생각도 있었다.

필자의 이런 생각을 읽은 독자라면 필자가 왜 풍수 비판에 대하여 그토록 신경을 쓰는가를 이해할 수 있으리라 믿는다. 다시 논자들의 글로 들어가 보자.

편집자는 〈한양으로 천도한 것이, 종래 풍수 지리설의 영향으로 생각해 온 속설과는 달리 유학자의 정치적, 경제적 관점에서 이루어진 것임을 설파한 글을 실었다〉(서울대 국사학과 이태진 교수의 글)고 했는데, 필자가 비록 역사학 전공자는 아니지만 이 문제는 왕조 실록의 기록만으로도 그 결정 과정이 풍수가 주류를 이루며 된 일이란 것을 알 수 있다.

이에 대해서는 역시 필자가 순전히 실록의 기록만 가지고 서울 정도가 어떻게 이루어졌는지를 1993년에 발표한 것이 있다.[2)] 아무리 다시 읽어도 서울이 서울이 되게 된 과정은 주로 풍수 논의에 의해서 였다는 생각을 이태진 교수의 글을 읽고 나서도 고칠 수가 없다.

논자는 〈서울이 도읍으로 선정될 때 전적으로 풍수설에 의했다는 것〉(45쪽)이 일반적으로 이해되는 경향이라 했지만, 어떻게 일국의 수도가 한 가지 측면만 검토해서 결정될 수 있었겠는가. 그는 그것이 상당 부분 전설에 의하여 그렇게 된 것이라 보면서 『택리지』에 나오는 무학 전설을 여러 군데서 인용하고 있다. 필자는 우선 이태진 교수, 최영준 교수 등 논자들이 왜 『택리지』를 풍수서라고 여기는지 또 그 책을 풍수사가 모범으로 삼는 책이라고 오해했는지를 알 수가 없다. 이에 대해서는 최영준 교수의 글을 읽으면서 필자의 생각을 정리할 것이므로 여기서는 생략하기로 한다.

논자가 〈전설은 대개 신비화의 어떤 목적 아래 생성되는 것이므로 속성상 비합리적, 미신적인 것이 많다. 그런데도 이를 사실로 간주하여 당대의 역사와 문화를 평가하게 되면 그것은 필연 그릇된 역사 인식을 낳게 된다〉고 한 데 대해서, 풍수의 경우는 그렇지만도 않다는 좀 다른 생각을 필자는 가지고 있다. 전설에 미신적 속성이 있다는 데는 동감이다. 그러나 거기에 숨겨져 있는 의미성은 그 해석 여하에 따라서는 당대의 역사적 현실에 보다 더 가깝게 다가갈 수 있는 도구가 될 수 있는 소지가 있다고 본다. 전설이나 설화 등을 그릇된 역사 인식을 낳게 하는 것으로 단정하는 것은 역사를 풍부히 하지 못하고 건조, 왜소케 하는 결벽의 소산은 아닌지 모르겠다. 게다가 『조선왕조실록』이라는 정사의 기록에서 명백히 서울 천도는 풍수에 의해서 이루어진 것임을 밝히고 있는데도 서울 천도가 전설에 의지하여 이루어진 것인 양 역사를 왜곡한 것이라니, 실로 답답함을 금

---

2) 『풍수, 그 삶의 지리 생명의 지리』(푸른나무). 그리고 본문 제1장 6부에 다시 언급하였음.

할 수 없다.

정도전의 上書를 분석한 논자의 풍수에 대한 이해를 보면 논자가 거의 전적으로 풍수를 술법 수준에서 이해하고 있음을 알 수 있다. 조선 초의 땅에 관한 체계적 지식은 풍수와 지리가 혼융된 상태의 것이었다. 풍수와 지리의 구분은 후술할 것이거니와, 漕運, 수상 수송 문제 등에 관한 고려와 朝市, 宗祀의 입지 선정 및 배치에 관한 일 등은 합리적 지리로만 결정되는 것도 아니었고 땅의 생기에 관심을 두는 풍수만으로 결정되는 일도 아니었다고 생각한다. 따라서 정도전 등 유가들이 풍수를 도외시했다고 보는 것은 속단이라 여겨진다.

물론 정도전은 陰陽術數에 입각한 지리를 배격하고 있다. 여기서 음양 술수는 풍수 중에서도 극단적으로 술법에 빠진 부분들을 지칭하는 것이지 당시의 지리학 수준으로 풍수 전체를 빼 버리고 말한 것은 아니었을 것이다. 예컨대 논자가 정도전이 말한 〈진실로 제왕의 도읍터는 자연이 정해진 곳이 있기 때문에 술수로서 헤아릴 수는 없는 것〉이란 대목을 인용하면서, 그러니 정도전은 〈자연 지리가 도참설(여기서는 풍수와 같은 뜻으로 쓴 듯함)보다 도읍 선정의 더 큰 조건인 것을 지적〉(60쪽)한 것으로 평가하고 있다.

정도전이 말한 이 부분은 풍수를 무시한 것이 아니다. 自然이 정해진 곳을 알아내는 것이 바로 풍수이기 때문이다. 논자가 이것을 자연 지리라고 한다면 그것은 용어에 대한 오해이자 당시 지리학의 수준을 과대 평가한 데서 나온 오류라 여겨진다. 정도전은 계룡산 신도내가 송나라 때의 지리가 胡舜申의 水破長生論에 의하여 불가하다는 하륜의 상언이 있었을 때 권중화, 남재 등과 함께 이 문제를 검토하는 데 참가하기까지 한 인물이다.[3]

수파장생론은 풍수 득수법과 좌향론에 관계되는 이론으로 풍수 이

---

3) 『태조실록』 卷第四 2년 12월 임오 11일조.

론 중에서도 대단히 어려운 대목에 속한다. 그런 어려운 풍수 문제에 개입할 정도의 인물이라면 풍수에 대해서 상당한 식견을 가지고 있다고 보아야 옳다.

뿐만이 아니라 그는 임금의 명령으로 우리나라 역대 현인들의 秘錄을 두루 상고하여 그 요점을 추리는 일에도 참여했을 뿐만이 아니라(『태조실록』卷第五 3년 2월 갑신 14일), 풍수 전문 기관이랄 수 있는 음양산정도감에도 참여했던 인물이다. 『태조실록』卷第六 3년 7월 무진일(11일)에 이런 기사가 실려 있다. 〈도평의사사에서 계청하여 아뢰기를 '지리라는 학문에 분명치 못한 곳이 있기 때문에(地理之學未明) 사람마다 각기 자기 의견을 내세워 서로 같기도 하고 다르기도 하니 어느 것이 참말이며 어느 것이 거짓인지를 분별하기가 어렵습니다. 고려조에서 전해져 오는 비록도 역시 같기도 하고 다르기도 하여 옳고 그름을 정하기 어려우니 청하옵건대 음양산정도감을 두어 일정하게 교정하게 하소서' 하였다. 임금이 그대로 따랐다.〉

이태진 교수는 정도전의 상소를 분석하여 결론짓기를 결국 정도전은 〈국왕이 앞으로 定都의 대사를 음양 술수, 즉 풍수 도참설에 의존하지 말고 유가의 선비들의 말을 귀담아 들을 것을 촉구〉(60쪽)한 것으로 해석하였지만, 위 실록의 기록에도 보이는 것처럼 당시 풍수는 지리와 혼융되어 있었으며, 정도전이란 인물도 풍수에 대한 전문가적 소양을 가지고 그런 일들에 참여한 만큼, 그를 유학 일변도의 인물로 본 것은 무리한 해석이란 것을 알 수 있다.

조선 초 지리학은 지리와 풍수의 구별이 없었던 것이 분명하다. 다만 지나치게 술법에 빠지는 것은 경계되었는데, 그들은 그런 부류를 음양 술수라 하여 구분하였던 것이다. 마치 오늘날 땅을 보는 바람직한 지리관으로서의 풍수 사상과 없애야 할 이기적 잡술로서의 풍수를 구분하고자 하는 필자의 의도와 일맥상통하는 기록이다.

편집자는 〈조선 시대의 지리학이라면 곧 풍수 지리설이라고 생각하기 쉬우나, 실은 그와는 전혀 상관이 없는 훌륭한 전통이 있었음을 일깨워 주는 글을 실었다〉(서울대 규장각 양보경 특별연구원의 글)고 했지만, 이는 그 전제부터가 그릇된 것에서 출발한 편집 의도이다. 조선 시대의 지리학은 풍수 지리설뿐이라는 주장을 한 사람이 있는 것 같지도 않고 일반인들이 그렇게 생각하고 있지도 않다. 아마도 일반인들은 지리학은 학문이고 풍수는 술법으로 알고 있을 것이다.

필자는 조선 시대의 지리학이 가시적인 물질에 관심을 두는 地理와 눈에 보이지 않는 生氣라는 것을 인정하여 그로써 땅의 성격을 살펴보려는 풍수(풍수)의 이중 구조로 이루어져 있었다는 주장을 편 적이 있고 바로 앞에서도 잠깐 언급한 적이 있다. 이 문제는 해당 글에서 재론하기로 한다.

논자는 〈더욱이 전통 지리학을 풍수와 동일시하여 우리의 옛 지리적인 사고와 지리학을 풍수로 단정하는 경우도 적지 않다〉거나, 〈옛 산천 체계를 검토하는 사람들이 대부분 풍수만으로 산천 체계를 이해하고 있다〉는 식으로 지금 전통 지리학이 풍수 일변도로 되어 있는 것처럼 표현하고 있다. 알다시피 풍수는 지금 학계에서는 좋게 말하면 내놓은 자식이요, 나쁘게 말하면 이단자 취급을 받고 있는 실정이다. 일반인들에게는 터잡기 잡술로 인식되는 것 또한 사실이다. 도대체 누가 전통 지리학을 풍수로 동일시하고 있다는 말인지 알 수가 없다.

물론 논자는 풍수를 지리지, 지도, 실학적 지리학과 함께 전통 지리학의 4대 분류 중 하나로 등재하고는 있다(71쪽). 그러나 본문 내용을 읽다 보면 논자 역시 풍수에 대한 편견이 있음을 감지할 수 있는 대목이 여러 곳 나온다. 예컨대 맺음말에서 〈생활권에 기초한 강 중심의 인간주의적 자연 지리학〉(97쪽)이란 표현을 사용하고 있는데, 이런 개념이야말로 풍수로써 충분히 나타낼 수 있는 분야이다. 왜 그렇게 인간이 자연을 수식하여 주는 식의 어렵고 이율 배반적인 용어를 다시 만들어 써야 하는지. 의도적으로 풍수라는 용어를 쓰지 않으려는 듯한 태도를 느꼈다면 필자의 지나친 방어 의식일까. 그것은 논자만이 알 일이다.

또한 논자는 풍수가 가지고 있는 양면, 즉 숲과 나무 중 숲을 외면하는 입장을 취하고 있는 듯하다. 논자는 실학자들의 지리학적 토양이 무엇인지를 보려 하지 않고 거기에서 자라난 개별 실학자들의 저술이라는 나무만 들여다보며 논의를 전개하고 있다는 뜻이다. 예컨대 『산림경제』에 표출되어 있는 실학자들의 견해나 『관찬 지리지』에 나타나 있는 서울에 대한 풍수적 서술들은 왜 굳이 외면하려는 것인가.

논자의 글 제목은 〈조선 시대의 자연 인식 체계〉이다. 그러나 본문을 읽다 보면 이것은 분명 조선 후기 또는 실학자들의 자연 인식 체계에 관한 글이다. 그 글의 제목을 염두에 두고 글을 읽어 나갈 경우, 별로 전문적이지 않은 독자들에게 풍수를 완전히 배제하고도 조선 시대의 자연 인식 체계를 정립하는 것이 가능하다는 착각을 갖게 해 줄 수 있지 않겠는가.

풍수 사상이 담겨 있는 실학자들의 저서가 상당히 많이 있음에도 불구하고 논자는 교묘히 지세의 체계에 관한 혹은 國富 조사식 지리에 관해 관심을 기울이고 있는 실학자들의 글들을 조합하여 풍수를 빠져 나가고 있다. 풍수 전공자의 입장에서는 직접적인 공격보다 어떤 면에서는 더 곤혹스러운 글인지도 모르겠다.

아마도 편견과 독단의 가장 대표적인 예는 〈종래 풍수 지리설의 대표적 저서의 하나로 인식되어 온 『택리지』가 그와는 근본 취지를 달리하는 뛰어난 인문 지리서임을 해명하는 글을 싣게 되었다〉는 대목일 것이다. 고려대 지리교육과 최영준 교수가 쓴 이 글은 너무나 풍수에 대한 오해가 뿌리 깊이 박혀 있고 글 자체로서도 오류가 심하여 사실 필자가 다루기조차 민망한 글이기는 하다.

여기서는 한 가지만 지적하기로 한다. 어떻게 『택리지』란 책이 대표적인 풍수 지리서로 인식되어 왔다는 것인가? 누가 그런 주장을 폈나? 혹 논자가 ≪조선일보≫ 이규태 고문의 글을 읽은 것이 아닌가 하여 참고 문헌을 살펴봤지만 그분의 이름은 전혀 눈에 띄지 않는다. 이규태 고문이 그런 주장을 편 적이 있음을 확인해서가 아니라 얼핏 그런 생각이 지나가서였다. 만약에 그분의 글을 보고 이런 명제, 즉 『택리지』가 풍수서라는 명제를 얻었다면 그것은 간단하다. 이렇게까지 공을 들여 쓸 것이 아니라 신문에 적당한 난을 마련하여 간단히 공박하면 끝날 일이다. 『택리지』에 풍수적 사고 방식이 개입되어 있는 것은 분명하며, 그렇기 때문에 물질적인 통계 위주로 구성된 官에서 펴낸 지리서와는 달리 훌륭한 인문 지리서라 평가하는 것일 뿐이다. 역시 해당 부분에서 상술하기로 한다.

〈우리의 민간 신앙이 합리적 정신의 발달을 막아 온 것이 숨길 수 없는 사실〉(123쪽)이라고 단언한 동국대 사학과 이기동 교수의 머리말은, 필자가 이렇게도 비쳐졌는가 싶어 참으로 비참한 마음을 금할 수 없었다. 〈당시 일제의 식민 통치 아래서 지도적인 한국의 항일 논객들은 한결같이 한국을 미신의 나라라고 개탄하면서 이 미신을 타파하는 것이야말로 진정 생활을 투명화할 수 있는 첫걸음이라고 주장했다. 이들이 지목한 미신 중 으뜸을 차지하고 있었던 것이 巫卜이나 相術, 풍수 사상이었음은 다시 말할 나위도 없다〉(124쪽)고 하면서 아직도 한국인들이 〈정신 혁명을 달성하지 못한 데 놀라움을 금할 수 없다〉는 개탄을 삼가지 않았다.

전통 사상에 미신적 측면이 있음은 부인할 수 없는 사실이다. 그리고 항일 논객 중 누가 그런 소리를 했는지는 모르겠으나 만약 그런 얘기를 했다면 그 시대로서의 의미는 있었으리라 생각한다. 그러나 우리 전통 민속 또는 사상을 싸잡아 미신이라 한 것은 일제 관학자들의 농간이 많이 개입되었기 때문에 필요 이상으로 과장된 것이 아니던가.

우리가 당시 일제에 뒤처진 것은 서구 기술 문명의 도입이 뒤늦은 데 큰 이유가 있는 것이기에 그 책임을 소승적으로 점술이나 풍수에 묻는 것은 너무 우리 것들을 일방적으로 매도만 하는 것이 아니냐 하는 생각을 떨쳐 버릴 수가 없다.

논자는 〈최창조는 자신이 말하는 풍수 사상은 지난날 많은 폐단을 낳았던 산소 자리 잡기에 있는 것이 아니라 개벽의 시대를 열어 줄 새로운 터전을 잡으려는 정통의 풍수라고 강변하고 있다. 하지만 본시 軍國의 대사인 수도 선정 문제를 오로지 풍수학의 지세 형국론에 따라 판단 결정한다는 자체가 어처구니없을 뿐〉이라 하고 있다.

풍수를 이 정도로만 보고 사회 병리적 현상이니 어처구니없다느니 하는 판인지라 필자도 어처구니가 없어 이 글에 대해서는 더 이상의 언급은 하지 않기로 한다.

지금 풍수가 유행이다시피하는 현상을 우려하는 것은 그것이 이기적인 터잡기 잡술화되는 것을 걱정해서일 것이다. 그러나 앞서 언급한 것처럼 그런 일들은 극히 일부 계층에 국한된 것이고, 또 그 극히 일부의 사람들은 풍수가 유행이 되건 말건 관계없이 거기에 빠져 있을 사람들인 것이다. 대부분의 사람들은 설혹 풍수의 발복설에 호기심을 가지고 있다 할지라도 터잡기에 대한 선택의 여지도 없는 사람들이다.

예컨대 산소 자리를 골라서 쓸 수 있는 사람이란 우리 사회에 극히 일부일 뿐이며, 그런 사람들조차 되지 못하게 소위 명당이라는 산소 자리를 잡으려 하는 경우, 不法적인 방법을 취하지 않고는 도저히 그런 짓을 할 수 없게 되어 있는 것이 현행법이다. 그들을 다스리는 것은 법의 준수를 강조하고 그 집행을 철저히 하는 것으로 효과를 볼 수 있다. 그리고 지금의 세태는 오히려 그런 산소 자리 잡기식 풍수에서 떠나는 경향을 보이고 있다고 보아야 한다. 단언하거니와 필자 생각으로는 앞으로 10년 이내에 지금 천주교에서 시행을 도모하고 있는 舊墓火葬制, 즉 時限附埋葬制가 대세가 되리라고 믿는다.

오히려 지금 풍수에 관심을 갖는 긍정적인 부류는 다음과 같은 사람들이라고 보는 것이 더 정확한 관측일 것이다. 첫째, 지나친 서구 일변도의 학문 풍토에 염증을 느끼고 우리 것에 대하여 자긍심을 가지고 관심을 보이는 사람들. 둘째, 일종의 생명 존중 사상으로서 풍수가 자연에 대하여 취하는 태도를 오늘에 다시 살려 보고자 하는 사람들. 셋째, 지리학 등 환경 관련 학문 분야에서 우리식 관념을 표출해 보고자 하는 자존적 의식을 가지고 있는 사람들.

결코 지금의 풍수 유행을 우려 일변도로만 볼 것은 아니다. 오히려 돈벌이를 위하여 돈 많이 가진 사람들의 욕심에 부응하면서 또는 돈도 별로 없는 사람들에게 사기 치면서, 산소 자리나 잡아 주는 시중의 돌팔이 지관들을 야단치고 나아가서 풍수가 자연을 바라보는 인간적 시각임을 추스려 보자는 사람들을 복돋우어 주는 것이 학계의 바람직한 태도였을 것이다.

필자는 지금의 학계를 앞길을 막아 서는 절벽으로, 돌팔이 지관들을 발목에 휘감기는 칡넝쿨로 느낀다. 일반인들의 〈풍수, 즉 잡술〉이라는 오해도 제대로 된 풍수를 발굴해 보자는 필자의 입장에서는 난감하기 짝이 없는 적대 세력처럼 보인다. 지금 이 글을 쓰면서도 끊임없이 이어지는 감상은 고립무원에 사면초가라는 것이다. 많은 사람들이 필자와 필자의 동료, 제자들이 주장하는 바가 무엇인지 제대로 이해도 못한 채 혹은 이해하려고 별 노력도 하지 않은 채 비난하고 있는 현실을 매우 어려워하고 있다는 사정을 조금이라도 살펴봐 주기를 기대한다.

필자는 크게 보아 ≪한국사 시민강좌≫ 제14집을 이렇게 읽었다. 앞의 다섯 편의 글들(한림대 사학과 이기백 교수, 서강대 사학과 홍승기 교수, 서울대 국사학과 이태진 교수, 서울대 규장각 양보경 특별연구원, 고려대 지리교육과 최영준 교수의 글)은 풍수가 얼마나 쓸모없을 뿐만이 아니라 나쁜 것인지를 강조하고, 이어서 윤홍기 교수(뉴질랜드 오클랜드대 지리학과)의 글로서 만약 그래도 풍수를 공부하고 싶으면 사상이니 지리관이니 하는 현실 발언은 그만두고 그 기원이라든가 역사적 의미 정도나 다루라는 충고를 한 뒤, 끝으로 글랙켄(미국의 작고한 지리학자. 번역은 서울대 지리학과 이정만 교수가 하였음)의 글을 통하여 그런 자연관 또는 지리관이라면 서양 사상사 속에서 좋은 것이 많으니 거기서 찾아보라는 것처럼 읽었다.

실제로 편집자는 그런 의도가 없지 않음을 이런 식으로 표현하고 있다. 〈이상의 글들을 통하여, 종래 전설적으로 과장되어 온 풍수 지리설의 사회적 역할과 그 영향력의 한계를 이해할 수가 있게 될 것으로 믿는다. 아마도 오늘날 풍수 지리설이 사회적 관심이 된 것은, 정당치 못한 방법으로 권력과 재부를 획득한 자들이, 그들의 심리적 불안을 달래기 위해서 그러한 신비적 요소에 기대려고 하는 데서 말미암은 것으로 판단된다. 이것은 역사학, 지리학, 정치학, 윤리학을 위시한 모든 학문 활동과는 정면으로 배치되는 것이며, 결코 현대 사회에서 용납될 수 있는 성질의 것이 못 된다.〉

필자는 우선 이 말이 앞뒤가 맞지 않는다는 것을 지적하고 싶다. 사회적 폐단이 있으므로 모든 학문 활동과는 정면으로 배치된다는 얘기인데, 아주 단순히 말해서 사회적 폐단이 있으면 학문 활동의 영역에 들어와서는 안 된다는 것인가. 필자가 보기에는 지금 어떠한 사회적 활동도 폐단이 없는 것은 없는 것 같다. 정치도 경제도 교육도 문화도 기타 모든 사람들 생활에 관계되는 것에서 폐단이 없다고 단언할 수 있는 것이 무엇이 있는가.

학문 활동은 사회적 폐단이 있는 영역에까지 들어갈 수 있는 것이며, 폐단이 있다면 그것은 무엇이고 그것이 왜 생겼고 그것을 어떻게 교정해야 폐단 아닌 것으로 될 수 있는지를 연구해야 한다고 본다. 풍수를 연구하는 것 자체까지도 〈모든 학문 활동에 정면으로 배치되는 것)이란 생각이 바로 학문 활동에 배치되는 생각이라고 여기는 연구자도 있음을 알아주었으면 좋겠다.

정당치 못한 방법으로 권력과 재부를 획득한 자들이 그들의 심리적 불안을 달래기 위해서 풍수 같은 것에 기대려는 작태는 비난받아 마땅하다. 바로 그 점을 비난해야지, 엉뚱하게 같이 그것을 비난하고 그 폐단에 가려져 진정한 의미에서의 긍정적 사상성을 제대로 조명 받고 있지 못하는 풍수 사상을 연구하는 일부 학자들까지 학문에 배치되고 사회에서 용납할 수 없는 자라는 식으로 매도한다면, 그들의 처지에서야 이런 날벼락이 어디 있고 이렇게 억울한 일이 어디 있겠는가.

편집자가 꼭 집어 그렇게 표현하지는 않았으나 간혹 편집자의 글에서는 재야에서 학문을 하는 사람들에 대하여 일률적으로 경멸을 밑에 깐 무시를 하고 있는 것이 아닌가 하는 느낌이 묻어 나온다. 재야는 확실히 대학 체제 안에 있는 사람들에 비하여 여러 가지로 열등한 조건 속에서 연구를 할 수밖에 없다. 그 점은 필자 자신의 경험으로 충분히 알 수 있었다. 우선 생활이 보장되지 않는다는 심리적 불안감이 언제나 뒤꼭지를 누르고, 각종 자료 수집 및 구득에서 대학과는 상대도 되지 않는 열악하기 짝이 없는 조건을 감수해야 하며, 발표 지면을 얻는 문제에서도 개인적인 업적에 의존하는 수밖에 없는 만큼 항구성은 전혀 보장받을 수 있는 입장이 아니다. 당연히 연구실이란 것도 있을 수 없고 집안에서 이리저리 피해 가며 공부를 하다 보면 장애는 또 얼마나 많은가.

그러다 보니 무리한 주장도 나오고 엉뚱한 연구 결과를 내기도 한다. 가끔은 전혀 틀린 주장을 들고 나와 기존 학계의 존경받는 학자들을 괴롭히기도 한다. 그렇기 때문에 그들은 발본색원해야 할 대상일 뿐일까. 필자는 그렇게 여기지 않는다. 어차피 재야란 체재 안쪽에 있는 학계에서 인정하는 사람들이 아니다. 크게 신경 쓸 필요는 없다는 뜻이다. 그런데도 그들에게는 풍부한 상상력을 바탕으로 한 자유로운 사고의 전이가 가능한 부분들이 있다. 짜여진 틀 안에서만 생활해 온 사람들이 도저히 따라올 수 없는 부분들이 있음을 인정해 주어야 한다는 것이다. 그들이 일반인을 오도하고 그래서 사회적 폐단을 가져 옴은 물론 학문 활동에도 배치된다는 우려는 너무 속 좁은 생각일 뿐이다.

그렇다면 풍수의 경우는 어떤가. 이 경우 대부분의 시중 지관, 그러니까 돈 받고 땅 잡아 주는 사람들까지 필자가 위에 말한 학문에서의 재야로 넣자고 주장하는 것은 아니라는 점은 알아주리라 믿는다. 간혹 그들 중에도 초야에 묻혀 연구에 몰두하는 사람들은 있다. 그러나 필자가 이 분야에서의 누구를 재야로 지칭하는 것인지에 대해서는 동의가 이루어질 수 있다고 본다. 그들 재야는 극소수이다. 그들은 지금까지 사회적 폐단을 일으키는 주장을 한 적이 없다. 오히려 왜곡된 풍수를 바로잡자는 주장을 함으로써 시중 지관들의 불만과 타도의 대상이 된 일은 많지만 말이다.

서양 학문 위주로 구성되어 있는 중등학교의 지리 교과서와 대학 지리학과 교과 과정의 문제점 지적이라든가, 땅을 보는 시각에 독특한 관점을 도입케 한 측면들, 우리식의 학문을 만들어 보자는 따위의 주장들은 전혀 학문 활동에 배치되는 것도 아니고 사회적 폐단이 되는 것도 아니다. 그들은 대학 지리학계 밖에 나와는 있지만 나름대로 일정의 순기능을 수행하고 있는 것이지 뿌리 뽑아야 할 암적 존재로 타락해 있는 것은 아니다.

처음에 필자는 비평자들이 명당 잡아 잘먹고 잘살자는 식의 잡술 풍수를 공박하려는 의도로 이런 특집을 마련한 것으로 짐작했다. 그러나 읽어 가다 보니 그런 것이 아니라 풍수는 말살되어야 하는 것으로 보고 있다는 점을 깨달았다. 그렇다면 건전한 비판으로만 받아들여 잠자코 있을 일만은 아니라는 결론을 내릴 수밖에 없었다. 혹시

나 필자의 반론이 다소 일관성을 잃는 부분이 있더라도 양해해 주기를 바란다. 사실 너무 많은 사람들의 글을 필자 한 사람이 읽고 그에 대한 반론을 쓰자니 난감한 바가 없는 것이 아니다. 더구나 비판의 글을 쓴 분들의 글에서도 편집자의 의도와는 달리 서로 다른 주장을 펴고 있는 부분들이 적잖이 발견되어, 반론을 쓰기에 애를 먹기도 했다. 솔직히 겁이 나기도 했고 화가 나기도 했다. 풍수의 사회적 폐단을 말하는 것이 목적이라면 굳이 이런 방법을 택하지 않아도 되었을 터인데 하는 섭섭함이 지워지지 않는다. 풍수가 가진 폐단은 없애야 한다. 그렇다고 풍수 사상의 연구를 발본색원하겠다는 생각은 버려야 한다.

그것이 지나친 피해 의식에서 나온 감정의 낭비 탓뿐일까. 물론 그런 측면이 전혀 없지는 않겠지만, 이 책을 자세히 읽은 독자들에게 물어 보면 그것이 피해 의식 때문만은 아니라는 사실을 알게 될 것이다. 편집 의도가 그랬다고는 보지 않는다. 하지만 결과적으로 그런 인식을 독자들에게 건네 주었다면 풍수 전공자로서는 심각한 타격이 아닐 수 없다.

여기서 대상으로 삼고 있는 글들은 모두가 존경하는 선배 선생님들이거나 동료 교수들의 것이다. 그래서 표현하기에 어려움이 많았다는 점을 헤아려 주시기 바란다. 또한 필자가 이미 대학을 떠난 몸이기 때문에 아무리 권투 링에 다시 올라선 기분으로 규칙을 지키며 쓰겠다고 다짐은 했지만, 간혹 잘 다듬어진 대학 교정의 잔디와는 다른, 들판의 조잡함이 있다는 점도 아울러 양해해 주시기 바란다.

최근의 풍수에 대한 관심이 〈복고의 물결에 휩쓸려 이를 올바로 이해하는 길을 가로막는 경향〉(이기백, 1쪽)이 있음은 분명 사실이고 이 점은 필자도 곤혹스러워하는 바이다. 앞서도 얘기한 것처럼 지금 필자는, 정통의 학계는 앞을 가로막고 잡술 지관들은 발목을 잡아당기는 형편에 처해 있다. 특히 필자가 주장하는 내용이 어떤 것인지를 살펴 줄 아량은 보이지 않고 그저 풍수에 대한 일반인들의 오해를 풍수 이해인 양 받아들여 비난하는 태도에 진력이 났다는 것을 알고나 있는지 모르겠다. 몇 가지 예를 보자.

논자는 〈원래 풍수 지리설이 중국에서 발생한 것〉(1쪽)이라는 단정에서 논의를 전개하고 있다. 그렇기 때문에 필자가 주장하는 우리 고유의 자생 풍수가 있었고 후에 중국의 체계화된 이론 풍수가 유입되어 우리식의 풍수가 되었다는 가설은 일고의 가치도 없이 무시되어졌다. 지금 필자의 그런 가설을 여기서 중언부언할 필요는 느끼지 않는다. 이미 여러 차례에 걸쳐 발표한 적이 있기 때문이다.

아마도 풍수라는 용어를 쓰지 않았으니 풍수라고 할 수 없다는 논리로 자생 풍수를 인정하지 않으려는 듯한데, 풍수의 가장 기본적인 사고인 땅에는 신비하다고 표현할 수밖에 없는 어떤 기운이 있고, 그것에 사람이 의지하여 살며 영향을 받는다는 지리관이 존재했기 때문에 자생 풍수설을 주장하는 것이다. 당시 그런 지리관을 무엇이라 하였는지는 알 수 없다. 하지만 용어가 없었으니 그런 사고가 우리에게는 없었다는 단정에 대해서는 그것이 비록 학문적 방법론에 입각한 논리 전개 과정을 거친 주장이라 하더라도 받아들일 수 없다. 있었던 것은 용어가 없어도 있었던 것이기 때문이다.

그런데도 같은 책에서 풍수는 〈우리나라에서 자생한 것이 아니고 중국 북부의 황토 고원 지대에서 시작된 것으로서 주로 穴居를 마련하는 기술로부터 발전하였다〉(윤홍기, 203쪽)는 주장은 이해할 수 없는 일이다. 그 당시 그 지역에도 역시 풍수라는 문자적 기록은 없었을 것이다. 그의 글을 읽어 보면 그것은 전적으로 그의 추론에 의지하여 주장된 것임을 금방 알 수 있다.

풍수의 기원에 관하여 쓴 두 사람의 글(이기백과 윤홍기)은 이러한 기본적인 문제를 간과하고 시작되고 있다. 풍수의 자생설을 주장한 사람들의 글은 단 한번도 인용되지 않았다. 의도적인 무시인지 아니면 일고의 가치도 없는 것이란 판단에서인지 그것도 아니면 미처 찾아보지 못해서인지는 알 수 없으나 좋은 학자적 태도는 아닌 것으로 비쳐진다.

풍수가 무엇이냐 하는 문제, 그러니까 풍수의 개념을 정리한 내용을 보면 현대 학자들의 것에만 너무 치중하여 정리하거나 혹은 민속 조사 정도의 내용을 가지고 단정해 버린 대목들이 많다. 풍수서, 즉 기록에 의지하여 개념을 정리하지는 않은 것 같다는 뜻이다. 이 점은 이기백, 홍승기, 최영준, 윤홍기 교수 등의 글에서 공통적으로 드러난다. 결국 직접 자료에 접근한 것이 아니라 2차, 3차의 간접적인 글들을 통하여 풍수의 개념을 정리했다는 뜻이다. 풍수처럼 개념 정의에 혼란이 많은 분야도 없다. 그 점은 필자도 인정한다. 그런 풍수를 나름대로 정리해 버렸다는 문제점을 지적하고 있는 중이다.

〈신비적 풍수를 제거한 풍수의 의미를 생각한다는 것은 무의미하다. 풍수가 지니고 있는 신비적 요소를 제거하면 그것은 이미 풍수가 아니기 때문이다. 풍수의 과학적 성격을 특히 강조한 것은 최창조이다〉(4쪽 일부 발췌)라고 한 부분에 대해서, 논자는 풍수는 즉 신비이며 신비는 과학이 아니고 풍수를 과학이라고 한 최창조는 틀렸다는 얘기를 하고자 하는 것으로 읽었다.

엄밀히 말하여 과학은 근대 과학이 성립된 이후에나 쓸 수 있는 용어이다. 특히 그것은 자연과학에 국한하여 사용해 온 것 역시 사실이다. 지금 여기서 과학이라 한 것은 그런 식의 과학을 얘기한 것이 아니다. 당시로서 사물이나 인간을 보는 관점에 나름대로 체계가 잡혀 있는 것을 과학으로 인정하여 말한 것이다. 오히려 필자는 논자가 말하는 과학에 해당하는 풍수의 성격에 대해서는 합리성이라는 표현을 더 많이 사용하였다.

이 점에 대해서는 다시 한번 말할 수 있다. 풍수는 전통 사상이며 전통 과학이다. 모든 전통 과학에는 신비적 요소가 반드시 있다. 그것은 당시의 지식 수준에서 자연이 본디 지니고 있는 신비성을 인간이 반영하였기에 나타나는 자연스런 결과일 뿐이다. 심지어 오늘날에도 과학으로 완전한 서술이 가능한 세계는 없다. 첨단 물리학을 일반인에게 소개하는 과학자들의 책을 읽어 보면 그런 첨단 과학 속에, 보다 많은 상상력과 신비가 혼재되어 있다는 것을 알 수 있다. 그런 것도 과학이 아닌가.

지금 한의학은 침뜸 시술의 기초가 되는 經絡의 본질에 관하여 소위 과학적으로 파악하고 있지는 못하다고 한다. 그 메커니즘과 시술에 관한 기술적인 부분들을 정리해 놓고 있는 정도이다. 상당 부분 신비에 싸여 있는 셈이다. 그렇다면 한의학도 과학이 아니고 배척되어야 할 대상이란 얘기인가. 역사학자라면 당시의 전통 과학이란 것이 왜 그런 신비라는 옷을 입을 수밖에 없었는지를 탐구해야 옳다고 필자는 생각한다. 전통 과학을 과학이라 표현하는 데 대해서 지나치게 우려감을 갖는 태도는 좋지 않은 결과를 빚을 수도 있다. 꼭 목적 의식이 없다 손 치더라도 자꾸 〈전통, 즉 비과학〉이란 생각을 반복해서 하게 되면 무의식적으로도 민족에 대한 열등 의식, 서구 문명에 대한 맹목적인 선망, 문화 제국주의적 사고에 맥을 통할 수 있는 가능성이 있기 때문이다.

상당한 연구 인력과 투자가 진행된 한의학조차도 그러한데 풍수는 말할 나위도 없다. 그런 한 예가 필자의 다음과 같은 실수이다. 필자는 지금까지 풍수의 2대 교과서 같은 구실을 하는 『청오경』과 『금낭경』 중 『금낭경』을 중국 東晉 때의 郭璞이란 사람의 저술로 소개해 왔다. 이것은 비단 필자뿐 아니라 예컨대 이병도와 같은 사학자도 마찬가지로 기술해 왔던 바이다. 그러나 근래 『금낭경』을 국역하는 과정에서 최근 중국측에서 나온 연구 성과를 접하면서 얻은 결론은 이것은 후대의 僞作임이 거의 분명하다는 사실이었다.[4] 이런 일들이 바로 연구자의 태부족으로 겪게 되는 어려움인 셈이다. 그렇다고 필자의 잘못이 가려지는 것은 물론 아니다.

　문제는 이런 실수가 또 다시 인용됨으로써 엉뚱한 결론을 내게 된다는 데 있다. 필자는 풍수가 이기적 속신이 된 것이 후대에 잘못되었기 때문이란 주장을 편 적이 있다. 이에 대해서〈그러한 이기적 속신은 후대의 일이라고 하지만, 결코 그렇지가 않다〉(5쪽)고 하면서 진대 곽박의 이기적 속신에 관한 설화들을 예시하고 있는데, 이것은 처음부터 꾸며진 얘기일 가능성이 크므로, 풍수가 처음부터 이기적 속신일 뿐이었다는 주장의 근거로 쓰일 수 있는 내용이 아니다. 이런 결론이 나오게 된 데는 필자의 잘못이 크다는 고백이다.

　논자는 그 뒤 삼국 시대 여러 임금들의 예화를 제시하면서 그것이 풍수와 관계되는 것이 아니라는 주장을 하고 있다(6-7쪽). 풍수가 아니더라도 그런 일들은 있을 수 있는 게 아니냐는 판단에서 나온 얘기인 듯하다. 그런 사례들은 중국에서 수입된 이론 풍수와는 관련되지 않은 것이 분명하다. 그러나 그들이 풍수의 핵심이랄 수 있는 일종의 땅 기운(地氣)에 이끌려 그런 선택을 했을 가능성도 배제할 수 없는 것이 아닌가.

　논자가 이어서 예시한 이스라엘의 경우는 땅 기운에 관계되는 것이 아니라, 논자도 인정하다시피〈엄밀한 의미의 택지가 아니라 조상의 무덤에 같이 묻히는 것〉이기 때문에〈구극의 뜻은 (풍수와) 같은 것〉이 아니라 근본적으로 다른 것이다. 필자는 삼국 시대의 그런 행태를 풍수적 사고 방식이라 표현하고 있다. 사실상 그것이 풍수이지만 그때는 아직 중국 풍수가 수입되기 전이고 따라서 그것을 풍수라는 용어로 표현한다면 당연히 거부감이 있을 것이기에 쓰는 편법이다.

　〈신라 하대에 이르러 진골인 중앙 귀족들에 의해서 풍수가 환영받

---

4) 『청오경・금낭경』(민음사) 서문 참조.

을 수 있는 까닭이 정권 쟁탈전에 말미암은 사회적 불안 상태가 배경이 될 수 있다〉(9쪽)라고 하지만, 그것이 오히려 건전하고 소박하던 자생 풍수가 수입된 중국 풍수의 유입과 함께 타락하기 시작한 증거라고 볼 수는 없을까.

왜냐하면 그때까지 남아 있는 기록으로 미루어 볼 때, 신라 하대 이전에서 삼국 시대까지에는 〈무덤의 地脈의 힘에 의하여 권력을 보장받겠다〉(9쪽)는 증거를 발견할 수 없기 때문이다.

도선국사 비문에 나오는 내용으로 풍수의 중국 수입설을 주장하는 대목은 오히려 반대로 풍수 자생설의 증거로도 채택할 수 있다고 본다. 도선이 지리산 언저리에 암자를 짓고 수도를 할 때 한 異人이 나타나 풍수를 전수해 주는 장면은 우선 풍수를 선종에 비하여 작은 기예니 천한 술법이니 하여 낮추는 대목에서도 짐작할 수 있는 것처럼 우리 전래의 것에 대한 낮추어 기록하기의 예가 될 것이고, 하필이면 지리산 기인이 풍수를 가르친다는 대목도 자생 풍수가 있었음을 증거하는 예라고 생각된다.

〈지리산이 나주로부터 가까운 곳이므로 중국에서 곧바로 이리로 전해졌을 것〉(이기백, 11쪽)이라는 가설도 별로 와 닿지를 않는다. 이곳은 지금도 오지에 속하는 곳이다. 중국 문화가 유입되어 왕성보다 먼저 이런 오지로 들어오게 되었다는 상황 설정이 상식적이지 못하기 때문에 그런 것이다.

더욱이 〈모래를 쌓아 山川順逆의 형세를 보여 주었다는 것이 바로 풍수의 신비성을 실감나게 표현하고 있다〉는 것도, 당시의 사정을 이해하고 실제 답사를 통하여 풍수를 배워 본 적이 있는 사람이라면 오히려 다음과 같은 결론을 얻는 것이 더 상식에 가깝다. 즉 중국으로부터 유입된 수입 풍수라면 구태여 땅바닥에 모래를 쌓고 줄을 그어 설명하느니 직접 문서를 놓고 가르쳤다는 것이 옳을 것이며, 산에서 산세를 설명할 때에는 흔히 그런 흙이나 모래를 쌓거나 땅바닥에 그림을 그려 가르치는 방식을 취하는 것이 지금도 통례인 점을 알아야 한다. 현장이란 경험 없이 책상 위에서 추단할 수만은 없는 요소들이 많다는 점을 이해한다면 모래와 흙으로 지세 설명을 한다는 표현이 신비를 나타내기 위한 것이 아니라는 사실을 이해할 수 있게 될 것이다.

도선이 풍수를 배운 지리산 異人은 바로 그의 스승인 혜철이며 혜철은 중국 유학승 출신이므로 결국 우리나라 풍수의 시조로 알려진 도선의 풍수는 중국 것이라는 주장도 필자는 받아들일 수 없다. 왜냐하면 혜철은 선문구산의 하나인 동리산파의 개조쯤 되는 당대 고승이며 당시로서는 당당한 지식인인 중국 유학승 출신이다. 그런 그에게서 풍수를 배웠다면 무엇이 부끄러워서 이름을 밝히지 않고 이인이라 표현했겠는가. 이인은 혜철이 아니라 지리산 언저리에서 풍수를 공부한 이름 없는 한 자생 풍수학인이었을 것이다.

그 이인은 도선이 중국 유학승 출신이자 당대 고승인 혜철의 제자라는 것을 알고 자기가 알고 있는 자생 풍수를 작은 小技니 천한 賤術이니 하며 낮추었던 것이라고 짐작하는 것은 어떻겠는가. 물론 도선이 중국 풍수를 배운 혜철로부터 중국 풍수까지 익혔을 가능성은 있다. 그리고 자생 풍수와 중국 풍수를 함께 익힌 도선에 의하여 자생 풍수가 결국 그 근본에서는 중국 풍수와 다르지 않다는 것이 확인되고 또 양자가 결부되어 그후에 체계화된 우리식 풍수의 출발이 된 것이 아니겠느냐 하는 것이 필자의 생각이다.

논자는 말하기를 〈서해안 지대에 호족이 집중해 있었기 때문에 이용범이 주장한 것과 같이 그것은 자연히 국토의 재편과 같은 결과를 낳게 하였다. 그리고 이 같은 현상의 사상적 뒷받침을 풍수 지리설이 감당했던 것이다. 그러므로 우리나라 역사 발전의 하나의 도약기에 풍수 지리설은 긍정적인 구실을 하였다고 볼 수가 있다. …… 호족의 시대가 가 버림으로써 풍수 지리설도 우리나라 역사에서 그가 담당한 긍정적인 역할에 막을 내렸다〉고 하였다. 그러나 필자가 읽기에는 논자가 어디서 풍수의 긍정적 측면을 강조하였는지 알 수가 없다. 또한 필자의 생각으로는 호족의 시대가 가 버린 뒤에도 풍수의 긍정적 역할은 있었다고 생각하며 그에 관한 글은 졸저『땅의 논리 인간의 논리』에 삽입되어 있음을 밝히는 것으로 대신하기로 한다.

필자가 알고 있는 한 고려대 지리교육과 최영준 교수의 풍수에 관한 본격적인 글은 이번이 처음이 아닌가 한다. 대학에 몸담고 있을 때 단 한번도 그의 논평을 들을 기회를 갖지 못하다가 이번에 접하게 되어 내심 반가우면서도 이상하다는 느낌을 지울 수가 없었다. 이제 그의 주장에 대한 필자의 생각을 밝혀 보기로 한다.

그는 우선 우리 지리학계가 당면한 문제를 정통성의 결여로 보고 있는 듯하다. 결국 얘기를 돌리기는 했으나 학계가 서양 지리학 위주로 구성되어 있다는 점을 인정하고 있다. 또한 서양 지리학이 지나치게 기계적이었던 점을 반성하고 동양의 자연관을 수용함으로써 자신들의 지적 고뇌를 풀어 보고자 한다는 것이며 수용해야 할 그 하나가 풍수라는 것이다.

그런데 머리말부터 얘기가 돌변하여 그런 풍수를 고등학교 교과서에 충분한 검토 과정을 거치지도 않고 수록하고 있는 문제점을 지적하였다. 교과서에 우리나라 지리 전통에 관하여 실린 것은 古地圖와 풍수 그리고 일부 실학자들의 지리 사상 정도이고 그 분량도 전체 300쪽 정도 중에서 일곱 쪽을 넘지 않는다. 우리 것에 대한 대접이 이 정도인데도 풍수 수록을 문제 삼는다는 것, 그것이 문제처럼 보인다.

얘기는 또 바뀌어 느닷없이 한국 지리학의 아버지가 누구냐 하는 데로 옮겨 간다. 도선을 아버지로 하자는 주장은 1987년 4월 대한지리학회가 주최한 〈국학으로서의 지리학〉이란 심포지엄 중 서울대 국사학과 한영우 교수가 제1주제 토론에서 발언한 다음의 내용에서부터 비롯된 것이다. 즉〈고려 시대에도 조선 시대에도 지리학을 얘기할 때는 학문의 시조 혹은 비조를 으레히 듭니다. 그래서 떠오르는 사람이 도선 아닙니까. 신라 말 고려 초에 살았던 도선이라는 승려는 우리나라 지리학의 비조로서 고려는 물론 조선 시대 실학자들도 그에 대한 관심이 대단했습니다. 우리나라 지리학은 도선부터 시작되었다 할 수 있습니다. 말하자면 학문의 계통을 따질 때 중국에 연결시키지 않고 우리 지리학이 도선으로부터 시작되었다고 인식해 온 사실이 이미 우리 지리학이 가지고 있는 민족 지리학으로서의 전통을 말해 주는 것이랄 수 있습니다. 이런 생각에서 제가 개인적으로 농담 삼아 지리학 하시는 분들이 먼저 하셔야 할 일이 '도선비'를 세우는 것이라고 말한 적이 있습니다〉라는 것이다.

말하자면 가볍게 던진 말 정도이다. 그러나 논자는 이 문제를 맺음말에서도 다시 거론하며 지리학의 아버지로 도선을 내세우는 일에 상당 정도의 불쾌감을 내보이고 있다. 그 이유는 논자의 글을 다 읽어 보면 쉽게 답을 구할 수 있다. 논자는 풍수에 대한 극도의 혐오감을 그런 식으로 표출한 것이다.

그리고 머리말 끝에 가서야 〈근대 지리학을 대표하는 『택리지』를 풍수서로 해석하는 풍수사들의 모순을 지적하고자 한다〉(최영준, 99쪽)라고 본론으로 들어가기 위한 말을 던졌다. 도무지 요령부득이다. 이것만으로는 논자가 무엇을 얘기하자는 것인지 알 수가 없지 않은가. 물론 지금 필자는 논자의 주장이 무엇인지 안다. 그것은 필자가 논자의 글을 다 읽었기 때문이다.

논자의 글을 살펴보기 전에 한 가지 분명히 해 두고 넘어가야 할 점이 있다. 도대체 누가 『택리지』를 풍수서라고 해석하였는가? 심지어는 〈최초의 인문 지리서인 『택리지』가 풍수사들에게는 훌륭한 이론서로 인정받게 된 것〉(119쪽)이라는 단정까지 하고 있다. 과문의 탓인지는 몰라도 『택리지』를 풍수서라고 강변한 무식한 사람의 글을 필자는 아직 접하지 못하였다. 이론서라는 것은 그것으로서 학문의 내용을 배울 수 있는 정도가 되어야 한다. 더구나 훌륭한 이론서란 교과서 같은 것을 말한다. 어떤 풍수학인이 『택리지』를 교과서로 하여 풍수를 배웠다는 것인지.

논자는 『택리지』를 풍수서라 여긴 가공의 주장들에 대하여 강력한 비판을 제기하고 있는 셈이다. 각주가 아닌 글 뒤편에 참고 문헌으로 게재했기 때문에 필자는 논자가 어떤 풍수 전공자의 글을 읽고 그런 생각, 그러니까 『택리지』가 풍수의 훌륭한 이론서라는 명제를 얻게 되었는지 알 수는 없다. 그러나 풍수 전공자로서 분명히 말할 수 있는 사실은 『택리지』는 명백히 풍수 전문서가 아니라는 것이며, 따라서 이 글은 전제가 잘못되었기 때문에 읽을 가치도 없다는 결론을 얻게 된다. 하지만 논자의 글 중에는 도저히 그냥 넘길 수 없는 풍수에 대한 오해와 선입견에 기초한 편견과 모욕이 있기에 몇 가지 사실만 적시하기로 한다.

〈길한 정기가 왕성한 장소에 터를 잡으면 그 자손들이 부귀영화와 장생을 누리지만 반대로 흉기가 있는 장소를 택하면 불행을 겪는다는 것〉(100쪽)으로 풍수를 정의하고 있으나, 풍수에서 자손과 관련되는 얘기는 음택 풍수 중에서도 부모와 자식 사이에는 기가 통한다는 同氣感應說에서만 적용되는 부분이므로 그것이 풍수의 정의는 되지 않는다.

그런 풍수 정의가 바로 요즈음 풍수에 대해 일반인들이 흔히 가지고 있는 오해이다. 지리학자로서 논자는 다른 지리학자가 왜 풍수를 언급하고 있는 것인지에 대한 이해를 갖고 이 글을 썼어야 한다고 본다. 이 역시 논자가 가지고 있는 풍수에 대한 개인적 혐오감의 나타냄이라고 보지만, 풍수를 전공으로 하고 있는 필자의 처지로서는 그 경솔함을 지적하지 않을 수 없는 대목이다.

풍수에서 〈장소의 이상적 모델은 여성의 자궁이나 젖가슴을 연상시키는 형태〉로 나타내며 그것은 〈풍수가 모성에 의지하여 그 덕을 구한다는 유아병적 祈求에서 나온 발상〉이라는 논자의 지적은 참으로 알 수 없는 논지라 본다. 논자는 이 대목에서 혹자는 그렇게도 비판한다고 책임을 회피하고 있으나 어떤 대상에 대한 비유적 표현을, 남의 의견을 들어 유아병적이라는 식으로 매도하는 태도는 비겁하기도 하거니와 상대를 지나치게 모욕하는 표현법이다. 도대체 이런 무지가 어디에서 기인된 것인지 알 수가 없다.

땅을 이렇게 표현하는 것은 수많은 풍수 술법 중에서도 形局論의 가장 기본적인 예일 뿐이고 특히 필자가 자주 인용하는 〈어머니 품속처럼 안온한 삶터〉라는 비유는 하늘, 땅, 사람이 같은 기운, 같은 뿌리를 갖고 있다는 天地人同氣同根說에서 나온 것으로 전통 사상 전반을 일관하여 흐르는 맥락에 해당된다. 그런 것을 유아병적이라고 할 수가 있겠는가. 이미 앞 부분에서 얘기한 것처럼 어머니인 땅이라 표현함으로써 풍수학인은 수많은 얘기를 대신할 수 있다. 땅이 결코 흙과 돌덩어리의 집합인 물질 정도가 아니라 생기의 발원처이자 공급원임을 그런 식으로 표현한 것이다.

그런 사고 방식이라야 땅을 단순한 물질로만 이해함으로써 생기는 여러 가지 폐단, 즉 땅을 이용과 소유의 대상으로만 생각하는 병폐에서 자유로워질 수 있는 것이다. 오늘에 다시 풍수를 알아보자는 의도는 상당 부분 풍수의 그런 지리관, 즉 그런 풍수 사상성에 의미를 두고 있다는 것을 논자는 이해했으면 좋겠다.

물론 논자의 지리관은 필자와 전혀 다르다는 것을 알겠다. 논자는 〈풍수사들은 땅도 인간처럼 의지와 감정을 가진 영적 존재로 보려고 한다. …… 서양 지리학은 땅을 광물 또는 무생물로 본다〉(최영준, 107쪽)고 하면서, 그러나 서양 지리학도 그 분석적 기계론적 해석에 문제점이 많은 마당에 그것을 무비판적으로 적용할 수 없다는 학문적 자존심은 이해한다고 하였다. 〈그러나 풍수를 국토 연구의 기본 철학으로 용납하기도 어렵다. 왜냐하면 과학성을 무시한 직관적 논리 역시 국토를 종합적으로 연구하는 데는 부적당하기 때문〉이라고 하였는데, 풍수를 국토 연구의 기본 철학으로 하자는 주장이 어디서 나온 것인지는 모르겠으나, 필자가 풍수를 환경 운동의 사상적 기반으로 할 수도 있겠다는 주장을 편 적은 있다. 풍수가 국토 연구의 기본 철학이 되겠다고까지 생각한 이유는 논자가 현재의 풍수를 너무 과대 평가한 때문인 듯하다. 지금 잡술이 아닌 학계에서의 풍수 위치는 궤멸 직전, 존망의 기로에 서 있다는 것을 논자는 잘 알 수 있는 위치에 있지 않은가?

여기서 문제는 풍수가 기본이 되느냐 마느냐 하는 데 있는 것은 아니다. 땅을 물질로 이해하는 서양의 지리학은 과학이고 땅을 어머니로 비유하여 이해하는 풍수는 비과학이라고 보는 것이 진정한 문제이다.

풍수는 땅을 영적 존재로 보는 것도 아니다. 풍수는 땅을, 비유하자면 유기체적 존재로 받아들일 뿐이다. 영적 존재라는 것은 일단 믿음의 체계에 관련을 맺는다. 그런 풍수 이해 태도는 풍수를 더욱 나쁜 방향으로 끌어갈 소지가 있으므로 지금까지 극구 표현을 삼가해 온 것이다.

땅을 영적 존재로 보는 것이 풍수라고 이해하니까 풍수가 〈좋게 평할 때 易學的 지리학이 되고 나쁘게 평할 때 擬似科學的 원시 지리학이 되는 것〉으로 판단하게 된 것이다. 더욱이 논자는 역학을 점치는 기술 정도로 이해하여 은연중 나쁘게 보는 시각을 드러내는데 필자는 역학이 반드시 그렇지만도 않다고 생각한다. 게다가 〈나쁘게 평할 때 원시 지리학〉이라는 표현도 역시 문명이 최고라는 의식이 암암리에 드러난 것으로 보인다.

논자의 풍수에 대한 낮은 이해도는 이런 정도만으로도 충분히 지적한 셈이다. 그러나 말이 나온 김에, 그리고 논자가 현직 지리학 교수이므로 간단하게라도 필자는 논자에게 풍수에 관한 소개를 하고 싶다. 그래서 소략하게 몇 가지를 더 짚고 넘어가기로 한다.

〈풍수 체계에서 중요시되는 3요소는 산, 수, 방위〉만이 아니라 사람도 포함된다. 풍수 교과서들은 사람이 중요함을 강조하고 있다. 또 논자는 이르기를 〈풍수의 본뜻은 3요소를 토대로 어떤 장소의 地相을 판단하고 적절한 조합 방법을 추구하는 것〉이고, 〈사람의 관상을 보고 그의 운명을 점치는 일이 허황〉한 것처럼 〈지상을 보고 그곳 사람의 운명을 논하는 일은 더욱 기괴〉한 일이라고 하였다.

이것은 풍수 형국론에 해당되는 풍수의 극히 미미한 부분일 뿐이지만, 백보를 양보하여 형국론이 풍수의 대단히 중요한 부분임을 인정한다 하여도, 본래 相法은 형세의 미추를 보자는 것이 아니라 그 내면의 깊이가 외모에 표출된 것을 알아보자는 것이 목적이다. 따라서 상법조차도 타기할 대상만은 아닌 것이다. 相에 모든 것을 거는 잡술은 매도되어 마땅하나, 거기에 내재된 사고의 근저나, 있을 수도 있는 지혜성까지 내팽개치자는 주장에는 결코 동의할 수 없다. 학문하는 사람은 모름지기 학문의 어떤 분야를 설정하여 그 전체를 버려야 한다고 주장할 것이 아니라 그 내부의 차별성에 관심을 두어야 한다고 필자는 생각한다.

논자는 藏風局을 〈풍수의 가장 이상적 형국〉(101쪽)이라 보았고 四神砂는 꼭 〈사방이 산으로 둘러싸인 것〉이라 했지만 이 역시 제대로 된 풍수 이해는 아니다. 그러면서도 〈땅의 길흉 판단에 가장 중요시되는 좌향은 背山臨水〉라고 함으로써 장풍과 배산임수를 동일시하는 우를 범하였다.

논자들은 명산에 박힌 쇠말뚝을 빼낸다든가 경복궁을 복원하는 일 등이 〈우리 민족의 약점을 교묘하게 이용한 일본인들의 농간에 속는 것일지 모른다〉고 하면서, 〈진정으로 克日을 하는 길은 산천이 인물을 만들어 준다는 어리석은 생각을 버리고 교육을 통하여 스스로 인물을 키우는 데 힘써야 할 것〉이라는 주견을 내보였다. 식민지의 민속을 저급한 것으로 평가하여 널리 알리고 그것을 이용하는 것은 제국주의 통치술의 기본이다. 일본인이 훼손한 산천과 궁궐을 복원하는 것은 어리석은 짓이 아니라 우리 민속이 저급한 것만은 아니라는 실증을 현장에 쌓아 올리는 일이 된다.

게다가 논자는 명당 형국이 〈금돼지가 누운 형〉 또는 〈소가 누운 형〉을 예로 들면서 〈그 의미는 대체로 게으른 짐승의 모습을 연상시킨다. 즉 명당 배후의 산세가 이 짐승들의 모습과 닮은 형국은 곧 주민들이 스스로 농사 짓고 거두는 노력 없이도 땅의 덕으로 풍요를 누릴 수 있음을 암시하는〉 것으로 해석하고 있다. 참으로 기발한 아이디어이기는 하지만, 우리의 풍수를 바로 그렇게 생각하도록 만든 것이 일본인들의 농간이라고는 왜 생각지 못하는가. 누운 돼지 누운 소에서 게으름을 연상하기보다는, 살을 찌우고 있는 돼지 나름대로의 생산력으로 볼 수는 없는 것이며, 들판에서 일한 소가 노력 후의 편안한 휴식을 취하고 있다는 쪽으로 봐줄 수는 없는 것인지. 또한 풍수 형국은 그런 것만 있는 것이 아니라 그야말로 무수한 종류가 있다는 것을 알아야 한다.

우리 풍수에는 중국 풍수와는 달리 裨補와 壓勝 또는 厭勝이 유난히 발달되어 있다. 필자는 이것을 자생 풍수가 있었다는 중요한 증거 중의 하나로 생각하거니와, 이 사고 방식은 땅을 사람의 몸과 동일시하는 데서 나온 것이기 때문에 매우 중시하고 있다.

사람 몸에서 氣는 경락을 따라 과부족 없이 순탄하게 운행되어야 그 사람이 건강한 것이고 너무 강하거나 부족하면 절제를 잃게 되어 병이 들게 된다. 기가 너무 강하면 눌러 주는데 이를 瀉라 하고 너무 약하면 북돋우어 주는데 이를 補라 한다. 땅 역시 마찬가지라 그 지기가 너무 강하면 이를 눌러 주어 압승이라 하고 너무 약하면 이를 보충해 주어 비보라 한다. 그러나 양쪽을 합쳐서 흔히 비보라고 표현하는 것이 일반적인 관례이다. 중국의 경우 땅이 넓고 또 풍토가 극단적인 경우가 많아 터를 선택하는 것은 가능하지만 그것을 고쳐 쓰기에는 적절치 않으나, 우리는 땅의 선택 폭이 좁고 또 웬만하면 약간 고치기만 해도 쓸 수 있는 풍토이기 때문에 유난히 우리 풍수에 이 비보 관념이 발달한 것이 아닌가 생각한다.

논자가 비보를 〈인위적으로 吉局을 만드는 일〉이라고 본 것은 풍수를 술법으로만 인식했기에 나온 폭 좁은 이해도라 할 수 있다. 필자는 이 비보에 관하여 이미 상당한 사례의 현지 조사를 발표한 적이 있는데 그 가장 대표적인 예가 마을에서 虛缺處, 즉 기의 운용에 문제가 있는 장소에 造山을 설치하는 경우이다. 조산은 조탑이라고도 하는데 일종의 탑처럼 생긴 돌무더기 형태이다. 지세가 허결하면 그곳에서 비정상적인 탁월풍이 불 경우 일종의 회오리바람을 일으켜 불을 내기 쉬운 조건을 만든다. 바로 그 지점에 조산을 설치하는 것이다. 이 조산의 풍수적 의미는 이미 위에서 설명한 바와 같거니와, 그런 풍수적 의미를 떠나서도 비보 조산은 여러 가지 긍정적인 기능을 수행하고 있다는 사실을 확인할 수 있었다.

예컨대 지세 허결 방향에 조산이 서 있음으로써 사람들은 언제나 그 방위에 대한 경계를 늦추지 않게 되니, 이는 요즘식으로 하자면 마치 그곳에 불조심 표어판을 세워 놓은 꼴이요, 마을의 상징적 중심축 구실도 하고 경우에 따라서는 마을 공동체 결속력의 구심 역할도 맡는다.

논자는 풍수를 〈양택 풍수와 음택 풍수로 구분〉(102쪽)하는 것으로 알고 있으나, 이는 논자가 풍수 이해를 주로 일본인 무라야마(村山智順)가 지은 『朝鮮の風水』에서 얻은 것이 아니냐는 혐의를 가게 해주는 대목이다. 이 책은 조선 총독부 조사 자료 중 하나로 발간된 책인데 그 의도가 조선의 민속과 풍속이 저급하고 미개하다는 전제 아래 지은 것이기 때문에 자료적 가치는 있으나 이를 통하여 우리 풍수를 이해하는 것은 위험천만이다.

논자는 무라야마가 말한 〈풍수는 인간이 창조한 문화 경관의 특성과 구조에는 관심이 없고 오직 추상적인 자연의 기에만 관심을 두며 그것이 인간에게 주는 영향을 역리적, 주술적 측면에만 관심을 둔다〉고 한 부분을 인용하며, 그것을 〈풍수의 약점을 예리하게 비판하였다〉(109-110쪽)고 칭찬하고 있다.

무라야마는 실증적 연구 조사라는 미명 아래 우리 민족의 전통 문화에 대한 폄하를 일삼은 어용 학자라는 평을 받은 인물이다. 이런 사람의 풍수 비판이 예리하다니 어이가 없다. 무라야마가 풍수는 문화 경관에 관심을 두지 않는다 했으나 풍수는 마을이나 사찰 입지와 그 배치에 상당한 관심을 갖는다. 그 자신의 책에도 그런 부분에 많은 지면을 할애하고 있지 않던가? 문화적 구조물들을 자연에 어떻게 배치, 입지, 배열해야 전체적인 조화를 이룰지에 관심을 두는 것이 풍수이다.

풍수는 陰宅과 陽基, 陽宅으로 나뉜다. 양기는 터를, 양택은 그 집을 대상으로 하는 것으로, 실제로 양기는 고을이나 마을 터에 관한 풍수에, 양택은 그 위에 세워지는 건축물에 관심을 갖는다는 차이가 있다. 필자는 논자가 이 책에 의지하여 풍수를 이해하고 있다면 다른 순수한 개설서를 통하여 다시 풍수에 접근하라는 충고를 하고 싶다.

논자는 풍수가 〈죽은 자의 영혼이 산 자의 세계에 영향을 준다는 전제하에 묘지 선정의 중요성을 설명〉(102쪽)하고 있다고 지적한다. 음택 풍수 동기 감응설에서 시신의 유골이 받은 기가 그 자손에게 전달되는 것은 영혼을 통해서가 아니다. 이런 인식이 풍수를 마치 종교적 믿음의 체계를 갖고 있는 것으로 오해하게 만드는 중요 이유가 되는데, 논자도 역시 이 잘못된 풍수 인식을 받아들인 것이다. 기의 감응은 마치 소리에 공명이 일어나는 원리와 같이 이해하면 쉽다. 영적인 문제라기보다는 오히려 물질적인 원리에 가깝다. 분명히 하자면 정신이니 물질이니 하는 문제를 떠나 있는 것이 기의 개념이기는 하지만 굳이 설명하자면 그렇다는 것이다. 기는 영혼이 아니다.

논자는 풍수가 심지어는 〈부모의 묘소가 가문의 부귀 영화를 가져다 준다는 생각과도 다르다〉고 하면서 〈부모님을 좋은 장소에 모실 수 있는 재력과 자신의 효심을 남에게 보여 줌으로써 만족감을 얻으려는 행위〉라고까지 보고 있지만 이것 역시 일반인에게 잘못 알려진 풍수를 받아들인 결과이다. 음택 풍수가 본래 가르치려는 것은 모든 풍수서가 지적하다시피 조상의 음덕을 받자는 것이 아니라 돌아가신 뒤에까지 편안케 모심으로써 진정한 효도를 하라는 것이다.

원래의 가르침은 덮어두고 나쁘게 드러난 현상만 가지고 원래의 그것까지 비난하는 것은 학자의 옳은 태도가 아니다. 사이비 종교가 부처나 예수를 모셨다고 그 성인들까지 폄하해서는 안 되는 것과 같은 까닭이라고 한다면 지나친 비유일까. 어떤 사상이나 이념 또는 종교의 폐단은 어느 시대에나 있었다. 풍수가 끼친 수많은 폐해는 이미 옛날부터 다수의 학자들이 지적한 바 있다. 이제 그 폐단을 가지고 풍수 자체를 혐오하며, 제대로 풍수를 이해하고 있지도 않으면서 초보적인 지식만으로 풍수를 공박한다면, 지금 세계적인 종교치고 살아 남을 것이 어디 있겠는가.

논자는 〈이상적 풍수 모델의 탐구〉라는 표현을 쓰고 있다. 필자도 한때 이런 풍수의 이상형을 도식화하려는 생각을 품은 적이 있다. 산과 강의 배치와 방위를 추상화시키면 그것이 바로 풍수가 찾는 지세의 이상적인 모형이 아니겠느냐는 생각에서였다. 그러나 그것은 잘못된 생각이다. 고백하거니와 그런 잘못된 생각은 풍수를 전공하는 사람이 지나치게 과학과 합리와 기능을 강조하는 학계 사람들을 설득하려다 나온 反풍수적 억지에 불과했을 뿐이다. 풍수는 산과 물과 방위(이 경우 방위는 결국 국지적 기상 조건에 관계됨)와 사람의 상대적 조화를 추구하기 때문에 절대적 이상치인 모형은 존재할 수 없다.

최근 한반도가 바로 세계의 명당이며 이 땅에서 새로운 구세주가 나타나 새로운 문명을 이끌 것이라는 재미있는 논리를 풍수를 빗대어 얘기하는 사람들이 있다. 논자는 그 점도 지적한다. 그러나 그것은 말 그대로 재미있는 얘기일 뿐이다. 이런 현상을 〈한반도는 성인들이 제시한 이상향이라는 주장인데, 이와 같은 정감록적 발상이 추가된다면 풍수와 지리학 간의 간격은 더욱 멀어질 수밖에 없을 것〉이라고까지 진전시키는 것은 풍수가 대학 지리학계에 거창한 영향을 끼치지 않을까를 너무 걱정한 기우라고 본다. 앞서도 말한 바와 같이 풍수가 지금 학계에 미치는 영향은 미미하다고 하기도 부끄러울 정도이다. 풍수와 지리학 간에 간격을 논할 정도로 풍수가 학계에서 세를 누리고 있지 못하다는 것은 지리학과 학생들도 아는 얘기다. 풍수를 현실과 달리 과대 평가하면 과잉 공격이 나오게 마련이다.

『정감록』은 도참적 사고 방식에서 나온 책이다. 또 한반도만이 명당이란 주장은 별도움이 안 되는 국수적 발상이다. 도참적 사고와 국수적 선민 의식은 물론 바람직하지 않다. 게다가 그런 것을 주장하는 사람들은 거의가 학계와는 관계가 없다. 풍수와 지리학계 사이의 관계가 제대로 성립된 적도 없거니와, 사실 풍수를 이런 정도로나마 알린 지리학 전공자도 모두 합쳐 다섯 손가락 안쪽이다. 필자가 대학을 떠남으로써 이제 전임 교수 중 풍수를 전공하는 사람은 하나도 없다. 풍수와 지리학 간의 간격이 멀어질 것을 우려하는 것은 매우 비현실적이고 바람직하지도 않다. 멀어질 처지라도 되는 풍수 세력이란 존재하지도 않기 때문이다.

이어서 논자는 풍수의 역사로 들어간다. 논자 역시 풍수 기원이 중국에 있고 우리는 그것을 수입한 것으로 단정하여 얘기를 시작하고 있다. 특히 논자는 윤홍기 교수의 중국 황토 지대 혈거족 기원설을 〈밝혀 냈다〉고 하며 통설로 받아들인다. 나아가서 좀 느닷없기는 하지만 〈도선을 우리나라 풍수의 비조로 볼 수 없다〉는 단정까지 한다. 논자가 왜 자꾸 도선을 말하는지 필자는 정말 이해할 수가 없다.

논자가 좀 주의를 기울였다면 풍수의 비조가 아니라 지리학의 비조로 도선을 내세워서는 안 된다고 했어야 하는 것이 아닌지. 너무 한정된 자료에만 의지하다 보니 이런 무리한 단정을 거듭하게 된 것이라 여겨지지만, 필자는 논자의 풍수 이해도에 문제가 많아 사실 반론을 쓰기도 답답한 형편이다. 풍수 역사에 관련된 문제는 논자가 나설 문제가 아닌 듯하다. 사실 그 내용에 있어서도 대부분 다른 글과 중복되기에 그런 쪽에서 언급하기로 하고 여기서는 생략한다.

이제 논자가 가장 공들여 논박한 『택리지』 부분을 보자. 앞서 지적한 것처럼 필자가 가장 놀라워하는 사실은 논자가 왜 『택리지』와 『산림경제』를 풍수서로 지목하고 있는가 하는 점이다. 물론 논자는 자신의 연구 결과로서 『택리지』 등을 풍수서로 규정하는 것은 아니고 〈더욱 놀라운 일은 조선 후기의 지리학을 대표하는 『택리지』나 『산림경제』까지도 (누가라는 주어는 생략되어 있음) 풍수서에 포함시키는 점〉이라고 인용하는 형식을 갖추었지만 그 출전은 밝히고 있지 않다. 『택리지』는 풍수와 지리를 함께 다룬 이중 구조의 책이라는 점은 앞에서도 잠깐 언급한 적이 있다. 풍수는 땅을 살아 있는 것으로 생각을 풀어 가고 지리는 땅을 생산과 문화의 기반으로서 인식한다. 『택리지』는 우리 땅을 풍수로도 지리로도 설명한다.

어떤 책에 풍수 내용이 언급되어 있다고 해서 그것이 풍수서는 아니다. 『택리지』는 명백히 지리서이며 저자인 이중환은 풍수와 지리를 구분해서 사용한 것이 아니라 두 가지를 혼용하여 땅을 설명하는 방법을 취하고 있다. 풍수와 지리가 확실하게 나뉜 것은 일본인을 통하여 서양 지리학이 들어온 이후부터이다. 그 이전의 지리서는 國富 조사서 기능이 강했던 조선조 官纂지리서를 제외한다면 대부분 풍수와 지리가 합쳐져서 기술된 것이라고 필자는 이해한다.

특히 『택리지』는 풍수와 지리를 조화롭게 혼용하여 이 땅을 풀어 가고 있기 때문에 훌륭하다고 본다. 거기에는 먹고 살아간다는 지리에만 빠짐으로써 인간미를 잃는 우를 범한 부분도 없고, 지나치게 땅의 생기에만 의지하여 비현실적인 얘기책 수준으로 떨어진 부분도 없다. 말하자면 당시 지리서의 한 전범을 보여 준 셈이다.

논자가 풍수에 대하여 얼마나 심한 편견을 가지고 있는지는 다음과 같은 술회에서 보다 잘 드러난다. 〈조선 시대에는 풍수 지리라는 용어에서, 풍수는 지리학을 수식하는 낱말이 아니고 풍수는 곧 지리이며, 지리 역시 풍수라는 인식이 강하였다. 이러한 전통 때문에 서양으로부터 지오그라피geography라는 학문이 도입되는 과정에서 한, 중, 일 3국의 학자들은 이 학문을 지리학이라고 번역하는 우를 범하였는데, 이 실수로 인한 충격은 한국 지리학계가 가장 심하게 받은 것 같다. 왜냐하면 중, 일 양국은 地術에 가까운 풍수를 지리학과 동일시하는 분위기가 우리나라처럼 강하지는 않았기 때문이다〉(106쪽).

서양 지리학이 도입될 당시 우리나라에서 지리라는 것은, 즉 풍수이기 때문에 서양의 지오그라피를 지리라고 번역한 것은 결국 오늘의 지리학이 풍수와 구별되지 않게 된 이유가 되었고, 그것이 실수이자 우둔함이며 그로 인한 충격은 우리나라가 가장 심하게 받고 있다는 논리이다.

필자도 논자의 의견에 한 가지 동조하는 것이 있다. 그것은 서양 지리학이 땅을 물질이란 전제 아래 철저히 이용과 소유의 대상으로만 생각하여 다룸으로써 많은 현대적 토지 문제와 환경 문제를 일으켰기 때문에, 지오그라피는 地理가 아닌 地利로 번역했으면 좋겠다는, 그러니까 지오그라피를 地理로 번역한 것은 적절치 못하다는 논자의 생각에 동조한다는 뜻이다.

필자는 땅을 풍수적 측면으로만 보자는 데는 동의하지 않는다. 그렇다고 철저히 지리적 측면에서만 보고 있는 오늘의 현실에도 동의하지 않는다. 후자의 경우는 솔직히 말하자면 동의하지 않는 정도가 아니라 절망감을 느낄 정도이다. 필자가 생각하는 우리식 지리학이란 풍수와 지리, 양자를 혼융하여 땅을 바라볼 수 있는 조화로운 지리관을 확립한 지리학이다. 양자의 조화가 쉬운 것은 아니다. 그렇다고 포기할 만큼 노력을 기울인 바도 없다. 이제 그런 가능성이 있는지를 타진할 필요성은 충분히 인식되고 있다고 본다. 그런데 문제는 풍수가 총공세를 당하여 발본색원될 대상이 되고 있는 현실이다. 풍수가 무엇인지도 잘 정리되지 않은 상황에서, 우선 서양 지리학이 바탕을 두고 있는 과학성과 합리성에 미치지 못하는 신비적이고 미신적이기까지한 것이 풍수이니 몰아내고 보자는 분위기에서 어느 세월에 풍수 자체라도 정리할 수 있을 것인가. 먼저 알고 나서야 양자의 조화를 찾든지 말든지 할 것이 아니겠는가 하는 말이다.

도대체 과학이란 무엇인가. 그것은 땅이 마치 물건처럼 생각되어 필요할 때는 쓰다가 소용이 끊기면 마구 버려 쓰레기로 만들어도 되는, 그런 지극히 인간 이기적인 대상으로 삼는 서양식 지리 사고를 용인하는 것인가. 과학이니까 땅이 철저히 소유와 이용의 대상으로 전락하여 수많은 문제를 야기시켜도 존중해야 하는가. 과학은 누구를 위해서 존재하는가. 〈풍수적 자연관이란 도가 사상과 유학 사상을 도입하여 체계화된 것이며 과학적 근거가 빈약한 사상 체계〉(120쪽)라고 논자는 결론짓고 있는데, 풍수를 비과학이라 규정짓는 것도 마땅치 않거니와 혹시 과학이 아니라 한들 땅과 인간의 조화로운 공존을 지켜 내는 데 도움이 된다면 그런 사유 체계를 전통에서 찾아내는 일이 뭐 그리 공격할 일이란 말인가.

도무지 알 수 없는 논자의 태도는 글 말미에서 지리학의 시조 문제를 논하여 이르되,〈우리나라 지리학의 祖宗을 찾는 일은 잠시 보류하고, 대신『택리지』의 저자 이중환을 中始祖로 모실 것을 제안하는 바〉라는 점이다. 조종 찾는 일을 보류하자는 것은 논자의 앞의 주장으로 볼 때 명백히 도선을 지리학의 시조로 삼는 데는 반대한다는 의도에서 나온 말이다. 도선 이전에 땅을 논한 인물에 대한 상세한 기록이 어디 있기라도 하는가. 물론 필자는 지리학의 시조가 누구인지에는 관심이 없다. 논자의 도선에 대한 거부감, 이것은 결국 풍수에 대한 혐오감의 다른 표현인데, 이 어디서 기인하는 것인지를 글을 읽어도 알 수 없기에 하는 소리다.

논자는 책 끝에 꼬리로 붙인 참고 문헌 이외에는 어디서도 필자를 거론하고 있지 않다. 그러나 지리학을 하는 사람이라면 내용을 보고 필자를 겨냥한 것이라는 사실을 금방 알 수 있는 대목들이 상당히 많이 있다. 역시 왜 그랬는지는 필자로서는 알 수 없는 일이다. 이런 비평, 반론 또는 공박의 글에서는 대상을 분명히 하는 것이 오히려 예의라고 필자는 생각한다. 이것이 필자를 무시하자는 의도라면 불쾌할 따름이고, 이것이 필자를 보호하자는 의도라면 너무나 안이하고 무책임한 태도이다.

논자는 말하기를 〈최근 풍수를 학문적으로 체계화하려는 지리학자들 중에는 풍수 사상은 고려, 조선 이래의 한민족의 국토관이며 동시에 공간 구성의 원리였다는 주장을 한 사람이 있다. 지역의 공간 질서를 탐구하는 현대 지리학이 지역의 예외성을 전혀 인정치 않고 일반 법칙만 추구하므로 우리 국토를 연구하는 데는 전통적 국토관인 풍수 이론만이 정당하다는 것〉(109쪽)이라 하고 있다.

필자가 알기로 지리학자 중에 위와 비슷한 주장을 하는 사람은 필자밖에는 없다. 따라서 굳이 대답을 하자면 이렇다. 먼저 〈풍수는 공간 질서를 탐구하는 것이 아니다〉라는 논자의 견해는 우선 풍수를 기본적으로 서양 지리학적 시각에서 보고자 하는 데 따른 불필요한 개념의 유추 해석에 기인하는 것이라는 점을 지적하면서, 그 유추된 개념을 따르더라도 풍수는 추상 공간과 구체적 장소를 모두 말할 수 있는 근거가 있다는 것을 말해 둔다.

풍수의 제반 이론은 공간의 추상성을 얼마든지 탐구할 수 있도록 연역적 방법론을 마련하고 있고, 구체적 장소에 대해서도 논자가 인정하는 것처럼 역시 얼마든지 접근이 가능한 것이 풍수이다. 또한 현대 지리학이 일반 법칙만 추구하므로 안 된다는 식의 단순 논리로 풍수를 오늘에 되살린 게 아니다. 필자도 상당 기간 대학 교직에 있었던 사람으로 서양 지리학에 절망을 느끼고 그 폐단을 누누이 지적해 오기는 했지만, 그러므로 서양 지리학은 절대 안 된다는 경직된 사고를 보인 적은 없었다. 필자가 바보가 아닌 한 달걀로 바위 치기 식의 주장을 펼 까닭이 없는 일이다.

물론 필자는 풍수적 이상향을, 자연과 조화를 이룬 땅에서 대동적 공동체를 이루어 살아나가는 곳이라 표현하기는 하지만, 그것이 우리 국토를 연구하는 데는 풍수 이론만이 정당하다고 주장했다는 식으로 받아들여진다면, 논자가 우리 글의 표현 방식에 대해서 필자와는 다른 인식 경로를 갖고 있는 것으로 비쳐진다.

〈지리학이 본래 형이하학적 특성이 강한 학문으로서 이데올로기에 바탕을 둔 접근법에 별로 의미를 부여하지 않기 때문에, 풍수가 한국 지리학의 철학적 기초가 되어야 한다는 주장은 설득력을 갖지 못한다〉(109쪽)고 했으나, 지리학을 형이하학 일변도로 보는 그 자체가 서양 지리학식이며, 아무리 학문이 이념에 바탕을 둔 접근법에 의미를 두지 않는다 할지라도 그 학문의 사상적 혹은 철학적 기초의 존재 가능성까지 부인한다는 것은 지나치다기보다 무모하다고 보여진다. 논자는 풍수가 한국 지리학의 철학적 기초가 되는 것을 반대하려다가 그만 지리학은 형이하학이므로 철학적 기초가 별로 필요없다는 쪽으로 빗나가 버린 것이라고 필자는 짐작한다.

이 기회를 빌려 논자에게 풍수에 대한 이해를 촉구하면서 필자는 이런 제안을 해 둔다. 아무리 지금의 학계가 서양 지리학 일변도이며 그로 인한 문제점들은 해당 전공자들도 인정하는 것이 아닌가. 그러므로 풍수를 비롯한 우리의 전통 지리 사상 중에서 오늘에 되살릴 만한 것들을 찾아내어 그것으로써 한국 지리학의 철학적 기초를 삼는 것만이 한국 지리학이 세계 지리학계에 어깨를 나란히 할 수 있는 길이라 생각한다. 너무나 진부한 얘기지만 진정한 우리 것이어야 세계적인 것이 될 수 있는 게 아니겠는가.

우리 땅을 우리식으로 보자는 필자의 주장은 요즘 들어 일고 있는 세계화니 국제화니 하는 흐름에 편승한 것이 아니라 오래된 얘기라는 것을 지리학계에서는 알고 있을 것이다. 서양 지리학의 도입과 수용과 그의 발전 전개 정도로는 우리 지리학계는 이류를 넘어설 수 없다고 본다. 풍수는 그런 우리 지리 철학 확립의 가장 중요한 후보 중 하나라는 것이 필자의 변함없는 주관이다.

논자의 풍수에 대한 태도는 편견을 넘어 냉소적 시각으로 모욕을 주기를 서슴지 않는다. 경우에 따라서는 필자 자신을 겨냥한 냉소까지 보이는데, 예컨대 이런 식이다. 〈풍수는 지술, 즉 땅을 보는 마술이다. 그러므로 地相을 보는 기술만으로도 풍수는 자신의 역할을 다할 수 있으므로 지리학의 철학적 기초로 자리 잡기를 원할 필요는 없을 것 같다.〉

풍수를 마술로까지 끌어내리고, 풍수는 지상이나 보는 것으로 할 일 다 한 것 아니냐고 비아냥대며, 지리학에는 상관치 말라는 이 태도는 도대체 어디서 나온 독단과 교만인지, 역시 알 수가 없다.

논자는 처음으로 『택리지』를 풍수서로 보는 근거를 제시하기를 〈『택리지』에 수록된 용어나 개념 가운데 다수가 풍수에서 쓰이는 것들〉(110쪽)이기 때문이라고 하였다. 그러면서 〈지리학자이기 이전에 성리학자였던 이중환이 음양 오행설에 입각하여 우리나라의 자연과 인문에 관한 논리를 전개했다고 해서 그를 풍수설의 추종자로 규정할 수는 없다〉라고까지 했는데, 우선 어떤 개념이나 용어를 사용한다는 자체가 이미 그가 그 사고 체계에 상당히 기울어져 있거나 빠져 있다는 뜻이 된다.

음양설과 오행설이 풍수와는 관계없는 것으로 이해한 점도 전혀 사실과 다르다. 소위 이론 풍수 중 상당 부분이 음양과 오행설에 기초하여 구성되어 있다는 점만 제시한다. 또 음양 오행설로 『택리지』를 썼으니 그것은 풍수가 아니라는 주장은 바로 그것이 이론 풍수의 중요 성분이니 재언의 여지조차 없거니와 이중환이 성리학자이므로, 음양 오행설에 입각하여 『택리지』를 쓴 것이지 그것이 풍수는 아니라는 논자의 생각에 이르게 되면 어안이 벙벙해질 뿐이다. 『택리지』가 음양 오행설에 입각하여 씌어진 책이라는 점에도 동의할 수 없지만 조선 성리학자가 음양 오행설에 정통하다는 얘기도 여기서 처음 듣는다.

최영준 교수의 글에 대한 필자의 견해는 아직도 많이 남았다. 이것을 다 쓴다면 책이 한 권 될 정도이다. 그러나 쓰다가 생각해 보니 이런 글에 이렇게까지 대응할 필요가 있느냐 하는 회의가 들어 이 부분은 이것으로 줄이기로 한다.

이 글은 필자의 전공인 풍수 공격에 대한 반격의 성격으로 쓴 글이다. 필자는 간혹 지리학의 재야라는 이름으로 불릴 때가 있다. 그 명칭을 좋아하지 않으나 필자가 지금 기성 학계에 몸담고 있지 않은 것 또한 분명한 사실인지라 부정하지는 않겠다. 오히려 들판에 선 사람이라는 표현을 필자는 즐겨 쓰지만 어쨌거나 들판에 서 있는 사람들은 잃을 것이 많지 않은 사람들이다. 그들이 지키고자 하는 것은 오직 신념과 명예뿐이다.

이번에 필자는 反風水家들로부터 총공세를 당한 기분이다. 필자의 전공은 필자의 신념이다. 그것을 지키는 것은 명예가 된다. 따라서 그에 반격을 취하는 것은 정당성이 있다. 글의 내용이 생경하고 예의를 잃은 대목들이 분명 있을 것이다. 그에 대한 책임은 물론 전적으로 필자에게 있다.

여기서 참고로 풍수가 오늘 다시 거론되어야 하는 필자 나름대로의 이유를 정리해 보기로 한다. 그리고 이 글은 다른 책에서 발표한 적이 있던 글임을 밝혀 둔다.
 생명의 질서에 순응하는 지혜, 풍수.
 풍수란 무엇인가.
 풍수를 글자 뜻 그대로 풀이한다면 바람과 물의 과학이다. 여기서 과학이라 함은 우리 전래의 자연에 대한 경험 축적을 뜻한다. 크게 보아 바람은 기후 풍토를 나타내는 말이고 물은 지형 지세를 지칭하는 말이다. 즉 풍수란 우리 민족이 예로부터 지녀 내려온 자연 환경, 특히 풍토와 지세에 관한 관점들을 모아 놓은 일종의 지리학이라 할 수 있다.
 좀더 덧붙이자면, 풍수란 땅이 지니고 있는 생명의 질서에 인간이 품고 있는 생명의 논리를 적응시키고자 하는 우리들 고유의 지혜라고 정의할 수 있다는 것이다. 인간은 물론 생명체이며 여기에 땅까지도 생명으로 받아들인다는 점이 풍수의 큰 특징이라 할 수 있다. 땅의 생명 질서에 순응코자 하는 인간의 지혜, 그것이 바로 풍수인 것이다. 일종의 생존 지혜라고 보아도 무방하다. 따라서 풍수를 한마디로 정의한다면 우리의 전통 지리학이 될 것이다.
 문제는 땅에 과연 생명체적 질서가 있느냐인데, 불행히도 그 점을 확연히 증명할 만한 연구는 되어 있지 않다. 다만 그럴 것이라는 개연성에는 대부분의 사람들이 동의한다고 보아도 무방하다고 할 수 있다. 풍수의 사이비 신비주의적 속성은 대체로 이런 문제에서 출발한다고 보면 정확하다. 그렇다면 역설이 아니냐 하는 의문이 제기될 수도 있다. 과학이라고 정의해 놓고 사이비라니, 앞뒤가 맞지 않는다는 지적이 나올 수 있다는 말이다. 그 점은 확실히 그러하다. 지금 사람들이 풍수를 어떻게 받아들이고 있는가를 안다면 그런 풍수의 역설은 쉽게 설명될 수 있다. 한마디로 풍수란 생존의 지혜이자 전통 과학이다.
 그런데 왜 또 풍수인가. 위에서 정리한 대로 현대인들이 풍수라고 믿고 있는 것은 심각한 문제를 갖고 있다. 산소 자리나 집터 잘 잡아 그곳에 조상의 시신을 모시거나 자신이 자리 잡음으로써 부귀영화를 누려 보자는 것이 풍수가 추구하는 의도라면, 되돌아볼 것도 없이 풍수라는 것은 詐欺術에 지나지 않는다. 왜 그런지는 다음의 두 가지 사실 적시만으로도 충분하다고 생각한다. 그 하나는 조선 후기 실학자들이 지적했던 것과 같은 親子感應論에 대한 비판이다. 살아 있는 부모님이 두 눈을 부릅뜨고 자식의 잘못을 꾸짖어도 말을 잘 듣지 않는 판에, 이미 죽어 백골이 된 부모의 시신이 무슨 복록을 자식들에게 줄 수 있겠느냐는 것이다. 또 하나는, 만일 터만 잘 잡으면 만사형통이라는 식이라면, 지금까지 터를 고를 형편이 되는 富貴榮華者만이 계속 부귀영화자로 남아 있을 것이 아니겠느냐는 반문에 답변이 있을 수 없다는 사실이다.

諸行이 無常한 법이라 어제의 부자가 오늘의 가난뱅이일 수도 있고, 과거의 권세가가 지금의 폐가가 된 예도 수없이 많은 것이 현실이 아닌가. 터만 잘 잡으면 모든 것이 잘된다는 풍수쟁이들의 주장은 이 간단한 두 가지 사실만으로도 뒤집어질 수밖에 없다.

그렇다면 왜, 다시 풍수여야 하는가. 대답은 간단하다. 그처럼 타락하고 왜곡된 잡술로서의 풍수가 아닌 지리 지혜로서의 정통 풍수를 오늘에 되살림으로써 땅에 대해서 사람들이 지니고 있는 잘못된 생각들을 바로잡을 수 있고, 나아가서는 환경 운동의 사상적 기반 구실을 할 수 있다고 믿기 때문이다. 뿐인가? 서양 지리학의 직수입장이 되어 버린 오늘의 지리학계에 우리식의 지리학을 뿌리 내릴 수 있는 가능성까지 지니고 있다는 점을 간과해서는 안 될 것이다.

우리의 현대 지리학 변천 과정은 어떠했는가. 솔직히 말하자면 한국 지리학계는 철저히 보호받는 온실 속에서 자라 왔음을 부인할 수 없다. 세파에 시달린 적이 거의 없었다는 말이다. 사회 과학 분야 대부분이 가지고 있는 재야 학자라는 존재가 우리에게는 없다. 기존 학계에 대응할 수 있는 조직적인 비판 세력이 전무했다는 얘기인 것이다.
　수입 일변도의 학문 내용. 비판 없는 학계 풍토. 맹목적인 추종만이 허용되는 스승과 제자 사이. 이러고도 발전이 있다면, 그것은 기적이었으리라. 당연한 결과이지만 지리학의 사회적 위상은 뒷걸음질을 쳐 왔을 뿐이다.
　누구나 인정하듯이 시간의 학문으로서의 역사학과 공간의 학문인 지리학은 어릴 때부터 국민 교육처럼 인식되며 학교에서 가르치고 있는 과목이다. 특히 지리학은 어린이들이 학교에 들어가서 제일 처음 접하는 지적 분야이다. 초등학교 초급 학년의 『바른생활』 교과서는 나와 우리 이웃이라는 공간 개념으로부터 시작한다. 고학년으로 올라갈수록 나와 우리 지방, 나와 우리나라, 그리고 우리와 세계 하는 식으로 공간 개념의 지평을 넓혀 가는 체계를 취하고 있다. 중, 고등학교에서도 사정은 마찬가지이다. 다만 시간이 지날수록 그 대접의 정도가 허술해지고 있는 것은 사실이지만, 최소한 지리학 교육의 당위성이 훼손되는 일은 없었다. 그러나 이제 대학에서부터는 달라진다.
　대학은 폭넓은 지식을 갖춘 지도적 인재를 기른다는 교육 목표를 가지고 있는 것이 사실이기는 하지만, 일차적으로는 전문 인력 양성의 장이다. 따라서 교양 수준의 지식 전수에만 집착해서는 아니 된다. 반드시 자기 전공에 대한 뚜렷한 목표와 분명한 이해가 있어야만 한다. 그런데 현실도 그러한가. 이에 대한 대답은 부정적이다. 부정의 공범자는 그야말로 총체적이다. 일류와 인기만을 따라가는 입시 풍토, 합격만을 염두에 두고 자기 성적에 맞추어 전공을 지원하는 수험생들의 무소신, 이미 구축해 놓은 旣得의 城을 고수하겠다는 일념의 경직된 교수 사회, 말 그대로 총체적 부정 요인이 아니고 무엇인가. 엄밀히 따지자면 누가 누구를 비난할 형편도 아니기는 하다. 나는 지리학자로서 내 처지에서의 반성을 해볼까 한다.

우리 지리학계는 대체로 1960년대 중반 이후 계량적 방법을 주축으로 하는 실증주의 지리학 시대로 진입한다. 이러한 경향의 지리학은 지리학계에 상당한 영향을 미쳤음은 물론, 일정한 수준의 기여를 하게 된다. 무엇보다도 지리학이 지니고 있던 정체가 모호한 학문적 열등감을 상당히 해소하는 역할을 수행했다는 점이 지적되어야 할 것이다. 이것이 무슨 말인가. 터놓고 말하자면 이런 얘기다.

그때까지의 지리학은 특별한 전문성을 갖지 못한 것으로 인식되었고, 이 점은 사실이기도 했다. 지리학은 백과사전식의 잡학이라든가 상식 과목 수준이었다는 뜻이다. 이것이 그렇다는 단적인 근거가 중등학교의 지리 교과목을 비전공자가 담당하거나 아예 수업 시간에서 빼 버리고 학생들 스스로 자습을 하도록 유도한 학교들이 많았다는 사실에서 찾을 수 있다. 지리 과목은 아무나 가르칠 수 있는 것, 혹은 책을 읽어 보는 것으로 끝낼 수 있는 것 정도로 인식해 왔다는 뜻이다. 하지만 실증주의 지리학은 결코 그런 정도로 해결되는 성질의 것이 아니었다.

거기에는 법칙성, 과학성, 논리성이 들어 있었고, 이제 지리학은 전공자가 아니면 이해되지 않는 내용들을 다수 포함하게 되었다. 〈지식의 엿장수〉, 〈지식의 고물상〉이라는 농담조의 호칭을 듣던 지리학자들은 이로부터 떳떳한 학자 행세를 할 수 있게 된 것이다. 발표되는 논문들은 점점 더 전문적이 되어 갔다. 다른 말로 하자면 더 어렵게 되어 갔다는 뜻이다. 지금 각 대학원에서 발표되는 지리학의 석사, 박사 학위 논문은 지리학 내부에서의 동일 해당 분야의 전공자가 아니면, 같은 지리학자라 하더라도 이해할 수 없는 내용들이 주종을 이루고 있다.

그리하여 전문성을 찾았다고는 하지만, 너무나 어렵고 탁상공론식의 논리 추구에만 집착해 온 지리학은 심각한 반발에 직면하게 된다. 그 반발은 두 가지의 양태를 보이며 현실 지리학계에 그 실체를 드러낸다. 하나는 소위 좌파 지리학이라는 것이고, 다른 하나는 전통 지리학에서 돌파구를 찾고자 했던 초급 수준의 민족주의적 속성을 드러낸 분야였다.

말이 좌파 지리학이라는 것이지 기실 그것은 다른 사회 과학 분야에서 일고 있던 정치 경제학적 접근법에 대한 경도와 크게 다른 것은 아니었다. 그리고 정치 경제학적 방법론이란 것이 항용 그렇듯이 지리학에 있어서도 그에 대한 관심은 운동을 담보한 경향이 강하였다. 또한 당연히 당시의 사회상을 반영하여 정치 경제학적 지리학은 정면에 나서지 못하고 어둠 속을 헤맬 수밖에 없었다. 참으로 불행한 시절이었다.

이 운동을 담보한 정치 경제학적 지리학은 많은 소장 학자들과 대학원생들 그리고 의식 있는 대학생 지리학도들을 매료시킨 것은 사실이지만, 그 학문이 가지고 있던 난해성과 일반의 몰이해, 그리고 자체에 內含되어 있던 강렬한 현실 비판적 속성과 운동성, 게다가 법적 및 행정적, 관례적 제약 때문에 큰 발전을 보지는 못한 것이 사실이다.

이들 소장 정치 경제학적 지리학자들을 더욱 난처하게 만든 것은 사회주의 국가들의 몰락이었다. 행운을 거머쥔 사람들은 실증주의 지리학자들이었고. 불평등한 지역 문제에 관심을 가지고 있던 정치 경제학적 지리학 소장 학자들은 열심히 공부했다. 그리고 그들이 조직적으로 기성 학계에 도전을 하였다면 아마도 기성 학계는 회복이 어려울 정도의 심각한 타격을 받았을 것이다. 그러나 결과는 전혀 그렇지 않았으니, 그래서 행운이라는 표현까지 써 본 것이다.

기성 지리학계는 제대로 된 도전을 거의 받아 보지 못하고 오늘에 이르렀다. 다른 학문 분야들이 외부의 거센 도전과 반발을 겪으며 격심한 폭풍 속을 헤쳐온 것에 비하면, 지리학계는 온실에서 자라났다고 하여도 과언이 아닐 정도로 온화하게 커 온 것이다. 하지만 나는 정치 경제학적 지리학을 공부해 온 젊은 지리학자들의 꿈이 깨어졌다고는 생각지 않는다. 그들의 꿈은 여전히 살아 있으며 또한 유용하다고 믿는다. 현실에 부합하지는 못했지만, 그들의 주장은 옳았던 것이며, 오히려 앞으로 더욱더 그들의 역할이 필요할 것이기 때문이다.

나는 지금의 인간 사회 풍조가 산도적떼들의 윤리보다도 못하다고 생각한다. 옛 소련과 동구 국가들이 망하고 나서 미국의 행태는 힘에의 의존을 노골적으로 드러내고 있다고 본다. 물론 이전에는 그렇지 않았다는 뜻이 아니다. 전에도 그랬지만, 그래도 그때는 명분이란 것을 세웠다. 지금은 그런 명분조차도 내세우지 않으니, 이것이 산도적 자본주의가 아니면 무엇이란 말인가. 우리나라라고 다를 바는 없는 듯하다. 도저히 용납될 수 없는 이질적인 정치 집단이 뭉쳐서 구국의 결단이라고 강변을 하며 정권을 일구어 냈지만, 그런 집단의 대중적 인기는 지금 역대 정권 중 최고라고 한다.[5] 결과만 좋으면 모든 것이 좋다는 시정 잡배들의 사고 방식과 무엇이 다른가. 그러니 광야에서 외치는 선각자들의 목소리가 더욱 절실한 시대가 되는 것이다. 정치 경제학적 지리학자들은 앞으로 어떤 식으로든 광야의 외침을 만들어 내리라고 기대한다. 비록 싸워 보지도 못하고 밀려나기는 했지만 기성 지리학계에 도전했던 그들의 존재 의미는 충분하다고 생각한다.

또 하나의 도전이었던 전통 지리학 쪽은 어떤가. 그들의 꿈은 훨씬 더 허망하기만 했다. 포부는 웅장했으나 그 포부를 지켜 나갈 실력도 자원도 저변도 갖지 못한 그들에게는 처음부터 도전이라는 것이 불가능했다.

서구 지리학 그것도 실증주의 일변도의 지리학계에 대한 민족 정통의 정서적 반발은 누구의 촉발이 없다 하더라도 필지의 사실일 수

---

5) 이 점은 이 글을 쓰던 1994년 시점에서의 얘기다. 1997년 연초 신문에 난 몇몇 여론 조사 결과를 보면 현정권의 인기가 크게 하락되었음을 알 수 있다.

밖에 없었다. 그런 첫 움직임은 1980년대 중반 이후 우리 것 찾기라는 일종의 대중 운동으로부터 비롯된다. 지리학에서의 풍수 복고 조짐도 역시 그와 궤를 같이 한다. 그러나 이쪽은 처음부터 아니었다.

우리식의 지리학을 찾아보자, 또는 만들어 보자던 당시의 지리학계 분위기를 좀 과장하여 묘사해 보자면 이런 식이었다. 전통 지리학, 특히 풍수 지리학을 강의하던 내 교실의 모습이다. 늦수그레한 학생들, 일부는 복학생들이고 또 일부는 삼수 사수 하여 느지막하게 학교를 들어온 사람들이다. 후배들로부터 도사라는 소리 몇 번씩 들어 본 사람들이 주종을 이루었다. 실제로 그들 중 다수가 도사연하며 행세를 했다. 하지만 불행히도 그들에게는 실력이 없었다. 우선 가장 기본이랄 수 있는 한문에 대한 소양이 너무나 저급했고 따라서 그들이 당시 가지고 있던 지식은 國譯本 雜術書 몇 권에 의지하고 있는 것이 전부인 실정이었다.

당연한 결과로, 그들은 얼마 지나지 않아 사이비 신비주의 쪽으로 빠지기 시작했다. 불로장수하는 비법, 하늘을 날 수 있는 비법, 임금을 배출할 수 있는 터잡기의 비법, 온통 비법 투성이의 전통이란 것들이 판을 쳐 버리게 된 것이다. 이런 식의 전통이란 기실 전통도 아니거니와 오히려 전통에 대한 일반인들의 인식마저 모멸감으로 가득 차게 만드는 역할밖에는 하지 못하였다. 기성의 학계는 기다렸다는 듯이 전통 지리학을 매도하기 시작하였다. 결국 처음부터 그것밖에는 안 되는 것들이 대중의 인기에 영합하여 감히 과학적 지리학의 울타리를 넘보았다는 질타였다.

참으로 할 말 없는 결과였다. 어떻게 사람이 맨몸으로 하늘을 날 수 있으며 무슨 해괴한 요술을 부려 가지고 불로장수를 할 수 있으랴. 어떻게 단 한번의 터잡기로 대통령을 배출할 수 있으랴. 또 대통령이 왜 인생의 최고 목표가 되어야 하는가. 사이비 신비주의에 빠진 전통 지리학의 고난은 자초한 것이나 다름없었다.

실증주의 지리학에 대한 한 대안으로 전통 지리학을 주장하던 나의 처지로서는 암담하기 이를 데 없는 현상이 벌어진 것이다. 나는 학교를 떠났고 그와 더불어 〈참된 땅의 이치를 궁구〉하는 풍수 지리학도 최소한 학계에서는 철저히 괴멸의 길을 가지 않을 수 없었다.

이제 어떤 이유로든 지리학계는 일단 평정이 되었다. 그러나 반란과 혁명의 싹은 심어 놓은 셈이다. 일단 실패하기는 했지만 그것만으로도 절망에서 벗어날 수 있는 텃밭은 마련한 셈이라고 자위한다.

나는 정치 경제학적 지리학이 근간 일정 부분 발언할 수 있는 날들이 반드시 오리라고 믿는다. 그 분야에는 열정을 가진 인적 자원이 풍부하다. 또한 그들의 주장은 그것이 비현실적이라는 핀잔을 들을 부분은 분명히 가지고 있지만 주장의 내용이 너무나 당연하고 윤리적인 관계로 제 그릇을 차지할 수 있으리라고 믿는 것이다.

전통 지리학 분야는 그보다는 어렵다. 우선 인적 자원이 형편 없다. 게다가 학계에 대한 발판 또한 전혀 없다. 일반인들도 타락한 잡술 풍수 정도로밖에 인식하지 못하고 있다. 그런데도 여기에 뜻을 두고 조금도 변함없이 전통 속에서 우리식의 지리학 체계를 구축해 보겠다고 노력하는 까닭은 그것이 우리 땅의 이치를 가장 잘 설명해 낼 수 있고 또한 땅에 대한 사랑과 그에 대하여 인간이 지녀야 할 윤리성을 가장 잘 대변하고 있기 때문이다.

문제는 사람에게 달려 있다고 본다. 많은 제자들, 후배들이 정통 풍수 지리의 가르침을 철저한 의식을 지니고 접근해 온다면 우리 지리학의 앞날은 밝다고 확신한다. 나는 그런 움직임의 밑거름이 되겠다는 각오를 다진다.

최창조

서울대학교 지리학과와 동 대학원을 졸업하고, 경북대학교 및 전북대학교 강사를 거쳐 국토개발연구원 주임 연구원으로 근무했다. 청주사범대학 지리학과 교수, 전북대학교 지리학과 교수를 지냈으며 서울대학교 지리학과 교수를 역임했다. 저서로 『최창조의 새로운 풍수 이론』, 『한국의 풍수지리』, 『좋은 땅은 어디를 말함인가』, 『땅의 눈물, 땅의 희망』, 『닭이 봉황되다』, 『풍수잡설』, 공저로 『풍수, 그 삶의 지리 생명의 지리』, 역서로 『청오경』, 『금낭경』, 『서양인이 본 생활풍수』 등이 있다.

한국의 자생 풍수

I

1판 1쇄 펴냄·1997년 6월 10일
1판 9쇄 펴냄·2022년 6월 15일

지은이·최창조
발행인·박근섭, 박상준
펴낸곳·(주)민음사

출판등록·1966. 5. 19. 제16-490호
서울특별시 강남구 도산대로1길 62(신사동)
강남출판문화센터 5층(우편번호 06027)
대표전화 02-515-2000·팩시밀리 02-515-2007
www.minumsa.com

ⓒ 최창조, 1997. Printed in Seoul, Korea
ISBN 978-89-374-2364-2 04980
978-89-374-2363-5 (전2권)

* 잘못 만들어진 책은 구입처에서 교환해 드립니다.